intern

iPhone 4- & iPad-Programmierung

Holger Frank

DATA BECKER

Copyright	© by DATA BECKER GmbH & Co. KG Merowingerstr. 30 40223 Düsseldorf
Produktmanagement und Lektorat	Manuel Morschel
Umschlaggestaltung	Inhouse-Agentur DATA BECKER
Textverarbeitung und Gestaltung	Andreas Quednau (www.aquednau.de)
Produktionsleitung	Claudia Lötschert
Druck	Media-Print, Paderborn
E-Mail	buch@databecker.de

ISBN 978-3-8158-3034-5

Wichtiger Hinweis

Vorwort

Lassen Sie sich faszinieren von der Welt des iPhone-SDK und tauchen Sie ein in die Welt der Anwendungsentwicklung für die verschiedenen Plattformen. Als das erste Endgerät mit der Version 1.0 des Betriebssystems auf den Markt kam, konnte niemand – wohl nicht einmal Apple selbst – den großen Siegeszug vorhersehen. Die Kombination aus trendigen Geräten und die Öffnung der Geräte für Anwendungen von Drittanbietern haben einen unbeschreiblichen Hype ausgelöst. Wer im Juli wieder einmal Schlange für das neue iPhone 4 stand, weiß, wovon ich rede. Ausverkaufte Läden, endlose Wartezeiten und vergriffene Geräte – gibt es ein besseres Marketinginstrument?

Davon profitieren wir Entwickler, die wir uns dieser spannenden Plattform verschrieben haben, direkt und indirekt. Das Wachstum ist gigantisch: 200.000 Apps, fünf Milliarden Downloads, 100 Millionen verkaufte iOS-Geräte und eine binnen wenigen Wochen ausverkaufte Entwicklerkonferenz WWDC (Quelle: Apple).

Dieses Buch will Einsteigern, Umsteigern und ambitionierten Anfängern als Basis für die erfolgreiche Entwicklung unter dem iOS dienen. Mittlerweile liegt das iOS in der Version 4 vor und hat gerade durch dieses Update die Entwicklergemeinde wieder mit vielen spannenden neuen APIs überrascht. Finden Sie als Anfänger oder Hobbyentwickler durch dieses Buch den Ansporn für die ersten eigenen Apps oder vertiefen Sie als erfahrener Entwickler das Know-how zum iOS.

Beispiele und Workshops

Das Buch lebt stark von seinen zahlreichen Beispielen und den ausführlicheren Workshops. Fast jede Zeile Code finden Sie in entsprechenden Beispielprojekten wieder. Das soll Ihnen das Testen und Spielen mit neuen Funktionen erleichtern und den Spaß an der aktiven Entwicklung wecken. Sie können die Beispiele unter *http://www.databecker.de/shop/downloads/buch-extras/index.php* herunterladen und nach dem Auspacken sofort loslegen.

Die Beispiele in diesem Buch sind nach Kapiteln geordnet und innerhalb eines Hauptkapitels fortlaufend durchnummeriert, also z. B. 14.1, 14.2, 14.3 etc. Sie finden die Projekte der Beispiele im Verzeichnis *Examples*. Darunter existiert für jedes Kapitel ein eigenes Verzeichnis, beispielsweise *Chapter_14*.

Im Buch werden die Beispiele mit der fortlaufenden Beispielnummer und einer kurzen Beschreibung referenziert. Dadurch finden Sie im Projektverzeichnis schnell die Datei und das zugehörige Listing. Ein Beispiel aus dem Buch wäre:

Beispiel 27.3: *WorkshopViewController.m – basicAnimation*

Das Beispiel steht in Kapitel 27 und verweist auf Beispiel 27.3, genauer gesagt auf die Datei *WorkshopViewController.m* und darin die Methode *basicAnimation*.

Zusätzlich befinden sich im Download zu diesem Buch noch zwei Projektvorlagen im Verzeichnis *Templates*, die Sie als Ausgangspunkt für Beispiele oder Ihre eigenen Projekte verwenden können.

Danksagung

Zum Ende des Vorworts gilt es noch, allen Menschen meinen Dank auszusprechen, die mich bei der Verwirklichung dieses Buchprojekts engagiert unterstützt haben: Werner Hoier für seinen unermüdlichen Einsatz zur grafischen Gestaltung vieler Beispiele und Kapitel, Patrick Herrler und Done Bauer für ihr unermüdliches Korrigieren und ihr Fachwissen und dem Team von DATA BECKER rund um Manuel Morschel.

Den Initiatoren der beiden im Buch vorgestellten Open-Source-Projekte danke ich für ihre Unterstützung: Ben Copsey von All-Seeing Interactive für das *ASIHTTP-Request*-Framework und Stig Brautaset für sein geniales JSON-Framework.

Und natürlich den vielen Ungenannten, die mich immer wieder motiviert und inspiriert haben und viel Verständnis für meine Abwesenheit aufbrachten. Besonderen Dank will ich hier meiner Familie aussprechen, die viel zu lange auf mich als Vater und Ehemann verzichten musste und dennoch jederzeit Motivation und Unterstützung war. Danke für alles!

Auch Ihnen, lieber Leser, gilt meine Dankbarkeit. Erst Sie ermöglichen es durch Ihre Neugierde und Ihr Interesse, ein derart großes Projekt wie dieses Buch auf die Beine zu stellen. Ihnen wünsche ich also viel Spaß bei der Lektüre dieses Buches und viel Erfolg bei der Entwicklung von Anwendungen für das iOS!

Holger Frank, im Juli 2010

Inhalt

Teil II
Das iOS-SDK in der Übersicht

Teil VI
Networking

Teil VII
Daten verarbeiten: XML- & JSON-Parsing

Teil VIII
Programmieren für das iPad

Anhang

Teil I

Der schnelle Einstieg in die iPhone- und iPad-Programmierung

1. Was Umsteiger wissen müssen

Kein Paradigma der Softwareentwicklung hat den Fortschritt von Programmiersprachen so sehr beeinflusst wie das der Objektorientierung. Die neue Sichtweise, alles in Objekten und in den Beziehungen zwischen Objekten zu modellieren, war der Meilenstein. Nicht zuletzt wohl deshalb, weil viele Probleme nun auf wesentliche Bestandteile der Interaktion – eben die Objekte – heruntergebrochen werden können. Objekte können dabei abstrakt, aber auch gegenständlich sein. Ein Objekt zeichnet sich dabei durch seine Eigenschaften bzw. Attribute aus. Über Methoden kann ein Objekt mit anderen kommunizieren und andere Objekte mit ihm. Ein zentraler Begriff der Objektorientierung ist die Klasse. Sie ist der Bauplan, nach ihrem Abbild wird eine Instanz der Klasse erzeugt – das eigentliche Objekt.

Dieses Paradigma hat zu weiteren Aspekten wie der **o**bjekt**o**rientierten **A**nalyse (OOA), dem **o**bjekt**o**rientierten **D**esign (OOD) und letzten Endes der Umsetzung in der objektorientierten Programmierung geführt. Durch sie ist Softwareentwicklung strukturierter, Prozesse reproduzierbarer und die entstehenden Produkte wartbarer und Komponenten wiederverwendbar geworden.

Die Liste der objektorientierten Programmiersprachen ist lang. Von Eiffel, Smalltalk, Cobol, Delphi, Python über C++ und C# zu Java gibt es eine ganze Bandbreite an eigenständigen Programmiersprachen. Mit Objective-C setzt Apple in seinem Produktportfolio auf eine eigenständige Erweiterung von C, die stark von Smalltalk inspiriert ist. Sie ist die Grundlage für OS X und das Mittel der Wahl für die Mac- und neuerdings auch die iPhone- und iPad-Entwicklung.

Die nächsten Kapitel führen Sie in die Entwicklung mit Objective-C ein. Sie erlernen die grundlegenden Techniken und Konzepte der Programmiersprache genauso wie Tipps und Tricks zum perfekten Umgang.

Der Einstieg in eine neue Programmiersprache wie Objective-C fällt am leichtesten über die Abgrenzung zu anderen bekannten Programmiersprachen. Wie es der Name Objective-C schon andeutet, ist es eine objektorientierte Erweiterung von C. Im Vergleich zu C++ und Java stimmt das tatsächlich. Sie werden diese Programmiersprache als Erweiterung von C um Objekte und objektorientierte Entwurfsmuster kennen und schätzen lernen. Man könnte sie als relativ schnörkellose Programmiersprache sehen, ohne die oftmals schwer verständlichen Erweiterungen und Konzepte ihrer Mitbewerber. Seinen objektorientierten Ursprung findet Objective-C in Smalltalk, von dem syntaktische und konzeptionelle

Mittel entlehnt wurden. Ein wesentliches Merkmal ist die starke Fokussierung auf einen optimierten, übersichtlichen und möglichst kurzen Quelltext.

Die folgenden Kapitel sollen einen schnellen Überblick über die Einordnung von Objective-C gegenüber C++ und Java vermitteln. Das soll vor allem den Umsteigern den Einstieg erleichtern. Eine ausführliche Diskussion aller Funktionen und Möglichkeiten von Objective-C finden Sie dann später in den Kapiteln 2 bis 5.

1.1 Umstieg von C/C++

Wie schon in der Einleitung erwähnt, erfüllen beide Sprachen ihren Zweck als objektorientierte Erweiterung von C. Wenn Sie C++ als facettenreiche und extrem mächtige Programmiersprache kennen, werden Sie Objective-C als leichter, klarer strukturiert und deutlich weniger mächtig empfinden. Die Lernkurve ist steiler, der Einstieg in diese Sprache ist erfahrungsgemäß deutlich einfacher, obwohl die Syntax im ersten Moment als sehr eigenwillig empfunden werden mag.

Es gibt durch die Abstammung von C viele Gemeinsamkeiten in beiden Sprachen. Diese aufzuzählen wäre müßig. Deshalb konzentrieren wir uns auf die wesentlichen Unterschiede, um die Sprachen voneinander abzugrenzen.

Unterschiede

Einer der ersten wesentlichen Unterschiede zeigt sich schon in der Nomenklatur. In C++ spricht man von Methodenaufrufen, in Objective-C auch von Nachrichten an Objekte. Das ist aber mehr als eine reine Umbenennung. Sie resultiert aus dem vollständig dynamisch typisierten Ansatz und der dynamischen Bindung von Methoden. Sie können in Objective-C jedem Objekt jede beliebige Nachricht ohne eine Fehlermeldung im Compiler schicken. Erst zur Laufzeit wird der Objekttyp bestimmt (man spricht von dynamischer Typisierung), also versucht, die Nachricht zuzustellen, und die entsprechende Methode ausgewählt (dynamisches oder spätes Binden der Methode). Ist keine Methode definiert, wird zur Laufzeit eine Exception geworfen und die Ausführung unterbrochen. Ähnliches gilt für Objekte. Objective-C kennt keine strikte Typisierung – wenn auch bei offensichtlichen Typfehlern eine Warnung des Compilers erfolgt und ein entsprechender Cast auf den Typ erfolgen sollte.

Beide Sprachen unterscheiden sich auch in der Interpretation eines Nullzeigers, also eines Zeigers, der auf kein Objekt verweist. Das C++-*NULL* wird zu *nil*. Praktischerweise ist es erlaubt – und Sie werden sogar dazu ermutigt –, Nachrichten (also Methodenaufrufe) an *nil* zu richten. Sie müssen sich also nicht mehr mit nervigen *if*-Abfragen vergewissern, dass ein Objekt auch wirklich existiert und nicht der Nullzeiger ist. Die Semantik eines derartigen Aufrufs ist so weit definiert, dass sich sogar Nachrichten an Nullzeiger mit einem Rückgabewert konform verhalten. In diesen Fällen wird der dem Typ entsprechende Wert zu *nil* zurückgegeben: also bei Objekttypen einfach *nil*, bei Strukturen jeweils die Struktur mit Nullwerten vorbelegt, bei Zahlen und booleschen Werten 0 oder falsch. Das erlaubt die Konzentration auf das Wesentliche ohne Gedanken an eine explizite Überprüfung und zusätzlichen Code.

Beim Speichermanagement bieten sich in Objective-C gleich zwei Varianten an: eine Umgebung mit Garbage Collection, also der automatischen Freigabe nicht verwendeter Objekte, und die Referenzzählung (englisch: Reference Counting), bei der Sie als Entwickler die Verantwortung für die Verwaltung und Freigabe der Objekte übernehmen. Bei der Referenzzählung werden Sie durch mächtige Funktionen und Methoden unterstützt, was einen deutlich einfacheren und sichereren Umgang mit dieser sensiblen und fehleranfälligen Thematik erlaubt. Auf dem iPhone ist allerdings aus Performanzgründen keine Garbage Collection möglich.

Auch bei den typischen objektorientierten Merkmalen gibt es einige deutliche Unterschiede zwischen beiden Programmiersprachen. In Objective-C gibt es:

- keine Mehrfachvererbung: Klassen können nur von einer Basisklasse erben. Dafür gibt es aber die reine Schnittstellenvererbung über Protokolle – ähnlich der Interfaces in Java;
- kein Überladen von Methoden: Sie dürfen also keine Methoden gleichen Namens deklarieren, die sich nur durch den Typ der Parameter unterscheiden. Als Ersatz dafür gibt es das Konzept der benannten Parameter. Durch geschickte Erweiterung des Methodennamens durch Benennung der Parameter lässt sich Ähnliches erreichen. Andererseits dürfen dafür aber Methoden und Instanzvariablen denselben Namen tragen;
- kein Überladen von Operatoren: Operatoren können in Objective-C nicht verändert bzw. überladen werden;
- keine Konstruktoren und Destruktoren: Bei der Erzeugung eines Objekts bzw. dessen Freigabe wird also nicht automatisch eine bestimmte Methode durchlaufen. Vielmehr gilt die Konvention, dass nach der Speicherallokation eines Objekts explizit eine Methode *init* aufgerufen werden sollte. Für die Freigabe eines Objekts wird die Nachricht *release* an ein Objekt geschickt (im Fall der Garbage Collection passiert das allerdings automatisch);
- keine Zugriffsattribute *private*, *public*, *protected*: Auch wenn Objective-C entsprechende Äquivalente der Zugriffsattribute kennt, werden diese nicht wirklich respektiert. Stattdessen sind standardmäßig alle Instanzvariablen funktional als *protected* behandelt – also nur in der Klasse selbst und allen abgeleiteten Klassen zugreifbar. Für die externe Schnittstelle lässt sich der Property-Mechanismus nutzen. Anstatt direkt über die Instanzvariablen eines anderen Objekts zuzugreifen, werden die Zugriffe über Accessoren (Getter- und Setter-Methoden) gekapselt. Diese Accessoren können automatisch in einer Zeile

Code erzeugt werden. Das spart Speicherplatz und macht den Quelltext lesbarer sowie die Wartung einfacher und sicherer;

- keine abstrakten Klassen: Im Gegensatz zu C++ gibt es keine Möglichkeit, abstrakte Klassen oder Methoden zu definieren. Stattdessen können Sie ähnliches Verhalten nur mit leeren Methodenrümpfen und Exceptions zur Laufzeit nachbilden;
- keine Namespaces: Die Erweiterung des Namensraums um Namespaces und die dadurch mögliche mehrfache Verwendung ein und desselben Bezeichners für eine Klasse gibt es nicht;
- keine Templates: Templates erlauben in C++ eine Form des dynamischen Bindens, ansonsten wären Containerklassen nicht möglich. Templates legen Container auf Typen fest, wodurch der Typ in der Struktur festgelegt und compilersicher umgesetzt wird. Objective-C hat keine Sprachstrukturen wie Templates. Objekte können überall eingesetzt werden und werden dynamisch zur Laufzeit – also nicht statisch – typisiert.

Zusammenfassung

Die Erfahrung zeigt, dass Objective-C-Projekte im Vergleich zu C++-Projekten häufig weniger feingranular gestaltet werden. Klassenhierarchien werden zwar konsequent, aber nicht exzessiv eingesetzt. Dadurch werden diese Projekte oftmals übersichtlicher und wartbarer, die Gesamtzahl an Klassen bleibt überschaubar. Gleiches gilt für die Frameworks, die mitgeliefert werden. Eine gewünschte Funktionalität wird schnell gefunden und ist meist sehr schnell eingebunden.

Die Lernkurve für Ein- oder Umsteiger ist steiler, weil der Sprachumfang an sich deutlich begrenzter ist und die Konzepte und Entwurfsmuster schnell verstanden werden. Dadurch fällt auch die Einarbeitung in bestehende Projekte oder Quelltexte leichter. Wohingegen man in C++ oft nach Jahren der Entwicklung völlig neue Aspekte kennenlernen kann und oft Tage braucht, um gewisse Implementierungen wirklich zu verstehen.

1.2 Umstieg von Java

Objective-C und Java sind deutlich enger verbunden, als man es anfangs vermuten möchte. Beides sind relativ moderne Programmiersprachen, die als Erweiterung oder in Anlehnung der Sprache C entstanden sind. In den frühen 80er-Jahren entstand ein neuer Ansatz für eine objektorientierte Sprache. Das war die Geburtsstunde von Objective-C. Den großen Erfolg erreichte sie aber erst durch den Kauf der Technologie durch Apple Mitte der 90er-Jahre und die Entwicklung von OS X auf Cocoa als Nachfolger des Betriebssystems NeXTStep.

Ebenfalls in den 90er-Jahren entstand in den SUN Laboratories die Programmiersprache Java. Sie wurde mit folgenden Designzielen entwickelt (vgl. *http://java.sun.com/docs/white/langenv/Intro.doc2.html*):

- einfach und objektorientiert
- robust und sicher
- architekturneutral und portabel
- leistungsfähig
- interpretierbar, parallelisierbar und dynamisch

Beide Sprachen sind sehr stark an Smalltalk angelehnt. Die Urväter von Java lassen sogar durchblicken, dass Java in wesentlichen Aspekten auch von Objective-C inspiriert wurde. So ist das Konzept der Interfaces den Protokollen nach gestaltet und das Konzept der Einfachvererbung übernommen worden. Auch viele Entwurfsmuster der mitgelieferten Frameworks wurden aufgegriffen. Der Umstieg von Java fällt in der Regel nicht sehr schwer. Tatsächlich treffen die meisten der Designziele von Java auch auf Objective-C zu: Sie ist einfach, objektorientiert, robust, leistungsfähig, parallelisierbar und extrem dynamisch.

Die wesentlichen Unterschiede liegen ganz klar in der Struktur des Quelltextes. Java verzichtet völlig auf eine Klassendeklaration. In Objective-C hingegen sind Deklaration und Umsetzung strikt getrennt. Sie werden normalerweise auch in zwei eigene Dateien aufgeteilt, mit einer eigenen Header-Datei für die Deklarationen. In Java gibt man Klassen bekannt, indem man deren Package angibt, in Objective-C müssen Sie stattdessen die Header-Datei importieren. Die fehlenden Packages machen sich auch in der Möglichkeit der Beschränkung von Namensräumen auf kleinere Einheiten bemerkbar. Ein ähnliches Konzept gibt es für Objective-C nicht. Hier muss die Menge aller Klassennamen eines Projekts disjunkt sein.

In der Leistungsfähigkeit unterscheiden sich beide Sprachen aufgrund der zugrunde liegenden Technologie. Obwohl Java mittlerweile sehr performant ist, wird es als interpretierte Sprache immer etwas hinter der Performance einer kompilierten Sprache hinterherhinken. Das ist der Tribut der Idee „write once, run anywhere" und gleichzeitig der Mitbegründer des großen Erfolgs von Java.

Wenngleich Java sich als dynamische Sprache versteht, reicht sie hier nicht an Objective-C heran. Durch das Konzept der dynamischen Typisierung wird der Typ eines Objekts tatsächlich erst zur Laufzeit ermittelt und Nachrichten – wie Methodenaufrufe aufgrund der extrem dynamischen Struktur in Objective-C heißen – erst zur Laufzeit zugestellt. Java kennt zwar auch das dynamische Binden von Methoden, verzichtet aber auf diese extreme Art der Dynamik, indem es eine strikte statische Typisierung propagiert. Der Typ eines Objekts wird zur Übersetzungszeit geprüft und erzeugt Fehlermeldungen, wenn die Typen nicht vereinbar sind.

Seit der Version 2.0 und der Einführung der Garbage Collection in Objective-C nähern sich beide Sprachen auch bezüglich der Speicherverwaltung an. Das soll aber nicht darüber hinwegtäuschen, dass in vielen Fällen – so auch bei der iPhone-Entwicklung – die Speicherverwaltung weiterhin in der Verantwortung des Entwicklers liegt.

Seit einigen Jahren ist bei Java der Trend zu erleben, dass es sich von seiner Grundidee der Einfachheit und Robustheit etwas weg bewegt. Diese Weiterentwicklung ist für eine Sprache absolut wichtig. Einige Neuerungen werden heftig diskutiert und entfernen Java etwas von Objective-C. Konzepte wie die Einführung der Generics – ein Mechanismus ähnlich der Templates in C++ zur typsicheren Definition von Containerklassen – und das Autoboxing – also die automatische Umwandlung der elementaren Datentypen in ihre Objekt-Wrapper – haben keinen Gegenpart in Objective-C.

2. Objective-C für Ein- und Umsteiger

Viele der Paradigmen und Konzepte von Objective-C sind Entwicklern mit objektorientiertem Hintergrund schnell zugänglich oder gar schon geläufig. Die folgenden Abschnitte stellen die wesentlichen Merkmale der Programmiersprache Objective-C vor. Von den Datentypen über Kontrollstrukturen bis hin zum Begriff der Klasse und des Objekts werden diese kurz vorgestellt. So erhalten sowohl ambitionierte Einsteiger als auch passionierte Java- oder C++-Entwickler einen schnellen Einstieg in die Entwicklung mit Objective-C.

2.1 Mit Datentypen arbeiten

Datentypen

Im Vergleich zu anderen objektorientierten Programmiersprachen sind die primitiven Datentypen von Objective-C auf die folgenden reduziert: *BOOL*, *char*, *int*, *float*, *double* und *id*. Dazu gibt es noch die Qualifizierer *short* und *long* für eine Beschränkung bzw. Erweiterung des Wertebereichs sowie *signed* und *unsigned* für vorzeichenbehaftete bzw. positive Zahlen. Die einzelnen Datentypen und ihren Wertebereich finden Sie in der Tabelle weiter unten.

Wie viele andere Programmiersprachen definiert Objective-C einen eigenen Typ für Werte mit den Zuständen Wahr oder Falsch. Der Datentyp *BOOL* kann dabei die Werte *NO* oder *YES* annehmen. Allerdings ist dieser Typ wie auch in C nicht strikt umgesetzt. Alle logischen Operationen wie == oder && liefern Ergebnisse vom Typ *int*. Dabei entspricht *NO* der *0* und *YES* allen anderen ganzen Zahlen.

Der Objective-C-Typ *char* speichert ein einzelnes Zeichen, also z. B. einen Buchstaben, eine Ziffer oder ein Satzzeichen. Einzelne Zeichen werden dabei in einfachen Anführungszeichen angegeben. Zusätzlich können Sie diese auch als Zahlenrepräsentation angeben. Beispiele hierfür sind:

- `char c1 = 'A';  // letter A`
- `char c2 = 65;   // letter A as decimal representation`
- `char c3 = ':';  // colon`
- `char c4 = '\r'; // line break`

Zur Darstellung von Zahlen stehen Ihnen die Datentypen *int*, *float* und *double* zur Verfügung. Dabei sind Literale wie z. B. *2* oder *2.0* jeweils vom Typ *int* bzw. *double*. Mit *1.0f* können Sie explizit einen *float* erzeugen.

Die Qualifizierer *short* und *long* reduzieren bzw. erhöhen den jeweiligen Wertebereich und Speicherbedarf der einzelnen Datentypen. *short int* definiert einen verkürzten *int*-Wert (2 Byte lang). *short* kann nur in Verbindung mit Integerzahlen verwendet werden. Als Kurzschreibweise kann auch der Datentyp *int* weggelassen werden. Somit sind die beiden folgenden Zeilen gleichwertig:

- `short int si = 1;`
- `short si = 1;`

Der Qualifizierer *long* erweitert den Wertebereich und damit den Speicherbedarf der integralen Datentypen. Als Besonderheit müssen Sie hier beachten, dass ein *long int* gleichwertig mit *int* ist und denselben Wertebereich abdeckt. Erst ein *long long int* verdoppelt diesen. Ein *float* lässt sich nicht erweitern, dafür definiert *long double* eine 16-Byte-Gleitkommazahl. Auch hier können Sie wieder das Schlüsselwort *int* weglassen. Folgende Zuweisungen sind erlaubt:

- `long double ld = 1.0;        // 16 byte floating point value`
- `long int li = 10;            // equivalent to int!!!`
- `long li1 = 10;               // shortcut for long int`
- `long long int lli = 1;       // extended integer value`
- `long long lli1 = 1;          // shortcut for an extended integer value`

Die folgende Tabelle fasst die Datentypen von Objective-C auf einem 32-Bit-System zusammen:

Datentyp	Wertebereich	Speicherbedarf
BOOL	*NO* oder *YES*	1 Byte
char	–128 bis 127	1 Byte
unsigned char	0 bis 255	1 Byte
short int	–32.768 bis 32.767	2 Byte
unsigned short int	0 bis 65.535	2 Byte
int	–2.147.483.648 bis 2.147.483.647	4 Byte
unsigned int	0 bis 4.294.967.295	4 Byte
long int	–2.147.483.648 bis 2.147.483.647	4 Byte
long long int	–9.223.372.036.854.775.808 bis 9.223.372.036.854.775.807	8 Byte
unsigned long long int	0 bis 18.446.744.073.709.551.615	8 Byte
float	4-Byte-Gleitkommazahl	4 Byte
double	8-Byte-Gleitkommazahl	8 Byte
long double	16-Byte-Gleitkommazahl	16 Byte
id	4 Byte generische Referenz auf ein Objekt	4 Byte

Arrays

Arrays oder Vektoren sind ein- bzw. mehrdimensionale Gruppierungen eines Datentyps. Auf den Inhalt eines Arrays kann anhand einer eindeutigen Position zugegriffen werden. Sie erzeugen ein Array von Integerwerten wie folgt:

```
int myArray[3];
```

Dieses Beispiel deklariert ein Array von maximal *3* Werten. Auf einzelne Elemente können Sie nun über die Angabe der Position bzw. des Index in eckigen Klammern zugreifen. Dabei beginnt die Zählung im Array bei 0. *myArray[0]* referenziert also das erste Element des eben definierten Arrays. Zuweisungen können Sie so vornehmen:

```
myArray[0] = 1;              // first element is 1
myArray[1] = 2;              // second is 2
myArray[2] = myArray[1] + 1; // third element equals second
                                element + 1
```

Zur Vereinfachung können Sie Arrays auch gleich bei der Deklaration mit Werten belegen. Dafür müssen Sie die einzelnen Werte des Arrays innerhalb von geschweiften Klammern mit Kommas getrennt auflisten. Das obige Beispiel würde dann in einer Zeile lauten:

```
int myArray[3] = {1, 2, 3};
```

Allerdings können Sie in dieser Zuweisung noch nicht auf vorherige Elemente des Arrays zugreifen. Deshalb wird hier dem dritten Element explizit die *3* zugewiesen.

Nach dem gleichen Schema lassen sich auch mehrdimensionale Arrays aufbauen. Ein zweidimensionales Array ist dann also ein Array von Arrays des jeweiligen Datentyps:

```
int twoDimArray[2][2];
twoDimArray[0][0] = 0;
twoDimArray[0][1] = 1;
twoDimArray[1][0] = 10;
twoDimArray[1][1] = 11;
```

Hinweis

Zugriffe auf Elemente eines Arrays sind einfache Zeigeroperationen. Sie müssen unbedingt selbst sicherstellen, dass Sie den maximalen Definitionsbereich Ihres Arrays nicht überschreiten. Eine Fehlermeldung oder Exception wird bei einer Überschreitung der Grenze nicht ausgelöst. Stattdessen wird der zufällig an der berechneten Speicherstelle platzierte Wert genutzt, was zu Fehlverhalten oder sogar Programmabstürzen führen kann.

Strukturen

Komplexere Datenstrukturen lassen sich mit dem Schlüsselwort *struct* erstellen. Im Gegensatz zu Arrays können diese Strukturen unterschiedliche Datentypen enthalten und bestehen aus benannten Elementen. Sie können also mit dem Namen anstatt mit einem Index auf die Elemente zugreifen. Folgendes Beispiel erstellt eine Struktur *Size*:

```
struct Size {
    float width;
    float height;
};
```

Die Datenstruktur *Size* enthält die Elemente *width* und *height*. Beide sind in diesem Beispiel vom Typ *float*. Sie können allerdings beliebige Datenstrukturen oder sogar verschachtelte Strukturen verwenden. Mit der Anweisung

```
struct Size size;
```

erzeugen Sie eine Variable des neuen Typs *Size*. Auf die einzelnen Elemente innerhalb der Struktur können Sie mit der Punktnotation zugreifen:

```
size.width = 10.0f;
size.height = 20.0f;
```

Die erste Anweisung weist dem Element *width* der Variable *size* den Wert *10.0f* zu. Analog wird in Zeile 2 *height* mit dem Wert *20.0f* belegt.

2.2 Die Kontrollstrukturen verstehen

Objective-C deckt den kompletten Umfang der aus C bekannten Kontrollstrukturen ab. Dieses Kapitel gibt einen Überblick über die wichtigsten Möglichkeiten, den Kontrollfluss in einer Anwendung zu steuern. Sie lernen, wie Sie abhängig von Bedingungen im Programmfluss verzweigen und diesen bewusst steuern können.

Bedingungen: wichtige Operatoren

Bevor Sie die wichtigsten Kontrollstrukturen kennenlernen, erhalten Sie in der folgenden Tabelle einen schnellen Einblick in die wichtigsten Operatoren zur Formulierung von Bedingungen.

Operator	Beispiel	Beschreibung
==	*a == b*	Wahr, wenn a gleich b ist
!=	*a != b*	Wahr, wenn a ungleich b ist
<	*a < b*	Wahr, wenn a kleiner als b ist
>	*a > b*	Wahr, wenn a größer als b ist
<=	*a <= b*	Wahr, wenn a kleiner oder gleich b ist

Operator	Beispiel	Beschreibung
>=	*a >= b*	Wahr, wenn a größer oder gleich b ist
!	*!(a == b)*	Negierung. Wahr, wenn a nicht gleich b ist
&&	*a && b*	Und-Verknüpfung. Wahr, wenn a und b wahr sind
||	*a || b*	Oder-Verknüpfung. Wahr, wenn a oder b wahr ist.

Bedingte Ausführung

Die einfachste Variante einer bedingten Verzweigung ist die *if*-Anweisung:

```
if (condition) {
    statements // block1
}
else {
    statements // block2
}
```

Der Anweisungsblock *block1* wird nur dann ausgeführt, wenn die Bedingung *condition* wahr ist. Andernfalls wird der *block2* im *else*-Zweig angesprungen. Das ist also der typische „Wenn ... dann“-Fall. Hier ein Beispiel für die Verwendung einer einfachen *if*-Anweisung:

```
if (value % 2 == 0) {
    printf("even");
}
else {
    printf("odd");
}
```

Die Bedingung in Zeile 1 prüft, ob die Variable *value* Modulo 2 (%-Operator) den Wert 0 hat, also gerade ist. In den Anweisungsblöcken wird mit der Funktion *printf* das Ergebnis des Tests auf der Kommandozeile ausgegeben.

Auch eine Schachtelung ist erlaubt. Im *else*-Zweig können Sie direkt eine *if*-Anweisung anstelle des Anweisungsblocks platzieren. Das nachfolgende Beispiel vergleicht zwei Zahlen *a* und *b* und gibt das Ergebnis auf der Kommandozeile aus.

```
int a = 0, b = 1;

if (a == b) {
    printf("a is equal to b");
}
else if (a < b) {
    printf("a is smaller than b");
}
else {
    printf("b is smaller than a");
}
```

Die Ausgabe dieses Beispiels ist *a is smaller than b*.

Eine Abkürzung: konditionaler Operator

Wie viele andere Programmiersprachen definiert auch Objective-C einen speziellen Operator zur bedingten Zuweisung. Der dreistellige Operator hat die Syntax:

```
condition ? trueValue : falseValue
```

Die Evaluierung des Operators liefert *trueValue*, sofern die Bedingung *condition* wahr ist, oder *falseValue* andernfalls.

Die Anweisung

```
BOOL value = i > 10 ? 1 : 0;
```

ist die verkürzte Version folgender *if*-Anweisung:

```
BOOL value;
if (i > 10) value = 1;
else value = 0;
```

Für alle *i* größer als 10 liefert der Ausdruck 1, andernfalls 0.

Mehrfachauswahl

Eine Mehrfachauswahl wird immer dort benötigt, wo aufgrund eines Ausdrucks mehrere Alternativen zur Auswahl stehen. Um in solchen Szenarien unübersichtliche *if-else*-Strukturen zu vermeiden, stellt Objective-C die *switch*-Anweisung zur Verfügung:

```
switch (expression) {
    case match1:
        statements // block1 with statements
        break;
    case match2:
        statements // block2 with statements
        break;
...
    case matchN:
        statements // blockN with statements
        break;
    default:
        statements // default block with statements
        break;
}
```

Der Ausdruck *expression* kann ein Wert oder ein Ausdruck, der nach dessen Auswertung einen Wert ergibt, sein. Für jede Alternative bzw. zu erwartenden Wert muss eine entsprechende *case*-Anweisung vorhanden sein. Dabei wird der erwartete Wert hinter *case* vor dem Doppelpunkt angegeben (*match1*, *match2*, ..., *matchN*). Der Wert muss vom gleichen Typ sein wie der Ausdruck *expression*. Variable oder Bezeichner sind an dieser Stelle nicht erlaubt.

Stimmt der Wert hinter *case* mit dem Wert des Ausdrucks überein, wird der Anweisungsblock nach dem Doppelpunkt ausgeführt. Das Schlüsselwort *break* beendet die Ausführung und verlässt den kompletten *switch*-Block. Ohne das *break* würden alle nachfolgenden *case*-Zweige durchlaufen, egal ob die Werte mit dem Ausdruck *expression* übereinstimmen oder nicht.

Stimmt keiner der Werte hinter *case* mit dem Ausdruck überein, werden die Anweisungen nach *default* ausgeführt. Das Schlüsselwort *default* ist allerdings optional.

Das nachfolgende Beispiel gibt für die Variable *dayInWeek* den entsprechenden Wochentag oder eine Fehlermeldung aus:

```
int dayInWeek = 3;

switch (dayInWeek)
{
    case 1 : printf("Monday");
        break;
    case 2 : printf("Tuesday");
        break;
    case 3 : printf("Wednesday");
        break;
    case 4 : printf("Thursday");
        break;
    case 5 : printf("Friday");
        break;
    case 6 : printf("Saturday");
        break;
    case 7 : printf("Sunday");
        break;
    default : printf("Not a valid day number");
        break;
}
```

Keine Variablendeklaration nach Doppelpunkt

Aufgrund der Syntax von Objective-C ist direkt nach dem Doppelpunkt einer *case*-Anweisung keine Variablendeklaration erlaubt. In solchen Fällen können Sie die kompletten Anweisungen nach dem Doppelpunkt in einen eigenen Block zwischen *{* und *}* packen. In Blöcken sind Variablendeklarationen auch am Anfang erlaubt.

Schleifen

Schleifen kontrollieren den Programmfluss durch eine bedingte Mehrfachausführung von Codeblöcken. In Objective-C stehen drei Schleifen zur Auswahl: *for*, *while* und *do*.

Die Zählschleife

Die Zählschleife *for* hat folgende Syntax:

```
for (initializer; loop-test; counting expression) statement
```

Eine *for*-Anweisung enthält drei Elemente: die Initialisierung *initializer*, die Schleifenbedingung *loop-test* und den Zählausdruck *counting expression*. In der Initialisierung können Sie eine Variable, die sogenannte Zählvariable, und deren Startwert definieren, z. B. *int i = 0*. Die Schleife wird dann ausgeführt, solange die Bedingung *loop-test* wahr ist. Die Bedingung *i < 3* würde das *statement* der Schleife beispielsweise durchlaufen, solange die Zählvariable *i* kleiner als 3 ist. Wollen Sie mehrere Anweisungen als Block innerhalb der Schleife ausführen, müssen Sie diese in geschweiften Klammern setzen.

Nach jedem Schleifendurchlauf wird der Zählausdruck ausgeführt. Das darf jeder numerische Ausdruck sein, der einen als *int* interpretierbaren Wert darstellt. Typische Beispiele sind *i = i + 1* (oder kurz *i++*) für ein Hochzählen um 1 oder *i = i + 2* für eine Schrittweite von 2.

Ein Anwendungsfall ist das Durchlaufen eines Arrays:

```
int myArray[3] = {1, 2, 3};

for (int i = 0; i < 3; i++) {
    printf("%d\n", myArray[i]);
}
```

In diesem Beispiel wird zuerst das Array *myArray* mit den drei Werten *1*, *2* und *3* vorbelegt. In der *for*-Schleife wird über das komplette Array iteriert und die jeweiligen Werte werden ausgegeben.

Auf die Zählvariable haben Sie innerhalb der Schleife Zugriff. Sie können diese dort auch beliebig manipulieren oder auswerten. Achten Sie aber darauf, Endlosschleifen durch fehlerhafte Manipulation zu vermeiden. Eine bewusste Endlosschleife lässt sich einfach mit der leeren *for*-Anweisung erzeugen: *for (;;)*

Zählvariable verringern/erhöhen

Für die beiden Fälle einer Erhöhung bzw. Verringerung der Zählvariable um 1 gibt es, wie im Text schon erwähnt wurde, die Möglichkeit, anstelle von *i = i + 1* die verkürzte Form *i++* bzw. für *i = i - 1* die Form *i—* zu verwenden.

Bedingte Ausführung: die while-Schleife

Die *while*-Schleife erlaubt eine bedingte Steuerung des Schleifendurchlaufs. Die Schleife wird dabei wiederholt, solange die Bedingung *condition* in den runden Klammern wahr ist.

```
while (condition) {
    statements
}
```

Die Bedingung *condition* wird erstmals vor dem Schleifendurchlauf überprüft. Ist das Kriterium nach dem Durchlauf wieder wahr, wird die Schleife erneut gestartet, andernfalls wird der Block verlassen und die Anweisung nach dem *while*-Block ausgeführt.

Bedingte Schleifen eignen sich also vor allem in Situationen, in denen die genaue Anzahl der Schleifendurchläufe nicht bekannt ist oder dynamisch bei jedem Durchlauf ermittelt wird.

Das folgende Beispiel zeigt eine *while*-Schleife, die das Verhalten einer *for*-Anweisung nachbildet.

```
    int i = 0;
    while (i < 10)
    {
        printf("loop %d\n", i);
        i++;
    }
```

Im ersten Durchlauf ist *i* gleich 0 und damit die Bedingung wahr. In jedem Schleifendurchlauf wird *i* um 1 erhöht und der neue Wert auf der Kommandozeile ausgegeben. Nach der Ausführung aller Anweisungen der Schleife wird die Bedingung $x < 10$ wieder überprüft und die Schleife weiter ausgeführt, bis *i* den Wert *10* annimmt und die Bedingung nicht mehr erfüllt ist.

Auch mit *while*-Schleifen lassen sich leicht unendliche Schleifen erzeugen. Die Anweisung *while (true)* erfüllt genau diesen Zweck. Dann wird häufig innerhalb der Schleife selbst ein Abbruchkriterium definiert und die Schleife explizit zum Beispiel mit dem Schlüsselwort *break* verlassen. Mehr zu diesem Schlüsselwort erfahren Sie im Abschnitt „Vorzeitiger Schleifenabbruch" weiter unten. Dieses Konstrukt wird oft verwendet, wenn die Bedingung zu komplex für einen einfachen logischen Ausdruck ist.

Das folgende Beispiel berechnet die Fibonacci-Zahlen kleiner als *1000*. Die Fibonacci-Folge ist eine unendliche Folge von Zahlen, bei der sich die jeweils folgende Zahl durch Addition der beiden vorhergehenden Zahlen errechnet. Gestartet wird mit den beiden Werten $\text{fib}_0 = 0$ und $\text{fib}_1 = 1$:

```
// initialize the first two numbers in the sequence
int fibOld = 0;
int fibCurrent = 1;

// variable for calculating the next fibonacci number
int fibNew;

while (fibCurrent < 1000)
{
    printf("%d ", fibCurrent);

    // calculate the next number by adding the
    // current number to the old number
    fibNew = fibCurrent + fibOld;

    fibOld = fibCurrent;
    fibCurrent = fibNew;
}
```

Das Programm gibt die Folge

```
0 1 1 2 3 5 8 13 21 34 55 89 144 233 377 610 987
```

auf der Kommandozeile aus. Da zu Beginn der Schleife nicht bekannt ist, wie viele Zahlen sich unterhalb der Schwelle von *1000* befinden, kommt hier die bedingte *while*-Schleife zum Einsatz.

Bedingte Ausführung: die do-while-Schleife

Genau wie die *while*-Schleife im vorigen Abschnitt besteht die *do-while*-Schleife aus einer Bedingung und einem Block von Anweisungen, die wiederholt ausgeführt werden:

```
do {
    statements
} while (condition);
```

Allerdings wird zuerst der Anweisungsblock ausgeführt und danach die Bedingung überprüft. Die Schleife wird also auf jeden Fall mindestens einmal durchlaufen. Das Semikolon am Ende der *while*-Anweisung nach der Bedingung ist nötig und schließt die Schleife ab.

Mit der *do-while*-Schleife lässt sich ebenfalls die *for*-Schleife nachbauen:

```
int i = 0;

do {
    printf("%d\n", i);
    i++;
} while (i < 10);
```

Beim ersten Durchlauf mit *i* gleich 0 wird erst nach dem Inkrementieren von *i* erstmalig die Schleifenbedingung überprüft. Somit sind die *for-*, *while-* und *do-while* Schleife in diesen Fällen äquivalent, solange nicht die Schleifenbedingung schon vor dem ersten Schleifenlauf nicht mehr erfüllt ist. In einer *do-while*-Schleife würde in diesem Fall im Gegensatz zu den anderen beiden Schleifentypen dennoch ein Durchlauf des Schleifenrumpfes stattfinden.

Vorzeitiges Weiterführen des Schleifendurchlaufs

Das Schlüsselwort *continue* erlaubt das vorzeitige Beenden des aktuellen Schleifendurchlaufs. Dabei wird an dieser Stelle die Ausführung unterbrochen und mit dem nächsten Schleifendurchlauf fortgesetzt. *continue* ist in Zählschleifen und in bedingten Schleifen erlaubt.

Das folgende Beispiel durchsucht ein Array nach den Buchstaben *l* und gibt deren Anzahl aus:

```
char text [] = {'h', 'e', 'l', 'l', 'o', ' ',
    'w', 'o', 'r', 'l', 'd', '\0'};

int numLs = 0;

for (int i = 0; i < 11; i++) {
    // we are interested only in ls
    if (text[i] != 'l')
        continue;

    //count l's
    numLs++;
}

printf("found %d l's in the text '%s'", numLs, text);
```

Ist der aktuelle Buchstabe kein *l*, wird der Schleifendurchlauf mit *continue* abgebrochen und die Schleife von Neuem mit der Prüfung der Bedingung und dem Hochzählen der Schleifenvariablen fortgesetzt. Das tatsächliche Inkrementieren in den darauf folgenden Zeilen wird nur durchlaufen, wenn tatsächlich ein *l* vorliegt.

Auf der Kommandozeile wird ausgegeben:

```
found 3 l's in the text 'hello world'
```

Hinweis

Beachten Sie, dass *continue* nur innerhalb von Schleifen (*for, do, while*) verwendet werden darf. Jede andere Verwendung quittiert der Compiler mit einer Fehlermeldung.

Vorzeitiger Schleifenabbruch

Einen vorzeitigen Abbruch der Schleife können Sie mit der *break*-Anweisung erreichen. Dabei wird sofort die Schleife verlassen und die Ausführung nach der Schleife fortgesetzt.

```
char text [] = {'h', 'e', 'l', 'l', 'o', ' ',
    'w', 'o', 'r', 'l', 'd', '\0'};

int i;

for (i = 0; i < 11; i++) {
    // find the first l
    if (text[i] == 'l')
        break;
}

printf("found first l at position %d", i + 1);
```

Das Beispiel sucht nach dem ersten Auftreten des Buchstaben *l* in dem *char*-Array *text*. Falls der aktuelle Buchstabe ein *l* ist, wird mit *break* die Schleife beendet. Die Schleifenvariable *i* ist in diesem Beispiel bewusst außerhalb der *if*-Anweisung platziert. So lässt sich auch nach dem Verlassen der *for*-Schleife noch auf *i* zugreifen und auf diese Weise schnell die Position des ersten gefunden *l* ausgeben (*i + 1*, da die erste Position im Array die 0 ist).

Das Schlüsselwort *break* wurde schon in der *switch*-Anweisung genutzt. Ohne genauere Beschreibung bewirkte es dort auch ein direktes Verlassen des aktuellen Anweisungsblocks nach einem *case*.

Hinweis

Beachten Sie, dass *break* nur innerhalb von Schleifen (*for, do, while*) und in der *switch*-Anweisung verwendet werden darf. Jede andere Verwendung quittiert der Compiler mit einer Fehlermeldung.

2.3 Klassen erstellen

In den bisherigen Abschnitten haben Sie die Konzepte rund um Datentypen, Kontrollstrukturen und Funktionen kennengelernt. Mit diesem Umfang lassen sich schon viele Probleme und Aufgabenstellungen lösen. Objective-C ist vor allem eine objektorientierte Erweiterung von C. Als Objective-C-Entwickler müssen Sie die objektorientierten Elemente kennenlernen und verstehen.

In objektorientierten Sprachen dreht sich alles um den Begriff des Objekts. Ein Objekt fasst Datenstrukturen und Funktionen zu einer Einheit zusammen. In Objective-C nennt man diese Elemente Instanzvariablen und Objektmethoden oder kurz Methoden. Durch die Kapselung von Daten und Funktionen (in Methoden) lassen sich Objekte als wiederverwendbare Bausteine für eine Softwareanwendung verstehen. Das ist der wesentliche Unterschied zu prozeduralen Programmiersprachen. Dort dreht sich alles um den funktionalen Ablauf einer Anwendung. Daten und Funktionen sind nebeneinander definiert. Genau das erschwert dort die Wiederverwendbarkeit von erstelltem Quellcode.

Alle Objekte sind in Objective-C vom generischen Typ *id*. Das ist nicht zu verwechseln mit dem Typ bzw. der Klasse der Instanzvariablen eines Objekts. *id* ist definiert als Zeiger auf eine Objektdatenstruktur:

```
typedef struct objc_object {
    Class isa;
} *id;
```

Wie sich hier schon andeutet, ist Objective-C eine dynamisch typisierte Sprache. Das bedeutet, dass erst zur Laufzeit die Klasse eines Objekts bestimmt wird.

Mit dem generischen Typ *id* lassen sich Platzhalter für beliebige Objekte schaffen:

```
id myObject;
```

definiert ein Objekt *myObject*, dessen Typ zur Kompilierzeit nicht bekannt ist. Sie können hier beispielsweise Objekte vom Typ *NSString* oder *NSNumber* (eine Beschreibung dieser beiden Klassen finden Sie in Kapitel 4.1 und 4.2) oder jeder anderen auch von Ihnen selbst definierten Klasse verwenden.

Was ist eine Klasse?

Eine Klasse ist der Bauplan oder Prototyp eines Objekts. Sie beschreibt die internen Strukturen und die Abhängigkeiten und Funktionen. In der Klasse definieren Sie, welche Funktionalität die Methoden besitzen und welche Daten das Objekt vorhält. Nach diesem Bauplan werden im Programm dann Objekte erzeugt und mit diesen Objekten interagiert.

Eine Klasse besteht im Wesentlichen aus der Schnittstelle, der Deklaration der Klasse und der Umsetzung, also der Implementierung. In den meisten Softwareprojekten werden die Bestandteile in separate Dateien, den Header (Dateierweiterung *.h*) und die Implementierung (Dateierweiterung *.m*), aufgeteilt. Dabei ist der Dateiname normalerweise gleich dem Klassennamen. Das ist eine Konvention, die vor allem aus Wartungs- und Wiederverwendbarkeitsaspekten eingeführt wurde. Dadurch kann anderen Codedateien die Klassenbeschreibung bekannt gemacht werden, ohne Details über die Implementierung zu enthüllen.

In manchen Beispielen dieses Buches werden zur Vereinfachung oft die Deklaration und Implementierung in nur einer Datei untergebracht.

Eine Klassendeklaration hat folgende Syntax:

```
@interface ClassName : Superclass {
    //instance variable declarations
}
// method declarations
@end
```

Die Klassendeklaration steht zwischen den Schlüsselwörtern *@interface* und *@end*. *@interface* folgt der Klassenname und mit einem Doppelpunkt separiert die Basisklasse. Objective-C unterstützt nicht das Konzept der Mehrfachvererbung. Jede Klasse hat also nur maximal eine Basisklasse.

Innerhalb des Anweisungsblocks folgt die Definition der Instanzvariablen. Die Methodendeklarationen stehen nach diesem Block und werden durch das Schlüsselwort *@end* abgeschlossen.

Das folgende Beispiel definiert die Klasse Rechteck:

```
@interface Rectangle : NSObject {
    double length;
    double width;
}

- (double) getArea;
- (double) getCircumference;
- (void) setLength : (double) newLength;
- (void) setWidth : (double) newWidth;

+ (double) getSumOfInnerAngles;

@end
```

Die Instanzvariablen können Datentypen (wie aus den vorherigen Kapiteln) oder Instanzen anderer Klassen wie z. B. *NSString* sein. In diesem Beispiel definieren wir die Instanzvariablen *length* und *width* für die Länge und Breite des Rechtecks.

Nach diesem Block werden die Methoden deklariert. Die Methode *getArea* berechnet die Fläche des Rechtecks. Sie hat keine Parameter und liefert ein Ergebnis vom Typ *double* zurück. *getCircumference* liefert den Umfang unseres Rechtecks ebenfalls als *double* zurück. Der Rückgabetyp wird in runden Klammern angegeben.

Die Methoden *setLength:* und *setWidth:* sind die sogenannten Setter-Methoden für die beiden Instanzvariablen, d. h., über diese Methoden werden die Instanzvariablen gesetzt. Sie haben beide keinen Rückgabewert, weswegen dieser als *void* – also keinen Typ – gesetzt wird. Dafür haben beide Methoden einen Parameter, der nach dem Doppelpunkt in der Form *(datatype) parameterName* angegeben wird.

Den Methodendeklarationen ist ein Minuszeichen (-) vorgestellt, um anzuzeigen, dass es sich um Instanzmethoden handelt. Instanzmethoden arbeiten auf den Instanzen bzw. den Objekten einer Klasse. Im Gegensatz dazu werden Klassenmethoden mit einem Pluszeichen (+) deklariert. Klassenmethoden arbeiten auf Klassenebene und haben keinen Zugriff auf Inhalte von Instanzen der Klasse. Im obigen Beispiel ist *getSumOfInnerAngles* eine Klassenmethode. Sie liefert die Summe aller Winkel des Rechtecks. Diese ist unabhängig von den Eigenschaften einer Instanz immer 360°.

Die Klasse Rechteck wird von der Klasse *NSObject* abgeleitet. Das ist die Basisklasse aller Klassen des Cocoa-Frameworks. *NSObject* stellt die wichtigsten Methoden rund um die Erzeugung und Lebensdauer von Objekten zur Verfügung und muss deshalb direkt oder indirekt eine Basisklasse Ihrer selbst erstellten Klassen sein.

Konvention in diesem Buch

In diesem Buch wird als Konvention eine gemischte Groß- und Kleinschreibung verwendet: z. B. *myObject*. Klassenbezeichner werden jeweils mit einem Großbuchstaben begonnen, Objekte, Variablen und Methoden beginnen jeweils mit einem Kleinbuchstaben.

Die Implementierung einer Klasse

Die Implementierung einer Klasse ist ihrer Deklaration sehr ähnlich. Sie wird mit dem Schlüsselwort *@implementation* eingeleitet:

```
@implementation ClassName
// method definitions
@end
```

In der Implementierung erhalten die Methoden ihre eigentliche Funktion und die Instanzvariablen werden in Beziehung zueinander gesetzt. So wird aus der Hülle der Klasse eine Schnittstelle, über die mit Objekten der Klasse kommuniziert werden kann.

Das Beispiel aus dem vorigen Abschnitt erhält diese Implementierung:

```
@implementation Rectangle

- (double) getArea {
    return length * width;
}

```

```
- (double) getCircumference  {
    return 2 * length + 2 * width;
}

- (void) setLength : (double) newLength {
    length = newLength;
}

- (void) setWidth : (double) newWidth {
    width = newWidth;
}

+ (double) getSumOfInnerAngles {
    return 360; // the sum of all angles in degrees
}

@end
```

Alle Methoden haben nun einen Rumpf mit Ihrer Funktion erhalten. Dieser wird nach der Signatur der Methode in einem Block in geschweiften Klammern implementiert. Methoden mit Rückgabewerten liefern diese mit der Anweisung *return* zurück. In den beiden Setter-Methoden werden die Instanzvariablen auf ihren neuen Wert gesetzt.

2.4 Nachrichten an Objekte senden

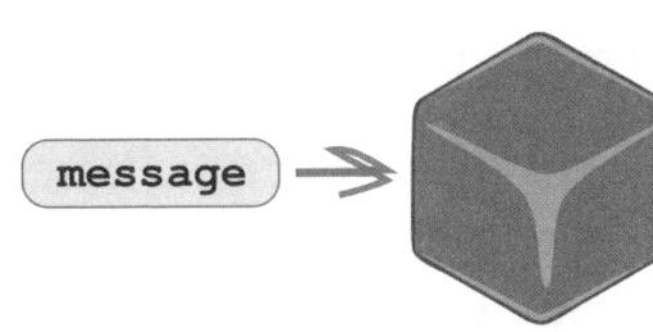

In Objective-C werden den Objekten Nachrichten gesendet. Der wesentliche Unterschied zu einem direkten Funktions- oder Methodenaufruf liegt darin, dass erst zur Laufzeit der tatsächliche Typ des Empfängers ermittelt wird. Die Nachricht des Senders löst bei dem Empfänger den Aufruf einer bestimmten Methode aus. Die Anweisung

```
[receiver aMessage]
```

löst beim Empfänger (*receiver*) den Aufruf der Methode *aMessage* aus. Die Nachricht ist also einfach der Name der Methode. Im Verlauf dieses Buches werden deshalb „Nachricht an ..." oder „Aufruf der Methode ..." oder nur „Methode ..." synonym verwendet.

Nachrichten an Objekte können auch Parameter enthalten. Das folgende Beispiel setzt für das Objekt *myRectangle* die Breite *width* auf *20.0*:

```
[myRectangle setWidth:20.0];
```

Eine Nachricht an ein Objekt kann auch einen Wert zurückliefern. Der Aufruf

```
double area = [myRectangle getgetArea];
```

liefert die Fläche des Objekts *myRectangle* zurück und setzt die Variable *area* entsprechend.

Hat eine Methode mehrere Parameter, kann jeder einzelne mit einem Doppelpunkt (:) von den vorigen abgetrennt werden:

```
[myLargeObject setParams:1:2:3:4];
```

Information

Der Methodenname in einer Nachricht wählt beim Empfänger also eine Methode aus. Deshalb spricht man auch von einem *selector*. Selektoren werden Ihnen in späteren Kapiteln wieder begegnen. Der Datentyp *SEL* kann eine Methode aufnehmen, ähnlich einem Zeiger auf eine Methode. Mit dem Operator *@selector* kann aus einer bestimmten Methode eine Variable vom Typ *SEL* belegt werden: *SEL mySelector = @selector(myMethod);*

Benannte Parameter

Um Nachrichten mit mehreren Parametern lesbarer zu gestalten und den Zweck jedes Parameters aus der Nachricht ersehen zu können, erlaubt Objective-C benannte Parameter. Dabei wird jeder Parameter mit einem weiteren Label versehen:

```
- (void) setWidth: (double) newWidth
          andLength:(double) newLength {
    width = newWidth;
    length = newLength;
}
```

Die neue Methode erweitert die Klasse *Rectangle*. Jeder Parameter ist dabei direkt benannt. Die Nachricht an ein Objekt sieht nun folgendermaßen aus:

```
    [rect setWidth:10.0 andLength:20.0];
```

Gerade bei Methoden mit mehreren Argumenten kann das die Lesbarkeit des Codes deutlich erhöhen.

Hinweis

Sofern Sie benannte Parameter verwenden, müssen Sie diese auch immer in den Nachrichten an Objekten verwenden. Die Reihenfolge der Parameter darf dabei nicht variiert werden. Andernfalls kann die Nachricht nicht der Methode des Objekts zugeordnet werden. Das liegt daran, dass in diesem Fall die Methodennamen aus den benannten Parametern erzeugt werden. Der tatsächliche Methodenname im letzten Beispiel wäre somit: *setWidth:andLength:*. Benannte Parameter sind damit nur eine andere Art, Methoden zu benennen.

Nachrichten und nil

Eine Besonderheit von Objective-C ist, dass es erlaubt ist, Nachrichten an Objekte zu schicken, die *nil* sind. *nil* ist der Wert eines Objektzeigers, der auf kein Objekt zeigt, vergleichbar mit *NULL* aus anderen Programmiersprachen – was übrigens auch verwendet werden darf und gleich *nil* ist. Alle Instanzvariablen sind vor ihrer Initialisierung mit *nil* vorbelegt. Gleiches gilt für *0* bzw. alle numerischen Werte, die der *0* entsprechen, wie z. B. das boolesche *NO*. Initialisierungen von Instanzvariablen mit *nil*, *0*, *NO* bzw. *false* sind nicht nötig.

Durch diese Konvention können Sie auf eine Überprüfung von Objektzeigern auf den Wert *nil* verzichten. Es kann dennoch vorkommen, dass es aus Programmsicht sinnvoll ist, explizit den *nil*-Fall abzuprüfen, wenn er z. B. eine Fehlersituation des Programms darstellt.

Für Nachrichten an Objekte, die einen Rückgabewert haben, wird entsprechend dem Datentyp ein *nil* oder die dem Datentyp entsprechende *0* als Ergebnis zurückgegeben. Der Aufruf von

```
Rectangle *rect = nil;
printf("%1.2f\n", [rect getArea]);
```

gibt also *0.00* auf der Kommandozeile aus.

Instanzvariablen

Hinweis: Die automatische Initialisierung gilt nur bei Instanzvariablen. Lokale Variablen, die innerhalb von Anweisungsblöcken oder Methoden deklariert werden, müssen nach wie vor explizit initialisiert werden. Ansonsten weist dieser Zeiger auf eine nicht reservierte Speicherstelle, was zur Laufzeit mit einem Absturz aufgrund eines BAD_ACCESS quittiert wird.

2.5 Objekte erzeugen

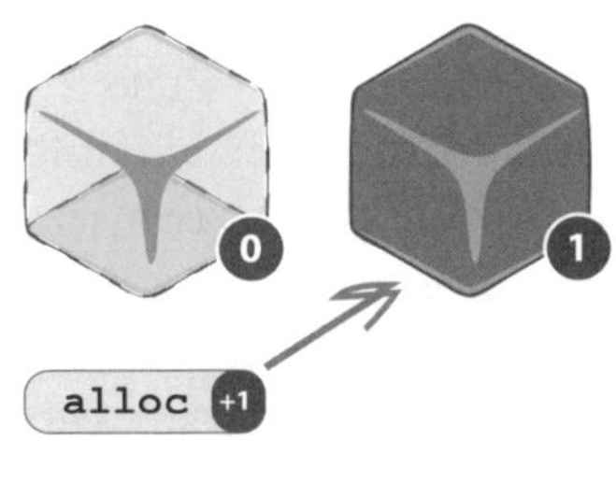

Von jeder implementierten Klasse können Sie Objekte erzeugen. Dies geschieht in zwei Schritten: Reservierung von Speicher und Initialisierung des Objekts. Als Konvention fasst man beide Schritte in einer Anweisung zusammen. Ein Objekt vom Typ Rechteck können Sie mit folgender Anweisung erzeugen:

```
Rectangle *rect = [[Rectangle alloc] init];
```

Zuerst wird also die Klassenmethode *alloc* von *NSObject* aufgerufen. Diese reserviert den Speicherbereich. *init* initialisiert die Instanzvariablen des neuen Objekts. Auch *init* wird von *NSObject* geerbt. Meistens wird man diese Methode überschreiben, um die Instanzvariablen korrekt zu setzen. Da Instanzvariablen immer mit einem der 0 entsprechenden Wert vorbelegt sind, wird in diesem Beispiel aus Platzgründen darauf verzichtet.

Der verschachtelte Aufruf ist möglich, weil die Methode *alloc* einen Wert vom Typ *id* zurückliefert. Aufgrund der dynamischen Typisierung kann dem Objekt die Nachricht zugestellt werden.

2.6 Initialisierung eines Objekts

Im vorhergehenden Abschnitt haben Sie gesehen, wie Objekte im Speicher mit *alloc* angelegt und mit *init* initialisiert werden. Dabei erfüllt die Methode *init* den Zweck, die Instanzvariablen korrekt vorzubelegen. Ohne eigene Initialisierung werden alle Instanzvariablen einem der 0 entsprechenden Wert vorbelegt.

Eine normale *init*-Methode besitzt in etwa folgende Struktur:

```
- (id) init {
    if (self = [super init]) {
        // do initialization here
    }
    return self;
}
```

self ist ein Zeiger auf die aktuelle Instanz einer Klasse – also auf sich selbst. Dadurch wird es Ihnen ermöglicht, der eigenen Instanz Nachrichten zu schicken oder einen Zeiger auf sich selbst in einer Methode zurückzuliefern.

Der Bezeichner *super* verweist im Gegensatz zu *self* auf die Basisklasse der aktuellen Instanz. Sie können dadurch eine Nachricht an die Basisklasse Ihrer Klasse schicken. Mehr zum Thema Basisklasse und Vererbung finden Sie in Kapitel 3.1.

Der Ausdruck in Zeile 2 in diesem Beispiel ist eine Zuweisung und gleichzeitige Überprüfung der Variable *self*. Bei einem Fehler der Methode *init* der Basisklasse würde *nil* als Ergebnis zurückgeliefert. Der Ausdruck *nil* in einer Bedingung ist erlaubt und wird als *NO* interpretiert. Somit würde in diesem Fall die Initialisierung korrekterweise nicht angesprungen. Derartige Abkürzungen von Zuweisung und Bedingung erschweren die Lesbarkeit des Codes. Für solche Fälle werden sie aber sehr häufig genutzt. Die Instanzvariable *self* wird am Ende der Methode für die Rückgabe der eigenen Instanz benutzt.

Eine eigene Initialisierung implementieren

Wenn Sie selbst eine Initialisierungsmethode schreiben wollen, sollten Sie ein paar wichtige Konventionen einhalten. Folgende Eigenschaften sollte Ihre Methode haben:

- Der Name einer Methode zu Initialisierung sollte immer mit *init* beginnen.
- Die Methode sollte immer *id* als Rückgabetyp besitzen.
- Die Initialisierung sollte immer zu Beginn eine Initialisierungsmethode der Basisklasse aufrufen – oder eine andere Initialisierungsmethode der eigenen Klasse, die eine Initialisierungsmethode der Basisklasse aufruft. So stellen Sie sicher, dass auch geerbte Variablen der Vererbungshierarchie folgend korrekt initialisiert werden.
- Sie sollten immer die Referenz auf die eigene Klasse *self* explizit setzen, sodass *self* am Ende der Initialisierung gleich dem Rückgabewert der Methode ist. Deshalb sollten Sie am Ende der Methode auch direkt *self* zurückgeben.
- Instanzvariablen sollten nicht über Zugriffsmethoden, sondern direkt gesetzt werden. Mehr zu Zugriffsmethoden bzw. Properties erfahren Sie in Kapitel 3.8.

Die Anwendung dieser Regeln wird im folgenden Beispiel für die Klasse *Rectangle* demonstriert. Sie wird um eine Initialisierungsmethode erweitert, die Länge und Breite des Rechtecks auf den gleichen Wert setzt, also ein Quadrat festlegt:

```
- (id) initWithLengthAndWidth: (double) lengthAndWidth {
    if (self = [self init]) {
        length = lengthAndWidth;
        width = lengthAndWidth;
    }
    return self;
}
```

Zu Beginn wird die Methode *init* der eigenen Klasse aufgerufen. Diese sorgt für die korrekte Initialisierung auch der Basisklasse (Zeile 2). In den Zeilen innerhalb des *if*-Blocks werden die Instanzvariablen *length* und *width* auf den angegebenen Wert gesetzt (Zeile 3 und 4) und am Ende der Zeiger auf das Objekt selbst zurückgegeben (Zeile 7).

Eine *init*-Methode sollte immer *self* explizit setzen und am Ende zurückgeben, weil es in der Initialisierung durchaus möglich ist, dass ein anderes Objekt als der ursprüngliche Empfänger der Nachricht zurückgegeben werden kann.

3. Fortgeschrittene Techniken anwenden

Beispiele dieses Kapitels

Viele der Beispiele dieses Kapitels finden Sie als Quelltext in Beispiel 03.1. Aus Übersichtlichkeits- und Platzgründen wird aber auf eine Referenzierung des jeweiligen Beispiels verzichtet. Der Quelltext ist in einzelne Methoden bzw. Klassendefinitionen für jedes Kapitel unterteilt.

3.1 Vererbung schnell erklärt

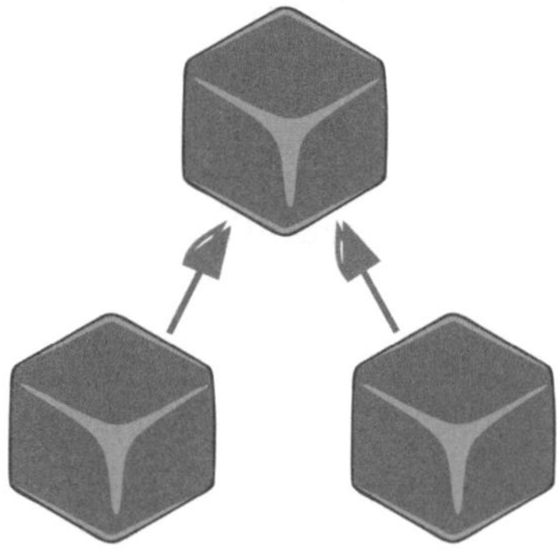

Ein wesentliches Merkmal objektorientierter Programmiersprachen ist das Konzept der Vererbung. Klassen und Objekte können Methoden und Instanzvariablen von einer Basisklasse erben. Vererbung wird vor allem zur Spezialisierung eingesetzt. Das bedeutet, dass die abgeleitete Klasse die Basisklasse verfeinert. Nehmen Sie die Klasse Rechteck aus dem letzten Kapitel als Beispiel. Die Klasse definiert ein Viereck, das durch rechte Winkel und eine Länge bzw. eine Breite charakterisiert ist. Ein Quadrat wäre ein Sonderfall, bei dem Länge und Breite gleich sind. Ansonsten wären aber alle Eigenschaften und Berechnungen exakt gleich. Anstatt für eine neue Klasse Quadrat alle Eigenschaften und Methoden neu und nahezu gleich zu implementieren, leitet man in objektorientierten Programmiersprachen die Klasse einfach von Rechteck ab. Dadurch erbt die Klasse automatisch alle Eigenschaften bzw. Instanzvariablen und die Methoden, ohne eine Zeile Code zu produzieren. Die neue Klasse muss dann nur an den entsprechenden Stellen angepasst werden – also z. B. eine neue *init*-Funktion, die nur einen Parameter übergibt und daraus dann die Länge und die Breite des Rechtecks setzt.

Bevor wir uns das im Beispiel näher anschauen, wollen wir erst auf die Syntax eingehen. Eine Vererbungsbeziehung wird in der Klassendeklaration abgebildet. Die Klassendeklaration wurde bereits in Kapitel 2.3 besprochen. Sie lautet:

```
@interface ClassName : Superclass {
    //instance variable declarations
}
```

```
// method declarations
@end
```

Nach der Definition des Klassennamens steht durch einen Doppelpunkt getrennt der Name der Superklasse bzw. Basisklasse *Superclass*. Bislang haben wir es als gegeben hingenommen und stillschweigend *NSObject* als Basisklasse für die Beispiele benutzt. In diesen Fällen erbte die abgeleitete Klasse also alle Methoden und Eigenschaften von *NSObject*. Jede Klasse, die wir erstellen, muss direkt oder über die Basisklasse von *NSObject* erben, damit die wichtigen Methoden für das Laufzeitsystem vorhanden sind.

Die Syntax lässt schon erkennen, dass Objective-C keine Mehrfachvererbung unterstützt. Eine Klasse kann also genau eine Basisklasse haben. Im Verlauf von Kapitel 3 werden Sie noch weitere Möglichkeiten kennenlernen, die das Fehlen der Mehrfachvererbung aufwiegen bzw. einen Ersatz dazu anbieten.

Methoden überschreiben

Die von der Basisklasse vererbten Methoden können in der neuen Klasse auch verändert werden. Man bezeichnet das auch als Überschreiben. Dadurch kann die Funktionalität der neuen Klasse angepasst werden. Sie können auch innerhalb der Methoden auf die Methode der Basisklasse zugreifen. Mit

```
[super methodName];
```

rufen Sie die Methode *methodName* der Basisklasse auf. Es ist sogar üblich, in Ableitungen einer Methode die überschriebene Methode der Basisklasse aufzurufen, um den korrekten Ablauf in der Basisklasse zu garantieren. Eine überschriebene Methode sieht dann abstrakt so aus:

```
- (void) methodName {
    // first call super class method
    [super methodName];
    // now change the behaviour for the new conrete class
}
```

Beim Überschreiben einer Methode ist es wichtig, dass die komplette Signatur inklusive Rückgabetyp der Methode übereinstimmen muss (Zeile 1). Zu Beginn der Methode wird zunächst die Methode der Basisklasse aufgerufen (Zeile 3). Dadurch wird sichergestellt, dass der Ablauf in der Basisklasse korrekt weitergeführt wird. Bei genauer Kenntnis der Basisklasse oder einfachen Getter- und Setter-Methoden ist das natürlich nicht immer nötig. Viele Klassen in Cocoa erwarten aber einen expliziten Aufruf, wenn man ihre Methoden überschreibt. Danach können Sie die nötige Logik für die neue Klasse umsetzen.

Das Überschreiben und die dynamische Typisierung bezeichnet man auch als Polymorphismus. Eine Programmiersprache ist polymorph, wenn eine Methode gleichen Namens bei unterschiedlichen Objekten zu unterschiedlichem Verhalten führt. In unserem Beispiel würde die Methode *methodName* eventuell ein leicht anderes Verhalten implementieren als die Basisklasse. Beide Klassen haben aber aufgrund der Vererbungshierarchie jeweils die Methode in der Schnittstelle. Die Methode kann also ohne Rücksicht auf den tatsächlichen Typ des Empfängers verwendet werden.

Vererbung – ein einfaches Beispiel

Nach der Theorie erweitern wir das Beispiel *Rectangle* um eine Ableitung. Die Klasse *Square* repräsentiert zukünftig ein Quadrat. Da das Quadrat allein durch eine Seitenlänge definiert ist, wird eine neue Methode *setSide:* hinzugefügt, die die Eigenschaften *length* und *width* auf denselben Wert der Seitenlänge des Quadrats setzt. Außerdem überschreiben wir die Methoden *setWidth:* und *setLength:*, sodass jeweils immer Länge und Breite gesetzt werden, egal welche der beiden Methoden aufgerufen wird.

Die Deklaration der Klasse *Square* ist sehr übersichtlich:

```
@interface Square : Rectangle {
}
- (void) setSide:(double) newLength;
@end
```

Da ansonsten alle Methoden von der Basisklasse *Rectangle* geerbt werden, muss die Schnittstelle nur um die neue Funktion *setSide:* erweitert werden. Aber auch die Umsetzung profitiert von der Vererbung der Methoden und Eigenschaften.

```
@implementation Square

- (void) setWidth:(double)newWidth {
    // it is a square set both length and width to newWidth
    width = newWidth;
    length = newWidth;
}

- (void) setLength:(double)newLength {
    // it is a square set both length and width to newLength
    width = newLength;
    length = newLength;
}

- (void) setSide:(double) newLength {
    width = newLength;
    length = newLength;
}

@end
```

Ohne Änderungen an den restlichen Methoden bleiben diese dennoch voll funktionsfähig. Sie können auch ein Objekt vom Typ *Square* mit der Nachricht *getArea* nach der Fläche fragen und erhalten die korrekte Antwort.

Abstrakte Klassen

Eine Klasse, die nur als reine Basisklasse fungiert und deshalb auch einige Methoden der Schnittstelle mangels Funktion nicht implementieren kann, nennt man abstrakte Klasse. Abstrakte Klassen zeichnen sich vor allem dadurch aus, dass von ihnen keine Objekte erzeugt werden können. Sie werden also erst durch eine konkrete Ableitung nutzbar. Als abstrakte Methode wird eine reine Schnittstellenmethode bezeichnet, die in der Klasse selbst nicht implementiert ist.

In vielen objektorientierten Programmiersprachen stehen dafür Sprachkonstrukte zur Verfügung. Objective-C unterstützt dieses Konzept nicht. Es gibt aber sprachliche Möglichkeiten, eine Klasse als abstrakt zu deklarieren und die Erzeugung von Objekten der Klasse zu verhindern. Da vom objektorientierten Standpunkt aus abstrakte Klassen ein wichtiges Designmittel sind, können Sie eine der folgenden Möglichkeiten als Ersatz nutzen:

- Deklaration der abstrakten Methoden und Implementierung als reiner Methodenrumpf ohne Funktionalität: Dann lässt sich die Klasse aber instanziieren und die Methodenaufrufe sind ohne Funktion.
- Zusätzlich können noch die abstrakten Methoden mit einer Exception versehen werden, die bei Ausführung geworfen wird. Wenn Sie außerdem noch die Methode *init* mit einer Exception zur Laufzeit versehen, kann von der Klasse kaum ein Objekt mehr erzeugt werden und die abstrakten Methoden können nicht ohne einen Fehler zur Laufzeit ausgeführt werden.

Klassenbrowser vorstellen

Ein nützliches Tool zur Anzeige der Vererbungshierarchie Ihres Projekts und der gesamten Klassenhierarchie von Cocoa ist der Klassenbrowser. Sie können sich dort flach oder hierarchisch durch alle Klassen klicken. Das Tool zeigt Ihnen die zugehörige Header-Datei in einem Editorfenster an.

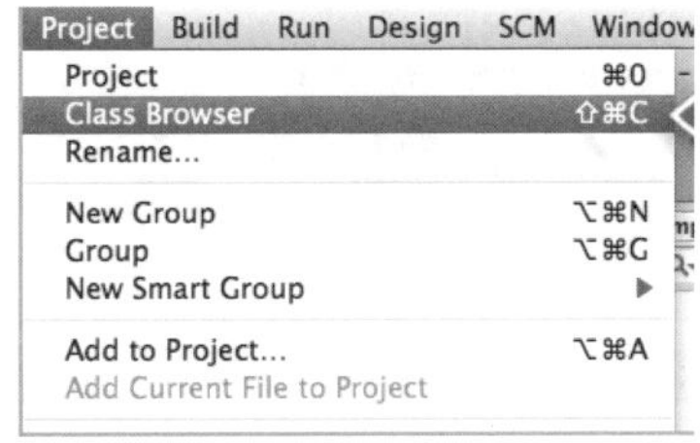

Sie finden den Klassenbrowser im Menü unter *Project/Class Browser*.

Im Klassenbrowser sehen Sie die gewohnte dreiteilige Struktur von Xcode. Auf der linken Seite befindet sich der Browser mit der hierarchischen Auflistung aller Klassen. Dort können Sie sich einfach durch die gesamte Klassenhierarchie hangeln. Der rechte Bereich ist in zwei Abschnitte unterteilt. Oben werden alle Methoden inklusive Klassenmethoden in einer Listenansicht dargestellt. Darunter sehen Sie ein Editorfenster mit der Datei, in der die ausgewählte Klasse deklariert ist.

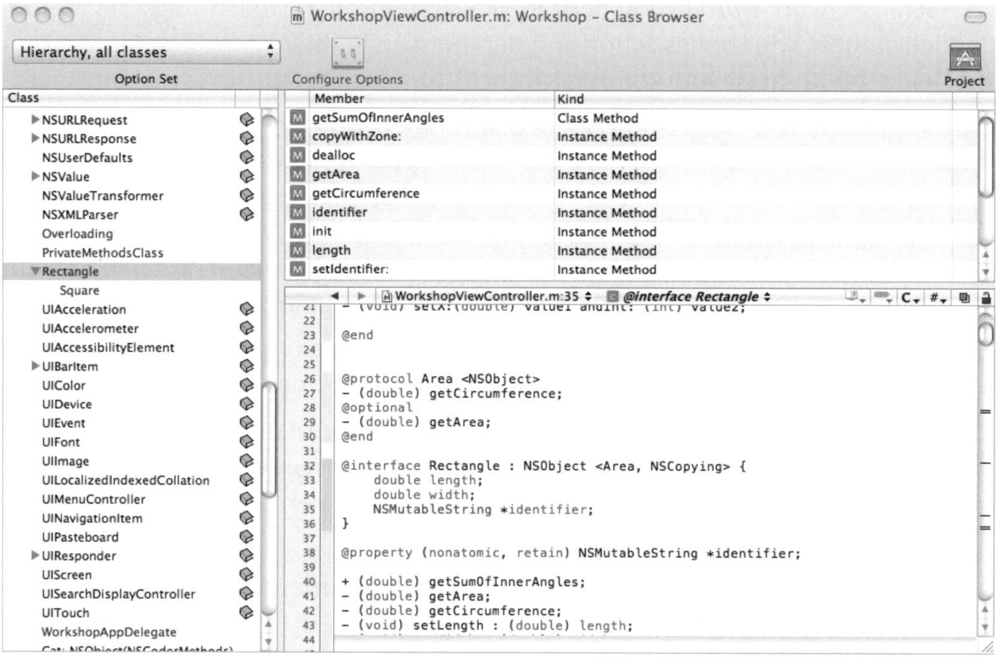

Der Klassenbrowser von Xcode zeigt die Klassenhierarchie Ihres Projekts und die Klassen der Frameworks.

3.2 Protokolle sinnvoll nutzen

Durch Protokolle setzt Objective-C das Konzept der reinen Schnittstellenvererbung um. Eine Klassendeklaration definiert die Schnittstelle einer bestimmten Klasse. Protokolle erlauben es, unabhängig von einer bestimmten Klasse einen Satz Methoden vorzuschreiben. Das Protokoll kann dann in vielen anderen Klassen umgesetzt werden.

Protokolle sind völlig unabhängig von einer Klassenhierarchie und umgehen dadurch auch Probleme, die ansonsten durch das Fehlen einer Mehrfachvererbung auftreten könnten. Sie müssen zur Erstellung eines Protokolls auch keine Informationen über die Klassen haben, die dieses Protokoll umsetzen bzw. implementieren. Stattdessen schreiben Sie diesen Klassen nur gewisse Methoden als Schnittstelle vor.

Protokolle definieren

Die Protokolldeklaration hat folgende Syntax:

- **`@protocol`** `ProtocolName`

```
    method declarations
@end
```

Das Schlüsselwort *@protocol* leitet die Deklaration ein. Danach folgt die Methodendeklaration, wie Sie das schon von den Klassen kennen. Beachten Sie, dass im Vergleich zur Syntax von *@interface* der Block für die Instanzvariablen in geschweiften Klammern wegbleibt. Protokolle schreiben nur Methoden vor, keine Instanzvariablen. Der Protokollname wird analog zu Klassennamen normalerweise großgeschrieben.

Mit den Schlüsselwörtern *@optional* und *@required* können Sie die Umsetzung von Methoden als optional oder verpflichtend vorschreiben. Ohne eines der Schlüsselwörter sind alle Methoden zwingend in jeder Klasse umzusetzen, um dem Protokoll zu entsprechen. Die Schlüsselwörter unterteilen dabei die Protokolldeklarationen in Abschnitte. Alle jeweils einem der Schlüsselwörter folgenden Methodendeklarationen unterliegen dessen Wirkung.

Das folgende Protokoll *Area* erweitert die Serie der Beispiele um die Klasse *Rectangle*.

```
@protocol Area <NSObject>
- (double) getCircumference;
@optional
- (double) getArea;
@end
```

Jede Klasse, die in irgendeiner Form eine geometrische Fläche repräsentiert – also z. B. Formen wie Polygone –, werden die Methoden *getArea* und *getCircumference* zur Verfügung stellen. Die Methode *getArea* wurde optional markiert, weil die Berechnung des Umfangs eine sehr einfache Operation sein kann, dagegen aber die Fläche eventuell nur schwer ermittelbar ist. Deshalb steht es Klassen, die dieses Protokoll umsetzen, frei, diese Methode zu übernehmen.

Protokolle umsetzen

Die Implementierung eines Protokolls erfolgt in zwei Schritten. Zuerst müssen Sie in der Protokollliste der Klasse die Zugehörigkeit zum Protokoll deklarieren. Das erfolgt in der *@interface*-Deklaration:

```
@interface ClassName : Superclass <protocol list>
```

Eine Klasse kann beliebig viele Protokolle implementieren. Diese werden in der Protokollliste jeweils mit einem Komma getrennt. Deshalb wird dieser Mechanismus oft als Ersatz für die fehlende Mehrfachvererbung angesehen.

Selbst Protokolle können von anderen Protokollen abgeleitet werden. Der Protokolldeklaration kann wie auch *@interface* eine Protokollliste nachgestellt werden. So lassen sich Protokollhierarchien erstellen.

```
@protocol ProtocolName <protocol list>
```

Das Foundation-Framework stellt ein eigenes Protokoll *NSObject* zur Verfügung. Um die wichtigsten Methoden für alle Objekte auch über das Protokoll abzudecken, können Sie Ihr Protokoll von *NSObject* ableiten. Weitere Informationen über *NSObject* und das Foundation-Framework gibt Ihnen Kapitel 4.

Die Klasse *Rectangle* kann nun auch das Protokoll *Area* umsetzen:

```
@interface Rectangle : NSObject <Area>
```

Um dem Protokoll zu entsprechen, muss die Klasse noch die Methoden des Protokolls implementieren. Die Implementierung von *Rectangle* wird also um die zwei Methoden erweitert:

```
- (double) getArea {
    return length * width;
}

- (double) getCircumference  {
    return 2 * length + 2 * width;
}
```

Die Fläche eines Rechtecks und sein Umfang werden entsprechend der üblichen Formeln berechnet und zurückgeliefert.

Protokollkonformität

Sie haben gesehen, dass eine Klasse einem Protokoll entspricht bzw. es adaptiert, indem sie alle Methoden des Protokolls implementiert – genauer alle Methoden, die implizit oder explizit als *@required* markiert sind. Sie können die Konformität auch zur Laufzeit abfragen:

```
Rectangle *rect = [[Rectangle alloc] init];

if ([rect conformsToProtocol:@protocol(Area)])
    printf("conforms to protocol area");
else
    printf("doesn't conform to protocol area");
```

Die Methode *conformsToProtocol:* liefert nur dann *YES* zurück (Zeile 3), wenn das Protokoll *Area* und alle in diesem Protokoll enthaltenen Protokolle in der Klasse des Objekts *rect* implementiert sind. Dabei ist es gleichgültig, ob die Klasse *Rectangle* das Protokoll selbst umsetzt oder es aus einer Basisklasse vererbt wird.

Sie können auch auf das Vorhandensein einzelner Methodenimplementierungen prüfen. Mehr darüber erfahren Sie in den Kapiteln über Selektoren (3.4) und Introspektion (3.7).

Das Prinzip der Delegation

Häufig werden Protokolle mit dem Entwurfsmuster der Delegation eingesetzt. Von Delegation spricht man, wenn ein Objekt, anstatt eine Aufgabe selbst auszuführen, diese an ein anderes Objekt delegiert. Der Empfänger der Aufgabe wird als Delegate bezeichnet. Es ist zum Beispiel eines der Grundmuster im Entwurfsmuster **M**odel **V**iew **C**ontrol (kurz MVC). Sie werden es in vielen Klassen des Cocoa-Frameworks wiederfinden.

Ein weiteres Einsatzgebiet der Delegation ist die Übertragung eines Status. Ein Objekt kann damit einem Interessenten (entspricht dem Delegate) Statusänderungen mitteilen. Die Interessenten müssen sich dazu bei dem Objekt als Interessent registrieren.

Delegation ist eine gängige Alternative zur Spezialisierung durch Vererbung. Bei einer Vererbung muss sich die abgeleitete Klasse in gewisser Weise mit der Basisklasse auseinandersetzen. Diese Umsetzung ist also als Whitebox-Umsetzung anzusehen. Dagegen erlaubt es die Delegation, eine spezielle Funktionalität auf eine andere Klasse zu übertragen. Die spezialisierte Klasse ist dabei völlig gekapselt. Diese Betrachtung entspricht also einer Blackbox.

3.3 Überladen von Methoden

Der Mechanismus des Überladens (im Englischen: Overloading) charakterisiert die mehrfache Verwendung eines Bezeichners in Deklarationen. Die Auswahl des entsprechenden Bezeichners kann dann zur Laufzeit nur über den Kontext geschehen. Man unterscheidet vor allem die Operator- und die Methodenüberladung.

Objective-C unterstützt weder das Überladen von Methoden noch das von Parametern. Sie können keine zwei Methoden gleichen Namens und mit gleicher Anzahl an Parametern definieren, die sich nur anhand des Parametertyps unterscheiden. Folgende einfache Klassendeklaration mit zwei Methoden wird mit einem Fehler des Compilers quittiert:

```
@interface Overloading : NSObject
- (void) setX: (int) value1 : (double) value2;
- (void) setX: (int) value1 : (int) value2;
@end
```

Der Compiler meldet in diesem Fall: *duplicate declaration of method '-setX:'*

Allerdings bietet Objective-C mit den benannten Parametern aus Kapitel 2.4 einen Ausweg an. Das vorige Beispiel lässt sich abändern zu:

```
- (void) setX:(int) value1 andDouble: (double) value2;
- (void) setX:(double) value1 andInt: (int) value2;
```

Auf den ersten Blick wirkt es verwunderlich, dass diese Deklaration erlaubt ist und der Compiler anstandslos durchläuft. Wie in Kapitel 2.4 über benannte Parameter erwähnt wurde, wird der interne Name einer Methode in Objective-C aus Methodennamen und den benannten Parametern bestimmt. In diesem Fall sind *setX:andDouble:* und *setX:andInt:* zwei komplett unterschiedliche Methoden.

Andere Programmiersprachen

In vielen anderen Programmiersprachen - wie C++ oder Java - ist die Überladung über einen ähnlichen Trick des Compilers realisiert. Während der Kompilierung werden Methodennamen aus dem eigentlichen Namen und den Parametertypen generiert. Deshalb reicht in diesen Programmiersprachen eine Unterscheidung des Typs aus.

3.4 Mit Selektoren arbeiten

Selektoren sind die Repräsentanz einer Methode zur Laufzeit. Sie bestehen zur Laufzeit nicht aus dem Methodennamen, sondern aus einem eindeutigen Wert – also einer Referenz auf eine Methode. Das Laufzeitsystem stellt dabei sicher, dass die Selektoren eindeutig sind und Methoden mit dem gleichen Namen auch tatsächlich den gleichen Selektor haben. Selektoren sind nicht mit der Methodenimplementierung zu verwechseln. Um dynamisch zur Laufzeit die Nachrichten zustellen zu können, haben zwei Methoden gleichen Namens aus zwei unterschiedlichen Klassen tatsächlich denselben Selektor.

Objective-C besitzt für Selektoren den Datentyp *SEL*. Den Selektor einer Methode können Sie mit der Direktive *@selector()* ermitteln. Dabei müssen Sie den Methodennamen in den runden Klammern angeben. Mit der Methode *performSelector:* lässt sich die Methode eines Selektors ausführen – um genauer zu sein, wird die durch den Selektor bestimmte Nachricht an das Objekt geschickt. Die Klasse *NSObject* definiert drei Methoden, durch die sich einige Aufrufszenarien für Selektoren abbilden lassen:

- *performSelector:* – es wird der Selektor ohne Argument ausgeführt.
- *performSelector:withObject:* – der Selektor wird mit einem Objekt als Argument aufgerufen. Dabei muss das Argument ein Objekttyp sein.
- *performSelector:withObject:withObject:* – Ausführung des Selektors mit zwei Argumenten.

Beachten Sie, dass für den jeweiligen Selektor tatsächlich auch eine Methode existieren muss. Ansonsten wird die Programmausführung mit einer Exception unterbrochen.

Das folgende Beispiel erzeugt einen *NSMutableString* und erweitert ihn über die Verwendung eines Selektors:

```
NSMutableString *mString =
    [[NSMutableString alloc] initWithString:@"hello"];

SEL sel = @selector(appendString:);
[mString performSelector:sel withObject:@" world"];

NSLog(@"modified string: %@", mString);
```

Im Beispiel wird in Zeile 4 ein Selektor für den Methodennamen *appendString:* erzeugt. Mit der Nachricht *performSelector:withObject:* und dem Stringobjekt " *world*" wird der zuvor initialisierte String zu *hello world* ergänzt.

Rudimentärer Funktionsumfang

Durch die Vererbung dieser Methoden von *NSObject* erhalten Sie einen rudimentären Funktionsumfang rund um Selektoren. Sollten Sie allerdings Methoden über Selektoren aufrufen wollen, die mehr als zwei Objekte oder eine Mischung aus Objekttypen und Basisdatentypen als Parameter haben, müssen Sie über die Klasse *NSInvocation* gehen. Informationen dazu finden Sie in der Klassenreferenz Ihrer Entwicklungsumgebung. Auch Methodenrückgaben können Sie damit erreichen. Alle *performSelector*-Methoden liefern ein Objekt vom Typ *id* zurück. Andere Datentypen können Sie wieder mit *NSInvocation* abbilden.

Selektoren kommen häufig im Zusammenhang mit Protokollen zum Einsatz. Gerade bei optionalen Methoden müssen Sie vor dem Methodenaufruf sicherstellen, dass das entsprechende Objekt auch tatsächlich die gewünschte Methode implementiert. Die Nachricht *respondsToSelector:* prüft, ob der angegebene Selektor existiert, und liefert entsprechend *YES* oder *NO* zurück. Das Codefragment

```
NSLog(@"%d", [mString respondsToSelector:sel]);
```

ergänzt das vorhergehende Beispiel. Es wird also eine *1* für *YES* ausgegeben, weil *mString* tatsächlich die durch den Selektor *sel* spezifizierte Methode implementiert.

3.5 Kategorien und Erweiterungen einsetzen

In Kapitel 3.1 haben Sie schon gesehen, wie man bestehende Klassen durch Vererbung verändern und erweitern kann. Allerdings wollen Sie nicht wegen jeder Änderung an einer Klasse jeweils eine Ableitung der Klasse erstellen. Zumal Sie dann eventuell auch tiefer in die Implementierung der Basisklasse einsteigen müssten. Um Klassen ohne Vererbung zu erweitern, stellt Objective-C Kategorien zur Verfügung. Kategorien erweitern eine Klasse um Methoden. Sie können so aber keine neuen Instanzvariablen hinzufügen. Kategorien werden dann auch an alle abgeleiteten Klassen vererbt. Syntaktisch sieht die Erweiterung wie eine Schnittstellenspezifikation einer Klasse ähnlich:

```
@interface ClassName (CategoryName)
// method declarations
@end
```

In Klammern geben Sie hinter dem Klassennamen den eindeutigen Namen der Erweiterung an. Eine Angabe der Basisklasse fehlt, weil es sich bei der Erweiterung nicht um eine Vererbungsbeziehung handelt. Die Implementierung erfolgt analog:

```
@implementation ClassName (CategoryName)
// method definitions
@end
```

Alle deklarierten und implementierten Methoden stehen dann innerhalb der Klasse *ClassName* zur Verfügung, als wären sie direkt in der Klasse definiert. So können Sie zum Beispiel Klassen wie *UIFont* (kapselt Schriftarten) oder *UIColor* (repräsentiert Farben) abhängig von Ihrem Projekt erweitern. Das Beispiel enthält die Dateien *ProjectColors.h* und *ProjectColors.m* mit jeweils der Deklaration bzw. Umsetzung.

```
#import <Foundation/Foundation.h>

@interface UIColor (MyColorsAdditions)
+ (UIColor *)lightOrangeColor;
@end
```

Beispiel 3.1: *ProjectColors.h*

```
#import "ProjectColors.h"

@implementation UIColor (MyColorsAdditions)

+ (UIColor *)lightOrangeColor {
    return [UIColor colorWithRed:243.0f/255.0f
        green:224.0f/255.0f blue:191.0f/255.0f alpha:1.0f];
}

@end
```

Beispiel 3.1: *ProjectColors.m*

Die Kategorie *MyColorsAdditions* erweitert die Klasse *UIColor* um eine Klassenmethode *lightOrangeColor*. Diese Methode liefert ein helles Orange zurück. Die Klassenmethode *colorWithRed* von *UIColor* liefert die durch die RGB-Werte (Rot/Gelb/Grün) und den entsprechenden Alphawert definierte rötliche Farbe zurück.

Sofern Sie den Header *ProjectColors.h* in Ihr Projekt einbinden, können Sie ohne Warnungen des Compilers auf die Methoden der Kategorie zugreifen, als wären sie in *UIColor* selbst implementiert:

```
UIColor *color = [UIColor lightOrangeColor];
```

Kategorien zur Gruppierung

Durch Kategorien können Sie eine Klasse mit vielen Instanz- und Klassenmethoden auch strukturieren. Dabei können Sie funktionale Einheiten von Methoden in eine Kategorie kapseln. Das kann in einer oder in mehreren Header- und Implementierungsdateien geschehen. So lässt sich Struktur in eine ansonsten sehr lange Methodenliste bringen.

Kategorien als Ersatz für private Schnittstellen

Da es in Objective-C keine Möglichkeiten gibt, Methoden als *public*, *protected* oder *private* zu deklarieren – also die Sichtbarkeit der Methoden nach außen zu beschränken –, lassen sich Kategorien nutzen, um die Schnittstelle einer Klasse nur innerhalb einer Klasse verfügbar zu machen. Dazu müssen Sie einfach die Methodendeklaration aus der Klassendeklaration der Header-Datei (*.h*) in eine Kategorie in die Implementierung verschieben (*.m*). Die Schnittstelle der Kategorie bleibt damit der Implementierung vorbehalten. Die Methoden sind ähnlich einem *private* in C++ oder Java versteckt. Sie sind von anderen Klassen nicht sichtbar. Allerdings lassen sich diese in Kategorien implementierte Methoden dennoch aufrufen, da Nachrichten zur Laufzeit zugestellt werden und das rein aufgrund des Namens geschieht. Der Compiler gibt aber eine Warnung aus, dass die Methode nicht in der Schnittstelle der Klasse definiert ist.

```
#import <Foundation/Foundation.h>

@interface PrivateMethodsClass : NSObject
- (void) publicMethod;
@end
```

Beispiel 3.1: *PrivateMethodsClass.h*

```
#import "PrivateMethodsClass.h"

@interface PrivateMethodsClass (Private)
- (void) privateMethod;
@end

@implementation PrivateMethodsClass (Private)
- (void) privateMethod {
    printf("private method call\n");
}

@end

@implementation PrivateMethodsClass
- (void) publicMethod {
```

```
    printf("public method call\n");
}

@end
```

Beispiel 3.1: *PrivateMethodsClass.m*

In der Header-Datei wird die Klasse mit nur einer Methode *publicMethod* deklariert. Erst in der Implementierung erfolgt die Deklaration und gleich darauf auch die Umsetzung der Kategorie *Private*. Das folgende Codefragment sendet beide Nachrichten an ein Objekt des Typs *PrivateMethodsClass*:

```
PrivateMethodsClass *priv = [[PrivateMethodsClass alloc] init];
[priv publicMethod];
[priv privateMethod];
```

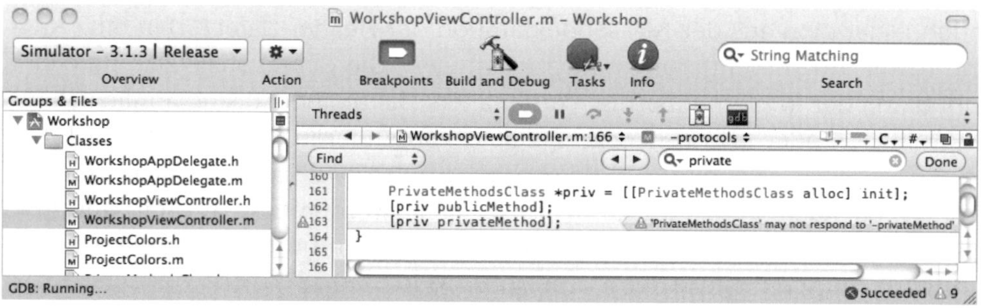

Compiler-Warnung beim Aufruf von privateMethod.

Die Ausgabe auf der Kommandozeile zeigt, dass dennoch beide Methoden zur Laufzeit aufgerufen werden:

```
public method call
private method call
```

Anonyme Kategorien: Erweiterungen

Anonyme – also unbenannte – Kategorien nennt man auch Erweiterungen. Im Gegensatz zu anderen Kategorien werden die Methoden einer Erweiterung in der Klassenimplementierung und nicht in einem eigenen *@implementation*-Block vorgenommen. Die Klasse *PrivateMethodsClass* könnte mit folgender Erweiterung semantisch äquivalent definiert werden:

```
@interface PrivateMethodsClass ()
- (void) privateMethod;
@end
```

Es ist offensichtlich, dass es nur eine Erweiterung für eine Klasse geben kann. Erweiterungen werden oft – wie auch in diesem Beispiel – für die Deklaration einer privaten bzw. internen Schnittstelle verwendet.

3.6 Mit Exceptions arbeiten

Eine Exception ist eine Bedingung oder Ausnahme, die den normalen Programmfluss unterbricht. Typischerweise kennen Sie Exceptions von einer fehlerhaften Indizierung eines Arrays oder bei einer Division durch 0. Exceptions stellen eine objektorientierte Variante dar, vom normalen Programmfluss abzuweichen.

Die Schlüsselwörter *@try*, *@catch*, *@finally* und *@throw* stehen Ihnen zur Behandlung von Exceptions zur Verfügung:

- *@try* klammert einen Block, in dem eine Exception auftreten kann, an der Sie interessiert sind. Der Block wird wie gewohnt in geschweiften Klammern angegeben.
- *@catch*: Der *@catch*-Block nimmt einen geklammerten Parameter, der die lokale Variable für die aufgetretene Exception deklariert. Er wird beim Auftreten der angegebenen Exception aufgerufen. Einer *@try*-Anweisung können beliebig viele *@catch*-Blöcke folgen. Dadurch können Sie auf unterschiedliche Typen von Exceptions einzeln reagieren. Es wird dabei der erste Block durchlaufen, dessen Typ der Exception entspricht.
- *@finally*: Im optionalen *@finally*-Block können Sie Code platzieren, der auf jeden Fall durchlaufen werden muss – egal ob eine Exception aufgetreten ist oder nicht.
- *@throw*: Das Schlüsselwort *@throw* ermöglicht es Ihnen, selbst eine Exception zu werfen.

Das folgende Beispiel verdeutlicht, wie Sie Exceptions abfangen und behandeln können:

```
1  NSArray *array = [NSArray arrayWithObjects:@"1", @"2", @"3", nil];
2
3  @try {
4      NSString *string = [array objectAtIndex:7];
5  }
6  @catch (NSException * e) {
7      NSLog(@"%@", [e description]);
8  }
9  @finally {
10     NSLog(@"Finally block: is executed in any case.");
11 }
```

Im Beispiel wird zuerst ein Array mit drei Werten initialisiert (Zeile 1). Im *@try*-Block wird auf den ungültigen Index 7 im Array zugegriffen (Zeile 4). Zur Laufzeit wird von der Klasse *NSArray* in der Methode *objectAtIndex:* bei ungültigen Indices eine Exception geworfen. Mit dem Schlüsselwort *@catch* erklären Sie das Interesse an allen Exceptions vom Typ *NSException* (Zeile 6). Außerdem wird mit der geklammerten Anweisung gleichzeitig die Variable *e* deklariert. Diese ist im gesamten *@catch*-Block gültig. Mit der Nachricht *description* wird eine textuelle Beschreibung der Exception ausgegeben (Zeile 7). Der abschließende *@finally*-Block soll verdeutlichen, dass diese Anweisungen auf jeden Fall durchlaufen werden. Die Ausgabe auf der Kommandozeile ist:

```
*** -[NSCFArray objectAtIndex:]: index (7) beyond bounds (3)
Finally block: it is executed in any case.
```

Exceptions werden die komplette Aufrufhierarchie von Methoden nach oben gereicht, bis sie durch einen *@try-@catch*-Block gefangen werden oder die Hauptschleife beendet wird.

Eigene Exceptions definieren

Bisher haben Sie nur Exceptions vom Typ *NSException* kennengelernt. Im vorigen Kapitel wurde schon erwähnt, dass Sie auch unterschiedliche Typen von Exceptions abhandeln können. Durch Ableitung von der Klasse *NSException* lassen sich eigene Exceptions oder sogar ganze Hierarchien erstellen. In *try-catch*-Anweisungen können Sie dann durch mehrere *@catch*-Blöcke unterschiedlich auf die einzelnen Exceptions reagieren.

```
@try {
    ...
}
@catch (OwnOrCustomException1 * e) {
    ...
}
@catch (OwnOrCustomException2 * e) {
    ...
}
@catch (NSException * e) {
    ...
}
```

Sie sollten darauf achten, dass die Reihenfolge der abzufangenden Exceptions von der spezielleren zur allgemeineren Exception geht. Grund dafür ist das Matching der Exceptions aufgrund der Klassenzugehörigkeit. Es würde jede von *NSException* abgeleitete Klasse in den *@catch*-Block mit *NSException* laufen. In diesem Beispiel könnte sogar *OwnOrCustomException2* von *NSException* und *OwnOrCustomException1* wieder von *OwnOrCustomException2* abgeleitet sein.

Exceptions werfen

Die bisherigen Abschnitte haben Sie in das Abfangen von Exceptions eingeführt. Sie können natürlich auch selbst Exceptions erzeugen und damit vom normalen Programmfluss abweichen.

Mit dem Schlüsselwort *@throw* werfen Sie eine Exception. Mit der Klassenmethode *exceptionWithName:reason:userInfo:* von *NSException* erzeugen Sie ein Exception-Objekt. Die Parameter *name* für den Namen der Exception und *reason* für die Beschreibung des Grundes für das Auftreten sind jeweils Strings. Sie können diese frei definieren. *userInfo* ist ein Dictionary, in dem Sie zusätzliche Informationen zur Exception weiterreichen können:

```
@try {
    NSException *exception =
        [NSException exceptionWithName:@"myException"
        reason:@"this is a test exception" userInfo:nil];
    @throw exception;
}
@catch (NSException * e) {
    NSLog(@"%@", [e description]);
}
```

In diesem Beispiel wird eine Exception mit dem Namen *myException* und dem Grund *this is a test exception* geworfen. Zusätzliche Informationen in *userInfo* werden hier nicht genutzt und deshalb mit *nil* belegt.

Basisklasse für Exceptions

In Objective-C müssen nicht zwingend Exceptions vom Typ *NSException* geworfen werden. Sie können prinzipiell jeden Objekttypen verwenden und diese auch in *@catch*-Blöcken abfangen. Um den Code rund um Exceptions verständlich und wartbar zu halten, sollten Sie aber nur die Klassen *NSException* oder *NSError* als Basisklasse für Ihre Exceptions verwenden.

3.7 Tiefe Einblicke durch Introspektion

Als Introspektion bezeichnet man die Möglichkeiten, in einer objektorientierten Programmiersprache zur Laufzeit Information zum Typ eines Objekts zu erhalten. In manchen Programmiersprachen können Sie durch Introspektion Objekte ändern und deren Gestalt beeinflussen. Oftmals wird für diese Art Introspektion auch der englische Ausdruck Reflection benutzt. In Java nennt sich so zum Beispiel das Package, in dem die Funktionalität der Introspektion gekapselt ist. Oft werden beide Begriffe allerdings synonym verwendet.

Klasseninformation

Den Typ bzw. die Klasse eines Objekts erhalten Sie in Objective-C durch die Methode *class* – wie so oft von *NSObject* vererbt. Das Beispiel

```
Rectangle *rect = [[Rectangle alloc] init];

NSLog(@"class of variable rect: %@", [rect class]);
NSLog(@"class of class Rectangle: %@", [Rectangle class]);
```

erzeugt die Ausgabe

```
class of variable rect: Rectangle
class of class Rectangle: Rectangle
```

Mit der Nachricht *class* können Sie also die Klasse von Objekten oder einer Klasse erhalten. Mit der Nachricht *superclass* erhalten Sie die zugehörige Basisklasse:

```
NSLog(@"superclass of variable rect: %@", [rect superclass]);
```

Da die Beispielklasse *Rectangle* von *NSObject* abgeleitet wird, lautet die Nachricht auf der Konsole folgerichtig:

```
superclass of variable rect: NSObject
```

Die Klassenzugehörigkeit prüfen

Die Ermittlung der Klassenzugehörigkeit zur Laufzeit ist ein wesentlicher Aspekt der Introspektion. Die Methoden *isKindOfClass:* und *isMemberOfClass:* beantworten die Frage zur Klassenzugehörigkeit. *isKindOfClass:* prüft, ob das angegebene Objekt der Klasse oder einer von ihr abgeleiteten Klasse zugehörig ist. *isMemberOfClass* liefert nur dann *YES* zurück, wenn das Objekt tatsächlich der angegebenen Klasse angehört – also ohne eine Vererbungsbeziehung zu berücksichtigen.

Das in diesem Kapitel begonnene Beispiel lässt sich um die Abfrage einer Klassenzugehörigkeit wie folgt erweitern:

```
if ([rect isKindOfClass:[NSObject class]])
NSLog(@"rect is at least a child of NSObject");

if ([rect isMemberOfClass:[NSObject class]])
NSLog(@"rect is from type NSObject");
else
NSLog(@"rect is not from type NSObject");
```

Die Ausgabe verdeutlicht noch mal das eben Gesagte:

```
rect is at least a child of NSObject
rect is not from type NSObject
```

Das Objekt *rect* ist eine Ableitung der Klasse *NSObject* – wie jede Klasse im Cocoa-Framework. Und natürlich ist *rect* nicht selbst vom Typ *NSObject*. *NSObject* ist die Basisklasse, wie Sie bereits gesehen haben.

Class Clustering

Mit diesem Mechanismus dürfen Sie nicht prüfen, ob ein Objekt eines *NSString*, *NSArray*, *NSDictionary* etc. veränderbar ist oder nicht. Grund dafür ist, dass diese Klassen nur Platzhalter für interne Ableitungen sind (man nennt das auch Class Clustering). Sie kennen also nicht den tatsächlichen Typ, der sich hinter einer Instanz der jeweiligen Klasse verbirgt. Bei *NSArray* und *NSMutableArray* ist das in beiden Fällen der Typ *NSCFArray*. Mehr zu den Klassen *NSString*, *NSArray* und *NSDictionary* erfahren Sie in Kapitel 4.

Methodenintrospektion

Der Umgang mit Selektoren in Kapitel 3.4 ist im Prinzip auch schon eine Ausprägung der Möglichkeiten von Objective-C, auf Internas eines Objekts zur Laufzeit zuzugreifen und mit diesen zu arbeiten.

Diese Möglichkeiten reichen aber noch deutlich weiter. Selektoren lassen sich zur Laufzeit dynamisch aus einem String generieren. Die Funktion *NSSelectorFromString* wandelt den String in einen Selektor um.

```
Rectangle *rect1 = [[Rectangle alloc] init];
SEL selector = NSSelectorFromString(@"setIdentifier:");

[rect1 performSelector:selector withObject:@"id"];
NSLog(@"identifier of rect1: %@", rect1.identifier);
```

Im Beispiel wird mittels *NSSelectorFromString* ein Selektor für die Methode *setIdentifier:* aus einem String erzeugt (Zeile 2). Der Selektor wird dann ausgeführt und der Nachricht noch das Objekt *id* mitgegeben. Danach ist der *identifier* von *rect1* tatsächlich auf *id* gesetzt.

Derartige Techniken finden zum Beispiel beim Parsing von XML oder anderen Formaten Anwendung. Dort kann so zur Laufzeit aufgrund von Tags oder Attributen die geeignete Methode zur Verarbeitung gewählt werden.

Ein weiterer wichtiger Aspekt der Introspektion auf Methodenebene ist die Überprüfung eines Objekts auf eine bestimmte Nachricht. So können Sie feststellen, ob das Senden der Nachricht an das Objekt möglich ist. Gerade für Protokolle mit optionalen Methoden ist das sehr wichtig. Eine Nachricht, die dem Objekt nicht zugestellt werden kann, weil es die Methode nicht implementiert oder erbt, führt zur Laufzeit zu einer Exception und zum Abbruch der Ausführung. Einen Teil dieser Funktionalität kennen Sie schon aus dem Kapitel über Selektoren. Die zwei wichtigsten Methoden sind:

- *respondsToSelector:*
  Diese Methode prüft, ob die Instanz, an die diese Nachricht geschickt wird, auf den Selektor antworten kann. Liefert die Methode *YES* zurück, dann imple-

mentiert oder erbt die Klasse des Objekts die Methode. Zwischen der Vererbung oder Implementierung kann nicht weiter unterschieden werden.

➤ *instancesRespondToSelector:*
Die Klassenmethode *instancesRespondToSelector:* prüft, ob Instanzen der Klasse auf den Selektor antworten können.

Die Klassenmethode *instancesRespondToSelector:* eignet sich zur genaueren Analyse der Klassenstruktur. Wenn Sie feststellen wollen, ob eine Methode in der Klasse selbst implementiert oder über die Basisklasse vererbt wurde, können Sie das mit folgenden Abfragen erreichen und die entsprechende Implementierung direkt aufrufen:

```
if ([SuperClass instancesRespondToSelector:@selector(method)]) {
    [super method];
}
else {
    [self method];
}
```

Die Methode wird, wie bereits erwähnt, häufig zur Prüfung optionaler Methoden in Protokollen eingesetzt:

```
if ([delegate respondsToSelector:@selector(protocolMethod)]) {
    [delegate performSelector:@selector(protocolMethod)
    withObject:nil];
}
```

Hinweis

In Kapitel 21.1 wird die Methodenintrospektion zur Sicherstellung der Abwärtskompatibilität eingesetzt.

Dynamische Objektgenerierung

Auch Objekte lassen sich zur Laufzeit dynamisch aus einem String erzeugen. Ähnlich wie im vorigen Abschnitt erzeugt die Funktion *NSClassFromString* zur Laufzeit eine Klasse, deren Namen durch den String spezifiziert ist.

```
NSString *className = @"Rectangle";
Rectangle *rect2 = [[NSClassFromString(className) alloc] init];

[rect2 setWidth:10.0 andLength:20.0];
NSLog(@"width: %1.2f %1.2f", rect2.width, rect2.length);
```

Einsatz findet die Methode häufig zur dynamischen Konfiguration von Klassen. Im Factory-Entwurfsmuster – und vielen weiteren Entwurfsmustern – wird eine konkrete Klasse erst zur Laufzeit ermittelt und erzeugt.

Tipp

Die Funktion *NSClassFromString* kann auch zur Überprüfung der Verfügbarkeit einer Klasse in der Anwendung herangezogen werden. Wenn die Funktion *nil* zurückliefert, existiert die Klasse nicht. Das ist vor allem bei der Sicherung der Abwärtskompatibilität wichtig (siehe Kapitel 21.1).

Ausblick und Vertiefung

Die in diesem Abschnitt vorgestellten Techniken sind nur ein Ausschnitt der kompletten Mächtigkeit der Introspektion in Objective-C. Sie haben die wesentlichen Konzepte zur dynamischen Typisierung und zum Eingriff in Objekte zur Laufzeit kennengelernt. Tatsächlich stellt Objective-C noch viele weitere nützliche Methoden und Funktionen zur Verfügung. Eine Reihe von Funktionen erlaubt das komplette Auslesen der Klassenstruktur. Das vereinfacht beispielsweise die Serialisierung von Objekten oder ermöglicht die Verwendung zur Kompilierzeit unbekannter Klassen. Letztendlich ermöglichen die Funktionen sogar die dynamische Erstellung von Klassen zur Laufzeit.

Entwicklerdokumentation

Weitere Informationen finden Sie in der Entwicklerdokumentation der Entwicklungsumgebung Xcode unter dem Stichwort „Objective-C Runtime Reference".

3.8 Instanzvariablen als Properties

Properties sind in Objective-C ein relativ neuer Mechanismus. Sie wurden mit Version 2.0 der Programmiersprache eingeführt und dienen der Vereinfachung für die Definition und Implementierung von Getter- und Setter-Methoden. Diese Zugriffsmethoden werden sehr häufig genutzt, wie Sie in den Beispielen der Klasse *Rectangle* gesehen haben. Dementsprechend Platz nehmen sie in der Implementierung Ihrer Klassen ein und kosten natürlich auch Implementierungszeit.

Property und Eigenschaft werden synonym verwendet

Im weiteren Verlauf des Buches werden der Begriff Property und Eigenschaft synonym verwendet. Im Gegensatz zu anderen Programmiersprachen ist hier mit dem Begriff Eigenschaft also keine Instanzvariable, sondern immer der im weiteren Abschnitt beschriebene Property-Mechanismus gemeint.

@property und @synthesize

Das Schlüsselwort *@property* in der Methodendeklaration Ihrer Klasse deklariert automatisch die entsprechenden Zugriffsmethoden:

```
@property(attributes) type name;
```

Mit den optionalen Attributen *attributes* in runden Klammern lassen sich das Speichermanagement und andere Eigenschaften der Properties definieren. Diese werden im weiteren Verlauf des Kapitels erläutert. Der Rest der Anweisung entspricht der Typdeklaration des Properties, das für die Zugriffsmethoden verwendet werden soll.

Die Anweisung

```
@property float length;
```

ist somit gleichbedeutend mit der Methodendeklaration

```
- (void) setLength : (double) length;
- (double) length;
```

In der Implementierung der Klasse werden die Zugriffsmethoden für das Property *length* aus dem Beispiel wie folgt erzeugt:

```
@synthesize length;
```

Damit werden die Methoden *length* und *setLength* automatisch implementiert. Das spart Zeit und verkürzt den Quelltext. Sie bleiben aber nach wie vor flexibel. Sobald Sie entsprechende Getter- oder Setter-Methoden mit der korrekten Signatur selbst implementieren, wird bei der entsprechenden Nachricht an ein Objekt Ihre Methode anstatt der automatisch generierten verwendet – bzw. keine Methode automatisch erzeugt.

In der *synthesize*-Anweisung können Sie für ein Property auch angeben, dass eine spezielle Instanzvariable für das Property benutzt wird:

```
@synthesize width = myWidth;
```

Damit wird die Instanzvariable *myWidth* der Klasse für das Property *width* benutzt. In der Schnittstelle werden also weiterhin *length* und die entsprechenden Zugriffsmethoden verwendet, in der Implementierung wird das Property aber durch die Instanzvariable *myWidth* repräsentiert. Sie müssen aber auf jeden Fall entweder implizit eine Instanzvariable mit demselben Namen wie das Property oder explizit einem Property eine Instanzvariable in Ihrer Klasse zugewiesen haben.

Anstelle von *@synthesize* kann auch das Schlüsselwort *@dynamic* benutzt werden. Damit können Sie dem Compiler mitteilen, dass Sie entweder die Zugriffsmethoden selbst implementieren – das können Sie aber wie eben gezeigt auch bei *@synthesize* – oder diese erst zur Laufzeit implementiert werden. Das ist z. B. bei

Managed Objects relevant, die erst zur Laufzeit die Entitäten aus einer Beschreibung generieren.

Die Punktnotation

Der Zugriff auf Instanzvariablen erfolgt grundsätzlich über entsprechende Getter- oder Setter-Nachrichten an Objekte. Objective-C erweitert die aus anderen Programmiersprachen bekannte Punktnotation für den Zugriff auf Properties bzw. Eigenschaften.

Mit der Anweisung

```
rect.width = 10.0f;
```

greifen Sie in Objective-C nicht direkt auf die Instanzvariable zu, sondern senden die entsprechende Setter-Nachricht an das Objekt. Damit ist diese Zeile gleichbedeutend mit:

```
[rect setWidth:10.0];
```

Umgekehrt können Sie die Punktnotation auch zum Auslesen eines Wertes einer Instanzvariablen verwenden:

```
float f = rect.width;
```

liefert das Ergebnis der *getWidth*-Methode zurück und weist diesen Wert der lokalen Variable *f* zu.

Property-Attribute

Auf die Property-Deklaration können Sie mit Attributen Einfluss nehmen. Diese werden als Liste – mit Kommata separiert – in Klammern dem Schlüsselwort *@property* nachgestellt. Die folgenden Abschnitte beschreiben die vier verschiedenen Attributstypen: Namen der Zugriffsmethoden, Schreibschutz, Referenzierung und Atomarität.

Namen der Zugriffsmethoden

Die Attribute *getter* und *setter* setzen den Namen der jeweiligen Zugriffsmethode. Dadurch wird es möglich, von der Standardnamenskonvention abzuweichen. Ein häufiger Anwendungsfall sind boolesche Werte, bei denen die Getter mit dem Präfix *is* anstelle von *get* benannt werden:

```
@property (getter=isHidden) BOOL hidden;
```

Schreibschutz

Properties können auch im Zugriff beschränkt werden. Mit dem Attribut *readonly* können Sie ein Property nur lesbar machen. Die Eigenschaft *readwrite* erlaubt lesenden und schreibenden Zugriff auf das Property. *readwrite* ist die Standardvorbelegung für eine Instanzvariable und wird normalerweise weggelassen.

Folgendes Beispiel erzeugt das Property *hidden* schreibgeschützt. Jede Zuweisung an *hidden* wird dann vom Compiler mit einer Fehlermeldung quittiert:

```
@property (readonly) BOOL hidden;
```

Referenzierung

Mit diesem Attribut bestimmen Sie die interne Semantik der Setter-Methode. Sie bestimmen damit die Referenzierung der Variablen. Es stehen folgende, sich gegenseitig ausschließende Möglichkeiten zur Verfügung:

- *assign*: der Wert wird der Instanzvariablen einfach zugewiesen. *assign* ist die Standardeinstellung, wenn keines der Attribute gesetzt ist.
- *retain*: bei der Zuweisung im Setter wird explizit ein *retain* durchgeführt und dem vorherigen Objekt eine *release*-Nachricht geschickt.
- *copy*: vor der Zuweisung wird durch die Methode *copy* eine Kopie des Objekts erzeugt. Einem vorherigen Objekt wird eine *release*-Nachricht geschickt.

Compiler wirft Warnung

Obwohl *assign* die Voreinstellung für ein Property ist, wirft der Compiler eine Warnung, sofern man für Objekte kein Referenzierungsattribut angibt. Damit soll vermieden werden, dass versehentlich ein benötigtes *retain* vergessen wird.

Atomarität

Die Atomarität eines Properties bestimmt das Verhalten der Getter-Methode bezüglich des parallelen Zugriffs von mehreren Threads. Die Voreinstellung ist atomar, dafür gibt es aber kein eigenes Attribut.

Atomare Properties sorgen intern dafür, dass Zugriffe über den Getter synchronisiert – also sequenziell – erfolgen. Zusätzlich wird das Property noch mit der Nachricht *retain* gesichert und danach mit *autorelease* markiert. Der Code innerhalb eines Getters für ein atomares Property würde in etwa so aussehen:

```
[_internal lock];
id result = [[value retain] autorelease];
[_internal unlock];
return result;
```

Mit dem Attribut *nonatomic* wird einfach die Variable ohne Synchronisierung zurückgegeben. Dadurch wird die Laufzeit der Getter-Methode optimiert, da weniger Overhead in der Ausführung durchlaufen wird. Allerdings müssen Sie sich dann selbst um einen sicheren parallelen Zugriff durch mehrere Threads kümmern.

3.9 Die Speicherverwaltung verstehen

Objective-C stellt zwei unterschiedliche Methoden zum Speichermanagement zur Verfügung: Garbage Collection und Referenzzählung (auf Englisch: Reference Counting). In einer Umgebung mit automatischer Garbage Collection kümmert sich die Laufzeitumgebung um die Verfügbarkeit und Freigabe von Objekten. Im Hintergrund prüft ein eigener Thread, ob Objekte noch benötigt werden, und gibt nicht benötigte Objekte frei. Das kostet einiges an Systemressourcen. Unter dem iPhone-SDK steht die Garbage Collection deshalb nicht zur Verfügung. Bei der Referenzzählung melden Sie im Prinzip das Interesse am Besitz eines Objekts an. Das machen Sie, indem Sie seinen Referenzzähler erhöhen. Sobald Sie den Besitz an einem Objekt übernommen haben, sind Sie für die Freigabe verantwortlich – sprich die Verminderung des Referenzzählers. Sobald der Referenzzähler eines Objekts die Null erreicht – also niemand mehr Besitzansprüche an dem Objekt hält –, wird das Objekt vom Laufzeitsystem freigegeben.

In Objective-C übernehmen Sie den Besitz von einem Objekt, indem Sie

- ein Objekt erzeugen: Objekte werden grundsätzlich über Methoden erzeugt, die mit *new* oder *alloc* beginnen oder das Wort *copy* enthalten. Beispiele wären *alloc*, *newObject* oder *copyWithZone*.
- den Besitz an einem Objekt explizit mit der Nachricht *retain* erklären.

Die Freigabe des Objekts erfolgt mit einer *release*- oder *autorelease*-Nachricht an das Objekt. Sie dürfen aber kein Objekt freigeben, von dem Sie nicht durch eine der Möglichkeiten den Besitz erlangt haben. Dadurch würde der Referenzzähler fehlerhaft dekrementiert, was zu Programmabstürzen führt, weil ein bereits freigegebenes Objekt angesprochen wird. Geben Sie ein Objekt, das Sie besitzen, nicht frei, erzeugen Sie ein Speicherleck. Die Referenzzählung erlegt Ihnen als Entwickler also die alleinige Verantwortung für die Speicherverwaltung auf.

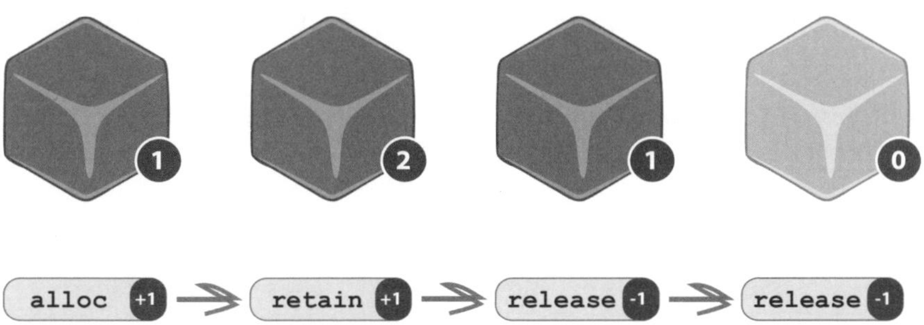

Speicherverwaltung durch Referenzzählung.

Wenn der Referenzzähler eines Objekts auf 0 steht, wird das Objekt vom Laufzeitsystem freigegeben. Dazu wird die Methode *dealloc* des Objekts aufgerufen. Diese Methode sollten Sie in Ihren Klassen immer überschreiben, sofern Sie in dem

Objekt den Besitz an anderen Objekten übernommen haben oder anderweitig Aufräumarbeiten vor der Freigabe des Objekts vornehmen wollen. Das ist zum Beispiel implizit bei Properties der Fall, die Sie mit dem Attribut *retain* markiert haben. Erinnern Sie sich zurück an das *Rectangle*-Beispiel. Dort haben wir ein Property namens *identifier* vom Typ *NSMutableString* deklariert und es mit dem Attribut *retain* versehen. Das bedeutet, dass jede Zuweisung wie *rect.identifier* dem Objekt automatisch ein *retain* schickt. Damit übernimmt das Objekt *rect* den Besitz an dem Objekt. Deshalb müssen Sie es dann auch freigeben. Die Klasse *Rectangle* wird jetzt um eine Methode *dealloc* erweitert:

```
- (void) dealloc {
    printf("dealloc called\n");
    [identifier release];
    [super dealloc];
}
```

Das Beispiel macht drei Dinge: Zum einen wird ein kurzer Text auf der Kommandozeile ausgegeben, der darüber informiert, dass *dealloc* tatsächlich aufgerufen wurde (Zeile 2). Zum anderen wird das Objekt *identifier* mit einem *release* freigegeben (Zeile 3). Zuletzt wird die Nachricht *dealloc* an die Basisklasse geschickt. Das ist zwingend erforderlich. Sollten Sie das einmal vergessen, warnt Sie praktischerweise der Compiler. Ansonsten wären Speicherlecks und ein unvorhersehbares Verhalten vorprogrammiert.

Sie können ein Objekt zur Laufzeit jederzeit mit der Nachricht *retainCount* nach dem aktuellen Stand des Referenzzählers fragen. Wenn Sie sich nun rückwirkend mit dem neuen Wissen die bisherigen Beispiele in diesem Teil des Buches ansehen, werden Sie feststellen, dass oft der Besitz an einem Objekt erklärt wurde. Dagegen wurde bislang in keinem Beispiel eines der Objekte freigegeben. Genau genommen enthalten viele Beispiele bislang also Speicherlecks. Sie entschuldigen hoffentlich diese didaktische Maßnahme. Das folgende Beispiel zeigt den korrekten Ablauf der Erzeugung und Freigabe eines Objekts und verdeutlicht die Referenzzählung:

```
Rectangle *rect = [[Rectangle alloc] init]; // reference count = 1
printf("reference count: %d\n", [rect retainCount]);

[rect retain]; // reference count = 2
printf("reference count: %d\n", [rect retainCount]);

[rect release]; // reference count = 1
printf("reference count: %d\n", [rect retainCount]);

[rect release]; // no more reatainCount can be sent. object
                   deallocated!
```

Im Beispiel wird ein Objekt der Klasse *Rectangle* erzeugt (Zeile 1). Der Aufruf von *alloc* erhöht den Referenzzähler des Objekts *rect* auf 1. Sie haben damit explizit das Objekt in Ihren Besitz genommen. Zu Demonstrationszwecken – ohne fachlichen Grund – wird dem Objekt die Nachricht *retain* geschickt, was den Zähler auf 2 erhöht. Nachdem nun zweimal der Besitz an dem Objekt übernommen wurde, muss das Objekt auch zweimal freigegeben werden, indem zweimal die Nachricht *release* geschickt wird (Zeilen 6 und 9). Beachten Sie, dass nach dem letzten *release* keine weitere Nachricht an das Objekt gesendet werden darf. Da der Referenzzähler jetzt auf 0 steht, wird das Objekt zeitnah freigegeben. Interessant ist jetzt die Ausgabe auf der Kommandozeile. Sie zeigt die sofortige Ausführung der Methode *dealloc* für das Objekt *rect*.

```
reference count: 1
reference count: 2
reference count: 1
dealloc called
```

Containerklassen

Die Containerklassen des Foundation-Frameworks senden an alle hinzugefügten Elemente ein *retain* und geben sie nach dem Löschen bzw. spätestens zum Ende der Lebenszeit des Containerobjekts wieder frei.

Properties

Properties nehmen in der Speicherverwaltung eine besondere Stellung ein. Wie in Kapitel 3.8 beschrieben wurde, lässt sich für ein Property eines Objekttyps die Speicherverwaltung mit den Attributen *assign*, *copy* und *retain* in der Deklaration steuern. Zur Erinnerung kurz die Deklaration des Property *identifier* für das *Rectangle*-Beispiel:

```
@property (nonatomic, retain) NSMutableString *identifier;
```

Die Deklaration besagt, dass bei der Zuweisung eines Werts über den Aufruf von *setIdentifier:* dem Objekt immer auch eine *retain*-Nachricht geschickt wird. Damit wird der Zähler des Objekts um 1 erhöht. Sehen Sie sich folgende Zeilen an:

```
Rectangle *rect1 = [[Rectangle alloc] init];
printf("reference count: %d\n", [rect1.identifier retainCount]);

rect1.identifier = [[NSMutableString alloc] initWithString:@"id1"];
printf("reference count: %d\n", [rect1.identifier retainCount]);
```

Auf den ersten Blick scheint alles richtig zu sein. Die Ausgabe verrät aber, dass der Referenzzähler des Properties *identifier* auf 2 und nicht auf 1 steht, wie zuerst angenommen wurde.

```
reference count: 0
reference count: 2
```

Der Grund dafür erschließt sich bei genauerem Hinsehen: Die Erzeugung des *NSMutableString* mit *alloc* erhöht dessen *retainCount* von 0 auf 1. Der Wert wird dann per Punktnotation der *setIdentifier:*-Methode übergeben, die aufgrund der Deklaration ein *retain* an das Objekt schickt. Nach der Ausführung von Zeile 2 steht der Referenzzähler auf 2. Um ein unnötiges *release* zu vermeiden, können Sie entweder nach dem *init* des Objekts noch eine *autorelease*-Nachricht an das Objekt schicken oder die Convenience-Methode *stringWithString:* nutzen:

```
rect1.identifier = [[[NSMutableString alloc] initWithString:@"id1"]
                     autorelease];
or
rect1.identifier = [NSMutableString stringWithString:@"id1"];
```

Beide Varianten erhöhen den *retainCount* des Objekts nicht. Nach der Ausführung steht dieser auf 1.

Convenience-Methoden und die Speicherverwaltung

Im Lichte der Speicherverwaltung erhalten die schon mehrmals erwähnten Convenience-Methoden nun einen völlig neuen Aspekt. Sie ermöglichen eine sehr kompakte Darstellung für die Erzeugung eines Objekts – bei neutralem Referenzzähler. Sie übernehmen also nicht den Besitz und die Verantwortung für die Speicherverwaltung des Objekts. Für Properties, bei denen sich die jeweilige Setter-Methode um das *retain* kümmert, oder bei lokalen Variablen, an deren langfristigen Besitz Sie normalerweise kein Interesse haben, sind diese Methoden damit das Mittel der Wahl.

Namenskonvention beachten

Bei der Umsetzung eigener Convenience-Methoden sollten Sie unbedingt auf die Namenskonvention achten, also niemals *copy*, *init* oder *alloc* in den Namen aufnehmen. So halten Sie Ihren Quelltext klar strukturiert und erleichtern die Wiederverwendbarkeit.

Automatische Freigabe: Autorelease

Im vorherigen Abschnitt wurde kurz erwähnt, dass auch die Nachricht *autorelease* an ein Objekt eine Verminderung der Freigabe bewirkt. Genauer gesagt markiert diese Nachricht das Objekt für eine spätere Freigabe. Das Objekt wird damit in einen Autorelease-Pool aufgenommen. Wird der Autorelease-Pool freigegeben, wird an alle enthaltenen Objekte ein *release* gesendet. Objekte können auch mehrfach durch wiederholte *autorelease*-Nachrichten in den Pool aufgenommen werden. Sie erhalten dann entsprechend viele *release*-Aufrufe.

Eine Cocoa-Anwendung muss zu jeder Zeit über einen Autorelease-Pool verfügen. Der globale Pool wird in der Quelldatei *main.c* definiert. Diese sieht für eine iPhone-Anwendung üblicherweise so aus:

```
int main(int argc, char *argv[]) {

    NSAutoreleasePool * pool = [[NSAutoreleasePool alloc] init];
    int retVal = UIApplicationMain(argc, argv, nil, nil);
    [pool release];
    return retVal;
}
```

Die Klasse *NSAutoreleasePool* kapselt die Funktionalität des Autorelease-Pools. Am Programmende werden dieser Pool und damit auch automatisch alle enthaltenen Objekte freigegeben. Ist kein Autorelease-Pool vorhanden, erzeugen Sie mit jedem automatisch freigegebenen Objekt ein Speicherleck.

Das *UIKit*, das für die Laufzeitumgebung auf dem iPhone sorgt, erzeugt für die Hauptschleife Ihrer Anwendung einen eigenen zusätzlichen Autorelease-Pool. Dieser wird nach jedem Durchlauf der Hauptschleife, dem sogenannten Event-Loop, freigegeben. Somit brauchen Sie sich innerhalb der Hauptschleife nicht um die Verwaltung eines Pools zu kümmern. Es ist sichergestellt, dass der Pool oft genug eine Freigabe erfährt.

Sobald Sie aber einen eigenen Thread starten, müssen Sie einen eigenen Autorelease-Pool erzeugen. Erst dann werden Objekte mit einer *autorelease*-Nachricht freigegeben. Ein weiterer Anwendungsfall für einen eigenen Pool sind Programmblöcke, die eine sehr große Anzahl von temporären Objekten generieren. Ein Autorelease-Pool kann hier den maximalen Speicherbedarf durch häufiges Aufräumen des Pools senken.

Debugging bei Speicherproblemen

Speicherprobleme in einer Anwendung sind oftmals schwer zu finden. Speicherlecks bleiben oft unentdeckt und treten meist nur auf Geräten mit wenig Speicher und nach längerer Nutzung der Anwendung auf. Gegen sie hilft nur eine genaue Analyse des Codes (mehr dazu im Tipp am Ende des Abschnitts) oder gar eine genauere Analyse mit den Performance-Tools der Entwicklungsumgebung.

Ein falsch gesetztes *release* oder ein vergessenes *retain* führt oft zu unerwarteten Programmabstürzen. Auch hier gestaltet sich die Fehlersuche langwierig. Ein kleiner Trick kann hier die Suche oft erleichtern: der Einsatz von sogenannten Zombies. Zombies sind Substitutionen für freigegebene Objekte. Anstatt ein Objekt nach einem *dealloc* aus dem Speicher zu entfernen, wird das Objekt dynamisch in ein Objekt vom Typ *_NSZombie* umgewandelt und verbleibt im Speicher. Was erst einmal seltsam oder unlogisch klingen mag, hat durchaus einen Sinn.

Bei jedem Zugriff auf das Objekt – der ja normalerweise zum Programmabsturz führen würde – wird eine Warnung mit weiteren Informationen auf der Konsole ausgegeben und das Programm kontrolliert beendet. Dadurch lassen sich schnell die beteiligte Klasse und die Stelle des fehlerhaften Aufrufs ermitteln. Beide Informationen sind oft schon der halbe Weg zur Problemlösung.

Zombies werden über eine Umgebungsvariable des Compilers angeschaltet. Als kleiner Vorgriff auf die Entwicklungsumgebung Xcode folgt hier eine kurze Beschreibung der notwendigen Schritte:

1. Doppelklicken Sie auf das entsprechende Element der *Executables*-Sektion links in *Groups & Files*.
2. Wählen Sie den *Arguments*-Tab.
3. Im Abschnitt *Variables to be set in the environment* fügen Sie die Variable *NSZombieEnabled* ein und setzen ihren Wert auf *YES*.
4. Kompilieren und starten Sie Ihre Anwendung erneut.

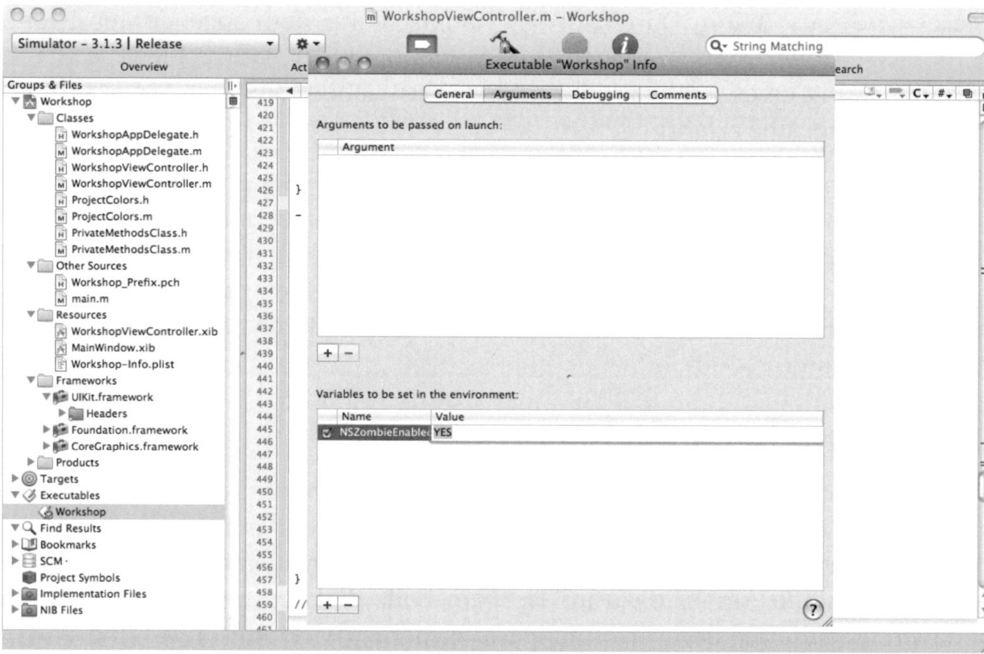

Für einen einfachen Test können Sie folgendes Beispiel benutzen:

```
Rectangle *rect1 = [[Rectangle alloc] init]; // reference count = 1
[rect1 release]; // reference count = 0
[rect1 setWidth:10.0];
```

Wie erwartet stürzt die Anwendung ab. Ohne *NSZombieEnabled* lautet die Ausgabe auf der Konsole:

```
objc[1900]: FREED(id): message setWidth: sent to freed
object=0x391e0f0
```

Wenn Sie nun Zombies aktivieren und nochmals die Anwendung übersetzen und starten, wird Folgendes ausgegeben:

```
-[Rectangle setWidth:]: message sent to deallocated instance 0x3b19510
```

Oftmals ist der Gewinn an Information noch höher, weil teilweise nicht einmal klar ist, wo der tatsächliche Absturz auftritt. Zusätzlich können Sie nun über den Debugger und Breakpoints einfach die Anwendung debuggen.

Zombies deaktivieren

Lassen Sie niemals Zombies für eine produktiv genutzte Anwendung eingeschaltet. Das würde zu ständigem Speicherwachstum und zu Programmabstürzen führen. Zombies sind ein Mittel zum Debugging von Code und müssen unbedingt nach dem Debugging wieder deaktiviert werden.

Empfehlung: Build and Analyze regelmäßig einsetzen

Mit Xcode 3.2 wurde dem Build-Menü eine weitere Möglichkeit namens *Build and Analyze* hinzugefügt. Nach dem Build Ihrer Anwendung führt der Compiler eine statische Analyse des Quelltextes aus. Dabei werden vor allem Fehler wie potenzielle Speicherlecks bzw. Verstöße gegen die Nullsummenregel, unbenutzte Variablen und die Benutzung nicht initialisierter Variablen erkannt. Der regelmäßige Einsatz dieses Tools wird dringend empfohlen.

Zusammenfassung

Diese kurze Zusammenfassung soll Ihnen helfen, möglichst schnell und einfach die Konsequenzen aus dem Speichermanagement zu verstehen und umzusetzen. Wenn Sie sich an die folgenden Regeln halten, werden Sie selten Probleme mit dem Speichermanagement haben.

- Mit *alloc*, *copy*, *retain* übernehmen Sie den Besitz an einem Objekt. Dann müssen Sie auch für die Freigabe mittels *release* oder *autorelease* sorgen.
- Innerhalb eines Anweisungsblocks sollten für lokale Variablen ebenso viele Aufrufe von *alloc*, *retain* oder *copy* wie Aufrufe der Freigabemethoden *release* und *autorelease* vorkommen. Die Referenzzählung sollte also innerhalb eines Blocks immer ein Nullsummenspiel sein.
- Objekte als Instanzvariablen sollten immer mit *retain* oder *copy* als Attribut für das Property versehen werden.
- Methoden, die Objekte zurückliefern, sollten niemals den Besitz an einem Objekt über den Aufruf hinaus behalten. Ausnahmen: Sie implementieren eine Methode, die ein Objekt kopiert.

- In den meisten Fällen wird ein Objekt, das einer Methode übergeben wird, während der Ausführung der Methode nicht freigegeben. Erzeugen Sie also immer automatisch freigegebene Objekte oder senden Sie diesen vor der Rückgabe des Objekts ein *autorelease*. Sie können so das Objekt an den Aufrufenden zurückgeben, ohne dass sich die aufrufende Instanz um die Freigabe kümmern muss. Ausnahme: parallele Ausführung mehrerer Threads!
- Schicken Sie niemals ein *release* an ein Objekt, dessen Besitz Sie nicht übernommen haben.
- Implementieren Sie immer eine *dealloc*-Methode, sobald Sie Instanzvariablen eines Objekttyps deklarieren. *dealloc* darf aber niemals explizit aufgerufen werden!

3.10 Threads

Alle bislang in diesem Buch behandelten Beispiele sind in der Hauptschleife der Anwendung abgearbeitet worden. Selbst externe Events wie Berührungen des Displays oder Timer laufen innerhalb der Hauptschleife ab. Die Hauptschleife kümmert sich auch um die Darstellung auf dem Bildschirm.

Manche Aufgaben lassen sich nur durch komplexe Berechnungen, lange Schleifen oder externe Daten lösen. Denken Sie hier zum Beispiel an komplexe mathematische Berechnungen, das Parsen von großen Dokumenten oder das externe Laden von Bildern und Daten. Damit während der Ausführung dieser Aufgaben die Hauptschleife nicht stehen bleibt und Ihre Anwendung weiterhin auf Nutzereingaben antwortet, setzt man die Nebenläufigkeit ein. Eine nebenläufig – parallel zur Hauptschleife – ausgeführte Aufgabe bezeichnen wir im weiteren Verlauf als Thread. Dabei ist es unerheblich, ob die Ausführung durch mehrere Prozessoren oder virtuelle Mechanismen tatsächlich parallel oder nur quasiparallel ausgeführt wird.

Bei der Verwendung von Threads sollten Sie immer überlegen, ob sich deren Einsatz lohnt. Der Einsatz eines Threads hat nicht unerhebliche Kosten und stellt einige Anforderung an den Entwickler. Jede parallele Ausführung kostet Speicher und die Zuteilung von Systemressourcen und Prozessorzeit. Vor allem auf Single-CPU-Maschinen braucht die Ausführung eines Threads einiges an Systemperformance.

Die parallele Nutzung von Daten in mehreren Threads kann zu Problemen wie Inkonsistenzen, Fehlverhalten und Crashs führen. Der Einsatz sollte also gut abgewogen sein.

Objective-C-Threads

Das Foundation-Framework beinhaltet die Klasse *NSSThread*. Diese kapselt die Threadfunktionalität für einen schnellen und effektiven Einsatz.

Um einen Thread zu erzeugen, müssen Sie erst einmal eine Methode erstellen, die als Einstiegspunkt und – sofern Sie das wollen – auch als Schleife für den Thread fungiert. Die Methode kann in jedem beliebigen Objekt sein. In diesem Beispiel implementieren wir die Methode *run* als Einstiegspunkt für den Thread. Die Methode wird einfach in die aktuelle Klasse der Beispiele aus diesem Kapitel eingefügt:

```
1  - (void) run {
2      NSAutoreleasePool *pool = [[NSAutoreleasePool alloc] init];
3  
4      // that is the threads entry point and main loop
5      NSThread *actThread = [NSThread currentThread];
6  
7      while (![actThread isCancelled]) {
8          printf("looped\n");
9          sleep(2);
10     }
11 
12     printf("ending the thread\n");
13 
14     [pool release];
15 }
```

Innerhalb der Methode *run* wird zunächst ein Autorelease-Pool angelegt (Zeile 2). Für eigene Threads ist dieser Pool unumgänglich, um die Freigabe als *autorelease* markierter Objekte zu gewährleisten. Sollten Sie innerhalb der Schleife viele Objekte erzeugen oder die Schleife sehr lange parallel laufen, empfiehlt es sich, einen weiteren Pool innerhalb der Schleife zu erzeugen, der nach jedem Durchlauf geleert wird.

In der lokalen Variable *actThread* wird die Referenz des neuen Threads gespeichert (Zeile 5). Die Klassenmethode *currentThread* von *NSSThread* liefert den aktuell ausgeführten Thread zurück – und damit innerhalb von *run* den neu erzeugten. Dadurch haben Sie während der Ausführung der *while*-Schleife (Zeile 7) immer Zugriff auf den eigenen Thread.

Die Schleife ist bewusst sehr knapp gehalten. Sie läuft so lange, bis der Thread *YES* auf die Nachricht *isCancelled* zurückliefert (Zeile 7). Dieser Mechanismus ist extrem einfach, aber durchaus effektiv. Jeder Thread hat einen Zustand *isCancelled*. Schickt man dem Thread die Nachricht *cancel*, wird das Flag auf *YES* gesetzt. Das bedeutet, dass der Thread nun bei nächster Gelegenheit geordnet beendet werden soll.

Ansonsten wird noch ein *sleep* in der Schleife ausgeführt (Zeile 9). Die Anweisung *sleep* versetzt den aktuellen Thread für die angegebene Zeit in Sekunden in einen Wartezustand. Erst danach wird die Ausführung fortgesetzt.

Nach dem Verlassen der Schleife wird das Beenden des Threads auf der Konsole ausgegeben (Zeile 12) und der Autorelease-Pool freigegeben (Zeile 14). Beachten Sie, dass der Autorelease-Pool die komplette Methode mit allen anderen Anweisungen klammern sollte. Nur so können Sie verhindern, dass nicht aus Versehen einem Objekt außerhalb des Pools ein *autorelease* geschickt wird.

Innerhalb der Hauptschleife wird jetzt nur noch der Thread erzeugt und gestartet. Nach einer gewissen Zeit folgt die Anweisung, den Thread geordnet zu beenden:

```
NSThread *myThread = [[NSThread alloc] initWithTarget:self
    selector:@selector(run) object:nil];

[myThread start];  // start the thread

sleep(11);

[myThread cancel];  // tell the thread to cancel
[myThread release]; // don't forget to release the thread object
```

In Zeile 1 wird der Thread erzeugt. Bei der Initialisierung wird dem Thread ein *target* mitgegeben. Das bezeichnet das Objekt, in dem der Selektor *run* implementiert ist – also den Empfänger der *run*-Nachricht. Zusätzlich könnten Sie der Methode noch einen Parameter mitgeben. In diesem Fall übergeben wir einfach *nil*.

Erst die Nachricht *start* an den Thread startet die Ausführung der Methode *run* (Zeile 4). Danach wird dem Thread durch den *sleep*-Aufruf elf Sekunden Zeit gegeben, seine Schleife zu durchlaufen (Zeile 6). Mit *cancel* weisen wir den Thread an, sich selbst zu beenden (Zeile 8) und das Threadobjekt freizugeben (Zeile 9). Im Beispiel wird die Schleife also sechsmal durchlaufen, bevor sie beendet wird. Auf der Kommandozeile wird Folgendes ausgegeben:

```
looped
looped
looped
looped
looped
looped
ending the thread
```

Alternativ zur Erzeugung eines neuen Threadobjekts können Sie einen Thread auch direkt von der Hauptschleife abspalten. Nachteilig ist hier nur, dass Sie das Threadobjekt bzw. die Referenz auf den Thread danach nicht im erzeugenden Teil des Quelltextes zur Verfügung haben. Das folgende Beispiel startet denselben Thread wie vorher:

```
[NSThread detachNewThreadSelector:@selector(run)
    toTarget:self withObject:nil];
```

Diese Methode ist noch etwas kompakter als die vorherige und erhöht durchaus die Lesbarkeit. Nur für die Beendigung einer unendlichen Schleife im Thread müssten Sie hier etwas mehr Arbeit investieren.

Grafische Ausgaben und Multithreading

Die komplette Abwicklung von grafischen Ausgaben des *UIKit*-Frameworks im iPhone-SDK muss über die Hauptschleife erfolgen, weil ansonsten die entsprechenden Ressourcen nicht zur Verfügung stehen. Im vorigen Kapitel haben Sie gesehen, wie Sie Aufgaben parallel in einem Thread abarbeiten können. Nun brauchen Sie eine Möglichkeit, aus dem Thread zu gegebener Zeit eine Aktion in der Hauptschleife auszuführen. Die einfachste Möglichkeit, das zu erreichen, ist die Methode *performSelectorOnMainThread:withObject:waitUntilDone:*, die jedes Objekt von *NSObject* erbt. Wie gewohnt geben Sie den Selektor als Objekt für den Methodenaufruf an. Zusätzlich können Sie noch bestimmen, ob auf die Ausführung auf der Hauptschleife gewartet wird. Wenn Sie hier *YES* übergeben, synchronisieren Sie mit der Hauptschleife – der aktuelle Thread blockiert dann solange.

Das folgende Beispiel zeigt eine Methode, die in einem Thread ausgeführt wird und die Hauptschleife aufruft:

```
   - (void) runWithMainThreadCallback {
       NSAutoreleasePool *pool = [[NSAutoreleasePool alloc] init];

       NSLog(@"call method on main thread\n");
5
       [self performSelectorOnMainThread:@selector(mainThreadCallback)
                              withObject:nil waitUntilDone:NO];

       [pool release];
10 }
```

Im Gegensatz zum vorigen Beispiel wird hier auf eine Schleife verzichtet. Innerhalb des Threads wird nur ein Text mit *NSLog* auf der Kommandozeile ausgegeben. *NSLog* ist hier absichtlich eingesetzt, weil es in der Ausgabe automatisch eine Thread-ID ausgibt. In Zeile 5 und 6 wird die Methode *mainThreadCallback* in der Hauptschleife ausgeführt. Diese Methode könnte so aussehen:

```
- (void) mainThreadCallback {
    NSLog(@"this is the main thread");
}
```

Die Anweisung

```
NSLog(@"detach the thread");
```

```
[NSThread detachNewThreadSelector:@selector(runWithMainThreadCallback)
    toTarget:self withObject:nil];
```

startet den Thread und erzeugt auf der Kommandozeile folgende Ausgabe:

```
2010-04-27 15:25:15.018 Workshop[10571:207] detach the thread
2010-04-27 15:14:35.738 Workshop[10486:4603] call method on main thread
2010-04-27 15:14:35.753 Workshop[10486:207] this is the main thread
```

Die Ausgabe enthält hinter der Angabe der Klasse *Workshop* in eckigen Klammern einen Bezeichner für den Thread. Der Main-Thread hat bei dieser Ausführung die ID *207*, der abgespaltene Thread die *4603*. Sie sehen ganz klar, dass die Methode *mainThreadCallback* tatsächlich in der Hauptschleife ausgeführt wird. In dieser Methode könnten Sie nun alle grafischen Ausgaben und Änderungen an der Benutzerschnittstelle vornehmen.

Einfache Synchronisation

Eines der wesentlichen Probleme bei Nebenläufigkeiten ist der parallele Zugriff auf Daten. Zwei Threads können zur gleichen Zeit ein Objekt auslesen oder darin schreiben. Bei komplexen Objekten kann das zu inkonsistenten Daten und seltsamem Verhalten bis hin zu einem Crash führen.

Eine sehr einfache Möglichkeit ist die Synchronisierung von Blöcken mit der *@synchronized*-Direktive. Sie hat folgende Syntax:

```
@synchronized (object) {
    statements
}
```

Nach *@synchronized* steht in Klammern ein Objekt, auf das der Lock während der Ausführung des Anweisungsblocks lauten soll. Dieses Objekt wird als Mutex bezeichnet. Solange das *object* blockiert ist – also ein Thread innerhalb eines Blocks des Mutex Code ausführt –, müssen alle anderen Threads warten, die auch auf einen *@synchronized*-Block mit demselben Mutex zugreifen wollen. Sehr häufig synchronisiert man auf das aktuelle Objekt, *object* wäre dann *self*.

Deadlocks vermeiden

Durch die synchronisierte Ausführung von Programmblöcken kann es zu Zuständen kommen, in denen alle Threads auf die Möglichkeit warten, auf einen *@synchronized*-Block zuzugreifen. Dann steht die Programmausführung. Man bezeichnet das auch als Deadlock. Setzen Sie dieses Mittel also nur da ein, wo es wirklich erforderlich ist, und planen Sie den Einsatz sehr sorgfältig, um Deadlocks zu vermeiden.

Locks mit NSLock

Die Synchronisation mit der *@synchronized*-Direktive ist einfach zu benutzen. Für viele Fälle ist sie ausreichend und deshalb die empfohlene Variante. In komplexen Anwendungen oder unter bestimmten Umständen braucht man mehr Kontrolle über den Lock. Die Klasse *NSLock* kapselt einen Mutex, mit dem man selbst mehr Kontrolle über die Synchronisation hat. Sie bietet folgende Schnittstelle:

- *lock*: versucht, den Lock zu erhalten. Der ausführende Thread wird blockiert, bis der Lock erreicht wird.
- *unlock*: gibt den Lock wieder frei.
- *lockBeforeDate*: versucht, den Lock vor dem angegebenen Zeitpunkt – repräsentiert durch ein Objekt der Klasse *NSDate* – zu erhalten. Wird der Lock rechtzeitig erhalten, wird *YES* zurückgegeben, falls nicht, *NO*.
- *tryLock*: versucht, den Lock zu erhalten, blockiert aber den Thread nicht, sondern liefert das Ergebnis des Versuchs als *BOOL* zurück.

Das Beispiel zeigt schematisch die Anwendung von *NSLock*:

```
lock = [[NSLock alloc] init];
...
[lock lock];
// any thread critical code
[lock unlock];
```

Zu gegebener Zeit wird eine Instanzvariable *lock* initialisiert (Zeile 1). Später kann dann in einer Methode oder einem Anweisungsblock der Lock angefragt werden (Zeile 3). Sofern der Lock nicht frei ist, wird die Ausführung des Threads an dieser Stelle blockiert. Bis zum *unlock* (Zeile 5) kann dann der kritische Teil des Codes folgen.

Die Klasse *NSConditionLock* ist eine Spezialisierung von *NSLock*. Sie ermöglicht die Umsetzung von bedingten Locks. Ein Thread kann damit zum Beispiel blockiert werden, bis eine bestimmte Bedingung eintritt. Die Methode *lockWhenCondition:* erhält den Lock nur, wenn gleichzeitig auch noch die angegebene Bedingung mit der Bedingung des Locks übereinstimmt. *unlockWithCondition:* hingegen gibt den Lock frei und ändert die Bedingung. Die Bedingung wird dabei über einen Integer spezifiziert. Kurz gesagt wird also ein Lock nur dann erlangt, wenn der angegebene Wert mit dem Wert der Bedingung des Locks übereinstimmt. Die Bedingung kann auch mit einer Initialisierung über *initWithCondition:* gesetzt werden.

Nebenläufigkeit mit NSOperationQueues

Die bisher vorgestellten Arten, Nebenläufigkeiten über Threads zu implementieren, sind zwar grundsätzlich nicht sehr komplex, verlagern aber viele Arbeiten auf den Entwickler. Wenn Sie gewisse Aufgaben zwar parallel, aber in einer gewissen zeitlichen Reihenfolge abarbeiten wollen, müssen Sie sich um die komplette Synchronisation und die korrekte Erzeugung der Threads kümmern.

Eine Vereinfachung stellt die Benutzung der Klassen *NSOperation* und *NSOperationQueues* dar. Die Entwicklerdokumentation empfiehlt sogar, diese Variante selbst implementierten Threads vorzuziehen.

Eine Operation Queue ist eine Warteschlange von *NSOperation*-Objekten. Ein *NSOperation*-Objekt kapselt den Code und die Daten für einen einzelnen Task, der in der Queue abgearbeitet werden soll.

Die Elemente in der Queue werden nach dem „First in, first out"-Prinzip abgearbeitet. Zusätzlich können Sie auch noch Abhängigkeiten zwischen den verschiedenen Operationen definieren, die sich auf die Abarbeitungsreihenfolge auswirken. Ihre Anwendung kann beliebig viele Operation Queues verwalten und nutzen. Die wichtigsten Methoden zur Verwaltung der Operation Queue sind:

- *addOperation*: fügt der Queue eine neue Operation hinzu.
- *operations*: liefert das Array aller im Moment in der Queue enthaltenen Operationen.
- *cancelAllOperations*: sendet ein *cancel* an alle Operationen in der Queue und löscht diese aus der Queue. Operationen, die gerade ausgeführt werden, können – aber müssen nicht – auf den *cancel* reagieren.
- *waitUntilAllOperationsAreFinished*: blockiert den aktuellen Thread, bis alle Operationen der Queue abgearbeitet sind. Dadurch synchronisieren Sie den aktuellen Thread mit den Operationen der Queue.

Solange die Operationen einer Queue nicht abhängig sind, werden Sie parallel ausgeführt. Mit der Methode *setMaxConcurrentOperationCount:* können Sie die maximale Anzahl an parallelen Operationen begrenzen. Auf dem iPhone wird standardmäßig die Anzahl paralleler Aufrufe abhängig von den Systemressourcen gesetzt und kann zur Laufzeit variieren.

Um einen Task in einer *NSOperationQueue* auszuführen, müssen Sie ihn in eine *NSOperation* kapseln. Dazu gibt es zwei Möglichkeiten:

- Sie leiten Ihre Klasse von der abstrakten Klasse *NSOperation* ab. In der abgeleiteten Klasse müssen Sie die Methode *main* überschreiben. Diese Methode wird dann in einer Operation Queue ausgeführt.
- Sie benutzen die konkrete Klasse *NSInvocationOperation* als Wrapper für einen bestimmten Selektor. Die Methode *initWithTarget:selector:object:* erzeugt für Sie ein Objekt vom Typ *NSInvocationOperation*.

Das nächste Beispiel erzeugt eine *NSInvocationOperation* mit einem Selektor der Methode *runWithMainThreadCallback* aus den vorigen Beispielen:

```
1  NSOperationQueue *queue = [[NSOperationQueue alloc] init];
2  
3  NSInvocationOperation *operation = [[NSInvocationOperation alloc]
4      initWithTarget:self selector:@selector(runWithMainThreadCallback)
5      object:nil];
6  
7  [queue addOperation:operation];
8  
9  [operation release];
10 [queue release];
```

Zuerst wird eine Operation Queue erzeugt (Zeile 1). Die Zeilen 3 bis 5 initialisieren die *NSInvocationOperation*, die dann der Queue hinzugefügt wird (Zeile 7). Durch das Einfügen wird direkt die Ausführung der Operation gestartet, da die Queue vorher leer war. Der restliche Code gibt die lokalen Objekte des Beispiels frei.

4. Die wichtigsten Klassen aus dem Foundation-Framework

Das Foundation-Framework ist eines der zentralen Frameworks von Cocoa. Es stellt viele nützliche Klassen zur Verfügung, von denen einige in diesem Kapitel vorgestellt werden. Es beinhaltet aber auch die Basisklasse aller Cocoa-Klassen, nämlich *NSObject*. Damit beinhaltet es auch die Konventionen für die Generierung und Verwaltung von Objekten und ist somit ein wesentlicher Bestandteil des Laufzeitsystems.

Im Foundation-Framework finden Sie auch eine ganze Reihe von Containerklassen. Sie verwalten eine beliebige Anzahl an Objekten und gewähren über Methoden effizient Zugriff auf einzelne Objekte oder auch eine Untermenge der verwalteten Objekte. Abhängig vom Anwendungsfall können Sie die für Ihre Problemstellung geeignete Containerklasse auswählen. In einem Container können Sie beliebige Objekte auch unterschiedlichen Typs speichern.

Sehr häufig wird ein einfaches Array (Klasse *NSArray*) benutzt. Eine weitere Variante ist das assoziative Array bzw. Dictionary (*NSDictionary*). Ein assoziatives Array erlaubt den Zugriff auf ein Objekt mit einem Schlüssel- bzw. Key-Element und ermöglicht dadurch schnelle Zugriffe auf einzelne Elemente, ohne den Container durchsuchen zu müssen. Außerdem gibt es noch eine Reihe von Klassen, die Elemente als Menge repräsentieren (*NSSet*). Die Klassen *NSArray* und *NSDictionary* werden im Verlauf des Kapitels genauer vorgestellt.

Beispiele dieses Kapitels

Viele der Beispiele dieses Kapitels finden Sie als Quelltext in Beispiel 04.1. Aus Übersichtlichkeits- und Platzgründen wird aber auf eine Referenzierung des jeweiligen Beispiels verzichtet. Der Quelltext des Beispiels ist in einzelne Methoden bzw. Klassendefinitionen für jedes Kapitel unterteilt.

4.1 Numerische Objekte

Im Foundation-Framework findet sich die Klasse *NSNumber*. Sie ist die objektorientierte Repräsentation der skalaren bzw. numerischen Werte wie *int* oder *float*. Einsatz findet diese Klasse immer dort, wo Objekte anstatt der skalaren Werte benötigt werden. Man nennt eine solche Klasse deshalb auch Wrapper-Klasse. Viele der Klassen des Foundation-Frameworks arbeiten mit einer Menge von Objekten – beispielsweise *NSArray* oder *NSDictionary*. Beide Klassen werden später in diesem Kapitel im Detail vorgestellt.

Die Schnittstelle der Klasse *NSNumber* stellt Methoden für die Erzeugung eines Objekts aus jedem beliebigen numerischen Datentyp zur Verfügung – sowie die Möglichkeit, diese Werte wieder auszulesen. Die folgende Tabelle führt die wichtigsten Methoden auf:

Datentyp	Erzeugung NSNumber	Zugriff auf Skalar
BOOL	*numberWithBool:*	*boolValue*
char	*numberWithChar:*	*charValue*
double	*numberWithDouble:*	*doubleValue*
float	*numberWithFloat:*	*floatValue*
int	*numberWithInt:*	*intValue*
long long	*numberWithLongLong:*	*longLongValue*

Die Methoden zur Erzeugung eines Objekts in der Tabelle sind Klassenmethoden. Sie geben wie gewohnt ein Objekt zurück, an das bereits eine *autorelease*-Nachricht geschickt wurde. Sie müssen sich also nicht mehr um das Freigeben des Objekts kümmern. Zusätzlich gibt es auch Instanzmethoden für jeden skalaren Datentyp. Diese heißen entsprechend *initWithBool:*, *initWithChar:* etc.

```
float f = 12.0f;
NSNumber *fNumber = [NSNumber numberWithFloat:f];
printf("%1.2f", [fNumber floatValue]);
```

Das Beispiel erzeugt ein *NSNumber*-Objekt mit dem *float*-Wert *12.0f* und gibt diesen über die Methode *floatValue* aus.

Zwei Objekte können Sie mit der *compare:*-Methode vergleichen. Das Ergebnis dieses Vergleichs ist vom Aufzählungstyp *NSComparisonResult*. Die möglichen Ergebnisse des Vergleichs sind *NSOrderedSame*, sofern beide Werte gleich sind, oder *NSOrderedAscending*, falls die erste Zahl kleiner ist, und *NSOrderedDescending* im anderen Fall:

```
NSNumber *floatObject1 = [NSNumber numberWithDouble: 3.14];
NSNumber *floatObject2 = [NSNumber numberWithDouble: 3.15];

NSComparisonResult result;
result = [floatObject1 compare: floatObject2];

if (result == NSOrderedSame)
printf("Numbers are equal");
else if (result == NSOrderedAscending)
printf("Float1 is less than Float2");
else if (result == NSOrderedDescending)
printf("Float1 is greater than Float2");
```

4.2 Stringobjekte

Eine wichtige Klasse des Foundation-Frameworks ist *NSString* – eine Repräsentation von Unicode-Strings. Dadurch lassen sich internationalisierte Zeichenketten speichern. Die Klasse wird anstelle von C-Strings in allen Frameworks und Komponenten eingesetzt.

Konstante Strings lassen sich in doppelten Anführungszeichen (") mit einem vorangestellten @-Symbol vor den Anführungszeichen erzeugen. Die Zuweisung

```
NSString *string = @"a string";
```

erzeugt den unveränderbaren String *"a string"*.

Für die Ausgabe von Strings existiert das Makro *NSLog*. Es kennt die Formatierungsoptionen wie das bislang verwendete *printf* und stellt zusätzlich noch die Formatierung *%@* für die Ausgabe eines *NSString* zur Verfügung. Außerdem ist die Ausgabe von *NSLog* um zusätzliche Informationen erweitert. Sie enthält noch einen Zeitstempel, den Namen der Anwendung und einen Bezeichner für den aktuellen Thread. Zusätzlich wird jede *NSLog*-Anweisung mit einem Zeilenumbruch abgeschlossen. Der folgende Code

```
NSString *string = @"this is a line of NSLog";
NSLog(@"%@", string);
```

liefert diese Ausgabe:

```
2010-04-13 10:19:31.009 Workshop[4409:207] this is a line of NSLog
```

Die Objekte von *NSString* können grundsätzlich nicht verändert werden. Einmal zugewiesen behalten sie ihren initialen Wert über die Lebensdauer des Objekts.

Die Klasse *NSString* beinhaltet unzählige Methoden, mit dem String zu arbeiten. Die folgenden Abschnitte greifen einige wichtige Möglichkeiten auf.

Veränderbare Strings

Wollen Sie dennoch einen veränderbaren String benutzen, müssen Sie Objekte der Subklasse *NSMutableString* verwenden. Folgendes Beispiel zeigt, wie man aus einem unveränderbaren String einen *NSMutableString* erzeugt:

```
NSString *immutableString = @"immutable";
NSMutableString *mutableString =
    [NSMutableString stringWithString:immutableString];

[mutableString appendString:@" - not any longer"];

NSLog(@"%@", mutableString);
```

Mit der Klassenmethode *stringWithString* wird in den Zeilen 2 und 3 aus *immutableString* ein neuer veränderbarer String erzeugt. Die Methode *appendString* verlängert den alten String. Auf der Kommandozeile wird Folgendes ausgegeben:

```
immutable - not any longer
```

Die Klasse *NSMutableString* besitzt noch weitere *append*-Methoden, mit denen der String verändert werden kann. Außerdem besitzt die Klasse noch weitere Methoden, die den String direkt manipulieren.

Die Länge eines Strings

Das Property *length* eines Strings gibt dessen Länge an. Mit der Methode *lengthOfBytesUsingEncoding:* erhalten Sie die Länge des Strings in einem frei gewählten Encoding.

```
NSString *string1 = @"string length";
printf("length of string: %d", [string1 length]);
```

Das Beispiel gibt *length of string: 13* aus. Da *length* ein Property ist, hätten Sie ebenso die Anweisung *string1.length* benutzen können.

Strings vergleichen

Um zwei Strings zu vergleichen, können Sie die Funktion *isEqualToString:* verwenden. Diese Methode liefert Wahr zurück, wenn beide Strings zeichenweise gleich sind:

```
if ([string1 isEqualToString:string2])
    NSLog(@"the strings are equal");
else
    NSLog(@"the strings are different");
```

Wenn es beim Vergleich zweier Strings nicht nur um Gleichheit, sondern auch um eine Sortierreihenfolge geht, kommt die Methode *compare:* zum Einsatz:

```
NSString *string1 = @"better";
NSString *string2 = @"before";

NSComparisonResult result;
result = [string1 compare:string2];

if (result == NSOrderedSame)
    printf("Strings are equal");
else if (result == NSOrderedAscending)
    printf("String1 is alphabetically smaller than String2");
else if (result == NSOrderedDescending)
    printf("String1 is alphabetically greater than String2");
```

Vergleichsoperator

Mit dem Vergleichsoperator können Sie nicht den Inhalt von zwei Strings vergleichen, sondern nur deren Zeiger. Somit liefert der Vergleich == nur dann Wahr zurück, wenn beide Variablen auf dasselbe Objekt zeigen.

Strings durchsuchen

Bei Strings wird häufig die Information benötigt, ob und an welcher Stelle eine bestimmte Zeichenkette im String enthalten ist. Das erreichen Sie mit der Methode *rangeOfString:*. Diese liefert eine Struktur *NSRange* zurück, die sowohl die Position *location* als auch die Länge *length* der Übereinstimmung enthält. Wird die Zeichenkette nicht gefunden, enthält *location* den Wert *NSNotFound*.

```
NSString *string = @"this is a long string";

NSRange match;
match = [string rangeOfString: @"a long"];

printf("match at index %i, length %d\n", match.location,
match.length);

match = [string rangeOfString: @"b long"];

if (match.location == NSNotFound) printf("strings do not match\n");
else printf("strings do match\n");
```

Das Beispiel sucht zuerst die Zeichenfolge *a long* in dem String *this is a long string* und gibt die Position und Länge des Treffers aus: *match at index 8, length 6*.

Die zweite Suche nach dem String *b long* zeigt den Einsatz von *NSNotFound* zur Überprüfung, ob eine Zeichenkette überhaupt in der anderen enthalten ist. Im Beispiel ist die Ausgabe der *printf*-Anweisung auf der Kommandozeile natürlich *strings do not match*.

Teile eines Strings ersetzen

Auch die unveränderbare Klasse *NSString* bietet Funktionen, um aus dem aktuellen String durch Ersetzen bestimmter Teile einen neuen String zu erzeugen. Dabei wird aber immer ein neues Objekt zurückgeliefert, niemals das alte manipuliert. Die Methode *stringByReplacingOccurrencesOfString:withString:* ersetzt den Suchstring im aktuellen Objekt durch die angegebene Zeichenfolge.

```
NSString *string = @"this is a long string";

string = [string stringByReplacingOccurrencesOfString:@"a long"
```

```
    withString:@"an even longer"];
NSLog(@"%@", string);
```

Im Beispiel wird die Sequenz *a long* durch *an even longer* ersetzt, sodass die Ausgabe letztendlich lautet: *this is an even longer string*.

Veränderbare Strings der Klasse *NSMutableString* erlauben noch weitere Ersetzungen innerhalb eines Strings. Mit der Methode *replaceCharactersInRange:withString:* lassen sich Zeichenfolgen eines Strings, die durch einen Parameter vom Typ *NSRange* – also durch *location* und *length* – bestimmt sind, durch einen beliebigen String ersetzen.

```
NSMutableString *string =
[NSMutableString stringWithString:@"this is a long string"];

[string replaceCharactersInRange:NSMakeRange(8, 6) withString:@"an
even longer"];

NSLog(@"%@", string);
```

Die Struktur *NSRange* wird im Beispiel durch den Aufruf von *NSMakeRange* erzeugt. Die Zeichenfolge an Position 8 der Länge 6 – also genau *a long* – wird durch *an even longer* ersetzt. Die Ausgabe ist dann: *this is an even longer string*. Im Gegensatz zu den Funktionen von *NSString*, die aufgrund der Unveränderbarkeit jeweils einen neuen String liefern, wird hier das Objekt *string* selbst verändert. Beide zu ersetzenden Teile müssen nicht von gleicher Größe sein, die internen Strukturen werden automatisch angepasst.

Groß- und Kleinschreibung

Zur Änderung der Groß- und Kleinschreibung stehen in der Klasse *NSString* die Methoden *capitalizedString*, *lowercaseString* und *uppercaseString* zur Verfügung. Sie liefern jeweils ein neues Objekt mit den gewünschten Änderungen zurück. Der ursprüngliche String bleibt unverändert.

```
NSString *string = @"thIs Is a cAseLess sTring";

NSLog(@"Capitalized: %@", [string capitalizedString]);
NSLog(@"Lower case: %@", [string lowercaseString]);
NSLog(@"Upper case: %@", [string uppercaseString]);
```

Die erste *NSLog*-Anweisung gibt einen String zurück, in dem jedes neue Wort mit einem Großbuchstaben beginnt. Die Methode *lowerCaseString* wandelt den kompletten String in Kleinbuchstaben um, *uppercaseString* dagegen in Großbuchstaben.

Numerische Werte aus Strings erzeugen

Aus Strings lassen sich alle primitiven Datentypen erzeugen. Die Konvertierungsfunktionen versuchen, vom Anfang des Strings einen primitiven Datentyp zu ermitteln. Im Gegensatz zu anderen Programmiersprachen werden somit auch Strings wie *42ks a* als numerischer Wert erkannt, in diesem Fall wird also 42 zurückgeliefert.

```
NSString *intString = @"42ks a";
int i = [intString intValue];

printf("%d\n", i);
```

In der folgenden Tabelle sind die Funktionen zur Konvertierung zusammengefasst:

Datentyp	Funktion zur Konvertierung
BOOL	*boolValue*
char	*charValue*
double	*doubleValue*
float	*floatValue*
int	*intValue*
long long	*longLongValue*

Strings und Dateien

Sie können Strings auch direkt in Dateien ausgeben oder von Dateien lesen. Die Methode *writeToFile::::* speichert den String in eine Datei. Mit der Klassenmethode *stringWithContentsOfFile::* können Sie einen String aus einer Datei initialisieren:

```
//get Document Root
NSArray *paths =
NSSearchPathForDirectoriesInDomains(
    NSDocumentDirectory, NSUserDomainMask, YES);
NSString *documentsDirectory = [paths objectAtIndex:0];
NSString *filePath = [documentsDirectory
    stringByAppendingPathComponent:@"string.txt"];

[string1 writeToFile:filePath
    atomically:YES encoding:NSUTF8StringEncoding error:nil];

NSString *string2 =
[NSString stringWithContentsOfFile:filePath
    encoding:NSUTF8StringEncoding
    error:nil];
```

Die ersten drei Zeilen dieses Beispiels erzeugen einen Pfad innerhalb des Dokumentenverzeichnisses der iPhone-Anwendung. Wichtig ist hier nur, dass ein gültiger Pfad zum Speichern und Laden inklusive des Dateinamens für die Datei *strings.txt* entsteht. Eine genauere Beschreibung zum Laden aus dem Dokumentenverzeichnis finden Sie in Kapitel 23.3.

Die Methode *writeToFile::::* erwartet vier Parameter. Der erste Parameter beschreibt den kompletten Pfad des Dokuments. Die Angabe von *atomically* ermöglicht ein sicheres Speichern. Wenn Sie hier ein *YES* angeben, wird der String zuerst in eine Hilfsdatei geschrieben, die nach erfolgreichem Abschluss in die durch den Pfad spezifizierte Datei umbenannt wird. So können Sie sicherstellen, dass – sofern die Datei vorhanden ist – diese auch garantiert nicht korrumpiert ist. Mit dem Parameter *encoding* bestimmen Sie das Encoding der Datei. Im Beispiel wird die Datei mit der Konstante *NSUTF8StringEncoding* im UTF8-Encoding geschrieben. Wollen Sie auf Fehlerfälle reagieren, können Sie der Methode das optionale *error*-Objekt mitgeben. Ein *nil* wie in dem Beispiel ignoriert mögliche Fehler.

4.3 Arrays

Die Klassen *NSArray* und *NSMutableArray* speichern Objekte in einer Arraystruktur. Auf Elemente wird über deren Index (Position) im Array zugegriffen. Sie sind den primitiven Arrays ähnlich, erlauben aber aufgrund einer umfangreichen Schnittstelle eine komfortablere Verwaltung.

NSMutableArray erlaubt auch das Einfügen von Elementen an einer beliebigen Stelle des Arrays. Dabei muss allerdings das komplette Array intern umstrukturiert werden.

Ein Array kann nur Objekte aufnehmen. Primitive Datentypen müssen deshalb mit einem sogenannten Wrapper, wie z. B. *NSNumber*, als Objekt repräsentiert werden. Sie können Objekte jedes beliebigen Typs in ein Array einfügen und unterschiedliche Typen auch mischen. Objekte dürfen in einem Array mehrfach auch vorkommen.

Arrays erstellen und auf Elemente zugreifen

Mit einer der Convenience-Methoden können Sie ein Array allozieren und initialisieren. Die Klassenmethode *arrayWithObjects:* erstellt ein Array aus einer kommaseparierten Liste von Objekten. Dabei muss die Liste mit *nil* abgeschlossen werden:

```
NSString *string = @"string";
NSNumber *number = [NSNumber numberWithInt:42];

NSArray *firstArray = [NSArray arrayWithObjects: string, number, nil];
```

Im Beispiel wird ein Array mit zwei Einträgen erzeugt. Das erste Element ist vom Typ *NSString*, das zweite vom Typ *NSNumber*.

Auf die Elemente des neuen Arrays können Sie mit der Methode *objectAtIndex:* und mit dem Index auf das Element zugreifen. Die Zählung der Elemente beginnt bei 0.

```
NSLog(@"%@ %@",
    [firstArray objectAtIndex:0], [firstArray objectAtIndex:1]);
```

Im Property *count* von *NSArray* wird die Anzahl der Elemente des Arrays gespeichert. Dadurch können Sie über alle Elemente eines Arrays iterieren:

```
for (int i = 0; i < [firstArray count]; i++) {
    NSLog(@"Element at position %i: %@",
          i, [firstArray objectAtIndex:i]);
}
```

Die *for*-Schleife läuft über alle Elemente des Arrays und gibt folgendes Ergebnis aus:

```
Element at position 0: string
Element at position 1: 42
```

Hinweis

In den Beispielen dieses Abschnitts wird der Inhalt eines Objekts mit *NSLog* und der Formatoption *%@* ausgegeben. Das ist erlaubt und funktioniert, weil für alle Objekte, die *NSLog* übergeben werden, implizit die Methode *description* aufgerufen wird. Diese wird von *NSObject* geerbt und in den Foundation-Klassen überschrieben. Die Methode liefert den Inhalt des Objekts als Stringrepräsentation zurück. So können Sie z. B. auch Arrays oder Dictionaries in einer einfachen *NSLog*-Anweisung ausgeben.

Arrays erweitern

Instanzen vom Typ *NSMutableArray* können Sie jederzeit erweitern. Die Methode *addObject:* fügt ein Element am Ende des Arrays hinzu. Sie können auch ein Objekt an einem bestimmten Index einfügen. Mit *insertObject:atIndex:* wird das Objekt an dem angegebenen Index eingefügt und die anderen Objekte werden jeweils einen Platz nach hinten bewegt.

```
NSMutableArray *myArray = [NSMutableArray arrayWithObjects:
    @"one", @"two", nil];

[myArray addObject:@"three"];
[myArray insertObject:@"four" atIndex:2];

for (int i = 0; i < [myArray count]; i++) {
```

```
        NSLog(@"Element at position %i: %@", i, [myArray
        objectAtIndex:i]);
10 }
```

Hier wird ein veränderbares Array *myArray* erzeugt und mit den Werten *one* und *two* initialisiert. In der dritten Zeile wird der String *three* am Ende des Arrays angefügt. Die Ausgabe zeigt die Struktur des Arrays nach dem Einfügen der beiden Elemente:

```
Element at position 0: one
Element at position 1: two
Element at position 2: four
Element at position 3: three
```

Arrayelemente entfernen

Die Schnittstelle von *NSMutableArray* enthält einen Satz Methoden, um Elemente aus einem Array zu entfernen. Sie können Elemente an bestimmten Positionen entfernen, ein bestimmtes Objekt an einer beliebigen Position oder vom Ende des Arrays löschen oder auch das ganze Array leeren:

- *removeObjectAtIndex:* löscht ein Objekt an einer speziellen Position.
- *removeLastObject:* löscht das letzte Element aus dem Array.
- *removeObject:* entfernt alle Elemente, die aufgrund eines Vergleichs aller Objekte mit der Methode *isEqual:* als gleich erkannt werden. Die Methode *isEqual:* wird von *NSObject* vererbt und ist für viele Foundation-Klassen explizit implementiert.
- *removeObjectIdenticalTo:* Es werden alle Elemente entfernt, die dieselbe Speicheradresse wie das angegebene Objekt haben.
- *removeAllObjects:* löscht alle Objekte des Arrays.

4.4 Dictionary-Objekte

Dictionaries sind assoziative bzw. benannte Arrays. Im Gegensatz zu den einfachen Arrays werden Elemente dort nicht über deren Index angesprochen, sondern über einen Schlüssel. Als Schlüssel kann ein Objekt einer beliebigen Klasse verwendet werden. Dictionaries verbinden Schlüssel mit Objekten. Über den Schlüssel kann jedes Objekt im Dictionary identifiziert werden.

Sehr häufig werden Strings als Schlüssel verwendet, daher rührt auch die Bezeichnung benanntes Array. Wie bei Arrays dürfen Objekte auch mehrfach im Dictionary vorkommen. Die Schlüssel müssen allerdings eindeutig sein. Ein mehrfaches Einfügen desselben Schlüssels führt damit jeweils zum Überschreiben des assoziierten Objekts.

Das Foundation-Framework stellt für Dictionaries zwei Klassen zur Verfügung: *NSDictionary* für unveränderliche Dictionaries und die veränderbare Version *NSMutableDictionary*.

Erstellen und Füllen eines Dictionaries

Ein *NSDictionary* kann mit der Methode *dictionaryWithObjectsAndKeys:* erzeugt werden. Diese nimmt eine Liste von Schlüsseln und Werten. Werte und Schlüssel werden dabei alternierend angegeben – beginnend mit dem ersten Wert. Abgeschlossen wird die Liste mit dem Ausdruck *nil*.

```
NSDictionary *dictionary = [NSDictionary dictionaryWithObjectsAndKeys:
    @"Object1", @"1", @"Object2", @"2", nil];
```

Die Anweisung erzeugt ein unveränderbares Dictionary mit zwei Einträgen. *Objekt1* wird dabei mit dem Schlüssel *1* assoziiert, *Objekt2* mit dem Schlüssel *2*.

Ein veränderliches Dictionary wird meist als leeres Dictionary angelegt und später explizit befüllt:

```
NSMutableDictionary *mutableDict = [NSMutableDictionary dictionary];
[mutableDict setObject:@"Object3" forKey:@"3"];
[mutableDict setObject:@"Object4" forKey:@"4"];

NSLog(@"%@", [mutableDict objectForKey:@"3"]);
```

Die Methode *setObject:forKey:* fügt ein Objekt mit seinem Schlüssel ein. Auf die Elemente können Sie nun zugreifen, indem Sie dem *NSDictionary*-Objekt die Nachricht *objectForKey:* mit dem entsprechenden Schlüssel als Parameter schicken. In der *NSLog*-Anweisung in Zeile 5 wird somit *Object3* ausgegeben.

Sie können sogar den Inhalt eines Dictionaries einem anderen hinzufügen:

```
[mutableDict addEntriesFromDictionary:dictionary];
NSLog(@"Number of elements: %d", [mutableDict count]);
```

Die Methode *addEntriesFromDictionary:* ergänzt das veränderbare Dictionary *mutableDict* um alle Einträge von *dictionary* aus den vorherigen Beispielen. Genau wie bei *NSArray* gibt das Property *count* Auskunft über die Anzahl der Elemente in einem Dictionary. In diesem Beispiel ist die Ausgabe nun: *Number of elements: 4*.

Zugriff auf Schlüssel und Werte

Der Zugriff auf Elemente eines Dictionaries erfolgt grundsätzlich über den Schlüssel. Das bedeutet, dass Sie ein bestimmtes Element nur auslesen können, wenn Sie seinen Schlüssel kennen. *NSDictionary* stellt auch Methoden zur Verfügung, um auf dessen Inhalt auch ohne Kenntnis eines Schlüssels zugreifen zu können.

Die beiden Methoden *allKeys* und *allValues* erzeugen Arrays mit allen Schlüsseln bzw. allen Werten.

```
NSArray *keys = [mutableDict allKeys];

for (int i = 0; i < [keys count]; i++) {
    NSObject *key = [keys objectAtIndex:i];
    NSString *value = [mutableDict objectForKey:key];
    NSLog(@"key: %@, value: %@", key, value);
}
```

Im Beispiel iteriert die *for*-Schleife über alle Einträge von *mutableDict*. In der Schleife wird zuerst der aktuelle Schlüssel aus dem Array ausgelesen (Zeile 4). Mit diesem Schlüssel wird dann das Dictionary nach dem dazu gespeicherten Wert befragt (Zeile 5) und beide Werte ausgegeben (Zeile 6). Die Ausgabe ist etwas überraschend:

```
key: 4, value: Object4
key: 2, value: Object2
key: 1, value: Object1
key: 3, value: Object3
```

Zwar finden sich alle Objekte mit ihren korrekten Schlüsseln wieder. Die Reihenfolge ist allerdings weder die Einfügereihenfolge noch in irgendeiner Art eine Sortierung. Das ist eine wichtige Eigenschaft von Dictionaries: Es kann keine Reihenfolge der Elemente garantiert werden.

Löschen von Elementen aus einem Dictionary

Aus einem veränderbaren Dictionary lassen sich Elemente auch wieder löschen. Dabei stehen Ihnen die folgenden Methoden zur Verfügung:

- *removeObjectForKey:* löscht das durch den Schlüssel identifizierte Element.
- *removeObjectsForKeys:* entfernt alle Objekte aus dem Dictionary, deren assoziierte Schlüssel sich im angegebenen Array befinden.
- *removeAllObjects*: leert das Dictionary vollständig.

4.5 Schnelle Aufzählungen

Im Abschnitt über Arrays haben Sie gesehen, wie man über alle Elemente des Arrays iteriert. Das ist ein häufig verwendetes Programmstück, für das viele Entwicklungsumgebungen auch Templates zur einfacheren Erstellung der Schleife bereitstellen. Objective-C erlaubt sogar eine noch etwas schlankere und damit übersichtlichere Möglichkeit: die schnelle Aufzählung bzw. Fast Enumeration. Sie ist eine spezielle Syntax der *for*-Schleife. Dazu müssen Sie nur eine Variable deklarieren, die die Objekte aus einem Containerobjekt aufnimmt. Diese wird dann in der *for*-Schleife nacheinander mit allen Elementen befüllt. Die Syntax ist wie folgt definiert:

```
for (Type loopVariable in expression) { statements }
```

Diese Sonderform der *for*-Schleife erhält nach dem Schlüsselwort *in* ein Objekt einer Containerklasse, die nur das Protokoll *NSFastEnumeration* implementieren muss. Nacheinander wird dann der vorher deklarierten Variable *loopVariable* jeweils das nächste Element aus dem Container zugewiesen. Es steht dann innerhalb des Anweisungsblocks der Schleife zur Verfügung. Eine typische Anwendung mit einem Array als Container sieht folgendermaßen aus:

```
NSArray *array = [NSArray arrayWithObjects:@"1", @"2", @"3", nil];

for (NSString *string in array) {
    NSLog(@"Object %@", string);
}
```

Da in diesem Beispiel sichergestellt ist, dass das Array nur Elemente vom Typ String hat, kann die Variable für die Aufzählung schon vorher als *NSString* festgelegt werden. Sie können die Variable aber auch mit dem typlosen *id* deklarieren und innerhalb der Schleife dann durch Introspektion zur Laufzeit verschiedene Aktionen für verschiedene Objekttypen ausführen. Beispiele für die Introspektion finden Sie in Kapitel 3.7.

Die schnelle Aufzählung hat nur eine Einschränkung: Während der Aufzählung darf das Containerobjekt nicht verändert werden. In diesem Fall wird eine Exception geworfen. Die Vorteile liegen klar auf der Hand: Die Ausführung ist sehr schnell, der Code ist extrem kompakt und mehrere Aufzählungen können gleichzeitig durchlaufen werden.

Gerade bei der Aufzählung aller Schlüssel eines Dictionaries kann die extrem kompakte Form ihre Vorzüge ausspielen. Anstatt sechs Zeilen nur für die Schleife bleibt lediglich folgender, schon fast leicht anmutender Quelltext:

```
NSDictionary *dictionary = [NSDictionary dictionaryWithObjectsAndKeys:
    @"Object1", @"1", @"Object2", @"2", nil];

for (NSString *string in dictionary) {
    NSLog(@"Object %@", string);
}
```

4.6 Objekte kopieren

In vielen Situationen müssen Sie Daten und Objekte kopieren. Dabei ist auf den Unterschied zwischen der Zuweisung eines Objekts zu einer Variablen und der Kopie eines Objekts zu achten.

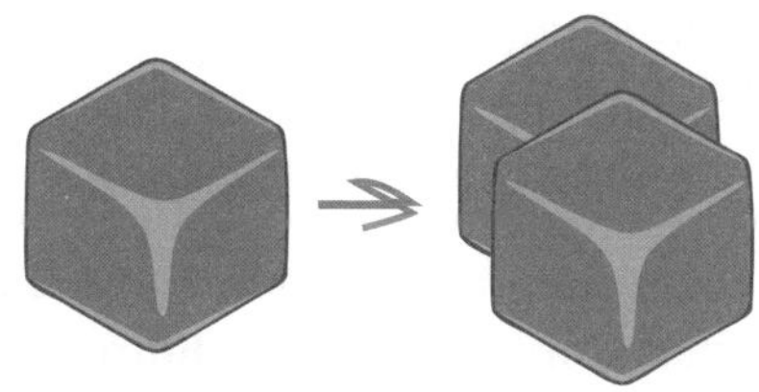

Eine Kopie zeichnet sich dadurch aus, dass die Attribute des Objekts in ein neues Objekt kopiert werden. Es wird also tatsächlich neuer Speicher belegt. In vielen Fällen reicht Ihnen eine weitere Variable, die auf dasselbe Objekt zeigt, in anderen Fällen brauchen Sie eine zweite Version des Objekts. Das folgende Beispiel verdeutlicht den Unterschied:

```
NSMutableString *string1 = [NSMutableString stringWithString:
@"hello"];
NSMutableString *string2 = string1;

[string1 appendString:@" world"];

NSLog(@"%x %x", string1, string2);
NSLog(@"%@", string2);
```

Die Zuweisung *string2 = string1* in Zeile 2 erstellt keine Kopie des Objekts. Stattdessen zeigt nun auch die Variable *string2* auf dieselbe Speicherstelle wie *string1*. Das zeigt auch die Ausgabe der Anweisung *NSLog* (Zeile 6). Mehr über *NSLog* erfahren Sie in Kapitel 23.1. Die Formatoption *%x* gibt übrigens einfach die Speicherstelle des Objekts in hexadezimaler Schreibweise aus. Auf der Konsole erscheint für beide Variablen die gleiche Speicherstelle. Die Änderung der Variable *string1* (Zeile 4) schlägt sich somit auch in der Variable *string2* nieder, weil beide ein und dasselbe Objekt referenzieren. Deshalb gibt Zeile 7 eben *hello world* aus.

Die einfachste Art, eine Kopie eines beliebigen Objekts zu erstellen, ist die Erzeugung eines neuen Objekts. Die Eigenschaften des Objekts müssen dann alle auf das andere Objekt übertragen werden. Da die Eigenschaften normalerweise außerhalb der Klasse nicht oder nur durch spezielle Setter- und Getter-Methoden zugänglich sind, muss die Klasse selbst eine Möglichkeit der Kopie anbieten. Jede Klasse erbt dazu von *NSObject* die Methode *copy*. Außerdem stellt das Foundation-Framework das Protokoll *NSCopying* zur Verfügung. *NSCopying* definiert nur die Methode *copyWithZone:*. Diese Methode wird über die Convenience-Methode *copy* von *NSObject* aufgerufen, die intern tatsächlich nur auf die Methode *copyWithZone* mit *nil* für den Parameter *zone* verzweigt.

Zonen in Cocoa

Mit Zonen sind in Cocoa zusammenhängende Speicherbereiche gemeint. Um diese muss sich der Entwickler allerdings nicht explizit kümmern, sondern sie nur an entsprechender Stelle weiterreichen.

Jede Klasse, die mit dem Protokoll *NSCopying* als kopierbar markiert wird, muss die Methode *copyWithZone:* so implementieren, dass tatsächlich eine Kopie des Objekts zurückgeliefert wird.

Die meisten Klassen des Foundation-Frameworks implementieren das *NSCopying* Protokoll, so auch die Klasse *NSMutableString*. Das bisherige Beispiel lässt sich schnell so umbauen, dass eine Kopie von *string1* erzeugt wird:

```
string2 = [string1 copy];
[string1 appendString:@"!"];

NSLog(@"%@", string2);
```

Zuerst wird der Variable *string2* die Kopie des Objekts von *string1* zugewiesen. Danach wird *string1* um ein Ausrufezeichen am Ende erweitert (Zeile 2). Da nun zwei unterschiedliche Objekte vorliegen, schlägt sich das auch nicht mehr auf *string2* nieder. Es enthält nach wie vor nur *hello world*.

Wenn Sie nun versuchen, das Gelernte auch auf die Klasse *Rectangle* aus den vorigen Kapiteln anzuwenden, werden Sie einen Programmabbruch zur Laufzeit erhalten:

```
Rectangle *rect1 = [[Rectangle alloc] init];
[rect1 setWidth:10.0 andLength:20.0];
Rectangle *rect2 = [rect1 copy];
```

Die Meldung auf der Konsole ist:

```
[Rectangle copyWithZone:]: unrecognized selector sent to instance
0x39188c0
```

Die Fehlermeldung tritt auf, weil die Klasse *Rectangle* die Methode *copyWithZone:* nicht implementiert. Wenn also zur Laufzeit die Nachricht *copyWithZone:* an *rect1* geschickt wird, kann diese nicht zugestellt werden.

Die Methode mutableCopy

NSObject stellt auch noch die Methode *mutableCopy* zur Verfügung und das Foundation-Framework definiert das Protokoll *NSMutableCopying*. Sie dienen dazu, aus unveränderlichen Objekten eines Containers eine veränderliche Kopie zu erstellen. Sie sollten diese Methode also nur beachten, wenn Sie Klassen schreiben, die sowohl in veränderlicher als auch in unveränderlicher Form vorliegen. Im Wesentlichen gilt hier analog das bisher Ausgeführte.

Im nächsten Schritt wird gezeigt, wie Sie die Klasse *Rectangle* so erweitern können, dass sie das Protokoll *NSCopying* unterstützt. Zuerst muss die Klassendeklaration um die Unterstützung des Protokolls ergänzt werden, um die Konformität zu diesem Protokoll zu erklären. Dazu wird die *@interface*-Deklaration angepasst.

Zusätzlich wird in der Klassendefinition die Nachricht *copyWithZone* deklariert. Sie erhält laut Protokoll einen Parameter *zone* und liefert einen typlosen Zeiger *id* zurück. Die komplette Klassendefinition sieht nun folgendermaßen aus:

```
@interface Rectangle : NSObject <NSCopying> {
    double length;
    double width;
}

+ (double) getSumOfInnerAngles;
- (double) getArea;
- (double) getCircumference;
- (void) setLength : (double) length;
- (void) setWidth : (double) width;
- (void) setWidth: (double) newWidth
        andLength:(double) newLength;
- (id) copyWithZone:(NSZone *)zone;
@end
```

Die Implementierung der Klasse wird jetzt noch um die Kopiermethode erweitert.

```
- (id) copyWithZone:(NSZone *)zone {
    Rectangle *rectCopy = [[Rectangle allocWithZone:zone] init];
    [rectCopy setWidth:width andLength:length];

    return rectCopy;
}
```

Zuerst wird ein neues Objekt der Klasse *Rectangle* erstellt (Zeile 2). Im Gegensatz zu früheren Beispielen wird hier die Nachricht *allocWithZone:* benutzt, um den Parameter *zone* korrekt weiterzugeben. Wie schon erwähnt wurde, brauchen Sie sich ansonsten nicht um den Parameter zu kümmern. Zeile 3 setzt die Instanzvariablen *width* und *length* auf die aktuellen Werte. Sie haben nun eine exakte Kopie des ursprünglichen Objekts. Sie müssen dieses nur noch zurückgeben (Zeile 5). Es ist im Unterschied zu anderen Methoden einer Klasse eine Konvention, dass Objekte, die mit *copyWithZone:* erzeugt werden, einen Referenzzähler von 1 haben, d. h., die aufrufende Komponente muss sich explizit um die Freigabe des Objekts kümmern.

Wenn Sie jetzt noch mal die Methode *copy* des Objekts aufrufen, läuft der Code ohne Fehler durch und es wird tatsächlich eine Kopie des Objekts erstellt.

```
Rectangle *rect1 = [[Rectangle alloc] init];
[rect1 setWidth:10.0 andLength:20.0];
Rectangle *rect2 = [rect1 copy];
```

Flache und tiefe Kopien

Beim Kopieren von Objekten werden zwei Varianten unterschieden: die flache Kopie (im Englischen: Shallow Copy) und die tiefe Kopie (Deep Copy). Zur Verdeutlichung können Sie sich folgendes Szenario vorstellen: Sie erweitern die Klasse *Rectangle* um ein Property *identifier* vom Typ *NSMutableString*. Denken Sie sich diesen z. B. als einen Bezeichner oder Namen für das Rechteck. Des Weiteren existiert nun auch eine Methode *setWidth:andLength:andIdentifier:* zum Setzen aller Parameter:

```
- (void) setWidth: (double) newWidth
    andLength:(double) newLength
    andIdentifier: (NSMutableString*) newIdentifier {
    width = newWidth;
    length = newLength;
    identifier = newIdentifier;
}
```

Auch *copyWithZone:* wird analog um den neuen Parameter erweitert:

```
- (id) copyWithZone:(NSZone *)zone {
    Rectangle *rectCopy = [[Rectangle allocWithZone:zone] init];
    [rectCopy setWidth:width andLength:length
    andIdentifier:identifier];

    return rectCopy;
}
```

Was passiert nun mit dem Property *identifier*, wenn Sie eine Kopie eines Objekts erstellen? Schauen Sie sich dazu folgendes Beispiel und die Ausgabe auf der Konsole an:

```
Rectangle *rect1 = [[Rectangle alloc] init];

NSMutableString *identifier = [NSMutableString
stringWithString:@"id"];
[rect1 setWidth:10.0 andLength:20.0 andIdentifier:identifier];

Rectangle *rect2 = [rect1 copy];
[rect1.identifier appendString:@"1"];

NSLog(@"rect2.identifier = %@", rect2.identifier);
```

Die Ausgabe auf der Konsole ist:

```
rect2.identifier = id1
```

In diesem Beispiel wird eine Kopie erstellt, allerdings teilen sich beide Objekte denselben *identifier*, weil in der Methode ja nur der Zeiger auf das Objekt kopiert wird. Man bezeichnet das als flache Kopie. Änderungen an Objekten einer Klasse schlagen auch auf die Kopie durch.

Es ist jetzt auch offensichtlich, wie Sie eine tiefe Kopie erreichen können: Sie müssen in der Methode *copyWithZone:* eine Kopie des Property *identifier* erstellen und diese für die Initialisierung benutzen. Die geänderte Zeile lautet dann:

```
[rectCopy setWidth:width andLength:length
      andIdentifier:[identifier copy]];
```

Wenn Sie tatsächlich eine Kopie eines Wertes brauchen, können Sie diese auch in den jeweiligen Setter-Methoden machen. Das würde das Beispiel oben wieder in die vorherige Version zurückführen. Die *copy*-Nachricht an das Objekt würde in die Methode *setWidth:andLength:andIdentifier:* oder sogar noch besser in den einzelnen Setter *setIdentifier:* wandern.

Die Entscheidung, ob eine flache oder eine tiefe Kopie die richtige Variante ist, hängt von der Verwendung der Daten ab. Attribute, also interne Instanzvariablen, sprechen eher für eine wirkliche Kopie des Objekts, da sie den internen Zustand eines Objekts darstellen und deshalb meistens unabhängig von anderen Objekten sein müssen. Dagegen kann bei Properties die Entscheidung sehr oft auf eine reine Kopie der Referenz fallen. Stellen Sie sich das Szenario einer Bestellung vor. Sie haben eine Klasse *Order*, die unter anderem eine Referenz auf einen Kunden *Customer* hat. Solange Sie die Objekte im Speicher vorhalten, wollen Sie vermutlich, dass Änderungen der Adresse des Kunden oder der Lieferanschrift direkt auf die aktuelle Order durchschlagen. Auch ein Warenkorb soll wohl eher während der Erstellung der Bestellung veränderbar bleiben. Diese Entscheidungen sind also im Einzelfall zu treffen.

Flache Kopie für unveränderliche Objekte

Für alle unveränderlichen Objekte von Klassen wie *NSString*, *NSArray* oder *NSDictionary* reicht eine flache Kopie aus, weil ja nach der Initialisierung das Objekt nicht mehr verändert werden kann.

5. Blockobjekte

Kapitelbeispiele

Auch in diesem Kapitel sind viele der Beispiele als Quelltext in Beispiel 05.1 zu finden. Wie gewohnt wird aus Übersichtlichkeits- und Platzgründen auf eine Referenzierung des jeweiligen Beispiels verzichtet.

5.1 Was sind Blockobjekte?

Mit der Version 4.0 hält das Konzept von Blöcken nun auch Einzug in Cocoa-Touch und Objective-C des iPhone-SDK. Blockobjekte verhalten sich in erster Linie wie C-Funktionen. Sie definieren Parameterlisten, besitzen einen Rückgabetyp und haben einen Funktionsrumpf, in dem die tatsächliche Funktionalität umgesetzt ist. Im Gegensatz dazu sind sie allerdings auch gleichzeitig Objekte und können inline, also innerhalb von Funktionen, Methoden und sogar in Methodenaufrufen, deklariert werden. Zusätzlich hat ein Block Zugriff auf den kompletten lokalen Gültigkeitsbereich, in dem er deklariert wird. Sie können also innerhalb eines Blocks auf alle Variablen und Parameter des umgebenden Gültigkeitsbereichs zugreifen. Und das auch noch dann, nachdem der umgebende Gültigkeitsbereich bereits nicht mehr existiert – solange der Block noch referenziert wird.

Ähnlich den Funktionszeigern in C und C++ können Sie mit Blöcken als Parameter die Funktionalität einer Methode zur Laufzeit bestimmen und verändern. Ein Beispiel wäre hier der Einsatz eines Blocks als Parameter einer Methode oder zum Vergleich zweier Objekte.

Im Cocoa-Touch-Framework werden Blöcke vor allem wie folgt eingesetzt:

- Callbacks
- als Notification-Handler
- Sortierung von Objekten
- Aufzählungen
- Error-Handler
- in Animationen als Handle und Callbacks
- die parallele Ausführung in Threads

Der Vorteil gegenüber des bisher stattdessen eingesetzten Delegations-Entwurfsmusters ist im Wesentlichen die Implementierung direkt an dem Ort, an dem der Block benötigt wird. Anstelle einer eigenen Methode, die als Selektor (siehe dazu Kapitel 3.4) übergeben wird und später implementiert werden muss, beschränkt sich die Umsetzung bei der Blockprogrammierung auf das Wesentliche. Außerdem spielt die Blockprogrammierung hier den Vorteil des Zugriffs auf die Variablen des äußeren Gültigkeitsbereichs voll aus. Für Callbacks oder Benachrichtigungen im Rahmen einer Delegation wird häufig Kontext, der beim Entstehen der Delegations-Beziehung existierte, eine wichtige Rolle spielen. Aus dem Block heraus können Sie auf alle Variablen, Parameter und Methoden des äußeren Blocks zugreifen und haben den Kontext später zur Ausführungszeit ohne eigenes Zutun parat.

5.2 Die Blocksyntax

Die Syntax eines Blockobjekts entspricht der Definition der aus C bekannten Funktionszeiger. Dabei ersetzt das Caret-Symbol (^) nur den *:

```
returnType (^blockObjectName) (type[, type[, ...]]);
```

Die Deklaration kombiniert also die Syntax einer C-Funktion mit dem Caret-Symbol.

```
^returnType (type arg1[, type arg2[, ...]]) {
    // block body with statements
};
```

Um eine möglichst knappe Schreibweise zu gewährleisten, sind einige Teile der Blockdeklaration optional. In einem Block ohne Parameter – also eine Parameterdeklaration *(void)* – kann *void* weggelassen werden, ebenso wie *void* als Rückgabetyp. Im folgenden Beispiel sind die Deklarationen von *myBlock* und *myBlock1* äquivalent:

```
void (^myBlock)(void) = ^void (void) {
    // some code
};

void (^myBlock1)() = ^{
    // some code
};
```

5.3 Zugriff auf den umgebenden Gültigkeitsbereich

Mehrfach wurde schon erwähnt, dass aus einem Block heraus Zugriff auf den umgebenden Gültigkeitsbereich besteht. Der Zugriff gilt gleichermaßen für lokale und statische Variablen sowie Instanzvariablen, die im äußeren Gültigkeitsbereich gültig sind. Allerdings sind lokale Variablen des umgebenden Gültigkeitsbereichs nur lesend zugreifbar. Die Zuweisung *i = 1* in

```
int i = 0;
void (^myBlock1)() = ^{
    if (i == 0) return; // reading is valid
    i = 1; // that does not work!!!
};
```

wird vom Compiler mit der Fehlermeldung *Assignment of read-only variable ‚i'* quittiert. Sie können also grundsätzlich lokale Variablen erst einmal nicht schreibend verwenden. Mit dem Modifizierer *_block* lässt sich der schreibende Speicherzugriff aus dem Block heraus auch auf lokale Variablen erweitern:

```
__block int i = 0;
void (^myBlock1)() = ^{
    if (i == 0) return; // reading is valid
    i = 1; // now write access is valid
};
```

Der Modifizierer bewirkt auch, dass Änderungen, die nach der Deklaration des Blocks durchgeführt werden, ebenfalls bis in den Block durchschlagen. Ohne *_block* würden lokale Variablen im Zustand der Deklaration eingefroren.

Statische Variablen und Instanzvariablen können ohne Einschränkungen lesend und schreibend verwendet werden. Dafür wird innerhalb von Methoden einer Klasse beim Zugriff auf Instanzvariablen implizit ein *retain* der Variable veranlasst. Dadurch steht die Instanz so lange zur Verfügung, bis auf den Block keine Referenz mehr existiert. Intern ist der Ablauf etwas komplexer. Sofern Sie per Referenz direkt auf eine Instanzvariable zugreifen, wird automatisch die Nachricht *retain* an das Objekt *self* geschickt, damit das komplette Objekt im Speicher bleibt. Wird die Instanzvariable als Wert übergeben, also beispielsweise über die Zuweisung zu einer lokalen Variable, dann wird nur die Variable, nicht aber das komplette Objekt *self* mit einem *retain* belegt.

5.4 Blockprogrammierung im praktischen Einsatz

Ein einfaches Hello World

Zur Gewöhnung an die doch sehr kryptische Syntax und den Umgang mit Blocks folgen einige Beispiele. Das erste zeigt den Aufruf eines Blocks. Der erfolgt analog zu einer C-Funktion über den Namen und die Parameterliste in Klammern. Zusätzlich zeigt das Beispiel den Zugriff auf Variablen des äußeren Gültigkeitsbereichs.

```
NSString *hello = @"Hello Block";

void (^printHelloWorld)(NSString*) = ^(NSString * string) {
```

```
    NSLog(@"%@ %@", hello, string);
};

printHelloWorld(@"world");
```

Das Ausführen des Blocks *printHelloWorld* erzeugt die Ausgabe:

```
Hello Block World
```

Arrays sortieren

Auch einige der Sortierfunktionen für Arrays unterstützen Blocks als Argumente. Die Methode *sortedArrayUsingComparator:* nimmt den Block vom Typ *NSComparator* zum Vergleich zweier Strings. Der Block liefert als Rückgabetyp ein *NSComparisonResult* als Ergebnis des Vergleichs der beiden Strings. *NSComparator* ist wie folgt definiert:

```
typedef NSComparisonResult (^NSComparator)(id obj1, id obj2);
```

Damit können Sie sehr einfach ein Array von Strings sortieren. Zuerst wird das Blockobjekt *comparator* implementiert. Es liefert das Ergebnis der Vergleichsmethode *compare:* zurück. Der Block wird beim Aufruf von *sortedArrayUsingComparator:* als Parameter übergeben.

```
NSComparator comparator = ^(id string1, id string2) {
    return [string1 compare:string2];
};

NSArray *array = [NSArray arrayWithObjects:
    @"one", @"two" , @"four", @"five", @"six", nil];

NSLog(@"Sorted array: %@",
      [array sortedArrayUsingComparator:comparator]);
```

Die Sortierung geht auch noch etwas eleganter. Die Definition von *comparator* ist wegen der einmaligen Verwendung eine überflüssige Zuweisung. Stattdessen kann der Block auch inline verwendet werden. Das vorige Beispiel wird dadurch noch kompakter, der Block wird dort implementiert, wo er auch eingesetzt wird:

```
NSLog(@"Sorted array: %@", [array sortedArrayUsingComparator:
    ^(id string1, id string2) {
        return [string1 compare:string2];
    }
]);
```

Schnelle Aufzählung einmal anders

Anstelle einer *for*-Schleife zur schnellen Aufzählung aller Elemente eines Containers können Sie ebenso die entsprechenden Blockmethoden verwenden. Dabei wird der Block wieder inline in den Aufruf der Methode *enumerateObjectsWithOptions:* von *NSArray* implementiert. Die Methode erwartet noch Optionen als weiteren Parameter. Die Konstante *NSEnumerationReverse* liefert die Aufzählung in umgekehrter Reihenfolge, also beginnend mit dem höchsten Index bis zum ersten Eintrag. Die folgenden Zeilen geben das Array aus den vorigen Beispielen aus:

```
[array enumerateObjectsWithOptions:NSEnumerationReverse
    usingBlock:^(id object, NSUInteger index, BOOL *stop) {
        NSLog(@"String at index %d: %@", index, object);
    }
];
```

Der boolesche Wert wird als Rückgabewert verwendet. Sobald *stop* auf *YES* gesetzt wird, unterbricht die Aufzählung. So können Container wie ein Array nach bestimmten Objekten und Kriterien durchsucht werden. Die Position beim Abbruch der Suche kann dann in einer Variable, die außerhalb des Blocks lokal definiert wurde, gespeichert werden. Das folgende Beispiel sucht den String *four* im Array *array*:

```
__block int pos = NSNotFound;

[array enumerateObjectsWithOptions:NSEnumerationReverse
    usingBlock:^(id object, NSUInteger index, BOOL *stop) {
        if ([(NSString*)object isEqualToString:@"four"]) {
            stop = YES;
            pos = index;
        }
    }
];

if (pos != NSNotFound) NSLog(@"four found at position %d", pos);
else NSLog(@"four not found");
```

Zuerst wird die aktuelle Variable zur Speicherung der Position *pos* auf den initialen Wert *NSNotFound* gesetzt. Dadurch kann nach der Iteration leicht überprüft werden, ob der gesuchte String überhaupt im Array vorkommt. Die *if*-Anweisung im Block, die für jedes Element der Aufzählung aufgerufen wird, prüft die Gleichheit mit dem gesuchten String. Sobald die Übereinstimmung gefunden wird, kann die Aufzählung durch Setzen von *stop* auf *YES* unterbunden werden. Gleichzeitig wird der aktuelle Index der lokalen Variable *pos* zugewiesen. Die Ausgabe ist entsprechend:

```
four found at position 2
```

Strings zerlegen

Auch die Klasse *NSString* offeriert neue blockbasierte Methoden. Viele davon kümmern sich um das Zerlegen eines Textes in Einheiten wie Buchstaben, Wörter oder Zeilen.

Die generischste Methode ist *enumerateSubstringsInRange:options:usingBlock:*. Sie erlaubt es, über spezielle Optionen des Aufzählungstyps *NSStringEnumerationOptions* einen String oder Teilbereiche davon in bestimmte Untereinheiten zu zerlegen und diese aufzuzählen. Dabei wird der Aufzählungscode als Block übergeben. Der Block besitzt folgende Signatur:

```
^(NSString *substring, NSRange substringRange, NSRange enclosingRange,
BOOL *stop)
```

Dabei ist *substring* der aktuelle Teilstring der Aufzählung, der sich an der Position *substringRange* des Strings befindet. Der erweiterte Bereich *enclosingRange* umfasst alle vorher herausgefilterten Zeichen wie Zeilenumbrüche oder Leerzeichen. Der boolesche Wert kann wieder als Abbruchkriterium für die Aufzählung herangezogen werden.

Die wichtigsten Optionen finden Sie in der Tabelle zusammengefasst:

Option	Beschreibung
NSStringEnumerationByLines	Zeilenweise Aufzählung. Dabei werden die wichtigsten Zeichenkombinationen der unterschiedlichen Betriebssysteme als Zeilentrennzeichen erkannt: *\r*, *\r\n*, *\n*, *\u2029*.
NSStringEnumerationByParagraphs	Aufzählung nach Paragrafen. Dabei sind die Paragrafentrennzeichen meistens ebenfalls Zeilentrennzeichen. Das im Unicode-Standard definierte Zeichen *\u2029* stellt einen eindeutigen Paragrafenumbruch dar, der kein Zeilenumbruch ist. Umgekehrt ist *\u2028* ein reiner Zeilenumbruch, ohne gleichzeitig ein Paragrafentrennzeichen zu sein.
NSStringEnumerationByComposedCharacterSequences	Zeichenweise Aufzählung.
NSStringEnumerationByWords	Wortweise Aufzählung.
NSStringEnumerationBySentences	Satzweise Aufzählung.
NSStringEnumerationReverse	Beginnt die Aufzählung vom Ende.
NSStringEnumerationSubstringNotRequired	Optimiert die Performance einer Aufzählung, indem auf die Ermittlung des *substring* des Blocks verzichtet wird.

Die Optionen zur Bestimmung der Granularität sind exklusiv anzuwenden. Die restlichen Optionen können durch eine bitweise Oder-Operation verknüpft werden. Das folgende Beispiel gibt alle Wörter des Strings auf der Konsole aus:

```
NSString *string = @"This is a long sentence.";

```

```
NSRange range = NSMakeRange(0, [string length] - 1);
[string enumerateSubstringsInRange:range
    options:NSStringEnumerationByWords
        usingBlock: ^ (NSString *substring, NSRange substringRange,
        NSRange enclosingRange, BOOL *stop) {
            NSLog(@"%@", substring);
    }
];
```

Die Ausgabe auf der Konsole ist:

```
2010-06-25 09:09:30.631 Workshop[59019:207] This
2010-06-25 09:09:30.631 Workshop[59019:207] is
2010-06-25 09:09:30.631 Workshop[59019:207] a
2010-06-25 09:09:30.632 Workshop[59019:207] long
2010-06-25 09:09:30.633 Workshop[59019:207] sentence
```

5.5 Zusammenfassung und Ausblick

In diesem Kapitel haben Sie die Möglichkeiten der Blockprogrammierung kennengelernt. Diese im iPhone-SDK relativ neue Funktionalität erscheint vor allem für den Entwickler objektorientierter Programmiersprachen auf den ersten Blick ungewohnt und fast etwas zu kompakt. Allerdings zeigen schon die wenigen Beispiele in Kapitel 5.4, wie schnell und effektiv sich damit arbeiten lässt.

Die Blockprogrammierung wird Ihnen in vielen weiteren Kapiteln immer wieder begegnen und sich schnell als gewohnter Bestandteil der iPhone-Entwicklung und als wirklich nützlich für die tägliche Arbeit herausstellen. Für Objective-C auf dem iPhone bzw. das SDK mit seinen Funktionen und Methoden ist sie auf jeden Fall eine Bereicherung.

Teil II

Das iOS-SDK in der Übersicht

6. Ressourcen für den Entwickler

Bevor wir tiefer in das SDK einsteigen, wollen wir einen kleinen Abriss geben, wo und wie Sie als Entwickler die notwendigen Schritte zur Registrierung vornehmen und wichtige Informationen sowie Tipps & Tricks zur Entwicklung erhalten können. Zu den Abschnitten dieses Kapitels finden Sie in Anhang B eine Linksammlung, die Ihnen hilft, schnell die entsprechende Webseite zu finden. Die Links sind dabei entsprechend dieses Kapitels organisiert.

6.1 Als Entwickler registrieren

Nur als registrierter Entwickler erhalten Sie von Apple den Zugriff auf die Entwicklungsumgebung Xcode und das iPhone-SDK. Die Anmeldung ist kostenfrei. Sobald Sie registriert sind, können Sie die aktuelle Version des SDK herunterladen und mit der Entwicklung beginnen. Ihnen steht dann ein riesiger Pool an Informationen sowohl online als auch offline auf Ihrem Rechner zur Verfügung. Bei der Anmeldung wird nicht zwischen iPhone-, Mac- oder Safari-Entwicklern unterschieden. Der Zugriff umfasst automatisch die drei Bereiche iPhone Dev Center, Mac Dev Center und Safari Dev Center.

6.2 Das iPhone Developer Program

Die Registrierung als Entwickler ermöglicht nur den Zugriff auf die Entwicklungsressourcen. Erst die Aufnahme in das kostenpflichtige iPhone Developer Program eröffnet die kompletten Möglichkeiten der iPhone-Entwicklung. Es gibt drei Programmtypen:

- iPhone Developer Program – Individual: Dieses Programm ist für einen einzelnen Entwickler gedacht, der als Privatperson firmiert. Die Kosten belaufen sich derzeit auf 79 Euro pro Jahr.
- iPhone Developer Program – Company: Entwicklerprogramm für Firmen, die Anwendungen über den App Store vertreiben wollen. Der jährliche Beitrag beträgt derzeit 79 Euro. Die Anmeldung läuft dann über eine Firma und ermöglicht im Gegensatz zum Individual-Programm die Einrichtung von Entwicklungsteams für das Firmenbenutzerkonto.
- iPhone Developer Enterprise Program: Das Enterprise-Programm richtet sich an große Firmen mit mehr als 500 Mitarbeitern, die iPhone-Software über

eine Inhouselösung anstatt über den App Store an Mitarbeiter verteilen wollen. Der Beitrag kostet knapp 240 Euro pro Jahr.

In der Regel werden Sie in die ersten beiden Kategorien fallen. Mit dem Jahresbeitrag von 79 Euro stehen Ihnen dann zusätzliche Möglichkeiten offen:

- Teilnahme am Test von Betaversionen des SDK: Als Mitglied eines der Programme erhalten Sie exklusiven Zugriff auf Betas. Dadurch können Sie frühzeitig Ihre Anwendungen auf neue Funktionen vorbereiten und fit für Betriebssystemupdates machen;
- Test Ihrer Software auf den Endgeräten wie iPad, iPhone und iPod touch;
- Zugriff auf die Apple Developer Forums zum Austausch und zur Diskussion mit anderen Entwicklern;
- Ad-hoc-Distribution: Verteilen Sie Ihre Software an bis zu 100 Betatester. Die Verteilung kann via E-Mail oder als Download erfolgen, die Installation ist ganz einfach über iTunes möglich;
- Vertrieb Ihrer Software über den App Store: Mit den beiden Programmen erwerben Sie auch die Möglichkeit, Ihre Anwendung im App Store einzustellen und dort kostenlos oder kostenpflichtig zu vertreiben;
- kostenpflichtiger Support: Apple gewährt Ihnen pro Mitgliedsjahr zwei ansonsten kostenpflichtige Supportanfragen.

6.3 iPhone Dev Center

Das iPhone Dev Center ist die zentrale Informationsquelle als registrierter Entwickler oder Mitglied eines der Entwicklungsprogramme. Neben den Downloads von Xcode und dem aktuellsten iPhone-SDK finden Sie dort Links zu fast 1.000 Dokumenten und Artikeln rund um das SDK und die iPhone-Entwicklung. Zusammengefasst in der iPhone OS Reference Library finden Sie die Dokumentation zu Klassen und Frameworks, eine „Getting started"-Sektion zum Einstieg und viele Leitfäden zu ausgewählten Themen. Ergänzt wird die umfangreiche Onlinedokumentation von fast 100 Codebeispielen, die einen einfachen Einstieg ermöglichen.

Als registrierter Entwickler erhalten Sie auch Zugriff auf viele Einführungsvideos, die über iTunes geladen werden können. Wenn Sie also Inhalte lieber im Vortragsstil präsentiert bekommen wollen, sind diese Videos ideal zum Einstieg. Zu speziellen Anlässen wie der WWDC – der **W**orld **W**ide **D**eveloper **C**onference – gibt es zu vielen Sessions und Vorträgen Videomitschnitte und Vortragsfolien als PDF.

6.4 Apple Developer Forums

In den Apple Developer Forums können Sie sich gruppiert nach verschiedenen Themenbereichen mit anderen Entwicklern austauschen. Im Forum diskutieren Sie auch mit Entwicklern von Apple, wodurch Sie viele gute Tipps und Problemlösungen ohne Supportanfrage und noch dazu kostenfrei erhalten können.

Gegenüber unabhängigen Foren bietet es den Vorteil, dass für Programmmitglieder auch schon für Betaversionen ein zusätzliches Forum bereitsteht. Dadurch können Sie sich auch über zukünftige Funktionen oder Probleme mit Betaversionen informieren. Eine Veröffentlichung außerhalb des Forums ist aufgrund einer Geheimhaltungsvereinbarung im Vertrag „Registered Apple Developer Agreement“ mit Apple für Betaversionen grundsätzlich nicht erlaubt.

6.5 Unabhängige Diskussionsforen

Im Internet findet sich eine Vielzahl an Foren und Blogs, die sich der iPhone-Entwicklung verschrieben haben. Anhang B enthält für Sie die Links zu den iPhone Dev Forums und dem iPhone Dev SDK. Sie sollen als eine der bekannteren hier stellvertretend für viele kleinere, aber dennoch gute Foren erwähnt werden. Unabhängig von einer Mitgliedschaft oder Registrierung bei Apple können Sie sich in den Foren informieren oder dort mitdiskutieren. Erfahrungsgemäß finden Sie dort viele hilfreiche Tipps und Ratschläge bei Problemen. Nur für neue Betaversionen eines SDK werden Sie aufgrund der Geheimhaltungsvorschriften in Ihrem Entwicklervertrag keine Hinweise bei Drittanbietern finden.

6.6 iPhone Provisioning Portal

Im iPhone Provisioning Portal können Sie als Mitglied des Developer Programs alle notwendigen Schritte für die Distribution und den Test Ihrer Anwendungen vornehmen. Außerdem können Sie hier im Fall einer Firmenmitgliedschaft Ihr Entwicklungsteam einrichten und verwalten.

Im iPhone Provisioning Portal finden Sie die folgenden Funktionen:

- Certificates: Zertifikate identifizieren Sie als Entwickler gegenüber Apple. Sie basieren auf einem asymmetrischen Verschlüsselungsverfahren, bei dem nur Sie den privaten Schlüssel besitzen und damit Ihre Anwendungen signieren. Über den öffentlichen Schlüssel ist es Apple möglich, die Herkunft der Anwendung zu verifizieren und als die Ihre zu identifizieren. Es gibt jeweils eigene Zertifikate für die reine Entwicklung und die Distribution im App Store oder als Betaversion (die sogenannte Ad-hoc-Distribution). Das Zertifikat und der private Schlüssel dazu sind also Ihre Ausweispapiere als iPhone-Entwickler.

- Devices: Im Bereich *Devices* können Sie bis zu 100 Geräte für die Entwicklung und Betatests verwalten. Sie können Ihre Anwendungen nur auf Geräten installieren, die Sie hier eingetragen haben. Die Geräte werden dabei über ihre Geräte-ID, den **U**nique **D**evice **Id**entifier (UDID), identifiziert. Sie können pro Jahr der Mitgliedschaft maximal 100 Geräte eintragen, selbst wenn Sie diese danach wieder herauslöschen.
- App IDs: App IDs sind Bezeichner für Ihre Anwendungen. Sie bestehen aus einer Seed ID als Präfix und dem Bundle Identifier als Suffix. Die Seed ID wird im Portal erzeugt und dient zur Gruppierung von Anwendungen als Produktfamilie. Nur Anwendungen mit derselben Seed ID haben gemeinsamen Zugriff auf den Schlüsselbund (bzw. Key Chain) auf den installierten Geräten. Der Bundle Identifier wird von Ihnen vergeben. Er wird in der umgehrten Domain-Notation angegeben, also beispielsweise *com.domainname.appname*. Anstelle des Anwendungsnamens als Suffix des Bundle Identifiers kann auch der Platzhalter * stehen. Damit kann die App ID mehreren Anwendungen zugeordnet werden. Für Push-Benachrichtigungen, In-App-Purchase und Zugriff auf extern angeschlossene Geräte benötigen Sie zwingend einen eindeutigen Bundle Identifier ohne Platzhalter. Gerade in der Ad-hoc-Verteilung – also dem Betatest – und für Entwicklungsprofile spricht aber nichts gegen die Verwendung einer generischen App ID mit einem Platzhalter, also beispielsweise nur einem * als kompletter Bundle Identifier in der App ID.
- Provisioning: Das Provisioning Profile ist die Instanz, die letztendlich nach dem Build die Anwendung digital signiert. Sie verbindet das vorher besprochene Zertifikat und die für das Profil vorgesehenen Geräte. Um die Anwendung in der Entwicklung oder Ad-hoc-Distribution auf einem Gerät installieren zu können, muss das entsprechende Profil für die UDID des Gerätes auf diesem installiert sein. Bei der Distribution in den App Store identifiziert die Signatur den Verkäufer bzw. Entwickler der Anwendung.
- Distribution: Der Punkt Distribution besitzt eher informativen Charakter und beschreibt die Distribution. Der komplette Prozess vom Anlegen der Anwendung bis zum Upload wird allerdings über iTunes Connect vorgenommen.

6.7 iTunes Connect

iTunes Connect verbindet Sie im wörtlichen Sinne mit der Verkaufsplattform iTunes bzw. dem App Store. Sie haben dort Zugriff auf alle relevanten Themen rund um den Vertrieb von Anwendungen. Sofern Sie Anwendungen verkaufen wollen, also nicht kostenlos anbieten, wird Sie einer der ersten Schritte nach der Aufnahme in das Developer Program in den Menüpunkt *Contracts, Tax, & Banking Information* von iTunes Connect führen. Dort müssen Sie zuerst einige Schritte unternehmen, um sich als Verkäufer zu qualifizieren. Darunter fällt die Eingabe von Bankinformationen, Adressinformationen für die Abrechnung sowie eine steuerliche Erfassung für die Vereinigten Staaten. Zusätzlich müssen Sie dem Paid Apps Contract zustimmen, der die Geschäftsbeziehung mit Apple regelt.

In iTunes Connect verwalten Sie Ihre Anwendungen und die Produkte und Dienstleistungen zum In-App-Purchase. Dort finden Sie auch Statistiken zu den Download- und Verkaufszahlen sowie monatliche Abrechnungen über die Verkäufe oder Rückgaben von Anwendungen.

7. Das iOS-SDK

Nachdem Sie sich als Entwickler bei Apple registriert haben, können Sie die integrierte Entwicklungsumgebung Xcode mit dem aktuellen iPhone-SDK aus dem iPhone Dev Center laden und installieren.

7.1 Download und Installation

Die folgende Schritt-für-Schritt-Anleitung führt Sie durch den Download- und Installationsprozess:

1 Öffnen Sie im Webbrowser die Seite *http://developer.apple.com/iphone/* und loggen Sie sich dort mit Ihrer Apple-ID und Ihrem Passwort ein.

2 Gehen Sie in der Startseite des iPhone Dev Center zum Abschnitt *Downloads* im unteren Bereich. Laden Sie dort die aktuellste Version von Xcode mit dem SDK herunter (zur Drucklegung *Xcode 3.2.3 and iPhone SDK 4*). Der Download kann etwas Zeit in Anspruch nehmen, denn Xcode und das iPhone-SDK bringen über 2 GByte auf die Waage.

3 Wenn das Disk Image nicht automatisch geöffnet wird, doppelklicken Sie auf die heruntergeladene Datei (zur Drucklegung *xcode_3.2.3_and_iphone_sdk_4__final.dmg*). Im folgenden Dialog doppelklicken Sie auf das Symbol *Xcode and iPhone SDK for Snow Leopard*.

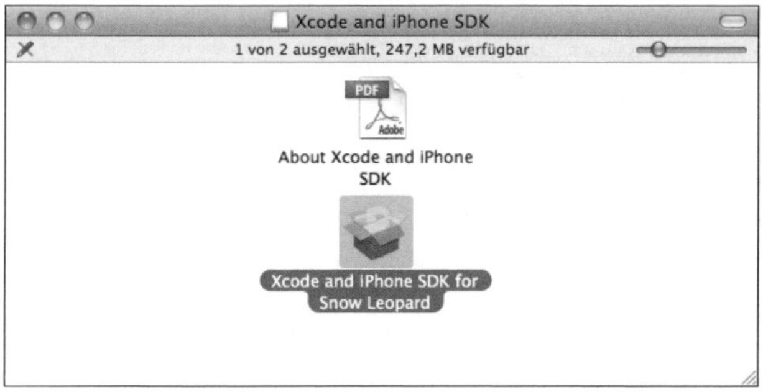

4 Bestätigen Sie den folgenden Hinweis mit *Fortfahren*.

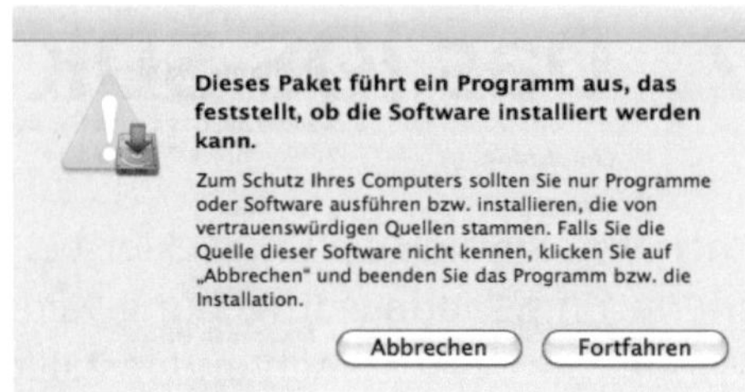

5 Nun beginnt der eigentliche Installationsdialog. Beenden Sie den Willkommen-Dialog mit dem Button *Fortfahren*.

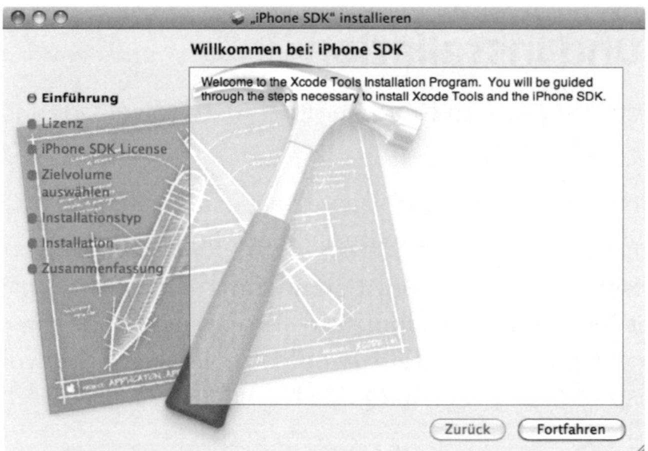

6 Vor den Einstellungen müssen Sie den Softwarelizenzvertrag annehmen. Lesen Sie ihn sorgfältig durch. Nach dem Klick auf *Fortfahren* öffnet sich ein Bestätigungsfenster. Wenn Sie mit den Bedingungen einverstanden sind, klicken Sie auf *Akzeptieren*. Lesen und bestätigen Sie danach auf die gleiche Weise auch den englischen Lizenzvertrag.

7 Im folgenden Dialog können Sie das Ziellaufwerk für die Installation auswählen. Klicken Sie dann auf *Fortfahren*. (Bei mehreren Laufwerken können Sie den Vorschlag des Systems auch ändern.)

8 Im Dialog zum Installationstyp können Sie die markierte Auswahl übernehmen. Dies installiert Xcode, das iPhone-SDK, die Dokumentation und Tools zur Entwicklung in der UNIX-Shell-Umgebung. Klicken Sie auf *Fortfahren*.

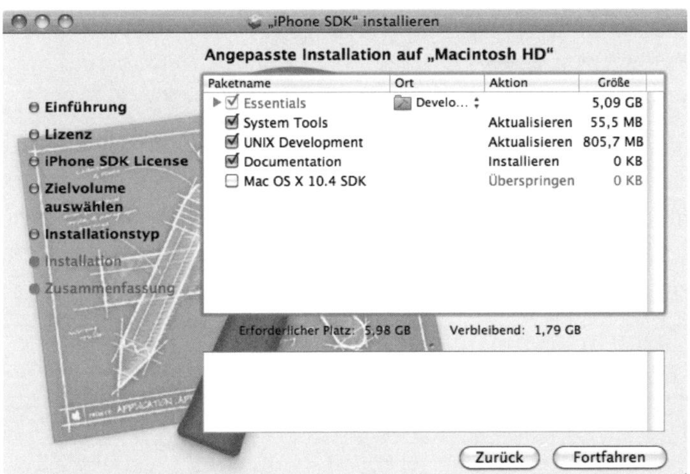

9 Die Einstellungen sind jetzt abgeschlossen. In dem letzten Dialog vor der Installation können Sie noch den Installationspfad auf dem Ziellaufwerk ändern. Für eine Erstinstallation belassen Sie die vorgeschlagenen Einstellungen und starten mit einem Klick auf *Installieren*.

Übrigens: Falls Sie eine Betaversion des SDK installieren wollen, können Sie durch eine Änderung des Installationsortes zwei Versionen gleichzeitig auf dem Rechner betreiben. Allerdings sollten Sie das erst mit etwas Erfahrung machen.

10 Die Installation kann je nach Rechner zwischen 20 und 60 Minuten dauern. Während der Installation können Sie am Fortschrittsbalken den Stand einsehen und die geschätzte Dauer ablesen. Nach dem Abschluss sollte die folgende Meldung erscheinen:

11 Die hier beschriebene Standardinstallation legt auf dem ausgewählten Laufwerk das Verzeichnis *Developer* an. Im Verzeichnis */Developer/Applications* finden Sie die integrierte Entwicklungsumgebung *Xcode*. Sie können sich die Datei in Ihr Dock ziehen, um immer schnellen Zugriff darauf zu haben.

7.2 Die Komponenten des SDK

Das installierte SDK liefert einige Tools, die Sie bei der täglichen Arbeit unterstützen – allen voran natürlich Xcode, die integrierte Entwicklungsumgebung. Von der Verwaltung eines umfangreichen Projekts bis zum Debuggen integriert Xcode alle wichtigen Funktionen, Editoren und Ansichten. In Kapitel 8 werden wir ausführlich auf die Xcode-Oberfläche eingehen und ein erstes Projekt erstellen.

Weitere wichtige Tools sind:

- Interface Builder: Der Interface Builder ist ein interaktives Design- und Entwurfstool für die grafische Benutzerschnittstelle. Dabei entwerfen Sie die Ansichten so, wie diese später auch auf dem Endgerät erscheinen, und verknüpfen die grafischen Elemente mit Objekten und Methoden aus dem Quelltext.
- Organizer: Der Organizer hilft Ihnen bei der Verwaltung von Entwicklungsgeräten und Provisioning Profiles. Sie können auf den Geräten direkt auf die Crashlogs und die Konsole zugreifen, was die Fehlersuche beschleunigt. Sofern Sie im Team arbeiten übernimmt der Organizer die Verwaltung Ihrer Entwicklungsgeräte und erstellt ein spezielles Team Development Provisioning Profile. Die Distribution von Betatests und von fertigen Anwendungen über iTunes Connect wird deutlich vereinfacht. Außerdem werden ältere Versionen Ihrer Anwendungen in einem Archiv vorgehalten, was wiederum die Zuordnung und die Auflösung von Crashlogs auch für ältere Versionen ermöglicht.
- Instruments: Instruments dient der Performanceoptimierung. Es zeigt grafisch den Ressourcenverbrauch wie Speicher und Prozessorauslastung an. Es protokolliert während der Ausführung einer Anwendung den Status jedes einzelnen Objekts mit und kann somit auch Speicherlecks oder verschwenderische Speichernutzung aufdecken. Ineffiziente Programmstrukturen lassen sich so aufspüren und optimieren.
- iPhone/iPad Simulator: Der Simulator ermöglicht die Ausführung von Anwendungen auf Basis des iPhone-SDK auf Ihrem Rechner. Ihre Anwendung kann in einer dem iPhone bzw. iPad sowohl optisch als auch haptisch ähnlichen Umgebung getestet werden. Trotz der unterschiedlichen zugrunde liegenden Plattformen kommt der Simulator der echten Umgebung sehr nahe. Der Vorteil ist eine wesentlich schnellere Testbarkeit während der Entwicklung unabhängig vom jeweiligen Endgerät.

8. Xcode-Oberfläche

Im vorigen Kapitel haben Sie die integrierte Entwicklungsumgebung (im Englischen: **I**ntegrated **D**evelopment **E**nvironment – IDE) Xcode als zentrales Entwicklertool kennengelernt. Nun wollen wir einen genaueren Blick auf die Umgebung werfen und die wichtigsten Funktionen kennenlernen. Dazu setzen wir zuerst ein kleines Projekt auf Basis einer integrierten Vorlage auf und sehen uns danach die beteiligten Komponenten genauer an.

8.1 Ein erstes Projekt erstellen: HelloWorld

Um Xcode besser kennenzulernen, werden wir die eingebauten Vorlagen nutzen, um eine kleine *HelloWorld*-Anwendung zu entwickeln. Die folgenden Schritte führen Sie zu Ihrem ersten iPhone-Projekt:

1 Starten Sie Xcode aus dem Verzeichnis */Developer/Applications*. Nach dem ersten Start begrüßt Sie der Willkommen-Bildschirm:

2 Wählen Sie mit einem Klick die Option *Create a new Xcode project*. Wenn Sie den Willkommen-Bildschirm nicht mehr erhalten, können Sie über das Menü *File/New Project* (oder über die Tastenkombination [shift]+[cmd]+[N]) den Dialog öffnen.

Im folgenden Dialog können Sie aus unterschiedlichen Projektvorlagen wählen. Markieren Sie die Vorlage *View-based Application* und klicken Sie auf *Choose*.

3 Benennen Sie das neue Projekt *HelloWorld* und speichern Sie es mit *Save* in einem Verzeichnis Ihrer Wahl ab.

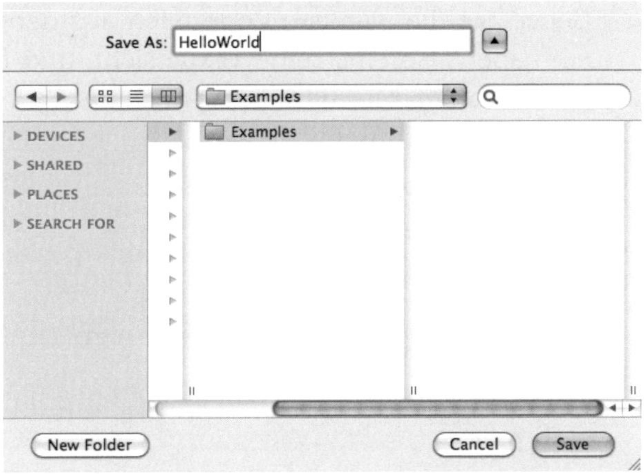

4 Die Projektvorlage erzeugt ein komplettes Projekt mit allen benötigten Ressourcen. Im Xcode-Fenster befindet sich oben die Toolbar. Darüber lassen sich Aktionen wie ein Build schnell durchführen. Im linken Bereich *Groups & Files* sehen Sie einen Überblick über die Dateien Ihres Projekts. Die einzelnen Elemente sind zur besseren Übersichtlichkeit in Ordnern und Gruppen organisiert. Im Gegensatz zu einem Ordner hat eine Gruppe keine Repräsentanz als Verzeichnis auf dem Dateisystem – sie stellt also eine reine organisatorische Einheit in Xcode dar. Der rechte Bereich ist zweigeteilt in die Detailansicht und den Editor.

Unter den erzeugten Dateien sind auch zwei Klassen mit ihren Header-Dateien. Öffnen Sie mit einem einfachen Klick die Datei *HelloWorldViewController.m*.

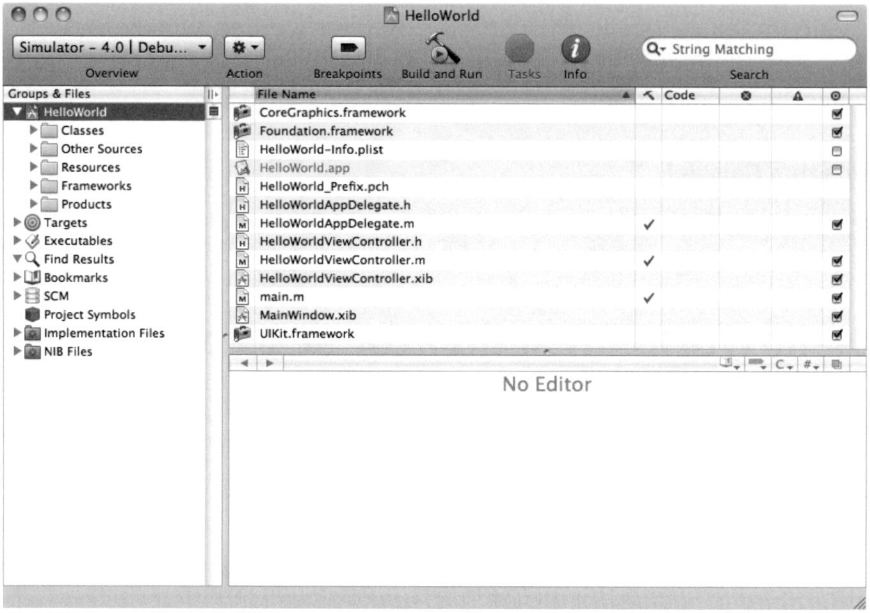

5 Geben Sie die wenigen Codezeilen aus dem Screenshot ein. Diese erzeugen ein Label, also eine reine Textansicht, und fügen dieses dem aktuellen View hinzu. Vorher wird dem Label noch der Text *Hello World!* zugewiesen und die Darstellung zentriert.

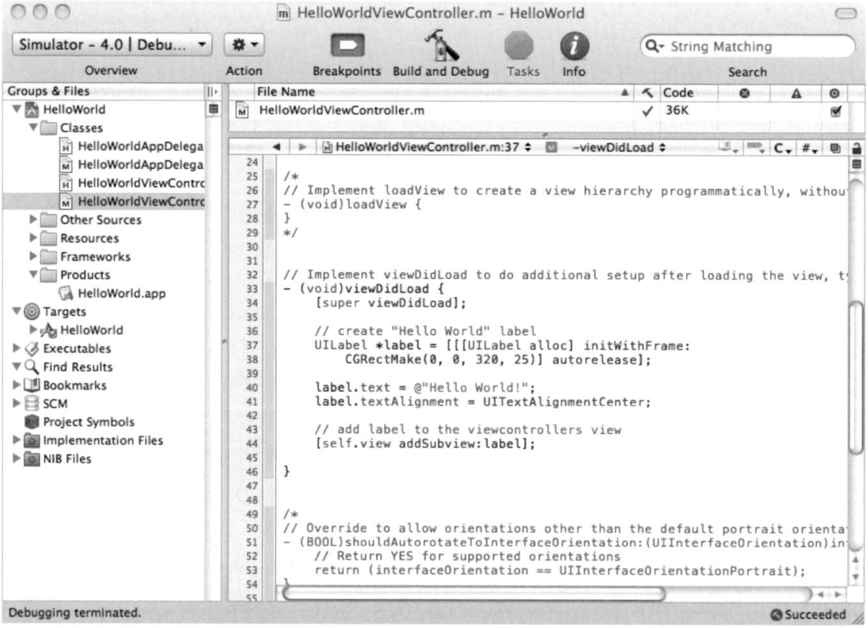

Mit diesen Schritten haben Sie Ihr erstes Projekt implementiert. Natürlich lässt die Funktionalität noch zu wünschen übrig, Sie haben aber nun schon den Rahmen eines Xcode-Projekts erstellt. Im nächsten Kapitel werden wir die Anwendung übersetzen, im Simulator starten und die Projektkomponenten noch etwas genauer unter die Lupe nehmen.

Hinweis zum Beispiel

Zur Vereinfachung finden Sie dieses Beispiel im Verzeichnis *08/HelloWorld.*

8.2 HelloWorld im Simulator starten

Der Simulator ist das ideale Hilfsmittel für schnelle Tests. Ohne Umwege oder große Installationszeiten können Sie Ihre Anwendung in einer dem Endgerät ziemlich nahen Umgebung simulieren.

Um das Beispielprojekt *HelloWorld* im Simulator laufen zu lassen, müssen Sie zuerst sicherstellen, dass als aktives SDK das des Simulators eingestellt ist. Sie können die für einen Build notwendigen Einstellungen einfach über die Drop-down-Liste *Overview* in der Toolbar einstellen. Danach können Sie den Button *Build and Run* ebenfalls aus der Toolbar benutzen, um die Anwendung zu starten. Die Abbildung unten zeigt die Toolbar und die zum Start des Builds und zum Ausführen im Simulator notwendigen Elemente.

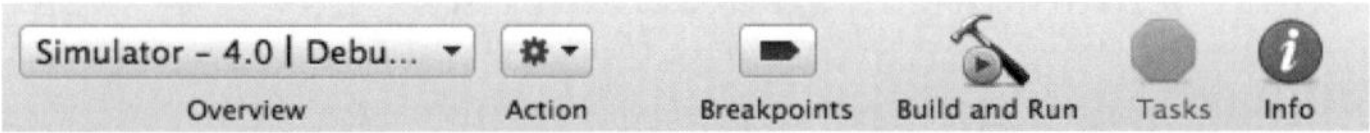

Die Xcode-Toolbar – schnelle Einstellungen und Buttons zum Bauen und Ausführen der Anwendung.

Simulatorfunktionen

Der Standard-iPhone-Simulator ist optisch wie ein echtes Endgerät aufgebaut. Die Bedienung erfolgt einfach mit der Maus. Neben einfachen Klicks kann bei gedrückter Maustaste auch das Scrollen und Wischen durchgeführt werden. Komplexere Gesten mit zwei Fingern wie Zoomen und Rotieren können durch ein zusätzliches Drücken der alt-Taste erreicht werden.

Über das Menü lässt sich zwischen den drei Endgerätevarianten iPhone, iPhone 4 und iPad wechseln. Nicht nur die Unterschiede in der Bildschirmgröße, sondern auch die gerätespezifischen Eigenschaften lassen sich so testen, wenn auch nicht alle verfügbar sind.

Der Hauptunterschied zwischen der Simulation und dem echten Endgerät besteht in den fast unlimitierten Ressourcen des Simulators. Die Anwendung wird auch für die meist viel schnelleren Prozessoren übersetzt, wodurch die Ausführung insgesamt viel schneller ist.

Dadurch kann gerade das Timing bei zeitkritischen Operationen anders sein, weshalb der Simulator eben nur entwicklungsbegleitend eingesetzt werden sollte und in jedem Fall abschließende Tests auf den Endgeräten durchgeführt werden müssen.

Der Simulator als Standard-iPhone mit der gestarteten Anwendung HelloWorld.

Einschränkungen

Tests auf dem Simulator unterliegen einigen Einschränkungen gegenüber den verschiedenen Endgeräten. Meistens sind fehlende Hardwarekomponenten dafür verantwortlich. Das Fehlen bestimmter Funktionen kann dennoch den Vorteil des schnellen Testens während der Entwicklung nicht trüben, wobei es für bestimmte Anwendungen die folgenden Einschränkungen zu beachten gilt:

- Fehlender Gyroskop-Support.
- Kein Beschleunigungssensor: Zusammen mit dem fehlenden Gyroskop wird also die komplette CoreMotion-API nicht unterstützt. Dennoch verhält sich der Simulator beim Wechsel zwischen Hoch- und Querformat wie das Endgerät – nur eben nicht auf Basis eines der Lagesensoren.
- Das *CoreLocation*-Framework versucht, aufgrund der Internetverbindung eine Ortung durchzuführen. Falls das nicht funktioniert, wird auf eine fest konfigurierte Koordinate zurückgegriffen. Vor allem das Timing von Ortungsupdates und Einstellungen wie eine bestimmte Mindestgenauigkeit im Realeinsatz lassen sich deshalb nur schwer testen. Eine Möglichkeit, bestimmte Koordinaten oder gar Bewegungsprofile vorzudefinieren, besteht nicht.
- Keine Telefonfunktion: Es können keine Anrufe getätigt und keine SMS verschickt werden. Der Simulator unterstützt keine GPRS- oder 3G-Internetverbindungen, sondern bietet nur „WLAN“ an, läuft also über die Internetverbindung des Rechners – unabhängig ob kabelgebunden oder kabellos.
- Eingeschränkte Gesten: Mehrfingergesten (mehr als zwei Finger) können nicht simuliert werden.
- 3-D-Grafiken: 3-D-Rendering mit OpenGL wird im Simulator nicht unterstützt.

- Kein Bluetooth-Support.
- Keine Kamera- und Videofunktionen: Nur die Bildergalerie ist funktionstüchtig.
- Nur minimaler Satz an iOS-Anwendungen verfügbar: Der Simulator hat nur die Fotos-, Safari- und Einstellungen-Anwendung installiert. Ein Kalender ist zwar vorhanden, es gibt allerdings keine Anwendung, um darauf zuzugreifen.
- Keine Erweiterung mit Anwendungen von Drittanbietern: Es gibt keine Möglichkeit, Anwendungen aus dem App Store oder als Ad-hoc-Distribution auf den Simulator zu installieren.
- Keine Mehrgerätefähigkeit: Anwendungen, die über Gerätegrenzen hinweg miteinander kommunizieren, können nicht in mehreren Instanzen des Simulators ausgeführt werden. Der Simulator erlaubt nur eine Instanz.

8.3 Debugging

Während der Entwicklung und der Tests am Simulator werden immer wieder Fehler oder sogar Abstürze der Anwendung auftreten. Gerade wenn mehrere Threads beteiligt sind oder komplexe Abläufe untersucht werden müssen, empfiehlt sich der Einsatz des integrierten Debuggers. Dabei haben Sie über vier verschiedene Integrationsebenen Zugriff:

- im Editorfenster
- im Debugger-Fenster
- im Minidebugger
- in der Debugger-Konsole

Die einzelnen Ebenen wollen wir in den nächsten Abschnitten etwas genauer unter die Lupe nehmen. Dabei sind die Aktionen im Prinzip beliebig austauschbar und nicht auf die vorgestellte Ebene beschränkt.

Debugging im Texteditor

Der Debugger ist so weit in Xcode integriert, dass Sie aus dem Texteditor – also ohne die gewohnte Entwicklungsumgebung zu verlassen – die Anwendung debuggen können. Bevor wir die Anwendung im Debug-Modus starten, werden wir einen Haltepunkt setzen, damit wir die volle Unterstützung des Debuggers sehen. Danach starten wir die Anwendung im Debug-Modus, analysieren den Status am Haltepunkt und gehen dann in Einzelschritten Anweisung für Anweisung vorwärts.

Um einen Haltepunkt einzurichten, gehen Sie wie folgt vor:

1 Öffnen Sie die Datei *HelloWorldViewController.m* des Beispiels durch einen Klick in *Groups & Files*. Gehen Sie im Editorfenster zur Methode *viewDidLoad*.

Klicken Sie dort neben der Zeile, die die Textausrichtung des Labels auf *UITextAlignmentCenter* ändert (Zeile 41), auf die graue Leiste links neben dem Editorfenster. (Die Zeilennummern sind optional; im Tipp am Ende des Abschnitts befindet sich eine kurze Anleitung, wie Sie diese aktivieren können.) Dadurch wird ein Haltepunkt gesetzt, symbolisiert durch einen blauen Pfeil.

Aus Platzgründen wurden die nicht benötigten Bereiche im Xcode-Fenster für die weiteren Screenshots minimiert.

2 Starten Sie die Anwendung mit dem Button *Build and Debug* aus der Toolbar oder aus dem *Build*-Menü über *Build and Debug/Breakpoints On* (bzw. die Tastenkombination [cmd]+[Y]).

3 Die Ausführung wird am Haltepunkt unterbrochen und der Zustand eingefroren. Im Editorfenster sehen Sie das durch einen roten Pfeil links und eine blaue Hervorhebung über dem Quelltext. Außerdem hat sich die kleine Toolbar oben im Texteditor in den sogenannten Debugger Strip verwandelt. Mit dem Debugger Strip können Sie die weitere Ausführung steuern und sehen Informationen wie den aktuellen Thread links oder den Aufrufstack des Threads ganz rechts, beide jeweils als Drop-down-Liste. Der Simulator zeigt noch einen schwarzen Bildschirm an, weil die Darstellung der Benutzerschnittstelle noch nicht begonnen hat.

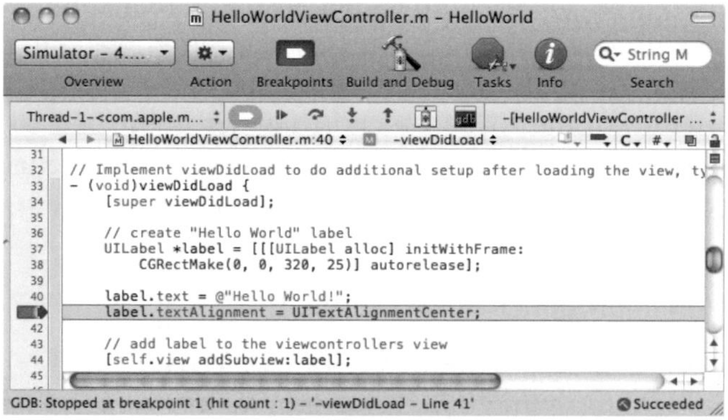

4 Mit der Maus können Sie über die Variablen gehen und erhalten zusätzliche Kontextinformationen zu diesem Objekt. Wenn Sie sich dann mit der Maus auf die Kontextinformation bewegen, wird das komplette zugrunde liegende Objekt mit seinen Instanzvariablen und den entsprechenden Werten sichtbar. Sie sehen beispielsweise, dass der Text *Hello World!* einer Instanzvariablen *_text* zugewiesen wurde.

5 Über den Debugger Strip können Sie die weitere Ausführung steuern. Sie können einen Methoden- oder Funktionsaufruf überspringen, d. h., Sie überspringen alle Anweisungen innerhalb dieses Aufrufs und gehen zur nächsten Anweisung im Block der Ausführungsebene.

Die Bedienelemente der Leiste sind von links nach rechts angeordnet: Threadauswahl, Haltepunkt an/aus, Ausführung fortsetzen, Methodenaufruf überspringen, die Methode im Einzelschrittmodus durchlaufen, die Methode im Einzelschrittmodus verlassen und eine Aufrufebene höher gehen, das Debugger-Fenster öffnen, die Debugger-Konsole öffnen und ganz rechts der Aufrufstack.

Klicken Sie jetzt auf den grau markierten Button in der Abbildung unten (der Punkt mit dem darüber verlaufenden Pfeil), um den Code bis zur nächsten Anweisung auf dieser Ebene auszuführen.

6 Führen Sie die Anwendung ohne Einzelschritte weiter aus. Klicken Sie dazu auf den zweiten Button neben der Threadauswahl. Im Simulator erscheint jetzt die gewohnte Darstellung des *HelloWorld*-Beispiels und die Anwendung läuft nun weiter, bis die Ausführung zu einen neuen Haltepunkt kommt.

Mit diesem kleinen Beispiel haben Sie sehen können, wie der Debugger sich nahtlos in den Editor integriert. Für eine erfolgreiche Fehlersuche müssen Sie den Editor oftmals gar nicht verlassen.

Zeilennummerierung

Die in den Screenshots verwendete Zeilennummerierung kann über die Preferences von Xcode eingestellt werden. Wählen Sie dort *Text Editing* und aktivieren Sie in den *Display Options* die Punkte *Show Gutter* und *Show line numbers*. Alle vorgestellten Möglichkeiten sind unabhängig von der Anzeige der Zeilennummerierung.

Das Debug-Fenster

Das Debug-Fenster ist die eigenständige grafische Benutzeroberfläche des zugrunde liegenden **G**NU **Deb**uggers (GDB). Im Vergleich zur Integration in den Editor stellt der Debugger die Informationen etwas ausführlicher und viele auch dauerhaft sichtbar dar. Zudem hat der Debugger eine umfangreiche Toolbar mit Buttons für viele wichtige Aktionen. Die Abbildung unten zeigt den Debugger nach dem Stopp der Ausführung unseres Beispielprojekts. Sie öffnen den Debugger aus dem Menü *Run/Debugger* (oder über die Tasten shift+cmd+Y). Die Elemente des Debuggers sind von oben nach unten:

- die Toolbar mit Buttons für wichtige Aktionen,
- der Aufrufstack im linken Teil des mittleren Bereichs,
- die Variablenliste rechts neben dem Aufrufstack,
- Texteditor mit dem involvierten Quelltext,
- Statusleiste mit Informationen zum Ausführungsstand.

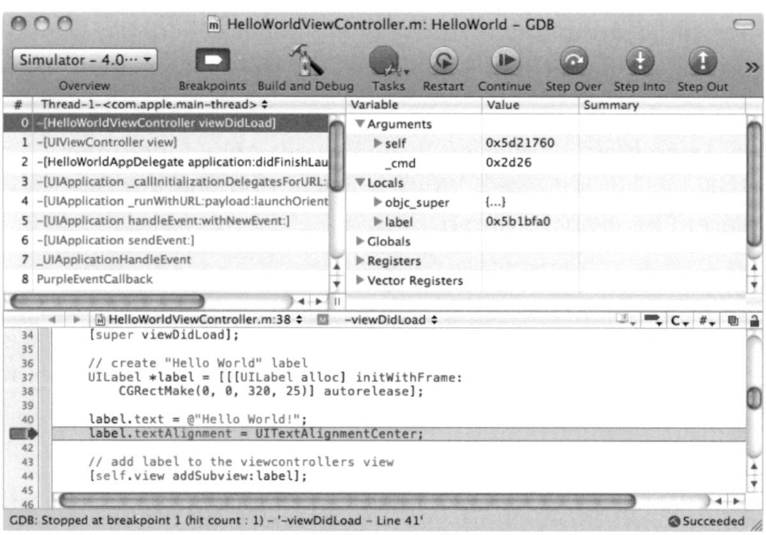

Das Debugger-Fenster nach dem Anwendungsstopp an einem Haltepunkt.

Minidebugger

Der Minidebugger ist zur Vereinfachung des Debugging-Prozesses gedacht. Er legt sich als Fenster über alle Anwendungen und bleibt damit immer im Vordergrund. Ein Hin- und Herwechseln zwischen dem Simulator und Xcode entfällt damit. Der Minidebugger zeigt sich in zwei Modi: Der erste Modus ist eine simple Oberfläche mit den wichtigen Aktionen, wie Sie es in der Abbildung sehen. Erst wenn die Ausführung angehalten wird, zeigt sich ein dem Editor sehr ähnliches Fenster. Dort lassen sich Funktionen, wie sie im ersten Abschnitt beschrieben wurden, nutzen und der Quelltext editieren. Die Abbildung unten zeigt das Minidebuggerfenster in der Editoransicht. Starten können Sie den Minidebugger aus dem Menü *Run/Mini Debugger*.

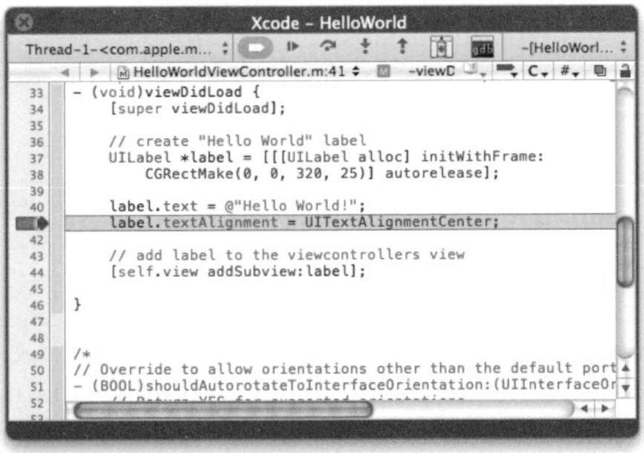

Der Minidebugger erspart das Wechseln zwischen Xcode und der Anwendung und bietet dabei einen Komfort wie die Editorintegration.

Debugger-Konsole

Der GDB als Kommandozeilentool kann auch direkt über die Konsole angesprochen werden. Dadurch erlangen Sie Zugriff auf alle Optionen und Funktionen des GDB, die eventuell in der grafischen Oberfläche nicht verfügbar sind und die Ausgaben des Debuggers direkt auf der Konsole einsehen. Die Erfahrung zeigt, dass gerade beim Debuggen von Abstürzen auf einem Endgerät die Konsole ein wichtiges Instrument ist, vor allem weil das Debugging sehr schnell geht. Durch die Toolbar in der Konsolenansicht sind dennoch wichtige Funktionen mit einem Mausklick durchzuführen. Viele andere Szenarien lassen auch die grafische Benutzeroberfläche oder gar den Minidebugger mindestens ebenbürtig gegenüberstehen. Die Abbildung zeigt die Konsole im Zustand des Haltepunkts unseres *HelloWorld*-Beispiels. Die Ausgabe des aktuellen Stacktraces wurde durch das Kommando *backtrace* des GDB getriggert.

Hinweis

Die Hilfe zum GDB-Kommandozeilentool erhalten Sie mit dem Kommando *help*.

Die Debugger-Konsole bietet zwar die einfachste Schnittstelle per Kommandozeile, stellt allerdings alle Funktionen des GDB zur Verfügung.

8.4 Projektkomponenten

Ein Projekt für eine iPhone- oder iPad-Anwendung hat, zumindest wenn Sie es aus einer der Vorlagen erstellen, eine bestimmte Ordner- und Gruppenstruktur. Die Struktur ist allerdings nicht starr und kann den Bedürfnissen angepasst und erweitert werden. In diesem Abschnitt wollen wir die Projektstruktur des *HelloWorld*-Beispiels genauer unter die Lupe nehmen und die einzelnen Komponenten erörtern. Die Abbildung zeigt die einzelnen Gruppen und ihre Inhalte für unser Beispiel.

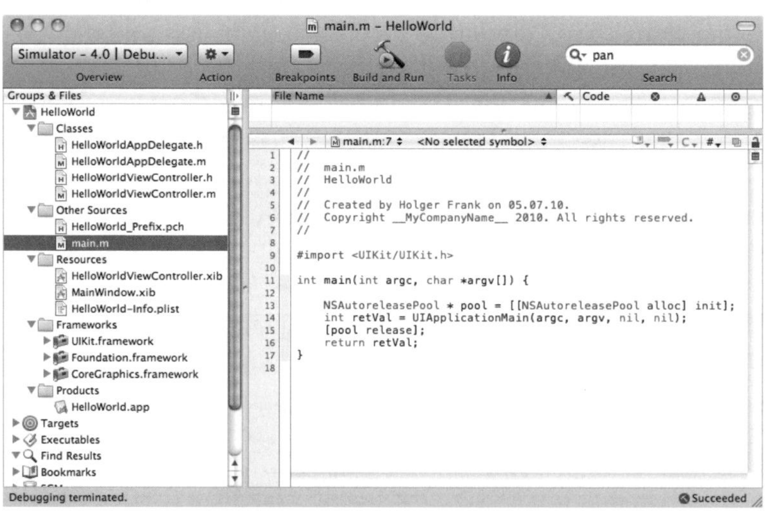

Die Komponenten eines Projekts sehen Sie in Groups & Files von Xcode.

Classes

Im Ordner *Classes* werden die Implementierungen der Klassen und die zugehörigen Header-Dateien abgelegt. Je nach Projektvorlage finden Sie hier nach der Erstellung des Projekts eine unterschiedliche Anzahl an Dateien. Eine Datei finden Sie allerdings immer vor: die Adaption des Protokolls *UIApplicationDelegate*. Diese Klasse ist der Einstieg in die Anwendung. Das beim Start erzeugte Objekt repräsentiert die Anwendung und empfängt auch die entsprechenden Delegate-Aufrufe für Zustandsänderungen oder Benachrichtigungen.

Für größere Projekte empfiehlt sich eine weitere Strukturierung des Ordners *Classes* durch Unterordner oder Gruppen. Klicken Sie mit der rechten Maustaste auf *Classes*. Sie haben nun zwei Möglichkeiten:

1. Mit der Auswahl von *Add New Group* legen Sie eine neue Gruppe an. Diese wird allerdings nicht als eigener Ordner im Dateisystem repräsentiert. Dadurch werden nur die Dateien innerhalb von Xcode in einer Gruppe organisiert.
2. Nach der Auswahl von *Add Existing Files* können Sie ein ganzes Verzeichnis inklusive der enthaltenen Dateien und Unterverzeichnisse hinzufügen. Im anschließenden Dialog können Sie mit der Option *Recursivly create groups for any added folders* die Verzeichnisstruktur als Gruppen in Xcode abbilden.

Hinweis

Eine genauere Beschreibung der Zustände einer Anwendung und die Delegate-Methoden des Protokolls *UIApplicationDelegate* finden Sie in Kapitel 22.1.

Other Sources

Die Gruppe *Other Sources* enthält nach der Projekterstellung zwei Dateien. Die erste ist eine globale Header-Datei. Dieser sogenannte Präfix-Header enthält globale Deklarationen und *#import*-Anweisungen, die in allen anderen Quelldateien im Projekt verfügbar sein sollen. Die Datei heißt standardmäßig *<projectName>_Prefix.pch*, für das *HelloWorld*-Beispiel also *HelloWorld_Prefix.pch*.

Der typische Präfix-Header definiert die *#import*-Anweisungen für die wichtigsten Frameworks:

```
#ifdef __OBJC__
    #import <Foundation/Foundation.h>
    #import <UIKit/UIKit.h>
#endif
```

Die zweite Datei ist der Einstiegspunkt jeder Anwendung: die C-Funktion *main*. Diese Funktion, die Sie übrigens in der Abbildung zu Beginn dieses Kapitels im

Editorfenster von Xcode sehen, legt einen Autorelease-Pool zur Speicherverwaltung an und erzeugt mit dem Aufruf der Funktion *UIApplicationMain* das Anwendungsobjekt und die Instanz der *UIApplicationDelegate*, die wir als logischen Einsprung implementiert haben. Zusätzlich wird die Eventschleife gestartet, die Anwendung kann nun Events empfangen und mit der Darstellung der Benutzerschnittstelle beginnen.

Resources

Unter *Resources* finden Sie normalerweise die XIB-Dateien, die der Interface Builder erzeugt. Diese enthalten im XML-Format Objektbeschreibungen der Benutzerschnittstelle. Das XIB-Format wird während des Builds der Anwendung in das aus der Mac-Entwicklung bekannte NIB-Format kompiliert.

Die Information-Property-List-Datei wird gewöhnlich auch in der Gruppe *Resources* angelegt. Diese Textdatei enthält die für das Betriebssystem zur Darstellung und zum Start auf dem Endgerät benötigten Informationen. In der kompilierten und gepackten Anwendung erhält diese Datei immer den Namen *Info.plist*, wohingegen sie im Projektverzeichnis bei der Erstellung von einer Vorlage noch den Projektnamen als Präfix gefolgt von einem Unterstrich trägt – in unserem Beispiel also *HelloWorld_Info.plist*.

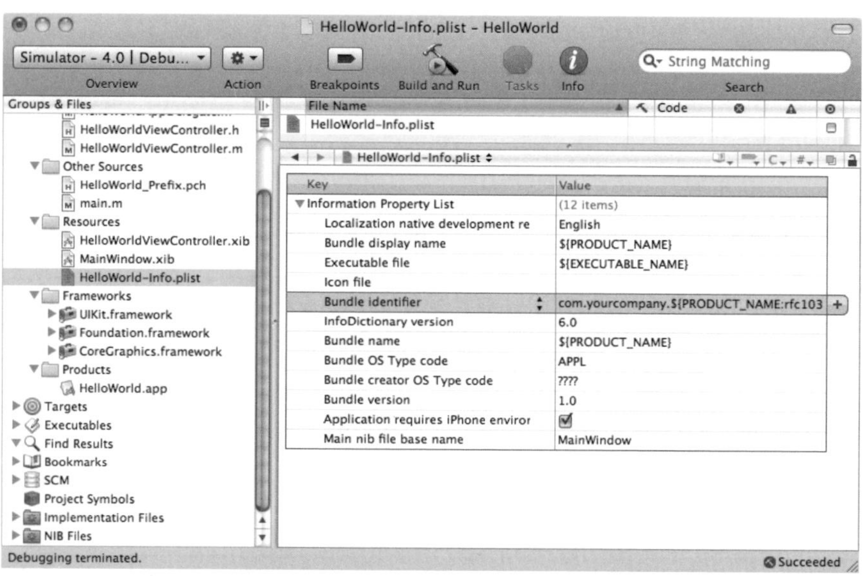

Die Datei Info.plist im Property List Editor (PLE). Der PLE zeigt die Schlüsselnamen und die Werte in einer verständlichen Text- oder Bilddarstellung.

Der Inhalt von *Info.plist* ist im XML-Format strukturiert und enthält als Hauptknoten ein Dictionary mit Schlüssel-Wert-Paaren zur Konfiguration der Anwendung. In der Tabelle unten finden Sie die wichtigsten Schlüssel und ihre Funktionen aufgelistet. Zur Konfiguration der Datei besitzt Xcode einen eigenen Editor, den **Pro**perty **L**ist **E**ditor – kurz PLE genannt. Dieser bereitet die einzelnen Konfigurationseinträge des Dictionaries in den zwei Spalten *Key* und *Value* auf. Dabei werden sowohl die Schlüssel als auch die Werte nicht über die Schlüsselnamen aufgelöst, sondern sprechend als Text formuliert. Das erspart oftmals den Blick in die Dokumentation, da die ausführlichere Beschreibung meist auch die hilfreichere ist. In der Abbildung oben sehen Sie die Ansicht der Datei für das *HelloWorld*-Beispiel im PLE.

Property-Schlüssel	Beschreibung
CFBundleDisplayName	Der Name der Anwendung, angezeigt als Text unter dem Icon auf dem Home-Bildschirm. Normalerweise wird dieser durch die Build-Variable *PRODUCT_NAME* definiert. Diese Variable können Sie mit einem Rechtsklick auf das aktuelle Target unter *Targets* in *Groups & Files* und der Auswahl von *Get Info* im Tab *Build* ändern.
CFBundleExecutable	Gibt den Namen der ausführbaren Datei im Bundle an. Wird durch die Build-Variable *EXECUTABLE_NAME* definiert.
CFBundleIconFile	Der Dateiname des Icons – wahlweise mit Dateiendung – für die Anwendung. Seit iOS 4 wird die Angabe von *CFBundleIconFiles* bevorzugt.
CFBundleIconFiles	Ein Array von Dateinamen für Icons. Für die unterschiedlichen Geräte und Auflösungen können jeweils eigene Icons konfiguriert werden. Die Dateiendung ist optional. Lesen Sie mehr dazu in Kapitel 21.3.
CFBundleIdentifier	Der *BundleIdentifier* oder Programmidentifikator ist der Bezeichner der Anwendung. Auf diesen wird die Signaturanwendung ausgestellt und viele Systemdienste finden durch ihn die assoziierte Anwendung. Der Bezeichner sollte in umgekehrter Domänenschreibweise, ähnlich den Packages in Java, vergeben werden. Erlaubte Zeichen sind Buchstaben und Zahlen sowie der Punkt und Bindestrich. Die Standardvorbelegung ist *com.yourcompany.<productName>*. Diese sollten Sie unbedingt anpassen. Dabei können Sie mit dem Ausdruck *${PRODUCT_NAME:rfc1034identifier}* den Produktnamen automatisch in eine konforme Darstellung umwandeln.
CFBundleName	Bestimmt einen Kurznamen für das Bundle. Dieser wird im Wesentlichen intern verwendet und standardmäßig über die Build-Variable *PRODUCT_NAME* definiert.
CFBundlePackageType	Gibt den Typ des Bundles als vierstelligen Buchstabencode an. Für iPhone-Anwendungen ist immer APPL zu verwenden.
CFBundleVersion	Bestimmt die aktuelle Version Ihrer Anwendung. Wird in der üblichen schreibweise für Versionen notiert: z. B. *3.0.1*.
NSMainNibFile	Spezifiziert den Namen der NIB-Datei (die kompilierte Version einer XIB-Datei aus dem Interface Builder), die zu Beginn der Anwendung als Benutzerschnittstelle geladen werden soll.
UIInterfaceOrientation	Bestimmt die Orientierung der Benutzerschnittstelle zum Start der Anwendung. Mögliche Werte sind: *UIInterfaceOrientationPortrait, UIInterfaceOrientationPortraitUpsideDown, UIInterfaceOrientationLandscapeLeft, UIInterfaceOrientationLandscapeRight.*

Property-Schlüssel	Beschreibung
UIPrerenderedIcon	Ein boolescher Wert, der angibt, ob das Icon bereits den Lichteffekt enthält oder ob dieser vom System erzeugt werden soll.
UIStatusBarHidden	Wenn der boolesche Wert *UIStatusBarHidden* auf *YES* steht, wird die Statusleiste nach dem Start nicht angezeigt. Dadurch hat die Anwendung dann den vollen Bildschirm zur Verfügung.
UIStatusBarStyle	Stellt den Stil für die Statusleiste ein. Mögliche Werte sind: *UIStatusBarStyleDefault, UIStatusBarStyleBlackTranslucent, UIStatusBarStyleBlackOpaque.*

Info.plist

Im weiteren Verlauf wird der Dateiname *Info.plist* synonym für die Datei *<project-Name>_Info.plist* verwendet und bezeichnet – soweit nicht anders angegeben – immer die Information-Property-List-Datei im Projektverzeichnis.

Frameworks

Frameworks sind Bibliotheken, die dynamisch zur Laufzeit – also nur bei Bedarf – geladen werden. Diese Bibliotheken enthalten die öffentlich verfügbare Schnittstelle des iPhone-SDK. Sie als Entwickler dürfen nur diese Schnittstelle benutzen. Undokumentierte Funktionalitäten oder sogenannte private Frameworks sind ein Abweisungsgrund bei der Einreichung in den App Store. Die drei wichtigsten und in den meisten Projektvorlagen genutzten Frameworks sind:

- *UIKit*: Das UI im *UIKit* steht für **U**ser **I**nterface. Das Framework enthält die Klassen für die Benutzerschnittstelle und die Implementierung der Oberfläche inklusive der Eventschleife sowie die Laufzeitumgebung.
- *Foundation*: beinhaltet die wichtigsten Datentypen (wie *NSObject* und *NSSString*) sowie Containerklassen wie *NSArray*. Es stellt damit die zentrale API des iPhone-SDK dar.
- *CoreGraphics*: Das *CoreGraphics*-Framework enthält eine Reihe von C-Funktionen, die auf der Quartz-2-D-Zeichen-Bibliothek basieren. Damit lassen sich mit relativ systemnahen Funktionen hochwertige Texte und Zeichnungen erstellen.

Hinzufügen eines Frameworks zu einem Projekt

Funktionalitäten oder Klassen, die in anderen Frameworks des SDK enthalten sind, können Sie nutzen, indem Sie zuerst das entsprechende Framework Ihrem Projekt hinzufügen und dann die benötigte Funktionalität mit den entsprechenden Header-Dateien bekannt machen. Die folgenden Schritte beschreiben das Vorgehen am Beispiel des *CoreLocation*-Frameworks, das für die Ortungsdienste zuständig ist:

1 Klicken Sie mit der rechten Maustaste auf den Ordner *Frameworks* und wählen Sie im Kontextmenü *Add/Existing Frameworks*.

2 Suchen und markieren Sie den Eintrag *CoreLocation.framework* und klicken Sie danach auf *Add*.

3 Das neue Framework reiht sich nun in die weiteren Frameworks Ihres Projekts ein. Öffnen Sie den Verzeichnisbaum unter dem Framework mit einem Klick auf den kleinen Pfeil links. Das zeigt Ihnen die Übersicht der im Framework enthaltenen Header-Dateien.

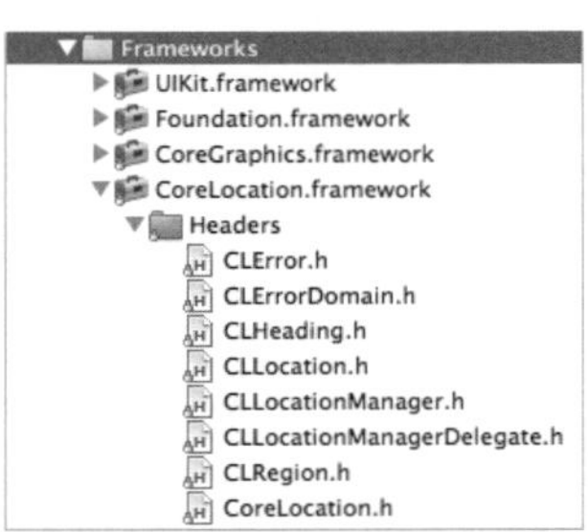

4 Fast alle Frameworks stellen eine globale Header-Datei zur Verfügung, die nach dem Framework benannt ist und alle anderen Header-Dateien des Frameworks importiert. Im Fall von *CoreLocation* finden Sie diesen in *CoreLocation.h*. Wenn Sie in Ihrem Projekt den Header per *#import* deklarieren, haben Sie Zugriff auf alle Komponenten des Frameworks. Nehmen Sie also in

der Datei, in der Sie den Zugriff auf die Komponenten brauchen, den Header auf: *#import <CoreLocation/CoreLocation.h>*

Products

In *Products* finden Sie die mit den aktuellen Build-Einstellungen erzeugte Anwendung Ihres Projekts – oder auch mehrere. Jeder der Einträge hat eine physische Repräsentanz im Dateisystem. Mit einem Rechtsklick auf den Eintrag können Sie mit dem Kontextmenü über *Reveal in Finder* die entsprechende Datei oder das Verzeichnis in einem Finder-Fenster anzeigen lassen.

Rechtsklick auf Datei

Der Rechtsklick auf eine Datei und das Kontextmenü *Reveal in Finder* funktionieren bei allen Elementen in *Groups & Files.*

9. Die Anwendung auf dem iPhone und iPad installieren

Nachdem Sie bis jetzt erfolgreich eine Anwendung übersetzt und im Simulator gestartet haben, wollen wir nun die Anwendung auf ein iPhone (oder analog auch auf ein iPad) bringen. Voraussetzung dafür ist ein kostenloses Entwicklerkonto bei Apple und eine abgeschlossene Anmeldung zum iPhone Developer Program für 79 Euro pro Jahr – weitere Informationen zu beiden Themen finden Sie in Kapitel 6.

Bevor Sie mit dem Test auf dem iPhone loslegen können, müssen Sie die Anwendung mit einem sogenannten Provisioning Profile signieren. Dazu müssen Sie im iPhone Provisioning Portal zunächst ein Zertifikat erstellen, Ihr Gerät als Testgerät registrieren und danach für Ihre Anwendung einen Bezeichner – die App ID – erstellen und damit ein Provisioning Profile herunterladen.

Die Provisionierung dient dem Zweck, den Entwickler durch die Signatur eindeutig zu identifizieren. Die Kombination der Signatur mit den in das Provisioning Profile eingetragenen Geräten verhindert eine Distribution von nicht freigegebenen Anwendungen auf beliebigen Endgeräten. Das sichert einerseits dem App Store seine Funktion als zentraler und alleiniger Vertriebskanal für Anwendungen – wir Entwickler stimmen dem Vertrag zur Teilung der Einnahmen aus dem App Store im Verhältnis 70:30 zu und nur so kann Apple seinen Anteil ermitteln. Und andererseits erhöht dies aus Nutzersicht die Sicherheit der Software auf dem Endgerät, weil nur freigegebene und signierte Anwendungen installiert werden können.

Die doch recht umfangreichen Schritte werden in der folgenden Anleitung beschrieben:

1 Melden Sie sich mit Ihren Zugangsdaten unter *http://developer.apple.com/iphone/* an. Im iPhone Dev Center klicken Sie auf den im Screenshot hervorgehobenen Link zum iPhone Provisioning Portal.

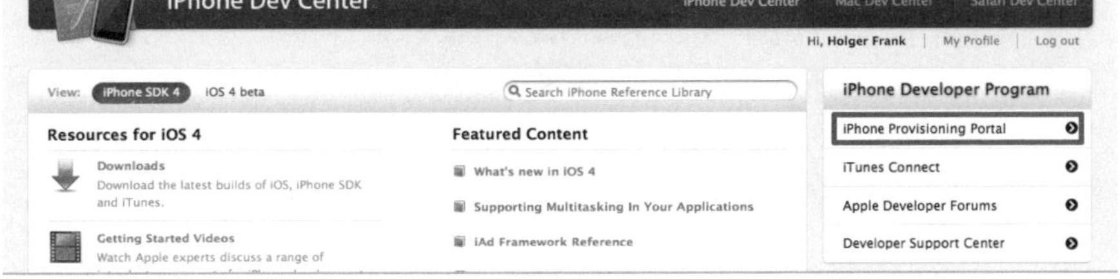

2 Gehen Sie zur Sektion *Certificates* und öffnen Sie den Tab *Development*. Im unteren Bereich ist ein Link zu einem Zertifikat von Apple, das Sie herunterladen müssen. Dieses Zertifikat weist die ausgestellten Zertifikate als solche der Apple Worldwide Developer Relations Certificate Authority aus. Ein Doppelklick auf die heruntergeladene Datei installiert das Zertifikat im Schlüsselbund.

3 Starten Sie auf Ihrem Rechner die Schlüsselbundverwaltung in Ihrem Benutzerverzeichnis unter *Programme/Dienstprogramme*. Wählen Sie aus dem Menü *Schlüsselbundverwaltung* die Option *Zertifikatsassistent/Zertifikat einer Zertifizierungsinstanz anfordern*.

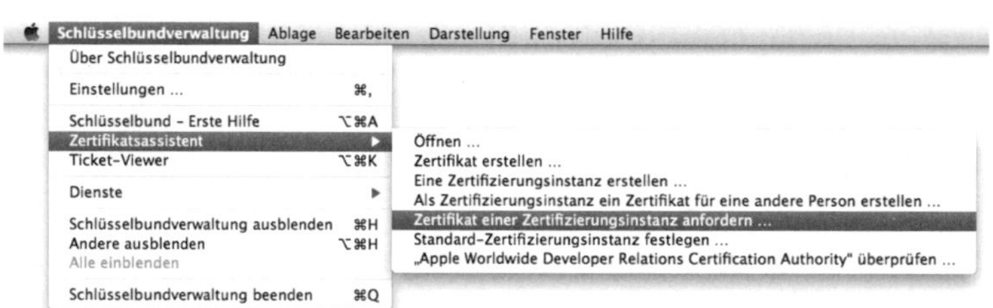

4 Geben Sie die Zertifikatsinformationen vollständig ein und aktivieren Sie für den Punkt *Anfrage* die Option *Auf der Festplatte sichern*.

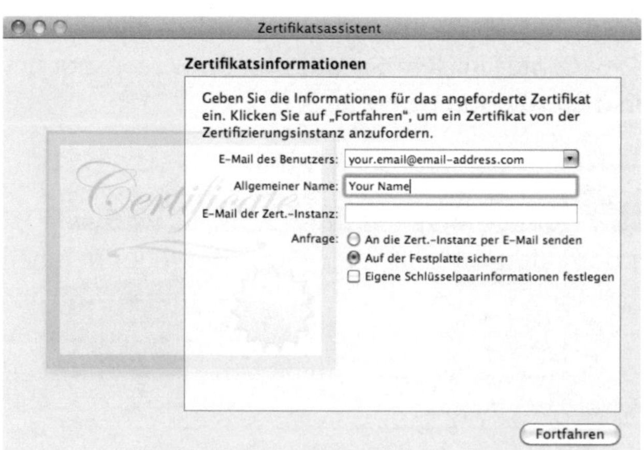

5 Speichern Sie die Zertifikatsanfrage auf der Festplatte zum Beispiel auf dem *Schreibtisch*.

6 Wechseln Sie wieder im Browser in das iPhone Provisioning Portal und dort in die Sektion *Certificates* in den Tab *Development*. Klicken Sie auf den Button *Request Certificate* unter *Action*.

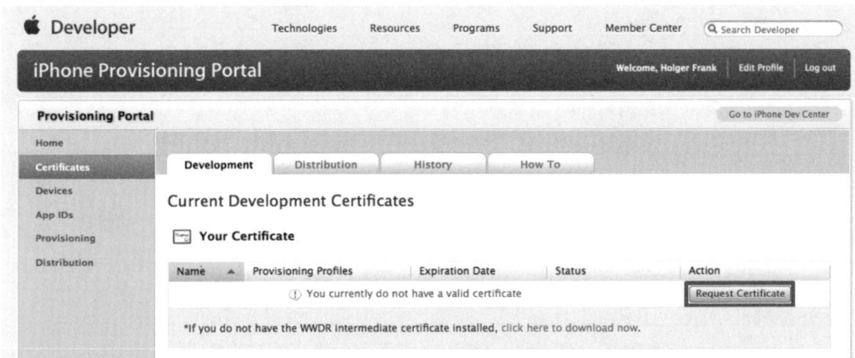

7 Die nun geöffnete Seite beschreibt die schon durchgeführten Schritte. Klicken Sie auf *Durchsuchen* ganz unten auf der Seite und wählen Sie im Dialog *Datei hochladen* die vorher abgespeicherte Zertifikatsanfrage aus und quittieren Sie mit *Öffnen*. Danach schließen Sie diesen Schritt mit einem Klick auf den Button *Submit* rechts unten ab.

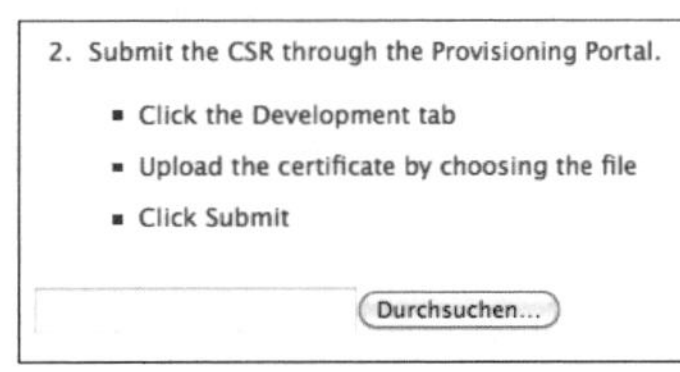

8 Das Zertifikat wird jetzt erstellt. Solange der Vorgang nicht abgeschlossen ist, bleibt der Status *Pending Issuance* bestehen. Laden Sie im Browser die Seite gegebenenfalls mehrmals neu. Sobald das Zertifikat ausgestellt ist, erscheint der Button *Download*. Laden Sie das Zertifikat herunter und installieren Sie es mit einem Doppelklick in der Schlüsselbundverwaltung.

9 Nun werden wir Ihr Entwicklungsgerät registrieren. Dazu wechseln Sie in Xcode und starten unter dem Menü *Window* den Organizer (oder nehmen Sie die Tastenkombination [ctrl]+[cmd]+[O]). Schließen Sie Ihr Gerät per USB an den Rechner an und klicken Sie im Organizer rechts auf Ihr Gerät und wählen Sie aus dem Kontextmenü *Copy Device Identifier*. Nun haben Sie die Geräteidentifikation (UDID) in der Zwischenablage.

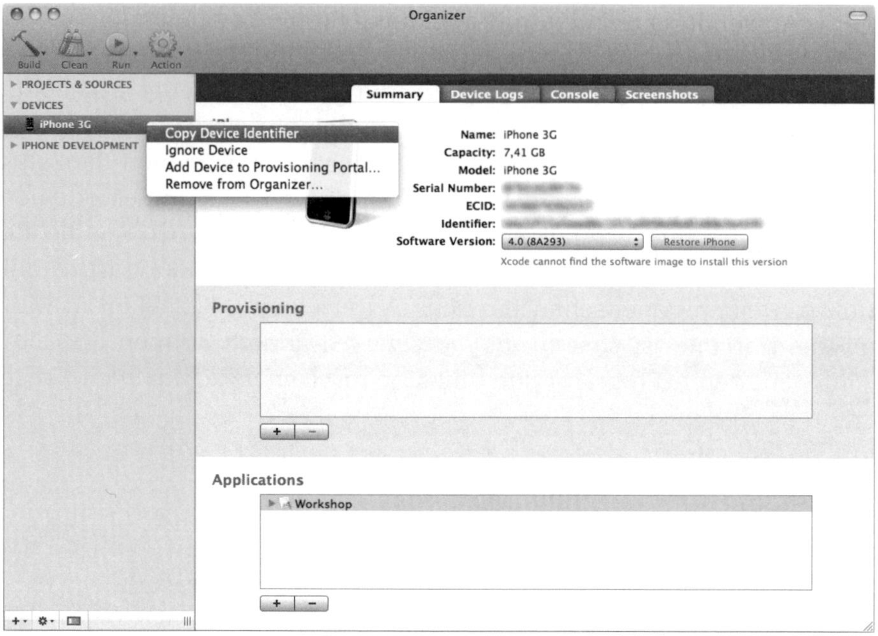

10 Wechseln Sie wieder in den Browser und öffnen Sie im iPhone Provisioning Portal den Bereich *Devices*. Klicken Sie dort auf den Button *Add Devices* im rechten oberen Bereich der Seite.

Tragen Sie im Eingabedialog einen Namen unter *Device Name* ein und kopieren Sie in das Feld *Device ID* die 40-stellige Geräteidentifikation (UDID) aus der Zwischenablage. Mit dem Button *Submit* schließen Sie den Dialog ab. Das Gerät wird in Ihre Liste aus maximal 100 Geräten pro Mitgliedsjahr aufgenommen.

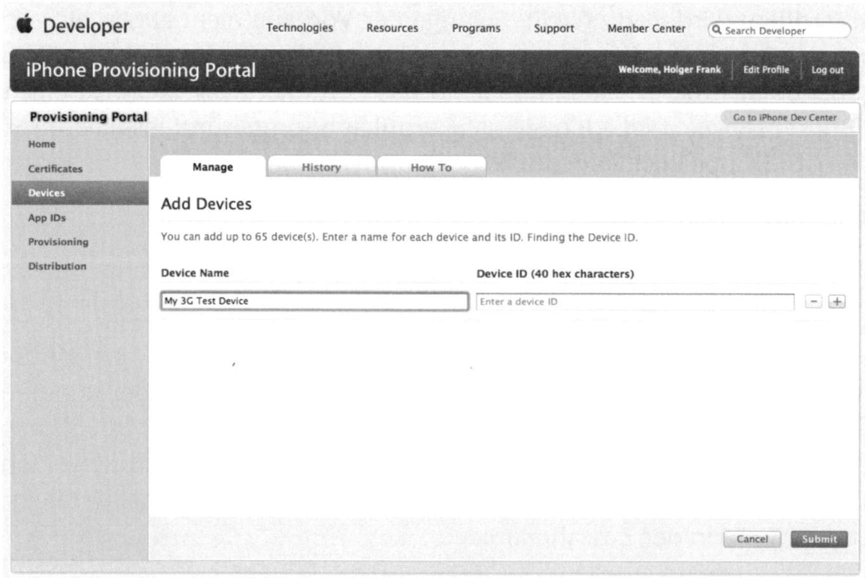

11 Um eine Anwendung mit einem Provisioning Profile zu signieren, müssen Sie eine App ID erstellen. Die App ID wird in umgekehrter Domänenschreibweise normalerweise eindeutig über den Anwendungsnamen erzeugt, also beispielsweise *com.mydomainname.appname*. Nur mit einem eindeutigen Bezeichner können Sie später In-App-Purchase oder Push-Notifikationen hinzufügen. Allerdings bedeutet das auch, dass ein Provisioning Profile mit einer eindeutigen App ID auch nur für Anwendungen mit genau demselben Bundle Identifier bzw. Programmidentifikator gültig ist. Für die Entwicklung ist es üblich, stattdessen einen generischen Bezeichner mit einem Platzhalter zu wählen. Eine gute Variante ist *com.mydomainname.**. Dadurch können Sie alle Anwendungen, deren Programmidentifikator mit *com.mydomainname* beginnt, mit dem Profil signieren.

Öffnen Sie dazu den Bereich *App IDs* im iPhone Provisioning Portal und klicken Sie rechts auf den Button *New App ID*.

12 Im folgenden Dialog füllen Sie die geforderten Felder aus. Als Description können Sie eine prägnante Kurzbeschreibung wählen, durch die Sie die App ID später leicht identifizieren können. Der Bundle Seed ist das interne Präfix einer Anwendungsbezeichnung. Anwendungen mit gleichem Bundle Seed können sich einen gemeinsamen Zugriff auf den Schlüsselbund des Endgerätes sichern. Damit lassen sich also Programmfamilien definieren. Der Bundle Identifier wird wie erörtert auf Ihre Domäne mit einem Platzhalter am Ende eingetragen, z. B. *com.mydomainname.**. Klicken Sie danach auf *Submit*, um den Dialog zu beenden.

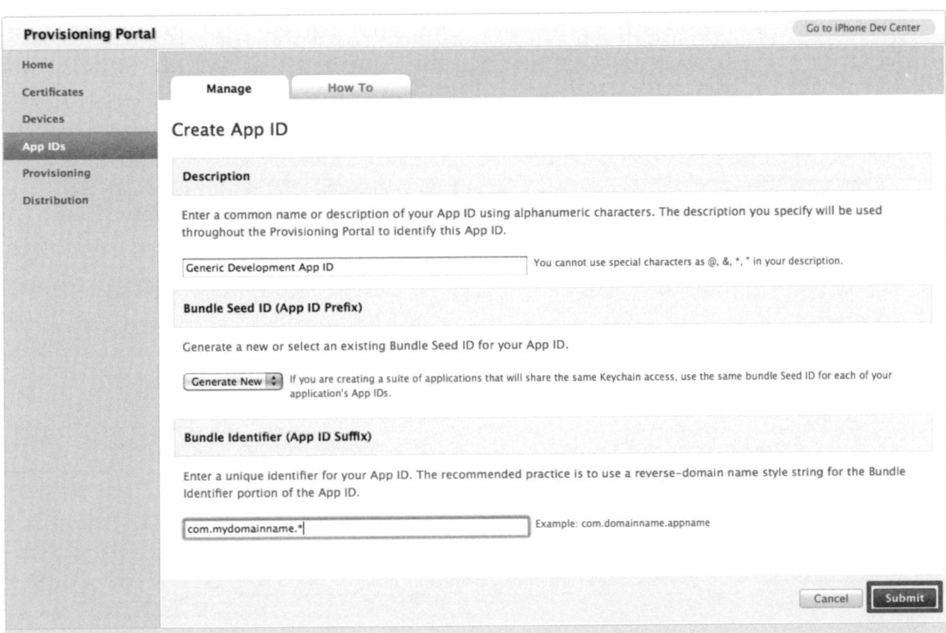

13 Abschließend erzeugen wir das Provisioning Profile. Gehen Sie dazu in den Bereich *Provisioning* auf den Tab *Development*. Klicken Sie rechts den Button *New Profile* an. Wählen Sie einen sprechenden Namen für das Profil. Stellen Sie sicher, dass das entsprechende Zertifikat markiert ist, und wählen Sie aus der Drop-down-Liste die im letzten Schritt erstellte App ID aus. Im unteren Bereich werden die bis zu 100 möglichen Geräte angezeigt. Jedes mit diesem Profil assoziierte Gerät muss mit einem Haken versehen sein, damit sich die Anwendung darauf installieren lässt. Wählen Sie also eines oder mehrere Geräte aus und klicken Sie dann auf *Submit*.

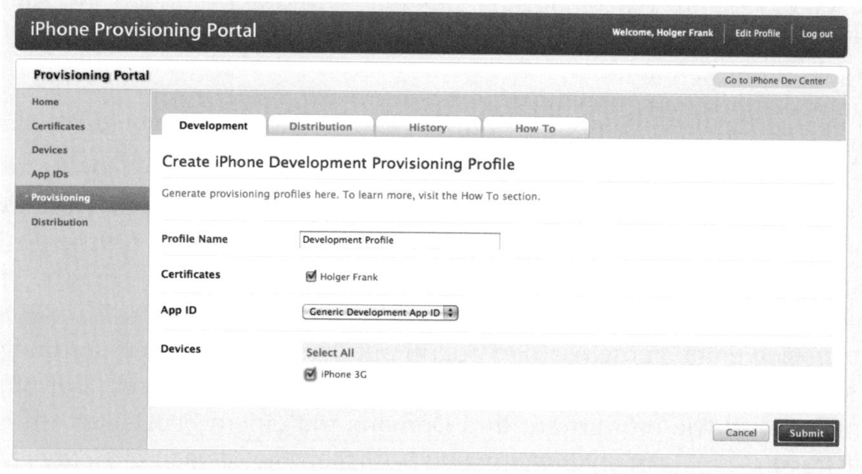

14 Nach der Erstellung kann es ein paar Sekunden dauern, bis der Status des Profils von *Pending* auf *Active* wechselt. Hier müssen Sie gegebenenfalls ein Neuladen im Browser anstoßen, um die Änderung zu sehen. Sobald der Zustand geändert ist, können Sie das Profil mit dem Button *Download* herunterladen.

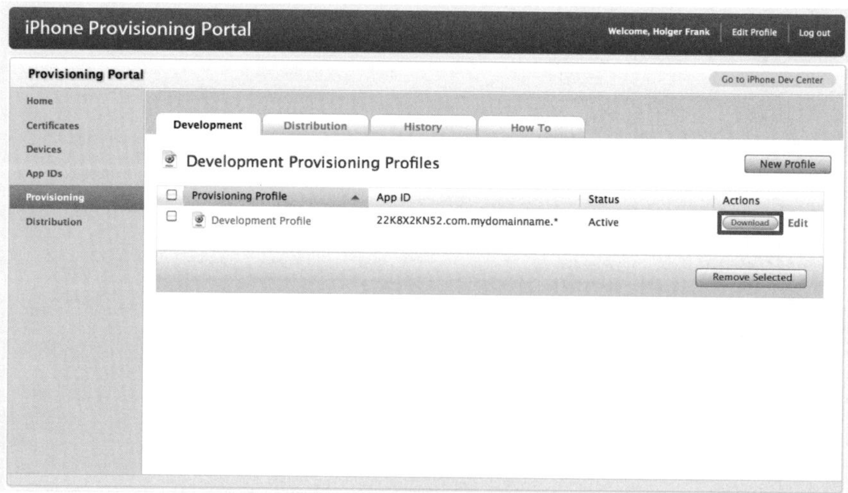

15 Ziehen Sie das heruntergeladene Profil auf das Xcode-Icon im Dashboard. Gehen Sie in Xcode in Ihr Projekt und öffnen Sie die Projekteinstellungen im Tab *Build*. Sie finden sie unter dem Menüeintrag *Project/Edit Project Settings*.

Hinweis

Die weiteren Einstellungen werden am *HelloWorld*-Beispiel des letzten Kapitels demonstriert.

Dort wählen Sie aus der Auswahlliste als *Code Signing Identity* das gerade installierte Profil aus. Stellen Sie außerdem sicher, dass unter *Configurations* der Wert *All Configurations* ausgewählt ist, damit die Einstellungen sowohl für den Debug- als auch für den Release-Build gelten. Schließen Sie das Einstellungsfenster.

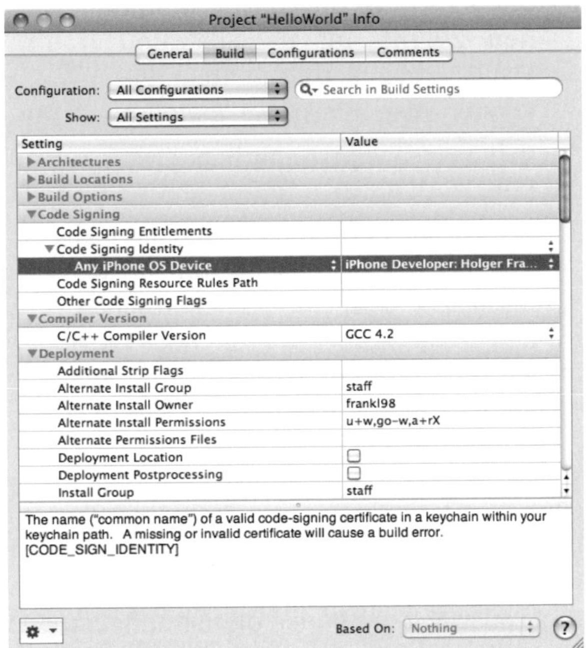

16 Öffnen Sie die Datei *Info.plist* Ihres Projekts. Ändern Sie dort den vorderen Teil des Bundle Identifier so, dass er der Vorgabe in der App ID entspricht, hier beispielsweise *com.mydomainname*.

17 Schließen Sie jetzt Ihr Gerät per USB an den Rechner an. Stellen Sie in der Toolbar das aktive SDK auf *Device* und starten Sie die Übersetzung und Installation mit *Build and Debug* aus dem Menü *Build* (oder wählen Sie die Tastenkombination [cmd]+[return]).

Beim ersten Übersetzungsvorgang erscheint ein Pop-up des Schlüsselbunds, das um Erlaubnis für den Zugriff auf den privaten Schlüssel des Zertifikats fragt. Sie können hier mit *Immer erlauben* den dauerhaften Zugriff gewähren.

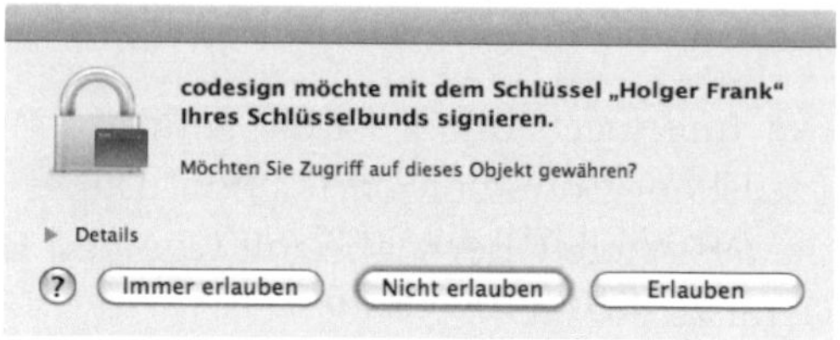

18 Als letzten Schritt müssen Sie das Profil auf dem Gerät installieren. Vor der Installation erscheint das nebenstehende Pop-up, wenn das Profil noch nicht auf Ihrem Gerät installiert ist. Klicken Sie auf den Button *Install and Run*.

Sie haben jetzt ein gültiges Profil installiert und im Projekt eingerichtet. Die Anwendung kann nun jederzeit auf dem Gerät getestet werden. In den Build-Einstellungen gibt es mittlerweile einen Mechanismus, der automatisch das richtige Profil auswählt. Sie finden diese Konfiguration in der Profilauswahl unter *Automatic Profile Selector*. Dort sollten Sie das Profil *iPhone Developer* auswählen. Das vereinfacht die Konfiguration des Projekts und ermöglicht es mehreren Entwicklern, am gleichen Projekt zu arbeiten, ohne jedes Mal die Profile richtig setzen zu müssen.

Freigabe vor Download

Wenn Sie in einem Team arbeiten, muss Ihr Teamleiter die Entwicklungszertifikate freigeben, bevor Sie den Download starten können.

Analoge Vorgehensweise bei Distribution

Für die Ad-hoc-Distribution und die Distribution über den App Store müssen Sie analog vorgehen. Statt der Tabs *Development* in den Sektionen *Certificates* und *Provisioning Profiles* müssen Sie die Eingaben dann unter dem Tab *Distribution* vornehmen und in den Build-Einstellungen eine neue Build-Konfiguration – beispielsweise *Ad Hoc Distribution* – als Kopie von *Release* erstellen und das Profil nur in dieser Konfiguration dort eintragen.

10. UI-Entwicklung mit dem Interface Builder

Der Interface Builder ist ein sehr mächtiges Werkzeug zur Erstellung komplexer grafischer Benutzeroberflächen. Dabei arbeitet er streng visuell, d. h., Sie sehen die gestaltete Oberfläche mit wenigen Einschränkungen so, wie sie auch auf dem Gerät zu sehen ist.

Der Interface Builder enthält zwei Tools zur Vereinfachung der Arbeitsabläufe: den Inspector zur Untersuchung und Konfiguration von Objekten im Interface Builder und die Library, eine umfangreiche Bibliothek an Objekten des SDK bzw. einer Medienbibliothek. Die Verbindung zwischen Objekten, die im Interface Builder erstellt wurden, und Instanzvariablen wird über sogenannte Outlets realisiert.

Dieses Kapitel stellt die wichtigsten Komponenten und Konzepte im Umgang mit dem Interface Builder kurz vor. Als Beispielprojekt fungiert wieder die *HelloWorld*-Anwendung aus den vorigen Kapiteln. Laden Sie das Projekt in Xcode, um die Beispiele nachvollziehen zu können.

10.1 Die XIB-Datei

Der **I**nterface **B**uilder, kurz IB, speichert seine Informationen in eine XIB-Datei bzw. in eine Schnittstellendatei. Im *HelloWorld*-Beispiel finden Sie bereits zwei automatisch erzeugte Schnittstellendateien:

- *HelloWorldViewController.xib*: Diese Datei enthält die grafische Benutzerschnittstelle für den Viewcontroller des Beispiels.
- *MainWindow.xib*: beschreibt das Fenster der Anwendung. Diese Datei wird in *Info.plist* als Startpunkt für die Anwendung konfiguriert. Inhaltlich lädt es nur den Viewcontroller und enthält damit keine eigene grafische Benutzeroberfläche.

Doppelklicken Sie auf die Datei *HelloWorldViewController.xib*. Damit starten Sie den Interface Builder mit der Benutzerschnittstelle des Viewcontrollers. Dic XIB-Datei wird dabei in einem eigenen Fenster mit ihren Komponenten dargestellt. Im Beispiel sind es drei Elemente: *File's Owner*, *First Responder* und *View*. Die ersten beiden sind Platzhalter bzw. Stellvertreter für Objektverknüpfungen außerhalb des Interface Builders. *File's Owner* stellt dabei die Verbindung einer Klasse der Implementierung mit den Objekten des IB her. *First Responder* repräsentiert das Objekt, das aktuell die Events der Hauptschleife abarbeitet.

Alle weiteren Icons – in unserem Beispiel nur der View – sind Objekte des IBs. Ein weiterer Doppelklick auf den View öffnet das Layoutfenster. Es stellt die Ansicht des View dar und erlaubt die Konfiguration der Oberfläche. Die Abbildung unten zeigt die XIB-Datei und das Layoutfenster nebeneinander.

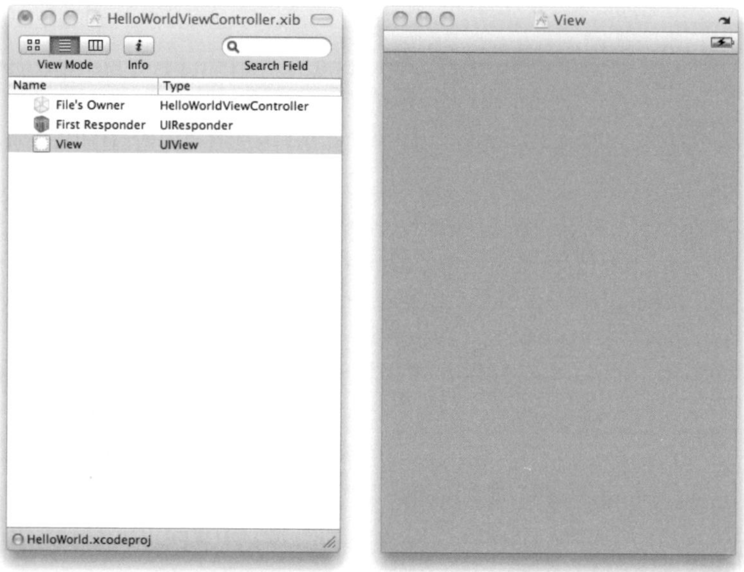

Eine XIB-Datei des Interface Builders (links) und ein View daraus in seiner Layoutansicht (rechts).

10.2 Die Bibliothek

Das Bibliothekfenster öffnet sich mit der Tastenkombination [shift]+[cmd]+[L] oder aus dem Menü *Tools/Library*. Die Bibliothek enthält von oben nach unten diese Elemente:

- Medien- und Objektauswahl: schränkt die angebotene Auswahl nach Objekten, Klassen und den eigenen Medien des Projekts ein. In Letzterem finden Sie unter anderem auch die grafischen Ressourcen Ihres Projekts.
- Objektbereich: Der Objektbereich listet die unter der Auswahl verfügbaren Objekte und Medienelemente auf. Per Drag & Drop können Sie Objekte in die Layoutansicht ziehen.
- Beschreibung: beschreibt die ausgewählte Ressource.
- Konfiguration & Suchfilter: Die Bibliotheksansicht lässt sich Ihren Bedürfnissen entsprechend anpassen. Die Darstellung im Objektbereich kann zwischen einer Listenansicht und einer Ansicht mit großen Icons in mehreren Zwischenstufen gewählt werden. Über den Suchfilter können Sie die Objekte im Objektbereich auf den Suchbegriff einschränken.

Mithilfe der Bibliothek lassen sich sehr schnell auch komplexe Benutzerschnittstellen zaubern.

Das Bibliotheksfenster ermöglicht einen einfachen Zugriff auf Objekte des SDK und die Medien des aktuellen Projekts.

10.3 Der Inspector

Der Inspector ermöglicht die Konfiguration eines Objekts im Interface Builder. Er liefert einen intuitiven und einfachen Zugriff auf die wichtigsten Eigenschaften der Elemente des Layouts. Die Abbildung zeigt eine der Ansichten des Inspectors. Insgesamt verfügt er über vier Bereiche, die entweder per Tastenkombination, Menü oder über die Symbolleiste oben im Inspector umgeschaltet werden können:

- Attribute-Inspector ([cmd]+[1]): erlaubt den Zugriff auf die wichtigsten Layoutattribute eines Objekts. Der Zugriff erfolgt über eine einfache Oberfläche, die bei Bedarf weitere Funktionen wie eine Schriftauswahl oder einen Farbauswahldialog öffnet.
- Connections-Inspector ([cmd]+[2]): konfiguriert die Verbindungen mit der Implementierung des Projekts.
- Size-Inspector ([cmd]+[3]): steuert die Positionierung, Anpassung bei Größenänderungen sowie die Ausrichtung zu anderen Objekten der Benutzerschnittstelle.
- Identity-Inspector ([cmd]+[4]): Der Identity-Inspector fasst eine Reihe von Metainformationen und Einstellungen zur Klassenzugehörigkeit eines Objekts in einer Ansicht zusammen. Darunter befinden sich auch Eigenschaften zur Steuerung der Barrierefreiheit einzelner Objekte.

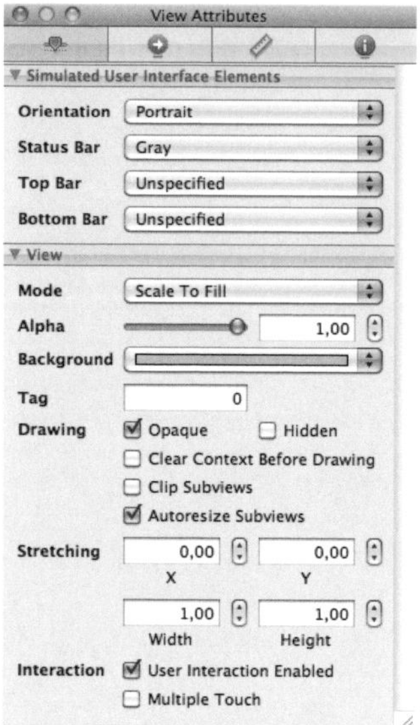

Der Attribute-Inspector bietet Zugriff auf die Objekteigenschaften.

Key Value Coding

Das Setzen von Objekteigenschaften beruht auf dem Konzept des sogenannten **K**ey **Va**lue **C**odings (KVC). Das KVC ist ein weiterer Mechanismus der Introspektion. Dabei lassen sich die Eigenschaften eines Objekts über einen Schlüssel - als String repräsentiert - auslesen und setzen.

10.4 Ansichten im Interface Builder gestalten

Nach der ganzen Theorie zu den Tools und Ansichten rund um den Interface Builder werden wir uns endlich den praktischen Einsatz ansehen. Dazu verändern wir die XIB-Datei des Viewcontrollers aus unserem *HelloWorld*-Beispiel. Sofern es noch nicht geschehen ist, öffnen Sie die Datei *HelloWorldViewController.xib* im IB und mit einem Doppelklick die Layoutansicht des Views der XIB-Datei.

Hinweis

Zur Vereinfachung finden Sie dieses Beispiel im Verzeichnis *10/HelloWorld.*

Die Benutzerschnittstelle anpassen

Aus der Bibliothek (Tastenkombination shift+cmd+L) können Sie nun den View um beliebige Objekte erweitern. Ziehen Sie ein Label per Drag & Drop in die Layoutansicht. Im Attribute-Inspector (cmd+L) ändern Sie den Text des Labels auf *Hello World!*. Danach müssen Sie die Abmessungen des Labels anpassen, weil ansonsten der Text automatisch verkleinert und gegebenenfalls verkürzt dargestellt wird. Ziehen Sie dazu in der Layoutansicht das Label am rechten mittleren Begrenzungspunkt mit der Maus größer.

Ziehen Sie jetzt auf die gleiche Weise einen Button – das ist das Element direkt neben dem Label in der Bibliothek – in die Layoutansicht.

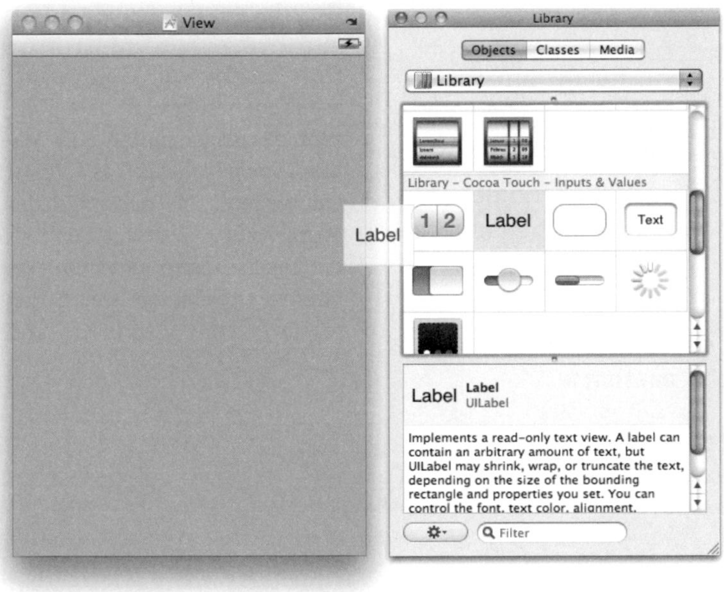

Ein Label wird per Drag & Drop in den View gezogen.

IB-Objekte verknüpfen

Würden Sie jetzt die Anwendung starten, erschienen das hinzugefügte Label und der Button zusätzlich zu dem programmatisch im Quelltext erzeugten Label. Allerdings besitzt der Button noch keine Funktion und das Label keine Verknüpfung mit Ihrer Implementierung.

Dazu wechseln Sie in Xcode und öffnen die Header-Datei des Viewcontrollers. Wir deklarieren nun zwei Properties – *label* und *button* – als *IBOutlet*. Der Typbezeichner *IBOutlet* dient dabei der automatischen Synchronisation mit dem Interface Builder.

Zusätzlich definieren wir eine Aktionsmethode *buttonPressed:* – als Aktion auf das Drücken des Buttons. Die Signatur sollte als Rückgabetyp *IBAction* haben. Das synchronisiert die Methode ähnlich *IBOutlet* automatisch mit dem Interface Builder. Wundern Sie sich später nicht, wenn die Methode selbst keine Rückgabe implementiert, *IBAction* ist nur ein spezieller Bezeichner für den Typ *void*.

Die Header-Datei sollte nun folgendermaßen aussehen:

```
@interface HelloWorldViewController : UIViewController {
    IBOutlet UILabel* label;
    IBOutlet UIButton* button;
}

@property(nonatomic, retain) IBOutlet UILabel* label;
@property(nonatomic, retain) IBOutlet UIButton* button;

```

```
- (IBAction) buttonPressed: (id) sender;

@end
```

In der Implementierung der Klasse wird eine *@synthesize*-Anweisung für die Properties und jeweils ein *release* in die Methode *dealloc* eingefügt. Die Methode *buttonPressed:* ändert je nach Zustand des Labels die Farbe im Wechsel zwischen Rot und Schwarz. Beide Farben stehen als Klassenmethoden *redColor* bzw. *blackColor* von *UIColor* zur Verfügung. Das folgende Listing fasst die notwendigen Änderungen zusammen:

```
@implementation HelloWorldViewController
@synthesize label, button;

- (IBAction) buttonPressed: (id) sender {
    if (label.textColor != [UIColor redColor]) {
        label.textColor = [UIColor redColor];
    }
    else {
        label.textColor = [UIColor blackColor];
    }
}

...

- (void)dealloc {
    [label release];
    [button release];
    [super dealloc];
}

@end
```

Nach der Deklaration des Labels und des Buttons können wir im Interface Builder die entsprechenden Verbindungen herstellen. Wechseln Sie also zurück in den IB. Dort sollten Sie das Layoutfenster mit dem View und den Connections-Inspector (cmd+2) öffnen.

Markieren Sie das Element *File's Owner* aus der XIB-Datei. Im Connections-Inspector sehen Sie jetzt die Outlets und Aktionen, die wir in der Viewcontroller-Klasse implementiert haben. Ziehen Sie das Outlet des Labels auf das Label in der Layoutansicht und lassen Sie die Maustaste dann los. Damit haben Sie jetzt die Eigenschaft *label* mit dem Objekt aus dem IB verknüpft. Wenn die Klasse instanziiert wird, ist das Label in der Benutzerschnittstelle nun physikalisch ein Objekt der Viewcontroller-Klasse.

Ziehen Sie auch die Aktionsmethode auf den Button in der Layoutansicht. Dabei geht ein kleines Fenster auf, bei dem Sie das mit der Methode assoziierte Event bestimmen können. Wählen Sie hier *Touch Up Inside* – also das Event, das beim Abheben des Fingers vom Display innerhalb der Begrenzung des Buttons ausgelöst wird.

Wenn Sie jetzt die Anwendung aus Xcode heraus starten, sehen Sie die neue Benutzerschnittstelle und können mit einem Klick auf den Button die Farbe des Labels ändern.

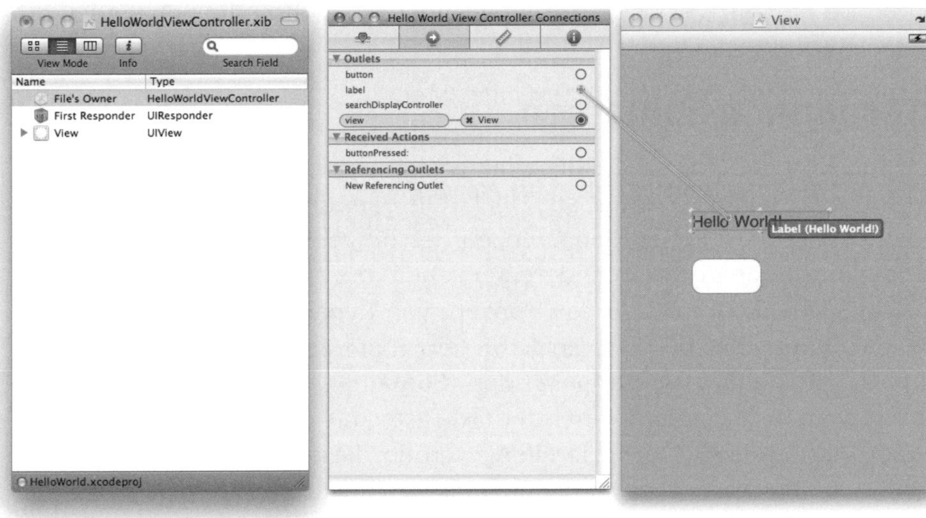

Aus dem Connections-Inspector lassen sich Verknüpfungen mit den Objekten aus dem IB einfach per Drag & Drop realisieren.

10.5 Tipps & Tricks

Der Interface Builder ist ein sehr mächtiges Werkzeug zum Gestalten von Ansichten. Dieses Kapitel gibt Ihnen einige Tipps und Tricks rund um eine Optimierung des Layoutprozesses.

Hilfslinien für ein einfacheres Layout

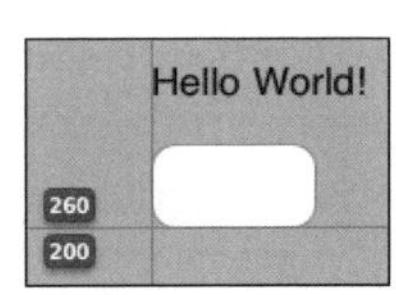

Der Layoutprozess im IB ist normalerweise eine Umsetzung einer grafischen pixelgenauen Vorgabe. In vielen Designvorlagen sind bereits vom Designer oder Grafiker Maßlinien vorgegeben oder können aufgrund der Position einfach ermittelt werden. Aus dem Menü *Layout* können Sie eine horizontale Maßlinie mit *Add Horizontal Guide* und das vertikale Pendant mit *Add Vertical Guide* erstellen. Maßlinien erscheinen als rote Geraden im Layoutfenster und lassen sich mit der Maus verschieben, wobei die horizontalen bzw. vertikalen Abstände zur einfachen Platzierung während des Verschiebens angezeigt werden.

Objekte des IB rasten an diesen Linien ein und lassen sich dadurch sehr schnell positionieren. Sie sind deshalb zur pixelgenauen Umsetzung eines Layoutentwurfs das Mittel der Wahl.

Maßlinie entfernen

Eine Maßlinie können Sie nur durch Ziehen aus dem Layoutfenster wieder entfernen. Dabei werden horizontale Linien oben oder unten und vertikale links bzw. rechts aus dem Fenster gezogen. Eine kleine Verpuffungsanimation bestätigt den Löschvorgang.

Entfernungen abmessen

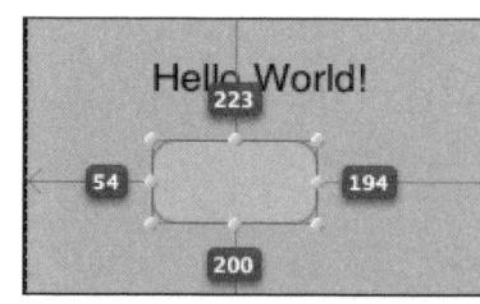

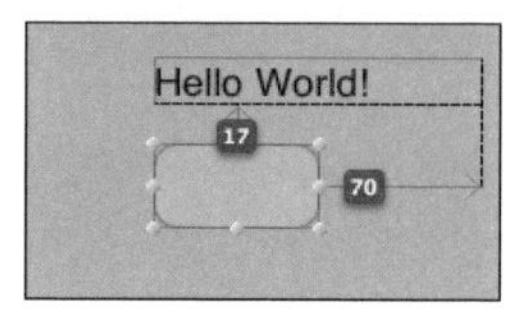

Gerade für einzelne Objekte ist die exakte schnelle Positionierung mit Maßlinien zu umständlich. Oft benötigen Sie eine feste Entfernung zu den Grenzen des umgebenden Containers oder zu einem anderen Objekt in der Layoutansicht. Dafür kennt der IB das Konzept von dynamischen Maßlinien. Die [alt]-Taste zeigt für ein markiertes Objekt den Abstand zum umgebenden Container an. Wenn Sie während des Drückens der [alt]-Taste mit der Maus über ein anderes Objekt streifen, werden die entsprechenden Abstände zwischen den beiden Objekten angezeigt. Die Abbildungen zeigen beide Modi. Während der Einblendung der dynamischen Maßlinien können Sie allerdings nicht die Maus zum Verschieben eines Objekts benutzen. Stattdessen sollten Sie mit den Pfeiltasten das Objekt bewegen. Die Maßlinien bleiben dabei eingeblendet.

Objektbegrenzungen anzeigen

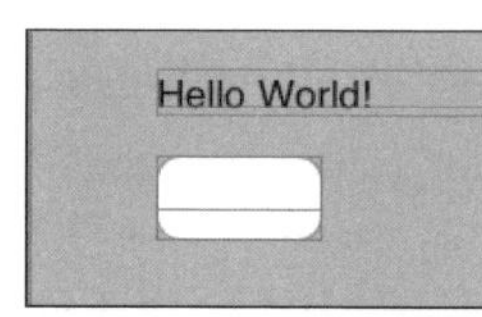

Einigen Objekten sieht man in der Standardansicht ihre Abmessungen nicht an – vor allem dann, wenn sie transparent sind oder dieselbe Farbe wie der Hintergrund aufweisen. Die Option *Show Layout Rectangles* im Menü *Layout* (oder [cmd]+[L]) zeigt Rechtecke und Hilfslinien für die Objekte an, darunter auch die Basislinien für die Textdarstellung. Mit der Kombination der Funktionen aus den letzten Abschnitten erhalten Sie ein sehr effektives Instrumentarium für die Umsetzung von Layouts.

Objekte kopieren

Die [alt]-Taste hat noch eine weitere Bedeutung. Gleichzeitig mit der Maustaste gedrückt, kopiert sie beim Ziehen das Objekt unter dem Mauszeiger.

11. Arbeiten mit dem Organizer

Aus dem Organizer ist mittlerweile ein sehr flexibles Tool für die Entwicklung, Wartung und Distribution von Anwendungen geworden. Es basiert auf der grundlegenden Idee, tägliche Abläufe, die ansonsten mit Xcode und dem Finder ein stetiges Wechseln von Fenstern und Anwendungen erfordern, in nur einem Fenster zu organisieren.

Die Bandbreite reicht von der Projekt- und Sourceverwaltung über den Zugriff auf Entwicklungsgeräte und damit verbundene Möglichkeiten des Debuggens und der Fehlersuche bis hin zur Verwaltung von Provisioning Profiles und Distributionen. Die folgenden Abschnitte sollen Ihnen ein Einstiegspunkt und Ideengeber zum Einsatz dieses mächtigen Werkzeugs sein.

11.1 Das Organizer-Fenster

Der Organizer ist ein Bestandteil von Xcode. Sie starten ihn aus dem Menü *Window/Organizer* oder über die Tastenkombination [ctrl]+[cmd]+[O]. Die Oberfläche nach dem Start ist eher als spartanisch zu bezeichnen, wie die Abbildung unten zeigt. Darin liegt aber gerade der Vorteil: Die Oberflächen sind auf das Wesentliche beschränkt, viele Funktionen sind strukturiert und somit nach ihrer Zugehörigkeit untergebracht. Dennoch verbirgt sich dahinter eine spannende Detailtiefe.

Die Toolbar bietet einen einfachen Zugriff auf Aktionen wie Build, Clean und Run. Im unteren zweigeteilten Bereich ist links eine Navigation mit drei unterschiedlichen Bereichen eingerichtet:

- *PROJECTS & SOURCES*: Unter diesem Bereich lassen sich (ähnlich symbolischer Links) Projektverzeichnisse und andere Ressourcen für einen schnellen Zugriff einhängen. Weitere Informationen dazu finden Sie in Kapitel 11.2.
- *DEVICES*: beherbergt den Bereich der Entwicklungsgeräte. Einmal angeschlossen erhält man als Entwickler Zugriff auf viele wichtige Details. Weitere Informationen dazu finden Sie in Kapitel 11.3.
- *IPHONE DEVELOPMENT*: Dieser sehr generische Bereich versteht sich als Entwicklungsunterstützung. Weitere Informationen dazu finden Sie in Kapitel 11.4.

Neben der Navigation befindet sich ein kontextsensitives Editorfenster. Es zeigt vom Quelltexteditor bis zur Geräteverwaltung Informationen und dient als Eingabewerkzeug.

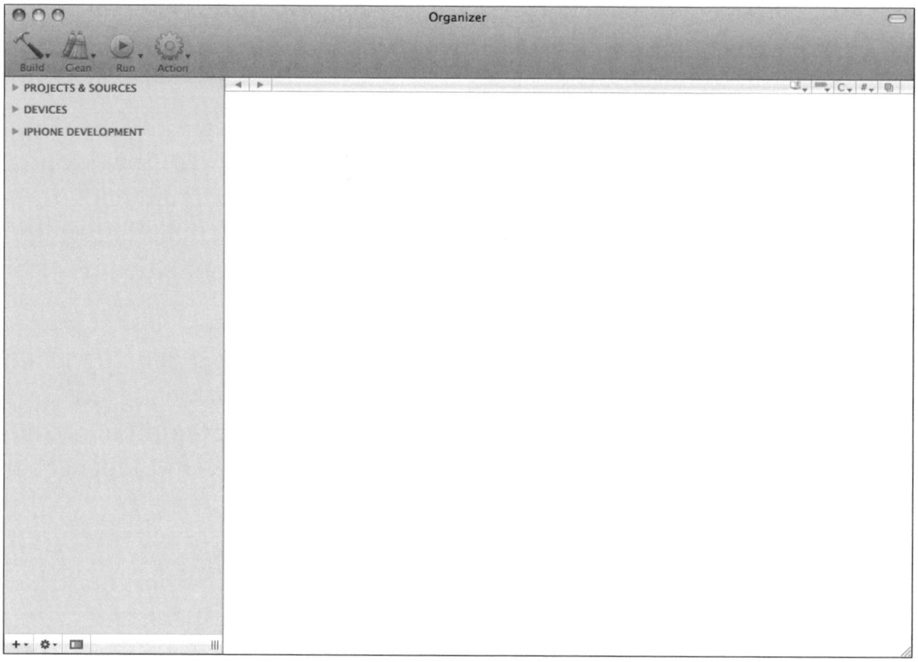

Die auf das Wesentliche reduzierte Oberfläche des Organizers. Unter der Motorhaube finden sich in einem Fenster viele wichtige Funktionen rund um die iPhone-Entwicklung.

11.2 Projekte verwalten mit dem Organizer

Der Bereich *PROJECTS & SOURCES* in der Navigation dient als Schnellzugriff auf Entwicklungsprojekte und beliebige Ressourcen. Dadurch können Sie Ihre Projekte organisieren und die wichtigsten Aufgaben wie einen Build oder den Start der Anwendung ohne das sonst übliche Hin- und Herwechseln zu Xcode erledigen.

Im Folgenden übernehmen wir das Projekt *HelloWorld* aus Kapitel 8 in die Organizer-Oberfläche. Suchen Sie dazu das Projektverzeichnis über den Finder und ziehen Sie den Ordner in den Bereich *PROJECTS & SOURCES.* Alternativ nutzen Sie den Plus-Button unter der Navigation mit der Option *Add Existing Folder* und wählen das Projektverzeichnis aus. Sobald Sie ein Projekt öffnen, aktivieren sich Schaltflächen der Toolbar. Sofern es sich um ein Entwicklungsprojekt handelt, können Sie diese auch einsetzen.

Per Drag & Drop können Sie Verzeichnisse und Dateien in der Ansicht verschieben. Das schlägt sich allerdings auch im Dateisystem nieder – es handelt sich ja wie gesagt im Prinzip um symbolische Links auf Verzeichnisse und Dateien. Unterschiedlichste Projekte und Ressourcen lassen sich so zentral und übersichtlich verwalten. Aktuelle Projekte können Sie in der Ansicht nach oben legen, um noch schneller darauf zuzugreifen, ohne aber die anderen Projekte aus dem Blick zu verlieren.

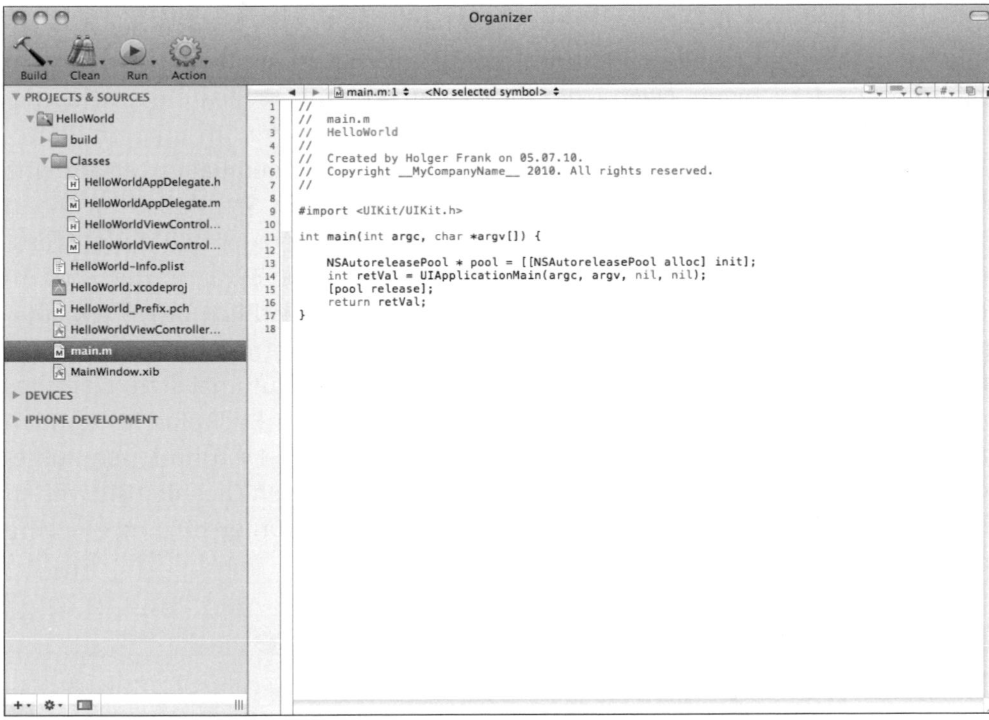

Die Projektansicht im Organizer. Der Editor rechts ist kontextsensitiv und bietet zu den Standardeditoren von Xcode noch weitere Organizer-Ansichten.

11.3 Zugriff auf Endgeräte

Der zweite Bereich *DEVICES* in der Navigation erschließt Ihnen einen besonderen Zugang zu Entwicklungsgeräten wie das iPhone, den iPod touch oder das iPad. Der Zugriff auf das Gerät ist in vier thematische Register gegliedert:

- *Summary*: stellt eine Übersicht mit Geräteinformationen, den installierten Provisioning Profiles und der Liste aller Anwendungen auf dem Gerät dar und bietet eine einfache Konfiguration.
- *Console*: zeigt die Ausgaben der Konsole auf dem Gerät.
- *Device Logs*: bietet den Zugriff auf die Crashlogs des Gerätes.
- *Screenshots*: erstellt einen Screenshot vom Gerät und überträgt ihn auf den Rechner. Zusätzlich lässt sich ein Screenshot sofort als Startbildschirm verwenden.

Crashlogs auslesen

In der Abbildung unten sehen Sie das Register *Device Logs*. Im oberen Bereich finden Sie eine Liste aller auf dem Gerät gespeicherten Crashlogs – in der Abbildung ist es nur ein einziger. Diese sind gruppiert nach dem Namen der Anwendung, dem Typ des Crashlogs – hauptsächlich *Crash* oder *Low Memory* – und dem Datum sowie der Uhrzeit. Nach jeder dieser Kategorien lässt sich die Liste sortieren. Sobald Sie einen bestimmten Eintrag auswählen, werden im unteren Editorfenster die Informationen zum Crash angezeigt. Diese beinhalten allgemeine Daten zur Anwendung und Laufzeitumgebung sowie ein Stacktrace für jeden Thread. Das Stacktrace besteht aus einer Liste aus Speicheradressen der aufgerufenen Funktionen und Methoden sowie aus der aktuellen Position der Ausführung innerhalb der Methoden. Um mit einem Crashlog wirklich etwas anzufangen, müssen die Speicheradressen wieder in Symbole, Namen und Zeilennummern umgewandelt werden. Das passiert im Organizer automatisch, allerdings muss dafür eine bestimmte Datei des Build-Vorgangs im Suchpfad vorhanden sein. Diese Datei mit der Endung *dsym* sollten Sie für alle Distributionen aufbewahren, damit Sie jederzeit für eine Version im Umlauf einen Crashlog auswerten können. In Kapitel 11.4 wird im Rahmen der Entwicklungsunterstützung eine einfache Möglichkeit der Archivierung beschrieben.

Crashlogs aus Betatests oder App-Store-Distributionen

Crashlogs auf dem eigenen Gerät sind über den Organizer zugänglich. Aber wie kommen Sie an Crashlogs aus Betatests oder einer Anwendung, die über den App Store geladen wurde, wenn kein direkter Zugriff auf das Gerät besteht?

Für App-Store-Distributionen ist die Frage sehr einfach zu beantworten: In iTunes Connect gibt es für jede Anwendung den Punkt *Crash Reports*. Dort werden anonymisierte Fehlerberichte gesammelt und nach den Ursachen gefiltert aufbereitet. Diese werden nach Häufigkeit sortiert angezeigt und können mit einem Klick heruntergeladen werden.

In Betatests müssen Sie Ihre Nutzer bitten, Ihnen die Fehlerberichte per E-Mail oder Dateiupload zur Verfügung zu stellen. Dazu können Sie folgende Schritte an Ihre Tester weitergeben, um an die Crashlogs heranzukommen:

1. Synchronisieren Sie Ihr Gerät mit iTunes.
2. Die Fehlerberichte werden auf dem Rechner abgelegt. Je nach Betriebssystem finden Sie diese in:

   Mac OS: *<user home>/Library/Logs/CrashReporter/MobileDevice/*

   Windows Vista: *C:\Users\<username>\AppData\Roaming\Apple computer\Logs\CrashReporter\MobileDevice*

   Windows XP: *C:\Documents and Settings\<username>\Application Data\Apple computer\Logs\CrashReporter\MobileDevice*

3 An den angegebenen Pfaden finden sich Unterverzeichnisse mit dem Namen des Endgerätes. Diese enthalten die Fehlerberichte, deren Dateinamen mit dem Namen der Anwendung beginnt und einen Zeitstempel enthält. Schicken Sie diese Berichte für die Betaversion einzeln oder gepackt an den Entwickler.

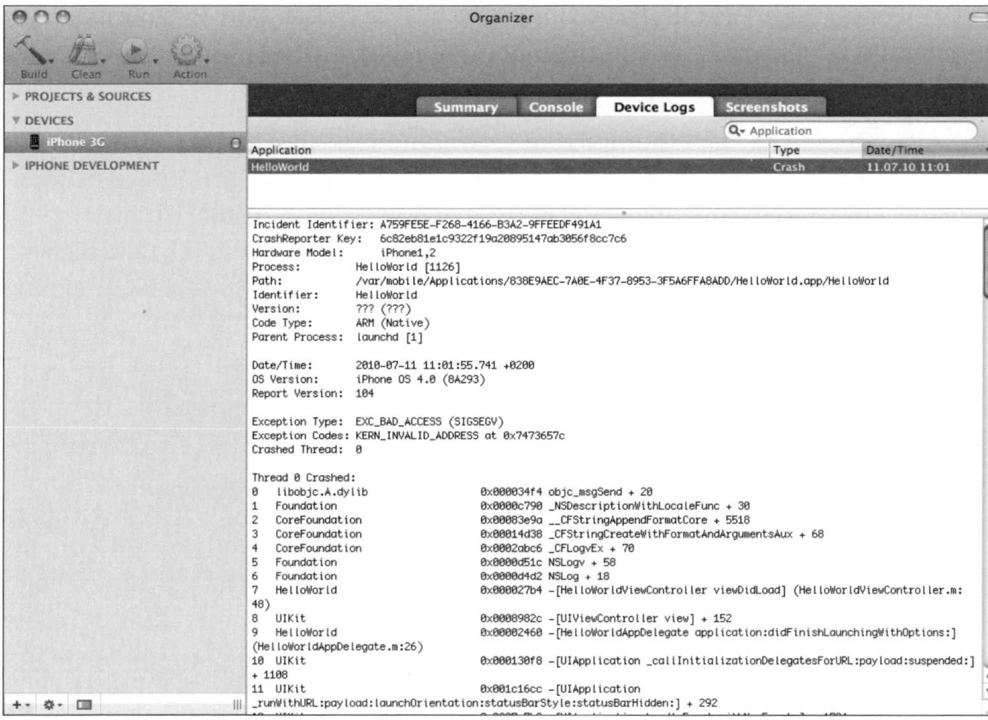

Ein Crashlog im Bereich Devices. Durch die Auflösung von Speicherstellen zu Namen und Zeilennummern lassen sich Ursachen für Abstürze schnell beheben.

Xcode neu starten

Sollten Sie den Eindruck haben, dass die Informationen in den Registern *Console* oder *Crashlogs* nicht aktuell sind, starten Sie Xcode neu. Das ist ein bekannter Fehler des Organizers.

11.4 Entwicklungsunterstützung

Im Bereich *IPHONE DEVELOPMENT* der Navigation im Organizer ist eine Reihe von Funktionen rund um die Anwendungsentwicklung, Distribution und Archivierung untergebracht. Der Organizer offenbart hier auch eine Schnittstelle zum iPhone Provisioning Portal und zu iTunes Connect.

Wenn Sie also zur Eingabe einer Apple-ID und des Zugangspassworts aufgefordert werden, geht es genau um diese Verbindung. Die folgenden Abschnitte geben einen kurzen Einblick in die verschiedenen Funktionsbereiche.

Archived Applications

Das Anwendungsarchiv hilft Ihnen, Ordnung in Ihre Distributionen zu bringen. Es speichert ein Archiv von Build-Vorgängen jeweils mit Datum, Uhrzeit sowie der zugehörigen Versionsnummer.

Wie kriegen Sie nun eine kompilierte Anwendung in das Archiv? Dafür besitzt Xcode die Option *Build/Build And Archive*. Damit wird wie gewohnt ein Build-Vorgang angestoßen, nur dass am Ende die Anwendung in das Archiv kopiert wird. Zusätzlich wird auch die *dsym*-Datei gespeichert. Das bedeutet, dass Sie sich keine Sorgen mehr um die Auflösung von Speicheradressen bei Crashlogs in eine lesbare Form machen müssen.

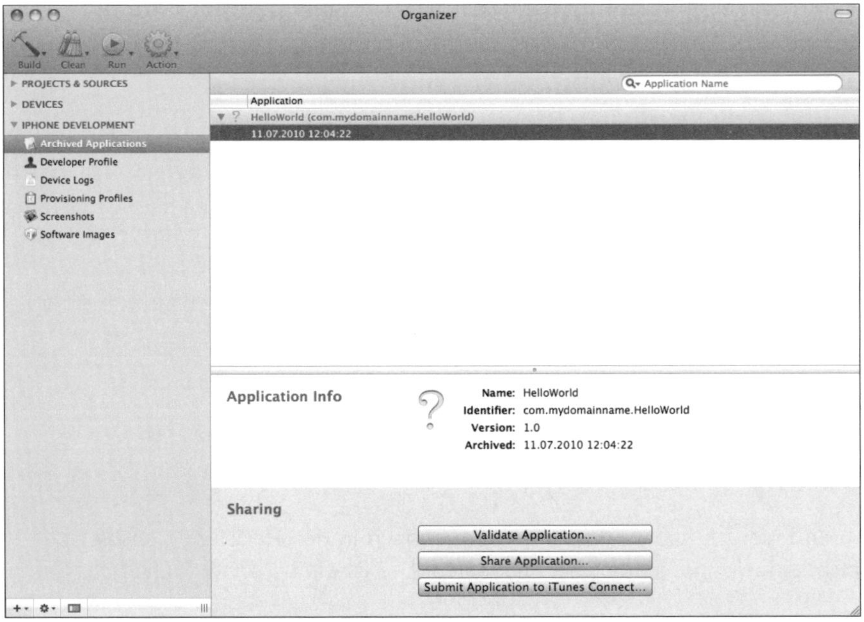

Das Anwendungsarchiv hilft, Ordnung in die verschiedenen Versionen Ihrer Anwendungen zu bringen. Dabei wird nicht nur die Anwendung selbst, sondern auch die dsym-Datei zur Auflösung von Speicheradressen in Methodennamen und Zeilennummern archiviert.

Die drei Buttons unter *Sharing* erlauben eine Weiterverarbeitung der Binärdatei:

- *Validate Application*: vergleicht die Anwendung mit vorigen Versionen in iTunes Connect und stellt fest, ob es potenzielle Rückweisungsgründe gibt. Hier sind allerdings nur einige automatische Prüfungen hinterlegt, weswegen ein erfolgreicher Test keine Garantie für eine Freigabe durch das Review-Team ist. Voraussetzung dafür sind ein Account in iTunes Connect, der das

Hochladen von Dateien erlaubt, und ein bereits angelegtes Update mit der richtigen Versionsnummer ohne eine Binärdatei.

- *Share Application*: ermöglicht das Verteilen der Anwendung entweder als Enterprise-Anwendung oder als Betaversion. Dabei kann die Datei zur Distribution entweder auf der Festplatte oder sofort in eine E-Mail kopiert werden. Die Signierung erfolgt mit dem ausgewählten Provisioning Profile.
- *Submit Application to iTunes Connect*: überträgt die Datei zu iTunes Connect. Die Voraussetzungen sind dieselben wie für *Validate Application*.

Gerade die einfache Verteilung als Ad-hoc- oder Betadistribution ist eine deutliche Vereinfachung der Abläufe. Da die beiden anderen Varianten jeweils ein bereits angelegtes Update in iTunes Connect voraussetzen und weniger häufig zum Einsatz kommen, sind es die eher seltener genutzten Möglichkeiten, die dennoch auch eine Erleichterung der Prozesse mit sich bringen. Gerade unter dem Aspekt, dass Apple die Übertragung der Anwendung nun nicht mehr über die Webseite von iTunes Connect akzeptiert, unterstreicht die Wichtigkeit dieser Funktion.

Developer Profile

Unter *Developer Profile* können Sie alle Entwicklungsprofile und die zugehörigen Zertifikate und Identitäten importieren und exportieren. Das erzeugte Archiv wird zur Sicherheit mit einem Passwort verschlüsselt. Das vereinfacht die Migration einer Entwicklungsumgebung auf einen neuen Rechner.

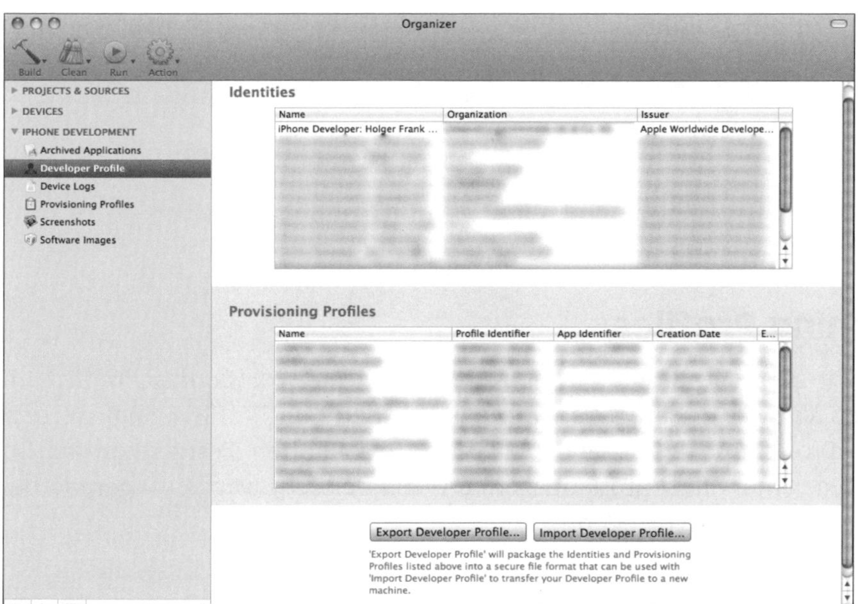

Im Developer-Profile-Bereich lassen sich Entwicklungsprofile mit den zugehörigen Zertifikaten und Schlüsseln im- und exportieren.

Device Logs

Device Logs visualisiert die unter dem Pfad *<user home>/Library/Logs/Crash Reporter/MobileDevice/* befindlichen Crashlogs. Dort speichert iTunes bei der Synchronisation die auf den Geräten gefundenen Fehlerberichte. Gerade bei mehreren Testgeräten spielt diese Ansicht ihren Vorteil der Übersichtlichkeit aus. Mit einem Filter lassen sich die Berichte einschränken und mit der Maus und der delete-Taste schnell unerwünschte Berichte von Anwendungen von Drittanbietern entfernen.

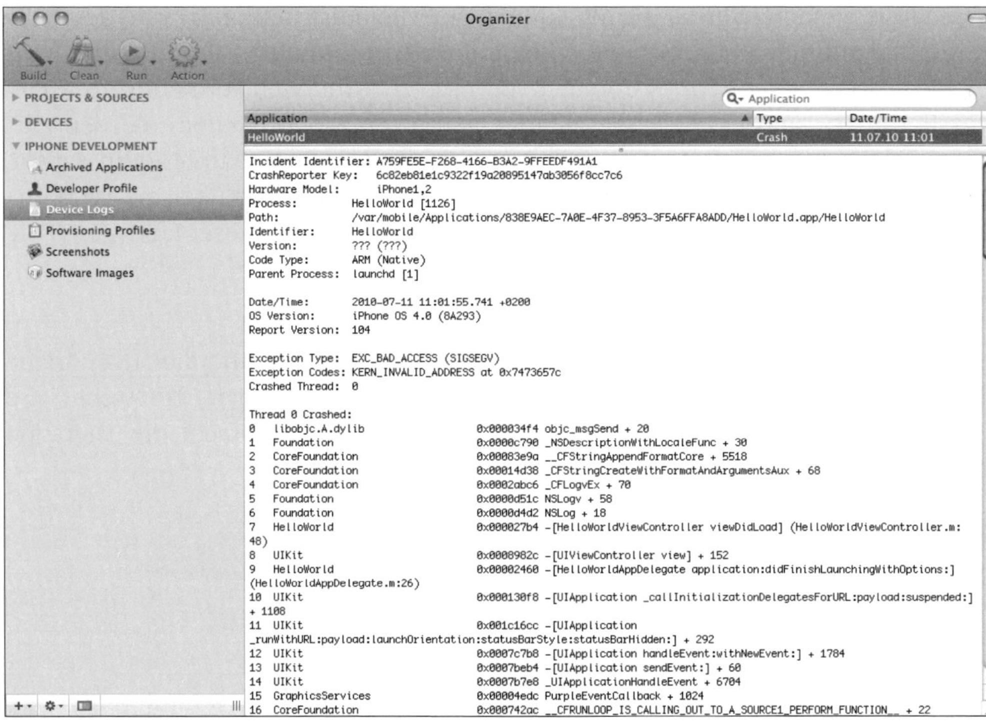

Schnellen Zugriff auf die Crashlogs aus iTunes verspricht die Ansicht Device Logs.

Provisioning Profiles

Eine Übersicht über alle Profile auf dem Rechner zeigt *Provisioning Profiles* an. Neben reinen Verwaltungsaufgaben wie das Löschen von Profilen zeigt sie den Status jedes Profils und Informationen zu den installierten Testgeräten an. So können Karteileichen effizient herausgefiltert und gelöscht werden – gerade bei vielen Profilen ist das oft ein Segen.

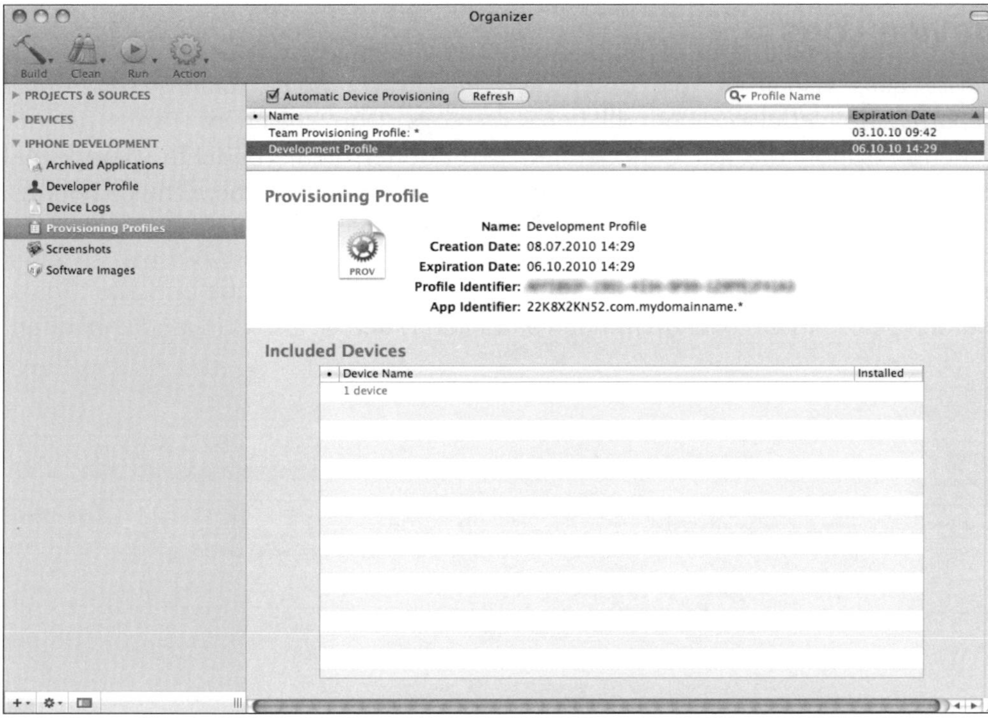

Screenshots

Die aus dem Organizer aufgenommenen Screenshots werden hier geräteübergreifend zusammengefasst. Jedes der Bilder kann mit einem Klick auf den Button *Save as Default image* zum Startbildschirm eines der geöffneten Projekte erkoren werden. Und so bekommen Sie einen Screenshot in den Organizer:

1. Schließen Sie ein Endgerät per USB an den Rechner an und warten Sie, bis der Organizer es unter *DEVICES* als aktiv führt – dargestellt durch einen grünen Punkt.
2. Klicken Sie unter *DEVICES* auf das Gerät und wählen Sie das Register *Screenshots*.
3. Mit dem Button *Capture* nehmen Sie den aktuellen Bildschirm des Gerätes auf. Auch hier haben Sie gleich die Möglichkeit, das Bild als Startbildschirm für ein Projekt zu bestimmen.
4. Die Screenshots aller Geräte finden Sie sofort auch im Bereich *IPHONE DEVELOPMENT*.

Software Images

Die als Software Images bzw. Updates bezeichneten Firmwareversionen lassen sich über den Organizer verwalten. Per Drag & Drop können die Beta- und Vollversionen mit der Dateiendung *ipsw* in das Fenster gezogen werden. Dort werden die verfügbaren Dateien nach Version und Gerätetyp aufgeschlüsselt angezeigt. Im Register *Summary* unter *DEVICES* kann für jedes angeschlossene Gerät aus der Liste eine verfügbare Firmware ausgewählt und mit dem Button *Restore iPhone* installiert werden. Dabei wird das Gerät komplett zurückgesetzt und alle Inhalte werden gelöscht. Ein Backup mit den aktuellen Daten ist also dringend anzuraten.

Teil III

Los geht's, erste Schritte mit dem iOS-SDK

12. Wichtige Entwurfsmuster in Cocoa Touch

Cocoa (gesprochen koko) bezeichnet die komplette Laufzeitumgebung, einen umfangreichen Satz Bibliotheken und die integrierte Entwicklungsumgebung Xcode. Die Basis als Applikations-Framework existierte schon zu Zeiten von NextStep und hat aufgrund seiner objektorientierten Ansätze – basierend auf der Programmiersprache Objective-C – Einzug in Cocoa und damit in Mac OS X gehalten und später durch die Erweiterung auf die berührungsempfindlichen Endgeräte als Cocoa Touch seinen Platz im iPhone-SDK gefunden.

Die strikte Einhaltung objektorientierter Ansätze zeichnet die Frameworks – wie die Bibliotheken in Cocoa genannt werden – auch heute noch aus. Der konsequente Einsatz von Entwurfsmustern unterstreicht das nachhaltig. Entwurfsmuster sind Lösungsschablonen, die die Interaktion von Objekten für bestimmte Aufgaben beschreiben bzw. vorgeben und damit im Sinne von Wiederverwendbarkeit und Abstraktion die Entwicklung von Software optimieren können. Für Sie als Entwickler bedeutet das Wissen um Entwurfsmuster eine schnellere Einarbeitung in neue Bibliotheken – Sie kennen zwar die neuen Funktionen nicht im Detail, wissen aber schon im Voraus, wie Objekte und bestimmte Aufgaben zusammenhängen. Zusätzlich beschleunigen Entwurfsmuster auch den Entwicklungsprozess selbst, weil für bestimmte Aufgaben schon fertige Schablonen zur Umsetzung nur noch mit Leben gefüllt werden müssen. Im Folgenden werden die wichtigsten Entwurfsmuster in Cocoa Touch vorgestellt, die zum Verständnis vieler Frameworks benötigt werden.

12.1 Model View Control

Das **M**odel **V**iew **C**ontroller-Entwurfsmuster (kurz MVC) – im Deutschen gern mit Modell-Präsentation-Steuerung übersetzt – ist das zentrale Entwurfsmuster grafischer Benutzeroberflächen. Die Idee ist, für die Darstellung von Inhalten auf einer Oberfläche die Inhalte – das Modell – von der Darstellung – der Präsentation – zu trennen. Der Controller bringt beide Elemente zusammen, er steuert also die Darstellung des Modells. Der große Vorteil liegt in der strikten Trennung der einzelnen Bereiche. Das Modell beinhaltet alle Teile und eventuell einen Teil der Geschäftslogik, also der Beziehungen der Daten und Abläufe.

In Cocoa Touch findet sich das MVC-Entwurfsmuster in der Trennung von Views, Viewcontroller und dem Datenmodell wieder. Dabei zeigt der Name Viewcontroller bereits, dass die Steuerung näher am View orientiert ist, allerdings durch weitere Entwurfsmuster wie Delegation und Target-Action die nötige Abstraktion enthält. Das ist eine durchaus übliche Modifikation des MVC-Entwurfsmusters.

12.2 Delegation

In der Delegation werden Zustandsänderungen oder Ereignisse nicht in der Klasse abgehandelt, in der sie auftreten, sondern an eine andere Instanz, das sogenannte Delegate, weitergereicht.

Ein Beispiel für Delegation ist die Klasse *UITableView*. Sie kümmert sich um das Tabellenhandling und Benutzerinteraktionen in der Tabelle, delegiert aber die Darstellung der einzelnen Zellen und Überschriften sowie die Reaktion auf Ereignisse wie den Klick auf eine Zelle an ein Delegate-Objekt. Die Verantwortlichkeiten des Delegates werden in den Protokollen *UITableViewDataSource* und mit *UITableViewDelegate* definiert. Protokolle legen also normalerweise die Verantwortlichkeiten einer Delegationsbeziehung fest.

Hinweis

Mehr zum Thema Protokolle und Delegation finden Sie in Kapitel 3.2.

12.3 Target-Action

Der Target-Action-Mechanismus wird überwiegend in Steuerelementen wie *UIButton*, *UISlider* oder *UITextField* eingesetzt. Dabei wird bei einer Aktion des Benutzers – beispielsweise ein Klick auf einen Button – ein vorher bestimmtes Objekt (Target) durch den Aufruf einer Nachricht (Action) informiert, das dann die eigentlichen Aktionen ausführt. Die zugrunde liegende Methode wird im weiteren Verlauf als Aktionsmethode bezeichnet.

Das folgende Beispiel registriert programmatisch das aktuelle Objekt *self* als Ziel für die Aktionsmethode *buttonPressed:* für das Event *UIControlEventTouchUpInside*:

```
[button addTarget:self action:@selector(buttonPressed:)
    forControlEvents:UIControlEventTouchUpInside];
```

Das aktuelle Objekt – referenziert als Target *self* – muss also die Methode *buttonPressed:* implementieren, um auf den Klick reagieren zu können. In Kapitel 10.4 haben wir im Interface Builder bereits Gebrauch davon gemacht, indem wir den Button mit einer Aktionsmethode aus dem Viewcontroller verbunden haben. Dabei wurde der Button als Outlet deklariert, d. h., es ist ein Objekt, das aufgrund eines Entwurfs im Interface Builder aus der XIB-Datei erzeugt wird.

13. Die Spielwiese

Das iPhone-SDK und das installierte iOS legen die Rahmenbedingungen für Anwendungen von Drittanbietern fest. Anwendungen haben einen sehr begrenzten Zugriff auf das Dateisystem. Innerhalb dieser Spielwiese oder dieses Sandkastens – was eher den Kern des englischen Ausdrucks Sandbox trifft – kann die Anwendung frei agieren. Allerdings gibt es keine erlaubte Möglichkeit, über den abgesteckten Tellerrand hinauszublicken– wenn Sie also einen Weg finden, wird er per se als unerlaubt eingestuft und sehr wahrscheinlich auch zu einer Zurückweisung Ihrer Anwendung führen. Zusätzlich regelt das SDK den Zugriff auf Systemressourcen wie Multitasking, Netzwerkverbindungen, externe Hardware und Bluetooth. Diese Funktionalitäten sind nur über die offiziellen Schnittstellen ansprechbar. Ein Verstoß dagegen verhindert ebenfalls eine Freigabe der Anwendung für den App Store.

Die Vorteile dieser eingezäunten Spielwiese sind:

- Es sind weniger sicherheitskritische Probleme zu erwarten;
- auf Dauer garantiert es ein stabileres Gesamtsystem;
- einfaches Sicherungs- und Wiederherstellungskonzept.

Auch der Einlass zur Spielwiese ist stark reglementiert. Anwendungen müssen mit einem Provisioning Profile signiert werden und können direkt – also ohne den Weg über den App Store zu gehen – nur auf vorher fest definierten Geräten installiert werden. Um eine gültige Signatur zu erhalten, müssen Sie als Entwickler am kostenpflichtigen iPhone Developer Program teilnehmen.

13.1 Die Verzeichnisebene

Bei der Installation wird Ihre Anwendung im Dateisystem des Gerätes unter dem Pfad */<ApplicationRoot>/<ApplicationID>/* abgelegt. Zusätzlich werden einige Verzeichnisse für den lesenden oder schreibenden Zugriff erstellt. Der Zugriff auf das Dateisystem ist nur in diesen wenigen Verzeichnissen erlaubt:

- *AppName.app*
  Das ist das Bundle-Verzeichnis, in dem neben der ausführbaren Datei alle weiteren Ressourcen gespeichert sind. Die Dateien sind nur lesbar.
- *Documents*
  Dediziertes Verzeichnis für Dokumente und Dateien der Anwendung. Speichern Sie hier persistente Daten ab. Der Ordner kann auch zum Datenaustausch über iTunes freigegeben werden.

- *Library/Preferences*
  Spezieller Ordner für die Einstellungen der Anwendung.
- *Library/Caches*
  Verzeichnis für Dateien, die zu Caching-Zwecken aufgehoben werden. Nur ein Wiederherstellen überschreibt die ansonsten beliebig lange verfügbaren Dateien.
- *tmp*
  Spezielles Verzeichnis für temporäre Dateien. Speichern Sie hier nur ab, was bei einem Neustart der Anwendung nicht mehr benötigt wird.

Von iTunes berücksichtigt

Die Verzeichnisse *Documents* und *Library/Preferences* werden bei einer Sicherung über iTunes berücksichtigt.

13.2 Der Blick über den Tellerrand

Es gibt nur wenige Ausnahmen, in denen eine Anwendung ihren Horizont erweitern darf und über den Zaun der Spielwiese blicken kann. Mit iOS 4 sind Interaktionsmöglichkeiten durch den Dokumentenaustausch zwischen beliebigen Anwendungen hinzugekommen. Ihre Anwendung kann sich nun für bestimmte Dokumenttypen im System registrieren und von anderen Anwendungen entweder zum Öffnen der Dokumente oder zur Vorschau innerhalb der Fremdanwendung benutzt werden. Die Zwischenablage für Copy & Paste-Operationen ist eine weitere generische Möglichkeit, Daten auszutauschen.

Auch die Beschränkung, dass es keinen direkten Zugriff vom Rechner auf eine Anwendung gibt, ist mittlerweile gefallen. Über iTunes können Dateien in das *Documents*-Verzeichnis kopiert werden – eine deutlich elegantere Möglichkeit des Dokumentenaustauschs, als eine eigene Serverkomponente in der Anwendung dafür bereitzustellen.

Der Schlüsselbund (die Key Chain) ist ein zentraler Container außerhalb der Sandbox zur sicheren Speicherung von Daten, von der jede Anwendung wiederum nur einen ihr zugehörigen Teilschlüsselbund sieht. Den gemeinsamen Zugriff teilen sich Anwendungen, deren Präfix der App ID (die sogenannte Bundle Seed ID) gleich ist. Produktfamilien haben so einen gemeinsamen gesicherten Speicher für einfache Daten wie Zugangsberechtigungen, Zertifikate oder Schlüssel.

14. Screengestaltung: Windows und Views

Views bestimmen maßgeblich die Benutzerschnittstelle einer Anwendung. Alle sichtbaren Komponenten sind im Prinzip Views. In diesem Kapitel blicken wir etwas hinter die Kulissen. Wir werden uns ansehen, wie Views interagieren und durch Hierarchien erst die Erstellung einer komplexen Benutzerschnittstelle ermöglichen. Neben wichtiger Eigenschaften und einer Übersicht zur Geometrie von Views befassen sich die letzten Abschnitte mit konkreten Ableitungen von Views, die Sie direkt in Ihrer Anwendung verwenden können.

14.1 Views und Fenster

Der komplette visuelle Bereich des Bildschirms wird von Objekten der Klasse *UIView* aufgebaut. Die einzelnen Views einer Anwendung sind dabei hierarchisch gegliedert. Jeder View kann selbst wieder die Wurzel bzw. der Ursprung weiterer untergeordneter Views sein. Dazu enthält jeder View ein Array von Unteransichten. Die Reihenfolge gibt gleichzeitig die Reihenfolge beim Bildschirmaufbau vor. Jeder weiter hinten im Array wird vor allen vorderen dargestellt. Sofern sich die Views in ihrer Ausdehnung überlagern, werden alle dahinter liegenden verdeckt. Im Grunde ist ein View nichts weiter als eine als rechteckig definierte Zeichenfläche.

An der Wurzel des Baums steht ein besonderer View: das Fenster als Objekt der Klasse *UIWindow*. Jede iPhone-Anwendung besitzt mindestens ein Fenster, das sich für die visuelle Darstellung der zugehörigen Views und die Zustellung von Events an die Unteransichten verantwortlich zeichnet. Dabei wird der grafische Inhalt in den Views erzeugt und über diese dargestellt, das Fenster dient nur als weiße Leinwand. Nun werden auch einige Anweisungen aus den Beispielen vorheriger Kapitel klarer. Im Anwendungs-Delegate des *HelloWorld*-Beispiels aus Kapitel 8.1 finden sich in der Methode *application:didFinishLaunchingWithOptions:* die Zeilen:

- `[window addSubview:viewController.view];`
- `[window makeKeyAndVisible];`

Es ist jetzt auch verständlich, was hier passiert: die Methode *addSubview:* fügt dem Fenster den View des Viewcontrollers hinzu. Die zweite Zeile hebt das Fenster in den Status eines Schlüsselfensters, also des alleinigen momentan aktiven Fensters, und stellt sicher, dass dieses sichtbar ist. Sowohl das Fenster als auch der

Viewcontroller werden jeweils aus einer XIB-Datei – also dem Layoutentwurf des Interface Builders – erzeugt.

Für das Layout eines Views gibt es zwei Möglichkeiten: Durch das Hinzufügen von weiteren grafischen Elementen – und im Wesentlichen nichts anderes als weitere Views – können Sie das Aussehen im Fenster entsprechend Ihren Bedürfnissen anpassen. Die Auswahl an konkreten Ableitungen von der Klasse *UIView* ist groß: von Buttons (*UIButton*) über diverse Anzeigeelemente wie Schieberegler (*UISlider*), Fortschrittsbalken (*UIProgressView*), Label (*UILabel*), Textfelder (*UITextField*), Bilder (*UIImageView*) bis hin zu den komplexen Ansichten für Karten (*MKMapView*) und Tabellen (*UITableView*).

Außerdem besitzt jeder View eine Methode *drawRect:*, die den durch das Rechteck begrenzten Bereich als Zeichenfläche nutzt. Dort können Sie mit den Funktionen des *CoreGraphics*-Frameworks den Inhalt Ihres Views programmatisch zeichnen. Ein umfangreiches Beispiel mit einer ausführlichen Erläuterung zu *CoreGraphics* finden Sie in Kapitel 22.5.

14.2 Wichtige Eigenschaften

Die Klasse *UIView* definiert einige wichtige Eigenschaften für die Gestaltung und Darstellung eines Views, die auch allen abgeleiteten Klassen vererbt werden:

- *alpha*: stellt den Alphakanal des Views im Bereich von 0.0 (komplette Transparenz) bis 1.0 (nicht transparent) ein.
- *backgroundColor*: definiert die Hintergrundfarbe des Views als *UIColor*-Objekt.
- *clipsToBounds*: ein boolescher Wert, der angibt, ob der View an seinen Grenzen beschnitten oder Inhalt auch außerhalb dieser dargestellt wird.
- *contentMode*: bestimmt die Darstellung des Inhalts bei Änderungen an der Größe des Views. Zulässig sind alle in der Aufzählung *UIViewContentMode* enthaltenen Werte. Standard ist *UIViewContentModeScaleToFill*, d. h., der Inhalt wird ohne Berücksichtigung des Seitenverhältnisses auf die neue Größe angepasst.
- *hidden*: ein boolescher Wert, der die Sichtbarkeit des Views bestimmt.

Das folgende Beispiel stellt für den View *view* einen hellen Grauwert ein und setzt den Alphakanal auf 0.5, also halbtransparent:

```
view.backgroundColor = [UIColor lightGrayColor];
view.alpha = 0.5f;
```

14.3 Hierarchien aufbauen

Die schon angesprochenen Hierarchien von Views sind eines der wesentlichen Gestaltungsmittel im Screendesign. Jeder View besitzt ein Array von Unteransichten, für dessen Darstellung er verantwortlich ist. Dieses ist als Eigenschaft *subviews* zugänglich. Nach oben in der Hierarchie hat der View einen Vater, seinen *superview*, sowie mit *window* auch direkten Zugriff auf das aktive Fenster.

Durch den Aufruf der Methode *addSubview:* lässt sich ein weiterer View am Ende des Arrays und damit in der Ansicht am weitesten im Vordergrund einfügen. Die folgenden Methoden erlauben einen feineren Zugriff auf die Reihenfolge der Hierarchie:

- *bringSubviewToFront:*
- *sendSubviewToBack:*
- *removeFromSuperview*
- *insertSubview:atIndex:*
- *insertSubview:aboveSubview:*
- *insertSubview:belowSubview:*
- *exchangeSubviewAtIndex:withSubviewAtIndex:*
- *isDescendantOfView:*

Erst die strenge Hierarchiestruktur erlaubt es, auf einfache Weise auch komplexe Benutzerschnittstellen zu erstellen und programmatisch zu verwalten. Darauf aufbauend basiert dann auch das Konzept des Viewcontrollers in Kapitel 15, der neben der Steuerungslogik auch Ansichten für Navigationsleisten und deren Elemente als Views in einer Hierarchie mit sich bringt.

Größenänderungen bewirken nicht automatisch ein Neuzeichnen des Inhalts, um auch mit vielen Unteransichten in der Hierarchie eine gute Performance zu gewährleisten. Mit den beiden Methoden *setNeedsDisplay* bzw. *setNeedsDisplayInRect:* können Sie bei Bedarf das Zeichnen anstoßen. Die Unteransichten werden aber nur dann neu gezeichnet, wenn die konkrete Implementierung des aktuellen Views das in der Methode *layoutSubviews* auch vorsieht. In *UIView* ist diese Methode ohne Funktion hinterlegt.

14.4 Das Koordinatensystem

Das Koordinatensystem eines Views hat in der linken oberen Ecke seinen Ursprung und steigt in x-Richtung nach rechts und in y-Richtung nach unten an. Dabei ist zu beachten, dass jeder einzelne View sein eigenes Koordinatensystem besitzt und alle Zeichenoperationen relativ dazu ausgeführt werden. Je nach Methodenaufruf ist also auf das zugrunde liegende Koordinatensystem zu achten.

Dabei ist das aktuelle Fenster die einzige Ausnahme. Dieses deckt immer den kompletten Bildschirm ab und hat damit automatisch absolute Koordinaten.

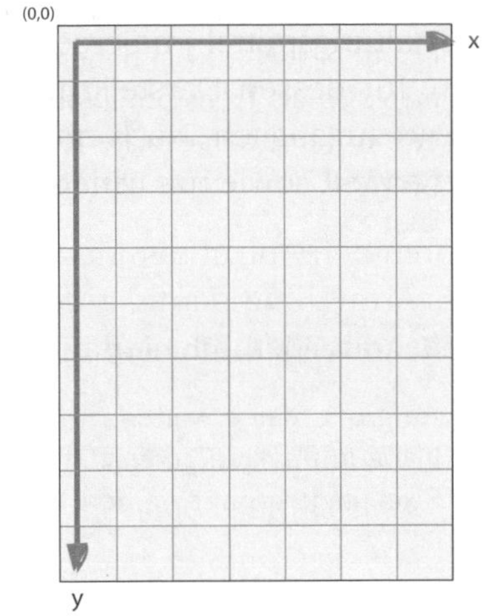

Die Geometrie eines Views wird von drei voneinander abhängigen Größen bestimmt: *frame*, *bounds* und *center*. Der *frame* eines Views ist das Rechteck vom Typ *CGRect* ausgehend vom angegebenen Ursprungspunkt als linke obere Begrenzung in Form eines *CGPoints* mit den definierten Seitenlängen als *CGSize* im Koordinatensystem des umgebenden *superview*. Im Gegensatz dazu stellt *bounds* das Rechteck des Views in den eigenen Koordinaten dar. *center* gibt den Mittelpunkt des Rechtecks im Bezugssystem des *superview* an. Eine Änderung einer der drei Werte zieht eine Neuberechnung der beiden anderen Werte nach sich. Deshalb wird zur Positionierung eines Views oft die Eigenschaft *center* herangezogen, *bounds* dagegen eher zur Auflösung und Berechnung von Koordinaten innerhalb des Views. Die Eigenschaft *frame* kommt bei der programmatischen Initialisierung aus dem Quelltext oder Positionierung über den Interface Builder zum Einsatz.

Die Abbildung zeigt den Unterschied zwischen *frame* und *bounds* eines Bildes. Das Bild sitzt im einbettenden View an der Position (5,5) und hat die Dimensionen (200,400). Im *UIImageView* liegt das Bild allerdings um fünf Punkte nach links und nach oben verschoben und hat Ausmaße von (900,500). *bounds* steht also nicht notwendigerweise auf (0,0), sondern kann eine Verschiebung des Inhalts zur sichtbaren Begrenzung aufweisen.

Rechteck des Rahmens des UIImageView bei (5, 5). Größe (200, 400).

Begrenzung der Grafik bei (-5, -5). Größe (200, 400).

Transformation

Eine Transformation des zugrunde liegenden Layers beispielsweise in einer Animation invalidiert den Wert in *frame*. Nur die lokale Bezugsgröße *bounds* und der Mittelpunkt *center* bleiben davon unberührt gültig und korrekt. Der Grund dafür ist einsichtig, wenn man sich als Transformation eine Rotation des Views vorstellt. Damit wird automatisch das in *frame* dargestellte Rechteck ungültig, weil sich der gedrehte View nicht mehr als Rechteck von einem festen Ursprungsort im Bezugsystem des *superview* beschreiben lässt.

Erweiterte Auflösung

Aufgrund der erweiterten Auflösungen im iPhone 4 werden ab iOS 4.0 die internen Maße in Punkten gerechnet, die dann auf dem entsprechenden Endgerät in tatsächliche Pixel umgerechnet werden. Eine Vertiefung dieser Thematik finden Sie in Kapitel 21.3.

14.5 Reaktion auf Größenänderung

Views besitzen die Fähigkeit, sich den Größenänderungen der umgebenden Ansicht automatisch anzupassen. Das ist nicht nur bei Vergrößerungen oder einem Zoomeffekt wichtig, sondern wird vor allem als Reaktion auf die Änderung der Ausrichtung des Gerätes genutzt.

Im Interface Builder finden sich die Einstellungen dazu im Size-Inspector (Tastenkürzel [cmd]+[3]). Dort befindet sich im Abschnitt *Autosizing* eine Matrix mit Pfeil- und Abstandsymbolen, wie die Abbildung unten sie zeigt. Ein sattes Rot markiert dabei eine aktive, die gestrichelte und entsättigte Variante eine inaktive Eigenschaft. Rechts daneben wird in einer einfachen Animation die Auswirkung der aktuellen Einstellungen demonstriert.

Der äußere Ring bestimmt die Orientierung des Views. Eine Ausrichtung oben bzw. links bedeutet, dass der View seine Position an diesen beiden Stellen fixiert. Je nach Einstellungen der dynamischen Breiten- und Höhenanpassung – symbolisiert durch die beiden Pfeile in der Mitte – wird die Position entweder durch eine proportionale Vergrößerung oder durch ein Verschieben bei gleichbleibender Größe gehalten. Eine Fixierung oben und unten bzw. rechts und links zur selben Zeit hat nur dann einen Effekt, wenn gleichzeitig die Größenänderung auf dieser Achse erlaubt ist. Dann wird die Größenänderung auf beide Seiten verteilt, um die gewünschte Fixierung zu erhalten. Andernfalls hat links bzw. oben jeweils Vorrang vor den anderen Kanten.

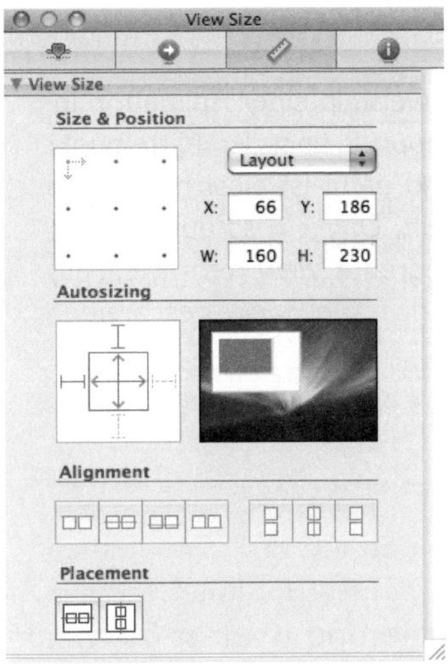

Autosizing-Einstellungen im Size-Inspector des Interface Builders. Per Mausklick lässt sich das Verhalten bei einer Größenänderung der umgebenden Ansicht einstellen.

Die automatische Größenänderung lässt sich auch programmatisch einstellen. Die Eigenschaft *autoresizingMask* von *UIView* erlaubt über Konstanten die Beeinflussung ähnlich der Einstellungen im Interface Builder. Das folgende Beispiel justiert die Größenänderung exakt so, wie es in der Abbildung oben im Interface Builder eingestellt ist. Die einzelnen Konstanten werden mit einem bitweisen Oder-Operator (|) verknüpft:

```
view.autoresizingMask =
    UIViewAutoresizingFlexibleWidth |
    UIViewAutoresizingFlexibleHeight |
    UIViewAutoresizingFlexibleBottomMargin |
    UIViewAutoresizingFlexibleRightMargin;
```

Sie sehen am Beispiel, dass die Logik der Konstanten und die Einstellungen im Interface Builder invertiert sind. Während im Interface Builder ein aktive Verbindung zur linken Kante die Ansicht an dieser Stelle fixiert, besagt die Konstante *UIViewAutoresizingFlexibleLeftMargin* hingegen, dass zur linken Seite die Größenänderung ausgeführt wird. Hier ist also ein kurzes Umdenken während der Umsetzung erforderlich. Deaktiviert wird die automatische Größenanpassung über die Konstante *UIViewAutoresizingNone*.

Konstante	Beschreibung
UIViewAutoresizingNone	Deaktiviert die automatische Größenanpassung.
UIViewAutoresizingFlexibleWidth	Erlaubt die automatische Änderung der Breite.
UIViewAutoresizingFlexibleHeight	Erlaubt die automatische Änderung der Höhe.
UIViewAutoresizingFlexibleLeftMargin	Verschiebt die linke Kante des Views proportional zur Größenänderung. Andernfalls bleibt die Kante an der entsprechenden Stelle relativ zum umgebenden View fixiert.

Konstante	Beschreibung
UIViewAutoresizingFlexibleRightMargin	Verschiebt die rechte Kante des Views proportional zur Größenänderung. Andernfalls bleibt die Kante an der entsprechenden Stelle relativ zum umgebenden View fixiert.
UIViewAutoresizingFlexibleTopMargin	Verschiebt die obere Kante des Views proportional zur Größenänderung. Andernfalls bleibt die Kante an der entsprechenden Stelle relativ zum umgebenden View fixiert.
UIViewAutoresizingFlexibleBottomMargin	Verschiebt die untere Kante des Views proportional zur Größenänderung. Andernfalls bleibt die Kante an der entsprechenden Stelle relativ zum umgebenden View fixiert.

14.6 Geräteorientierung

Ein häufiges Merkmal von Anwendungen für das iPhone und iPad ist die Reaktion auf Änderungen in der Geräteorientierung. Dabei wird entweder die Ansicht nur in das andere Format transformiert und dieselben Inhalte im neuen Format dargestellt oder komplett neue Ansichten angeboten. Im zweiten Fall ist die Drehung des Gerätes nicht als Lageänderung, sondern als Steuerelement zu verstehen. Manche Anwendungen wechseln im Hoch- und Querformat zwischen einer tabellarischen und einer grafischen Ansicht, wieder andere zwischen Liste und Kartenansicht. Die Möglichkeiten sind hier vielfältig. Deshalb werden in diesem Kapitel die Grundzüge der Implementierung für Änderungen in der Geräteorientierung vorgestellt.

Orientierung der Anwendung beim Start

In der Datei *Info.plist* (siehe dazu auch Kapitel 8.4) gibt es zwei Schlüssel zur Ausrichtung der Benutzerschnittstelle:

- *UIInterfaceOrientation*: gibt die Orientierung der Benutzerschnittstelle beim Start der Anwendung an.
- *UISupportedInterfaceOrientations*: ein Array von Geräteausrichtungen, die von der Anwendung unterstützt werden. Hierbei können mit dem Suffix *~iphone* oder *~ipad* noch abhängig vom Gerät unterschiedliche Vorgaben gemacht werden.

Die möglichen Werte dafür sind als Konstanten definiert und werden in der folgenden Tabelle zusammengefasst:

Konstante	Beschreibung
UIInterfaceOrientationPortrait	Hochformat mit Homebutton unten
UIInterfaceOrientationPortraitUpsideDown	Hochformat mit Homebutton oben
UIInterfaceOrientationLandscapeLeft	Querformat mit Homebutton links
UIInterfaceOrientationLandscapeRight	Querformat mit Homebutton rechts

Und so stellen Sie die Geräteorientierung für den Start ein:

1 Starten Sie den Property List Editor durch einen Klick auf die Datei *Info.plist* Ihres Projekts im Bereich *Groups & Files* im Ordner *Resources*. Hinweis: Wenn Sie Ihr Projekt über eine Vorlage von Xcode erstellt haben, heißt diese Datei standardmäßig *<ProjectName>-Info.plist*.

2 Wählen Sie die letzte Zeile der Datei aus und klicken Sie den mit einem Plus markierten Button an. Dadurch erstellen Sie eine leere Zeile.

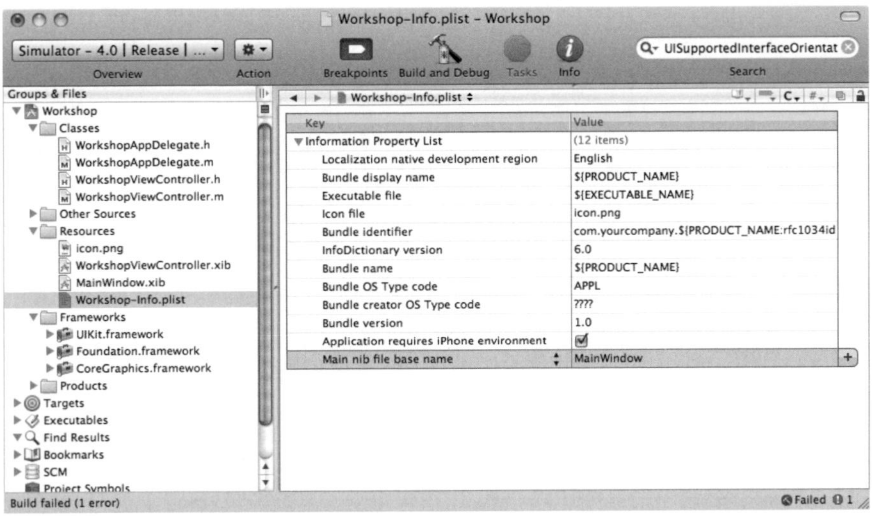

3 Bewegen Sie den Cursor in das erste Feld der neuen Zeile. Mit den Auf- und Ab-Tasten können Sie nun durch die verfügbaren Optionen navigieren. Wählen Sie hier die Option *Initial interface orientation*, die den Schlüssel *UIInterfaceOrientation* im Klartext repräsentiert.

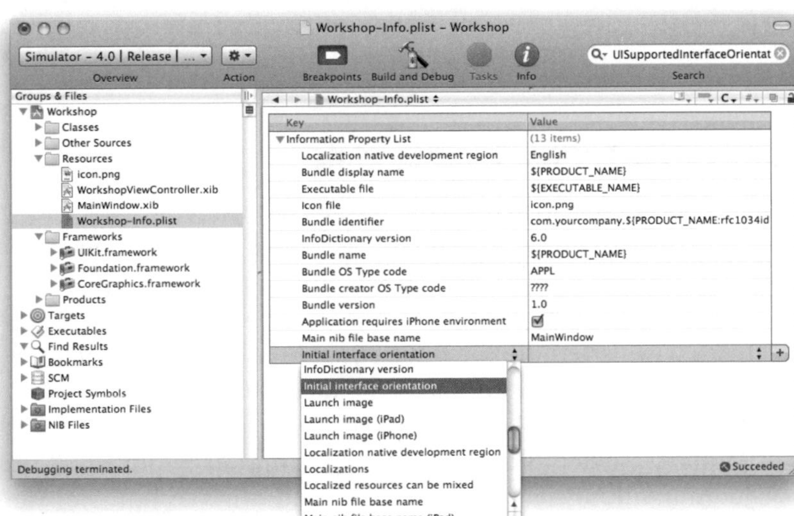

4 In der rechten Spalte *Value* wählen Sie aus der Liste die gewünschte Orientierung aus, in diesem Beispiel *Landscape (right home button)*.

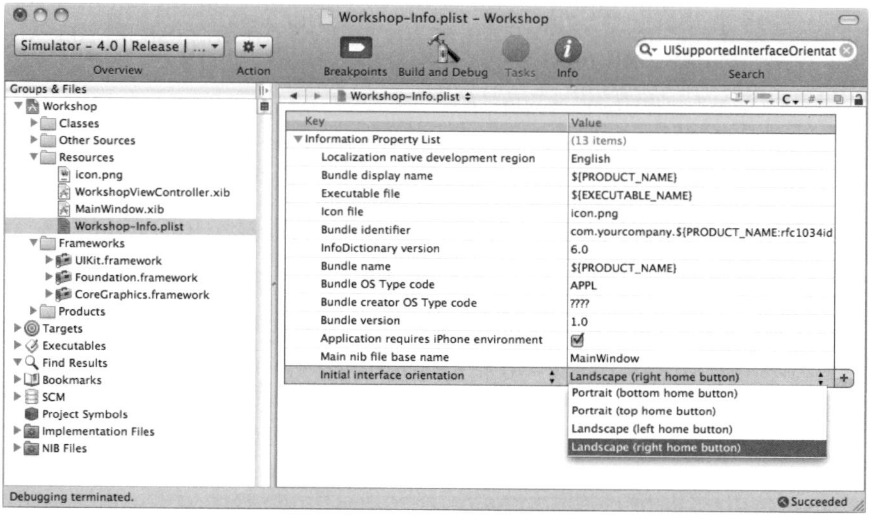

5 Beim Neustart der Anwendung wird der Simulator nach links gedreht erscheinen und eine Querformatansicht präsentieren.

Hinweis auf Beispiel

Die notwendigen Änderungen an der Datei *Info.plist* können Sie sich auch in Beispiel 14.1 ansehen.

Show Raw Keys/Values

Wenn Sie lieber mit den echten Schlüsseln und Konstanten aus dem SDK arbeiten wollen, können Sie mit der rechten Maustaste im PLE die Option *Show Raw Keys/Values* aktivieren.

Drehen der Benutzerschnittstelle

Dreht der Benutzer das Gerät, wird das dem aktuell aktiven Viewcontroller durch den Aufruf einiger Methoden signalisiert. Dort können Sie dann entsprechende Aktionen auslösen und die Benutzerschnittstelle anpassen. Diese aus dem *UIViewController* geerbten Methoden sollten Sie dann überschreiben. Bevor eine Rotation ausgeführt wird, muss die Methode *shouldAutorotateToInterfaceOrientation:* für die angegebene Orientierung ein *YES* zurückliefern. Erst dann beginnt die Rotation, die nach dem Aufruf von *willRotateToInterfaceOrientation:* gestartet wird. In dieser Methode sollten Sie die Änderungen an der Benutzerschnittstelle vornehmen. Die Animation während der Drehung wird durch die Methode *willAnimateRotationToInterfaceOrientation:duration:* angezeigt. Dadurch lassen sich zusätzliche eigene Animationselemente aufnehmen. Nach der Drehung erfolgt als letzter Aufruf *didRotateFromInterfaceOrientation:*. Damit ist die Drehung abgeschlossen und die neue Orientierung am Bildschirm hergestellt. Alle Methoden besitzen in der Basisklasse eine leere Implementierung. Sie müssen also nur die benötigten Methoden überschreiben.

Sofern Sie die aus dem letzten Kapitel bekannten automatischen Größenänderungen für Ihre Views aktiviert haben, müssen Sie hier nur dann etwas implementieren, wenn sich die gewünschte Änderung nicht per Automatismus abbilden lässt.

Das folgende Beispiel passt einen einfachen vollformatigen View an, sobald die Drehung ausgeführt wird. Der View wird programmatisch in *viewDidLoad* erzeugt und dem Property *view* zugewiesen. Zu Beginn der Drehung wird für den View ein neues Rechteck *frame* definiert. Beachten Sie, dass sich das Seitenverhältnis des Views durch die Drehung ändert, weil die Statusleiste ebenfalls gedreht wird.

```
- (void)viewDidLoad {
    [super viewDidLoad];

    CGRect frame = CGRectMake(0, 0, 320, 460);

    subview = [[[UIView alloc] initWithFrame:frame] autorelease];
    subview.backgroundColor = [UIColor lightGrayColor];

    [self.view addSubview:subview];
}

- (BOOL)shouldAutorotateToInterfaceOrientation:
    (UIInterfaceOrientation)interfaceOrientation {

    return YES;
}

- (void)willRotateToInterfaceOrientation:
    (UIInterfaceOrientation)toInterfaceOrientation
    duration:(NSTimeInterval)duration {

    CGRect frame;

    if (toInterfaceOrientation ==
        UIInterfaceOrientationLandscapeRight||
        toInterfaceOrientation == UIInterfaceOrientationLandscapeLeft) {
        frame = CGRectMake(0, 0, 480, 300);
    }
```

```
    else {
        frame = CGRectMake(0, 0, 320, 460);
    }

    // set the new frame rectangle
    subview.frame = frame;
}
```

Beispiel 14.2: *WorkshopViewController.m* (Ausschnitt)

Häufige Fehlerquelle

Eine immer wieder auftretende Fehlerquelle ist das Hinzufügen einer Eigenschaft *view* zu einem *UIViewController*. Da diese Eigenschaft schon in der Basisklasse deklariert ist, sollten Sie eine derartige Konstellation vermeiden, weil sie zu unerwartetem Verhalten führen kann.

Drehen der Ansicht im Simulator

Zum Drehen der Ansicht im Simulator benutzen Sie die [cmd]-Taste zusammen mit den Pfeiltasten links oder rechts.

14.7 Textlabel

Eine Instanz vom Typ *UILabel* stellt eine einfache Möglichkeit der Textausgabe auf dem Bildschirm dar. Für ein Label lässt sich die Zeilenanzahl einstellen und der komplette Inhalt in den drei Ausrichtungen linksbündig, rechtsbündig oder zentriert darstellen. Die wichtigsten Eigenschaften sind:

- *adjustsFontSizeToFitWidth*: Der boolesche Wert bestimmt das Verhalten des Labels, wenn der Text in der angegebenen Schriftart und Größe nicht vollständig im Label angezeigt werden kann. Steht der Wert auf *YES*, wird die Schriftgröße schrittweise bis zum Erreichen von *minimumFontSize* reduziert, bis der Text in das Label passt oder die minimale Schriftgröße erreicht wurde und der Text gemäß den Einstellungen in *lineBreakMode* verkürzt dargestellt werden muss.
- *backgroundColor*: die Hintergrundfarbe des Labels. Die Standardfarbe ist Weiß.
- *font*: bestimmt die Schriftart als Instanz von *UIFont*. Die Schriftart gilt immer für das ganze Label.
- *lineBreakMode*: bestimmt den Modus für Zeilenumbrüche und Textverkürzungen. Der Text wird dann verkürzt, wenn der Platz im Label auch nach einer optionalen Reduktion der Schriftgröße nicht hineinpasst. Die möglichen Werte für die Konstanten von *UILineBreakMode* finden Sie im Anhang C.
- *minimumFontSize*: bestimmt die kleinste Schriftgröße, die im Fall einer Verkleinerung noch zulässig ist. Die Einstellung greift nur bei gesetztem *adjusts-*

FontSizeToFitWidth. Die Standardvorgabe ist 0.0 und sollte deshalb bei gewünschter Anpassung immer auf den kleinsten möglichen Wert gesetzt werden.

- *numberOfLines*: bestimmt die Anzahl der Zeilen des Labels. Der Standardwert ist 1. Ein Wert von 0 erlaubt beliebig viele Zeilen im Label. Die Art des Umbruchs und der Verkürzung wird durch *lineBreakMode* bestimmt.
- *text*: der Text des Labels.
- *textAlignment*: bestimmt die Textausrichtung. Die möglichen Werte sind *UITextAlignmentLeft*, *UITextAlignmentCenter* oder *UITextAlignmentRight*.
- *textColor*: setzt die Schriftfarbe. Die Vorbelegung ist Schwarz.

Das Beispiel erzeugt ein Label an der Position (0, 0) mit einer Breite und Höhe von (320, 30). Die Schriftfarbe wird auf Rot gesetzt und der Text bei Bedarf nach einer Verkleinerung auf eine Punktgröße von 11.0 am Ende verkürzt:

```
CGRect frame = CGRectMake(0, 0, 320, 30);

UILabel *label = [[[UILabel alloc] initWithFrame:frame] autorelease];
label.font = [UIFont boldSystemFontOfSize:16.0f];
label.backgroundColor = [UIColor clearColor];
label.adjustsFontSizeToFitWidth = YES;
label.minimumFontSize = 11.0f;
label.lineBreakMode = UILineBreakModeTailTruncation;
label.textAlignment = UITextAlignmentCenter;
label.textColor = [UIColor redColor];
label.text = @"Hello World!";

[self.view addSubview:label];
```

Beispiel 14.3: *WorkshopViewController.m* (Ausschnitt)

14.8 Textfelder

Mit den Klassen *UITextField* und *UITextView* stellt das *UIKit* Felder zur Texteingabe zur Verfügung. Ein *UITextField* ermöglicht die Eingabe und Änderung eines einzeiligen Textes. *UITextView* stellt die Ausgabe mehrzeilig dar und verfügt ebenfalls über die Möglichkeiten der Eingabe. Zusätzlich ermöglicht es das Auf- und Abscrollen, wenn der darzustellende Inhalt größer als der verfügbare Platz im Rahmen des Textfeldes ist.

Die Tastatur und Eingabelogik konfigurieren

Beide Klassen kümmern sich um die Anzeige der Tastatur, sobald sie zur Eingabe anstehen. Dazu implementieren sie das Protokoll *UITextInputTraits*, das Methoden zur Funktionsweise und zum Erscheinungsbild der Tastatur vorschreibt. Der Tastaturtyp lässt sich über die Eigenschaft *keyboardType* steuern. Von der Standardtastatur bis hin zu speziellen Versionen für die E-Mail- oder URL-Eingabe stehen viele vordefinierte Tastaturlayouts zur Auswahl. Eine genaue Beschreibung finden Sie in Anhang D. Einen Vergleich der wichtigsten alphanumerischen und numerischen Varianten zeigen die beiden Abbildungen in diesem Abschnitt.

Verschiedene Tastaturlayouts zur Texteingabe. Links die Standardtastatur, in der Mitte ein auf die URL-Eingabe optimiertes Layout und rechts eine spezielle Tastatur zur Eingabe von Namen und Telefonnummern.

Unabhängig vom Typ kann die Tastatur in zwei Modi bzw. zwei unterschiedlichen optischen Aufmachungen dargestellt werden, gesteuert über das Property *keyboardAppearance*. Im Standardmodus *UIKeyboardAppearanceDefault* ist die Tastatur mit einem Grauverlauf hinterlegt. Für Eingaben in Benachrichtigungen gibt es eine dem abgedunkelten Hintergrund angepasste Optik mit dem Modus *UIKeyboardAppearanceAlert*, wie sie die Abbildung zeigt.

Ein weiteres Gestaltungsmerkmal des Tastaturlayouts ist die Beschaffenheit der Eingabetaste zum Beenden bzw. Bestätigen oder bei mehrzeiligen Eingaben zum Zeilenumbruch. Die Position der Taste ist immer rechts unten, in manchen Layouts wie den Zahlentastaturen fehlt sie allerdings. Alle Abbildungen in diesem Kapitel zeigen sie mit *Done* beschriftet. Der Standardwert des Properties *returnKeyType* ist die Beschriftung mit *return*. In Anhang E finden Sie eine vollständige Referenz für die Werte vom Typ *UIReturnKeyType*.

Drei Varianten einer Zifferneingabe. Von rechts nach links: UIKeyboardTypeNumberPad, UIKeyboardTypePhonePad und UIKeyboardTypeNumbersAndPunctuation.

Auch für die Eingabe des Textes deklariert das Protokoll eine Reihe von Properties:

- *autocapitalizationType*: definiert das Verhalten der automatischen Großschreibung. Mögliche Werte sind: *UITextAutocapitalizationTypeNone*, *UITextAutocapitalizationTypeWords*, *UITextAutocapitalizationTypeSentences* und *UITextAutocapitalizationTypeAllCharacters*.
- *autocorrectionType*: aktiviert oder deaktiviert die Autokorrekturfunktion. Standardmäßig ist diese aktiviert. Die möglichen Einstellungen sind: *UITextAutocorrectionTypeDefault*, *UITextAutocorrectionTypeNo* und *UITextAutocorrectionTypeYes*.
- *enablesReturnKeyAutomatically*: Der boolesche Wert bestimmt das Verhalten der Eingabetaste. Im Fall von *NO*, dem Standardwert, ist diese immer aktiv und anklickbar. Wenn das Flag gesetzt ist, wird die Taste erst aktiv, wenn eine Eingabe erfolgt ist.
- *secureTextEntry*: Das Flag bestimmt, ob die Eingabe als Text angezeigt oder durch Punkte maskiert dargestellt werden soll – eine einfache und sichere Möglichkeit, private Daten wie Passwörter vor fremden Blicken zu schützen.

Das Protokoll ist ein weiteres schönes Beispiel für den Vorteil der Abstraktion. Jede konkrete Implementierung wird eine eigene Logik umsetzen, die Schnittstelle ist aber für alle Texteingaben gleich, egal welcher Klasse sie entstammen. Die hier vorgestellten Eigenschaften werden allen textverarbeitenden Steuerelementen gemein sein.

Tastatur überwachen

Die Tastatur kann mit *NSNotificationCenter* überwacht werden. Sie schickt bei Zustandsänderungen die Benachrichtigungen *UIKeyboardWillShowNotification*, *UIKeyboardDidShowNotification*, *UIKeyboardWillHideNotification* und *UIKeyboardDidHideNotification*.

Einzeilige Textfelder

Layout

Einzeilige Textfelder der Klasse *UITextField* erweitern die Eigenschaften von *UIView* zur Darstellung um Rahmenelemente. Das Property *borderStyle* bestimmt die Gestaltung des Rahmens um das Textfeld. Ein vordefinierter Platzhaltertext *placeholder* kann den Inhalt des Feldes oder Beispiele der Eingaben beschreiben. Der Platzhalter wird immer in Grau gezeichnet. Sobald der Benutzer mit der Eingabe beginnt, verschwindet er automatisch. Man erspart es sich dadurch, eine eigene Logik für den Inhalt des Textfeldes zu adaptieren, außerdem erhöht diese Standardisierung die Benutzerfreundlichkeit. Die Abbildung zeigt ein Textfeld in den drei verfügbaren Rahmenvarianten und im letzten Bild ohne Umrandung. Der Platzhalter ist dabei immer *Input*.

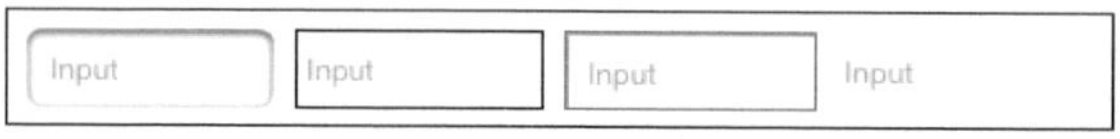

Die verschiedenen Rahmentypen: UITextBorderStyleRoundedRect, UITextBorderStyleLine, UITextBorderStyleBezel, UITextBorderStyleNone.

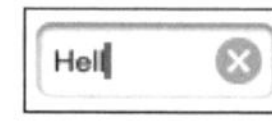

Zusätzlich verfügt das Textfeld noch über weitere Views rechts und links, die bei Bedarf mit entsprechenden Inhalten wie beispielsweise kleinen Icons gefüllt werden können. Ein Sonderfall davon ist der Clear-Button. Dessen Erscheinen muss nicht über einen View geregelt werden, sondern wird durch die Eigenschaft *clearButtonMode* bestimmt. Die selbstsprechenden Modi sind *UITextFieldViewModeNever*, *UITextFieldViewModeWhileEditing*, *UITextFieldViewModeUnlessEditing* und *UITextFieldViewModeAlways*. Die Abbildung zeigt ein einfaches Textfeld mit dem aktivierten Clear-Button.

Selbstdefinierte Icons wie eine Lupe – von Suchfeldern bekannt – werden über die Eigenschaften *leftView* und *leftViewMode* bzw. *rightView* und *rightViewMode* konfiguriert. Der View wird dann entsprechend seines Modus angezeigt, wobei dieselben Konstanten wie für *clearButtonMode* gelten.

Das Beispiel erstellt ein Textfeld mit einem dunklen Info-Button als *leftView*, wie Sie es in der Abbildung unten sehen können. Das Textfeld wird mit abgerundeten Ecken und einem Clear-Button während der Eingabe angezeigt. Wenn der Benutzer auf den Info-Button drückt, wird die Aktionsmethode *infoButtonPressed:* aufgerufen, die erst einmal nur als reiner Methodenrumpf umgesetzt ist:

```
- (void) showTextFieldInView:(UIView*) view {
    CGRect frame = CGRectMake(10, 120, 300, 31);

    UITextField *textField =
        [[[UITextField alloc] initWithFrame:frame] autorelease];

    textField.borderStyle = UITextBorderStyleRoundedRect;

    // keyboard appearance
    textField.returnKeyType = UIReturnKeyDone;

    // placeholder text
    textField.placeholder = @"Username";

    // show clear button while editing the text field
    textField.clearButtonMode = UITextFieldViewModeWhileEditing;

    // create info button
    UIButton *button = [UIButton buttonWithType:UIButtonTypeInfoDark];
    [button addTarget:self action:@selector(infoButtonPressed:)
        forControlEvents:UIControlEventTouchUpInside];

```

```
    // set button as left view
    textField.leftView = button;
    textField.leftViewMode = UITextFieldViewModeAlways;

    // add text field to the viewe controllers view
    [view addSubview:textField];

}

- (IBAction) infoButtonPressed:(id) sender {
    // do any action on info button pressed
}
```

Beispiel 14.4: *showTextFieldInView:* und *infoButtonPressed:*

Das Listing erzeugt das unten abgebildete Textfeld. Der Benutzer kann mit dem Info-Button beispielsweise weitere Informationen zu dem Feld und zu seiner Bedeutung einholen. Im nächsten Abschnitt werden wir nun noch sehen, wie man auf Benutzereingaben reagieren und damit Eingaben filtern kann.

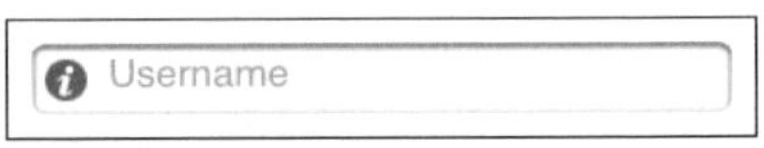

Ein UITextField mit einem aktiven leftView. Der Benutzer kann auf den Info-Button drücken und damit eine Aktion auslösen.

Auf Benutzereingaben reagieren

Der eingegebene Text wird vom *UITextField* in der Eigenschaft *text* bereitgestellt. Sie können also jederzeit auf den aktuellen Stand zugreifen. Durch das Protokoll *UITextFieldDelegate* können Sie auf Benutzereingaben und Zustandsänderungen des Textfeldes direkt reagieren. Für viele Aktionen wird das Delegate eine Bestätigung erfragen. Diese Methoden sind optional, werden sie nicht implementiert, wird ein *YES* als Antwort angenommen. Die einzelnen Methoden des Delegates sind:

- *textFieldShouldBeginEditing:*
  fragt beim Delegate an, ob das Textfeld mit der Texteingabe – dem Editieren – beginnen soll. Ein *YES* erlaubt die Texteingabe, *NO* unterbindet sie.
- *textFieldDidBeginEditing:*
  zeigt dem Delegate an, dass mit der Eingabe begonnen wurde.
- *textFieldShouldEndEditing:*
  erfragt beim Delegate, ob die Eingabe beendet werden kann. An dieser Stelle können Kriterien und Abhängigkeiten der Eingabedaten überprüft und der Benutzer gegebenenfalls zu einer weiteren Eingabe aufgefordert werden.

- *textFieldDidEndEditing:*
  zeigt dem Delegate an, dass die Eingabe beendet ist und das Textfeld den Eingabefokus abgegeben hat. Die Methode wird häufig genutzt, um den Zustand vor der Eingabe wiederherzustellen. Wenn Sie beispielsweise das Textfeld erst in den Sichtbereich bewegen mussten, können Sie die ursprüngliche Benutzeroberfläche anzeigen.
- *textField:shouldChangeCharactersInRange:replacementString:*
  fordert das Delegate auf, den aktuellen Tastendruck auf der Tastatur zu bestätigen. Mit der Rückgabe von *YES* wird die aktuelle Aktion im Textfeld übernommen, *NO* verwirft sie. An dieser Stelle können Sie die Eingabe direkt verifizieren. So können Sie beispielsweise nur bestimmte Zeichen zulassen oder die Länge des eingegebenen Textes begrenzen.
- *textFieldShouldClear:*
  Das Textfeld fragt um Erlaubnis, seinen Inhalt komplett zu löschen. Die Aktion kann entweder vom Benutzer durch Drücken des Clear-Buttons oder durch die Eigenschaft *clearsOnBeginEditing* zu Beginn einer neuen Eingabe ausgelöst worden sein.
- *textFieldShouldReturn:*
  Der Benutzer hat die Eingabetaste gedrückt, und das Delegate muss nun entscheiden, ob die Eingabe beendet werden soll. Hier können Sie eine Validierung der Eingabe vornehmen.

Ein Textfeld erhält den Eingabefokus automatisch, sobald in seinem inneren Bereich geklickt wird. Dadurch öffnet sich die Tastatur. Das Ende der Eingabe muss anhand des Zustands erkannt werden. Entweder gibt es eine Eingabetaste, mit der ein Benutzer das Ende direkt signalisiert, oder die Eingabe endet aufgrund semantischer Auswertung des Inhalts, weil beispielsweise ein Geburtsdatum oder eine Kreditkartennummer vollständig eingegeben wurde. In beiden Fällen müssen Sie im Quelltext dem *UITextField* den Eingabefokus entziehen, um die Tastatur auszublenden. Das geschieht mit der Nachricht *resignFirstResponder* an das Textfeld. Der First Responder ist das Objekt, das in der Hierarchie der Eventzustellung als Erstes vom Benutzer generierte Ereignisse wie Berührungen oder Gesten erhält – was im Weiteren als Eingabefokus bezeichnet wird.

Im Beispiel dieses Abschnitts werden wir die Eingabe des Benutzers auf Ziffern beschränken und maximal zehn Zeichen zulassen. Dazu wird unsere Viewcontroller-Klasse zum Delegate des Textfeldes. In der Methode *textField:shouldChangeCharactersInRange:replacementString:* wird die aktuelle Eingabe analysiert. Dabei ist wichtig, dass trotz aller Analysen immer das Löschen der Eingabe mit der Rücktaste möglich ist. Das kann sehr leicht an der angegebenen *range* abgelesen werden. Diese bestimmt den Bereich, den die aktuelle Eingabe *string* im bestehenden Inhalt einnehmen soll. Nur wenn hier die Länge *length* des Bereichs genau 1 ist und der Vorgang am Ende des Textfeldes stattfindet, wird ein bestehendes Zeichen ersetzt. Damit muss es sich dann um einen Lösch- oder Substitutionsvorgang handeln. In diesem Fall wird immer *YES* zurückgegeben, um die Aktion zu bestätigen. Handelt es sich um ein Einfügen oder Ersetzen, zeigt *location* auf die Stelle, an der eines oder mehrere Zeichen einzufügen sind. Das gilt auch bei Eingaben über Copy & Paste, bei denen auch mehrere Zeichen gleichzeitig eingefügt oder als Ersetzung für bestehende Inhalte behandelt werden.

Im Weiteren wird dann zuerst aus dem Inhalt des Textfeldes und der aktuellen Eingabe der resultierende Text so gebildet, wie er nach einem Bestätigen auch im Textfeld erscheinen würde. Damit lässt sich dann einfach gegen die Länge von 10 prüfen und bei Überschreitung des Limits die Eingabe mit *NO* zurückweisen. Die Validierung der Eingabe geschieht gegen eine vordefinierte Zeichenmenge vom Typ *NSCharacterSet*. Die vordefinierte Menge *decimalDigitCharacterSet* enthält die Dezimalziffern 0 bis 9. Durch Aufruf der Methode *stringByTrimmingCharactersInSet:* von *NSString* filtern wir alle Ziffern heraus. Sofern ein String mit einer Länge größer 0 übrig bleibt, wissen wir, dass die Eingabe keine gültige Ziffernfolge war.

```
#import „WorkshopViewController.h"

@implementation WorkshopViewController

- (void)viewDidAppear:(BOOL)animated {
    [super viewDidAppear:animated];

    CGRect frame = CGRectMake(10, 120, 300, 31);

    UITextField *textField =
        [[[UITextField alloc] initWithFrame:frame] autorelease];

    textField.borderStyle = UITextBorderStyleRoundedRect;

    // keyboard appearance
    textField.keyboardType = UIKeyboardTypeNumbersAndPunctuation;
    textField.returnKeyType = UIReturnKeyDone;

    // placeholder text
    textField.placeholder = @"Enter phone number";
    textField.clearButtonMode = UITextFieldViewModeWhileEditing;

    // set the delegate
    textField.delegate = self;

    [self.view addSubview:textField];
}

```

```
- (BOOL)textField:(UITextField *)textField
    shouldChangeCharactersInRange:(NSRange)range
    replacementString:(NSString *)string
{
    // first check if that was a backspace
    if (range.length == 1 &&
        range.location == [textField.text length] - 1) {
        return YES;
    }

    // get the new value
    NSString *newString = [textField.text
        stringByReplacingCharactersInRange:range withString:string];

    // limit to 10 digits
    if ([newString length] > 10) return NO;

    NSString *nonDigitsInString =
       [newString stringByTrimmingCharactersInSet:
        [NSCharacterSet decimalDigitCharacterSet]];

    return [nonDigitsInString length] == 0;
}

- (BOOL)textFieldShouldReturn:(UITextField *)textField {
    [textField resignFirstResponder];
    return YES;
}

- (void)dealloc {
    [super dealloc];
}

@end
```

Beispiel 14.5: *WorkshopViewController.m*

Verdeckte Textfelder

Textfelder können von der Tastatur verdeckt werden. Sie müssen selbst dafür Sorge tragen, dass das Textfeld dann in den sichtbaren Bereich verschoben wird. Entweder Sie registrieren sich am *NSNotificationCenter* und passen die Benutzerschnittstelle beim Erscheinen der Tastatur entsprechend an oder Sie nutzen die Delegate-Methode *textFieldShouldBeginEditing:* als Trigger für die Anpassung.

Je nach Struktur der Ansichten des momentan sichtbaren Fensters können Sie beispielsweise einen vorhandenen *UIScrollView* nutzen, um dessen Inhalt mit dem Textfeld um einen bestimmten Betrag nach oben zu verschieben. Oder Sie verschieben mit der Eigenschaft *transform* die Basisansicht mit allen Inhalten.

Workshop: Mehrzeilige Textfelder

UITextView repräsentiert ein mehrzeiliges, editierbares Textfeld. Der Benutzer kann – sofern es das Feld erlaubt – in das Feld klicken, was wie bei *UITextField* ebenfalls automatisch zum Erscheinen der Tastatur führt. Allerdings bedarf es hier einer speziellen Logik zum Beenden der Eingabe, weil die Eingabetaste auf der Tastatur in den meisten Fällen wohl mit einem Zeilenumbruch assoziiert sein wird und damit als Endekriterium ausscheidet. Üblicherweise fügt man irgendwo in der übrigen Benutzerschnittstelle eine Schaltfläche zum Beenden der Eingabe hinzu. Seit dem SDK 3.2 besitzt ein *UITextView* die Eigenschaft *inputAccessoryView*. Diese ermöglicht die Anzeige eines eigenen Views über der Tastatur, an die der View für das Erscheinen und Entfernen gekoppelt bleibt.

Im Folgenden wird ein Textfeld mit einer Toolbar und einer *Done*-Schaltfläche erzeugt:

```
#import "WorkshopViewController.h"

@implementation WorkshopViewController
@synthesize textView;

- (void)viewDidAppear:(BOOL)animated {
    [super viewDidAppear:animated];

    [self showTextViewInView:self.view];
}

- (void) showTextViewInView:(UIView*) view {
    // the text view will keep
    CGRect frame = CGRectMake(0, 0, 320, 200);

    textView =
        [[[UITextView alloc] initWithFrame:frame] autorelease];

    textView.backgroundColor = [UIColor lightGrayColor];

    // configure a toolbar as accessory view
    CGRect toolbarFrame = CGRectMake(0, 0, 320, 44);

    UIToolbar *toolbar =
        [[[UIToolbar alloc] initWithFrame:toolbarFrame] autorelease];

    UIBarButtonItem *item = [[UIBarButtonItem alloc]
        initWithTitle:@"Done" style:UIBarButtonItemStyleDone
        target:self action:@selector(donePressed:)];

    [toolbar setItems:[NSArray arrayWithObject:item] animated:NO];
```

```

    // add toolbar as accessory view
    textView.inputAccessoryView = toolbar;

    [self.view addSubview:textView];
}

- (IBAction) donePressed:(id) sender {
    [textView resignFirstResponder];
}

- (void)dealloc {
    [textView release];
    [super dealloc];
}

@end
```

Beispiel 14.6: *WorkshopViewController.m*

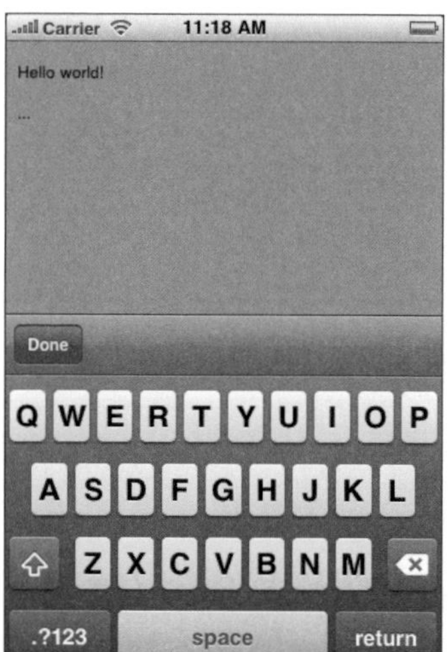

Ein UITextView mit einer Toolbar über der Tastatur. Das ermöglicht es, platzsparend kontextsensitive Schaltflächen während der Eingabe anzuzeigen.

Beispiele über UITextField nutzen

Auch zu *UITextView* gibt es das entsprechende Protokoll *UITextViewDelegate*. Es ist bis auf die Namensgebung dem Protokoll *UITextFieldDelegate* sehr ähnlich. Sie können also die Beispiele aus dem Kapitel über *UITextField* analog nutzen.

14.9 Benachrichtigungen

Das SDK enthält zwei Arten von Benachrichtigungen: *UIAlertView* und *UIActionSheet*. An der Namensgebung lässt sich schon ablesen, dass Ersteres meistens für

Warnungen und Hinweise genutzt wird, wohingegen ein *UIActionSheet* ein Aktionsmenü darstellt. Beide Ansichten grauen den Hintergrund aus und legen sich als modaler Dialog über alle anderen Ansichten. Erst wenn die Eingabe beendet ist, kann der normale Programmfluss fortgeführt werden. Die weiteren Abschnitte beschreiben die Klassen und ihre typischen Verwendungen.

Warnungs- und Hinweisdialoge

Standardbenachrichtigung mit einem OK-Button

Der einfachste Dialog besteht aus einem Titel, einer kurzen Nachricht, die bei Bedarf auf mehrere Zeilen umgebrochen wird, sowie mindestens einer Schaltfläche. Bei den Schaltflächen wird zwischen einer ausgezeichneten Abbrechen-Schaltfläche und einer sortierten Liste weiterer Buttons unterschieden. Die Konfiguration der Schaltflächen erfolgt ausschließlich über den Titel. Werden mehrere gleichzeitig dargestellt, wird die Abbrechen-Schaltfläche farblich abgesetzt, um ihre Sonderstellung hervorzuheben.

Die kompletten Informationen zur Anzeige werden in der Initialisierung mit *initWithTitle:message:delegate:cancelButtonTitle:otherButtonTitles:* übergeben. Zur Anzeige wird dem *UIAlertView*-Objekt die Nachricht *show* geschickt.

Das Beispiel stellt einen einfachen Hinweis auf dem Bildschirm dar, wie er in der Abbildung unten zu sehen ist:

```
- (void) showSimpleAlert {
    UIAlertView *alertView =
        [[[UIAlertView alloc] initWithTitle:@"Error"
        message:@"An error occured. Please try again later."
        delegate:self cancelButtonTitle:@"OK" otherButtonTitles:nil]
        autorelease];

    [alertView show];
}
```

Beispiel 14.7: Methode *showSimpleAlert*

Ein einfaches Warnungsfenster der Klasse UIAlertView mit einem Button. Der Hintergrund wird abgedunkelt dargestellt, um den modalen Charakter zu unterstreichen.

Auf Schaltflächen reagieren

Im Beispiel im vorigen Abschnitt wurde *OK* als Abbrechen-Button deklariert und nicht weiter beachtet, denn die Benachrichtigung kümmert sich selbst darum, dass sie bei einem Klick geschlossen wird. Das ist meistens ausreichend, wenn es um eine Information für den Benutzer geht. Sobald mehrere Schalflächen angezeigt werden, muss zwangsläufig zwischen ihnen unterschieden werden. Sie nehmen so Einfluss auf die Ablaufsteuerung der Anwendung. Über die Eigenschaft *delegate* können Sie sich per Delegation über Änderungen am Zustand des Hinweises informieren lassen. Beim Klick auf einen Button wird die Methode *alertView:clickedButtonAtIndex:* des *UIAlertViewDelegate* aufgerufen und der entsprechende Index zurückgeliefert. Das folgende Beispiel wertet in der Delegate-Methode den Klick aus und verzweigt entsprechend. Die weitere Logik ist allerdings nicht fertig implementiert:

```
- (void) showVerificationDialog {
    UIAlertView *alertView =
    [[[UIAlertView alloc] initWithTitle:@"Age Verification"
        message:@"Please confirm you are at least 18 years of"
        delegate:self cancelButtonTitle:@"Cancel"
        otherButtonTitles:@"OK", nil] autorelease];

    alertView.delegate = self;
    [alertView show];
}

- (void)alertView:(UIAlertView *)alertView
    clickedButtonAtIndex:(NSInteger)buttonIndex {
    switch (buttonIndex) {
        case 0:
            // Cancel flow
            break;
        case 1:
            // OK flow
            break;
    }
}
```

Beispiel 14.7: Methode *showVerificationDialog*

Ein Klick auf einen der Buttons lässt sich über das Protokoll UIAlertViewDelegate auswerten.

Eindeutiger Tag

Falls Sie in Ihrer Klasse weitere *UIAlertViews* auswerten wollen, sollten Sie bei der Erzeugung einen eindeutigen Tag vergeben und aufgrund des Tags in der Delegate-Methode die Auswertung steuern, da Ihre Klasse nur eine Implementierung des Protokolls enthält.

Texteingaben in Hinweisdialogen

Aus einigen Systemanwendungen des iPhone-SDK sind Dialoge mit zusätzlichen Eingabefeldern bekannt. Gerade wenn es um Zugangsdaten wie Benutzername und Kennwort geht, werden die modalen Hinweisdialoge ihrer Einfachheit wegen gern eingesetzt. Leider sind in der Schnittstelle keine öffentlichen Methoden zum direkten Zugriff auf Textfelder verfügbar. Die Benutzung privater APIs verbietet sich aufgrund der Richtlinien für den App Store. Hier lässt sich aber die Verwandtschaftsbeziehung zu *UIView* nutzen. Wie alle von *UIView* abgeleiteten Klassen erben auch die Benachrichtigungsdialoge die Ansichtenhierarchie und den Zugriff darauf durch die Methode *addSubview:*. Mit etwas Kosmetik und ein paar Leerzeilen lässt sich eine völlig einwandfreie und auch für die Vermarktung über den App Store zulässige Lösung erstellen:

```
- (void) showCredentialsDialog {
    UIAlertView *alertView =
    [[[UIAlertView alloc] initWithTitle:@"Please enter login"
        message:@"\n\n\n" delegate:self cancelButtonTitle:@"Cancel"
        otherButtonTitles:@"OK", nil] autorelease];

    UITextField *usernameField = [[[UITextField alloc] initWithFrame:
        CGRectMake(12.0, 50.0, 260.0, 25.0)] autorelease];

    usernameField.backgroundColor = [UIColor whiteColor];
    usernameField.placeholder = @"Username";
    [alertView addSubview:usernameField];

    UITextField *passwordField = [[[UITextField alloc] initWithFrame:
        CGRectMake(12.0, 85.0, 260.0, 25.0)] autorelease];

    passwordField.backgroundColor = [UIColor whiteColor];
    passwordField.placeholder = @"Password";
    passwordField.secureTextEntry = YES;

    [alertView addSubview:passwordField];

    [alertView show];
}
```

Beispiel 14.7: Methode *showCredentialsDialog*

Der Trick besteht in der Vergrößerung des Dialogs durch das Hinzufügen von drei Leerzeilen als Parameter *message*. So entsteht genug freier Platz für bis zu zwei Textfelder. In der Abbildung ist auch der farbliche Unterschied zwischen dem Abbrechen-Button links und dem *OK*-Button zu sehen.

Mit einem kleinen Layouttrick lassen sich zwei Textfelder in einem Benachrichtigungsdialog unterbringen.

Position von Textfeldern

Seit iOS 4.0 werden Objekte der Klasse *UIAlertView* mit Textfeldern automatisch so positioniert, dass die Tastatur darunter Platz findet. In älteren Versionen des Betriebssystems musste der Dialog noch programmatisch nach oben bewegt werden. Das gilt es, bei der Migration bestehender Anwendungen und bei Abwärtskompatibilität zu beachten.

Tipp

Der Trick funktioniert nur mit bis zu zwei Buttons. Ansonsten verändert das System das Layout des Benachrichtigungstextes so, dass kein Platz mehr für die Textfelder bleibt.

Einen Ladezustand anzeigen

Vermehrt findet man die Benachrichtigungsdialoge auch zur Anzeige eines Ladezustands oder Fortschritts ohne Schaltflächen. Aufgrund des modalen Charakters kann der Benutzer während der Anzeige keine Eingaben machen. Nach Beendigung der asynchronen Aktion muss der Dialog durch die Nachricht *dismissWithClickedButtonIndex:* beendet werden.

Das Beispiel zieht einen Timer auf, der die asynchrone Aktion simulieren soll. Nach Ablauf der eingestellten 2,5 Sekunden wird über den Selektor die Methode *closeAlert:* aufgerufen. Dabei wird das Dictionary *userInfo* des Timers benutzt, um eine Referenz auf den Dialog zu übergeben. Dadurch spart man sich an dieser Stelle eine Instanzvariable oder ein Property.

Die Aktivitätsanzeige ist eine Instanz der Klasse *UIActivityIndicatorView*. Diese kapselt die Funktionalität eines sich drehenden Rädchens. Mit *startAnimating* beginnt die Drehanimation. Der Trick ist hier, die Aktivitätsanzeige erst nach dem

Anzeigen des Dialogs mit *show* hinzuzufügen. Dadurch sind die Werte der Begrenzungen (*bounds*) für den Dialog aktuell und können zur Berechnung des Mittelpunkts (*center*) der Aktivitätsanzeige herangezogen werden.

```
- (void) showActivityIndicatorAlert {
    // create alert without any buttons
    UIAlertView *alertView =
    [[[UIAlertView alloc] initWithTitle:@"Loading data..."
        message:nil delegate:self cancelButtonTitle:nil
        otherButtonTitles: nil] autorelease];

    // show alert to get bounds
    [alertView show];

    UIActivityIndicatorView *activityIndicator =
        [[[UIActivityIndicatorView alloc]
            initWithActivityIndicatorStyle:
         UIActivityIndicatorViewStyleWhiteLarge] autorelease];

    [activityIndicator startAnimating];

    activityIndicator.center =
        CGPointMake(alertView.bounds.size.width / 2.0f,
        alertView.bounds.size.height / 2.0f + 10.0f);

    [alertView addSubview:activityIndicator];

    // create user dictionary to store reference to the alert
    NSDictionary *userInfo =
        [NSDictionary dictionaryWithObject:alertView forKey:@"alert"];

    // start timer to remove alert
    [NSTimer scheduledTimerWithTimeInterval:2.5 target:self
        selector:@selector(closeAlert:) userInfo:userInfo repeats:NO];
}

- (void)closeAlert:(NSTimer*)timer {
    // get alert view from user info dictionary
    UIAlertView *alertView = [[timer userInfo] objectForKey:@"alert"];

    // dismiss the alert without a valid button index
    [alertView dismissWithClickedButtonIndex:-1 animated:YES];
}
```

Beispiel 14.7: Methode *showActivityIndicatorAlert*

Ein UIAlertView wird als Aktivitätsanzeige genutzt.

UIActionSheet

Das Aktionsmenü der Klasse *UIActionSheet* füllt neben seiner Funktion als Benachrichtigung noch eine weitere Lücke im SDK: die Gruppierung von Aktionen oder Alternativen in einem standardisierten Menü. Für derartige Menüstrukturen fehlt in Navigationsleisten, Toolbars und Tabbars oft der Platz. Und das viel genutzte *Mehr* oder *More* als eigene Schaltfläche verdeckt mehr, als es wirklich benutzerfreundlich in Szene zu setzen weiß.

Genau hier kommt das Aktionsmenü ins Spiel. Als eigenständige, modale Komponente wird es vom Benutzer als logische Unterbrechung des aktuellen Programmflusses zur Auswahl einer Option wahrgenommen. Durch die Animation von unten in den Bildschirm wirkt es stärker als gestaltendes Element der Anwendung, als es beispielsweise die Benachrichtigungen tun. Noch dazu ist es auch detaillierter konfigurierbar, um eine Vielzahl an Situationen abdecken zu können. Es unterscheidet drei Typen von Schaltflächen, die in unterschiedlichen Farben erscheinen: Abbrechen-Schaltfläche (*cancelButtonTitle*) in Schwarz, Warnungs-Schaltfläche (*destructiveButtonTitle*) in Rot und eine Liste weiterer Schaltflächen (*otherButtonTitles*).

Der Erscheinungsstil ist über die Eigenschaft *actionSheetStyle* anpassbar und bietet die Auswahl aus vier Alternativen über die Konstanten aus *UIActionSheetStyle*:

- *UIActionSheetStyleAutomatic*: passt die Erscheinung farblich an eine Standard-Toolbar an. Ist keine Toolbar vorhanden, entspricht es der Auswahl *UIActionSheetStyleDefault*.
- *UIActionSheetStyleDefault*: zeigt das Aktionsmenü in einem dezenten Grau.
- *UIActionSheetStyleBlackTranslucent*: stellt das Menü leicht durchscheinend in Schwarz dar.

➢ *UIActionSheetStyleBlackOpaque*: zeigt das Aktionsmenü in dunklem Schwarz ohne Transparenz an.

Die unterschiedlichen Erscheinungsbilder sehen Sie in der Abbildung im nächsten Abschnitt.

Ein einfaches Bestätigungsmenü

Das folgende Beispiel erstellt ein Aktionsmenü mit zwei Schaltflächen. Die erste soll das Löschen einer Datei bestätigen und erscheint deshalb in Rot als *destructiveButtonTitle*, die zweite dient dem Abbruch der Aktion. Die Methode *showInView:* zeigt das Menü an:

```
- (void) showSimpleActionSheet {
    UIActionSheet *actionSheet =
        [[[UIActionSheet alloc] initWithTitle:
         @"Are you sure you want delete file 'file.dat'?"
        delegate:self cancelButtonTitle:@"Cancel"
        destructiveButtonTitle:@"Delete" otherButtonTitles:nil]
        autorelease];

    [actionSheet showInView:self.view];
}
```

Beispiel 14.8: Methode *showSimpleActionSheet*

Die folgende Abbildung zeigt das erzeugte Menü in den drei unterschiedlichen Stilen.

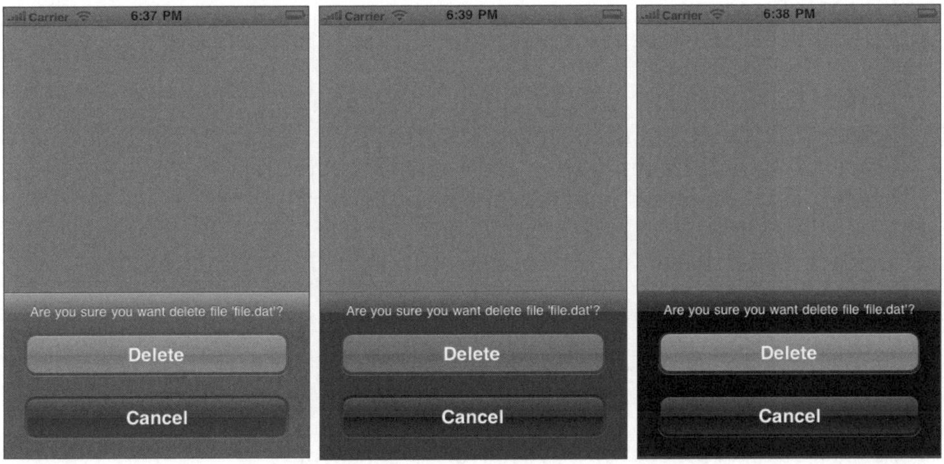

Ein Aktionsmenü in den drei Stilen UIActionSheetStyleDefault, UIActionSheetStyleBlackTranslucent und UIActionSheetStyleBlackOpaque.

Ein *UIActionSheet* lässt sich in unterschiedlichen Kontexten verwenden. Dazu sind in der Schnittstelle weitere Methoden verfügbar:

- *showFromTabBar:*
- *showFromToolbar:*
- *showFromBarButtonItem:animated:*
- *showFromRect:inView:animated:*

Aktionsmenü für Textnachrichten

Dem Aktionsmenü fehlt im Vergleich zu einem *UIAlertView* vor allem die Eigenschaft *message*. Da der Titel des Menüs zentriert angezeigt wird, eignet er sich nur schlecht zur Darstellung längerer Textpassagen. Im folgenden Quelltext erstellen wir die Methode *showActionSheetWithTitle:text:* zur Darstellung eines längeren Textes mit einer gesonderten Überschrift als eigenständiges Label. Wird der Text oder die Überschrift zu lang, werden sie durch das Label automatisch verkürzt.

```
- (void) showActionSheetWithTitle:(NSString*) title
    text:(NSString*) text {

    UIActionSheet *actionSheet =
    [[[UIActionSheet alloc] initWithTitle:
        @"\n\n\n\n\n\n\n\n\n\n\n"
        delegate:self cancelButtonTitle:@"Dismiss"
        destructiveButtonTitle:nil otherButtonTitles:nil]
        autorelease];

    CGRect frame = CGRectMake(0, 0, 320, 20);

    // create header label
    UILabel *header =
        [[[UILabel alloc] initWithFrame:frame] autorelease];

    header.backgroundColor = [UIColor clearColor];
    header.textColor = [UIColor whiteColor];
    header.font = [UIFont boldSystemFontOfSize:15.0f];
    header.textAlignment = UITextAlignmentCenter;

    frame = CGRectMake(10, frame.size.height + 10.0f, 300, 180);

    // create text label
    UILabel *message =
        [[[UILabel alloc] initWithFrame:frame] autorelease];

    message.backgroundColor = [UIColor clearColor];
    message.textColor = [UIColor whiteColor];
    message.font = [UIFont systemFontOfSize:13.0f];
    message.numberOfLines = 0;

    message.text = text;
```

```

    // add labels
    [actionSheet addSubview:header];
    [actionSheet addSubview:message];

    // show action sheet
    [actionSheet showInView:self.view];
}
```

Beispiel 14.8: Methode *showActionSheetWithTitle:*

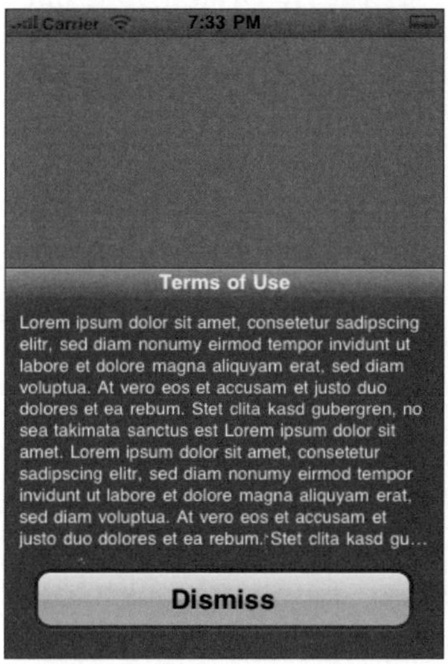

Ein Aktionsmenü kann um Elemente wie Labels erweitert werden.

Dynamische Berechnung

Sie können das Beispiel einfach um eine dynamische Berechnung der Höhe erweitern. Dadurch werden auch kürzere Texte ohne Platz zu verschwenden dargestellt.

15. Viewcontroller

Viewcontroller sind die Steuerung im MVC-Entwurfsmuster. Sie dienen als Schnittstelle zwischen den Ansichten, dem Datenmodell und der Businesslogik, indem sie die Daten kennen, wissen, unter welchen Randbedingungen Daten anzuzeigen sind, und den View mit den aufbereiteten Daten füttern.

Sie sind in den vorigen Kapiteln schon mehrfach mit der Klasse *UIViewController* in Berührung gekommen. Jedes der Beispiele besitzt eine eigene Ableitung der Klasse als primären Viewcontroller der Anwendung. Dort haben wir die wesentlichen Implementierungen vorgenommen und die Ausgabe in einen View gestaltet.

Das SDK enthält eine ganze Reihe weiterer Klassen, die die Basisklasse *UIViewController* erweitern. Viele Funktionalitäten des SDK bieten direkt Viewcontroller zur Interaktion an, um bereitgestellte Ansichten zu präsentieren. Dazu zählen Viewcontroller rund um das Adressbuch, den Kalender sowie einen Audio- und Videoabspieler. Auch die Integration von Nachrichten und E-Mail in eine Anwendung wird im SDK über Viewcontroller gelöst. Mehr Informationen zu diesen spezialisierten Ableitungen finden Sie in den entsprechenden Kapiteln dieses Buches.

Die Klassen *UINavigationController* und *UITabBarController* nehmen eine Sonderrolle unter den Viewcontrollern ein. Sie haben neben den Standardeigenschaften zur Kontrolle und Anzeige von Views noch eine Containerfunktion. Jeder von ihnen verwaltet eine größere Anzahl von untergeordneten *UIViewController*-Objekten und bietet sowohl programmatisch als auch grafisch eine Schnittstelle, um sich in diesen Hierarchien zu bewegen. Durch diese ausgefeilten Navigationsmöglichkeiten kann eine Anwendung ihre Inhalte über mehrere Hierarchiestufen verteilen und damit dem beschränkten Platz Rechnung tragen. In den weiteren Abschnitten dieses Kapitels werden wir die beiden Klassen noch näher beleuchten.

15.1 Die Klasse UIViewController

Wie in der Einleitung zu diesem Kapitel bereits erwähnt wurde, dient die Basisklasse aller Viewcontroller meistens auch als zentrale Klasse jeder Anwendung – Ausnahmen gibt es nur, wenn stattdessen eine spezialisierte Unterklasse genutzt wird. Dabei erstellen Sie durch eine Ableitung eine maßgeschneiderte Klasse für den aktuellen Verwendungszweck: die Steuerung und Verwaltung eines Bildschirms Ihrer Anwendung. Die Klassendeklaration kann aus folgenden Elementen bestehen:

- Instanzvariablen zur Verknüpfung des Datenmodells und der Businesslogik mit der Ansicht;

- Ansichtselemente und Outlets (Verknüpfungen zu Objekten aus dem Interface Builder);
- Aktionsmethoden zur Ablaufsteuerung mit Steuerelementen wie beispielsweise Schaltflächen;
- weitere meist private Methoden zur Steuerung und Aufbereitung der Daten.

Eigenständiger Viewcontroller

Achten Sie beim Design darauf, dass Ihr Viewcontroller eine eigenständige unabhängige Komponente bleibt, die alle Aspekte der Ansichtsgestaltung und -kontrolle in sich vereint sowie das Datenmodell und die Businesslogik kontrolliert. So erhalten Sie ein MVC-konformes, sehr effizientes Anwendungsdesign.

Geräteausrichtung

Im Viewcontroller können Sie auf die Änderungen der Geräteorientierung reagieren. In einem Vorgriff wurde diese Thematik bereits in Kapitel 14.6 besprochen. Sie können gern noch einmal zurückblättern und die Details vertiefen.

Auf Zustandsänderungen des zugrunde liegenden Views reagieren

Nachdem jeder *UIViewController* seinen View steuert und kontrolliert, erhält er auch Informationen zu dessen Zustandsänderungen. Dazu werden die entsprechenden Methoden aufgerufen:

- *viewWillAppear:* Der View soll angezeigt werden. In dieser Methode können alle vorbereitenden Maßnahmen getroffen und das Datenmodell vorbereitet werden.
- *viewDidAppear:* Der View des Viewcontrollers ist jetzt der sichtbare View des aktuellen Fensters.
- *viewWillDisappear:* Der View wird seinen Status als sichtbarer View verlieren. Starten Sie bereits erste Aufräumarbeiten oder stellen Sie den Zustand vor der Anzeige des Views wieder her.
- *viewDidDisappear:* Der View ist nicht mehr sichtbar.

Sollten Sie eine der Methoden in Ihrer Ableitung überschreiben wollen, müssen Sie in der Implementierung unbedingt auch die Methode der Basisklasse mit *super* aufrufen, also beispielsweise:

```
[super viewWillAppear:animated];
```

Speicherwarnungen

Als zentrale Instanz einer Anwendung, die die Verknüpfung von Modell und View steuert, erhält der Viewcontroller auch Speicherwarnungen. Diese werden vom Betriebssystem an jede Anwendung zugestellt, sobald der verfügbare Speicher unter eine bestimmte Schwelle sinkt. Dadurch kann jede einzelne Anwendung dann ihren Beitrag leisten, um die Situation zu bereinigen, und dadurch sogar andere Anwendungen vor einem Zwangsabbruch bewahren. Über eine derartige Situation wird jeder Viewcontroller durch die Nachricht *didReceiveMemoryWarning* informiert. Das Standardverhalten der Methode ist die Freigabe der Ansicht unter bestimmten Voraussetzungen: Es werden nur Ansichten freigegeben, deren Eigenschaft *superview* nicht gesetzt ist, die also nicht angezeigt werden.

Es liegt nun an Ihnen, weiteren Speicher freizugeben, indem Sie zum Beispiel einen Cache löschen oder unnötige Daten, die später wiederhergestellt werden können, kurzzeitig freigeben.

Zusätzlich sollten alle Referenzen auf Objekte aus der aktuellen Ansichtenhierarchie freigegeben werden. Das sollte seit Version 3.0 des SDK nicht mehr in *didReceiveMemoryWarning*, sondern stattdessen in der Methode *viewDidUnload* erfolgen, die nach einer Freigabe der Ansicht des Viewcontrollers aufgerufen wird. Falls Sie eine der Methoden überschreiben, gilt wie üblich: Rufen Sie innerhalb der Implementierung jeweils auch die Methode der Basisklasse über *super* auf.

15.2 Viewcontroller als modale Dialoge einsetzen

Einer der Hauptaspekte eines Viewcontrollers liegt in der Kapselung einer bildschirmfüllenden Ansicht. Der Programmfluss entscheidet dann über den Wechsel der Ansichten. Dazu ist üblicherweise eine der Containervarianten *UINavigationController* oder *UITabBarController* nötig, die den Wechsel zwischen den Controllern regelt und eine entsprechende Benutzerschnittstelle wie eine Navigationsleiste oder eine Tabbar anbietet.

Für einige Anwendungsfälle ist die Darstellung eines weiteren Viewcontrollers ohne eine Änderung der Hierarchie als modaler Einschub wünschenswert. Nach Abschluss des Dialogs soll dann der ursprüngliche Viewcontroller die weitere Ausführung wieder übernehmen. Mit der Methode *presentModalViewController:animated:* präsentieren Sie dem Benutzer einen modalen Viewcontroller. Der Viewcontroller übernimmt dann ganz normal die Kontrolle, durchläuft also den Zyklus mit *viewWillAppear:* und *viewDidAppear:*. Beendet wird der modale Dialog durch die Nachricht *dismissModalViewControllerAnimated:* an den darunter liegenden Viewcontroller.

Die folgenden Zeilen erzeugen in *viewDidAppear:* einen Button. Beim Drücken wird eine Instanz der Klasse *ModalViewController* aus der NIB-Datei erzeugt – Sie erinnern sich, das ist einfach eine Art kompilierte bzw. binäre Form der XIB-Datei des Interface Builders. Die Methode *initWithNibName:bundle:* übernimmt diese Aufgabe. Vorher wurde die XIB-Datei und eine Klassendeklaration sowie Implementierung erstellt. Die Anzeige des modalen Dialogs als Viewcontroller erfolgt in der Klasse *WorkshopViewController*:

```
#import "WorkshopViewController.h"
#import "ModalViewController.h"

@implementation WorkshopViewController

- (void)viewDidAppear:(BOOL)animated {
    [super viewDidAppear:animated];

    UIButton *button = [UIButton
    buttonWithType:UIButtonTypeRoundedRect];
        button.frame = CGRectMake(60, 60, 200, 37);
    [button setTitle:@"Open Modal Dialog"
        forState:UIControlStateNormal];
    [button addTarget:self action:@selector(openDialog:)
        forControlEvents:UIControlEventTouchUpInside];

    [self.view addSubview:button];
}

- (IBAction) openDialog:(id) sender {
    ModalViewController *controller;

    // load view controller from nib
    controller = [[ModalViewController alloc] initWithNibName:
        @"ModalViewController" bundle:nil];

    [self presentModalViewController:controller animated:YES];
}

- (void)dealloc {
    [super dealloc];
}

@end
```

Beispiel 15.1: *WorkshopViewController.m*

Der *ModalViewController* ist sehr einfach gehalten. Außer einer Aktionsmethode zum Schließen des Dialogs enthält er keine weitere Funktionalität. Die Nachricht *dismissModalViewControllerAnimated:* wird dabei an den *parentViewController* des Dialogs geschickt – dahintersteckt niemand anderes als der ursprüngliche Viewcontroller. Die Abbildung unten zeigt den Ablauf vom Drücken des Buttons über die Animation bis zum vollständigen Aufbau des Dialogs.

```
- (IBAction) dismissView:(id) sender {
    [self.parentViewController
        dismissModalViewControllerAnimated:YES];
}
```

Beispiel 15.1: *ModalViewController.m* (Ausschnitt)

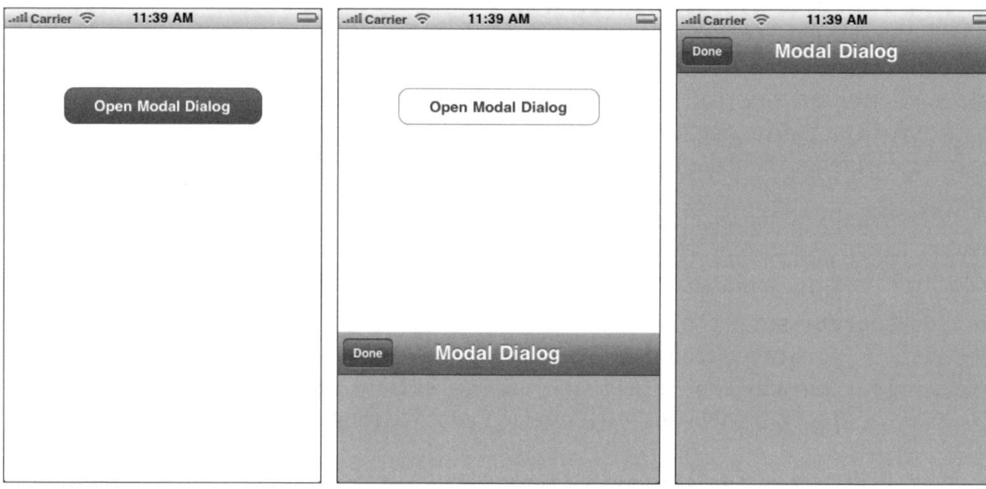

Die Phasen der Animation vom Drücken des Buttons bis zum Erscheinen des modalen Dialogs. Das Einfahren von unten entspricht dem Standardstil UIModalTransitionStyleCoverVertical.

Der Erscheinungsstil bzw. die Animationsart beim Erscheinen des modalen Dialogs lässt sich über das Property *modalTransitionStyle* steuern. Die verschiedenen Varianten sind in der folgenden Tabelle zusammengefasst:

Konstante	Beschreibung
UIModalTransitionStyleCoverVertical	Die Standardanimation. Die modale Ansicht fährt von unten ein.
UIModalTransitionStyleFlipHorizontal	Die aktuelle Ansicht und der modale Dialog werden in einer 3-D-Rotation ausgetauscht.
UIModalTransitionStyleCrossDissolve	Die ursprüngliche Ansicht löst sich auf und die neue erscheint.
UIModalTransitionStylePartialCurl	Klappt die ursprüngliche Ansicht wie eine Buchseite auf. Dabei bleibt ein kleiner Teil der Ansicht aufgerollt sichtbar und verdeckt damit den oberen Bereich des modalen Dialogs. Beim Wechsel zurück „rollt" die Seite zurück in ihre Ausgangsposition.

Illustration der Methodik

Die Aktionsmethode im modalen Dialog des Beispiels dient der Illustration der Methodik. In vielen Fällen wird dem ursprünglichen Dialog das Ergebnis einer bestimmten Auswahl oder Aktion übermittelt. Idealerweise wird das über ein entsprechendes Protokoll realisiert. Die modalen Dialoge wie der *UIImagePickerController* – zur Auswahl eines Bildes – mit dem Protokoll *UIImagePickerControllerDelegate* demonstrieren diese Technik.

15.3 Workshop: Navigationscontroller

Die grafische Repräsentanz des *UINavigationController* ist die Navigationsleiste oben am Bildschirm, die aus vielen Anwendungen des iOS bekannt ist. Der Navigationscontroller verwaltet einen Stack von Viewcontrollern, der als Historie angesehen werden kann. Navigiert der Benutzer über ein Steuerelement oder eine Tabellenzelle eine Ebene tiefer, kümmert sich der Controller automatisch um die Anpassung des Stacks, die Anzeige des neuen Viewcontrollers und die Aktualisierung der Navigationsleiste. Sobald man tiefer in der Hierarchie ist, wird als Schaltfläche links der bekannte Zurück-Button angezeigt. Standardmäßig trägt dieser Button den Titel des vorigen Viewcontrollers als Beschriftung. Über den Zurück-Button kann dann jeweils zur vorigen Ansicht – genauer gesagt zum vorigen Viewcontroller – navigiert werden. Dem ersten Element auf dem Stack kommt eine besondere Rolle zu. Es ist der Ursprung, von dem aus sich die Ablaufhierarchie mit den entsprechenden Zurück-Schaltflächen linear wegentwickelt. Im Gegensatz zu allen anderen Viewcontrollern, die auf den Stack kommen und über eine Zurück-Aktion wieder entfernt werden, bleibt das Ursprungselement bestehen.

Einen Navigationscontroller mit Navigationsleiste erstellen

Sie werden feststellen, dass die Verwendung der Klasse *UINavigationController* extrem einfach ist. Das liegt vor allem daran, dass sie das komplette Handling vor Ihnen verbirgt und nur ein paar notwendige Einstellungen von Ihnen abverlangt. Starten Sie den Workshop mit der Standardprojektvorlage aus dem Beispielverzeichnis. Dort erstellen Sie mit der Initialisierungsmethode *intWithRootViewController:* einen neuen Navigationscontroller. Als Parameter erwartet sie den Ursprung der Aufrufhierarchie. Hier können Sie die Eigenschaft *viewController* verwenden. Anstelle der Ansicht des Viewcontrollers wird dem Fenster stattdessen die Ansicht des Navigationscontrollers übergeben. Damit haben Sie eine Navigationsstruktur eingerichtet und Sie sehen beim nächsten Start eine Navigationsleiste. War doch wirklich einfach, oder?

```
- (BOOL)application:(UIApplication *)application
    didFinishLaunchingWithOptions:(NSDictionary *)launchOptions {
```

```
    UINavigationController *navigationController =
        [[UINavigationController alloc] initWithRootViewController:
         viewController];

    [window addSubview:navigationController.view];
    [window makeKeyAndVisible];

    return YES;
}
```

Beispiel 15.2: *WorkshopAppDelegate.m* (Ausschnitt)

Die Navigationshierarchie aufbauen

Im nächsten Schritt werden wir einen weiteren Viewcontroller stellen und dem Benutzer die Möglichkeit geben, in der Hierarchie etwas zu navigieren. Dazu erstellen wir zuerst eine weitere Klasse inklusive einer XIB-Datei:

1 Öffnen Sie im Ordner *Classes* des Projekts mit der rechten Maustaste das Kontextmenü und wählen Sie *Add/New File.*

2 Markieren Sie *UIViewController subclass* und aktivieren Sie die Option *With XIB for user interface*, um automatisch auch eine XIB-Datei zu erstellen. Klicken Sie dann auf *Next.*

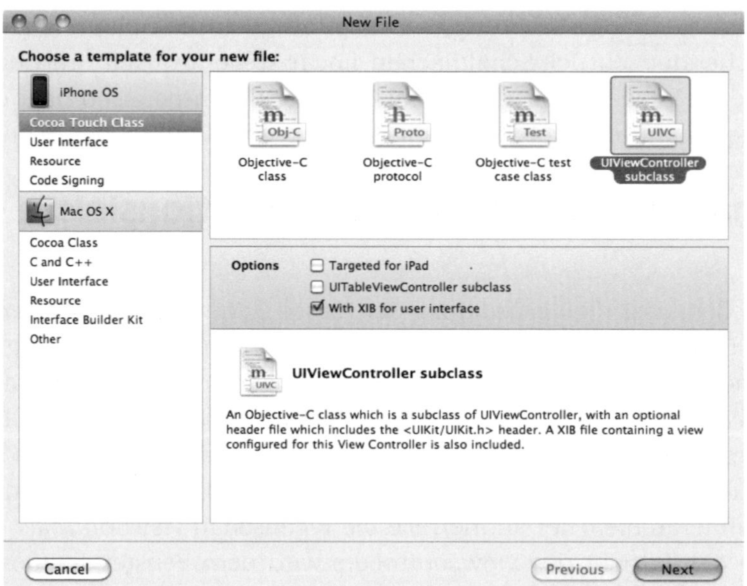

3 Wählen Sie einen Namen für Ihre neue Klasse – beispielsweise *SubViewController.m.* Achten Sie hier darauf, dass der Haken vor der Option *Also create "SubViewController.h"* gesetzt ist, und erstellen Sie die neuen Dateien mit einem Klick auf *Finish.*

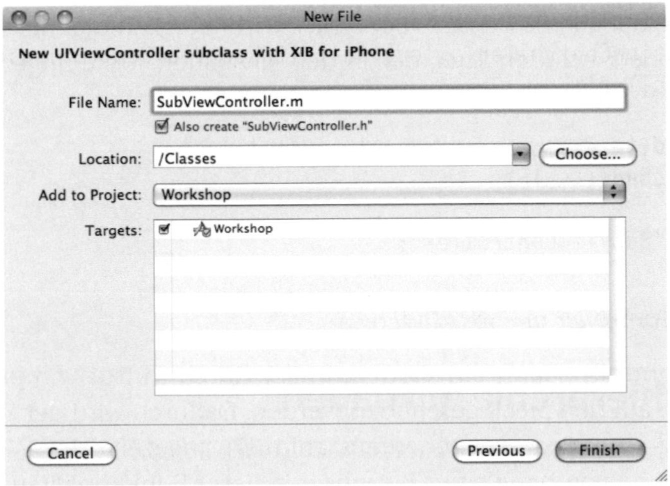

4 Öffnen Sie die Datei *SubViewController.h* im Interface Builder. Dort werden wir eine simulierte Navigationsleiste hinzufügen. Öffnen Sie den View und starten Sie den Attribute-Inspector (Tastenkombination cmd+1). Im Abschnitt *Simulated User Interface Elements* wählen Sie als *Top Bar* die Einstellung *Navigation Bar* aus. Sofort wird im View eine Navigationsleiste angezeigt und die Abmessungen entsprechend angepasst. Das hilft Ihnen, den View in den korrekten Proportionen weiterbearbeiten zu können. Die Navigationsleiste ist allerdings nur als Platzhalter gedacht und kann nicht konfiguriert werden.

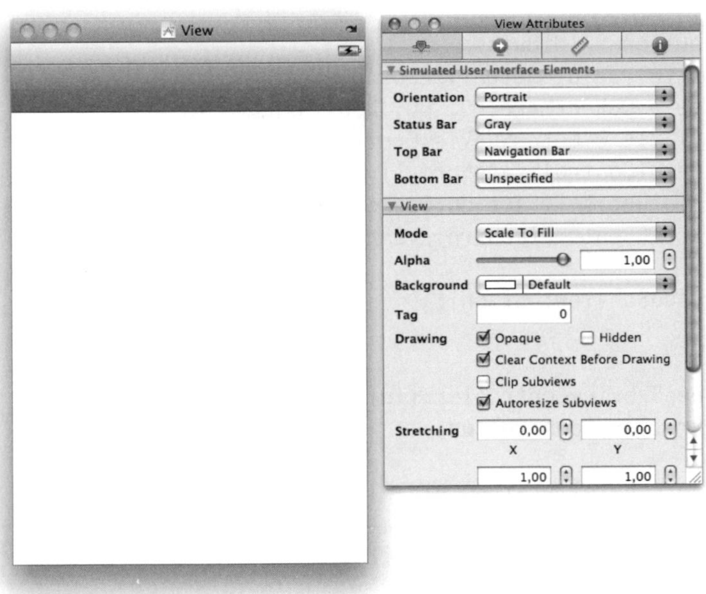

5 Das soll es an Einstellungen im Interface Builder gewesen sein. Wechseln Sie zurück in Xcode.

In der Implementierung der Klasse *SubViewController* wird lediglich die Methode *viewDidLoad* überschrieben, um den Titel, der in der Navigationsleiste angezeigt wird, entsprechend zu setzen:

```
- (void)viewDidLoad {
    [super viewDidLoad];

    self.title = @"SubViewController";
}
```

Beispiel 15.2: *SubViewController.m – viewDidLoad*

Über den Navigationscontroller kann ein Viewcontroller durch Aufruf von *pushViewController:animated:* auf den Stack geschoben werden. Dadurch wird der View entsprechend dem Flag *animated* gegebenenfalls animiert angezeigt. Im Workshop belegen wir die Aktionsmethode eines Buttons mit dieser Funktionalität:

```
#import "WorkshopViewController.h"
#import "SubViewController.h"

@implementation WorkshopViewController

- (void)viewDidAppear:(BOOL)animated {
    [super viewDidAppear:animated];

    self. title = @"Workshop";

    UIButton *button = [UIButton
        buttonWithType:UIButtonTypeRoundedRect];
    button.frame = CGRectMake(60, 60, 200, 37);
    [button setTitle:@"Goto SubViewController"
        forState:UIControlStateNormal];
    [button addTarget:self action:@selector(openSubviewController:)
        forControlEvents:UIControlEventTouchUpInside];

    [self.view addSubview:button];
}

- (IBAction) openSubviewController:(id) sender {
    SubViewController *controller;

    // load view controller from nib
    controller = [[SubViewController alloc] initWithNibName:
        @"SubViewController" bundle:nil];

    [self.navigationController
        pushViewController:controller animated:YES];
}
```

```

- (void)dealloc {
    [super dealloc];
}

@end
```

Beispiel 15.2: *WorkshopViewController.m*

Die Abbildung zeigt den Status des Navigationscontrollers nach Drücken des Buttons. Die Zurück-Schaltfläche ist mit dem Titel des vorhergehenden Viewcontrollers beschriftet.

Ein Viewcontroller in der Hierarchie eines Navigationscontrollers. Der Zurück-Button in der Navigationsleiste wird automatisch gesetzt.

Viewcontroller aus dem Stack entfernen

Normalerweise müssen Sie sich nicht um das Entfernen eines Viewcontrollers aus dem Stack kümmern. Über die Zurück-Schaltfläche wird automatisch das letzte Element aus dem Stack entfernt und damit auch speichertechnisch freigegeben. Ein programmatischer Zugriff ist ebenfalls möglich. Dafür deklariert der Navigationscontroller drei Methoden:

- *popViewControllerAnimated:* entfernt den aktuellen Viewcontroller vom Stack und zeigt den in der Hierarchie vorhergehenden an.
- *popToRootViewControllerAnimated:* löscht den kompletten Stack bis zum Ursprungs-Viewcontroller.
- *popToViewController:animated:* geht im Stack bis zum angegebenen Viewcontroller zurück und löscht alle übergangenen Viewcontroller; liefert als Ergebnis ein Array mit den gelöschten Controllern zurück.

Die Navigationsleiste anpassen

Die Navigationsleiste kann jeweils links und rechts um eigene Schaltflächen erweitert werden. Zusätzlich lässt sich die mittige Titelansicht bei Bedarf anpassen. So können Sie Menüstrukturen durch eigene Schaltflächen oder beliebige Views aufbauen. Das Property *navigationItem* der Klasse *UIViewController* kapselt den

Zugriff auf die aktuellen Navigationselemente der Navigationsleiste. Mit den Eigenschaften *leftBarButtonItem* und *rightBarButtonItem* können Sie rechts und links eine Schaltfläche erstellen. Diese kann mit Text oder mit einer Grafik versehen sein und mit oder ohne Rahmen dargestellt werden.

Neben den flexiblen Flächen der Leiste kann noch die Grundfarbe der Navigationsleiste gesetzt werden. Daraus errechnet das SDK dann den Farbverlauf und passt alle Buttons automatisch farblich an. Die Eigenschaft hängt *tintColor* an der Klasse *UINavigationBar*.

Fügen Sie die folgenden Zeilen in *viewDidAppear:* der Klasse *WorkshopViewController* unseres Workshops ein, um einen Button links mit der Beschriftung *SubView* zu erstellen. Die Schaltfläche besitzt gemäß der Konstante *UIBarButtonItemStyleBordered* einen Rahmen. Für den Klick wird wieder die schon implementierte Aktionsmethode *openSubviewController:* hinterlegt. Zusätzlich wird die Farbe der Navigationsleiste über den Navigationscontroller auf Rot gesetzt:

```
// show a customized bar button item
UIBarButtonItem *buttonItem =
    [[UIBarButtonItem alloc] initWithTitle:@"SubView"
    style:UIBarButtonItemStyleBordered target:self
    action:@selector(openSubviewController:)];

self.navigationItem.leftBarButtonItem = buttonItem;
self.navigationController.navigationBar.tintColor =
    [UIColor redColor];
```

Beispiel 15.2: *WorkshopViewController.m* (Ausschnitt)

Die Navigationsleiste lässt sich mit Buttons links oder rechts und einer frei wählbaren Grundfarbe anpassen.

15.4 TabBar-Controller

Eine Tabbar ist im Gegensatz zum Navigationscontroller nicht hierarchisch aufgebaut. Stattdessen kann zwischen mehreren Viewcontrollern über die Schaltflächen der Tabbar umgeschaltet werden, ähnlich einer Registerstruktur in Webseiten. Die Viewcontroller bestehen alle parallel zueinander und werden bei einem Wechsel nicht entfernt. Die Optik einer Tabbar lässt sich durch einen Text und ein Icon pro Schaltfläche anpassen. Das Icon wird allerdings nicht farbig, sondern nur über den Alphakanal dargestellt. Je transparenter ein Bereich ist, umso dunkler erscheint er in der Tabbar. Die weitere Darstellung können Sie nicht beeinflussen, sie erscheint auch immer fest unten am Bildschirm. Die Tabbar fasst auf dem iPhone und iPod touch bis zu fünf Elemente.

Die Tabbar wird als Instanz der Klasse *UITabBarController* ebenso einfach erstellt wie ein Navigationscontroller. Deshalb wollen wir diesmal den Weg über die Projektvorlagen von Xcode nehmen. Gehen Sie dazu wie folgt vor:

1 Starten Sie über den Menüpunkt *File/New Project* den Projekt-Assistenten.

2 Wählen Sie als Vorlage für das Projekt *Tab Bar Application* und stellen Sie als Zielplattform unter *Product* den Eintrag *iPhone* ein. Mit *Choose* beenden Sie den Assistenten.

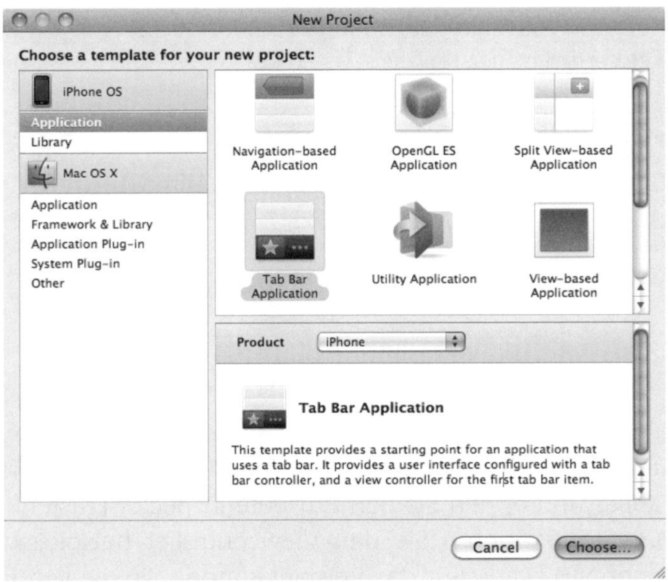

3 Geben Sie einen Projektnamen ein – beispielsweise *Workshop*. Nach dem Klick auf *Save* wird das neue Projekt angelegt.

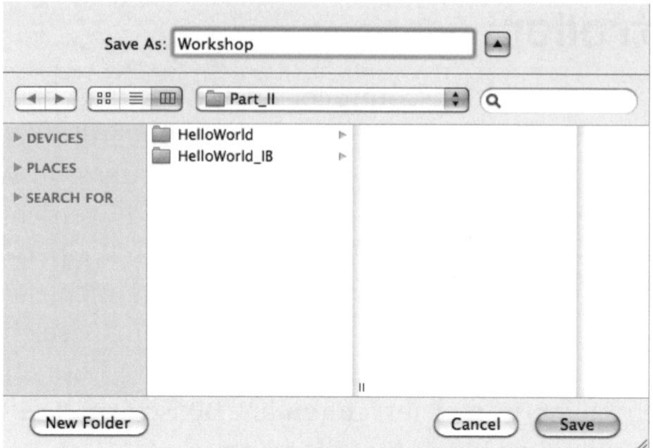

4 Das Projekt enthält alle benötigten Dateien, darunter *FirstViewController*, eine Ableitung der Klasse *UIViewController*.

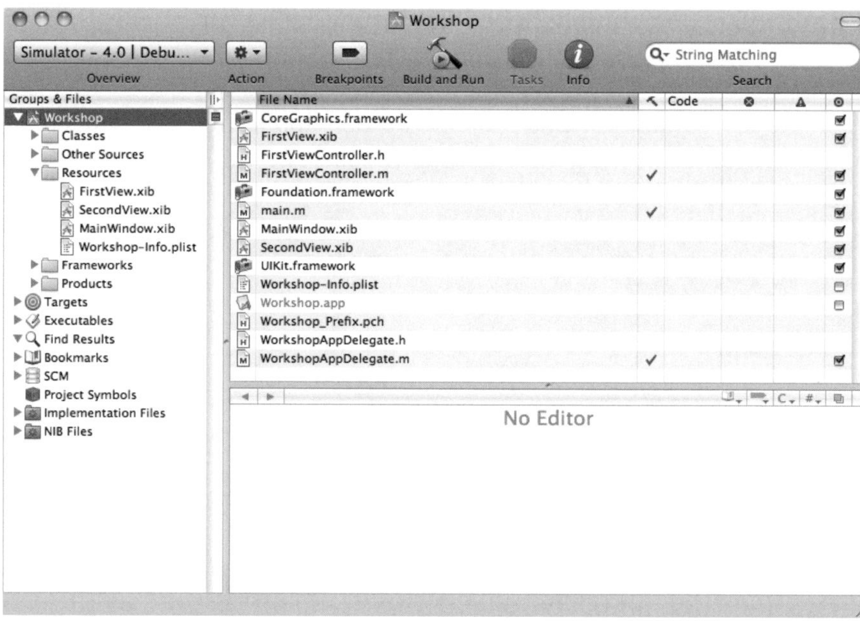

5 Öffnen Sie die Datei *MainWindow.xib* im Interface Builder. Expandieren Sie dort alle Einträge unter dem *Tab Bar Controller*, markieren Sie den ersten Viewcontroller der Tabbar und öffnen Sie den Attribute-Inspector (Tastenkombination [cmd]+[1]). Dort konfigurieren Sie den Viewcontroller beispielsweise durch die Auswahl einer NIB-Datei. Für das Beispiel können Sie die voreingestellten Werte belassen.

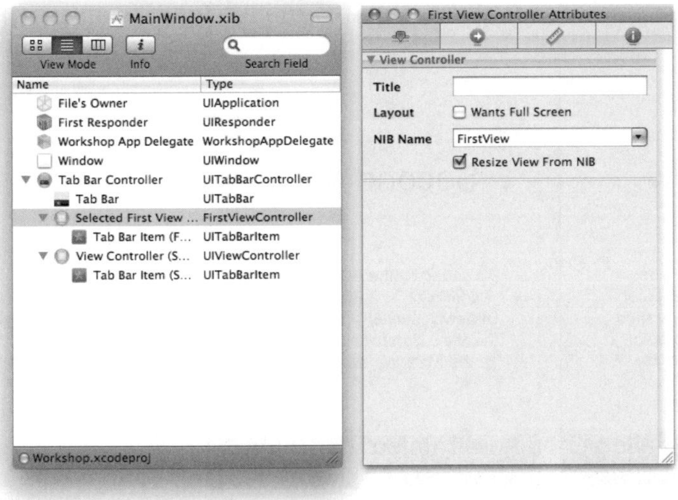

6 Unter jedem Viewcontroller befindet sich ein eigenes *Tab Bar Item* – die entsprechende Schaltfläche. Klicken Sie auf die erste Schaltfläche und wechseln Sie wieder in den Attribute-Inspector. Dort können Sie die Beschriftung (*Title*) und das Bild bzw. Icon (*Image*) für die Schaltfläche konfigurieren. Über *Identifier* können Sie aus einer Liste vordefinierter Symbole und Beschriftungen auswählen. Stellen Sie hier *Favorites* ein

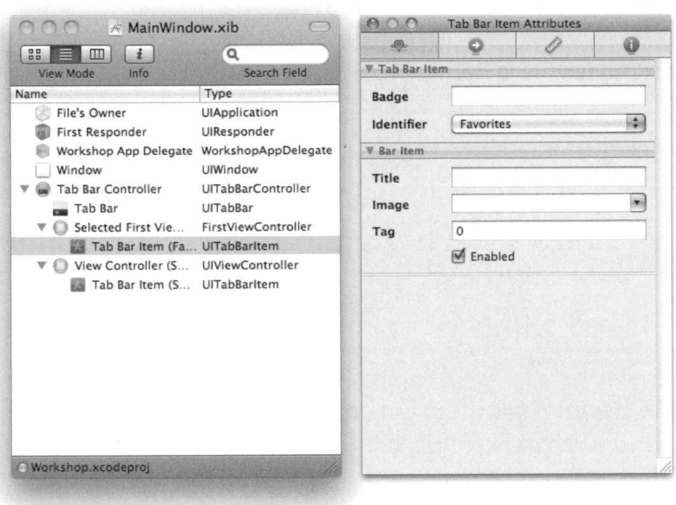

7 Wiederholen Sie die Auswahl eines vordefinierten Symbols für die zweite Schaltfläche und wählen Sie dort *History*.

8 Wechseln Sie zurück in Xcode und starten Sie das Projekt im Simulator. Die Tabbar wird nun durch die zwei Symbole dominiert. Beim Klick auf eine der Schaltflächen wird der zugehörige Viewcontroller aktiv und sichtbar und Sie können beliebig zwischen beiden Ansichten wechseln.

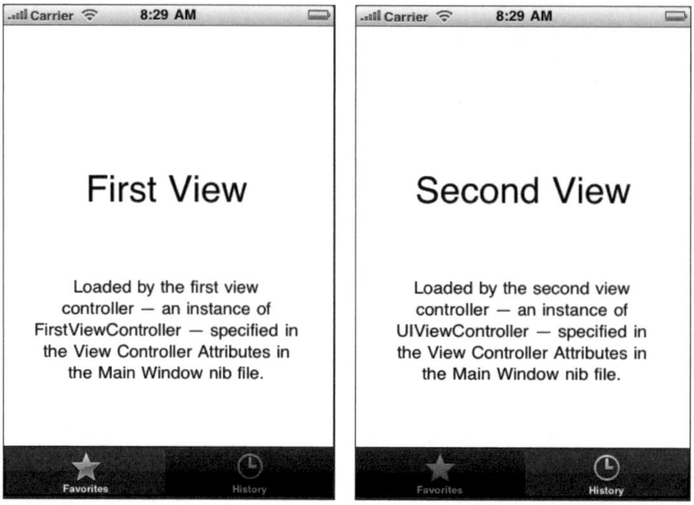

Mehr-Element definieren

Wenn mehr als fünf Elemente benötigt werden, gibt es die Möglichkeit, ein Mehr-Element zu definieren. Dahinter kann sich dann ein flexibel konfigurierbares System wie in der iPod-Anwendung verbergen.

Hinweis

Den kompletten Quelltext finden Sie in Beispiel 15.3.

16. Steuerelemente

Die Steuerelemente im SDK zeichnen sich durch ihre Vaterklasse *UIControl* aus. Diese deklariert und implementiert die Methoden für das Target-Action-Entwurfsmuster zur Steuerung der Ablauflogik.

Bislang haben wir im Wesentlichen Buttons und Textfelder benutzt. Interessanterweise sind die Elemente einer Navigationsleiste oder Toolbar keine von *UIControl* abgeleiteten Elemente, was aber an ihrem Status als Steuerelemente im ursprünglichen Sinn nichts ändert. Dieses Kapitel gibt einen Überblick über die wichtigsten Vertreter dieser Klassenhierarchie.

Die Zustände eines Steuerelements

Allen Steuerelementen ist neben dem Target-Action-Prinzip auch ein fest zugeordneter Zustand gemein. Durch Berührung oder programmatisch ändert sich der Zustand und beeinflusst dabei beispielsweise die Darstellung des Controls. Drei wichtige Zustände sind *highlighted*, *selected* und *enabled* – wie die zugehörigen Eigenschaften heißen. Der Zustand selbst spiegelt sich neben den einzelnen Eigenschaften im Property *state* wider. Dieser kann aus einer bitweisen Oder-Operation folgender Konstanten bestehen, da sich die Zustände nicht notwendigerweise gegenseitig ausschließen:

- *UIControlStateNormal*
- *UIControlStateHighlighted*
- *UIControlStateDisabled*
- *UIControlStateSelected*

Reaktion auf Events

Steuerelemente des SDK können sehr feingranular auf verschiedene Events mit eigenen Aktionen reagieren. Dazu wird eine Aktion durch Aufruf der Methode *addTarget:action:forControlEvents:* mit einem Event aus der Aufzählung *UIControlEvents* verknüpft. In Anhang F finden Sie eine komplette Liste dieser Konstanten.

16.1 Buttons

Ein *UIButton* ist das mit Abstand am häufigsten eingesetzte Steuerelement. Instanzen davon dienen als Schaltflächen zur Ablaufsteuerung oder in Aktionsmenüs und Benachrichtigungen zur Auswahl bestimmter Optionen. Nachdem Sie die Buttons schon in vielen Beispielen in Aktion gesehen haben, wollen wir auch nicht näher auf schon bestehendes Wissen eingehen. Stattdessen werden Sie einen kurzen Überblick über die Darstellungsformen erhalten. Am Ende des Abschnitts schließen sich noch ein paar Tipps und Tricks an, mit denen typische Probleme elegant umgangen werden können.

Den Buttontyp ändern

Der Buttontyp steuert das Aussehen eines Buttons. Er lässt sich nur während der Erstellung mit der Convenience-Methode *buttonWithType:* setzen. Die typische Erscheinungsform ist die weiße Schaltfläche mit grauem Rahmen und blauer Schrift, wie sie in vielen Anwendungen des iOS zu finden ist. Diese Ansicht erstellen Sie mit folgender Zeile:

```
UIButton *button = [UIButton buttonWithType:UIButtonTypeRoundedRect];
```

Die Abbildung unten zeigt die Auswirkung des Buttontyps auf das Aussehen. Die weiteren Konstanten von *UIButtonType* sind:

- *UIButtonTypeCustom*
- *UIButtonTypeDetailDisclosure*
- *UIButtonTypeInfoLight*
- *UIButtonTypeInfoDark*
- *UIButtonTypeContactAdd*

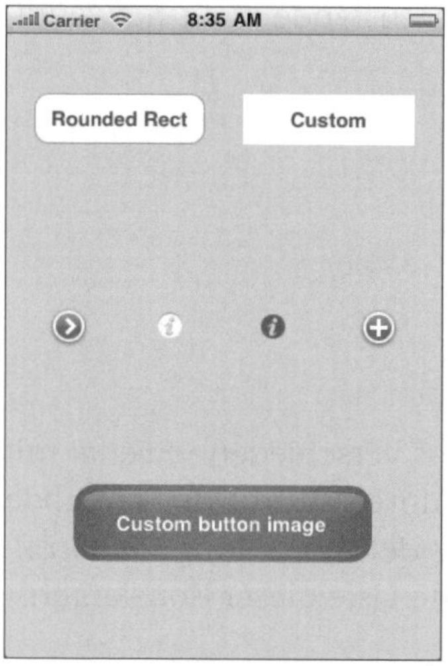

Die unterschiedlichen Typen von Schaltflächen. Von links oben nach rechts unten: UIButtonTypeRoundedRect, UIButtonTypeCustom, UIButtonTypeDetailDisclosure, UIButtonTypeInfoLight, UIButtonTypeInfoDark, UIButtonTypeContactAdd und noch einmal UIButtonTypeCustom mit einem selbst definierten Hintergrundbild.

Buttontitel formatieren

Seit iOS 4.0 wird der Titel nun als Label in der Schnittstelle nach außen gegeben. Die Eigenschaft ist zwar als schreibgeschützt markiert, was aber – wenn Sie sich an die Zugriffsmodifizierer erinnern – nur bedeutet, dass Sie kein eigenes Label zuweisen können. Die Eigenschaften des bestehenden Labels können natürlich geändert werden.

Zusätzlich lassen sich über das Property *titleEdgeInsets* die Abstände oben, links, unten und rechts justieren. Positive Werte verkleinern den Bereich von den Grenzen der Schaltfläche aus, negative Werte erweitern den verfügbaren Platz. Somit können Sie den Titel auch in einer komplexeren Buttongrafik korrekt platzieren.

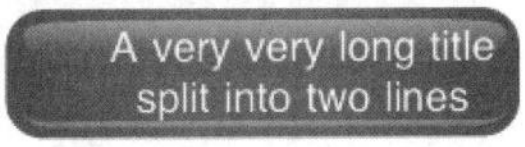

Das folgende Beispiel erstellt eine Schaltfläche aus der Grafik *button.png*. Der Titel wird über zwei Zeilen verteilt zentriert angezeigt. Die Einschübe sind bewusst asymmetrisch gehalten, so könnte die Buttongrafik beispielsweise links noch um ein zusätzliches Icon erweitert werden:

```
UIButton *button = [UIButton buttonWithType:UIButtonTypeCustom];

// set the buttons frame
button.frame = CGRectMake(49, 80, 221, 57);

// configure the title label to hold at least 2 centered lines
button.titleLabel.numberOfLines = 2;
button.titleLabel.lineBreakMode = UILineBreakModeWordWrap;
button.titleLabel.textAlignment = UITextAlignmentCenter;

// configure insets
button.titleEdgeInsets = UIEdgeInsetsMake(5, 40, 5, 5);

// set the title
[button setTitle:@"A very very long title split into two lines"
    forState:UIControlStateNormal];

// set the background image
[button setBackgroundImage:[UIImage imageNamed:@"button.png"]
    forState:UIControlStateNormal];

[button addTarget:self action:@selector(buttonAction:)
     forControlEvents:UIControlStateNormal];

[self.view addSubview:button];
```

Beispiel 16.1: *WorkshopViewController.m* (Ausschnitt)

Hinweis

Die Grafik *button.png* finden Sie im Projektverzeichnis des Beispiels 16.1.

16.2 Mehrteilige Schaltflächen

Ein *UISegmentedControl* ist eine horizontal angeordnete mehrteilige Schaltfläche. Jedes einzelne Segment reagiert dabei wie ein eigenständiger Button. Die Anzahl der Segmente ist dabei unbegrenzt, wird aber durch den vorhandenen Platz am Bildschirm bestimmt. Die Mindestanzahl beträgt zwei. Jede Schaltfläche kann einen Titel oder ein Bild enthalten. Die Darstellung erfolgt je nach Einstellung in der Eigenschaft *segmentedControlStyle* in den folgenden Stilen:

- *UISegmentedControlStylePlain*: zeigt das Steuerelement mit einer Höhe von 43 Punkten in den Standardfarben Grau und Blau an. Die Farbgebung und Höhe sind unveränderlich.
- *UISegmentedControlStyleBordered*: zeigt das Steuerelement mit einer Höhe von 43 Punkten mit den Standardfarben Grau und Blau in einem dünnen schwarzen Rahmen an. Die Farbgebung und Höhe sind unveränderlich.
- *UISegmentedControlStyleBar*: stellt die Farbgebung und Größe für den Einsatz in einer Navigationsleiste ein. Die Grundfarbe kann durch die Eigenschaft *tintColor* angepasst werden.
- *UISegmentedControlStyleBezeled*: eine 40 Punkte hohe Darstellung, die ansonsten der Konstante *UISegmentedControlStyleBar* entspricht.

Die folgende Abbildung zeigt die Stile in der Reihenfolge der Auflistung. Für die beiden letzten Varianten wird jeweils die Standardfarbgebung und ein Farbwert von (R = 153, G = 0, B = 0) als *tintColor* dargestellt.

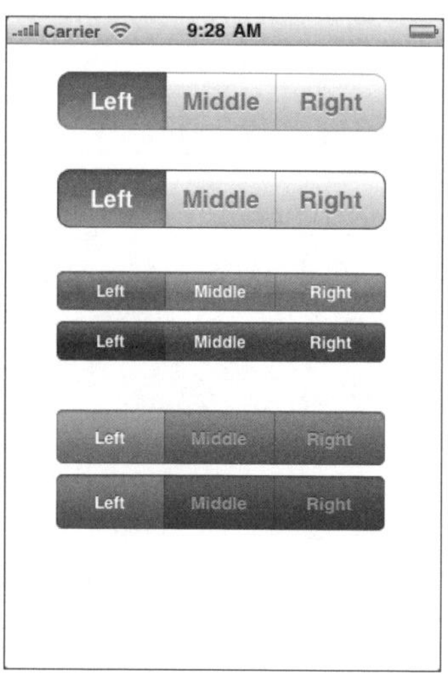

Die unterschiedlichen Stile beeinflussen das optische Erscheinungsbild eines Objekts der Klasse UISegmentedControl.

Das Codebeispiel erstellt ein segmentiertes Steuerelement mit drei Schaltflächen. Die Schaltflächen können entweder über ein Array bei der Initialisierung mit *initWithItems:* übergeben oder wie in diesem Beispiel einzeln durch Aufruf von *insertSegmentWithTitle:atIndex:animated:* optional sogar animiert eingefügt werden:

```
UISegmentedControl *segmentedControl =
    [[UISegmentedControl alloc] initWithItems:nil];

[segmentedControl insertSegmentWithTitle:@"Left"
    atIndex:0 animated:NO];
[segmentedControl insertSegmentWithTitle:@"Middle"
    atIndex:1 animated:NO];
[segmentedControl insertSegmentWithTitle:@"Right"
    atIndex:2 animated:NO];

[segmentedControl addTarget:self action:@selector(controlChanged:)
    forControlEvents:UIControlEventValueChanged];

segmentedControl.center = CGPointMake(self.view.center.x, 40);
segmentedControl.segmentedControlStyle
[self.view addSubview:segmentedControl];

// add a simple label to show selected state

CGRect frame = CGRectMake(0, 80, 320, 20);
UILabel *label = [[UILabel alloc] initWithFrame:frame];

[self.view addSubview:label];
```

Beispiel 16.2: *WorkshopViewController.m* (Ausschnitt)

Änderungen des Zustands können über das Event *UIControlEventValueChanged* abgegriffen werden, nachdem sich ein Objekt mit *addTarget:action:forControlEvents:* als *target* registriert hat. Die folgende Methode *controlChanged:* gibt den aktuellen Index und Titel des gewählten Segments auf der Konsole aus:

```
- (IBAction) controlChanged:(id) sender {
    UISegmentedControl *segmentedControl =
        (UISegmentedControl*) sender;

    // get selected index
    int index = segmentedControl.selectedSegmentIndex;

    NSLog(@"Changed to %d: %@", index,
        [segmentedControl titleForSegmentAtIndex:index]);
}
```

Beispiel 16.2: *WorkshopViewController.m – controlChanged:*

Mehrteilige Schaltfläche

Eine mehrteilige Schaltfläche eignet sich im Stil *UISegmentedControlStyleBar* ideal zur Integration in eine Navigationsleiste oder Toolbar. Dabei wird automatisch auch die entsprechende Farbgebung übernommen.

16.3 Ein-Aus-Umschalter

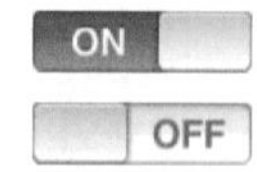

UISwitch ist ein einfacher Umschalter mit den zwei Zuständen An und Aus. Er findet sich sehr häufig in den globalen Einstellungen. Das Steuerungselement kennt nur eine Art der Darstellung und kann weder in Farbgebung noch Größe angepasst werden, wie es die Abbildung zeigt. Der Zustand wird mit den beiden Methoden *setOn* und *setOn:animated:* bestimmt. Die folgenden Zeilen erstellen einen Umschalter mit dem Zustand An. Da die Größe nicht änderbar ist, wird das Rechteck *frame* mit *CGRectZero* vorbelegt und später über *center* die Position in der Ansicht angepasst. Das vermeidet eine Konfusion, wenn die angegebenen Abmessungen in *frame* wegen der festen Größe nicht wie angegeben übernommen werden.

```
UISwitch *switchControl = [[UISwitch alloc] initWithFrame:CGRectZero];
[switchControl setOn:YES];

[switchControl addTarget:self action:@selector(switchChanged:)
    forControlEvents:UIControlEventValueChanged];

[self.view addSubview:switchControl];
```

Beispiel 16.3: *WorkshopViewController.m* (Ausschnitt)

Die Methode zur Überwachung von Zustandsänderungen *switchChanged:* kann den neuen Zustand auswerten:

```
- (IBAction) switchChanged:(id) sender {
    NSLog(@"switch changed to: %@", (![sender isOn]) ? @"OFF" : @"ON");
}
```

Beispiel 16.3: *WorkshopViewController.m – switchChanged:*

16.4 Schieberegler

Ein Schieberegler der Klasse *UISlider* regelt die Auswahl eines Wertes aus einem Wertebereich. Das Steuerelement wird ohne Konfigurationsänderungen in einer Standardoptik passend zu den anderen Controls wie *UISwitch* oder *UISegmentedControl* dargestellt.

Der Wertebereich definiert sich durch die beiden Eigenschaften *minimumValue* und *maximumValue*, wobei die Werte dazwischen kontinuierlich wählbar sind. Die Standardvorbelegung deckt den Bereich von 0.0 bis 1.0 ab.

Der Standardschieberegler

Im folgenden Beispiel wird ein Standardschieberegler mit einem Wertebereich von 0.0 bis 1.0 dargestellt.

Eine Veränderung des Wertes soll den Hintergrund des Fensters zwischen Schwarz (entspricht 0.0) und Weiß regeln (entspricht 1.0)

```
CGRect frame = CGRectMake(20, 40, 280, 22);
UISlider *slider = [[UISlider alloc] initWithFrame:frame];

// add action
[slider addTarget:self action:@selector(sliderChanged:)
    forControlEvents:UIControlEventValueChanged];

// configure start value
slider.value = 1.0f;

[self.view addSubview:slider];
```

Beispiel 16.4: *WorkshopViewController.m* (Ausschnitt)

Bei einer Änderung des Schiebereglers wird in der Methode *sliderChanged:* der Wert des Reglers ausgelesen und direkt über *colorWithWhite:alpha:* in ein Objekt vom Typ *UIColor* umgerechnet.

```
- (IBAction) sliderChanged:(id) sender {
    UISlider *slider = (UISlider*) sender;

    self.view.backgroundColor =
        [UIColor colorWithWhite:slider.value alpha:1.0f];
}
```

Beispiel 16.4: *WorkshopViewController.m – sliderChanged:*

Die zwei Ausschnitte in der folgenden Abbildung zeigen zwei Zustände des Schiebereglers. Deutlich sieht man die Kopplung zur Grauabstufung des Hintergrunds.

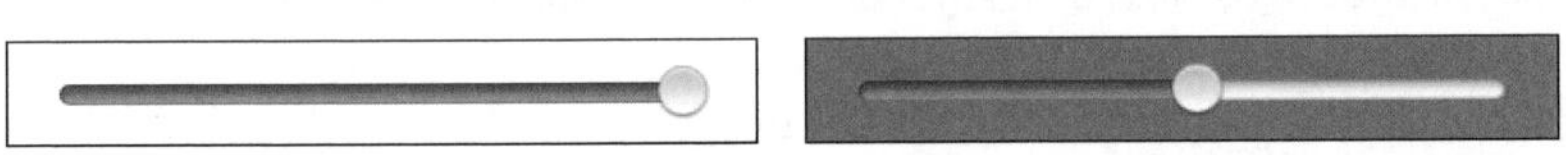

Der Schieberegler gekoppelt an die Hintergrundfarbe. Mit der Klasse UISlider lassen sich Werte aus einem beliebigen Wertebereich abgreifen.

Das Aussehen anpassen

Die Zutaten für eine eigene Schiebereglеroptik sind denkbar einfach. Der Regler setzt sich aus drei Bildern zusammen: aus dem Schieber – im SDK als *thumb* bezeichnet – und aus der Spur des Reglers, die in einen linken und rechten Bereich jeweils als einzelnes Bild aufgeteilt ist.

Der Schieber wird mit der Nachricht *setThumbImage:forState:*, die beiden Bestandteile der Spur mit *setMinimumTrackImage:forState:* und *setMaximumTrackImage:forState:* geändert. Über den Zustand *state* können für die verschiedenen Zustände des Reglers (wie *UIControlStateNormal*) eigene Bilder hinterlegt werden und die Ansicht kann dem Zustand angepasst werden. Die Bilder werden speziell für die unterschiedlichen Breiten während des Schiebens vorbereitet. Diese Funktion stellt *UIImage* in der Methode *stretchableImageWithLeftCapWidth:topCapHeight:* zur Verfügung. Sie erzeugt ein Bild, das bei Größenänderungen einen bestimmten Bereich unverzerrt belässt, das sogenannte *leftCap* horizontal und *topCap* vertikal. Es wird dann ein 1 Punkt breiter Streifen zur Vergrößerung herangezogen. Der Rest der Grafik bleibt unberührt. Somit errechnet sich der unveränderliche Bereich rechts zu (Analoges gilt für die Berechnung für den unteren Bereich mit *topCap*):

```
rightCapWidth = image.size.width - (image.leftCapWidth + 1);
```

Das folgende Beispiel erweitert den Schieberegler aus dem vorigen Abschnitt um eigene Grafiken:

```
CGRect frame = CGRectMake(20, 40, 280, 22);
UISlider *slider = [[UISlider alloc] initWithFrame:frame];

// add action
[slider addTarget:self action:@selector(sliderChanged:)
 forControlEvents:UIControlEventValueChanged];

// configure start value
slider.value = 1.0f;

UIImage *minimumTrackImage = [[UIImage imageNamed:@"slider_min.png"]
    stretchableImageWithLeftCapWidth:10.0 topCapHeight:0.0];
    UIImage *maximumTrackImage =
        [[UIImage imageNamed:@"slider_max.png"]
    stretchableImageWithLeftCapWidth:10.0 topCapHeight:0.0];

[slider setThumbImage: [UIImage imageNamed:@"slider_thumb.png"]
    forState:UIControlStateNormal];
[slider setMinimumTrackImage:minimumTrackImage
    forState:UIControlStateNormal];
[slider setMaximumTrackImage:maximumTrackImage
    forState:UIControlStateNormal];

[self.view addSubview:slider];
```

Beispiel 16.5: *WorkshopViewController.m* (Ausschnitt)

Ein Schieberegler im eigenen Design. Durch drei Bilder lässt sich die Ansicht einfach anpassen.

Hinweis

Die Grafiken *slider_min.png*, *slider_max.png* und *slider_thumb.png* finden Sie im Projektverzeichnis des Beispiels 16.5.

17. Gesten erkennen

Die Multitouch-Oberfläche von iPhone, iPod touch und iPod erkennt Berührungen kapazitativ. Aufgrund des verbauten Controllers kann, wie es der Name schon andeutet, die Berührung durch mehrere Finger gleichzeitig erfasst werden. Diese Informationen werden aufbereitet und als Events verarbeitet. In der Anwendung gibt es zwei Wege, auf diese Events zu reagieren. Der erste – der deutlich mühsamere – ist die Verarbeitung der einzelnen Events und die programmatische Auswertung der daraus resultierenden Gesten. Ein viel einfacherer Weg lässt sich seit iOS 4.0 beschreiten. Die Reaktion auf Gesten wird mit der Gestenerkennung dem Target-Action-Prinzip unterworfen. Das heißt, jedes interessierte Objekt kann sich als Empfänger für die Aktionen bestimmter Gesten über eine Instanz einer konkreten Ableitung der Klasse *UIGestureRecognizer* registrieren und wird dann über den Aufruf von Aktionsmethoden benachrichtigt. Sie werden in den folgenden Unterkapiteln sehen, dass diese Abstraktion den Umgang mit Berührungen auf dem Bildschirm erheblich vereinfacht.

17.1 Der mühsame Weg

Sie werden sich vielleicht fragen, warum der beschwerlichere Weg überhaupt Einzug in dieses Buch hält. Die Antwort darauf ist einfach: Die Methode behält weiterhin ihre Daseinsberechtigung. Gerade wenn Sie auf ziemlich systemnaher Ebene auf Berührungsevents reagieren wollen – oder müssen –, führt kein Weg daran vorbei. Außerdem baut die Gestenerkennung auf diesem Prinzip auf und wird für eine Erweiterung auf weitere konkrete Gesten, die nicht durch Standardklassen des *UIKit*-Frameworks abgedeckt sind, benötigt.

Die Phasen einer Berührung

Jede Berührung auf dem Bildschirm wird in drei Phasen eingeteilt: eine Startphase, eine optionale Bewegungsphase und das Ende oder der Abbruch der Berührung in der Endphase. Die Phasen werden für jeden Finger bzw. Berührungspunkt durchlaufen.

Die Startphase ist der Moment, in dem der Finger die Oberfläche berührt. Zu jeder einzelnen Berührung wird ein Objekt der Klasse *UITouch* erzeugt, das die Informationen zu dem Ereignis kapselt. Bewegen Sie dann den Finger über den Bildschirm, beginnt die Bewegungsphase, in der für jede Positionsänderung ein Event generiert wird, sofern es nicht zu viele pro Zeiteinheit sind. Beim Abheben des Fingers schließt sich der Zyklus. Dort endet die Lebensdauer des *UITouch*-Objekts.

Berührungsevents empfangen

Berührungsereignisse werden aus Performancegründen nur dem aktuellen First Responder - also dem Objekt, das aktuell den Eingabefokus besitzt - zugestellt. Damit kann jedes von der Klasse *UIResponder* abgeleitete Objekt auch Berührungsevents empfangen. Das sind im Wesentlichen alle von *UIView* abgeleitete Klassen, also auch die Steuerelemente wie Buttons und Textfelder, und alle Abkömmlinge und Objekte der Klasse *UIViewController*.

Die Events einer Berührung werden durch den Aufruf einer Reihe von Methoden in der Klasse *UIResponder* signalisiert. Die konkrete Implementierung in der Klasse kann dazu die folgenden Methoden überschreiben und die Events auswerten:

- *touchesBegan:withEvent:* signalisiert den Beginn der Berührung (Startphase).
- *touchesMoved:withEvent:* informiert über eine Bewegung über den Bildschirm (Bewegungsphase).
- *touchesEnded:withEvent:* markiert das Ende des Berührungszyklus und damit auch des zugehörigen *UITouch*-Objekts (Endphase).
- *touchesCancelled:withEvent:* signalisiert das Ende einer Berührung, das allerdings nicht als vollständiger Zyklus erfasst wurde. Diese Situation tritt dann auf, wenn eine Berührung durch ein anderes Systemevent unterbrochen wird, also beispielsweise eine Benachrichtigung oder ein eingehender Anruf. Der Aufruf der Methode gibt Ihnen die Chance, temporäre Daten wie die Referenz auf das *UITouch*-Objekt freizugeben und den internen Zustand anzupassen.

Allen Methoden wird ein Set - als *NSSet* - an Objekten vom Typ *UITouch* übergeben, und zwar für jeden einzelnen Finger eines. Der zweite Parameter enthält das zugehörige Systemevent. Um mehrfache Berührungen zu erkennen, muss für den View explizit die Eigenschaft *multipleTouchEnabled* auf *YES* gesetzt sein. Ansonsten wird nur die jeweils erste Berührung einer Sequenz geliefert.

Eine Grafik mit dem Finger über den Bildschirm steuern

Im Folgenden entwickeln wir ein Beispiel, bei dem eine Grafik durch Berührung über den Bildschirm bewegt wird. Bei jedem Event wird die Grafik am Ort der Berührung positioniert. Dadurch können Sie durch einen einzelnen Druck die Position verändern oder durch Ziehen eine kontinuierliche Bewegung erreichen.

Da standardmäßig nur eine Berührung verarbeitet wird – *multipleTouchEnabled* steht auf *NO* –, können wir aus dem *NSSet* mit *anyObject* auf das einzige enthaltene Objekt zugreifen. Bei mehreren *UITouch*-Objekten im Set würden wir irgendeines der Elemente erhalten, ohne genau zu wissen, um welches es sich handelt.

In der Methode *moveImageViewWithTouch:* wird der Berührungspunkt im Koordinatensystem des Views mit *locationInView:* ermittelt und der Mittelpunkt *center* der Grafik auf diesen Punkt gesetzt. Dadurch befindet sich die Grafik immer mittig unter dem Finger.

```
#import "WorkshopViewController.h"

@implementation WorkshopViewController
@synthesize imageView;

- (void)viewDidAppear:(BOOL)animated {
    [super viewDidAppear:animated];

    imageView = [[[UIImageView alloc] initWithImage:
        [UIImage imageNamed:@"ball.png"]] autorelease];

    [self.view addSubview:imageView];
}

- (void) moveImageViewWithTouch:(UITouch*) touch {
    CGPoint touchPoint = [touch locationInView:self.view];
    imageView.center = touchPoint;
}

- (void)touchesBegan:(NSSet *)touches withEvent:(UIEvent *)event {
    UITouch *touch = [touches anyObject];
    [self moveImageViewWithTouch:touch];
}

- (void)touchesMoved:(NSSet *)touches withEvent:(UIEvent *)event {
    UITouch *touch = [touches anyObject];
    [self moveImageViewWithTouch:touch];
}

- (void)touchesEnded:(NSSet *)touches withEvent:(UIEvent *)event {
    UITouch *touch = [touches anyObject];
    [self moveImageViewWithTouch:touch];
}

- (void)dealloc {
    [imageView release];
    [super dealloc];
}

@end
```

Beispiel 17.1: *WorkshopViewController.m*

Die Abbildung unten zeigt die Überlagerung der Situation vor und nach einer Bewegung des Fingers von links unten nach rechts oben, nachdem dort der Finger vom Bildschirm genommen wurde.

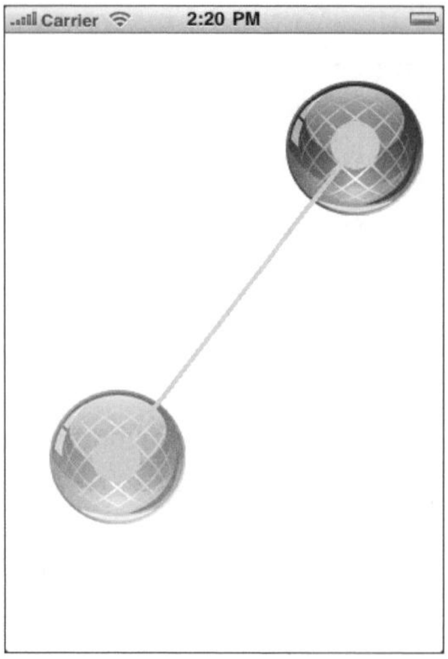

Der Zustand vor und nach der Bewegung des Fingers über den Bildschirm.

Mehrfachberührungen

Sobald Mehrfachberührungen mit der Eigenschaft *multipleTouchEnabled* für einen View aktiviert wurden, werden die Methoden mit jeweils so vielen *UITouch*-Objekten im angegebenen *NSSet* aufgerufen, wie Finger den Bildschirm berühren.

Es ist gar nicht so einfach, mehr als drei Finger so zu platzieren, dass das System es als Vier- oder Fünffingerberührung auslegt. Versuchen Sie es einfach mit dem Beispiel unten – es ist eine Herausforderung, gerade mit nur einer Hand! Insofern ist es sinnvoll, Mehrfingergesten mit mehr als drei Fingern im Einsatz in einem vernünftigen Rahmen zu integrieren. Ansonsten sind frustrierte Benutzer vorprogrammiert.

Das Beispiel dieses Abschnitts überschreibt die Methode *touchesEnded:withEvent:*. Für jedes *UITouch*-Objekt im Set wird die Methode *placeImageAtTouch:* aufgerufen. Diese lädt die Grafik *touch.png* in einen *UIImageView*. Danach wird die Grafik über einen Animationsblock *dissolveView:* durch Reduktion des Alphawertes ausgeblendet. Mehr über Animationen und Animationsblöcke finden Sie in Kapitel 27. Während der Animation werden keine weiteren Berührungen akzeptiert.

```
#import "WorkshopViewController.h"

@implementation WorkshopViewController

- (void)viewDidAppear:(BOOL)animated {
    [super viewDidAppear:animated];

    // activate multi touches
    self.view.multipleTouchEnabled = YES;
}
```

```
- (void) dissolveView:(UIView*) view {
    [UIView animateWithDuration:3.0
        animations:^{
            view.alpha = 0.0;
        }
        completion:^(BOOL finished){
            [view removeFromSuperview];
        }
     ];
}

- (void) placeImageAtTouch:(UITouch*) touch {
    CGPoint touchPoint = [touch locationInView:self.view];

    UIImageView *imageView = [[[UIImageView alloc] initWithImage:
        [UIImage imageNamed:@"touch.png"]] autorelease];

    // set position to current touch point
    imageView.center = touchPoint;

    // show the image
    [self.view addSubview:imageView];

    // let the image vanish in an animation
    [self dissolveView:imageView];
}

- (void)touchesEnded:(NSSet *)touches withEvent:(UIEvent *)event {

    // iterate over all touches
    for (UITouch* touch in touches) {
        // place an image at touch position
        [self placeImageAtTouch:touch];
    }
}

- (void)dealloc {
    [super dealloc];
}

@end
```

Beispiel 17.2: *WorkshopViewController.m*

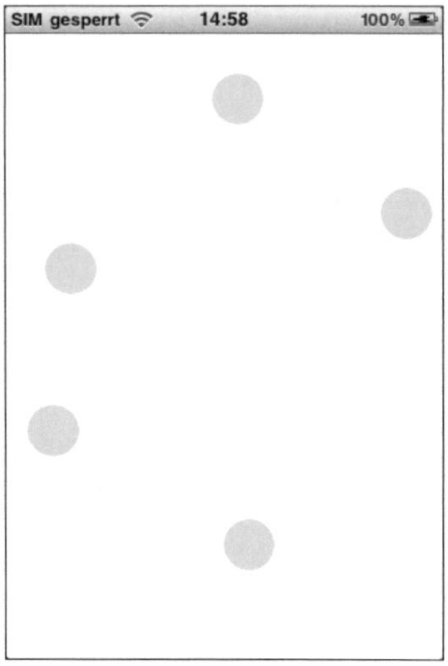

Multitouch-Beispiel: ein Schnappschuss mit fünf Fingern auf dem Bildschirm. Mehr als vier Finger einer Hand auf dem Bildschirm zu platzieren ist eine koordinative Herausforderung.

17.2 Elegant und einfach: Gestenerkenner

Der Weg über Methoden wie *touchesBegan:withEvent:* ist relativ komplex, weil aufgrund des Ablaufs der beobachteten Berührung über eine Reihe von Aufrufen der Methoden die gesuchte Geste (wie ein Doppeldruck oder eine Drehbewegung) erst herausgerechnet werden muss. Das SDK 3.2 hat die abstrakte Klasse *UIGestureRecognizer* und einige konkrete Implementierungen eingeführt. Sie erlaubt es, die Erkennung von Gesten ähnlich einfach wie die Auswertung von Steuerelementen über das Target-Action-Entwurfsmuster zu implementieren. Dabei wird ein Gestenerkenner unmittelbar an einen View oder einen Abkömmling davon gebunden. Sobald eine entsprechende Geste erkannt wird, informiert die registrierte Aktionsmethode das Zielobjekt darüber.

Vordefinierte Gestenerkenner

Für die wichtigen Gesten wie Klicks, Drehen, Zoomen und Ziehen existieren konkrete Unterklassen von *UIGestureRecognizer*. In den einzelnen Klassen sind Parameter zu Steuerung der Geste und die entsprechenden Informationen zur aktuellen erkannten Geste gekapselt.

- *UILongPressGestureRecognizer*: längeres Drücken auf den Bildschirm.

  Wichtige Einstellungen: minimale Verweilzeit *minimumPressDuration* auf dem Bildschirm und die Anzahl der involvierten Finger *numberOfTapsRequired*.
- *UIPanGestureRecognizer*: Ziehen bzw. Bewegen über den Bildschirm.

  Wichtige Einstellungen: maximale (*maximumNumberOfTouches*) und minimale (*minimumNumberOfTouches*) Anzahl involvierter Finger.

Gesteninformationen: Die Methode *translationInView:* liefert die aktuelle Verschiebung im Koordinatensystem des angegebenen Views, *velocityInView:* die Verschiebungsgeschwindigkeit in Punkten pro Sekunde.

- *UIPinchGestureRecognizer*: die Zweifinger-Zoomgeste: erkennt sowohl die Vergrößerung – also die Bewegung der beiden Finger voneinander weg – als auch die Verkleinerung.

  Wichtige Einstellungen: keine.

  Gesteninformationen: Die Eigenschaften *scale* und *velocity* enthalten Information über den aktuell erreichten Zoomfaktor und die Änderungsgeschwindigkeit.

- *UIRotationGestureRecognizer*: erkennt die Kreisbewegung zweier Berührungspunkte bzw. Finger als Rotation.

  Wichtige Einstellungen: keine.

  Gesteninformationen: Die Eigenschaften *rotation* und *velocity* enthalten den aktuellen Drehwinkel im Bogenmaß und die Winkelgeschwindigkeit.

- *UISwipeGestureRecognizer*: erkennt eine Wischgeste in die konfigurierte(n) Richtung(en).

  Wichtige Einstellungen: Mit der Eigenschaft *direction* können Sie die Richtungen durch eine bitweise Verorderung der Konstanten *UISwipeGestureRecognizerDirectionRight*, *UISwipeGestureRecognizerDirectionLeft*, *UISwipeGestureRecognizerDirectionUp* und *UISwipeGestureRecognizerDirectionDown* einschränken.

- *UITapGestureRecognizer*: erkennt eine beliebige, konfigurierbare Anzahl an hintereinander folgenden Berührungen, beispielsweise einen einfachen Klick oder einen Doppelklick.

  Wichtige Einstellungen: die Anzahl der Klicks *numberOfTapsRequired*, bei der der Erkenner auslösen soll, und die Zahl der beteiligten Finger *numberOfTouchesRequired*.

Drehungen erkennen

Eine Rotation von zwei Fingern auf dem Bildschirm ist mit den Bordmitteln aus dem vorigen Kapitel 17.1 doch eher mühsam zu erkennen. Mit tatkräftiger Unterstützung eines *UIRotationGestureRecognizer* ist es ein einfaches Unterfangen, das in wenigen Zeilen Code umgesetzt ist. Das folgende Beispiel demonstriert, wie sich mit der Rotationsgeste ein *UIImageView* drehen lässt. Neben der Drehgeste wird parallel auch noch der Doppelklick abgefangen, um die Ansicht wieder in den Grundzustand ohne Drehung zurückzuversetzen. Auf diese Weise können Sie beliebige Gestenerkenner miteinander kombinieren.

Die Aktionsmethode für einen Erkenner kann entweder ohne Parameter oder mit dem Erkenner als einzigen Parameter deklariert werden. Letztere Variante ist in den meisten Fällen vorzuziehen, weil über den Erkenner viele Informationen zur Geste mitgeliefert werden.

Zuerst wird ein *UIRotationGestureRecognizer* sowie *UITapGestureRecognizer* instanziiert. Die Konfiguration beschränkt sich auf die Festlegung auf zwei Anschläge – also die Erkennung des Doppelklicks. Die Initialisierung definiert das Ziel und die Aktionsmethode, in unserem Beispiel *handleRotation:* und *handleTap:*. Beide Erkenner werden mit der Nachricht *addGestureRecognizer:* an den aktuellen View des Viewcontrollers gekoppelt.

Die Drehung ist eine kontinuierliche Geste, die Aktionsmethode wird also mehrfach nach jeder Änderung aufgerufen. Während der fortdauernden Aktion enthält die Eigenschaft *rotation* des *UIRotationGestureRecognizer* die kumulierte Änderung des Winkels seit Beginn der Geste. Nach jedem Aufruf setzen wir den Wert auf null zurück, um immer nur die aktuelle Änderung seit dem letzten Aufruf zu berücksichtigen. Die Gesamtdrehung wird in der gleichnamigen Instanzvariablen des Viewcontrollers mitgeführt. So ist zu jedem Zeitpunkt sowohl die aktuelle Drehung der Grafik als auch der geänderte Winkel bekannt. Lediglich die ebenfalls mitgeführte Winkelgeschwindigkeit *velocity* kann dann nicht mehr kontinuierlich erfasst werden, was für unser Beispiel ohne Belang ist. Die Funktion *CGAffineTransformMakeRotation* erzeugt aus dem Drehwinkel im Bogenmaß eine Transformationsmatrix, die auf den *imageView* angewendet wird.

Parallel dazu läuft der *UITapGestureRecognizer*. Bei der Signalisierung des Doppelklicks wird der aktuelle gespeicherte Winkel zurückgesetzt und der *imageView* im Ausgangzustand angezeigt.

```
#import "WorkshopViewController.h"

@implementation WorkshopViewController
@synthesize imageView, rotation;

- (void)viewDidAppear:(BOOL)animated {
    [super viewDidAppear:animated];

    imageView = [[[UIImageView alloc] initWithImage:
        [UIImage imageNamed:@"ball.png"]] autorelease];

    // center the image
    imageView.center = self.view.center;

    [self.view addSubview:imageView];

    // add rotation recognizer
```

```
    UIRotationGestureRecognizer *rotateGesture =
        [[[UIRotationGestureRecognizer alloc] initWithTarget:self
        action:@selector(handleRotation:)] autorelease];

    [self.view addGestureRecognizer:rotateGesture];

    UITapGestureRecognizer *tapGesture =
        [[[UITapGestureRecognizer alloc] initWithTarget:self
        action:@selector(handleTap:)] autorelease];

    // only detect double taps
    tapGesture.numberOfTapsRequired = 2;

    [self.view addGestureRecognizer:tapGesture];
}

- (IBAction) handleTap:(UITapGestureRecognizer*) sender {
    NSLog(@"handleTap");

    rotation = 0.0f;
    imageView.transform  = CGAffineTransformMakeRotation(rotation);
}

- (IBAction) handleRotation:(UIRotationGestureRecognizer*) sender {

    // calculate the resulting rotation of the ball
    rotation += sender.rotation;

    imageView.transform = CGAffineTransformMakeRotation(rotation);

    // reset the current rotation of the recognizer
    sender.rotation = 0.0f;
}

- (void)dealloc {
    [imageView release];
    [super dealloc];
}

@end
```

Beispiel 17.3: *WorkshopViewController.m*

Im Simulator können Sie die Drehgeste bei gleichzeitigem Drücken der [alt]-Taste simulieren. Dann erscheinen zwei symbolische Berührungspunkte, die sich mit der Maus bewegen lassen. Die Abbildung zeigt diesen Vorgang.

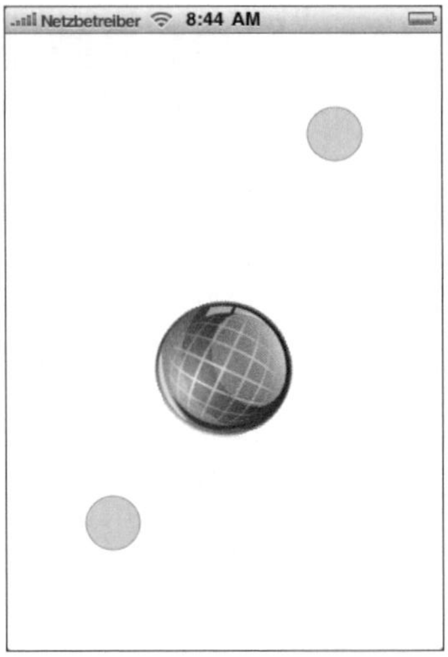

Eine Drehgeste im Simulator von Xcode: Bei gleichzeitigem Drücken der [alt]-Taste wird sie zusammen mit der Mausbewegung simuliert.

18. Daten in Tabellen darstellen

Tabellen sind auf dem iPhone und den weiteren Endgeräten ein alltägliches Bild und aus dem Bedienkonzept nicht wegzudenken. Diese Form der einspaltigen Listendarstellung vereint den begrenzten Platz auf dem kleinen Bildschirm mit einer dennoch nahezu unbegrenzten Darstellungsmöglichkeit. Neben dem Konzept der Navigationscontroller, die durch Verlagerung von Inhalten in Hierarchien den Inhalt einer Anwendung in kleine, praktische und handhabbare Häppchen zerlegen, sind Tabellen die zentralen Elemente.

18.1 Tabellenfunktionalität verwenden

Wie kommt die Tabellenfunktionalität nun in Ihre Anwendung? Die komplette Tabellendarstellung und -logik ist in der Klasse *UITableView* gekapselt. Zur Vereinfachung dient die Klasse *UITableViewController*, die eine Tabelle über einen eingebetteten *UITableView* mit der Funktionalität eines Viewcontrollers verbindet.

Tabellen mit Projektvorlagen erstellen

Nutzen Sie hier die Projektvorlage *Navigation-based Application*. Sie erstellt eine Navigationsstruktur mit einem *UITableViewController* als Ausgangsbasis. Gerade zur Einführung in die Tabellenprogrammierung ist diese Vorlage eine wahre Fundgrube. In wenigen Schritten erstellen Sie so Ihre erste Tabelle:

1 Starten Sie den Projekt-Assistenten über das Menü *File/New Project* oder die Tastenkombination [shift]+[cmd]+[N].

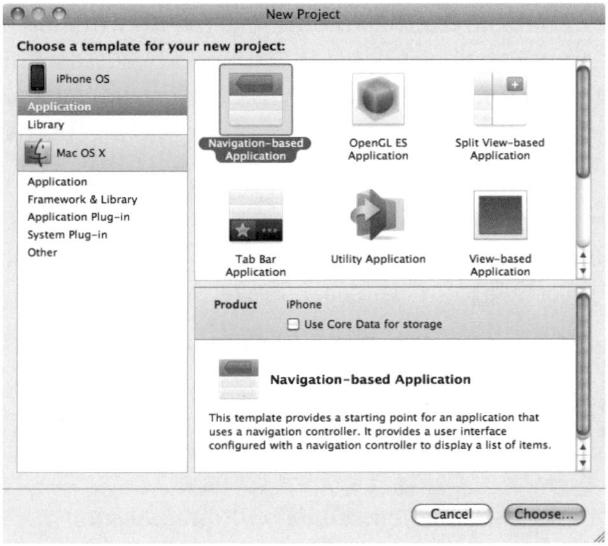

Wählen Sie unter *Application* die Projektvorlage *Navigation-based Application* und gehen Sie mit *Choose* zum nächsten Schritt.

2 Vergeben Sie einen Namen für Ihr Projekt, beispielsweise *TableViewWorkshop*, und bestätigen Sie die Eingabe mit *Save*. Xcode erstellt nun das Projekt.

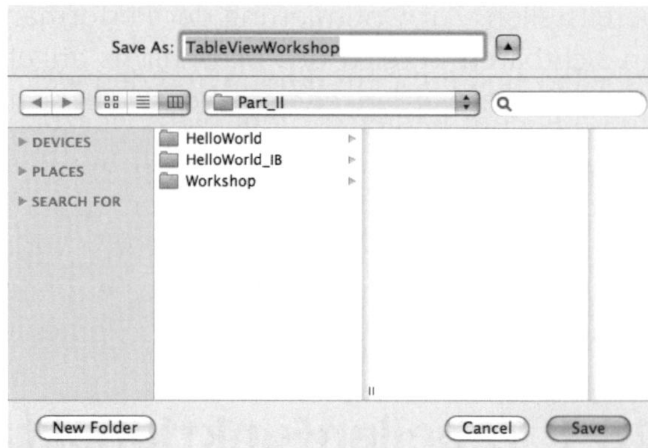

3 Xcode legt jetzt ein komplettes Projekt mit einer Klasse *RootViewController* an. Die Klasse erbt von *UITableViewController* und enthält schon eine Verknüpfung zu einem *UITableView* in der zugehörigen XIB-Datei. Öffnen Sie die Datei *RootViewController.m* in einem Editorfenster.

Die Datei *RootViewController.m* enthält alle wichtigen Methoden für die Implementierung der Tabelle. Optionale Methoden sind als Blöcke auskommentiert und geben einen Überblick über weitere Implementierungsmöglichkeiten.

Die Klasse *UITableView* ist ein schönes Beispiel für das Delegation-Entwurfsmuster. Sie erzeugt selbst keine Zellen und enthält auch keine Funktionen zur Darstellung der Inhalte. Stattdessen delegiert sie diese Aufgabe über zwei Protokolle. Diese werden wir in den nächsten Abschnitten unter die Lupe nehmen.

Eine Datenquelle einrichten

Über das Protokoll *UITableViewDataSource* erhält die Tabelle die Informationen zu den Daten und Zellen selbst. Eine Tabelle ist dabei in Gruppen bzw. Abschnitten organisiert und diese wiederum sind in Zeilen unterteilt. Die Auswahl einer Zelle erfolgt dabei über einen Indexpfad vom Typ *NSIndexPath*, der die Eigenschaften *section* und *row* enthält.

Der Aufruf der Delegate-Methode *tableView:numberOfRowsInSection:* erfragt beim Delegate für einen bestimmten Abschnitt *section* die Anzahl der Zeilen. Ändern Sie die Delegate-Methode im Beispiel ab, um 15 Zeilen anzuzeigen:

```
// Customize the number of rows in the table view.
- (NSInteger)tableView:(UITableView *)tableView
    numberOfRowsInSection:(NSInteger)section {
    return 15;
}
```

Beispiel 18.1: *RootViewController.m – tableView:numberOfRowsInSection:*

Zur Darstellung der Zellen wird *tableView:cellForRowAtIndexPath:* aufgerufen. Diese Methode muss die Zelle als *UITableViewCell* – ein Abkömmling von *UIView* – bereitstellen. Zur Optimierung der Performance von Tabellen werden nur Zellen im sichtbaren Bereich des Bildschirms angefordert. Scrollt man die Tabellenansicht weiter, werden entsprechend die nächsten sichtbaren Zellen dargestellt. Dadurch können Listen von mehreren Hundert Einträgen mit nur wenigen tatsächlichen Zellen angezeigt werden – nämlich genauso vielen, wie auf den Bildschirmausschnitt passen. Möglich macht das aber erst die Wiederverwendung von Zellen aus einem Pool. Dieser Pool identifiziert anhand eines Bezeichners die möglichen Zellen zur Verwendung. Bei der Erstellung einer Zelle wird dieser Bezeichner als Parameter *reuseIdentifier* bereitgestellt und die Zelle automatisch in den Pool aufgenommen.

In der Methode *tableView:cellForRowAtIndexPath:* des Beispiels wird deshalb erst versucht, eine Zelle mit der Nachricht *dequeueReusableCellWithIdentifier:* aus dem Pool zu erhalten. Ist keine Zelle mehr verfügbar, signalisiert durch ein *nil* als Rückgabe, müssen Sie eine neue Zelle erstellen. Die aus der Projektvorlage generierte Datei enthält bereits die komplette Logik für die Wiederverwendung:

```
// Customize the appearance of table view cells.
- (UITableViewCell *)tableView:(UITableView *)tableView
    cellForRowAtIndexPath:(NSIndexPath *)indexPath {

    static NSString *CellIdentifier = @"Cell";

    UITableViewCell *cell =
        [tableView dequeueReusableCellWithIdentifier:CellIdentifier];

    if (cell == nil) {
        cell = [[[UITableViewCell alloc]
            initWithStyle:UITableViewCellStyleDefault
            reuseIdentifier:CellIdentifier] autorelease];
    }

    // Configure the cell.

    return cell;
}
```

Beispiel 18.1: *RootViewController.m – tableView:cellForRowAtIndexPath:*

Gleicher Bezeichner

Beachten Sie, dass nur gleichartige Zellen den gleichen Bezeichner erhalten sollten, weil ansonsten unterschiedliche Zellendarstellungen gemischt würden.

Das Delegate

Neben der Datenquelle enthält eine *UITableView* die Eigenschaft *delegate*. Das Protokoll *UITableViewDelegate* deklariert Methoden zur Verwaltung der Tabelle für:

- die Auswahl einer Tabellenzelle durch einen Klick;
- die Darstellung zusätzlicher Marker oder Buttons, der sogenannten Accessory Views;
- die Bereitstellung spezialisierter Ansichten für den Kopf- und Fußbereich;
- die Bearbeitung und Sortierung der Zeilen.

Die entsprechenden Methoden werden in den nächsten Kapiteln eingeführt.

Die erste Tabelle

Aus dem erstellten Beispiel können wir jetzt einfach eine erste Tabelleansicht produzieren. Dazu muss die Methode *tableView:cellForRowAtIndexPath:* um eine entsprechende Textausgabe in der Zelle erweitert werden. Die Klasse *UITableViewCell* stellt dazu ein Label in der Eigenschaft *textLabel* bereit:

```
- (UITableViewCell *)tableView:(UITableView *)tableView
    cellForRowAtIndexPath:(NSIndexPath *)indexPath {

    static NSString *CellIdentifier = @"Cell";

    UITableViewCell *cell =
        [tableView dequeueReusableCellWithIdentifier:CellIdentifier];

    if (cell == nil) {
        cell = [[[UITableViewCell alloc]
            initWithStyle:UITableViewCellStyleDefault
            reuseIdentifier:CellIdentifier] autorelease];
    }

    // Configure the cell.
    cell.textLabel.text =
        [NSString stringWithFormat:@"Cell for row #%d",
        indexPath.row];

    return cell;
}
```

Beispiel 18.1: *RootViewController.m – tableView:cellForRowAtIndexPath:*

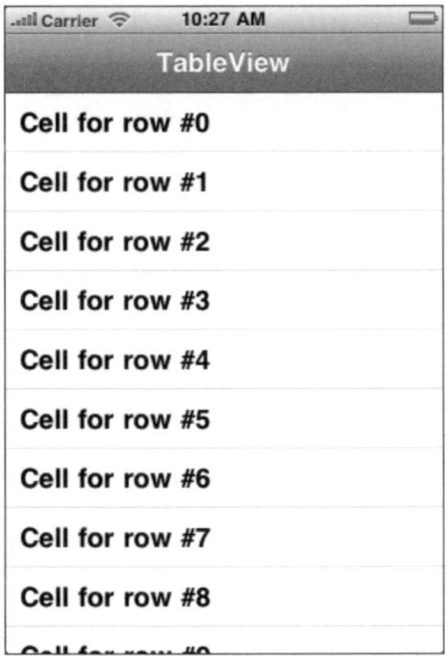

Die erste Tabellenansicht mit einem einfachen Text als Label in der Zelle.

18.2 Tabellen und Zellen gestalten

Jede einzelne Zelle lässt sich entweder durch einen vom SDK definierten Stil oder jederzeit auch programmatisch durch Hinzufügen von Textfeldern, Buttons und anderen Steuerelementen konfigurieren. Dieses Kapitel vertieft die Darstellung komplexerer Inhalte in einer Tabelle und ihrer Zellen.

Zellstile

In der Initialisierung der Klasse *UITableViewCell* kann der Zellstil über den Aufruf von *initWithStyle:reuseIdentifier:* gesteuert werden. Die Stile beeinflussen die Position und Darstellung der drei Standardelemente einer Tabellenzelle: die Textlabel *textLabel* und *detailTextLabel* zur Darstellung von Text und weiterer Detailinformationen und ein Zellenbild *imageView*. Die vordefinierten Konstanten des SDK sind:

- *UITableViewCellStyleDefault*: Das Label *textLabel* wird mit schwarzer Schrift linksbündig platziert. Wenn *imageView* gesetzt ist, wird das Bild zusätzlich links vom Label angezeigt.
- *UITableViewCellStyleValue1*: *textLabel* wird linksbündig in Schwarz gesetzt. Zusätzlich steht auch *detailTextLabel* rechtsbündig in kleinerer, blauer Schrift zur Verfügung. Ein typisches Beispiel für diese Ansicht sind die globalen Einstellungen im iOS.
- *UITableViewCellStyleValue2*: In diesem Stil stehen sich *textLabel* rechtsbündig und *detailTextLabel* linksbündig gegenüber. Ein Bild wird nicht angezeigt, führt aber zu einem Einzug von links. Im Adressbuch findet sich dieser Stil in der Kontaktansicht.

- *UITableViewCellStyleSubtitle*: *detailTextLabel* wird in grauer Schrift als Untertitel von *textLabel* dargestellt. Links von den Textfeldern kann bei Bedarf ein Bild angezeigt werden. Titel in der iPod-Anwendung nutzen diesen Stil.

Das folgende Listing zeigt die unterschiedlichen Stile in einer Tabelle vereint. Auf eine Wiederverwendung von Zellen wird aufgrund der einfachen Tabellenstruktur verzichtet:

```
- (NSInteger)tableView:(UITableView *)tableView
    numberOfRowsInSection:(NSInteger)section {
    return 4;
}

- (UITableViewCell *)tableView:(UITableView *)tableView
    cellForRowAtIndexPath:(NSIndexPath *)indexPath {

    UITableViewCellStyle style = UITableViewCellStyleDefault;

    // switch style depending on row
    switch (indexPath.row) {
        case 1:
            style = UITableViewCellStyleValue1;
            break;
        case 2:
            style = UITableViewCellStyleValue2;
            break;
        case 3:
            style = UITableViewCellStyleSubtitle;
            break;
    }

    UITableViewCell *cell = [[[UITableViewCell alloc]
        initWithStyle:style reuseIdentifier:@"dummy"] autorelease];

    // Configure the cell.
    cell.textLabel.text = @"textLabel";
    cell.detailTextLabel.text = @"detailTextLabel";
    cell.imageView.image = [UIImage imageNamed:@"ball.jpg"];

    return cell;
}
```

Beispiel 18.2: *RootViewController.m* (Ausschnitt)

Die verschiedenen Zellstile von oben nach unten: UITableViewCellStyleDefault, UITableViewCellStyleValue1, UITableViewCellStyleValue2 und UITableViewCellStyleSubtitle.

Labels anpassen

Sie können die Labels nach der Erstellung der Zelle programmatisch anpassen und so beispielsweise die Schriftart, Schriftgröße und Ausrichtung sehr einfach ändern.

Accessory Views – Indikatoren

Tabellenzellen haben rechts einen besonders ausgezeichneten Bereich, den sogenannten Accessory View. Dieser wird als Indikator benutzt, um zum Beispiel mit einem Pfeil nach rechts eine Navigation in einer Navigationscontrollerstruktur anzudeuten. Der Benutzer erwartet durch den Pfeil, dass der Viewcontroller wechselt, wenn er die Zelle berührt.

Der Accessory View besitzt drei vom SDK definierte Standardansichten, kann aber auch unbesetzt bleiben:

- *UITableViewCellAccessoryNone*: Es wird kein Accessory View angezeigt.
- *UITableViewCellAccessoryDisclosureIndicator*: In der Zelle wird rechts ein Größer-Symbol (>) in Grau angezeigt. Das Indikatorsymbol ist nicht interaktiv, es drückt lediglich die Interaktivität der Zelle aus.
- *UITableViewCellAccessoryDetailDisclosureButton*: Ein blauer Button mit weißem Größer-Symbol wird angezeigt. Beim Drücken des Buttons wird die Delegate-Methode *tableView:accessoryButtonTappedForRowWithIndexPath:* des *UITableView* aufgerufen. Typischerweise führt der Druck auf den Button zu einer Detailansicht der aktuellen Zelle.
- *UITableViewCellAccessoryCheckmark*: setzt ein Markierungshäkchen rechts in der Zelle. Diese Ansicht wird häufig benutzt, um einzelne Zellen als markiert anzuzeigen.

Das folgende Beispiel erstellt eine Tabelle mit jeweils abwechselnden Indikatoren rechts. Die Standardindikatoren werden mit der Eigenschaft *accessoryType* der Tabellenzelle gesetzt. Drücken Sie auf den Indikator im runden Schaltflächenstil, wird die aktuelle Zeilennummer mittels *NSLog* auf der Kommandozeile ausgegeben:

```
- (UITableViewCell *)tableView:(UITableView *)tableView
    cellForRowAtIndexPath:(NSIndexPath *)indexPath {

    static NSString *CellIdentifier = @"Cell";

    UITableViewCell *cell =
        [tableView dequeueReusableCellWithIdentifier:CellIdentifier];

    if (cell == nil) {
        cell = [[[UITableViewCell alloc]
            initWithStyle:UITableViewCellStyleDefault
            reuseIdentifier:CellIdentifier] autorelease];
    }

    // Configure the cell.
    cell.textLabel.text =
        [NSString stringWithFormat:@"Cell for row #%d",
        indexPath.row];

    switch (indexPath.row % 3) {
        case 0:
            cell.accessoryType =
                UITableViewCellAccessoryDisclosureIndicator;
            break;
        case 1:
            cell.accessoryType =
                UITableViewCellAccessoryDetailDisclosureButton;
            break;
        case 2:
            cell.accessoryType =
                UITableViewCellAccessoryCheckmark;
            break;
    }

    return cell;
}

- (void)tableView:(UITableView *)tableView
    accessoryButtonTappedForRowWithIndexPath:(NSIndexPath *)indexPath {

```

```
    NSLog(@"Accessory button at row %d pressed", indexPath.row);
    // do some detail action
}
```

Beispiel 18.3: *RootViewController.m* (Ausschnitt)

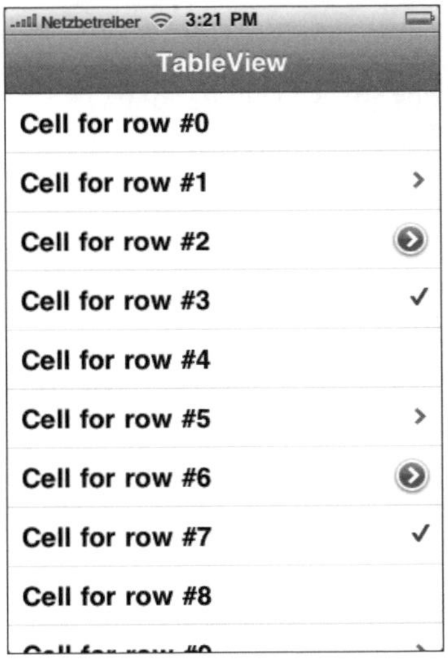

Indikatoren in der Zelle: Sie dienen zur Markierung oder als Indikator für eine weiterführende Aktion beim Klick.

Eigene Indikatoren definieren

Der Indikator einer Zelle lässt sich auch komplett selbst durch einen View oder ein Steuerelement gestalten. Das erfolgt nicht mehr über die Systemindikatoren, sondern als eigenständige Ansicht über die Eigenschaft *accessoryView*. Mit den folgenden Zeilen können Sie die Standardindikatoren aus dem letzten Kapitel durch einen eigenen Button – hier durch einen Hinzufügen-Button des SDK – oder einen *UISwitch* ersetzen. Um auf die zugehörige Zelle in den Aktionsmethoden zugreifen zu können, speichert *tag* die Zeilennummer der Zelle:

```
if (indexPath.row % 2 == 0) {
    // create an add contact button
    UIButton *button =
        [UIButton buttonWithType:UIButtonTypeContactAdd];

    // add action
    [button addTarget:self action:@selector(addButtonPressed:)
            forControlEvents:UIControlEventTouchUpInside];

    // set tag to reflect the table view cell
    button.tag = indexPath.row;

    cell.accessoryView = button;
}
else {
```

```
    UISwitch *switchControl =
        [[UISwitch alloc] initWithFrame:CGRectZero];

    // set tag to reflect the table view cell
    switchControl.tag = indexPath.row;

    // add action
    [switchControl addTarget:self action:@selector(switchChanged:)
            forControlEvents:UIControlEventValueChanged];

    cell.accessoryView = switchControl;
}
```

Beispiel 18.4: *RootViewController.m* (Zellenformatierung)

Zwei beispielhafte Aktionsmethoden geben die zugehörige Zelle und den Zustand des Steuerelements aus:

```
- (IBAction) addButtonPressed:(id) sender {
    NSLog(@"Button at row %d pressed", [sender tag]);
}

- (IBAction) switchChanged:(id) sender {
    NSLog(@"Switch at row %d changed state to %d",
          [sender tag], [sender isOn]);
}
```

Beispiel 18.4: *RootViewController.m* (Aktionsmethoden)

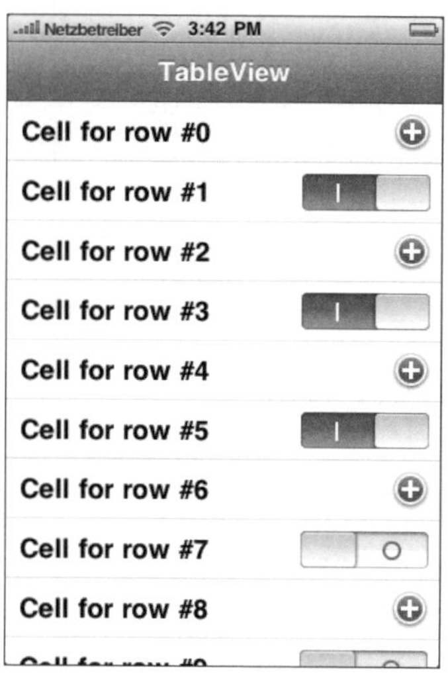

Die Eigenschaft accessoryView ermöglicht beliebige Ansichten oder Steuerelemente im rechten Bereich der Zelle.

Zellauswahl

Bislang haben wir Tabellen rein zur Darstellung von Inhalten benutzt. Eine Tabellenzelle ist aber gleichzeitig eine Schaltfläche. Sie kann vom Benutzer gedrückt werden und wird über das *UITableViewDelegate* durch Aufruf der Methode *tableView:didSelectRowAtIndexPath:* signalisiert. Die Zelle reagiert beim Klick mit einer Farbänderung je nach Einstellung in der Eigenschaft *selectionStyle* der *UITableViewCell*. Die Voreinstellung ist eine blaue Hinterlegung, entsprechend der Konstante *UITableViewCellSelectionStyleBlue*. Eine neutralere Farbgestaltung in Grau erzeugt *UITableViewCellSelectionStyleGray*, komplett ohne Hervorhebung mit *UITableViewCellSelectionStyleNone*.

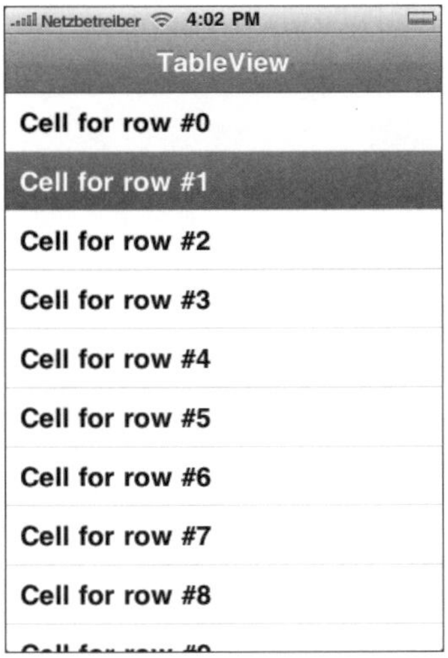

Die Zellauswahl kann über die Eigenschaft selectionStyle gesteuert werden. Standardvorbelegung ist eine blaue Hinterlegung der Zelle.

Die automatische Hervorhebung sollte spätestens am Ende der Methode aufgehoben werden, sofern die zugrunde liegende Aktion keine weitere Markierung erfordert. Das Ausblenden der Auswahlmarkierung kann auch sehr ansprechend animiert erfolgen:

```
[tableView deselectRowAtIndexPath:indexPath animated:YES];
```

Beispiel 18.5: *RootViewController.m* (Ausschnitt)

Abschnittstitel hinzufügen

Zur weiteren Untergliederung kann eine Tabelle in Abschnitte eingeteilt werden. In vielen der bislang benutzten Methoden hat sich das durch bestimmte benannte Parameter schon angedeutet. Jedem Abschnitt ist dann eine gewisse Anzahl an Zellen zugeordnet – gemäß des Rückgabewertes der Methode *tableView:numberOfRowsInSection:* für den angegebenen Abschnitt.

Die Anzahl der Abschnitte legen Sie über *numberOfSectionsInTableView:* fest. Für jeden Abschnitt können Sie über die optionale Methode *tableView:titleForHeaderInSection:* einen Titel definieren. Dieser wird über dem Abschnitt platziert und bleibt beim Scrollen bis zum Beginn des nächsten Abschnitts fixiert. Für das aktuelle Beispiel benötigen wir ein Property *sectionTitles* als Array von Strings. Es enthält folgende Abschnittstitel:

```
self.sectionTitles = [NSArray arrayWithObjects:@"First Header",
    @"Second Header", @"Third Header", @"Fourth Header", nil];
```

Die Anzahl der Abschnitte wird über die Anzahl der Einträge im Titelarray festgelegt und der Eintrag an der Indexposition des Abschnitts im Array als Abschnittstitel zurückgegeben:

```
// Customize the number of sections in the table view.
- (NSInteger)numberOfSectionsInTableView:(UITableView *)tableView {
    return [sectionTitles count];
}

// Customize the number of rows in the table view.
- (NSInteger)tableView:(UITableView *)tableView
    numberOfRowsInSection:(NSInteger)section {

    // three rows per section
    return 3;
}

- (NSString *)tableView:(UITableView *)tableView
    titleForHeaderInSection:(NSInteger)section {
    return [sectionTitles objectAtIndex:section];
}

// Customize the appearance of table view cells.
- (UITableViewCell *)tableView:(UITableView *)tableView
    cellForRowAtIndexPath:(NSIndexPath *)indexPath {

    static NSString *CellIdentifier = @"Cell";

    UITableViewCell *cell =
        [tableView dequeueReusableCellWithIdentifier:CellIdentifier];

    if (cell == nil) {
        cell = [[[UITableViewCell alloc]
            initWithStyle:UITableViewCellStyleDefault
            reuseIdentifier:CellIdentifier] autorelease];
    }

    // Configure the cell.
    cell.textLabel.text =
        [NSString stringWithFormat:@"Cell for row #%d in section %d",
        indexPath.row, indexPath.section];

    return cell;
}
```

Beispiel 18.6: *RootViewController.m* (Ausschnitt)

Die Abbildung zeigt die Abschnittstitel des Beispiels während des Scrollens durch die Tabelle.

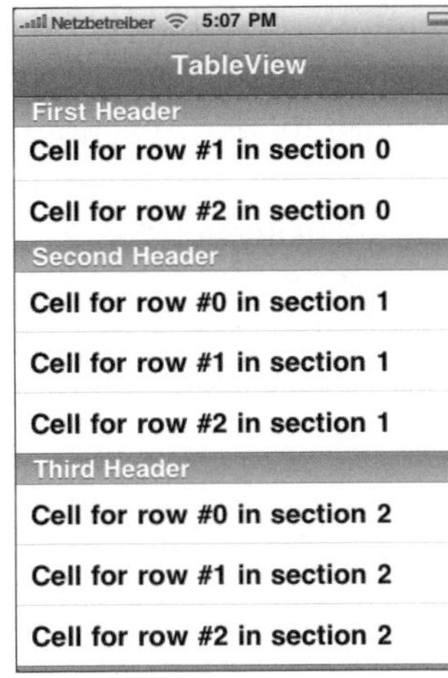

Abschnittstitel teilen die Tabelle in eigenständige Bereiche auf. Der Titel bleibt beim Scrollen bis zum nächsten Abschnitt oben in der Tabelle fixiert.

Fußzeilen

Anstatt des Titels in der Standarddarstellung können Sie auch eine eigene Ansicht zur Anzeige des Titels verwenden. Dafür müssen Sie die Methode *tableView:viewForHeaderInSection:* implementieren und die eigene Ansicht – beispielsweise ein Label oder ein Bild – zurückgeben. Die Höhe lässt sich in *tableView:heightForHeaderInSection:* justieren. Mit einem ähnlichen Satz an Aufrufen können Sie jeden Abschnitt der Tabelle auch noch um eine Fußzeile erweitern.

Gruppierte Tabellenansichten

Zu der bisherigen Darstellung einer Tabelle als Liste mit optionalen Abschnitten vermissen Sie sicherlich schon die aus vielen Anwendungen des iOS bekannten gruppierten Tabellen. Die Einstellungen, das Adressbuch und der Kalender machen in vielen Ansichten regen Gebrauch davon. Bekannt ist diese Tabellendarstellung auch durch den gestreiften grau-blauen Hintergrund, der schon manchen Entwickler zu amüsanten Assoziationen verleitet hat.

Gruppierte Tabellen fassen Abschnitte zu eigenen Untertabellen in abgerundeten Zellen zusammen. Die Kopfzeilen mit den Titeln – den bisherigen Abschnittstiteln – sind fest positioniert, fixieren sich also beim Scrollen nicht.

Für den Tabellenstil müssen Sie sich zur Initialisierung der Tabelle entscheiden. Ein späterer Wechsel ist nicht möglich, weil die Eigenschaft *style* schreibgeschützt ist. Wenn Sie die Tabelle als *UITableView* programmatisch erstellen, nutzen Sie die Methode *initWithFrame:style:* bzw. *initWithStyle:* bei einem *UITableViewController* und verwenden die beiden Stile *UITableViewStylePlain* oder *UITableViewStyleGrouped*.

Beim Einsatz des Interface Builders müssen Sie im Attribute-Inspector den Parameter *Style* der Tabelle anpassen, wie es in der entsprechenden Abbildung dargestellt ist.

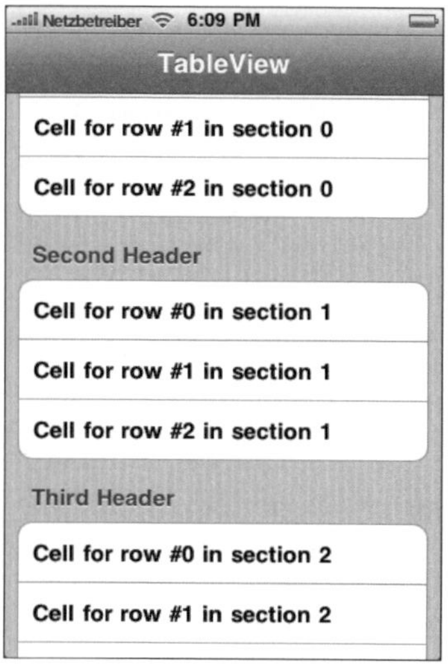

Die Tabelle aus dem letzten Abschnitt im Stil UITableViewStyleGrouped.

Hinweis

Den kompletten Quelltext und die angepassten Dateien finden Sie in Beispiel 18.7.

18.3 Tabellen bearbeiten

Tabellenansichten verfügen über einen eingebauten Editiermodus. Somit lassen sich ohne großen Aufwand Elemente in die Tabelle einfügen, löschen oder innerhalb der Tabelle umordnen. Auch für die Infrastruktur zur Bereitstellung dieser Funktionalität in Ihrer Anwendung ist gesorgt. Mit einer einzigen Zeile Quelltext erweitern Sie eine Navigationsleiste innerhalb eines Viewcontrollers um eine Bearbeiten- bzw. Fertig-Schaltfläche. Fügen Sie dazu in der *viewDidLoad*-Methode folgende Anweisung hinzu:

```
self.navigationItem.rightBarButtonItem = self.editButtonItem;
```

Beispiel 18.8: *RootViewController.m* (Ausschnitt)

Das Praktische an dieser Anweisung ist, dass die neue Schaltfläche automatisch bei Berührung zwischen den Zuständen Bearbeiten und Fertig wechselt. Innerhalb des Viewcontrollers wird dafür der Zustand *editing* mitgeführt. Es wird sogar noch besser: Wenn Sie Ihren Viewcontroller von der Klasse *UITableViewController* ableiten, wird die zugrunde liegende Tabelle ebenfalls in den Bearbeitungsmodus versetzt.

Bearbeitungsmodi einer Zelle

Jede Zelle kann dabei einen der folgenden Bearbeitungsmodi haben: *UITableViewCellEditingStyleNone*, *UITableViewCellEditingStyleDelete* oder *UITableViewCellEditingStyleInsert*. Um den Modus anzupassen, müssen Sie die Delegate-Methode *tableView:editingStyleForRowAtIndexPath:* implementieren. Die Standardeinstellung ist hier der Löschmodus.

Löschen einer Zelle

Im Löschmodus erscheint vor dem Zellinhalt ein kleines Minussymbol als Schaltfläche. Sobald das Symbol berührt wird, erscheint rechts ein Löschen-Button zur Bestätigung des Vorgangs. Für jede gelöschte Zelle wird *tableView:commitEditingStyle:forRowAtIndexPath:* aus dem Protokoll *UITableViewDataSource* aufgerufen. In dieser Methode müssen Sie die zu löschende Zelle aus der Tabelle entfernen und vorher auch im Datenmodell sicherstellen, dass der Inhalt entfernt wird. Die für unsere Beispiele benutzte Projektvorlage enthält praktischerweise schon eine auskommentierte Implementierung. Sie kann leicht für unser Beispiel angepasst werden:

```
- (void)tableView:(UITableView *)tableView
    commitEditingStyle:(UITableViewCellEditingStyle)editingStyle
    forRowAtIndexPath:(NSIndexPath *)indexPath {

    if (editingStyle == UITableViewCellEditingStyleDelete) {
        // remove the cell from the array
        [tableCells removeObjectAtIndex:indexPath.row];

        // Delete the row from the data source.
        [tableView deleteRowsAtIndexPaths:
             [NSArray arrayWithObject:indexPath]
             withRowAnimation:UITableViewRowAnimationFade];
    }
}
```

Beispiel 18.8: *RootViewController.m* (Ausschnitt)

Die Zellinhalte werden in diesem Beispiel aus dem Array *tableCells* gefüllt. Deshalb wird beim Löschvorgang zuerst das Element entsprechend der gelöschten Zeile mit der Nachricht *removeObjectAtIndex:* aus dem Array entfernt. Erst danach dürfen Sie die Zellen physisch aus der Tabelle nehmen. Die Methode *deleteRowsAtIndexPaths:withRowAnimation:* erwartet die zu löschenden Zellen als ein Array von Indexpfaden. Da wir nur eine Zelle auf einmal löschen, ist der aktuelle Indexpfad *indexPath* das einzige Element des Arrays.

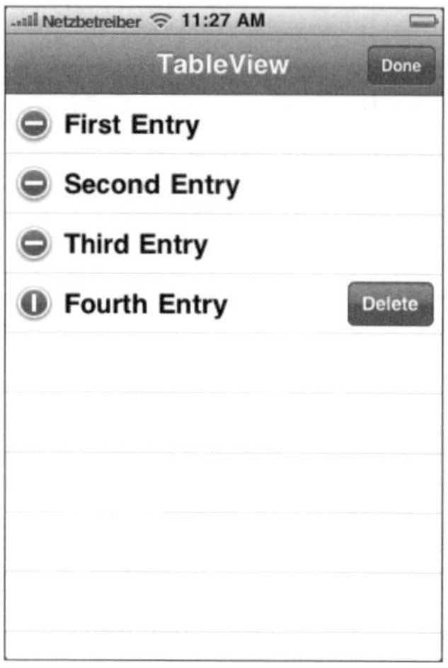

Die Navigationsleiste mit einer automatischen Bearbeiten/Fertig-Schaltfläche. Im Bearbeiten-Modus kann die Zelle durch die kleine Schaltfläche vor dem Zellinhalt gelöscht werden. Der Löschvorgang muss durch Drücken des Buttons Delete bestätigt werden.

Zellen einzeln versetzen

Zellen können durch eine Wischgeste auch einzeln in den Bearbeitungsmodus versetzt werden. Rechts wird dann zur Bestätigung der *Delete*-Button eingeblendet.

Zellen neu ordnen

Das Löschen und Einfügen von Zellen ist nur eine Möglichkeit für den Benutzer, die Tabelle anzupassen. Die Tabelle bietet auch eine integrierte Sortiermöglichkeit. Sie kennen sicherlich aus einigen Anwendungen die, wie eine geriffelte Fläche gestaltete, Schaltfläche rechts, an der eine Zelle ausgewählt und dann verschoben werden kann. Der komplette Vorgang wird animiert, liefert also eine für den Benutzer ansprechende Interaktion.

Für jede Zelle kann einzeln entschieden werden, ob sie an einer Stelle unbeweglich bleibt oder aktiv verschoben werden kann. Dazu können Sie in der Methode *tableView:canEditRowAtIndexPath:* des Protokolls *UITableViewDataSource* über den Rückgabewert das Verhalten steuern. Die folgende Implementierung erlaubt das Umsortieren für alle Zellen:

```
- (BOOL)tableView:(UITableView *)tableView
    canEditRowAtIndexPath:(NSIndexPath *)indexPath {
    return YES;
}
```

Beispiel 18.9: *RootViewController.m* (Ausschnitt)

Ähnlich dem Löschvorgang wird nach dem Loslassen der verschobenen Zelle die Nachricht *tableView:moveRowAtIndexPath:toIndexPath:* geschickt. In dieser müssen Sie das Modell hinter den Zellinhalten entsprechend anpassen, um die Nachhaltigkeit der Änderung zu gewährleisten. In unserem Beispiel wird die entsprechende Zeile *fromIndexPath* in der Methode *tableView:moveRowAtIndexPath:toIndexPath:* aus dem Array gelöscht und an der neuen Position *toIndexPath* eingefügt.

```
- (void)tableView:(UITableView *)tableView
    moveRowAtIndexPath:(NSIndexPath *)fromIndexPath
    toIndexPath:(NSIndexPath *)toIndexPath {

    NSString *cellTitle = [tableCells
    objectAtIndex:fromIndexPath.row];

    [tableCells removeObjectAtIndex:fromIndexPath.row];
    [tableCells insertObject:cellTitle atIndex:toIndexPath.row];
}
```

Beispiel 18.9: *RootViewController.m* (Ausschnitt)

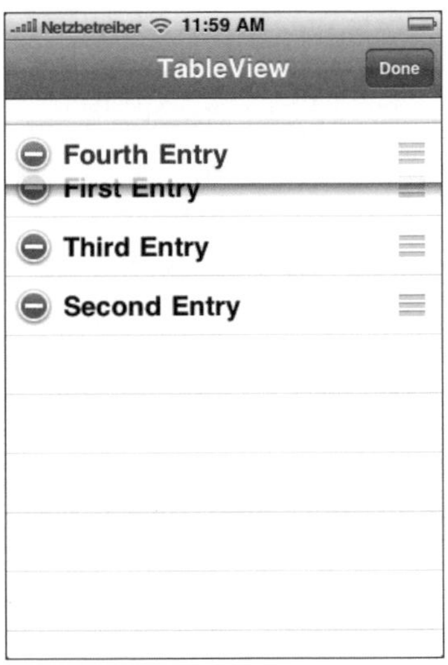

Der Benutzer kann per Drag & Drop die Tabelle umsortieren. Der Vorgang wird durch ansprechende Animationen visualisiert.

19. Ortung, Kompass, Beschleunigungssensor und Gyroskop

Das iPhone-SDK unterstützt mittlerweile eine breite Palette an Sensoren. Neben der Ortung und dem Kompass, die zur Positionsbestimmung herangezogen werden, findet sich auch die Unterstützung eines Beschleunigungssensors und seit iOS 4 auch eines Kreiselinstruments bzw. Gyroskops zur Lagebestimmung. Dieses Kapitel gibt einen Einblick in die spannende Welt der ortsbasierten Dienste und beschreibt, wie Sie die Sensoren nutzen und abfragen können.

19.1 Ortung

Wie funktioniert die Ortung?

Das Ortungssystem des iPhones und je nach Hardwareunterstützung auch der Geräte der iPad- und iPod-touch-Familie besteht aus einem mehrstufigen System. Grundidee ist die möglichst akkurate Ermittlung der Position des Benutzers bei dennoch möglichst energieeffizientem Einsatz des Endgerätes.

- GPS: Mit dem **G**lobal **P**ositioning **S**ystem wird die Position des Endgerätes über die Signale von Satelliten ermittelt. Je nach Sichtbarkeit der Satelliten kann die ermittelte Position bis auf ca. 10 m exakt sein. Nachteilig wirken sich die benötigte Sichtverbindung und schnelle Ortswechsel aus, die eine GPS-Ortung verzögern oder wie in Gebäuden komplett verhindern.
- WPS: Das sogenannte **W**i-Fi **P**ositioning **S**ystem ist eines auf der Technologie der Firma Skyhook Wireless basierendes System zur Ortung aufgrund der Verbindung zu einem oder mehreren Wi-Fi-Access-Points. Die Firma Skyhook besitzt hier wohl weltweit die größte Datenbank. Sie enthält – neben der Identifizierung eines Routers über dessen MAC-Adresse – auch dessen GPS-Koordinaten. Aufgrund dieser Informationen kann über mehrere Router im Umkreis eine maximale Genauigkeit von 20–30 m erreicht werden. Für das WPS wird keine zusätzliche Ortungshardware benötigt, der WLAN-Chip ist ja ohnehin vorhanden. Im Vergleich zu GPS funktioniert WPS generell auch innerhalb von Gebäuden – je nach Verfügbarkeit von drahtlosen Netzwerken.
- Mobilfunk-Triangulation: Die Mobilfunk-Triangulation nutzt die vorhandenen Mobilfunksender zur Ermittlung einer ungefähren Position. Dabei kann schon mit nur einem Funkmast eine Ortung durchgeführt werden. Werden die In-

formationen von mehreren sich überschneidenden Zellen genutzt, kann eine Genauigkeit von maximal 100–200 m erreicht werden.

Die hybride Verwendung dieser Ortungsverfahren mit GPS wird **A**ssisted **GPS** oder A-GPS genannt. Oft bezeichnet A-GPS nur die spezielle Kombination aus GPS- und Mobilfunkortung. Durch A-GPS wird die Zeit zur Ermittlung einer Position deutlich herabgesetzt. Insgesamt wirkt sich die Kombination der unterschiedlichen Verfahren positiv auf die Positionierungsgeschwindigkeit, die mittlere Genauigkeit und nicht zuletzt auch auf die Akkulebensdauer aus.

Hinweis

Eine Tabelle zur Verfügbarkeit von GPS in einer bestimmten Gerätegeneration finden Sie in Kapitel 21.2.

CoreLocation-Framework

Das iPhone-SDK bündelt die Ortungsfunktionalität im *CoreLocation*-Framework. Es umfasst das komplette Ortungssystem und die Kompassfunktion. Letztere wird in einem ausführlichen Workshop in Kapitel 21.2 genauer besprochen.

Zusätzlich zu den funktionalen Aspekten regelt das Framework auch datenschutzrechtliche Aspekte. Beim ersten Aufruf einer Anwendung muss der Benutzer die GPS-Ortung explizit freigeben. Sie können die generelle Deaktivierung vor der Benutzung der Ortung mit der Klassenmethode *locationServicesEnabled* von *CLLocationManager* überprüfen. Falls Ihre Anwendung die Ortung nur als Zusatzfunktion nutzt, können Sie im Fall der Deaktivierung aller Ortungsdienste auf den Start der Ortung verzichten. Wenn Sie dennoch mit der Ortung beginnen, wird der Benutzer über eine Systembenachrichtigung gebeten, seine Einstellung zu ändern. Eine tatsächliche Positionierung erfolgt nur, wenn der Benutzer letztlich seine Freigabe erteilt.

Sobald eine Anwendung aktiv auf Ihre Position zugreift, erscheint seit iOS 4 in der Statuszeile eine kleine Kompassnadel. Dadurch erkennen Sie mit einem Blick, ob Ihre Position benutzt wird:

In den globalen Einstellungen finden Sie unter *Allgemein/Ortungsdienste* seit iOS 4 eine Freigabe pro installierter Anwendung. Außerdem informiert die kleine Kompassnadel über den Einsatz der Ortung innerhalb der Anwendung in den letzten 24 Stunden. Der Benutzer kann so einfach entscheiden, welchen Anwendungen er seine genaue Position bekannt geben will. Die folgende Abbildung zeigt die verschiedenen Freigabeebenen:

Die verschiedenen Freigabeebenen: In den Einstellungen kann pro Anwendung über die Freigabe der Ortung entschieden werden (links). Bei deaktivierter Ortung wird der Benutzer um die Aktivierung gebeten (Mitte). Wenn die Anwendung bei grundsätzlicher Freigabe eine Anwendung mit Ortungsfunktion zum ersten Mal startet, muss der Benutzer der Verwendung explizit zustimmen (rechts).

Ihr Projekt um CoreLocation-Funktionalität erweitern

Die folgenden Schritte zeigen Ihnen, wie Sie Ihr Projekt für den Einsatz von Ortungsfunktionen bereit machen:

1 Klicken Sie in Xcode unter *Groups & Files* mit der rechten Maustaste auf *Frameworks*. Wählen Sie aus dem Kontextmenü *Add/Add Existing Frameworks*.

2 Markieren Sie im Dialog das Framework *CoreLocation* und klicken Sie dann auf *Add*.

3 Erweitern Sie die entsprechende Header-Datei in Ihrem Projekt um folgende *#import*-Anweisung, um die Klassen des Frameworks bekannt zu machen:

#import <CoreLocation/CoreLocation.h>

Die Position des Benutzers ermitteln

Die Klasse *CLLocationManager* steuert den Zugriff auf die Ortung und den Kompass. Erstellen Sie ein Objekt der Klasse, um diese Funktionen zu nutzen. Die Änderungen der Position und mögliche Fehler werden über die Delegate-Methoden des Protokolls *CLLocationManagerDelegate* weitergegeben. Sie müssen deshalb die Eigenschaft *delegate* entsprechend auf die interessierte Instanz, beispielsweise den aktiven Viewcontroller, setzen. Bevor Sie die Ortung aktivieren, können Sie den Ortungsmanager noch konfigurieren. Die beiden Eigenschaften

- *distanceFilter* und
- *desiredAccuracy*

regeln die Häufigkeit der Positionsänderungen und bestimmen die Genauigkeit der Ortung. Mit *distanceFilter* legen Sie die minimale Distanz in Metern zwischen zwei Ortungen fest. Erst wenn die Mindestdistanz erreicht ist, wird eine Positionsänderung signalisiert. Die Standardeinstellung ist *kCLDistanceFilterNone*, also ohne Distanzfilter.

Die Genauigkeit des Ortungsmoduls beeinflusst die Eigenschaft *desiredAccuracy*. Zur Steuerung definiert das SDK die folgenden Konstanten:

- *kCLLocationAccuracyBestForNavigation*
- *kCLLocationAccuracyBest*
- *kCLLocationAccuracyNearestTenMeters*
- *kCLLocationAccuracyHundredMeters*
- *kCLLocationAccuracyKilometer*
- *kCLLocationAccuracyThreeKilometers*

Genauigkeit der Ortung

Beachten Sie, dass die Genauigkeit der Ortung einen direkten Einfluss auf die Akkulaufzeit hat. Wählen Sie hier immer die für Ihre Bedürfnisse optimale Einstellung. Je genauer die Position ermittelt werden soll, je mehr Zeit und Energie wird auf die Aufgabe verwendet.

Die Nachricht *startUpdatingLocation* an den Ortungsmanager startet die Ortung. Das Delegate wird nun über die beiden Methoden *locationManager:didUpdateToLocation:fromLocation:* und *locationManager:didFailWithError:* informiert. Bei einer Positionsänderung wird die jeweils aktuelle und die zuletzt übermittelte Position als Objekt der Klasse *CLLocation* im Delegate-Aufruf übergeben. Die Position enthält neben der Längen- und Breiteninformation auch die Höhe sowie Geschwindigkeit und Kurs – sofern diese ermittelt werden konnten. Zusätzlich enthält jede Ortung noch einen Zeitstempel. Dieser ist gerade zu Beginn wichtig. Das System versucht, anfangs relativ schnell eine Position zu ermitteln. Dazu kann auch eine schon vorher ermittelte Position aus dem Cache des Ortungsmoduls herangezogen werden. Wenn Sie veraltetete Daten verwerfen wollen, können Sie dazu die Eigenschaft *timestamp* auswerten.

Im folgenden Beispiel werden die aktuelle Position und weitere ermittelte Daten wie Höhe und Geschwindigkeit mit *NSLog* ausgegeben:

```
#import "WorkshopViewController.h"

@implementation WorkshopViewController

- (void)viewDidAppear:(BOOL)animated {
    [super viewDidAppear:animated];

    CLLocationManager *locationManager =
        [[CLLocationManager alloc] init];

    locationManager.delegate = self;

    [locationManager startUpdatingLocation];
}

- (void)locationManager:(CLLocationManager *)manager
    didUpdateToLocation:(CLLocation *)newLocation
    fromLocation:(CLLocation *)oldLocation {

    NSLog(@"Lat: %f Long: %f", newLocation.coordinate.latitude,
        newLocation.coordinate.longitude);

    NSLog(@"Accuracy: +- %1.0f", newLocation.horizontalAccuracy);

    NSLog(@"Altitude: %1.0f (+- %1.0f)", newLocation.altitude,
          newLocation.verticalAccuracy);

    NSLog(@"Speed: %1.1f", newLocation.speed);
}

- (void)locationManager:(CLLocationManager *)manager
    didFailWithError:(NSError *)error {
    // do some error handling here, e.g. notify the user!
}

- (void)dealloc {
    [super dealloc];
}

@end
```

Beispiel 19.1: *WorkshopViewController.m*

Höhenprofil-Workshop

Die Ortung ist auch Ausgangspunkt für den Höhenprofil-Workshop in Kapitel 22.5. Dort finden Sie also ein weiteres Beispiel mit umfangreichem Quelltext.

Region Monitoring

Das Betriebssystem verwaltet für jede Anwendung eine Liste an Regionen, bestimmt durch einen Kreis um eine bestimmte geografische Koordinate. Sobald das System feststellt, dass der Benutzer eine überwachte Region verlässt oder betritt, wird die Anwendung über den Aufruf einer der Delegate-Methoden informiert:

- *locationManager:didEnterRegion:*
- *locationManager:didExitRegion:*
- *locationManager:monitoringDidFailForRegion:withError:*

Das System registriert die Überschreitung der Regionsgrenze auch dann, wenn die Anwendung nicht läuft. In diesem Fall startet das System die Anwendung automatisch im Hintergrund. Das Anwendungs-Delegate liefert dafür beim Start in der Methode *application:didFinishLaunchingWithOptions:* den Schlüssel *UIApplicationLaunchOptionsLocationKey* in den Startoptionen *launchOptions* mit. Danach sollten Sie einen Ortungsmanager erzeugen und starten. Das entsprechende Event – das Betreten oder Verlassen der Region – wird dann über das Delegate signalisiert. Zusätzlich enthält die Eigenschaft *location* die Position, die zu diesem Ereignis geführt hat.

Durch diese Funktionalität können Sie also Benutzer über die Nähe zu bestimmten Plätzen, Orten oder Regionen informieren. Beispielsweise könnte eine Navigationslösung den Benutzer über Tankstellen oder ein Reiseführer über Sehenswürdigkeiten in der Nähe informieren.

Eine Region wird durch ein Objekt der Klasse *CLRegion* repräsentiert. Durch den Aufruf von *initCircularRegionWithCenter:radius:identifier:* wird die Region durch die geografische Koordinate *center* und den Radius *radius* in Metern initialisiert, wobei der Radius kleiner als der im Property *maximumRegionMonitoringDistance* festgesetzte maximale Radius sein muss. Der String *identifier* wird als eindeutiger Bezeichner innerhalb aller Regionen einer Anwendung verwendet. Die Nachricht *startMonitoringForRegion:desiredAccuracy:* an den Ortungsmanager registriert die Region im System und startet die Überwachung. Wird eine Region mit dem gleichen Bezeichner hinzugefügt, ersetzt diese die alte Definition. Jede Anwendung kann mehrere Regionen parallel überwachen.

Das folgende Beispiel informiert den Benutzer, wenn er dem Brandenburger Tor näher als 1.000 m kommt. Dabei wird vorher überprüft, ob bereits Regionen vorliegen, dann muss die Region nicht erneut erzeugt und die alte damit überschrieben werden:

```
// define regions if not previously registered
if ([CLLocationManager regionMonitoringAvailable] &&
    [CLLocationManager regionMonitoringEnabled] &&
```

```
    [locationManager.monitoredRegions count] == 0) {

    // set center to Brandenburger Tor in Berlin
    CLLocationCoordinate2D center;

    center.latitude = 52.516260;
    center.longitude = 13.377711;

    center.latitude = 49.042644;
    center.longitude = 10.986388;

    CLRegion *region = [[CLRegion alloc]
        initCircularRegionWithCenter:center radius:1000.0f
        identifier:@"Berlin center"];

    [locationManager startMonitoringForRegion:region
        desiredAccuracy:kCLLocationAccuracyBest];
}
```

Beispiel 19.2: *WorkshopViewController.m*

Wie üblich sollten Sie die Verfügbarkeit dieser Funktionalität prüfen, bevor Sie Gebrauch davon machen. In der *if*-Abfrage des Beispiels wird das durch *regionMonitoringAvailable* und *regionMonitoringEnabled* überprüft.

Jede Region kann mit *stopMonitoringForRegion:* wieder aus der Überwachung genommen werden. Das eröffnet unter anderem die Möglichkeit, Regionen einzeln oder als ganzer Satz durch den Benutzer konfigurierbar zu machen.

Region Monitoring

Implementieren Sie das Region Monitoring in Ihrem Anwendungs-Delegate, das auch das Delegate für den Ortungsmanager werden sollte. Dadurch können Sie dort direkt auf die entsprechenden Ereignisse reagieren, auch wenn die Anwendung im Hintergrund schläft oder im Hintergrund neu gestartet wird.

Ortung als Hintergrunddienst

Ortsbasierte Anwendungen genießen mit iOS 4.0 das Privileg, als Hintergrundanwendung laufen zu dürfen. Andere Anwendungen, die nicht in die drei potenziellen Kategorien für einen Hintergrundbetrieb fallen, begnügen sich dagegen mit der Möglichkeit eines inaktiven Zustands, aus dem sie vom Benutzer wieder in den aktiven versetzt werden können. Mehr zum Thema Multitasking und wie Sie Ihre Anwendung als ortsbasierte Anwendung im System für den Hintergrundbetrieb registrieren, lesen Sie in Kapitel 22.

Alternativ kann Ihre Anwendung die Ortung auf signifikante Änderungen der Position des Benutzers beschränken. Dazu wird der Ortungsmanager mit der Methode *startMonitoringSignificantLocationChanges* statt *startUpdatingLocation* gestartet. Diese Methode verlässt sich vorwiegend auf die Ortung von Mobilfunkzellen und nimmt den Zellenwechsel zum Anlass, ein Update der Position zu generieren. Dadurch erreichen Sie einerseits eine deutlich höhere Standzeit der Akkus und andererseits den Vorteil, dass die Benachrichtigung über eine Änderung der Position auch zugestellt wird, wenn die Anwendung beendet ist. Analog zum Region Monitoring wird die Anwendung dann im Hintergrund neu gestartet und über den Ortungsmanager, und das Delegate wird mit dem ersten Aufruf von *locationManager:didUpdateToLocation:fromLocation:* über die geänderte Position informiert.

Ortungsmanager

Bevor Sie den Ortungsmanager mit *startMonitoringSignificantLocationChanges* starten, sollten Sie unbedingt die Verfügbarkeit dieser Funktionalität durch den Aufruf der Klassenmethode *significantLocationChangeMonitoringAvailable* überprüfen.

19.2 Workshop: Kompassfunktion

Das iPhone 3GS brachte als neuen Sensor einen Kompass an Bord mit. Dieser unterstützt die Ortung und vereinfacht die Ausrichtung des Gerätes bzw. den Inhalt nach den Himmelsrichtungen. Die Maps-Anwendung macht regen Gebrauch davon, Karten können seitdem nicht nur genordet dargestellt werden, sondern auch in Blickrichtung des Benutzers.

Der Kompass ist in den Ortungsmanager *CLLocationManager* integriert und nutzt die Methode *locationManager:didUpdateHeading:* im Protokoll *CLLocationManager-Delegate*. Gestartet wird die Auswertung des Kompasssensors durch die Nachricht *startUpdatingHeading*. Überflüssig zu erwähnen ist, dass Sie vor der Aktivierung die Verfügbarkeit des Kompasses für das Endgerät mit *headingAvailable* prüfen sollten.

Die Benutzerschnittstelle des Workshops

In einem etwas ausführlicheren Workshop wollen wir einen optisch ansprechenden Kompass umsetzen. Die benötigten Grafiken für diesen Workshop finden Sie im Verzeichnis von Beispiel 19.3. Die Benutzerschnittstelle besteht aus drei Einzelgrafiken: einem Hintergrund mit Winkelskala, der Magnetnadel und einer Reflexion über dem gesamten Kompass.

Die Header-Datei

In der Header-Datei des Viewcontrollers wird die Kompassnadel als Outlet *compassHeadingView* deklariert. Der Ortungsmanager wird als weitere Eigenschaft angelegt. In *currentHeading* wird die Ausrichtung in Grad gesichert, um daraus die Animation in die neue Ausrichtung und die Animationsdauer zu berechnen.

```
#import <UIKit/UIKit.h>
#import <CoreLocation/CoreLocation.h>

@interface WorkshopViewController : UIViewController
    <CLLocationManagerDelegate> {
    CLLocationManager *locationManager;
    IBOutlet UIImageView *compassHeadingView;

    float currentHeading;
}

@property(nonatomic, retain) CLLocationManager *locationManager;
@property(nonatomic, retain) IBOutlet UIImageView *compassHeadingView;
@property(nonatomic, assign) float currentHeading;

- (void) setNewHeading:(float) heading;
@end
```

Beispiel 19.3: *WorkshopViewController.h*

Die Implementierung

Die Umsetzung der Kompassfunktion beschränkt sich auf zwei Bereiche. Die Methode *setNewHeading:* animiert die Drehung der Kompassnadel. Die Animationsdauer wird dabei je nach Ausschlag berechnet. Eine Umdrehung soll dabei maximal zwei Sekunden dauern.

Ein weiterer Bereich ist die Behandlung des Delegates. Die Nachricht *locationManager:didUpdateHeading:* ruft mit dem aktuellen Winkel im Bogenmaß *setNewHeading:* auf. Die Methode *locationManagerShouldDisplayHeadingCalibration:* wird aufgerufen, wenn der Kompasssensor eine Kalibrierung erwartet. Mit *YES* als Rückgabe erlauben wir den Kalibrierungsdialog.

```
#import "WorkshopViewController.h"

@implementation WorkshopViewController
@synthesize locationManager, compassHeadingView, currentHeading;

- (void)viewWillAppear:(BOOL)animated {
    [super viewWillAppear:animated];

    // reset heading view
```

```
    [self setNewHeading:0.0f];

    locationManager = [[CLLocationManager alloc] init];

    // first check availability of compass service
    if ([CLLocationManager headingAvailable]) {
        locationManager.delegate = self;

        // start getting heading information
        [locationManager startUpdatingHeading];

    }
}

- (void) setNewHeading:(float) heading {
    float angleRad = -1.0f * heading *  M_PI / 180.0f;

    NSTimeInterval animationDuration =
        abs(currentHeading - heading) * 2.0f / 360.0f;

    [UIView animateWithDuration:animationDuration
        animations:^{
            compassHeadingView.transform =
                CGAffineTransformMakeRotation(angleRad);
        }
     ];

    currentHeading = heading;
}

- (void)locationManager:(CLLocationManager *)manager
    didUpdateHeading:(CLHeading *)newHeading {
    [self setNewHeading:newHeading.magneticHeading];
}

- (BOOL)locationManagerShouldDisplayHeadingCalibration:
    (CLLocationManager *)manager {
    return YES;
}

- (void)dealloc {
    [compassHeadingView release];
    [locationManager release];
    [super dealloc];
}
@end
```

Beispiel 19.3: *WorkshopViewController.m*

Der Kompass im Einsatz: Die Kompassnadel wird jeweils in einer Animation nachgeführt.

19.3 Beschleunigungssensor

Der Beschleunigungssensor gibt die auf die drei Achsen wirkenden Beschleunigungskräfte an. Verwendung findet diese Information vor allem zur Bestimmung der Ausrichtung des Gerätes. Der Sensor lässt sich auch zur Erkennung einer Schüttelgeste oder zur anspruchsvollen Steuerung beispielsweise für Spiele nutzen. Die Abbildung zeigt die Ausrichtung der Achsen zur Ebene des Gerätes.

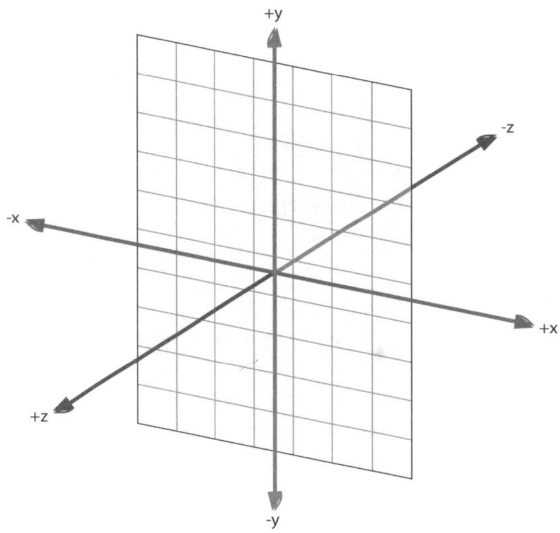

Schüttelgesten erkennen

Die Schüttelgeste wird als Systemevent ähnlich den Berührungen behandelt (siehe dazu Kapitel 17) . Jede von *UIResponder* abgeleitete Klasse – beispielsweise als Abkömmling von *UIView* – kann die Callback-Methoden überschreiben und auf diese Events reagieren. Die Eventbenachrichtigung erfolgt über die folgenden Aufrufe, die analog zu Behandlung von Berührungen des Bildschirms sind:

- *motionBegan:withEvent:*
- *motionEnded:withEvent:*
- *motionCancelled:withEvent:*

Auch *UIViewController* und abgeleitete Klassen können damit auf Events durch Bewegung des Gerätes reagieren. Wegen Performancebeschränkungen werden Events aufgrund einer Bewegung nur zugestellt, sofern die entsprechende Instanz auch den Eingabefokus hat, also im Jargon des SDK ein First Responder ist. Deshalb ist für einen Viewcontroller ein wenig mehr Aufwand nötig. Zum einen muss er vorher durch die Nachricht *becomeFirstResponder* den Eingabefokus erhalten. Den akzeptiert ein Viewcontroller allerdings nur, wenn *canBecomeFirstResponder* das mit einem *YES* erlaubt. Deshalb muss diese Methode zum anderen noch überschrieben werden, denn im Gegensatz zu *UIView* ist sie in der Klasse *UIViewController* nicht mit einem *YES* als Rückgabewert vorgesehen. Das folgende Beispiel versetzt den Viewcontroller in der Implementierung von *viewDidAppear:* in den Eingabefokus. Konsequenterweise wird beim Verlassen des Views in *viewWillDisappear:* dieser wieder abgegeben; so können weitere Komponenten wie Eingabefelder in anderen Ansichten in gewohnter Weise automatisch den Fokus übernehmen. Wenn der Callback *motionEnded:withEvent:* ein Event vom Typ *UIEventSubtypeMotionShake* erkennt, wird eine Benachrichtigung als Bestätigung angezeigt.

```
- (void)viewDidAppear:(BOOL)animated {
    [super viewDidAppear:animated];
    [self becomeFirstResponder];
}

- (void) viewWillDisappear:(BOOL)animated {
    [super viewWillDisappear:animated];
    [self resignFirstResponder];
}

-(BOOL)canBecomeFirstResponder {
    return YES;
}

- (void)motionEnded:(UIEventSubtype)motion
    withEvent:(UIEvent *)event {

    if (event.type == UIEventSubtypeMotionShake) {
        UIAlertView *shakeAlert = [[UIAlertView alloc]
            initWithTitle:@"Shaking detected"
```

```
                message:@"A shaking gesture has been detected."
                delegate:self cancelButtonTitle:@"OK"
                otherButtonTitles:nil];

            [shakeAlert show];
            [shakeAlert release];
        }
    }
```

Beispiel 19.4: *WorkshopViewController.m* (Ausschnitt)

Systemereignis signalisiert Bewegung

Das Event vom Typ *UIEventSubtypeMotionShake* ist momentan das einzige eine Bewegung signalisierende Systemereignis.

Beschleunigungswerte direkt auslesen

In älteren Versionen vor iOS 4 widmete das SDK dem Beschleunigungssensor eine eigene Klasse *UIAcceleration*. Da jetzt mit dem Gyrosensor eine Erweiterung nötig wurde, hat man sich dafür entschieden, den Bewegungssensoren ein eigenes Framework mit einem Manager zu widmen, wie es beispielsweise auch *CoreLocation* mit dem *CLLocationManager* für die Ortung anbietet. Das Framework *CoreMotion* vereinheitlicht die Sensorenauswertung und alle Funktionen sind eng gekapselt verfügbar. Der Zugriff auf die Daten erfolgt nicht mehr über ein Delegate und das dazugehörige Protokoll, sondern wird über Blockprogrammierung in die Aufrufe integriert. Die Neuerungen von iOS 4 schlagen sich also in allen Bereichen nieder.

Das CoreMotion-Framework importieren

Die folgende Anleitung führt Sie durch die Vorbereitung Ihres Projekts für die Funktionen des *CoreMotion*-Frameworks:

1. Klicken Sie in Xcode unter *Groups & Files* mit der rechten Maustaste auf *Frameworks*. Wählen Sie aus dem Kontextmenü *Add/Add Existing Frameworks*.
2. Markieren Sie im Dialog das Framework *CoreMotion* und klicken Sie dann auf *Add*.
3. Erweitern Sie die entsprechende Header-Datei in Ihrem Projekt um folgende *#import*-Anweisung, um die Klassen des Frameworks bekannt zu machen:

   #import <CoreMotion/CoreMotion.h>

Den Sensor auslesen

Der für die Bewegungssensoren zuständige Manager ist *CMMotionManager*. Der Ablauf ist extrem einfach:

1. Erzeugen Sie einen *CMMotionManager*.
2. Justieren Sie das Updateintervall.
3. Starten Sie die Überwachung mit dem Beschleunigungssensor und stellen Sie dabei einen Callback-Block zur Verarbeitung der Updates bereit.

Die aktuellen Sensordaten werden periodisch je nach eingestelltem Intervall *accelerometerUpdateInterval* geliefert. Die Nachricht *startAccelerometerUpdatesToQueue:withHandler:* an den Manager beginnt die Sensorauswertung. Über die Queue – ein Objekt von *NSOperationQueue* – können Sie den Thread steuern, der die Daten auswertet. Für extrem kleine Updateintervalle kann so die Last für die Auswertung in einen eigenen Thread verlagert werden. Der Handler ist ein Block, der die Updates und mögliche Fehler entgegennimmt. Das Beispiel startet die Sensorauswertung und implementiert einen einfachen Handler, der die Beschleunigung in x-, y- und z-Richtung als *NSLog* ausgibt. Als Queue wird die Hauptschleife über die Klassenvariable *mainQueue* benutzt:

```
CMMotionManager *motionManager = [[CMMotionManager alloc] init];

motionManager.accelerometerUpdateInterval = 0.1;

[motionManager startAccelerometerUpdatesToQueue:[NSOperationQueue
    mainQueue]
    withHandler:^(CMAccelerometerData *accelerometerData, NSError
        *error){
        NSLog(@"handler: %1.1f %1.1f %1.1f",
            accelerometerData.acceleration.x,
            accelerometerData.acceleration.y,
            accelerometerData.acceleration.z);
}];
```

Beispiel 19.5: *WorkshopViewController.m* (Ausschnitt)

Alternativ können Sie auch die Methode *startAccelerometerUpdates* ohne einen Handler aufrufen. In der Eigenschaft *accelerometerData* liegt dann die letzte Information vom Beschleunigungssensor parat. Dadurch können Sie auf eine komplexe Auswertung bei jedem Update der Daten verzichten und die Daten in Ihrem eigenen Rhythmus auswerten, beispielsweise mit einer bestimmten Framerate in Spielen.

Hinweis

Mehr zur Blockprogrammierung finden Sie in Kapitel 5. Eine Einführung zur Nebenläufigkeit und zu *NSOperationQueue* bietet Kapitel 3.10.

19.4 Gyroskop zur genauen Lagebestimmung

Der im iPhone 4 verbaute Gyrosensor liefert sehr exakte Daten zur Position und Drehung des Gerätes um die drei Achsen. Das *CoreMotion*-Framework bietet zwei Wege, auf Daten vom Gyrosensor zuzugreifen. Sie können die Rohdaten durch den Aufruf von *startGyroUpdatesToQueue:withHandler:* abgreifen. Sie werden als Objekt vom Typ *CMGyroData* bereitgestellt und enthalten nur die aktuelle Drehrate *rotationRate*.

Deutlich mächtiger ist die Überwachung der Gerätebewegung mit *startDeviceMotionUpdatesToQueue:withHandler:*. Sie liefert sowohl Gyroskopdaten als auch Werte des Beschleunigungssensors als Objekt von *CMDeviceMotion*. Dabei werden die Daten einer eingebauten Fehlerkorrektur unterzogen, sind also verlässlicher. Außerdem wird eine aktuelle Geräteposition mitgeführt. *CMDeviceMotion* enthält Eigenschaften für die Ermittlung

- der aktuellen Drehrate und der Lage des Gerätes: *rotationRate* und *attitude*;
- der Beschleunigung, aufgeteilt in die Anteile für die Gravitation und die Beschleunigung des Gerätes durch den Benutzer: *gravity* und *userAcceleration*.

Mit *attitude* bestimmt man die Lage des Gerätes zu einer Bezugsposition über die Winkel *pitch* (x-Achse), *roll* (y-Achse) und *yaw* (z-Achse). Das folgende Beispiel errechnet aus den Winkeln eine 3-D-Transformation und dreht ein Bild je nach Lage des Gerätes. Bevor Sie die Funktionalität nutzen, sollten Sie – wie bei allen geräteabhängigen Sensoren und Funktionen – die Verfügbarkeit mit *isDeviceMotionAvailable* überprüfen:

```
// add the image
UIImageView *imageView =
    [[[UIImageView alloc] initWithImage:
[UIImage imageNamed:@"ball.png"]] autorelease];

// center image on screen
imageView.center = self.view.center;

[self.view addSubview:imageView];

// initialize the motion manager
CMMotionManager *motionManager = [[CMMotionManager alloc] init];

```

```
// check availability of gyro/device motion
if (![motionManager isDeviceMotionAvailable]) {
    // handle this situation in your application
    return;
}

// set the update interval
motionManager.deviceMotionUpdateInterval = .5;

[motionManager startDeviceMotionUpdatesToQueue:
    [NSOperationQueue mainQueue]
    withHandler:^(CMDeviceMotion *motion, NSError *error){

        // only execute handler code if no error occured
        if (!error) {

            float pitch = motion.attitude.pitch;
            float roll = -motion.attitude.roll;
            float yaw = -motion.attitude.yaw;

            // calculate the transformation on the three axes
            CATransform3D transformX =
                CATransform3DMakeRotation(pitch, 1.0, 0.0, 0.0);

            CATransform3D transformY =
                CATransform3DMakeRotation(roll, 0.0, 1.0, 0.0);

            CATransform3D transformZ =
                CATransform3DMakeRotation(yaw, 0.0, 0.0, 1.0);

            // concatenate the transformations to one
            CATransform3D transform =
                CATransform3DConcat(transformX, transformY);

            transform = CATransform3DConcat(transform, transformZ);

            // apply transformation
            imageView.layer.transform = transform;
        }
 }];
```

Beispiel 19.6: *WorkshopViewController.m* (Ausschnitt)

Eine Grafik dreht sich je nach Lage des Gerätes aufgrund der Daten des Gyrosensors.

QuartzCore-Framework

Das Beispiel verwendet zur Drehung das *QuartzCore*-Framework. Sie müssen vorher also dieses Framework zu Ihrem Projekt hinzufügen.

20. Mehrsprachigkeit durch Lokalisierung

Der Vertriebskanal App Store ermöglicht jedem Entwickler den Zugang zu Millionen potenzieller Kunden in mindestens 90 Ländern (Stand Juli 2010). Die Standardeinstellung für Anwendungen bei der Einreichung ist der internationale Vertrieb. Gerade diese weite Verbreitung und die einzelnen Länder-Stores schaffen ein enormes Erfolgspotenzial. Die Herausforderung liegt in der Anpassung der Anwendung an die unterschiedlichen Sprachen, Nationalitäten und Bedürfnisse.

Die Optimierung einer Anwendung für die Sprache und Region eines Benutzers nennt man Lokalisierung. Unter Entwicklern ist die Lokalisierung aufgrund der vielfältigen Aspekte und dadurch bedingten häufigen Probleme sicher nicht gerade eine der Lieblingsdisziplinen. Vor allem, weil man auf die volle Ausschöpfung der Unterstützung der Entwicklungsumgebung und der Programmiersprache angewiesen ist – und die geht einem oft nicht weitreichend genug.

In diesem Kapitel werden Sie die Konzepte der Lokalisierung von Anwendungen auf Basis des iPhone-SDK und die angebotene Unterstützung in Xcode kennen und optimal einsetzen lernen. Ein kleiner Hinweis vorab: Auch hier ist die Unterstützung nicht perfekt, bei guter Vorbereitung und Planung können Sie dennoch effektiv mehrere Sprachen und Regionen einbinden.

20.1 Sprachen, Regionen und Kalender

Das iOS unterscheidet in den Einstellungen zwischen der Sprache, einer Region und dem Kalender. Diese lassen sich unabhängig voneinander anpassen. In den globalen Einstellungen finden Sie diese unter *Allgemein/Landeseinstellungen*, wie es die Abbildung zeigt.

Die Landeseinstellungen des iPhone-Simulators. Hier werden die Sprache, Region und der Kalender verwaltet.

Die Änderung einer Sprache stellt die Lokalisierung des Betriebssystems auf diese Sprache um und ermöglicht es auch Anwendungen von Drittanbietern, darauf zu reagieren, sofern diese die entsprechende Sprache unterstützen.

Die Region hat ebenfalls Auswirkungen auf die Sprache. Beispielsweise haben sowohl Deutsch als auch Englisch jeweils unterschiedliche Ausprägungen abhängig von der gewählten Region. Im SDK werden neben proprietären Bezeichnern auch die ISO-Bezeichner für Sprache (ISO 639-1) und Region verwendet, getrennt durch einen Unterstrich. Beispiele hierfür sind: *en_US*, *en_GB* oder *de_DE*. Neben der Auswirkung auf die gewählte Sprache schlägt sich die Region vor allem in den unterschiedlichen Formaten für Zeit- und Datumsangaben sowie den Zahlen nieder.

Bei *Kalender* kann zwischen den vier im iPhone-SDK unterstützten Kalendern unterschieden werden: gregorianisch, japanisch, buddhistisch und chinesisch. Diese Einstellung beeinflusst die Kalenderansicht und die Darstellung von Datums- und Zeitangaben.

20.2 Zahlen, Datums- und Zeitangaben

Ein oft vernachlässigter oder übersehener Aspekt der Lokalisierung ist die Darstellung von Datum, Uhrzeit und Zahlen. Hierbei bietet das SDK eine weitreichende Unterstützung durch eigene Formatierungsklassen.

Zahlen

Die Klasse *NSNumberFormatter* stellt die Konvertierung von Zahlen und Währungsangaben in Strings und umgekehrt zur Verfügung. Dabei respektieren die Methoden die aktuellen Landeseinstellungen. Die Ausgabe lässt sich über verschiedene Stile steuern. Mit der Methode *setNumberStyle:* wird der *NSNumberFormatter* auf einen Stil eingestellt. In der Tabelle am Ende dieses Abschnitts finden Sie eine Liste der verfügbaren Stile.

Die folgenden Zeilen geben zwei Zahlen im Dezimal- und im Währungsstil formatiert auf der Konsole aus. Die Zahlen sind dabei jeweils als Objekte vom Typ *NSNumber* zu übergeben. Vorab gibt eine *NSLog*-Anweisung noch das aktuell verwendete Gebietsschema aus:

```
// print current locale
NSLog(@"Current locale: %@",
    [[NSLocale currentLocale] localeIdentifier]);

NSNumberFormatter *formatter = [[NSNumberFormatter alloc] init];

// set to currency style
```

```
[formatter setNumberStyle:NSNumberFormatterCurrencyStyle];

NSLog(@"%@",
    [formatter stringFromNumber:[NSNumber numberWithFloat:110.7]]);

// set to decimal style
[formatter setNumberStyle:NSNumberFormatterDecimalStyle];

NSLog(@"%@",
      [formatter stringFromNumber:[NSNumber numberWithFloat:42.3]]);

[formatter release];
```

Beispiel 20.1: *numberFormatters* (Ausschnitt)

Die Ausgaben für die Regionen Deutschland und Vereinigte Staaten sind (dazu müssen Sie die Region auf dem Gerät oder im Simulator umstellen):

```
Current locale: de_DE
110,70
42,3
Current locale: en_US
$110.70
42.3
```

Konstante	Beschreibung
NSNumberFormatterNoStyle	Unformatierte Ausgabe ohne Dezimalstellen
NSNumberFormatterDecimalStyle	Dezimalausgabe. Beispiel: *100.0* oder *100,0*
NSNumberFormatterCurrencyStyle	Währungsausgabe. Beispiel: *$100.00* oder *100,00 €*
NSNumberFormatterPercentStyle	Prozentformatierung: Beispiel: *4.230 %*
NSNumberFormatterScientificStyle	Wissenschaftliches Zahlenformat in Exponentenschreibweise. *1E2*
NSNumberFormatterSpellOutStyle	Zahlenausgabe in Worten. Beispiel: *Einhundert*

Parsen von Zahlen

Die Klasse *NSNumberFormatter* enthält nicht nur Funktionen zur Ausgabe von Zahlen als Strings, sondern kann Zahlen aus einem String parsen. Nutzen Sie dazu die Methode *numberFromString:*.

Datum und Uhrzeit

Datum und Uhrzeit können über ein Objekt von *NSDateFormatter* lokalisiert auf die aktuell eingestellte Region ausgegeben werden. Auch hier existieren verschiedene Stile, die über die Methoden *setDateStyle:* und *setTimeStyle:* die Ausführlichkeit der Datums- oder Zeitangabe steuern. Das Beispiel gibt die aktuelle Uhrzeit in der ausführlichsten Form *NSDateFormatterLongStyle* aus:

```
// print current locale
NSLog(@"Current locale: %@",
    [[NSLocale currentLocale] localeIdentifier]);

NSDateFormatter *formatter = [[NSDateFormatter alloc] init];

// set long style for date and time
[formatter setDateStyle:NSDateFormatterLongStyle];
[formatter setTimeStyle:NSDateFormatterLongStyle];

// print out current date and time
NSLog(@"%@", [formatter stringFromDate:[NSDate date]]);

[formatter release];
```

Beispiel 20.1: *dateFormatter* (Ausschnitt)

Die Gebietsschemata Deutschland und Vereinigte Staaten erzeugen diese Ausgabe:

```
Current locale: de_DE
22. Juli 2010 11:08:52 MESZ

Current locale: en_US
July 22, 2010 11:08:21 AM GMT+02:00
```

Änderung der Lokalisierung

Die Formatierer für Zahlen und Datumsangaben benutzen als Voreinstellung das zugrunde liegende Gebietsschema des Benutzers. Beide Klassen können mit der Nachricht *setLocale:* auf andere Schemata umgestellt werden:

```
NSLocale *locale =
    [[NSLocale alloc] initWithLocaleIdentifier:@"en_US"];

NSDateFormatter *formatter = [[NSDateFormatter alloc] init];

// set the formatters locale
[formatter setLocale:locale];

// set long style for date and time
[formatter setDateStyle:NSDateFormatterLongStyle];
[formatter setTimeStyle:NSDateFormatterLongStyle];

// print out current date and time
NSLog(@"%@", [formatter stringFromDate:[NSDate date]]);

[formatter release];
```

Beispiel 20.1: *setFormatterLocale* (Ausschnitt)

Im Gebietsschema Deutschland erfolgt die Ausgabe dennoch im amerikanischen Stil:

- `July 22, 2010 11:20:58 AM GMT+02:00`

In der Anwendung umschalten

Die programmatische Anpassung ist ein wesentlicher Bestandteil der Lokalisierung. Sie ermöglicht die Umschaltung innerhalb der Anwendung, ohne das Gesamtsystem zu beeinflussen.

20.3 Strings externalisieren

Ein Großteil der textlichen Inhalte einer Anwendung findet sich im Quelltext selbst. Dort werden Schaltflächen betitelt, Labels und Textfelder gefüllt sowie Benachrichtigungen angezeigt. Hier kommt das Konzept von *Strings*-Dateien ins Spiel. Sie enthalten in UTF-16 kodierte Schlüssel-Wert-Paare. Der Schlüssel ist dabei ein Bezeichner, der im Quelltext dann als Referenz oder Platzhalter auf den Text verweist. Schlüssel und Werte sind in der *Strings*-Datei als Strings in Anführungszeichen gesetzt und durch ein Gleichheitszeichen (=) voneinander getrennt. Jede Zeile muss mit einem Semikolon abgeschlossen sein. Eine Zeile hat also folgende Syntax:

"key" = "text-value";

Typischerweise hat jede Anwendung pro Sprache eine Datei *Localizable.strings* mit den kompletten Texten der Anwendung. Bevor wir im nächsten Kapitel auf das Konzept der Mehrsprachigkeit eingehen, werden wir erst einmal die Externalisierung unter die Lupe nehmen.

Anlegen einer Datei zur Externalisierung von Strings

Die folgende Anleitung legt eine *Strings*-Datei zur Externalisierung an:

1 Klicken Sie in Ihrem Projekt in *Groups & Files* mit der rechten Maustaste auf *Resources* und wählen Sie *Add/New File.*

2 Markieren Sie mit einem Klick aus dem Punkt *Resource* heraus die Auswahl *Strings File* und klicken Sie auf *Next.*

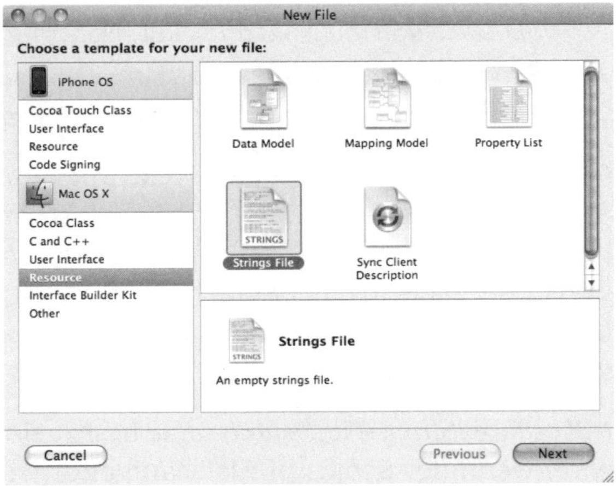

3 Geben Sie der Datei den Namen *Localizable.strings*. Nach dem Klick auf *Finish* wird die Datei angelegt und im Editor geöffnet.

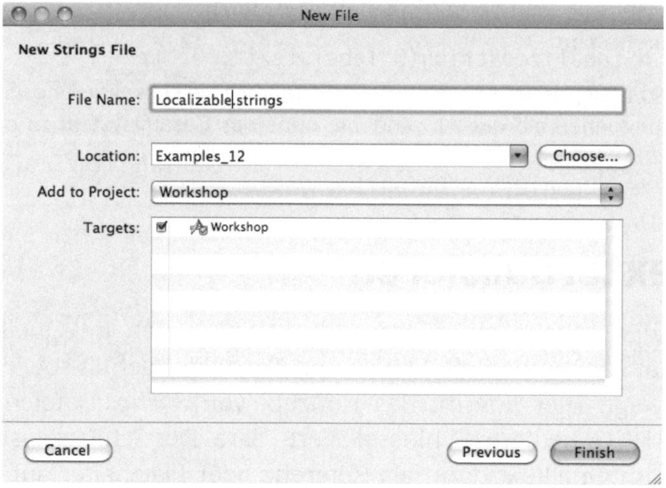

Externe Strings im Quelltext verwenden

Nachdem Sie die Datei *Localizable.strings* angelegt haben, wird diese im nächsten Schritt mit Leben gefüllt. Es ist durchaus üblich, zu jedem Schlüssel-Wert-Paar auch einen kurzen Kommentar anzufügen. Sie werden später sehen, dass sich das auch automatisieren lässt. Ein erster Eintrag in die Datei könnte so aussehen:

```
/* a simple text for a label */
"label.text" = "Hello World!";
```

Der Schlüssel ist hier *label.text*. Wie kann dieser jetzt im Quelltext verwendet werden? Das Foundation-Framework definiert dazu einige Makros, die dafür sorgen, dass zur Laufzeit der Schlüssel mit dem richtig lokalisierten Text ersetzt wird. Die beiden wichtigsten sind:

- *NSLocalizedString(NSString *key, NSString *comment)*
- *NSLocalizedStringWithDefaultValue(NSString *key, NSString *tableName, NSBundle *bundle, NSString *value, NSString *comment)*

NSLocalizedString nimmt den Text mit dem Schlüssel *key* und ersetzt diesen durch den Text in der Datei *Localizable.strings*. Der Kommentar hilft dabei, den Kontext des Textes zu beschreiben. Beachten Sie, dass wir bislang nur eine Version dieser Datei in einer Sprache haben. Erst in Kapitel 20.4 werden wir die Datei dann lokalisieren, momentan dient sie nur der Auslagerung bzw. Externalisierung von Strings.

NSLocalizedStringWithDefaultValue besitzt eine etwas komplexere Signatur. Dabei wird, wenn der Schlüssel nicht aufgelöst werden konnte, stattdessen der Wert *value* als Standardwert benutzt. Um Texte aus der *Strings*-Datei zu laden, können Sie den *tableName* einfach auf *nil* setzen und als Bundle das *mainBundle* nehmen. Der folgende Quelltext zeigt die beiden Funktionen in Aktion:

```
NSString *string = NSLocalizedString(@"label.text", @"");
NSLog(@"%@", string);

string = NSLocalizedStringWithDefaultValue(@"label.text",
    nil, [NSBundle mainBundle], @"Default", @"");
NSLog(@"%@", string);
```

Beispiel 20.1: *externalizedStrings* (Ausschnitt)

In beiden Fällen ist die Ausgabe *Hello World!*. Allerdings würde das erste Beispiel beim Fehlen des Schlüssels in der *Strings*-Datei einfach den Schlüssel als Wert zurückliefern, während die zweite Funktion stattdessen den festgelegten Standardwert definiert.

Automatisierung

Für das Externalisieren können Sie die Generierung einer *Strings*-Datei automatisieren. Dazu gibt es das Tool *genstrings*. Rufen Sie in einem Terminal den Befehl *genstrings *.m* auf, generiert dieser Ihnen die notwendigen Dateien. Er liest dazu die Quelldateien ein und sucht nach allen Lokalisierungsmakros mit den Schlüsseln und expandiert diese als Schlüssel-Wert-Paare in eine *Strings*-Datei. Zugehörige Kommentare werden automatisch platziert. Das kann gerade bei großen Projekten oder beim Erstellen einer neuen Lokalisierungssprache hilfreich sein. Danach können Sie die komplette Datei zur Übersetzung geben.

20.4 Dateien lokalisieren

Auf dem Weg zu lokalisierten Dateien sind Sie nun schon einige Schritte vorangegangen. Im letzten Kapitel haben Sie gesehen, wie sich Texte innerhalb der Anwendung in einer Datei zentralisieren lassen. Der letzte Schritt ist nun, für die Dateien eine Version pro Sprache bereitzustellen. Dazu bietet Ihnen Xcode die Möglichkeit, jede einzelne Datei einer Lokalisierung zu unterziehen.

Dabei ist der Typ der Datei unerheblich, es muss sich aber um eine Ressourcendatei handeln, die in der Anwendung enthalten ist. Das können sein:

- *Strings*-Dateien
- Audiodateien
- Bilder und Grafiken (PNG, JPG etc.)
- XIB- bzw. NIB-Dateien

Im Folgenden werden wir die im vorigen Kapitel erstellte Datei *Localizable.strings* in weiteren Sprachen verfügbar machen:

4 Klicken Sie in Ihrem Projekt in *Groups & Files* mit der rechten Maustaste auf die Datei *Localizable.strings* und wählen Sie die Option *Get Info*. Klicken Sie auf den Button *Make File Localizable* links unten. Hinweis: Diese Aktion wechselt automatisch das Register. Gehen Sie dann für die nächsten Schritte sofort wieder zurück zum Register *General*.

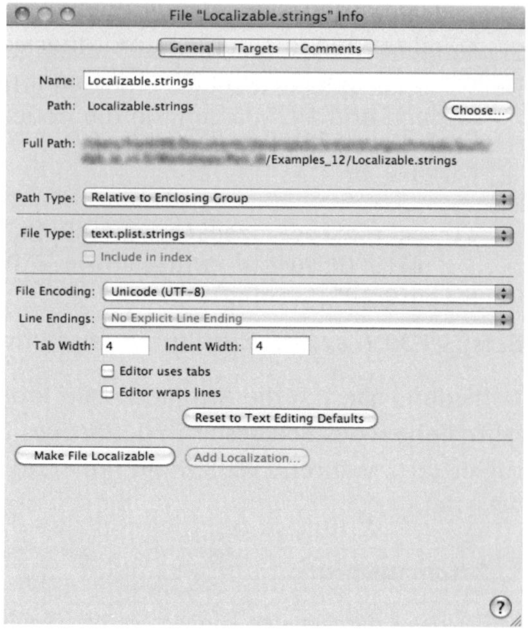

5 Xcode hat nun automatisch eine englische Lokalisierung angelegt. Klicken Sie auf den Button *Add Localization*, um eine weitere Sprache hinzuzufügen.

6 Wählen Sie aus der Auswahlliste die gewünschte Sprache – beispielsweise *German* – aus und klicken Sie auf *Add*.

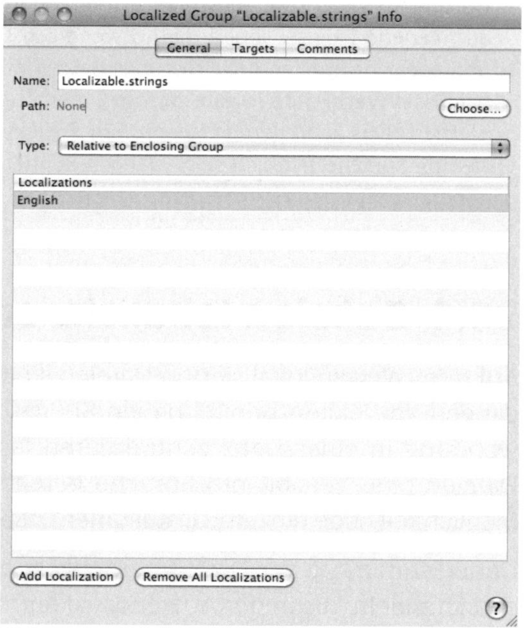

Tipp: Wenn Sie eine andere als die vorgeschlagenen Sprachen verwenden wollen, können Sie das Sprachkürzel nach ISO 639-1 (beispielsweise *de* für Deutsch oder *en* für Englisch) oder die kombinierte Schreibweise für das komplette Gebietsschema verwenden (*de_DE* für Deutschland oder *en_US* für die Vereinigten Staaten).

7 In Xcode sehen Sie jetzt ein Pfeilsymbol vor der Datei. Das zeigt an, dass die Lokalisierung in einem Unterordner gespeichert wird, der in Xcode allerdings wie die ursprüngliche Datei aussieht und die zwei Untereinträge *English* und *German* enthält. Wählen Sie die deutsche Lokalisierung und ändern Sie den Text *Hello World!* in *Hallo Welt!*.

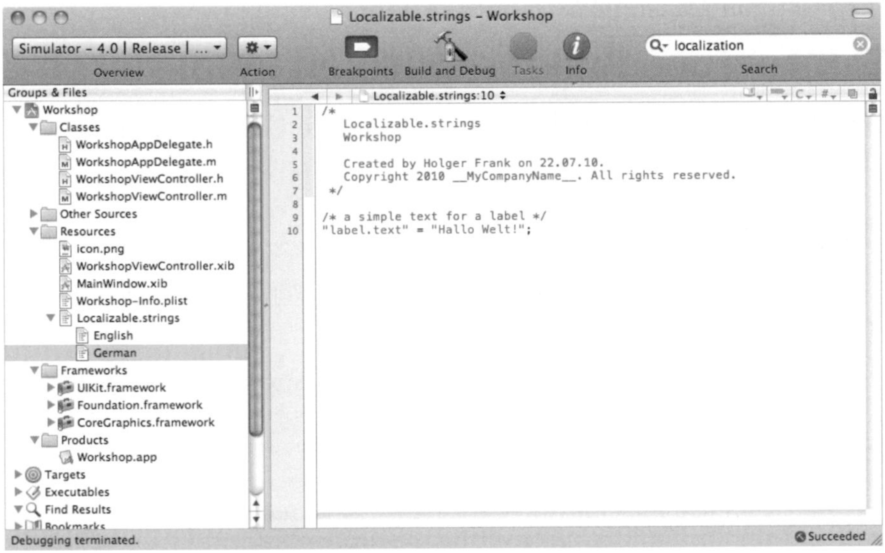

8 Nach einer Lokalisierung sollten Sie das Projekt mit *Clean* komplett säubern.

Wenn Sie nach diesen Schritten die Beispiele aus dem vorigen Abschnitt erneut übersetzen und starten, wird jetzt der deutsche Text auf der Konsole ausgegeben, wenn Deutsch Ihre eingestellte Sprache ist:

```
Hallo Welt!
```

Analog lokalisieren

Alle anderen lokalisierbaren Dateitypen lassen sich analog lokalisieren.

Die Ordnerstruktur für lokalisierte Dateien

Die Lokalisierung über Xcode erzeugt eine besondere Ordnerstruktur. Das zeigt sich in der Abbildung von Schritt 4 der Anleitung im letzten Abschnitt. Es wird tatsächlich für die jeweilige Sprache ein Verzeichnis angelegt. Für die beiden Sprachen Deutsch und Englisch sind es die Verzeichnisse *German.lproj* und *English.lproj*. In diesen Verzeichnissen werden alle lokalisierten Dateien abgelegt. Xcode stellt sie allerdings jeweils als Untergliederung der jeweiligen Datei dar, wie es die Abbildung oben zeigt.

Bezeichner nicht mischen

Mischen Sie die unterschiedlichen Bezeichner für Sprachen nicht, weil das immer wieder zu Problemen führen kann. Verwenden Sie entweder nur die Sprachenbezeichner wie *en*, *fr* bzw. *de* oder die Gebietsschemata *en_US*, *en_GB* bzw. *de_DE*.

20.5 Interface Builder: Dateien lokalisieren

Die Lokalisierung von XIB-Dateien aus dem Interface Builder wird im Folgenden beschrieben.

XIB-Dateien sperren

Um ein versehentliches Verändern von lokalisierten Versionen einer XIB-Datei zu verhindern, können Sie die XIB-Datei sperren:

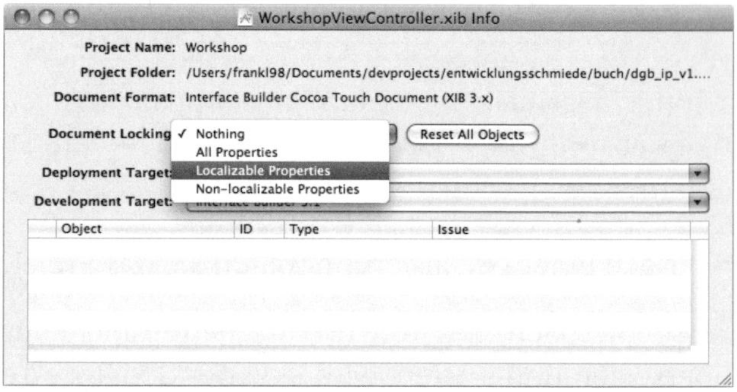

1 Öffnen Sie die XIB-Datei mit einem Doppelklick im Interface Builder. Wählen Sie aus dem Menü *Window/Document Info*. Unter *Document Locking* können Sie das Dokument entweder komplett (*All Properties*) oder nur bestimmte Eigenschaften schützen bzw. sperren. Wählen Sie hier *Localizable Properties* und schließen Sie das *Info*-Fenster.

2 In der Bearbeitungsansicht eines Views sehen Sie die gesperrten Elemente mit einem kleinen *x* als Begrenzer umrandet. Diese Eigenschaften können jetzt nicht mehr versehentlich geändert werden.

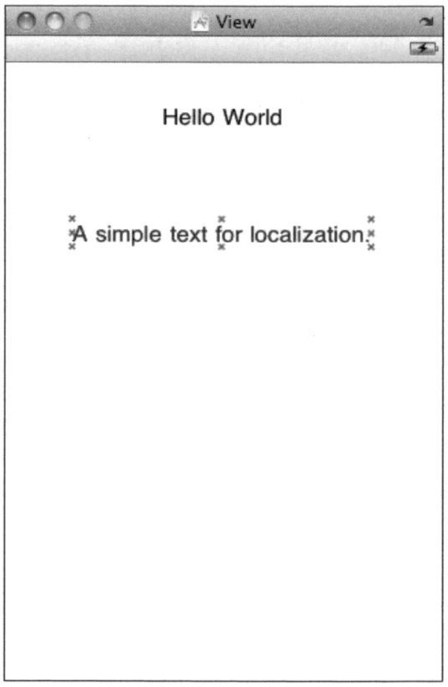

Semiautomatische Lokalisierung

Bevor Sie die lokalisierte XIB-Datei, wie in Kapitel 20.4 beschrieben, erstellen, sollten Sie die Strings aus der XIB-Datei extrahieren. Dazu existiert das Kommandozeilentool *ibtool*. Es extrahiert aus der XIB-Datei eine *Strings*-Datei und ermöglicht später das Einpflegen der Übersetzung in die lokalisierte Version. Der Aufruf

```
ibtool --generate-stringsfile WorkshopViewController.strings
WorkshopViewController.xib
```

erstellt für die *WorkshopViewController.xib* eine *Strings*-Datei. Für das Beispiel aus Schritt 2 des letzten Abschnitts enthält die Datei die folgenden Schlüssel:

```
/* Class = "IBUILabel"; text = "Hello World"; ObjectID = "48"; */
"48.text" = "Hello World";

/* Class = "IBUILabel"; text = "A simple text for localization.";
ObjectID = "49"; */
"49.text" = "A simple text for localization.";
```

Diese Datei können Sie in die Übersetzung geben und dann die XIB-Datei, wie in Kapitel 20.4 beschrieben, lokalisieren. Für jede einzelne Sprache lässt sich die übersetzte *Strings*-Datei in die lokalisierte XIB-Datei mit dem Aufruf von *ibtool* einarbeiten:

```
ibtool --strings-file WorkshopViewController_de.strings --write
WorkshopViewControllerNew.xib WorkshopViewController.xib
```

Abschließend sollten Sie sich alle XIB-Dateien einzeln ansehen und wenn nötig die Elemente in der Größe anpassen. So erhalten Sie eine für die Sprache optimierte Benutzerschnittstelle.

> **Hinweis**
>
> Die erstellte *Strings*-Datei aus dem XIB und die Sperrungen der Label können Sie in Beispiel 20.1 einsehen.

20.6 Tipps & Tricks

In den vorigen Abschnitten haben Sie das Handwerkszeug zur Lokalisierung kennengelernt. Die folgenden Tipps und Tricks unterstützen Sie bei der erfolgreichen Umsetzung:

- Die Lokalisierung immer vor dem Beginn eines Projekts einplanen: Selbst wenn zu Beginn nur eine Sprache oder Region geplant ist, sollten Sie das Projekt von Grund auf für mehrere Sprachen konzipieren – allerdings immer mit dem nötigen Augenmaß. Eine nachträgliche Lokalisierung erhöht den Aufwand oft erheblich.

- Externalisieren Sie Texte grundsätzlich: Das verbessert die Wartbarkeit, und das Hinzufügen einer neuen Sprache ist im Wesentlichen ein Übersetzungs- und etwas Testaufwand.
- Testen Sie jede Sprache: Texte tendieren dazu, in unterschiedlichen Sprachen Längenextreme zu zeigen. Beispielsweise ist eine englische Übersetzung in der Regel kürzer als eine Deutsche. Textfelder und Schaltflächen müssen den Längenunterschieden Rechnung tragen.
- Lokalisierte Anwendungen verkaufen sich in der Regel besser: Durch die größere Verbreitung und die optimale Nutzung des Vertriebskanals App Store kann die richtige Sprachauswahl den Erfolg vervielfachen.
- Wählen Sie die angebotenen Sprachen mit Bedacht: Bedenken Sie, dass nicht nur die Sprache, sondern vor allem die Bedürfnisse des Benutzerkreises über den Erfolg Ihrer Anwendung entscheiden. Wählen Sie deshalb die Sprachen gut aus und stellen Sie sicher, dass die Übersetzungen eine gute bis sehr gute Qualität erzielen.
- Nutzen Sie keine automatischen Übersetzungen zur Portierung in eine neue unbekannte Sprache: Bauen Sie sich ein Übersetzungsnetzwerk auf. Dadurch können Sie qualitäts- und kostenoptimiert vorgehen. Nehmen Sie das Thema Lokalisierung ernst.
- Denken Sie bei der Lokalisierung immer an alle Aspekte: Also auch Grafiken, Bilder und Audiodateien müssen eventuell angepasst werden. Bei Textinhalten reicht eine einfache Übersetzung nicht aus. Datums- und Zeitangaben, Zahlen und Währungen sind ebenfalls einzubeziehen.
- Machen Sie sich die Auswirkungen bestimmter Sprachen beim Design bewusst. Beispielsweise die Anzeige- und Leserichtung kann sich auf die Gestaltung auswirken.

Teil IV

Angewandte Entwicklung

21. Abwärtskompatibilität & Gerätekompatibilität

Bei jeder neuen Version des iPhone-SDK finden sich viele neue Funktionalitäten, APIs oder gar Paradigmen, die gut zu dem einen oder anderen Projekt passen würden. Auf der anderen Seite stehen die installierten Versionen, die auf unterschiedlichen Geräten und Versionen des iOS laufen. Mit einer Beschränkung auf eine relativ neue Version des Betriebssystems könnte ein Großteil der Nutzer erst einmal außen vor bleiben und nicht in den Genuss von Fehlerbehebungen und Erweiterungen kommen. Für eine gute Produktplanung sind die richtige Updatestrategie und eine Roadmap in Bezug auf neue Funktionen sehr wichtig.

21.1 Abwärtskompatibilität

Bei jeder neuen Version des SDK und des iOS gab es früher diese zwei Möglichkeiten:

- eine Anwendung mit Fehlerbehebung und neuen Features für ein älteres iOS zu erzeugen und auf alle neuen Funktionalitäten durch das Betriebssystem zu verzichten;
- die Anwendung mit den neuen Möglichkeiten des aktuellsten Betriebssystems auszustatten und damit alle Benutzer älterer Versionen auszugrenzen.

Variante 1 hemmt die Innovationsgeschwindigkeit und nimmt Ihnen eventuell einen Vorteil gegenüber Mitbewerbern und ähnlichen Anwendungen, während Variante 2 je nach Verbreitung des neuen Betriebssystems treue Stammkunden vergrault und für schlechte Rezensionen im App Store, in Blogs und auf Webseiten sorgt.

Das iPhone-SDK und die Entwicklungsumgebung Xcode mit ihren Build-Tools unterstützen Sie zusätzlich bei solchen wichtigen Entscheidungen. Seit Version 3.0 – bzw. ab 3.1 mit vollständiger Unterstützung – des SDK gibt es die Möglichkeit, Quellcode gegen die neusten Bibliotheken und Frameworks zu kompilieren und zu linken, mit dem ausführbaren Code aber auch frühere Versionen des SDK zu unterstützen. Die beiden wichtigen Parameter für die Kompilation und den Linkvorgang heißen *SDKROOT* und *IPHONEOS_DEPLOYMENT_TARGET*.

Stellen Sie sich ein Szenario vor, bei dem Sie die neusten Features des iOS 4 und des neuen iPhone 4 zur Neukundengewinnung Ihrer Anwendung unbedingt unterstützen wollen, Ihnen aber aus Statistiken, Umfragen oder durch den Support zur Anwendung bekannt ist, dass noch ein nicht unerheblicher Teil der Benutzer auf dem iOS 3.1.3 unterwegs ist. Dann können Sie

- das *SDKROOT* auf die Version 4.0 setzen,
- mit *IPHONEOS_DEPLOYMENT_TARGET* die Anwendung auch auf Versionen ab 3.1.3 und aufwärts lauffähig machen,
- den Quelltext für neue Funktionen nur auf neuen Geräten und dem iOS 4 umsetzen. Damit haben alle Besitzer dieser Geräte und Betriebssystemversionen Zugriff auf die neue Funktionalität.

Das Ganze hat leider auch einen Haken: Sie als Entwickler müssen sicherstellen, dass kein Code für die neuen Funktionen auf alten OS-Versionen durchlaufen wird. Schlimmstenfalls wird die Anwendung mit einer Exception abstürzen oder ein unerwünschtes Verhalten an den Tag legen. Neben einem erhöhten Entwicklungs- und Testaufwand mit unterschiedlichen Gerätekonstellationen geht auch ein erhöhtes Fehlerrisiko zur Laufzeit einher. In den nächsten Abschnitten werden wir uns genauer mit den Vorbereitungen und den Absicherungen im Quelltext beschäftigen.

Nutzung älterer Versionen

Aufgrund des zum Teil nicht unerheblichen Aufwands für die Unterstützung mehrerer Versionen des SDK sollte der Einsatz wohlüberlegt sein und gegen die Alternativen abgewogen werden. Die Erfahrung hat gezeigt, dass mindestens 30–40 % der Benutzer noch auf einer älteren Version des Betriebssystems unterwegs sein sollten, um den Aufwand und die Risiken zu rechtfertigen. Auch die absolute Anzahl der Nutzer sollte in diese Rechnung mit eingehen.

Das Projekt für ältere OS-Versionen konfigurieren

Um Ihr Projekt für ältere Versionen des iOS vorzubereiten, müssen Sie die beiden Parameter *SDKROOT* und *IPHONEOS_DEPLOYMENT_TARGET* in Xcode korrekt setzen. Zusätzlich müssen alle Frameworks, die nur mit neueren Versionen des SDK ausgeliefert werden, als *weak* – d. h. als optional – markiert werden. Ansonsten würde die Anwendung beim Laden des Frameworks zur Laufzeit mit einer Fehlermeldung beendet werden.

Die folgende Anleitung beschreibt das Vorgehen für eine Kompilation mit iOS-4-Funktionen für die Zielplattform ab OS 3.1.3:

1. Öffnen Sie die Projekteinstellungen in Xcode über einen Rechtsklick auf den Projektnamen im Bereich *Groups & Files* und wählen Sie dort im Kontextmenü *Get Info*. Alternativ können Sie aus dem Menüpunkt *Project* den Unterpunkt *Edit Project Settings* öffnen.

2 Aktivieren Sie das zweite Register *Build*. Dort wählen Sie für den Eintrag *Base SDK* das *iPhone Device 4.0*, also das *SDKROOT* aus.

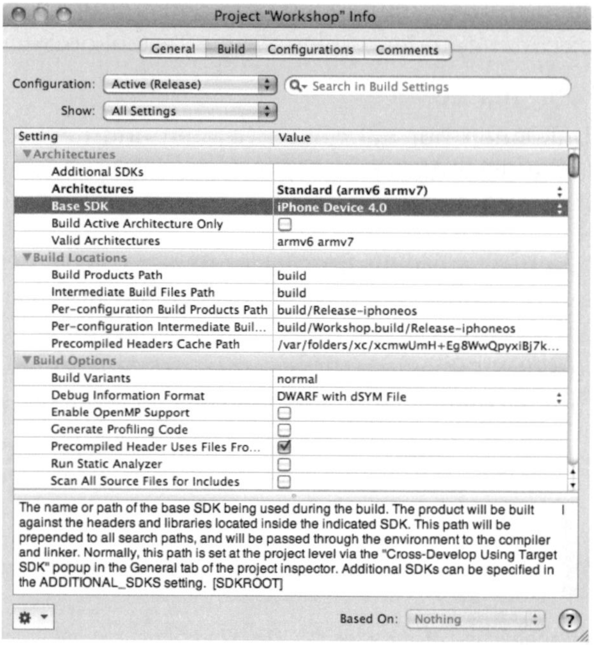

3 Die zweite zu ändernde Einstellung ist *iPhone OS Deployment Target*, das der kleinsten unterstützten OS-Version entspricht. Nehmen Sie auch dort die Einstellung vor.

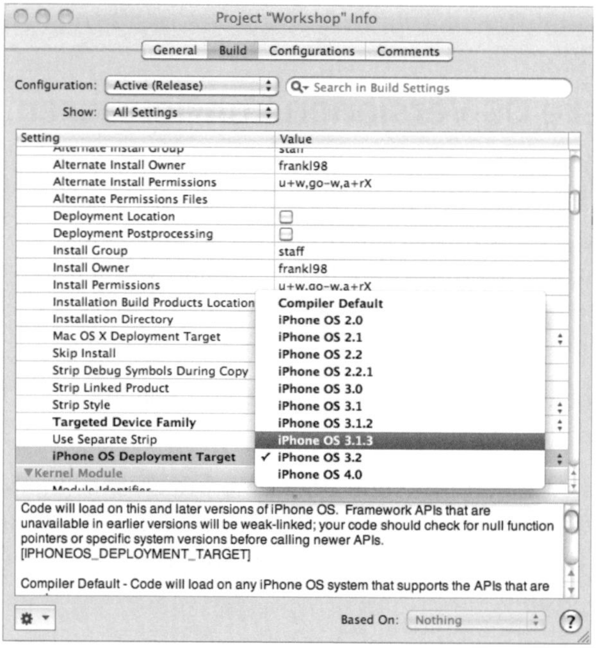

4 Bevor das Projekt neu kompiliert werden kann, müssen alle neuen Frameworks, also solche, die nicht in der kleinsten unterstützten OS-Version enthalten sind, als optional markiert werden. Öffnen Sie dazu den Menüpunkt *Project/Edit Active Target <ProjectName>* (oder wählen Sie die Tastenkombination [alt]+[cmd]+[E]).

5 Stellen Sie die Eigenschaft *Type* in den Einstellungen für alle Frameworks aus neueren Versionen von *Required* auf den Wert *Weak*. In diesem Beispiel betrifft es das mit dem SDK 4.0 hinzugefügte Framework *CoreMotion*.

6 Nach diesen Änderungen müssen Sie unbedingt vor dem ersten Build ein *Clean* durchführen, damit alle Änderungen auch in die Anwendung durchschlagen.

7 Kompilieren Sie das Projekt wie gewohnt. Die erzeugte Anwendung wird dann auf Geräten mit iOS 3.1.3 und höher lauffähig sein.

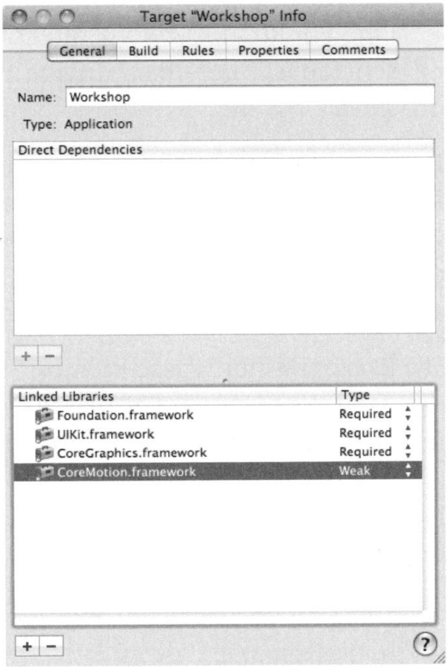

SDK-Version herausfinden

Sie können die Version des SDK, mit der ein Framework in das SDK aufgenommen wurde, herausfinden, indem Sie in der Developer Documentation (Menüpunkt *Help/Developer Documentation*) nach dem Suchbegriff *iphone api differences* suchen. Die Dokumente enthalten im Abschnitt *Added frameworks* die Liste der mit dem Versionssprung hinzugekommenen Frameworks. Alternativ können Sie in den Klassenbeschreibungen der Frameworks einen Hinweis darauf finden.

Erst ab OS 3.1

Die Behandlung von Frameworks als erwartet oder optional (*Required* oder *Weak*) funktioniert erst ab OS 3.1.

Code für unterschiedliche OS-Versionen schreiben

Die Herausforderung einer versionsübergreifenden Entwicklung ist die Abgrenzung des Quelltextes für die verschiedenen Plattformen. Die häufigsten Szenarien sind:

- Eine Funktion kann nur auf einem neuen Endgerät oder mit dem aktuellsten SDK ausgeführt werden.
- Eine Funktion soll auf zwei verschiedenen Plattformen jeweils für die Plattform optimiert umgesetzt werden.
- Eine bestimmte Funktion soll nur für eine ältere Plattform angeboten werden.
- Eine Funktion ist rein geräteabhängig. Hierfür werden in Kapitel 21.2 für verschiedenste geräteabhängige Funktionen die Entscheidungskriterien vorgestellt.

Bei einer Implementierung für eine bestimmte iOS-Version müssen Sie sicherstellen, dass Methoden und Klassen nur dann aufgerufen oder erzeugt werden, wenn diese in der Betriebssystemversion auch existieren. Zur Überprüfung bedienen wir uns der Introspektion. Damit lassen sich unter anderem die Existenz sowie die innere Struktur einer Klasse ermitteln.

Die Existenz einer Klasse können Sie durch die Erzeugung eines Objekts vom Typ *Class* mit dem Namen der Klasse als String durch die Funktion *NSClassFromString* überprüfen. Wird ein Objekt zurückgeliefert, dann ist die Klasse in den verknüpften Frameworks vorhanden, andernfalls wird *nil* zurückgeliefert. Das folgende Beispiel verzweigt in Abhängigkeit von der Verfügbarkeit der iOS-4.0-Klasse *CMMotionManager*:

```
Class motionManagerClass = NSClassFromString(@"CMMotionManager");

if (motionManagerClass) {
    CMMotionManager *motionManager = [[CMMotionManager alloc] init];

    if ([motionManager isGyroAvailable]) {
        [motionManager startGyroUpdates];
        // more code to initialize...
    }
    else {
        // code for devices without gyro functionality
        // but iOS 4.0 installed
    }
}
else {
    // code for devices that do not have the iOS 4 functionality
}
```

Beispiel 21.1: *WorkshopViewController.m* (Ausschnitt)

Ähnlich lässt sich auch je nach Existenz einer Methode verfahren. Die Klassenmethode *instancesRespondToSelector:* liefert *YES* zurück, wenn die Klasse auf die durch den Selektor bestimmte Nachricht reagieren kann. Im nächsten Beispiel wird die ab iOS 4.0 verfügbare Methode *addGestureRecognizer:* als Kriterium für eine Verzweigung herangezogen:

```
if ([UIView
instancesRespondToSelector:
    @selector(addGestureRecognizer:)]) {
    // add gesture recognizer...
}
else {
    // support gestures the hard way
}
```

Beispiel 21.1: *WorkshopViewController.m* (Ausschnitt)

Diese skizzierten Beispiele zeigen schon, dass eine Implementierung für unterschiedliche OS-Versionen einiges an Komplexität in die Anwendung bringt. Dieser Aspekt sollte unbedingt in die Entscheidung für diesen Weg einfließen.

Hinweis

Weitere Informationen zur Introspektion finden Sie in Kapitel 3.7.

21.2 Die Endgeräte und ihre Funktionen

Die anfangs noch sehr homogene Welt des iPhones ist mittlerweile mit den drei Produktpaletten iPhone, iPod touch und iPad und den unterschiedlichen Generationen zu einem wahren Dschungel an Funktionen und Leistungsfähigkeit geworden. Die diversen Produkte unterscheiden sich in der Leistung des eingebauten Prozessors und in dem verfügbaren Arbeitsspeicher. Zusätzlich besitzen die Geräte auch funktional unterschiedlichste Ausstattungsvarianten. Die folgende Tabelle listet die wichtigsten Funktionen und ihre Verfügbarkeit auf den jeweiligen Endgeräten auf. Sie zeigt die Funktionalitäten Multitasking, Telefon- bzw. Anruffunktion, SMS, Fotos aufnehmen, Videos aufzeichnen, GPS-Ortung, integrierter Kompass, Gyrosensor, Bluetooth-Verbindungen sowie Vibrationsbenachrichtigungen.

	iPod touch			iPhone				iPad
	1. Gen.	2. Gen.	3. Gen.	1. Gen.	3G	3GS	4	1. Gen.
Speicher	64 MByte	128 MByte	356 MByte	128 MByte	128 MByte	256 MByte	512 MByte	256 MByte
Multitasking	Nein	Nein	Nein	Nein	Nein	Ja	Ja	iOS 4
Telefon	Nein	Nein	Nein	Ja	Ja	Ja	Ja	Nein
SMS	Nein	Nein	Nein	Ja	Ja	Ja	Ja	Nein
Foto	Nein	Nein	Nein	Ja	Ja	Ja	Ja	Nein
Video	Nein	Nein	Nein	Nein	Nein	Ja	Ja	Nein

	iPod touch			iPhone				iPad
	1. Gen.	2. Gen.	3. Gen.	1. Gen.	3G	3GS	4	1. Gen.
GPS	Nein	Nein	Nein	Nein	Ja	Ja	Ja	Ja
Kompass	Nein	Nein	Nein	Nein	Nein	Ja	Ja	Ja
Beschleunigung	Ja	Ja	Ja	Ja	Ja	Ja	Ja	Ja
Gyrosensor	Nein	Nein	Nein	Nein	Nein	Nein	Ja	Nein
Bluetooth	Nein	Ja	Ja	Ja	Ja	Ja	Ja	Ja
Vibration	Nein	Nein	Nein	Ja	Ja	Ja	Ja	Nein

Die Verfügbarkeit dieser Funktionen wirkt sich direkt auf die Umsetzung innerhalb von Anwendungen aus. Die Richtlinien von Apple geben vor, nur für das jeweilige Endgerät verfügbare Funktionen dem Nutzer auch anzubieten. Wenn es beispielsweise eine Telefonanrufoption geben soll, sollte diese für Geräte ohne Telefonfunktionen nicht sichtbar sein – z. B. durch Abändern eines Buttons in einen Text oder vollständiges Ausblenden.

In den folgenden Abschnitten finden Sie eine schnelle Übersicht dazu, wie Sie im Quelltext feststellen können, ob ein Gerät über eine bestimmte Funktion verfügt.

Multitasking-Support

Das in iOS 4 eingeführte Multitasking ist den iPhone-Varianten 3GS und 4 sowie dem iPod touch der dritten Generation vorbehalten. Für die Implementierung von lang laufenden Tasks oder Hintergrunddiensten ist es oftmals notwendig, die entsprechenden Aktionen je nach Multitasking-Support umzusetzen.

Die Klasse *UIDevice* enthält das Property *multitaskingSupported* zur Überprüfung auf Multitasking. Der folgende Quelltext führt zwei Blöcke in Abhängigkeit dieses Properties aus:

```
if ([[UIDevice currentDevice] isMultitaskingSupported]) {
    // do multitasking stuff here
}
else {
    // prepare for a non multitasking environment
}
```

Beispiel 21.2: *WorkshopViewController.m* (Ausschnitt)

> **Verschiedene Optionen**
>
> Wie sooft führen viele Wege nach Rom. Bei den in diesem Kapitel vorgestellten Möglichkeiten handelt es sich meistens um die einfachste und generischste Variante. Viele dieser Eigenschaften und Funktionalitäten können auch über die zugrunde liegende OS-Version zusammen mit der Gerätemodellinformation ermittelt werden. Im weiteren Verlauf werden wir davon auch Gebrauch machen - sofern es keine einfachere Möglichkeit gibt.

Anruffunktion

Eine Click-to-Call-Funktionalität hat nur auf Geräten mit SIM-Karten und Mobilfunkunterstützung einen Sinn. Auf Geräten ohne Anruffunktionen sollte eine derartige Logik in der Benutzerschnittstelle nicht vorhanden sein und kann schlimmstenfalls zu einer Zurückweisung der bei Apple eingereichten Anwendung führen. Im Folgenden wird eine Methode beschrieben, die mit einem booleschen Wert anzeigt, ob eine Anrufinitiierung vom Gerätetyp unterstützt wird. Die Methode wird in einer Erweiterung der Klasse *UIDevice* erstellt. Dadurch wird die Funktionalität rund um das Endgerät in dieser Klasse gebündelt. Dabei wird das Gerätemodell ausgewertet und nur für das iPhone *YES* zurückgeliefert:

```
@interface UIDevice (CALL)

- (BOOL) canInitiateCalls;

@end
```

Beispiel 21.2: *UIDevice+CALL.h*

```
#import "UIDevice+CALL.h"

@implementation UIDevice (CALL)

- (BOOL) canInitiateCalls {
    NSRange range = [[[UIDevice currentDevice] model]
        rangeOfString:@"iphone" options:NSCaseInsensitiveSearch];

    if (range.location == NSNotFound) {
        //--- It's not an iphone => return
        return NO;
    }
    return YES;
}

@end
```

Beispiel 21.2: *UIDevice+CALL.m*

Um die Erweiterung einzusetzen, müssen Sie nur den Header importieren und können dann die Erweiterung benutzen, als wäre sie aus der Klasse *UIDevice*:

```
if ([[UIDevice currentDevice] canInitiateCalls]) {
    callButton.hidden = NO;
}
else {
    callButton.hidden = YES;
}
```

Beispiel 21.2: *WorkshopViewController.m* (Ausschnitt)

Hinweis

Sie können den Quelltext für die Erweiterung der Klasse *UIDevice* einfach aus dem Beispielverzeichnis 21.2 wiederverwenden.

SMS- und E-Mail-Versand

Für den SMS- und E-Mail-Versand gibt es eigene Methoden, um die Verfügbarkeit zu prüfen. Dabei fällt der E-Mail-Versand hier etwas aus der Reihe, weil er grundsätzlich auf allen Geräten verfügbar ist, sofern ein E-Mail-Account eingerichtet existiert. Der Vollständigkeit halber sei das hier aber ebenfalls mit aufgenommen. Voraussetzung für SMS- und E-Mail-Versand aus der Anwendung heraus ist das Einbinden des *MessageUI*-Frameworks. Eine ausführliche Schritt-für-Schritt-Anleitung zum Einbinden des Frameworks und zur Verwendung dazu finden Sie in den Kapiteln 30.1 und 30.2.

Die Klasse *MFMailComposeViewController* liefert mit einem Aufruf von *canSendMail* den Status für den E-Mail-Versand:

```
if ([MFMailComposeViewController canSendMail]) {
    // build and show a MFMailComposeViewController object
}
else {
    // inform user that mail must be configured properly first
}
```

Beispiel 21.2: *WorkshopViewController.m* (Ausschnitt)

Nach demselben Schema stellt auch *MFMessageComposeViewController* die Methode *canSendText* zur Verfügung, die Aufschluss über die Möglichkeiten des SMS-Versands gibt. Im Gegensatz zum E-Mail-Versand kann der SMS-Versand nicht durch eine Konfiguration aktiviert werden. Bei fehlender Unterstützung sollten Sie schon die Möglichkeit, den SMS-Versand anzustoßen, aus der Benutzerschnittstelle entfernen.

```
if ([MFMessageComposeViewController canSendText]) {
    // display any user interface component to send sms
}
else {
    // hide sms user interface component
}
```

Beispiel 21.2: *WorkshopViewController.m* (Ausschnitt)

Foto- und Videofunktionen

Auch im Bereich der Foto- und Videoaufnahmen hat sich gerade durch das iPhone 4 viel getan. Neben der Videofunktion für neuere Geräte ab dem iPhone

3GS gibt es jetzt eine Kamera an der Front- bzw. der Rückseite des Gerätes. Außerdem ermöglicht ein Blitz an der Rückseite auch Aufnahmen bei schlechten Lichtverhältnissen. Nachfolgend finden Sie eine Erweiterung für *UIDevice*, die mit einfachen Methoden die Kamerafunktionalität abfragbar macht. Auf die Einzelheiten wollen wir hier nicht eingehen:

```
@interface UIDevice (CAMERA)
- (BOOL) hasRearCamera;
- (BOOL) hasFrontCamera;
- (BOOL) hasFlashForRearCamera;
- (BOOL) hasFlashForFrontCamera;
- (BOOL) canCapturePhoto;
- (BOOL) canCaptureMovie;
@end
```

Beispiel 21.2: *UIDevice+CAMERA.h*

```
#import "UIDevice+CAMERA.h"

@implementation UIDevice (CAMERA)

- (BOOL) hasRearCamera {
    return [UIImagePickerController isCameraDeviceAvailable:
        UIImagePickerControllerCameraDeviceRear];
}

- (BOOL) hasFrontCamera {
    return [UIImagePickerController isCameraDeviceAvailable:
        UIImagePickerControllerCameraDeviceFront];
}

- (BOOL) hasFlashForRearCamera {
    return [UIImagePickerController isFlashAvailableForCameraDevice:
        UIImagePickerControllerCameraDeviceRear];
}

- (BOOL) hasFlashForFrontCamera {
    return [UIImagePickerController isFlashAvailableForCameraDevice:
        UIImagePickerControllerCameraDeviceFront];
}

- (BOOL) canCapturePhoto {
    return [UIImagePickerController isSourceTypeAvailable:
        UIImagePickerControllerSourceTypeCamera];
}

- (BOOL) canCaptureMovie {
    // get the rear camera capabilities
```

```
    NSArray *rearModes = [UIImagePickerController
        availableCaptureModesForCameraDevice:
        UIImagePickerControllerCameraDeviceRear];

    for (NSNumber* number in rearModes) {
        if ([number intValue] ==
        UIImagePickerControllerCameraCaptureModeVideo) return YES;
    }

    return NO;
}

@end
```

***Beispiel 21.2:** UIDevice+CAMERA.m*

Das folgende Beispiel gibt ein komplettes Profil des Gerätes auf der Kommandozeile aus:

```
NSLog(@"Rear Camera: %d",
    [[UIDevice currentDevice] hasRearCamera]);
NSLog(@"Front Camera: %d",
    [[UIDevice currentDevice] hasFrontCamera]);
NSLog(@"Flash Rear: %d",
    [[UIDevice currentDevice] hasFlashForRearCamera]);
NSLog(@"Flash Front: %d",
    [[UIDevice currentDevice] hasFlashForFrontCamera]);
NSLog(@"Capture Photo: %d",
    [[UIDevice currentDevice] canCapturePhoto]);
NSLog(@"Capture Movie: %d",
    [[UIDevice currentDevice] canCaptureMovie]);
```

***Beispiel 21.2:** WorkshopViewController.m* (Ausschnitt)

Hinweis

Sie können den Quelltext für die Erweiterung der Klasse *UIDevice* wieder aus dem Beispielverzeichnis übernehmen.

GPS-Support und Ortungsfunktionen

Das GPS-Modul zur Ortung über das satellitengestützte **G**lobal **P**ositioning **S**ystem hielt mit dem iPhone 3G Einzug und ist seitdem in allen Geräten der iPhone-Familie enthalten und hat auch seinen Weg in das iPad gefunden. Außen vor bleiben alle Geräte des iPod touch. Dennoch verfügen alle Geräte über die Möglichkeiten einer Ortung mittels eines bekannten Wi-Fi-Netzes.

Zur GPS-Fähigkeit gesellen sich mittlerweile noch die Möglichkeiten des Kompasses, des Region Monitoring und einer groben Ortungsfunktion über das Mobilfunknetz. Das Kompassmodul liefert den Winkel zum geografischen oder magnetischen Nordpol zurück. Das Region Monitoring ist ein Systemdienst, der die Benutzerposition mit einem oder mehreren Regionen abgleicht. Die Regionen sind dabei durch eine geografische Koordinate und einen Radius in Metern definiert. Bewegt sich der Benutzer über die Grenzen eines der Bereiche, wird ein Delegate-Aufruf ausgelöst. Die Überwachung bleibt auch bestehen, wenn die Anwendung nicht läuft. In diesem Fall wird die Anwendung im Hintergrund gestartet, um die Events zu verarbeiten.

Die grobe Ortung stellt eine energiesparende Alternative zum GPS-Modul dar. Dabei wird die Position des Gerätes anhand der Mobilfunkzellen ermittelt und nur größere Positionswechsel signalisiert. Mit der deutlich geringeren Genauigkeit von bestenfalls mehreren Hundert Metern erkauft man sich durch die reduzierte Rechenleistung der Anwendung und das inaktive GPS-Modul eine längere Akkustandzeit.

Bevor Sie die einzelnen Funktionen nutzen, sollten Sie sich vergewissern, dass diese auf dem Gerät auch tatsächlich verfügbar sind. Das Beispiel zeigt die Prüfung für die Ortung, den Kompass, die grobe Ortung sowie das Region Monitoring:

```
if ([CLLocationManager locationServicesEnabled]) {
    // start getting location updates
}

if ([CLLocationManager headingAvailable]) {
    // start getting heading updates
}

if ([CLLocationManager significantLocationChangeMonitoringAvailable]) {
    // register for significant location updates
}

if ([CLLocationManager regionMonitoringAvailable]) {
    // register regions for monitoring
}
```

Beispiel 21.2: *WorkshopViewController.m* (Ausschnitt)

CoreLocation-Framework

Die Beispiele dieses Abschnitts setzen das *CoreLocation*-Framework voraus. Weitere Informationen zu diesem Framework, dessen Einbindung und den Themen Ortung und zugehörige Funktionen finden Sie in Kapitel 19.

Beschleunigungs- und Gyrosensor

Der Beschleunigungssensor wird häufig nur indirekt zur Ausrichtung der Benutzerschnittstelle im Hoch- oder Querformat genutzt. Aber auch ein direkter Zugriff zur Auswertung der Beschleunigung innerhalb der Anwendung ist möglich. Der zur Lage- und Positionsbestimmung verwendete Beschleunigungssensor ist derzeit in allen Geräten verfügbar. Dennoch ist es ausdrücklich zu empfehlen, vor der Nutzung der entsprechenden APIs die Verfügbarkeit zu prüfen. Dadurch stellen Sie eine langfristige Gerätekompatibilität sicher.

Der mit dem iPhone 4 vorgestellte Gyrosensor erlaubt eine sehr exakte Bestimmung der Bewegung um alle Achsen. Dadurch lässt sich gravitations- und beschleunigungsunabhängig die Lage des Gerätes erfassen.

Der folgende Code zeigt beispielhaft, wie Sie die Verfügbarkeit der beiden Sensoren testen können, bevor Sie auf zugrunde liegende APIs zugreifen.

```
CMMotionManager *motionManager = [[CMMotionManager alloc] init];

if ([motionManager isAccelerometerAvailable]) {
    // start getting motion data
}

if ([motionManager isGyroAvailable]) {
    // start getting gyro data
}
```

Beispiel 21.2: *WorkshopViewController.m* (Ausschnitt)

Wenn Ihre Anwendung den Beschleunigungssensor oder das Gyroskop als Voraussetzung benötigt, können Sie im *Info.plist* der Anwendung mit dem Schlüssel *UIRequiredDeviceCapabilities* ein Array mit Hardwareabhängigkeiten deklarieren. Dadurch wird die Anwendung nur Benutzern zur Installation angeboten, die auch über die benötigten Endgeräte verfügen. Für den Beschleunigungssensor können Sie in das Array die Werte *accelerometer* bzw. *gyro* aufnehmen.

CoreMotion-Framework

Das Beispiel dieses Abschnitts setzt das *CoreMotion*-Framework voraus. Weitere Informationen dazu finden Sie in Kapitel 19.

Vibration

Der aus der Telefonfunktion bekannte Vibrationsalarm lässt sich im iPhone-SDK auch aus der Anwendung heraus einsetzen. Dabei müssen Sie allerdings wissen, dass die Funktion nicht als Vibration, sondern als Systemsound verstanden wird. Die Vibration des Gerätes wird quasi über das Abspielen eines Audios ausgelöst.

Eine Vibration lässt sich als zusätzliche Benachrichtigung oder als nettes Gimmick einsetzen. Wenn Sie in den Einstellungen Ihrer Anwendung eine derartige Option anbieten wollen, sollten Sie das nur auf Geräten machen, die diese Funktionalität unterstützen, weil andernfalls eine Ablehnung der Anwendung seitens des Apple-Review-Teams erfolgen könnte.

Die Vibrationsfunktion ist bei den Geräten an die Telefonfunktion gekoppelt, d. h., alle iPhones unterstützen eine Vibration. Dementsprechend kann die Methode *canInitiateCalls* der *CALL*-Erweiterung vom Anfang des Kapitels als Kriterium verwendet werden. Das folgende Beispiel lässt das Endgerät vibrieren, sofern es diese Funktion unterstützt:

```
if ([[UIDevice currentDevice] canInitiateCalls]) {
    AudioServicesPlaySystemSound(kSystemSoundID_Vibrate);
}
```

Beispiel 21.2: *WorkshopViewController.m* (Ausschnitt)

kSystemSoundID_Vibrate ist eine Konstante aus dem *AudioToolbox*-Framework.

AudioToolbox-Framework

Das Beispiel dieses Abschnitts setzt das *AudioToolbox*-Framework mit der Header-Datei *AudioServices.h* voraus.

Generelle Informationen zum Gerät und Betriebssystem

Oftmals werden Informationen zum aktuellen Gerät oder installierten Betriebssystem unabhängig von den bisher genannten Funktionen benötigt. Die wesentlichen Informationen liefert die Klasse *UIDevice*. Allerdings sind diese meist etwas praxisfern und müssen weiter aufbereitet werden. Die folgende Erweiterung von *UIDevice* erlaubt es, den Gerätetyp einzugrenzen und die OS-Version auszulesen. Sie definiert die folgenden Funktionen:

- *majorVersion* – liefert die Hauptversionsnummer des Betriebssystems, z. B. *@"4"* für iOS in der Version 4.0.
- *minorVersion* – die Versionsnummer nach dem ersten Punkt, z. B. *@"0"* für iOS in der Version 4.0.
- *majorVersionAsInteger* – liefert die Hauptversionsnummer als *int* zurück. Diese Funktion kann direkt für numerische Vergleiche herangezogen werden.
- *versionAsFloat* – erzeugt aus der Version eine Fließkommazahl für direkte numerische Vergleiche: OS-Version 3.1.3 wird entsprechend zu 3.13.
- *isIPod*, *isIPhone*, *isIPad* und *isSimulator* – Diese Methoden liefern entsprechend *YES* zurück, wenn sie auf einem der Endgeräte ausgeführt werden.

```
@interface UIDevice (BASICS)

// OS version information
- (NSString*) majorVersion;
- (int) majorVersionAsInteger;
- (NSString*) minorVersion;

// model information
- (BOOL) isIPod;
- (BOOL) isIPhone;
- (BOOL) isIPad;

@end
```

Beispiel 21.2: UIDevice+BASICS.h

```
#import "UIDevice+BASICS.h"

@implementation UIDevice (BASICS)

- (NSString*) majorVersion {
    NSString *version = self.systemVersion;

    NSRange range = [version rangeOfString:@"."];

    if (range.location != NSNotFound) {
        return [version substringToIndex:range.location];
    }

    return @"";
}

- (int) majorVersionAsInteger {
    return [[self majorVersion] intValue];
}


- (NSString*) minorVersion {
    NSString *version = self.systemVersion;

    NSRange range = [version rangeOfString:@"."];

    if (range.location != NSNotFound) {
        return [version substringFromIndex:range.location + 1];
    }

    return @"";
}

```

```
- (float) versionAsFloat {
    float majorVersion = (float) [self majorVersionAsInteger];
    float minorVersion = [[self minorVersion] floatValue] / 10.0;

    return majorVersion + minorVersion;
}

- (BOOL) isModel:(NSString*) model {
    NSRange range = [[[UIDevice currentDevice] model]
        rangeOfString:model options:NSCaseInsensitiveSearch];

    if (range.location == NSNotFound) {
        //--- It's not the specified model => return NO
        return NO;
    }
    return YES;

}

- (BOOL) isIPod {
    return [self isModel:@"iPod"];
}

- (BOOL) isIPhone {
    return [self isModel:@"iPhone"];
}

- (BOOL) isIPad {
    return [self isModel:@"iPad"];
}

- (BOOL) isSimulator {
    return [self isModel:@"Simulator"];
}

@end
```

Beispiel 21.2: *UIDevice+BASICS.m*

Hinweis

Sie können den Quelltext für die Erweiterung der Klasse *UIDevice* aus dem Beispielverzeichnis 21.2 verwenden.

21.3 Die unterschiedlichen Bildschirmauflösungen unterstützen

Zeugen die unterschiedlichen Gerätefunktionen schon von einem mittlerweile sehr heterogenen Entwicklungsumfeld, so spitzt sich das Thema Geräteunterstützung und -kompatibilität bei den unterschiedlichen Auflösungen der Bildschirme zu. Dieses Kapitel beleuchtet die Aspekte der Entwicklung für die unterschiedlichen Bildschirmauflösungen und ihre Auswirkungen auf den Entwicklungsprozess.

Die Screenformate

Mit der Einführung des iPhone 4 hielt eine weitere Bildschirmauflösung Einzug in das Produktportfolio. Das 3,5 Zoll große, hochauflösende Retina-Display wirft stolze 640 x 960 Pixel in den Ring. Das verdoppelt die Auflösung im Vergleich zu älteren Geräten. Den auf einen Screen von 320 x 480 Pixel optimierten Anwendungen sieht man den Unterschied auf dem iPhone 4 deutlich an. Die folgende Abbildung eines Ausschnitts einer Anwendung demonstriert das eindrucksvoll. Links sehen Sie die für 320 x 480 Pixel optimierte Grafik, dargestellt auf einem iPhone 4 – rechts derselbe Ausschnitt, nachdem die Grafik für die höhere Auflösung optimiert wurde.

Der Unterschied einer nicht auf das Retina Display optimierten Anwendung (links) und der optimierten Variante (rechts).

Die folgende Tabelle gibt einen Überblick über die aktuelle Situation an Screengrößen und Auflösungen:

Geräte	Bildpunkte (Pixel)	Auflösung (ppi)
iPhone bis 3GS und iPod touch bis 3. Gen.	320 x 480	163
iPhone 4	640 x 960	326
iPad	1.024 x 768	132

Grafiken für unterschiedliche Screenformate bereitstellen

Das Beispiel aus dem letzten Abschnitt zeigt deutlich, dass für die höhere Auflösung unbedingt optimierte Grafiken und Bilder bereitgestellt werden sollten. Außerdem empfiehlt es sich, beim Design neuer Anwendungen schon im Vorfeld auf die beiden Auflösungen und Screengrößen einzugehen.

Was bedeutet nun die neue Auflösung für das Design und die Entwicklung? Am grundsätzlichen Layout und Design ändert sich nichts. Die einzelnen Screens sind nach wie vor im SDK und auch im Interface Builder 320 x 480 Pixel groß. Was sich allerdings ändert, das ist ein Skalierungsfaktor zwischen den logischen Bildpunkten und den tatsächlichen Pixeln auf dem Gerät. In der Klasse *UIView* bestimmt beispielsweise das Property *contentScaleFactor* diese Umrechnung. Auf Geräten mit der niedrigen Auflösung ist der Faktor 1,0, jeder Punkt in einem View wird also grafisch auf dem Display durch ein Pixel repräsentiert. Bei hochauflösenden Displays ist dieser Faktor 2,0. Dadurch wird also ein *UIView* mit einer Länge und Breite von 100 Punkten als Grafik mit 200 x 200 Pixel gezeichnet.

Eine Anpassung an die hohe Auflösung bedeutet also ein Bereitstellen aller Grafiken in der doppelten Größe – entsprechend dem Skalierungsfaktor von 2,0. Praktischerweise stellt das SDK einige Mechanismen und Automatismen für eine einfache Integration der neuen Grafiken bereit.

Ihr Projekt fit machen für die neue Auflösung

Um die neue Auflösung zu unterstützen, müssen Sie alle Grafiken für beide Formate erstellen bzw. für das fehlende neue Format erzeugen. Die Auswahl der richtigen Datei wird vom System über die Dateinamen geregelt. Die Namensregeln sind:

- Standardauflösung: *<imageName><device_modifier>.<image_extension>*
- hohe Auflösung: *<imageName>@2x<device_modifier>.<image_extension>*

imageName und *image_extension* sind die bekannten Bestandteile des Dateinamens. Mit dem *device_modifier* können Sie ein Bild in zwei unterschiedlichen Versionen für das iPad und iPhone bereitstellen. Entsprechend muss dieser dann *~ipad* bzw. *~iphone* für die jeweilige Variante lauten.

Der Namenszusatz *@2x* signalisiert dem System eine Version der Datei für das neue hochauflösende Format. Hier ein paar Beispiele zur Namenskonvention:

- Standardauflösung: *ball.jpg*
- hohe Auflösung: *ball@2x.jpg*

Oder mit einer zusätzlichen Version des Bildes für das iPad:

- Standardauflösung iPhone: *ball~iphone.jpg*
- Standardauflösung iPad: *ball~ipad.jpg*
- hohe Auflösung iPhone: *ball@2x~iphone.jpg*

Icons und Startbild anpassen

Das Icon und das Startbild sind die zentralen Stellen der Anwendung mit einer sehr großen Wirkung auf den Nutzer. Deshalb muss gerade hier auf eine optimale

Anpassung an die Bildschirmgrößen und Auflösungen geachtet werden. Die nächsten Abschnitte versorgen Sie mit Tipps und Tricks rund um die beiden Aushängeschilder Ihrer Anwendung. Die folgende Tabelle zeigt vorweg die entsprechenden Größen beider Grafikdateien in den verschiedenen Screenformaten:

Geräte	Icongröße (Pixel)	Startbild-Größe (Pixel)
Standardauflösung	57 x 57	320 x 460
Hohe Auflösung	114 x 114	640 x 920
iPad-Format	72 x 72	768 x 1.004 (Hochformat) 1.024 x 748 (Querformat)

Icons

Für die Icons einer Anwendung können Sie ebenfalls auf die neuen Namenskonventionen zurückgreifen. Um die Icons in Ihre Anwendung zu integrieren, müssen Sie in der Datei *Info.plist* – der sogenannten Information-Property-List – Ihrer Anwendung den Schlüssel *CFBundleIconFiles* hinzufügen. Der Schlüssel definiert ein Array von Dateinamen für die Icons. Die folgende Anleitung fügt die neuen Dateien Ihrem Projekt hinzu:

1. Erstellen Sie drei Varianten der Icons für die unterschiedlichen Auflösungen in einem Grafikprogramm Ihrer Wahl und benennen Sie die Dateien wie folgt: *icon~ipad.png*, *icon~iphone.png* und *icon@2x~iphone.png*

   Hinweis: Den Namensanteil *icon* können Sie selbst frei wählen. Sie können also jedes beliebige Präfix vor der Tilde bzw. dem @-Zeichen verwenden.

2. Kopieren Sie die Dateien in Ihr Projektverzeichnis auf die oberste Ebene. Klicken Sie mit der rechten Maustaste auf den Ordner *Resources* und wählen Sie *Add/Existing Files*. Markieren Sie im Dateibrowser die drei Dateien und klicken Sie auf *Add*.

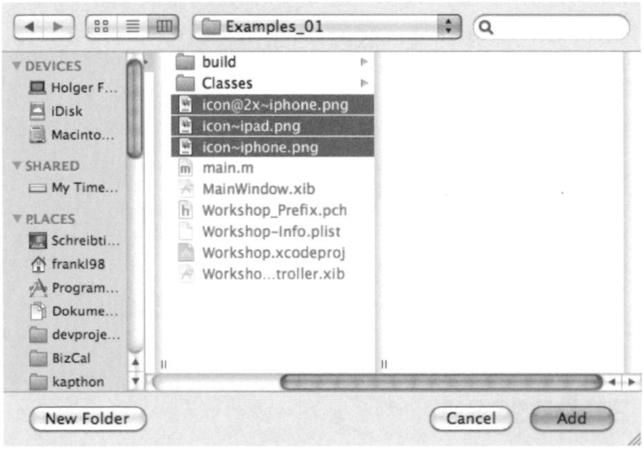

3 Starten Sie den Property List Editor durch einen Klick auf die Datei *Info.plist* Ihres Projekts im Bereich *Groups & Files* im Ordner *Resources*.

Hinweis: Wenn Sie Ihr Projekt über eine Vorlage von Xcode erstellt haben, heißt diese Datei standardmäßig *<ProjectName>-Info.plist*.

4 Wählen Sie die letzte Zeile der Datei aus und klicken Sie auf den mit einem Plus markierten Button rechts. Dadurch erstellen Sie eine leere Zeile.

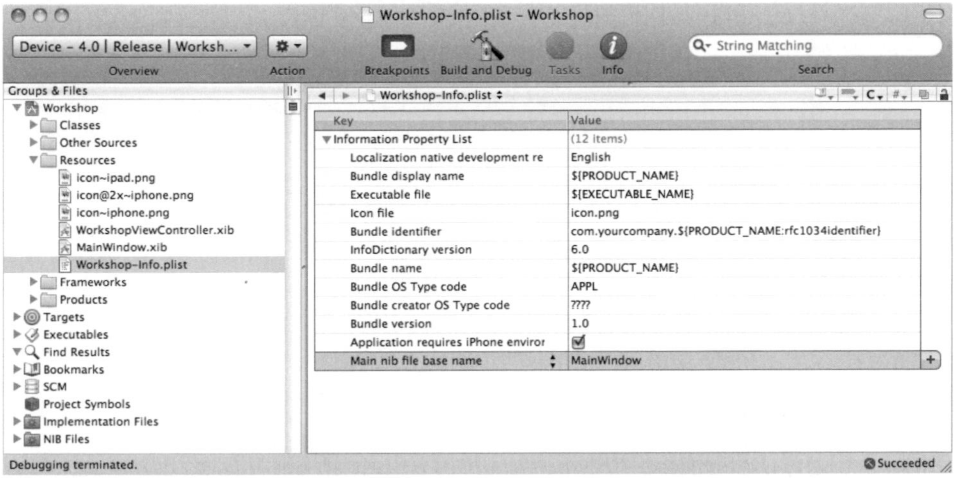

5 Bewegen Sie den Cursor in das erste Feld der neuen Zeile. Mit den Auf- und Ab-Tasten können Sie nun durch die verfügbaren Optionen navigieren. Wählen Sie hier die Option *Icon files*, die den Schlüssel *CFBundleIconFiles* im Klartext repräsentiert.

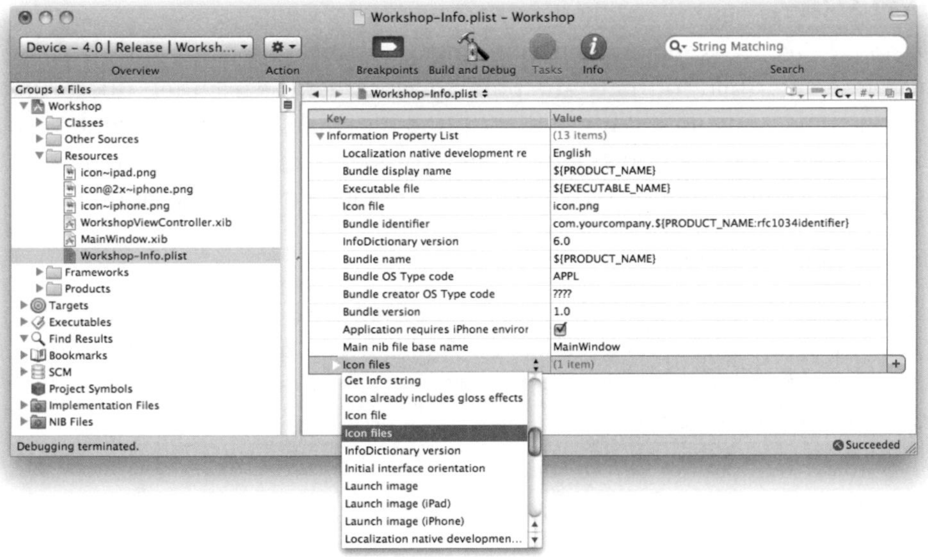

6 Im neu erzeugten Array geben Sie nacheinander die Dateinamen der Icons ein. Dabei fügen Sie über den Plus-Button rechts einen neuen Eintrag innerhalb des Arrays ein.

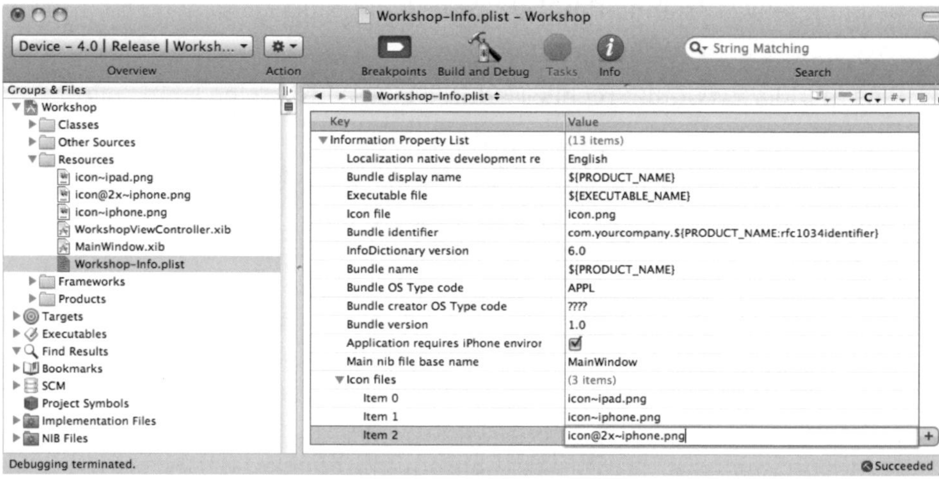

Alter Schlüssel

Der Property-List-Schlüssel *CFBundleIconFiles* ist erst ab der Version 3.2 des SDK verfügbar. Der alte Schlüssel *CFBundleIconFile* ist weiterhin gültig, wird aber von der neuen Variante überschrieben. Für *CFBundleIconFile* gelten eigene Namenskonventionen, die Sie der Entwicklerdokumentation entnehmen können.

Startbild

Während des Starts der Anwendung zeigt das Betriebssystem ein spezielles Bild an. Dieses Startbild, oftmals auch als Splashscreen bezeichnet, überbrückt die Zeit, die eine Anwendung für den Start und die Initialisierung braucht. Wenn Sie keinen speziellen Namen für die Datei vorgeben, sucht das System standardmäßig nach einer Datei *Default.png* in den Ressourcen der Anwendung.

Der einfache Weg

Auch für den Startbildschirm ist die neue Namenskonvention anwendbar. Der einfachste Weg, die unterschiedlichen Auflösungen und Geräte zu unterstützen, ist also die Bereitstellung der Datei *Default.png* in den notwendigen Varianten gemäß der Namensgebung:

- Standardauflösung: *Default.png*
- hohe Auflösung: *Default@2x.png*

Der einfache Weg wird etwas steiniger, wenn wir das Startbild für das iPad hinzunehmen. Im Gegensatz zu den anderen Geräten wird bei einer Anwendung für das iPad schon beim Startbild die Bildschirmorientierung herangezogen. Das heißt, man sollte hier mindestens eine Version für das Hoch- sowie das Querformat vorliegen haben. Idealerweise unterstützen Sie hier alle möglichen Ausrichtungen – also auch die jeweils um 180° gedrehten:

- iPad-Hochformat: *Default-Portrait.png*
- iPad-Querformat: *Default-Landscape.png*

Oder für alle Bildschirmorientierungen:

- iPad-Hochformat: *Default-Portrait.png*
- iPad-Hochformat (180° gedreht): *Default-PortraitUpsideDown.png*
- iPad-Querformat: *Default-LandscapeLeft.png*
- iPad-Querformat (180° gedreht): *Default-LandscapeRight.png*

Startbilder mit der richtigen Geräteorientierung

Für das iPad würde auch die eine Datei *Default.png* ausreichen. Allerdings kommen Sie dann schnell in Konflikte, sobald Sie eine Anwendung für die beiden Plattformen iPhone und iPad anbieten wollen. Deshalb die Empfehlung: Verwenden Sie von vornherein die Startbilder mit der richtigen Geräteorientierung. Das wirkt auch für den Benutzer natürlicher.

Eigene Dateinamen für das Startbild

Der Standardname *Default* für das Startbild lässt sich auch projektspezifisch anpassen. Dadurch werden Sie frei in der Namensgebung für das Startbild. Gesteuert wird das über den Schlüssel *UILaunchImageFile* in der Information-Property-List *Info.plist*. Dort definieren Sie einen Namen für das Startbild, der anstelle von *Default* aus den vorigen Beispielen verwendet wird. Die weiteren Zusätze für die Orientierung werden an diesen Namen wie gewohnt angehängt.

Sie können auch für die beiden Gerätetypen iPhone und iPad jeweils eigene Namen für das Startbild vergeben. Dazu benutzen Sie die geräteabhängigen Schlüssel *UILaunchImageFile~iphone* und *LaunchImageFile~ipad*.

Wenn Sie den Dateinamen *splashscreen* registrieren, müssen Sie die Dateien wie folgt benennen:

- Standardauflösung: *splashscreen.png*
- hohe Auflösung: *splashscreen@2x.png*

Oder für das iPad (die Kurzversion – lässt sich genauso auf die einzelnen Orientierungen anwenden):

- iPad-Hochformat: *splashscreen-Portrait.png*
- iPad-Querformat: *splashscreen-Landscape.png*

Tipp

Im Abschnitt über Icons wird in der Schritt-für-Schritt-Anleitung das Hinzufügen des Schlüssels über den **P**roperty **L**ist **E**ditor (PLE) ausführlich beschrieben. Der Schlüssel *UILaunchImageFile* wird im PLE als *Launch image* bezeichnet.

Bilder und Grafiken programmatisch laden

In der Anwendung müssen Sie nichts für die Unterstützung der neuen hochauflösenden Bilder und Grafiken ändern. Die Methoden *imageNamed:*, *imageWithContentsOfFile:* und *initWithContentsOfFile:* von *UIImage* sorgen automatisch für die Auswahl der richtigen Datei anhand der Namenskonvention. Die Anweisung

```
UIImage *image = [UIImage imageNamed:@"ball.jpg"];
```

lädt je nach Plattform eines der Bilder in den Dateien *ball@2x~ipad.jpg*, *ball~iphone.jpg* oder *ball@2x~iphone.jpg*. Die Größe und der Skalierungsfaktor des Bildes werden dementsprechend korrekt gesetzt.

22. Multitasking

Seit dem Verkaufstart von Apples iPhone und der Einführung des iPhone-SDK für Entwickler gab es keine Eigenschaft, über die so heftig und gleichzeitig kontrovers diskutiert wurde, wie das Multitasking. Die Möglichkeit, mehrere Anwendungen gleichzeitig auszuführen und zwischen verschiedenen laufenden Anwendungen zu wechseln, war bislang nicht vorgesehen. Gründe hierfür gab es zur Genüge:

- **Systemleistung:** Mehrere parallel ausgeführte Anwendungen würden vor allem bei Geräten der ersten und zweiten Generation die Systemleistung deutlich belasten. Vor allem der Hauptspeicher (siehe dazu auch Kapitel 21.2), aber auch die Prozessorauslastung könnte hier schnell zu einem Problem werden.
- **Akkulaufzeit:** Eine ständige Ausführung im Hintergrund würde nicht den Energiesparmechanismen der Geräte gerecht werden. Letztendlich würde die ohnehin schon viel kritisierte Akkulaufzeit noch weiter reduziert.
- **Systemstabilität:** Anwendungen von Drittanbietern im Hintergrund reduzieren die Systemstabilität. Je mehr Anwendungen parallel laufen, desto größer ist die Wahrscheinlichkeit, dass es zu negativen Rückwirkungen auf die Stabilität - bis hin zu kompletten Crashs des Betriebssystems - kommt.
- **Komplexität für den Benutzer:** Auf dem iPhone und iPad läuft aus Platzgründen immer nur eine Anwendung gleichzeitig im sichtbaren Bereich. Wenn ein Benutzer eine Anwendung schließt, will er in den wenigsten Fällen, dass diese wirklich im Hintergrund weiterläuft. Im Umkehrschluss müsste sich der Benutzer dann immer wieder aktiv um das Beenden ungewollter Anwendungen kümmern oder die Anwendung jedes Mal gezielt beenden – was eine neuartige Nutzerschnittstelle bedeuten würde. Bei vielen Anwendungen im Hintergrund verliert man leicht den Überblick darüber, was denn tatsächlich abläuft. So können ungewollt Verbindungen aufrechterhalten werden, die man als geschlossen wähnt. Das führt schnell zu Sicherheits- und Datenschutzrisiken.
- **Benutzerbedürfnisse:** Viele der Fälle, in denen Multitasking gefordert wird, bedürfen gar keiner parallelen Ausführung von Anwendungen. Oftmals würde es schon genügen, wenn die Benutzung kurz – zum Beispiel für den Blick ins Adressbuch, auf eine Webseite oder E-Mail – unterbrochen werden könnte, um sie danach an derselben Stelle weiterzuführen. In der Zwischenzeit könnte die Anwendung im Hintergrund schlafen und damit keine Prozessorzeit beanspruchen. Erst beim Wiedererwecken muss die Kontrolle übergeben werden. Gegenbeispiele hierfür sind Anwendungen, die dauerhaft und möglichst ohne Unterbrechung ihren Dienst verrichten sollen. Hierzu zählen beispielsweise GPS-Tracker und Instant Messenger.

Jedes einzelne dieser Argumente mag Anlass zu Diskussionen liefern, in Summe bereiteten sie Apple aber ziemliche Kopfschmerzen. Zumal natürlich Multitasking für Systemprozesse schon lange verfügbar war: Die Mailanwendung, Systemprozesse zur Verarbeitung systemweiter Events und Benachrichtigungen waren schon immer als Hintergrundprozesse konzipiert.

Seit iOS 4.0 und dem SDK 4.0 für Entwickler können jetzt Anwendungen im Hintergrund ausgeführt und zwischen diesen gewechselt werden. Der Mechanismus ähnelt auf dem ersten Blick stark dem Taskmanager auf dem Mac. Die im Hintergrund befindlichen Anwendungen werden im Dock des Screens nach einem Doppelklick auf die Home-Taste in Viererpaketen dargestellt. Durch eine Wischgeste können die einzelnen Seiten dieser Ansicht durchgeblättert werden. Ein einfacher Klick auf eine dieser Anwendungen führt mit einer Animation zu einem Wechsel. Die beiden Screenshots unten zeigen dieses Verhalten. Dabei gilt es zu beachten, dass die im Dock angezeigten Anwendungen eine Historie der letzten Benutzung darstellen und nicht ein Abbild der Anwendungen im Hintergrund bzw. im Schlafzustand. Sie sehen dort also auch Anwendungen aufgelistet, die sich nicht mehr im Speicher befinden. Diese Ansicht im Dock ist nur auf Geräten möglich, die hard- und softwaretechnisch Multitasking unterstützen. Das sind im Wesentlichen die Geräte dritter Generation oder neuer.

Der Wechsel aus der Dock-Anwendungsansicht (links) in eine Anwendung erfolgt animiert (rechts).

Eine Ausführung im Hintergrund, also die Zuteilung von Prozessorzeit für nicht aktive Anwendungen, gibt es aber nur unter ganz bestimmten Umständen. Grundsätzlich können nur Anwendungen mit folgender Funktionalität eine ununterbrochene Ausführung im Hintergrund integrieren: Audioplayer, Anwendungen, die aktuell GPS-Koordinaten benötigen, wie Navigationslösungen oder GPS-Tracker und schlussendlich noch VoIP-Clients. Dieses Thema wird in Kapitel 22.5 anhand einer Ortungsanwendung ausführlich besprochen.

Alle Anwendungen, die nicht in eine dieser Kategorien fallen, profitieren dennoch vom neuen Multitasking-Support. Standardmäßig wird jede Anwendung, die entweder über den Home-Button oder Systemevents wie eingehende Anrufe, Nachrichten oder Benachrichtigungen unterbrochen wird, in einen schlafenden Zustand im Hintergrund versetzt, aus dem sie wieder erweckt werden kann. Dadurch wird das Wechseln zwischen Anwendungen extrem schnell und der Zustand der aktuell schlafenden bleibt erhalten. Allerdings garantiert das Betriebssystem diesen Schlafzustand nicht dauerhaft. Bei zu großer Speicherauslastung werden diese Anwendungen als Erstes beendet und aus dem Speicher entfernt.

Außerdem kann jede Anwendung, bevor sie im Hintergrund schlafen geht, noch eine Prozessorzuweisung zum Beenden noch laufender Tasks anfordern. So können zum Beispiel schon begonnene Dateidownloads noch beendet oder komplexere Aufräumarbeiten vor dem Schlafzustand noch im Hintergrund abgeschlossen werden. Das wird in Kapitel 22.6 vertieft.

Somit ist das Multitasking als Opt-out-Option zu verstehen. Wenn Ihre Anwendung also bewusst auf die Vorzüge verzichten soll und damit eine definitive Terminierung erreichen will, müssen Sie das explizit deklarieren. Näheres dazu finden Sie in Kapitel 22.3.

Multitasking ist sicherlich eine sinnvolle und wichtige Eigenschaft. Auf den zweiten Blick werden Sie aber merken, dass damit auch einiges an Aufwand für Sie als Entwickler anfällt – und dies selbst dann, wenn Sie es nur passiv, also zum schnellen Wechsel zwischen Anwendungen mit einer Speicherung des aktuellen Zustands nutzen. Grund dafür sind zum einen eine Reihe von Richtlinien, die Ihnen als Entwickler bzw. Ihrer Anwendung auferlegt werden (siehe Kapitel 22.2). Zum anderen erhöht sich durch den Schlafzustand die Anzahl der Zustände im Lebenszyklus Ihrer Anwendung. Um einen reibungslosen Übergang zwischen den einzelnen Zuständen zu gewährleisten, sollten Sie Ihre Anwendung dafür optimieren und die möglichen Varianten auch testen. Andernfalls kann es zu einem Datenverlust oder zu unvorhergesehenem Verhalten kommen. Auf viele dieser Punkte wird nachfolgend eingegangen.

Multitasking

Multitasking ist auch im Simulator verfügbar. Damit lassen sich ohne Endgerät Zustandsübergänge oder das Ausführen im Hintergrund testen und Debuggen. Das Drücken der Home-Taste befördert also die Anwendung – sofern sie in 4.0 übersetzt ist – in den Hintergrund und mit einem Doppelklick wird die Dock-Anwendungsansicht geöffnet.

22.1 Die Zustände einer Anwendung und ihre Übergänge

Für ein tieferes Verständnis des Multitasking-Mechanismus ist ein genauer Blick auf den Lebenszyklus einer Anwendung nötig. Dieser bestimmt sich aus den Zuständen, in denen sich eine Anwendung vor, während und nach der Ausführung befindet. Das iOS 4.0 kennt die Zustände, wie sie in der folgenden Tabelle zusammengefasst sind. Im weiteren Verlauf dieses Kapitels werden wir die Situationen während der Übergänge genauer analysieren.

Zustand	Beschreibung
Nicht ausgeführt	Die Anwendung wird nicht ausgeführt und befindet sich nicht in einem schlafenden Zustand.
Inaktiv	Eine Anwendung ist inaktiv, wenn sie während der Ausführung im Vordergrund keine Systemereignisse empfängt. Das kann für kurze Zeit während der Ausführung sein, aber vor allem bei der Anzeige von Systemhinweisen, beispielsweise bei einem eingehenden Anruf oder Nachricht. Sobald der Screen des Gerätes gesperrt wird, fällt die aktive Anwendung automatisch in den inaktiven Zustand.
Aktiv	Die Anwendung läuft im Vordergrund und empfängt Events.
Im Hintergrund	Die Anwendung läuft im Hintergrund. Das trifft sowohl auf Anwendungen zu, die im Hintergrund auf den Schlafzustand vorbereitet werden, als auch auf alle Anwendungen, die entweder temporär oder dauerhaft weiter ausgeführt werden.
Schlafend	Die Anwendung wird im Hintergrund nicht ausgeführt, befindet sich aber noch im Hauptspeicher. Aus diesem Zustand kann die Anwendung sehr schnell wieder aufgeweckt werden. Das Betriebssystem kann in Fällen von Speichermangel schlafende Anwendungen jederzeit ohne einen Hinweis beenden.

Die Zustandsänderungen werden (wie alle systemkritischen Nachrichten) über das Anwendungs-Delegate signalisiert. Diese benutzerdefinierte Klasse, die das Protokoll *UIApplicationDelegate* implementieren muss, nimmt die Zustandsänderungen in den Delegate-Methoden als Nachrichten an dieses Objekt entgegen. Die relevanten Methoden von *UIApplicationDelegate* sind:

- *application:didFinishLaunchingWithOptions:*
  Diese Methode ist für den Start der Anwendung und die Initialisierung und Anzeige des Views verantwortlich. An dieser Stelle können Sie auch einen vorher verlassenen Zustand wiederherstellen. Über das Dictionary können der Anwendung vom System Kontextinformationen zum Start mitgegeben werden. In Kapitel 24 nutzen wir die Informationen, um Daten zwischen Anwendungen auszutauschen. Mit der Eigenschaft *applicationState* des übergebenen *UIApplication*-Objekts kann ermittelt werden, ob die Anwendung gestartet wurde, um in den Vordergrund zu kommen, oder sie nur für den Hintergrundbetrieb vorgesehen ist. Im ersten Fall steht die Eigenschaft auf *UIApplicationStateInactive*, im letzteren auf *UIApplicationStateBackground*.

- *applicationWillResignActive:*
  Die Methode signalisiert den Übergang vom aktiven in den inaktiven Zustand, zum Beispiel bei Systemnachrichten, beim Sperren des Screens oder beim Übergang in den Hintergrund.
- *applicationDidEnterBackground:*
  Die Anwendung läuft nun im Hintergrund. Wenn die Anwendung nicht für eine längere Ausführung im Hintergrund konfiguriert ist, dann sollte diese Methode nach spätestens fünf Sekunden beendet sein, um einer Zwangsterminierung zu entgehen. In dieser Zeit sollte die Anwendung für den schlafenden Zustand vorbereitet sein, d. h., alle Aktivitäten an der Benutzerschnittstelle müssen eingestellt werden, gemeinsam genutzte Systemressourcen freigegeben sein und der aktuelle Zustand für eine spätere Wiederherstellung gesichert werden. Längere Aufräumarbeiten wie die Beendigung von gestarteten Downloads können spätestens jetzt angefordert werden (siehe Kapitel 22.6).
- *applicationWillEnterForeground:*
  Die Anwendung wird aus dem Hintergrund über den inaktiven Zustand in Kürze zur aktiven Anwendung.
- *applicationDidBecomeActive:*
  Die Anwendung ist nun wieder die einzig aktive. Dies kann nach einem Start der Anwendung, nach dem Erwachen aus dem Hintergrund oder nach Inaktivität aufgrund von Systemereignissen auftreten.
- *applicationWillTerminate:*
  Die Anwendung wird in Kürze komplett beendet. Innerhalb der obligatorischen etwa fünf Sekunden können noch Aufräumarbeiten erledigt und wenn nötig ein Zustand für den nächsten Start gesichert werden. In einer Multitasking-Umgebung wird diese Methode nur noch aufgerufen, wenn eine im Hintergrund laufende Anwendung beendet werden muss. Beachten Sie, dass für schlafende Anwendungen diese Methode beim Beenden nicht aufgerufen wird. In älteren Systemen ohne Multitasking signalisiert der Aufruf das Ende der Anwendung entweder durch den Druck auf die Home-Taste oder das implizite Ende beim Wechsel zwischen Anwendungen.

Der Start

Beim Start der Anwendung wird zuerst die NIB-Datei mit dem Hauptfenster der Anwendung geladen und das Anwendungs-Delegate-Objekt erzeugt. Die Initialisierung startet mit dem Aufruf von *application:didFinishLaunchingWithOptions:*. Der Zustandswechsel in den aktiven Zustand wird dann noch, wie es in der Abbildung ersichtlich ist, über das Delegate signalisiert.

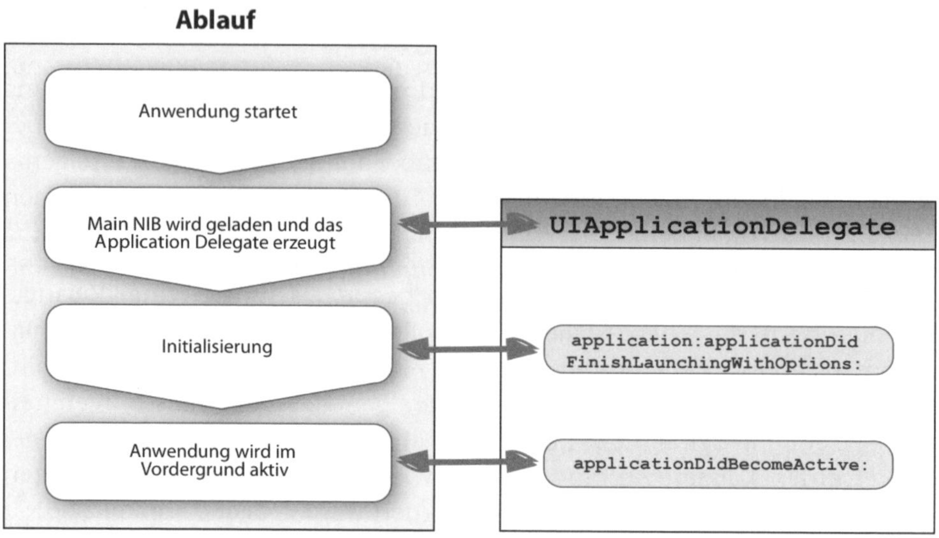

Übergang in den Hintergrund

Ein Druck auf den Home-Button, ein Aufruf eines externen Links oder ein Systemereignis wie ein eingehender Anruf, eine Nachricht oder eine Benachrichtigung können den Übergang in den Hintergrund auslösen. Beim Wechsel wird die Anwendung zuerst inaktiv, was mit einem Aufruf von *applicationWillResignActive:* angekündigt wird. Spätestens nach der Meldung *applicationDidEnterBackground:* sollten die letzten Aufräumarbeiten vor dem Schlafzustand gestartet und möglichst zügig beendet werden. Denn nur wenn Ihre Anwendung sich für eine Ausführung im Hintergrund qualifiziert hat, wird sie dort weiter ausgeführt. Für alle anderen bedeutet dieser Übergang den Verlust der Prozessorzuteilung und damit den Schlafzustand. Das Betriebssystem kann jederzeit schlafende Anwendungen ohne weitere Hinweise bzw. Aufrufe des Anwendungs-Delegate beenden. Deshalb sollten die Aufräumarbeiten auch auf diese unfreiwillige Terminierung vorbereiten.

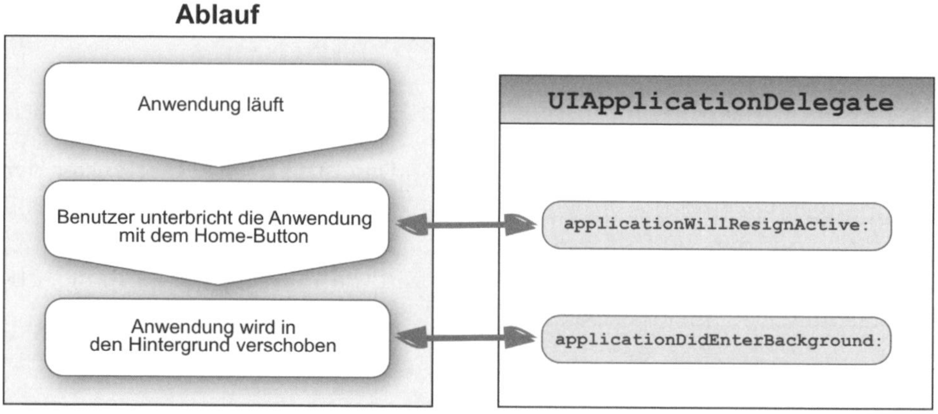

Reaktivierung aus dem Hintergrund

Eine Anwendung im Hintergrund – schlafend oder als Hintergrundanwendung ausgeführt – kann durch den Benutzer reaktiviert werden. Das kann explizit über das Dock oder den Klick auf das Programmsymbol auf dem Dashboard erfolgen – oder durch eine andere Anwendung über den Aufruf einer URL oder das Öffnen eines Dokuments geschehen. Dem Anwendungs-Delegate wird dieser Übergang mit der Nachricht *applicationWillEnterForeground:* bekannt gegeben, der unmittelbar danach die Nachricht *applicationDidBecomeActive:* folgt.

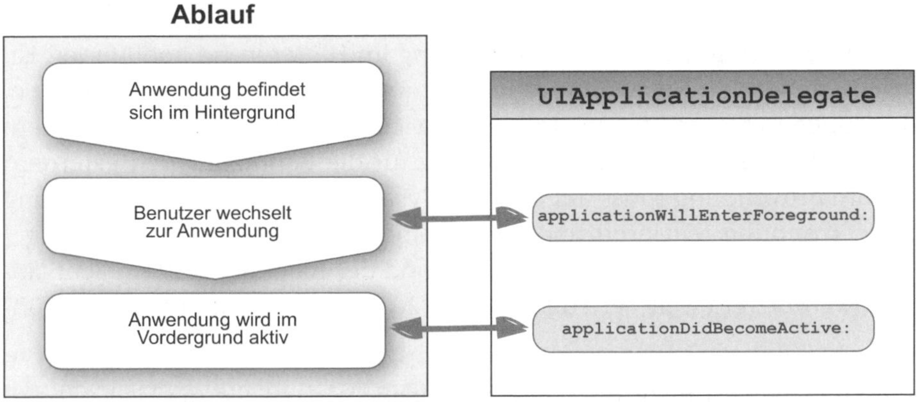

Schlafzustand

Beim Aufwachen aus dem Schlafzustand wird dem aktuellen Viewcontroller weder ein *viewWillAppear:* noch ein *viewDidAppear:* signalisiert.

Kein Signal

Das Beenden einer schlafenden Anwendung durch explizites Beenden aus dem Dock oder implizit durch das System – beispielsweise bei Speichermangel – wird nicht signalisiert.

22.2 Richtlinien zum Multitasking

Für die Umsetzung des beschriebenen Multitasking-Verfahrens setzt Apple auch auf die Mithilfe der Entwickler. In der Benutzerdokumentation findet sich ein ganzer Abschnitt, der etwas pathetisch mit „Wie sich eine verantwortungsvolle Multitasking-Anwendung verhält" überschrieben ist. Im Wesentlichen handelt es sich um Richtlinien, wie sich eine Anwendung ab dem Moment verhält, in dem Sie in den Hintergrund verschoben wird. Das betrifft folgende Bereiche: Vorbereitungen für den Übergang in den Hintergrund und das Verhalten von Anwendungen, die im Hintergrund noch weiter ausgeführt werden – egal ob nur temporär oder dauerhaft.

Vorbereitende Maßnahmen

Sobald der Anwendung über die Delegate-Methode *applicationDidEnterBackground:* der Übergang in den Hintergrund bekannt gegeben wurde, sollten die Aufräumarbeiten und vorbereitenden Maßnahmen beginnen. Laut Dokumentation bleibt Ihnen dafür ein Zeitfenster von etwa fünf Sekunden, bevor eine Zwangsterminierung droht. Erste Tests zeigen, dass das eher einem Richtwert als einer harten Grenze entspricht. Nichtsdestotrotz sollten Sie auch unter Rücksichtnahme auf die Anwendung im Vordergrund die zugewiesene Prozessorzeit sinnvoll einsetzen und möglichst schnell die Anwendung in den Hintergrund entlassen.

Wenn Ihre Anwendung nicht für die Ausführung im Hintergrund konfiguriert ist, sollten alle bestehenden Netzwerkverbindungen geordnet unterbrochen werden. Die Verbindungen würden im Schlafmodus sowieso unterbrochen und eingehende Events nicht zugestellt werden. Gleiches gilt für die Benutzung von externem Zubehör. Ihre Anwendung muss auf die vom System mit einer Benachrichtigung signalisierte Trennung reagieren und die Verbindung abbauen. Gemeinsam genutzte Systemressourcen wie das Adressbuch und der Kalender dürfen nicht länger benutzt werden. Ein weiterer Zugriff würde zu einer Zwangsterminierung führen.

Durch die Freigabe von nicht benötigtem Speicher können Sie die Wahrscheinlichkeit einer Terminierung durch Speichermangel reduzieren. Das betrifft vor allem große Bilddaten, Audiodaten und Nutzdaten, die sowieso neu geladen werden müssten.

Zu einem geordneten Übergang in den Schlafzustand gehört auch das Ausblenden sensibler Nutzerdaten wie Passwörter, Zugangsdaten oder privater Informationen. Für die Prozesswechselanimation erstellt das Betriebssystem einen Screenshot. Dieser sollte aus Sicherheitsgründen keine sensiblen Daten enthalten. Zusätzlich dient es dem Schutz vor Verlust des Endgerätes oder Zugriff durch Dritte.

Bevor die Anwendung die Kontrolle abgibt, sollte der aktuelle Zustand gesichert werden. Da eine schlafende Anwendung ohne Hinweis ganz aus dem Speicher entfernt werden kann, müssen genügend Informationen für eine reibungslose Wiederherstellung des aktuellen Zustands gesichert werden, wenn Sie dem Benutzer nach einem Neustart den letzten Zustand vor dem Verlassen präsentieren wollen. Die Entwicklerdokumentation verliert hier noch einige Worte über *UIAlertViews* und *UIActionSheets*. Hier gilt aber prinzipiell das Gleiche: Wollen Sie den Zustand für einen Neustart sichern, müssen Sie genug Informationen speichern, um diese Hinweise wiederherzustellen. Über den Schlafzustand hinweg wird selbstverständlich auch ein geöffneter Hinweis erhalten und nach dem Wechsel in den Vordergrund korrekt fortgesetzt.

Ausführung im Hintergrund

Wenn Ihre Anwendung im Hintergrund weiterläuft, sollten Sie einige weitere Regeln beachten. Die Prozessorzeitzuteilung im Hintergrund ist deutlich restriktiver als für die aktive Anwendung im Vordergrund. Zusätzlich können sich mehrere Anwendungen diese kostbare Zeit teilen. Deshalb versteht es sich von selbst, dass Ihre Anwendung nur die nötigen Arbeiten erledigen sollte und alles Weitere aufschiebt. Alle Aufgaben, die mit der Darstellung am Screen zu tun haben, sollten unterlassen werden. Die Ansicht muss erst wieder aktualisiert werden, wenn ein Wechsel in den Vordergrund ansteht. Verschieben Sie also auch Berechnungen für die Darstellung bis zu diesem Zeitpunkt. Ein besonderer Hinweis gilt für die Benutzung von OpenGL ES: Benutzen Sie keinesfalls die OpenGL-ES-Funktionalität im Hintergrundbetrieb. Das würde zur Zwangsterminierung der Anwendung führen!

22.3 Multitasking für alle Anwendungen

Wie in der Einleitung erläutert, profitieren alle Anwendungen automatisch vom Multitasking. Wenn Sie sich nicht explizit dagegen entscheiden, führt das Verlassen der Anwendung durch das System oder den Benutzer nicht zur Terminierung, sondern zu einem Schlafzustand. Mittels des Docks kann zwischen den Anwendungen im Hintergrund sehr schnell hin und her gewechselt werden.

Dieser erfreuliche Gewinn an Flexibilität zieht leider auch ein paar Überlegungen nach sich, denen Sie sich als Entwickler stellen müssen. Das kann sogar deutlich mehr Aufwand nach sich ziehen, als es im ersten Moment den Anschein hat. Bevor wir uns aber diesen Überlegungen widmen, wollen wir sehen, wie Sie die Multitasking-Unterstützung für Ihre Anwendung deaktivieren können.

Multitasking-Support ausschalten

Auf den ersten Blick mag es etwas seltsam klingen, die Vorteile des Multitasking bzw. des schnellen Anwendungswechsels freiwillig aufzugeben. Der Aufwand, eine bestehende Anwendung an den Übergang in den Schlafzustand und das Aufwecken danach anzupassen, dürfte einer der Hauptgründe sein. Wenn die benötigte Zeit für die Änderungen am Quelltext nicht den Vorteil aufwiegt, ist die Deaktivierung die einfachste Möglichkeit. Auch Anwendungen, die aufgrund eines sehr hohen Speicherbedarfs sowieso Gefahr laufen, nicht lange im Hintergrund zu schlafen, können so von vornherein als reine Vordergrundanwendung deklariert werden.

Der Multitasking-Support wird über den Schlüssel *UIApplicationExitsOnSuspend* in der Datei *Info.plist* – der sogenannten Information-Property-List – gesteuert.

Standardmäßig steht der Wert auf *NO*, weswegen Sie den Eintrag in die Datei nur zur Deaktivierung vornehmen müssen.

Die folgenden Schritte leiten Sie durch den Deaktivierungsprozess:

1 Starten Sie den Property List Editor durch einen Klick auf die Datei *Workshop-Info.plist* im Bereich *Groups & Files* im Ordner *Resources*.

2 Wählen Sie die letzte Zeile der Datei aus und klicken Sie den mit einem Plus markierten Button an. Dadurch erstellen Sie eine leere Zeile.

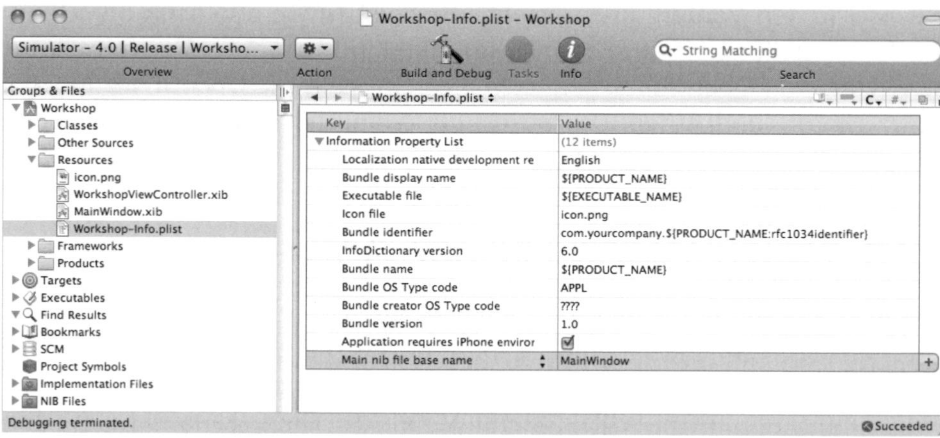

3 Bewegen Sie den Cursor in das erste Feld der neuen Zeile. Mit den Auf- und Ab-Tasten können Sie nun durch die verfügbaren Optionen scrollen. Wählen Sie hier die Option *Application does not run in background*.

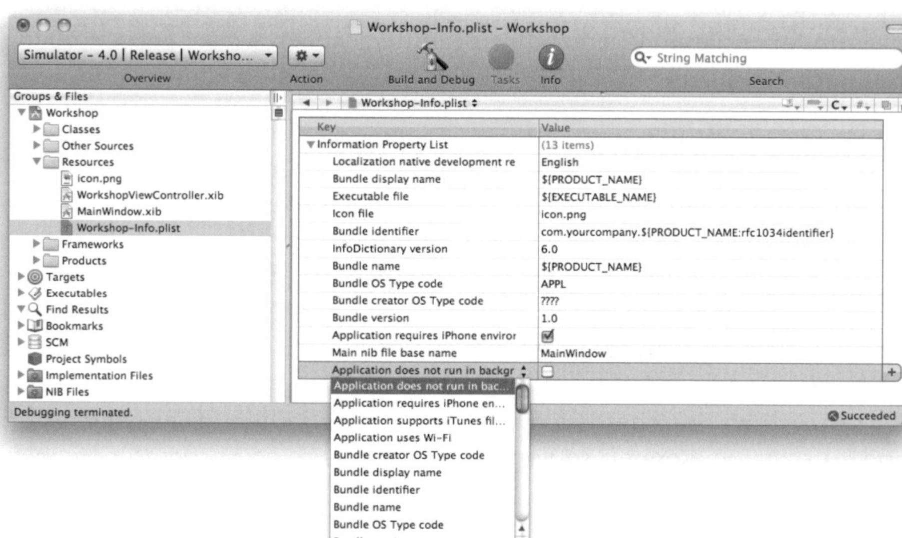

4 Im neu erzeugten Listeneintrag setzen Sie den Haken in das Feld in der Spalte *Value*. Damit ist das Multitasking für die Anwendung deaktiviert.

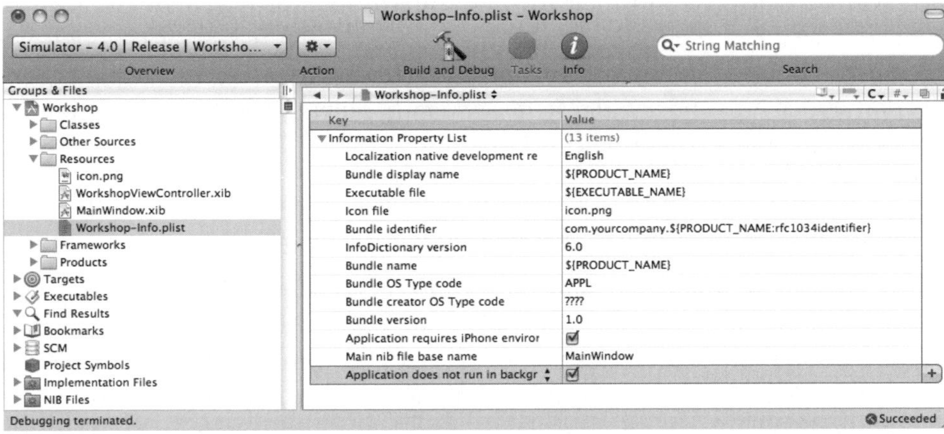

Die Datei Info.plist

Die Datei *Info.plist* ist die sogenannte Information-Property-List Ihrer Anwendung. Sie enthält Schlüssel-Wert-Paare zur Konfiguration – wie beispielsweise den Bundle-Identifier oder den Namen der Icondatei. Projekte, die mit den Xcode-Vorlagen erstellt werden, vergeben standardmäßig folgenden Namen für die Information-Property-List-Datei: *<project name>-Info.plist*. Die Datei wird im XML-Format gespeichert und kann über den Property List Editor von Xcode komfortabel bearbeitet werden.

Wenn Sie Ihre Anwendung vom Multitasking ausgeschlossen haben, weichen die Zustandsübergänge von den in Kapitel 22.1 beschriebenen ab. Anstatt eines Übergangs in den Hintergrund wird die Delegate-Methode *applicationWillTerminate:* aufgerufen. Dort können Sie letzte Aufräumarbeiten vor der Terminierung machen oder Informationen zum aktuellen Zustand sichern. Danach wird die Anwendung vollständig aus dem Speicher entfernt. Sie durchläuft damit auch nie den Zustandsübergang vom Hintergrund in den Vordergrund oder umgekehrt.

Nicht von Anzeige täuschen lassen

Lassen Sie sich an dieser Stelle nicht von der Anzeige in der Dock-Anwendungsansicht täuschen. Dort wird das Icon Ihrer Anwendung dennoch sichtbar sein. Ein Klick darauf startet allerdings die Anwendung neu (und nicht aus dem Speicher).

Auf Systemänderungen reagieren

Wenn eine Anwendung längere Zeit im Hintergrund schläft, können sich nach dem Aufwachen am System gravierende Änderungen ergeben haben. Sofern diese Änderungen die Programmlogik betreffen, sollten sie ausgewertet werden. Das iOS sorgt während der Schlafphase dafür, dass aufgelaufene Events in einer eigenen Warteschlange gesammelt werden. Allerdings werden nicht alle Events gespeichert, weil das die Datenmenge und die Abarbeitungsdauer erhöhen würde und letzten Endes auch nicht wirklich sinnvoll wäre. Stattdessen begnügt sich das iOS damit, der Anwendung die Nettoänderung mitzuteilen. In den meisten Fällen ist das einfach die letzte Änderungsmeldung.

Die wichtigsten Änderungsmeldungen, die Sie beim Design der Multitasking-Fähigkeit Ihrer Anwendung in Betracht ziehen sollten, sind:

- *UIDeviceOrientationDidChangeNotification* – zeigt die Änderung der Geräteausrichtung an; wird normalerweise bei jedem Aufwecken der Anwendung übermittelt. Sie sollten deshalb die tatsächliche Ausrichtung über die Eigenschaft *orientation* von *UIDevice* mit der letzten Ausrichtung Ihrer Anwendung vor dem Schlafzustand vergleichen und bei einer Änderung die Darstellung aktualisieren.
- *NSUserDefaultsDidChangeNotification* – Die globalen Einstellungen über das Einstellungsmenü des iOS haben sich geändert. Sie sollten also die *NSUserDefaults* mit den Einstellungen erneut abgleichen. Sofern Sie grundsätzlich nach dem Erwachen aus dem Schlafzustand die Einstellung erneuern, können Sie auf eine Überwachung dieser Benachrichtigung verzichten.
- *NSCurrentLocaleDidChangeNotification* – Die Region oder Sprache in den iOS-Einstellungen wurde geändert. Datums- und Zeitangaben können verändert sein. In diesem Fall müssen Sie alle *NSDateFormatter*- und *NSLocale*-Instanzen aktualisieren, um die Anzeige auf dem Screen zu erneuern. Für *NSLocale* empfiehlt es sich immer, eine sich den Einstellungen automatisch anpassende Instanz mit *autoupdatingCurrentLocale* zu verwenden.

Achtung!

Bei Drucklegung reagierten die Viewcontroller einer Anwendung nicht wie versprochen automatisch auf die Änderungen der Geräteausrichtung. Deshalb wird eine explizite Behandlung der *UIDeviceOrientationDidChangeNotification* empfohlen. Das wird aber hoffentlich in einem Update behoben werden.

Beispiel: Reaktion auf Änderungen des Gebietsschemas des Benutzers

In einem kleinen Beispiel wollen wir auf die Änderungen an der Region im iOS-Einstellunsgmenü reagieren. Zuallererst müssen wir uns für die Benachrichtigung *NSCurrentLocaleDidChangeNotification* beim System registrieren. Die Benachrichtigungen werden über ein *NSNotificationCenter* verwaltet. Die zuständige Benachrichtigungsinstanz wird über die Klassenmethode *defaultCenter* zurückgeliefert.

Mit dem Aufruf der Methode *addObserver:selector:name:object:* kann sich Ihre Anwendung für einen bestimmten Typ von Benachrichtigungen registrieren oder mit *removeObserver:name:object:* wieder abmelden. Eine eingehende Benachrichtigung wird dann durch die Ausführung des Selektors für den angemeldeten Interessenten signalisiert. Das folgende Beispiel registriert die eigene Instanz *self* für Änderungen am Gebietsschema:

```
[[NSNotificationCenter defaultCenter] addObserver:self
    selector:@selector(localeChanged:)
    name:NSCurrentLocaleDidChangeNotification object:nil];
```

Beispiel 22.1: *WorkshopViewController.m* (Ausschnitt)

In der Benutzerschnittstelle unseres Beispiels existiert ein Label *label*, das das aktuelle Datum anzeigen soll. Um das Datum korrekt zu formatieren, verwenden wir einen *NSDateFormatter*. Dieser wird als Eigenschaft im Viewcontroller angelegt und in *viewDidLoad* initialisiert, damit wir nicht bei jeder Benutzung einen neuen erstellen müssen:

```
dateFormatter = [[NSDateFormatter alloc] init];
[dateFormatter setLocale:[NSLocale autoupdatingCurrentLocale]];
[dateFormatter setDateStyle:NSDateFormatterLongStyle];
```

Beispiel 22.1: *WorkshopViewController.m* (Ausschnitt)

Wichtig ist es hierbei, als Gebietsschema *autoupdatingCurrentLocale* anstatt *currentLocale* zu verwenden. Dadurch wird bei jeder Benutzung von *dateFormatter* das tatsächlich aktive *NSLocale* herangezogen. Außerdem wird der *dateFormatter* noch für die Ausgabe des Datums im *NSDateFormatterLongStyle* konfiguriert. Mit einem deutschen Gebietsschema wird dann ein Datum beispielsweise in der Form „20. Juni 2010“ erstellt.

In der Methode *displayData* wird das Label auf das aktuelle Datum gesetzt.

```
- (void) displayData {
    // show current date
    label.text = [dateFormatter stringFromDate:[NSDate date]];
}
```

Beispiel 22.1: *WorkshopViewController.m – displayData*

Diese Methode rufen wir auch im Selektor *localeChanged:* für die eingehende Benachrichtigung auf. Da der *dateFormatter* immer die gerade aktuelle Gebietseinstellung benutzt, brauchen wir bei einer Benachrichtigung in unserem Beispiel nur *displayData* aufzurufen:

```
- (void) localeChanged:(NSNotification*) notification {
    // ... do all stuff that is needed to adapt to new locale
    [self displayData];
}
```

Beispiel 22.1: *WorkshopViewController.m – localeChanged:*

Jetzt können Sie Ihre Anwendung nach Belieben in den Hintergrund schicken, dann das Gebietsschema ändern und sie wieder in den Vordergrund holen. Die Anzeige des aktuellen Datums entspricht immer den landestypischen Einstellungen.

22.4 Workshop: Lokale Benachrichtigungen

Gleichzeitig mit dem Multitasking wurden im iOS 4.0 lokale Benachrichtigungen eingeführt. Sie ermöglichen es einer Anwendung, den Benutzer sofort oder zeitgesteuert zu benachrichtigen. Im Gegensatz zu den Push-Benachrichtigungen wird dabei kein externer Server und keine Internetverbindung vorausgesetzt, die Nachrichten werden lokal aus der Anwendung abgesetzt und vom Betriebssystem zugestellt. Es gibt zwei Szenarien: Wenn die Anwendung während der Zustellung im Vorder- oder Hintergrund läuft, wird der Eingang der Benachrichtigung über eine Delegate-Methode des *UIApplicationDelegate* signalisiert. Dort können Sie dann die notwendigen Aktionen wie Hinweise oder Ähnliches einleiten.

Befindet sich die Anwendung im Schlafzustand oder wurde noch nicht gestartet, wird ein Systemhinweis angezeigt und je nach Konfiguration der Benachrichtigung auch ein Hinweiston abgespielt. Der Benutzer kann dann die Anwendung starten oder die Benachrichtigung abbrechen. Auf dem Icon kann zusätzlich noch das Badge aktualisiert werden, um zum Beispiel die Anzahl ungelesener Informationen darzustellen.

Benachrichtigungen mit UILocalNotification

Die Klasse *UILocalNotification* kapselt die Funktionalität lokaler Benachrichtigungen. Über die Eigenschaften der Klasse lässt sich das Verhalten konfigurieren. Die wichtigsten sind:

- *fireDate*: setzt Datum und Zeit, an dem die Benachrichtigung erfolgen soll. Abhängig von der Eigenschaft *timeZone* wird die Zeit als Countdown-Zeit oder absolutes Datum gewertet.
- *timeZone*: legt die Zeitzone für das *fireDate* fest. Wenn die Eigenschaft nicht gesetzt ist, werden das Datum und die Uhrzeit als absoluter Zeitpunkt (GMT) gewertet. Andernfalls werden das Datum und die Uhrzeit aufgrund der angegebenen Zeitzone und der Zeitzone des Benutzers angepasst. Der Standardwert ist *nil*.

- *repeatInterval*: ein Wert vom Typ *NSCalendarUnit*, der eine Wiederholung der Benachrichtigung definiert. Mögliche Werte sind beispielsweise *NSHourCalendarUnit*, *NSDayCalendarUnit*, *NSWeekCalendarUnit* oder *NSMonthCalendarUnit*. Der Wert 0 wiederholt die Benachrichtigung nicht. Der Standardwert ist 0.
- *alertBody*: der Inhalt des angezeigten Hinweises als String. Wenn die Eigenschaft auf *nil* steht, wird kein Hinweis angezeigt. Der Standardwert ist *nil*.
- *alertAction*: Der String *alertAction* wird beim Auftreten der Benachrichtigung im gesperrten Zustand als Text im Schieberegler zum Entsperren und ansonsten als Titel für den rechten Button des Hinweises angezeigt. Bei einer englischen Spracheinstellung ist zu beachten, dass nicht der komplette Text im Schieberegler ersetzt wird. Statt *slide to unlock* erscheint der String als Fortsetzung von *slide to*. Im Deutschen und vielen anderen Sprachen ersetzt *alertAction* den kompletten Text. Der Einsatz dieser Eigenschaft kann aus Benutzersicht empfohlen werden, weil er im gesperrten Zustand Klarheit über die Aktion nach der Benutzung des Schiebereglers gibt. Der Standardwert ist *nil*.
- *applicationIconBadgeNumber*: Ein Wert größer 0 erscheint als Badge auf dem Icon der Anwendung.
- *soundName*: ein String, der den Namen der Audiodatei angibt, die beim Eintreten der Benachrichtigung abgespielt wird. Die Audiodatei muss sich im *MainBundle* befinden. Alternativ kann auch der Standardbenachrichtigungston mit der Konstante *UILocalNotificationDefaultSoundName* abgespielt werden. Die Audiodatei unterliegt denselben Einschränkungen wie Klingeltöne: Sie darf nicht länger als 30 Sekunden sein und muss in einem der folgenden Formate vorliegen: lineares PCM, AAC oder a- bzw. mu-Law (8 kHz, 8Bit). Der Standardwert ist *nil*, also keine Audiobenachrichtigung.
- *alertLaunchImage*: definiert das Bild, das beim Start der Anwendung aufgrund der Benachrichtigung angezeigt wird. Es ersetzt damit das vom Betriebssystem ausgewählte Bild. Eine Datei mit dem angegebenen Namen muss sich im *ApplicationBundle* befinden.
- *userInfo*: Das *NSDictionary* dient zur Übergabe von benutzerdefinierten Informationen für die lokale Benachrichtigung. Allerdings müssen die Schlüssel-Wert-Paare gültige Property-Listen-Datentypen sein (wie beispielsweise *NSNumber*, *NSString*, *NSArray*, *NSDictionary*).

Nachdem Sie eine *UILocalNotification* erzeugt und konfiguriert haben, können Sie diese mit den Methoden von *UIApplication* im System einstellen. Dabei stellt *scheduleLocalNotification:* die Benachrichtigung im System ein und setzt das Auslösedatum aus der Eigenschaft *fireDate*. *presentLocalNotificationNow:* hingegen zeigt die Benachrichtigung sofort ohne Berücksichtigung eines etwaigen Auslösedatums an. Das ist immer dann wichtig, wenn Ihre Anwendung aus dem Hintergrundbetrieb die Aufmerksamkeit oder den Eingriff des Benutzers erlangen will.

Die Zustandsübergänge und Abläufe beim Erwachen aus dem Hintergrund und beim Start ändern sich im Vergleich zu den Standardabläufen aus Kapitel 22.1.

Wird die Anwendung über den Klick auf den rechten Button der Benachrichtigung aus dem Hintergrund reaktiviert, wird zuerst der Übergang in den Vordergrund durch Aufruf der Methode *applicationWillEnterForeground:* aus dem Anwendungs-Delegate angekündigt. Bevor der Zustand aber nach aktiv wechselt, wird die aktuelle Benachrichtigung als Parameter beim Aufruf von *application: didReceiveLocalNotification:* übergeben. Die nachstehende Abbildung veranschaulicht den Ablauf.

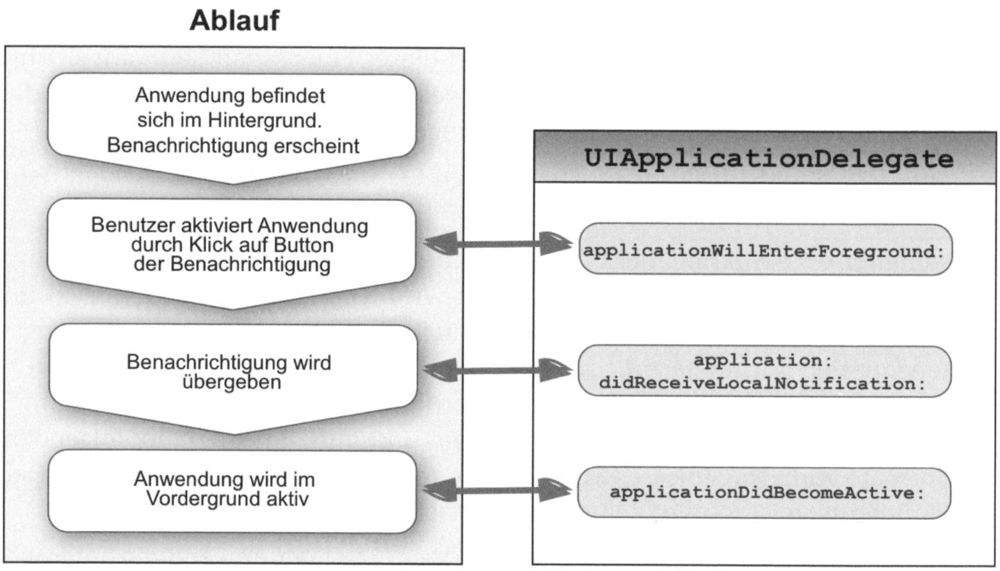

Der Ablauf einer Benachrichtigung bei einer im Hintergrund schlafenden Anwendung.

Wenn die Anwendung stattdessen nach dem Klick auf die Benachrichtigung neu startet, bleibt der Ablauf unverändert. Dafür enthält das Dictionary *launchOptions* im Aufruf von *didFinishLaunchingWithOptions:* die aktuelle Benachrichtigung. Mit dem Schlüssel *UIApplicationLaunchOptionsLocalNotificationKey* können Sie diese extrahieren.

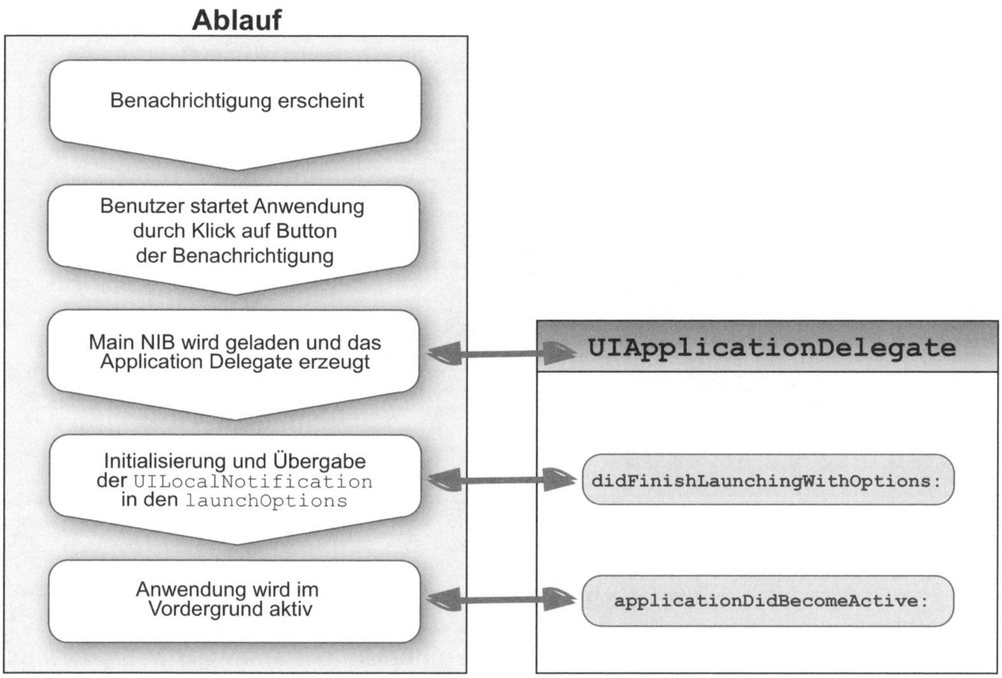

Start der Anwendung aufgrund einer lokalen Benachrichtigung. Der Delegate-Aufruf bleibt im Vergleich zum normalen Start unverändert, weil die UILocalNotification in den Optionen übergeben wird.

Workshop: Ein Timer mit lokalen Benachrichtigungen

In diesem Workshop werden wir einen Timer als kleinen Helfer beispielsweise in der Küche umsetzen. Die Anwendung erlaubt die Verwaltung eines Timers, der – egal ob die Anwendung gestartet ist, sich im Schlafmodus befindet oder gestoppt ist – den Ablauf der eingestellten Zeit signalisiert. Die Timing-Funktionalität wird komplett über eine *UILocalNotification* abgehandelt. Während der Timer läuft, wird die Anwendung beim Neustart oder bei einem Wechsel aus dem Hintergrund in den Vordergrund die verbleibende Zeit anzeigen und die Möglichkeit bieten, den Timer vorzeitig zu beenden. Ausgangspunkt wird wie immer die Standardvorlage aus den Beispielverzeichnissen sein.

Die Benutzerschnittstelle

Die Zeit für den Countdown wird über einen *UIDatePicker* in einer Auflösung von einer Minute eingestellt. Dieses Datums-Auswahlelement fügen wir im Interface Builder dem Viewcontroller hinzu und setzen den Modus über den Wert *Timer* im Drop-down-Menü *Mode* auf *UIDatePickerModeCountDownTimer*. Als Vorbelegung des Timers wählen wir 300 Sekunden, also fünf Minuten. Die genauen Einstellungen finden Sie in der Abbildung:

Die Benutzerschnittstelle des Timers.

Unterhalb des *UIDatePicker* platzieren wir den Button, der anfangs mit *Start Timer* beschriftet wird. Für die Datumsauswahl und den Button legen wir jeweils ein Outlet in der Header-Datei des Viewcontrollers an und verbinden diese mit den Instanzen im Interface Builder. Zusätzlich deklarieren wir in unserer Viewcontroller-Klasse eine Aktionsmethode *startStopPressed:* für den Button, die Implementierung nehmen wir später vor. Das Event *Touch Up Inside* assoziieren wir mit dieser Methode.

Die Benachrichtigung anlegen

Für die Benachrichtigung legen wir die Methode *startTimerNotification:* an. Diese nimmt ein *NSTimeInterval* als Parameter, das wir später aus dem *UIDatePicker* befüllen werden. Mit der Nachricht *dateByAddingTimeInterval:* an das aktuelle Datum, das wir mittels *[NSDate date]* erzeugen, berechnen wir aus dem Timer-Intervall die Auslösezeit für die Benachrichtigung.

```
- (void) startTimerNotification:(NSTimeInterval) interval {
    NSDate *fireDate =
        [[NSDate date] dateByAddingTimeInterval:interval];

    UILocalNotification *notification =
        [[UILocalNotification alloc] init];
    notification.fireDate = fireDate;
    notification.alertBody = @"Cooking timer elapsed.";
    notification.alertAction = @"Open Timer";
    notification.soundName = UILocalNotificationDefaultSoundName;

```

```
    [[UIApplication sharedApplication]
        scheduleLocalNotification:notification];
}
```

Beispiel 22.2: *WorkshopViewController.m – startTimerNotification:*

Die neu erzeugte *UILocalNotification* konfigurieren wir gemäß den Anforderungen der Timer-Funktion. Die zuvor errechnete Auslösezeit setzen wir als *fireDate* der Benachrichtigung. *alertBody* und *alertAction* setzen wir entsprechend und nutzen den Standardbenachrichtigungston *UILocalNotificationDefaultSoundName* als akustische Mitteilung. Über den Aufruf von *scheduleLocalNotification:* übergeben wir die Benachrichtigung an das Betriebssystem.

Maximal 128 gleichzeitige Benachrichtigungen

Auch wenn wir im Verlauf des Workshops sicherstellen, dass nur eine Benachrichtigung aktiv ist, kann jede Anwendung bis zu 128 Benachrichtigungen gleichzeitig im System registriert haben. Sie müssen also hier nicht allzu sparsam sein.

Den Buttonstatus ändern

Die Anwendung soll die Aktion *Start Timer* nur anbieten, wenn gerade kein Timer über unsere Anwendung gestartet wurde. Zusätzlich ergänzen wir die Schnittstelle des Viewcontrollers um das Property *started*, über das wir diesen Zustand jederzeit abfragen können. Die beiden Methoden *enterStopButtonMode* und *enterStartButtonMode* setzen den Status im Property und passen den Text des Buttons entsprechend an.

```
- (void) enterStopButtonMode {
    [startStopButton setTitle:@"Stop Timer"
        forState:UIControlStateNormal];

    started = YES;
}

- (void) enterStartButtonMode {
    [startStopButton setTitle:@"Start Timer"
        forState:UIControlStateNormal];

    started = NO;
}

- (IBAction) startStopPressed:(id) sender {
    if (!started) {
        [self enterStopButtonMode];
        [self startTimerNotification:timer.countDownDuration];
    }
```

```
    else {
        NSLog(@"stop");
        [self enterStartButtonMode];

        // cancel all local notifications
        [[UIApplication sharedApplication]
            cancelAllLocalNotifications];
    }
}
```

Beispiel 22.2: *WorkshopViewController.m* (Aktionsmethoden)

Die mit dem Button assoziierte Aktionsmethode *startStopPressed:* fügt dem System entweder mit der eben erstellten Methode *startTimerNotification:* eine neue Benachrichtigung hinzu oder löscht mit *cancelAllLocalNotifications* vorsorglich einfach alle anstehenden Benachrichtigungen. Dieser alternierende Mechanismus stellt sicher, dass nur maximal ein Timer aktiv sein kann.

Den Startzustand ermitteln

Mit der Implementierung von *checkForRunningTimer* prüfen wir, ob bereits eine Benachrichtigung unserer Anwendung im System aktiv ist. Dieser Startzustand unserer Anwendung muss sowohl bei jedem Start als auch beim Wechsel aus dem Hintergrund in den Vordergrund überprüft werden. Abhängig davon werden der Button und der *UIDatePicker* initialisiert.

UIApplication liefert auf die Nachricht *scheduledLocalNotifications* ein Array aller von der aktuellen Anwendung registrierten lokalen Benachrichtigungen. Durch den Ablauf ist sichergestellt, dass es maximal eine sein kann. Deshalb können wir einfach das erste Element des Arrays nutzen, um dort über den Aufruf von *timeIntervalSinceNow* von *NSDate* aus dem *fireDate* die noch ausstehende Zeit bis zum Auslösen zu ermitteln und mit der Eigenschaft *countDownDuration* den *UIDatePicker* auf die noch verbleibende Zeit einzustellen. Zuletzt wird noch der Button mit *enterStopButtonMode* so modifiziert, dass mit einem Klick die aktive Benachrichtigung abgebrochen werden kann. Sofern keine Benachrichtigungen vorhanden sind, ändert *enterStartButtonMode* den Button wieder auf den Startzustand ab.

```
- (void) checkForRunningTimer {
    // check for scheduled notifications
    NSArray *notifications =
        [[UIApplication sharedApplication]
        scheduledLocalNotifications];

    if([notifications count] > 0)
    {
        // get the one and only notification
        UILocalNotification *notification =
```

```
                [notifications objectAtIndex:0];

            NSTimeInterval interval =
                [notification.fireDate timeIntervalSinceNow];

            timer.countDownDuration = interval;

            // enable stop button
            [self enterStopButtonMode];
        }
        else {
            [self enterStartButtonMode];
            timer.countDownDuration = 300;
        }
}
```

Beispiel 22.2: *WorkshopViewController.m – checkForRunningTimer*

Auf die Benachrichtigung reagieren

In unserer Implementierung des *UIApplicationDelegate* müssen wir noch entsprechend auf die Benachrichtigung reagieren. Wie eingangs erwähnt, wird der Systemhinweis nur gezeigt, wenn die Anwendung nicht läuft. Befindet sie sich im Vordergrund, müssen wir den Hinweis an den Benutzer selbst anzeigen.

Wir müssen somit nur den Fall gesondert betrachten, bei dem die Delegate-Methode *application:didReceiveLocalNotification:* aufgerufen wird und die Anwendung sich im Zustand *UIApplicationStateActive* befindet. In diesem Fall zeigen wir einen *UIAlertView* an.

```
- (void)application:(UIApplication *)application
    didReceiveLocalNotification:(UILocalNotification *)notification {

    // check if notification arrived while being in foreground
    if ([UIApplication sharedApplication].applicationState
        == UIApplicationStateActive) {

        UIAlertView *alertView = [[UIAlertView alloc]
            initWithTitle:@"Timer Notification"
            message:@"Cooking timer elapsed."
            delegate:self cancelButtonTitle:@"OK"
            otherButtonTitles:nil];
        [alertView show];
        [alertView release];

    }
}

```

```
- (void)applicationWillEnterForeground:(UIApplication *)application {
    [viewController checkForRunningTimer];
}
```

Beispiel 22.2: *WorkshopAppDelegate.m* (Ausschnitt)

> **Kein akustischer Hinweis**
>
> Im aktiven Zustand der Anwendung erfolgt im Beispiel kein akustischer Hinweis. Sie können das gern mit den Techniken aus Kapitel 32 „Audio und Video“ erweitern.

Die fertige Anwendung

Die folgende Abbildung zeigt die beiden Varianten der Benachrichtigung. Im linken Beispiel ist die Anwendung zum Auslösezeitpunkt nicht aktiv oder sogar beendet. Das Betriebssystem zeigt dann den von uns konfigurierten Hinweis und erinnert auch akustisch. Im rechten Teil der Abbildung sehen Sie den von uns programmatisch erstellten Hinweis beim Auslösen während der Ausführung im Vordergrund.

Der Systemhinweis zur Benachrichtigung (links) und der programmatisch erzeugte UIAlertView (rechts).

22.5 Workshop: Höhenprofil im Hintergrund aufzeichnen

Die Rahmenbedingungen für echtes Multitasking, also die quasiparallele Ausführung mehrerer Anwendungen, sind eng abgesteckt. Nur unter ganz bestimmten Umständen wird im Hintergrund Prozessorzeit zugeteilt. Die Anwendung muss dafür einen der folgenden Dienste anbieten: Ortung, Audioplayer oder **V**oice-**o**ver-**IP**-Client (VoIP-Client). Diese Anwendungen erhalten im Hintergrundbetrieb die benötigten Events zugestellt. Anwendungen wie Navigationslösungen, die beispielsweise eine durchgängige Bestimmung des Benutzerstandortes brauchen, andererseits aber ebenso auf das Abspielen von Audio angewiesen sind, müssen sich für beide Dienste registrieren.

Wir wollen in einem Workshop genauer die Möglichkeiten der Ausführung im Hintergrund beleuchten. Dazu werden wir einen Ortungsdienst registrieren und im Hintergrund die aufgezeichneten GPS-Daten zwischenspeichern. Sobald die Anwendung in den Vordergrund kommt, werden die gesammelten Daten grafisch ausgegeben und die aktuelle Position angezeigt. Dabei soll ein Höhenprofil entstehen, das die zurückgelegten Höhenmeter gegen die Wegstrecke aufträgt.

Hinweis

Ausgangspunkt für den Workshop ist die Standardvorlage aus dem Beispielverzeichnis *Templates*.

Den Dienst für den Hintergrund registrieren

Die Registrierung eines Dienstes für die Ausführung im Hintergrund erfolgt mit dem Schlüssel *UIBackgroundModes* in der Datei *Info.plist* des Projekts. Das Array hinter dem Schlüssel muss alle Dienste, für die sich die Anwendung registrieren will, enthalten. Dabei sind die folgenden Schlüssel möglich:

- *location*
- *audio*
- *voip*

Beim ersten Start der Anwendung werden die angegebenen Dienste im System registriert. Wenn das System dann die Anwendung in den Hintergrund verschiebt, werden die für den Dienst notwendigen Events zugestellt und die Anwendung kann im Hintergrund darauf reagieren.

Mit den folgenden Schritten registrieren wir den Dienst *location* für den Workshop:

1. Starten Sie den Property List Editor durch einen Klick auf die Datei *Workshop-Info.plist* im Bereich *Groups & Files* im Ordner *Resources*.
2. Wählen Sie die letzte Zeile der Datei aus und klicken Sie den mit einem Plus markierten Button an. Dadurch erstellen Sie eine leere Zeile.
3. Bewegen Sie den Cursor in das erste Feld der neuen Zeile. Mit den Auf- und Ab-Tasten können Sie nun durch die verfügbaren Optionen scrollen. Wählen Sie hier die Option *Required background modes*.

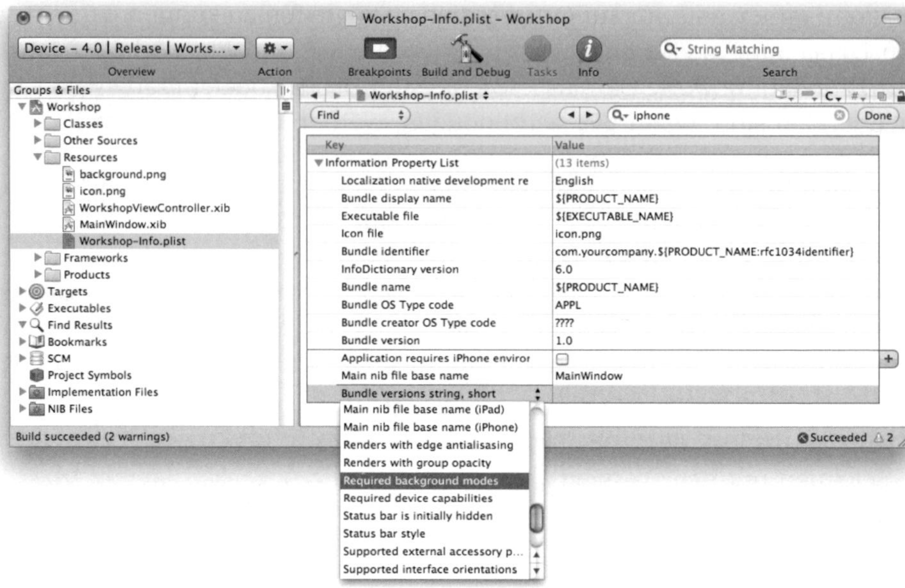

4 Der erzeugte Listeneintrag stellt ein Array von Werten dar. Klicken Sie auf den grauen Pfeil links, um den Eintrag aufzuklappen. Wählen Sie aus der Liste in der Spalte *Value* den Eintrag *App registers for location updates* für das Feld *item0* aus.

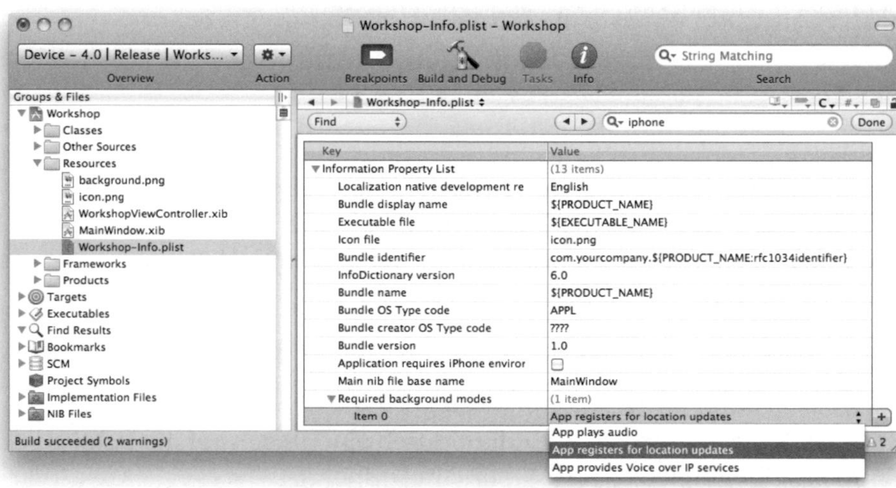

5 Mit dem Plus-Button rechts können Sie bei Bedarf das Array noch um weitere Einträge für zusätzliche Dienste erweitern.

Die benötigten Frameworks einbinden

Bevor wir mit der Umsetzung des Workshops beginnen, müssen Sie die für das Beispiel verwendeten Bibliotheken hinzufügen. Als Erstes benötigen wir das *Core-*

Location-Framework, um auf Ortungsdienste zugreifen zu können. Für eine grafische Darstellung bedienen wir uns der Methoden und Eigenschaften aus dem *QuartzCore*-Framework. Damit die wichtigsten Header beider Frameworks immer eingebunden sind, wenn wir sie benötigen, werden diese global im Projekt verfügbar gemacht:

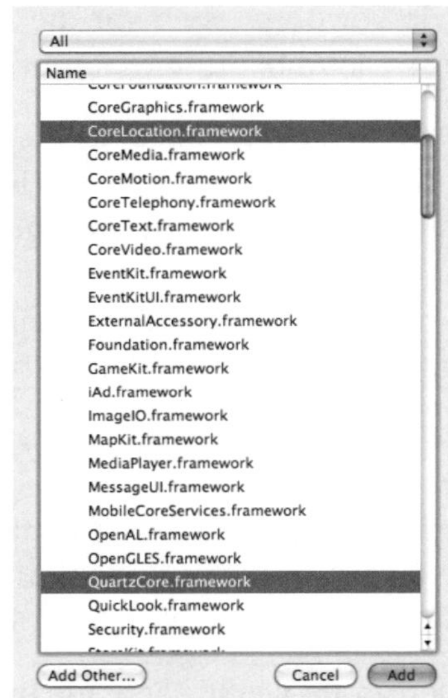

1. Klicken Sie mit der rechten Maustaste im Bereich *Groups & Files* auf den Ordner *Frameworks* und wählen Sie *Add/Existing Frameworks*.
2. Selektieren Sie die Frameworks *CoreLocation* und *QuartzCore*. Eine Mehrfachauswahl kann durch Drücken der [cmd]-Taste während der Selektion mit der Maus erreicht werden. Klicken Sie dann auf *Add*.
3. Fügen Sie die drei Header-Datei-Deklarationen der Header-Datei *Workshop_Prefix.pch* (oder *<ProjectName>_Prefix.pch*, wenn Sie einen anderen Projektnamen als Workshop verwendet haben) im Ordner *Other Sources* des Projekts hinzu. Der Inhalt der Datei sollte dann in etwa wie folgt aussehen:

```
#ifdef __OBJC__
    #import <Foundation/Foundation.h>
    #import <UIKit/UIKit.h>
    #import <CoreLocation/CoreLocation.h>
    #import <CoreLocation/CLLocationManager.h>
    #import <QuartzCore/QuartzCore.h>
#endif
```

Globaler Header

Die Datei mit der Endung *.pch* ist sozusagen der globale Header bzw. Präfix-Header für das Projekt. Dort können Sie Deklarationen, die in allen anderen Header-Dateien gültig sein sollen, unterbringen. Dort sollten aber keine projektbezogenen Daten enthalten sein. Sofern Sie also globale Deklarationen – wie Konstanten – vornehmen wollen, legen Sie eine eigene Header-Datei dafür an und binden diese in den Präfix-Header ein.

Die Benutzeroberfläche

Die Anwendung des Workshops soll nach dem Start automatisch mit dem Erfassen von GPS-Koordinaten beginnen. Dabei zeigt sie während der Aufzeichnung der Daten Details zur aktuellen Ortung wie die geografischen Koordinaten, die Höhe, die Höhendifferenz, die zurückgelegte Wegstrecke und die Dauer der Aufzeichnung an. Herzstück der Anzeige wird ein Graph in der unteren Hälfte des Bildschirms sein, der die zurückgelegte Wegstrecke gegen die Höhe aufträgt, also ein Höhenprofil anzeigt.

Wie gewohnt legen wir die komplette Benutzerschnittstelle im Interface Builder fest. Die Abbildung weiter unten zeigt die fertige Version.

Dabei ist jedes der einzelnen Informationsfelder im oberen Bereich jeweils von einem weißen *UIView* als Hintergrund umfasst. Darin eingebettet befinden sich zwei *UILabel*. Das erste dient der Beschriftung – wie beispielsweise *Altitude* –, das andere wird mit einem Outlet unserer Viewcontroller-Klasse verbunden. Hier werden später die Daten eingeblendet. Initial sind die Label mit einem Bindestrich vorbelegt, die den Startzustand symbolisieren.

Dem weißen Hintergrund wird im Verlauf des Kapitels noch eine besondere Bedeutung zukommen. Wir werden die Container für die Labels mit abgerundeten Ecken darstellen. Das geschieht in der Implementierung einer von *UIView* abgeleiteten Klasse zur Laufzeit und wird deshalb im Interface Builder nicht angezeigt. Sie können diesen Trick für alle von *UIView* abstammenden Klassen anwenden.

Der große weiße View im unteren Bereich wird die Zeichenfläche für das grafische Höhenprofil. Initial reicht es, wenn Sie auch hier erst einmal einen *UIView* in der gewünschten Größe einfügen. Später werden wir auch hier noch weitere Änderungen vornehmen.

Als Hintergrund wird die Grafikdatei *altitude_background.png* verwendet. Diese finden Sie wie üblich im Beispielverzeichnis 22.3 zu diesem Buch. Alternativ können Sie den Hintergrund auch einfarbig mit dem Grauton (R = 177, G = 183, B = 203) gestalten.

Für die Benutzeroberfläche legen wir in der Viewcontroller-Klasse noch die entsprechenden Outlets als Properties an. Die hier verwendete Klasse *AltitudeProfileView* ist für das Zeichnen des Graphen im unteren View zuständig und wird im weiteren Verlauf des Workshops eingeführt:

```
IBOutlet UILabel *locationLabel;
IBOutlet UILabel *altitudeLabel;
IBOutlet UILabel *altitudeDifferenceLabel;
IBOutlet UILabel *distanceLabel;
IBOutlet UILabel *durationLabel;
IBOutlet AltitudeProfileView *heightProfileView;
```

Beispiel 22.3: *WorkshopViewController.h* (Ausschnitt)

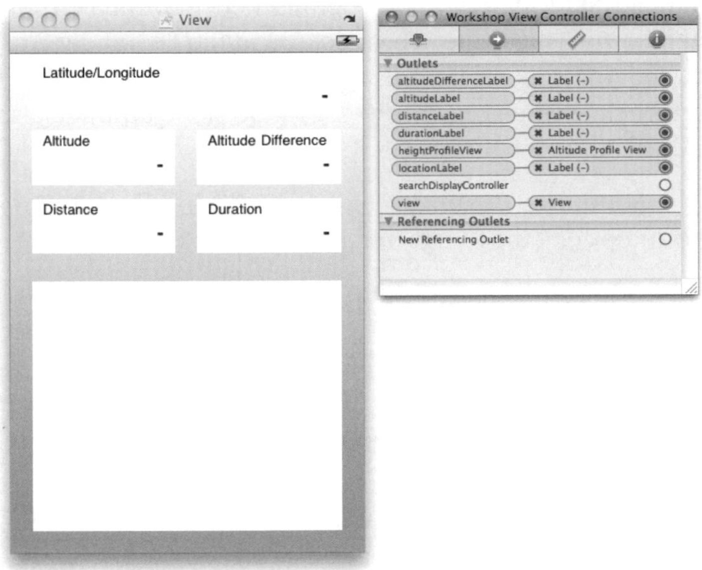

Die Benutzerschnittstelle mit ihren Outlets im Interface Builder.

Views mit abgerundeten Ecken erstellen

Wie im vorigen Abschnitt angedeutet, wollen wir die Container-Views für die Label mit abgerundeten Ecken und zusätzlich noch mit einer Umrahmung erzeugen. Die einfachste und zugleich eleganteste Lösung liegt in der Verwendung der beiden Eigenschaften *cornerRadius* und *borderWidth* des Layers eines Views. Für jeden View kann mit *view.layer* auf diesen zugegriffen werden. Die Eigenschaften und Methoden sind im *QuartzCore*-Framework beheimatet, dessen Header wir unserem Projekt schon hinzugefügt haben.

Layer

Layer sind Bestandteil vieler Klassen, die auf dem Screen dargestellt werden. Sie dienen als systemnahe Zeichnungsfläche. Alle von *UIView* abgeleiteten Klassen besitzen mindestens einen Layer. Dieser bestimmt die letztendliche Darstellung des Inhalts auf dem Screen. Layer lassen sich unabhängig von ihrer übergeordneten Klasse bearbeiten, z. B. rotieren, skalieren oder sogar animieren.

Wir erstellen also die Klasse *RoundedCornerView* und weisen allen Container-Views im Interface Builder diese Klasse zu:

1. Klicken Sie mit der rechten Maustaste im Bereich *Groups & Files* auf den Ordner *Classes* und wählen Sie *Add/New File*.
2. Wählen Sie *Objective-C class* und stellen Sie sicher, dass unter *Subclass of* der Eintrag *UIView* eingestellt ist. Danach klicken Sie auf *Next*.

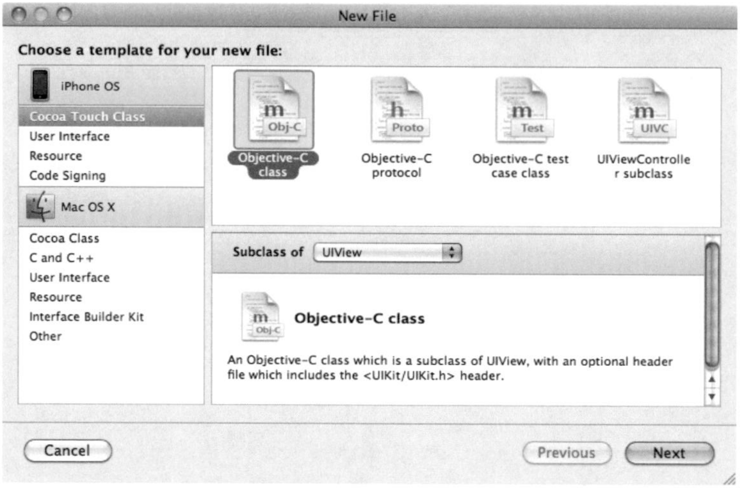

3 Benennen Sie die neue Klasse, z. B. *RoundedCornerView.m*. Beachten Sie das Häkchen unter der Namenszeile, damit automatisch die entsprechende Header-Datei erstellt wird, und klicken Sie auf *Finish*. (Die Implementierung der Klasse verschieben wir auf später.)

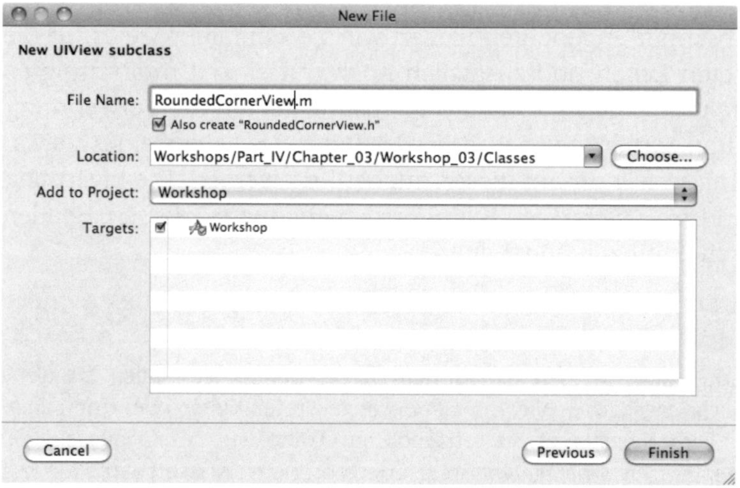

4 Öffnen Sie die Datei *WorkshopViewController.xib* im Ordner *Resources* mit einem Doppelklick im Interface Builder. Markieren Sie einen der Views und öffnen Sie im Inspector das Register *Information*, markiert durch das i-Symbol.

5 Wählen Sie in der Auswahlliste *Class* im Bereich *Class Identity* die neu erzeugte Klasse aus, z. B. *RoundedCornerView*.

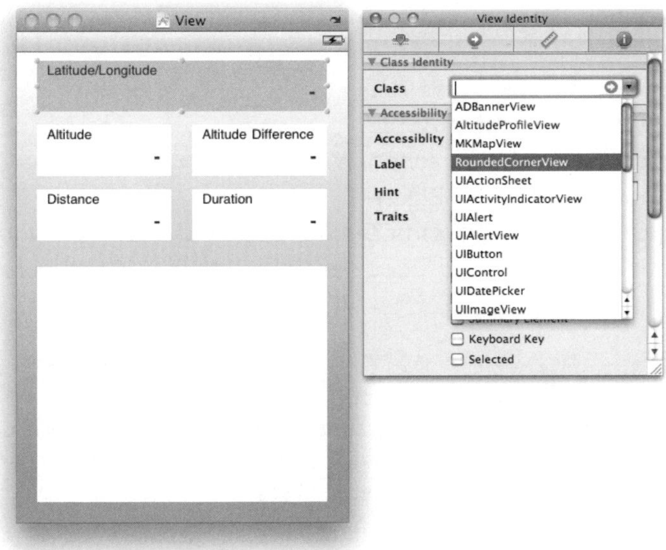

6 Wiederholen Sie das für die anderen Felder *Altitude*, *Altitude Difference*, *Distance* und *Duration*.

Im Prinzip müssen wir die gewünschten Eigenschaften für die Abrundung der Ecken und den Rahmen nur in der *init*-Methode der Klasse *RoundedCornerView* setzen. Dabei ist aber zu beachten, dass für View-Objekte, die im Interface Builder erstellt werden, anstatt *initWithFrame:* die Nachricht *initWithCoder:* an das zu erstellende Objekt geschickt wird. Für unser Beispiel können wir also die automatisch bei der Erzeugung der Klasse erstellte Methode *initWithFrame:* aus dem Quelltext löschen – oder Sie implementieren dort für programmatisch erstellte, weitere Objekte dieselbe Logik nach. Zusätzlich zu den beiden Eigenschaften ändern wir die Farbe für den Rahmen auf ein helles Grau. Die Implementierung sieht dann wie folgt aus:

```
#import "RoundedCornerView.h"
@implementation RoundedCornerView

- (id)initWithCoder:(NSCoder *)aDecoder {
    NSLog(@"initWithCoder");
    if ((self = [super initWithCoder:aDecoder])) {
        self.layer.cornerRadius = 10.0f;
        self.layer.borderColor = [UIColor lightGrayColor].CGColor;
        self.layer.borderWidth = 1.0f;
    }
    return self;
}

@end
```

Beispiel 22.3: *RoundedCornerView.h*

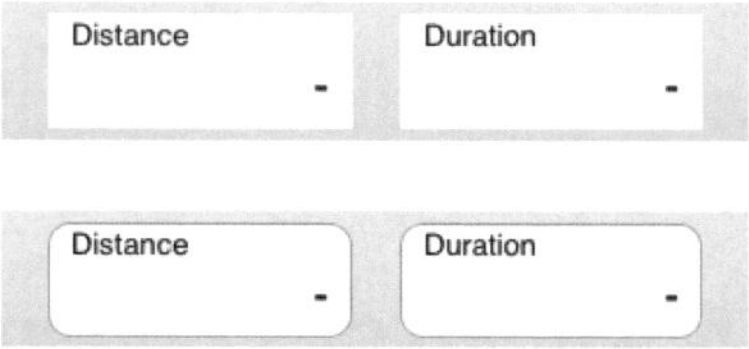

Das ist doch wie versprochen einfach und elegant. Nach dem nächsten Start der Anwendung zeigen sich die abgerundeten Ecken und der Rahmen um die Felder, wie es in der Abbildung im Vorher-nachher-Vergleich zu sehen ist. Die Farbe des Rahmens – über die Eigenschaft *borderColor* eingestellt – benötigt ein *CGColor*-Objekt, das aus der vordefinierten Farbe *lightGrayColor* von *UIColor* über die Eigenschaft *CGColor* bereitgestellt wird.

drawRect

Diese einfache Methode funktioniert nicht mehr, sobald die Methode *drawRect:* des Views überschrieben wird, weil dadurch die Zeichenfläche wieder rechteckig wird. Dann müssen Sie in *drawRect:* den Zeichenbereich entsprechend selbst beschneiden.

Das Datenmodell

Die empfangenen GPS-Daten werden aufbereitet und gespeichert. Dabei wird jeweils die aktuell zurückgelegte Wegstrecke – kumuliert seit dem Start der Anwendung – und die aktuell ermittelte Höhe gespeichert. Zur Kapselung und späteren Aufbewahrung der Daten implementieren wir die Klasse *AltitudeData*. Sie enthält nur die beiden Properties *altitude* und *distance*.

Die Klasse wird analog zu *RoundedCornerView* erstellt, nur müssen Sie diesmal *NSObject* als Basisklasse selektieren. Die Implementierung ist entsprechend einfach:

```
#import <Foundation/Foundation.h>

@interface AltitudeData : NSObject {
    double altitude;
    double distance;
}

@property(nonatomic, assign) double altitude;
@property(nonatomic, assign) double distance;

@end
```

Beispiel 22.3: *AltitudeData.h*

```
#import "AltitudeData.h"

@implementation AltitudeData
@synthesize altitude, distance;
```

```

@end
```

Beispiel 22.3: *AltitudeData.m*

Zeichnen des Höhenprofils

Bevor wir uns mit der eigentlichen Datenaggregation und der Ausführung im Hintergrund befassen können, machen wir einen kleinen Abstecher in die Welt von *CoreGraphics*. Manchmal als mühsames Zeichnen von Hand bezeichnet, ist es doch ein schnelles, effizientes und ebenso einfaches Instrument zur Visualisierung von Inhalten. Der Einsatzbereich beginnt dort, wo die Möglichkeiten der *UIKit*-Klassen aufhören. Vor allem für Graphen oder Bildmanipulationen ist es unumgänglich.

Grundlage jeglicher Zeichenoperation ist ein sogenannter grafischer Kontext. Der Kontext verbindet semantische Informationen wie die aktuelle Zeichenposition, Farben, Zeichenstile und den Zeichenmodus mit dem Ausgabemedium. Das Ausgabemedium kann dabei beispielsweise ein Fenster, eine Bitmap-Grafik oder ein PDF sein.

Der Inhalt eines Views wird in seiner *drawRect:*-Methode gezeichnet. Dabei wird nur der jeweils notwendige Bereich – begrenzt durch das Rechteck – gezeichnet. Vor dem Aufruf von *drawRect:* wird automatisch der entsprechende grafische Kontext erzeugt. Mit der Funktion *UIGraphicsGetCurrentContext* können Sie sich innerhalb der Methode den Kontext geben lassen.

Für das Höhenprofil legen wir die Klasse *AltitudeProfileView* an und leiten sie von *UIView* ab. Diese Klasse wird aus einem Array von Höhenprofildaten der Klasse *AltitudeData* einen Graphen und seine x- und y-Achse in der *drawRect:*-Methode zeichnen. Im Interface Builder ändern wir die Klasse des Containers im unteren Bereich von *UIView* zu *AltitudeProfileView* und erstellen in der Viewcontroller-Klasse ein entsprechendes Outlet. Das funktioniert analog zu *RoundedCornerView*.

Im Header wird nur das Property *altitudeArray* deklariert:

```
#import <UIKit/UIKit.h>

@interface AltitudeProfileView : UIView {
    NSArray *altitudeArray;
}

@property(nonatomic, retain) NSArray *altitudeArray;

@end
```

Beispiel 22.3: *AltitudeProfileView.h*

Um die Optik des Views den anderen Labels der Anwendung anzupassen, wird auch in dieser Klasse der Mechanismus zum Abrunden der Ecken angewendet. In der Methode *initWithCoder:* werden der Kurvenradius, die Farben und die Linienstärke entsprechend eingestellt. Die transparente Hintergrundfarbe erspart es, in *drawRect:* den kompletten Zeichenbereich abgerundet zuschneiden zu müssen, und fügt sich auch optisch in ein ansprechendes Gesamtbild ein.

```
- (id)initWithCoder:(NSCoder *)aDecoder {
    if ((self = [super initWithCoder:aDecoder])) {
        self.layer.cornerRadius = 10.0f;
        self.layer.borderColor = [UIColor darkGrayColor].CGColor;
        self.layer.borderWidth = 1.0f;
        self.backgroundColor = [UIColor clearColor];
    }
    return self;
}
```

Beispiel 22.3: *AltitudeProfileView.m* (Ausschnitt)

Um einen möglichst guten Einstieg in die Funktionen von *CoreGraphics* zu erhalten, fassen wir vorab die in diesem Beispiel verwendeten Funktionen zusammen und erläutern sie kurz. Wenn es nicht anders angegeben ist, erwarten die Funktionen als ersten Parameter den grafischen Kontext:

- *UIGraphicsGetCurrentContext*: liefert den aktuellen grafischen Kontext. Grafische Kontexte werden in einem eigenen Stack verwaltet, der normalerweise leer ist. Nur innerhalb der Methode *drawRect:* ist der Kontext des Views schon vorher auf den Stack geschoben worden. Ansonsten müssen Sie selbst den grafischen Kontext über die Funktion *UIGraphicsPushContext* auf dem Stack platzieren.
- *CGContextSetRGBStrokeColor*: setzt die aktuelle Zeichenfarbe als RGB-Wert und den angegebenen Alphawert für das Zeichnen von Linien und Rändern. Dabei werden die Farben als Werte zwischen 0 und 1 angegeben. Zur einfachen Umrechnung ist es üblich die 256 Werte pro Farbe als Bruch darzustellen, also beispielsweise *120.0f/255.0f*.
- *CGContextSetRGBFillColor*: setzt die aktuell Füllfarbe. Diese Farbe wird bei Fülloperationen und in der Füllung von Schriften verwendet.
- *CGContextSetLineWidth*: setzt die Linienstärke für Zeichenoperationen.
- *CGContextSaveGState*: speichert eine Kopie des grafischen Kontextes auf dem Stack. Allerdings werden nicht alle Eigenschaften gespeichert. Diese Funktion wird häufig verwendet, wenn zwischenzeitlich temporäre Änderungen am Kontext gemacht werden, die später wieder komplett zurückgesetzt werden sollen.

- *CGContextRestoreGState*: erstellt den Kontext aus der letzten Sicherung mit *CGContextSaveGState*. Aufgrund der Stackstruktur können auch mehrere Sicherungen/Wiederherstellungen erfolgen.
- *CGContextSetLineDash*: setzt den Modus für gestrichelte Linien. Über ein C-Array von Fließkommazahlen wird dabei die Längenabfolge von gezeichneten und nicht gezeichneten Abschnitten definiert. Alle ungeraden Elemente bestimmen dabei die gezeichneten Abschnitte, die geraden die Strichpausen. Der erste Parameter bestimmt die Anzahl von Einheiten vom Beginn der Linie bis zum Start der Strichstruktur – der letzte die Länge des Arrays für die Längenabfolge des Strichmusters. Beispielsweise erzeugt das Array *{4, 4}* ein Muster von jeweils vier gezeichneten Einheiten und vier Einheiten ohne Zeichnung.
- *CGPathCreateMutable*: erzeugt einen veränderbaren Pfad vom Typ *CGPath*.
- *CGPathMoveToPoint*: startet im angegebenen Pfad einen neuen Unterpfad und setzt die Startkoordinaten auf die angegebenen Punkte. Zusätzlich kann vorher noch eine affine Transformation angewendet werden.
- *CGPathAddLineToPoint*: fügt dem Pfad eine Linie vom aktuellen Punkt zu den angegebenen x- und y-Koordinaten hinzu. Dabei kann wieder zusätzlich eine affine Transformation angewendet werden.
- *CGPathCloseSubpath*: schließt den Teilpfad durch eine Linie zwischen dem letzten Punkt und dem Startpunkt des Teilpfades. Das ist vor allem für Fülloperationen wichtig, um einen geschlossenen Pfad zu erhalten.
- *CGContextAddPath*: fügt dem aktuellen Pfad des Kontextes einen weiteren Pfad hinzu.
- *CGContextDrawPath*: zeichnet den aktuellen Pfad des Kontextes Pfad mit dem entsprechenden Zeichenmodus. Der Modus kann eine der Konstanten *kCGPathFill*, *kCGPathEOFill*, *kCGPathStroke*, *kCGPathFillStroke*, oder *kCGPathEOFillStroke* sein.
- *CGContextStrokePath*: zeichnet eine Linie entlang des aktuellen Pfads.
- *CGContextMoveToPoint*: beginnt einen neuen Pfad im Kontext am angegebenen Punkt.
- *CGContextAddLineToPoint*: fügt dem aktuellen Pfad eine Linie zum angegebenen Punkt hinzu.

Als Hilfsmethode verwenden wir im Weiteren *drawLineInContext:x0:y0:x1:y1:*, die im angegebenen Kontext eine Linie mit den aktuellen Zeicheneinstellungen wie Farbe, Linienstärke und Strichmuster zwischen den Punkten (x0,y0) und (x1,y1) zeichnet:

```
- (void) drawLineInContext:(CGContextRef) context
    x0:(CGFloat) x0 y0:(CGFloat) y0 x1:(CGFloat) x1 y1:(CGFloat) y1 {

    CGContextMoveToPoint(context, x0, y0);
    CGContextAddLineToPoint(context, x1, y1);
    CGContextStrokePath(context);
}
```

Beispiel 22.3: *AltitudeProfileView.m – drawLineInContext:*

Die Methode *drawRect:* selbst wird aufgrund der recht elementaren Zeichenfunktionen doch etwas länger. Sie finden den Quelltext etwas weiter unten. In kleineren Abschnitten wollen wir die einzelnen Aufgaben kurz erläutern.

Die Zeichenfläche

Die durch das Rechteck des Aufrufs von *drawRect:* vorgegebene Zeichenfläche wird entsprechend für die Darstellung des Graphen und für das Koordinatensystem vorbereitet. Dabei gehen wir davon aus, dass immer die komplette Fläche des Views als Zeichenfläche übergeben wird. Über die Variablen *leftBorder*, *rightBorder*, *bottomBorder*, *topBorder* werden die Abstände des Koordinatensystems von den Seiten eingestellt. Dabei wird links sowie unten weniger Platz für den Graphen sein, weil dort noch die Achsenbeschriftungen platziert werden sollen. Aus den Abständen und der Größe der gesamten Zeichenfläche wird für den Graphen das zur Verfügung stehende Rechteck mit den Punkten (x0,y0) links oben und (x1,y1) rechts unten festgelegt.

xAxisMax und *yAxisMax* bestimmen den maximalen Wertebereich für beide Achsen. Sie werden jeweils aus den maximalen Werten der zugrunde liegenden Daten ermittelt. Da die Distanz kumuliert ist, findet sich das Maximum im letzten Element des Datenarrays. Das Maximum der Höhe wird durch eine Iteration über alle Werte ermittelt. Bei großen Datenmengen kann es angeraten sein, das Maximum schon bei der Erfassung der Daten mitzuführen. Der Einfachheit halber wird hier darauf verzichtet.

Aus den maximalen Wertebereichen und der Größe der Zeichenfläche für den Graphen errechnet sich die Skalierung *xScale* und *yScale*. Aus der Skalierung lässt sich jeder Meter in Wegstrecke (x-Achse) oder Höhe (y-Achse) in Pixel auf dem Screen umrechnen.

Die Achsen und Achsenbeschriftungen

Die Achsen werden entlang der durch die Punkte (x0,y0) und (x1,y1) definierten Ränder links und unten im Koordinatensystem mit der Hilfsmethode *drawLineInContext:x0:y0:x1:y1:* gezeichnet. Als Orientierungspunkte werden Gitternetzlinien an den Positionen der Achsenbeschriftungen eingefügt. Um sie von den Achsen abzuheben und etwas in den Hintergrund rücken zu lassen, werden sie gestrichelt und etwas dünner ausgelegt. Die Hilfslinien erscheinen in x- und y-Richtung in festen, durch die Variablen *xAxisGrid* und *yAxisGrid* definierten Abständen.

Die Methode *drawAtPoint:withFont:* der *UIKit*-Erweiterung von *NSString* zeichnet einen String am angegebenen Punkt in der festgelegten Schriftart. Für eine rechtsbündige bzw. mittige Ausrichtung an den Achsen muss vor dem Zeichnen die endgültige Größe des Strings mit der vorgegebenen Schriftart berechnet werden. Der Aufruf von *sizeWithFont:* liefert eine *CGSize*-Struktur mit der Größe des Strings zurück. Damit lassen sich dann die Positionen der Achsenbeschriftungen berechnen.

Visualisierung der Daten

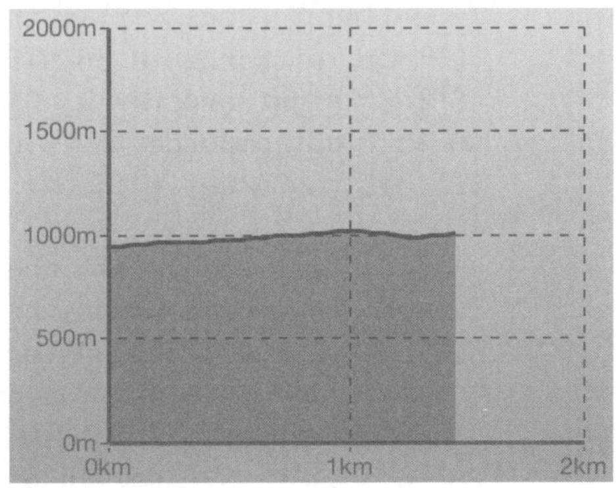

Die Daten als Array von Objekten der Klasse *AltitudeData* werden zuerst als Pfade modelliert. Für die Darstellung als Linie und als gefüllter Bereich unter dem Graphen erstellen wir zwei Pfade. Der eine beginnt mit dem ersten Datenpunkt und endet mit dem letzten, der Füllpfad *fillPath* startet am ersten Datenpunkt unten auf der Achse und verläuft über die Datenpunkte hinweg am letzten wieder lotrecht zurück auf die Achse, um danach den Pfad mit einer Linie zum Startpunkt zu schließen.

Die x- und y-Koordinaten lassen sich mit den beiden Formeln

```
CGFloat x = x0 + round(data.distance * xScale);
CGFloat y = y1 - round(data.altitude * yScale);
```

sehr einfach berechnen. Der restliche Teil der *for*-Schleife zur Generierung der Pfade ist für die korrekte Einfügung in *path* und *fillPath* verantwortlich.

Nachdem die Datenpunkte verarbeitet sind, wird der *fillPath* noch mit der Funktion *CGPathCloseSubpath* geschlossen, d. h., wie es schon beschrieben wurde, wird die Projektion des letzten Datenpunkts auf die x-Achse mit dem Startpunkt verbunden. Nachdem die beiden Pfade dem grafischen Kontext hinzugefügt wurden, können sie mit den entsprechenden Optionen *kCGPathStroke* und *kCGPathFill* gezeichnet werden.

Die komplette Methode drawRect:

Die Implementierung der Methode *drawRect:* finden Sie im folgenden Listing:

```
- (void)drawRect:(CGRect)rect {

    int count = [altitudeArray count];

```

```
    // get the graphic context
    CGContextRef context = UIGraphicsGetCurrentContext();

    // set stroke and fill colors to a medium gray
    CGContextSetRGBStrokeColor(context,
        130.0f/255.0f, 130.0f/255.0f, 130.0f/255.0f, 1.0f);
    CGContextSetRGBFillColor(context,
        130.0f/255.0f, 130.0f/255.0f, 130.0f/255.0f, 1.0f);

    // set line properties
    CGContextSetLineWidth(context, 2.0f);

    // define borders within the view
    CGFloat leftBorder = 50.0f;
    CGFloat rightBorder = 15.0f;
    CGFloat bottomBorder = 25.0f;
    CGFloat topBorder = 15.0f;

    // calculate upper left and lower right coordinates
    CGFloat x0 = self.bounds.origin.x + leftBorder;
    CGFloat y0 = self.bounds.origin.y + topBorder;
    CGFloat x1 = x0 + self.bounds.size.width - leftBorder -
        rightBorder;
    CGFloat y1 = y0 + self.bounds.size.height - bottomBorder -
        topBorder;

    // calculate the scale in on x- and y-axis
    // first get current maximum values
    AltitudeData *lastElement = [altitudeArray lastObject];

    CGFloat maxXValue = lastElement.distance;
    CGFloat maxYValue = 0.0f;

    for (AltitudeData* data in altitudeArray) {
        if (data.altitude > maxYValue) maxYValue = data.altitude;
    }

    CGFloat xAxisMax = (floor(maxXValue / 1000.0f) + 1) * 1000.0f;
    CGFloat yAxisMax = (floor(maxYValue / 1000.0f) + 1) * 1000.0f;;

    CGFloat xScale = (x1 - x0) / xAxisMax;
    CGFloat yScale = (y1 - y0) / yAxisMax;

    CGFloat xAxisGrid = 1000.0f;
    CGFloat yAxisGrid = 500.0f;

    // draw x- and y-axis
    [self drawLineInContext:context x0:x0 y0:y0 x1:x0 y1:y1];
```

```
    [self drawLineInContext:context x0:x0 y0:y1 x1:x1 y1:y1];

    // store the actual context
    CGContextSaveGState(context);

    // set the line width
    CGContextSetLineWidth(context, 1.0f);

    // define a dash pattern
    float dash1[2]={4, 4};
    CGContextSetLineDash(context, 0, dash1, 2);

    // define the font to draw text with
    UIFont *font = [UIFont systemFontOfSize:11.0f];

    // draw x-axis lines and axis labels
    for (int i = 0; i <= yAxisMax / yAxisGrid; i++) {
        CGFloat startX = x0 - 4.0f;
        CGFloat startY = y1 - round(yAxisGrid * i * yScale);

        CGFloat endX = x1;
        CGFloat endY = y1 - round(yAxisGrid * i * yScale);

        [self drawLineInContext:context
            x0:startX y0:startY x1:endX y1:endY];

        NSString *label =
            [NSString stringWithFormat:@"%1.0fm", i * yAxisGrid];

        CGSize size = [label sizeWithFont:font];

        [label drawAtPoint:CGPointMake(leftBorder - size.width - 5.0f,
            startY - size.height / 2.0f) withFont:font];
    }

    // draw y-axis lines and axis labels
    for (int i = 0; i <= xAxisMax / xAxisGrid; i++) {
        CGFloat startX = x0 + round(xAxisGrid * i * xScale);
        CGFloat startY = y0;

        CGFloat endX = x0 + round(xAxisGrid * i * xScale);
        CGFloat endY = y1 + 4.0f;

        [self drawLineInContext:context
            x0:startX y0:startY x1:endX y1:endY];

        NSString *label = [NSString stringWithFormat:
            @"%1.0fkm", i * xAxisGrid / 1000.0f];
```

```
        CGSize size = [label sizeWithFont:font];

        [label drawAtPoint:CGPointMake(startX - size.width / 2.0f,
            endY) withFont:font];
    }

    // restore context
    CGContextRestoreGState(context);

    // only draw the graph if more than 1 data point exists
    if (!altitudeArray || count <= 1) return;

    // set blue color for the graph drawings
    // fill color has an alpha of 0.4
    CGContextSetRGBStrokeColor(context,
        62.0f/255.0f, 118.0f/255.0f, 222.0f/255.0f, 1.0f);
    CGContextSetRGBFillColor(context,
        62.0f/255.0f, 118.0f/255.0f, 222.0f/255.0f, 0.4f);

    // build up the paths. one fo stroking and one for filling
    CGMutablePathRef path = CGPathCreateMutable();
    CGMutablePathRef fillPath = CGPathCreateMutable();

    for (int i = 0; i < [altitudeArray count]; i++) {
        AltitudeData *data = [altitudeArray objectAtIndex:i];

        CGFloat x = x0 + round(data.distance * xScale);
        CGFloat y = y1 - round(data.altitude * yScale);

        if (i == 0) {
            // set start point
            CGPathMoveToPoint(path, nil, x, y);

            CGPathMoveToPoint(fillPath, nil, x, y1);
            CGPathAddLineToPoint(fillPath, nil, x, y);
        }
        else if (i == count - 1) {
            CGPathAddLineToPoint(path, nil, x, y);
            CGPathAddLineToPoint(fillPath, nil, x, y);
            CGPathAddLineToPoint(fillPath, nil, x, y1);
        }
        else {
            CGPathAddLineToPoint(path, nil, x, y);
            CGPathAddLineToPoint(fillPath, nil, x, y);
        }

    }
```

```

    // close the fill path
    CGPathCloseSubpath(fillPath);

    // draw the path
    CGContextAddPath(context, path);
    CGContextDrawPath(context, kCGPathStroke);

    // draw the fill path
    CGContextAddPath(context, fillPath);
    CGContextDrawPath(context, kCGPathFill);

    CGPathRelease(path);
    CGPathRelease(fillPath);
}
```

Beispiel 22.3: *AltitudeProfileView.m – drawRect:*

Der Viewcontroller

Im Viewcontroller *WorkshopViewController* wird die Logik zur Auswertung der GPS-Updates sowie die Darstellung der Labels ausgeführt. Dazu definiert die Klasse neben den schon bekannten Outlets einige Properties, in denen der Zustand der Anwendung abgebildet wird. Die wichtigsten Properties sind:

```
@property(nonatomic, retain) CLLocationManager *locationManager;
@property(nonatomic, retain) CLLocation *startLocation;
@property(nonatomic, retain) CLLocation *currentLocation;
@property(nonatomic, retain) CLLocation *lastLocation;

@property(nonatomic, retain) NSMutableArray *altitudeHistory;
@property(nonatomic, assign) double currentDistance;
@property(nonatomic, assign) double currentAltitudeDifference;
```

Beispiel 22.3: *WorkshopViewController.h* (Ausschnitt)

Dabei wird in *startLocation* die erste verwendete Ortung gespeichert. Sie dient zur Auswertung der Dauer der Aufzeichnung. *currentLocation* bezeichnet die aktuelle Position, wohingegen *lastLocation* die zuletzt verwendete Ortung darstellt. Das wird nötig, weil nicht jede Ortung eine vernünftige Genauigkeit oder überhaupt eine Höhenangabe enthält. Die verworfenen Ortungen werden nicht gewertet und nicht gespeichert. Mit *lastLocation* lässt sich die Wegstrecke zwischen der letzten verwendeten und der aktuellen Position ermitteln.

Das Array *altitudeHistory* speichert die Datensätze zur Anzeige im Graphen, *currentDistance* und *currentAltitudeDifference* kumulieren die zurückgelegte Wegdistanz und die Höhenmeter.

Die Anzeige der aktuellen Daten aus der letzten Ortung erfolgt durch Aufruf der Methode *showAltitudeData*. Diese wird über die Klassenschnittstelle auch nach außen sichtbar gemacht, damit wir bei Übergängen aus dem Hintergrund die angezeigten Daten aktualisieren können. Die Hilfsmethode *convertDecimalToDegreeFormat:* erzeugt aus der Fließkommadarstellung einer GPS-Koordinate einen String, der die Koordinaten im Bogenmaß repräsentiert.

Am Ende der Methode wird noch die Nachricht *setNeedsDisplay* an den View *heightProfileView* geschickt, um explizit ein Neuzeichnen des Graphen anzustoßen. Ansonsten würde die *drawRect:*-Methode eines Views nur bei Änderungen am Screen ausgeführt. Dazu zählt eine Überlagerung durch einen anderen View, das Sichtbarmachen mit der Eigenschaft *hidden* oder das Wiedererscheinen eines Views im sichtbaren Bereich nach einem Scrollvorgang.

```
- (NSString*) convertDecimalToDegreeFormat:(double) decimal {
    int degrees = decimal;
    double remainder = fabs(decimal - degrees);
    int minutes = remainder * 60;
    double seconds = remainder * 3600 - minutes * 60;
    return [NSString stringWithFormat:@"%d° %d' %1.4f\"",
        degrees, minutes, seconds];
}

- (void) showAltitudeData {
    NSString *latitude = [self convertDecimalToDegreeFormat:
        currentLocation.coordinate.latitude];
    NSString *longitude = [self convertDecimalToDegreeFormat:
        currentLocation.coordinate.longitude];

    locationLabel.text =
        [NSString stringWithFormat:@"%@/%@", latitude, longitude];

    altitudeLabel.text =
        [NSString stringWithFormat:@"%1.0fm",
        currentLocation.altitude];

    altitudeDifferenceLabel.text =
        [NSString stringWithFormat:@"%1.0fm",
        currentAltitudeDifference];

    distanceLabel.text  =
        [NSString stringWithFormat:@"%1.2fkm",
        currentDistance/1000.0f];

    NSTimeInterval diff =
        abs([startLocation.timestamp timeIntervalSinceNow]);

```

```
    int hours = diff / 3600;
    int minutes = (diff - hours * 3600) / 60;
    int seconds = (diff - minutes * 60);
    durationLabel.text = [NSString stringWithFormat:@"%.2d:%.2d:%.2d",
        hours, minutes, seconds];

    [heightProfileView setNeedsDisplay];
}
```

Beispiel 22.3: *WorkshopViewController.m – convertDecimalToDegreeFormat:* und *showAltitudeData*

Starten des LocationManager

Direkt während des Ladens des Viewcontrollers wird ein *CLLocationManager* erzeugt und gestartet. Dabei konfigurieren wir die Updates mit der Eigenschaft *distanceFilter* so, dass sie erst bei Distanzänderungen von mehr als 25 m geliefert werden. Dadurch erhöhen wir die Genauigkeit der Aufzeichnung, weil nicht für jede kleine Änderung auch eine neue Höhenangabe herangezogen wird.

```
locationManager = [[CLLocationManager alloc] init];

locationManager.delegate = self;
locationManager.distanceFilter = 25.0f;

[locationManager startUpdatingLocation];
```

Beispiel 22.3: *WorkshopViewController.m* (Ausschnitt)

Auswertung der GPS-Updates

In den Methoden des *CLLocationManagerDelegate* behandeln wir die eingehenden Updates der Ortung und die möglichen Fehlersituationen.

Für jede Änderung, die durch den Aufruf der Delegate-Methode *locationManager: didUpdateToLocation:fromLocation:* angezeigt wird, prüfen wir, ob die übergebene Koordinate gut genug für eine Auswertung ist. Zum einen sollte die Genauigkeit in der Horizontalen sowie in der Vertikalen nicht größer als etwa 100 m – repräsentiert durch die Konstante *kCLLocationAccuracyHundredMeters* – sein. Zum anderen sind wir auf Höhenangaben angewiesen. Ortungen über Mobilfunk beispielsweise enthalten keine Höhenangaben. Die vertikale Genauigkeit ist dann mit *-1* angegeben. Solche Datenpunkte verwerfen wir ebenfalls.

Wenn die Ortung den Kriterien genügt, werden aus der letzten und der aktuellen die Werte für die zurückgelegte Wegstrecke und die Höhendifferenz ermittelt. Die Methode *distanceFromLocation:* von *CLLocation* berechnet die Distanz zwischen zwei Koordinaten in Metern. In die Höhendifferenz werden nur positive Änderungen eingerechnet, um die tatsächlich überwundenen Höhenmeter zu erhalten. Die ermittelten Werte werden als kumulierte Distanz und absolute Höhe in einem Objekt vom Typ *AltitudeData* in das Array *altitudeHistory* eingefügt.

Da die Änderungen der Position auch im Hintergrund zugestellt werden, wird die Methode *showAltitudeData* zur Anzeige der Daten und zum Neuzeichnen des Graphen nur aufgerufen, wenn die *applicationState* nicht *UIApplicationStateBackground* ist. Sie sollten das grundsätzlich bei einer Ausführung im Hintergrund mit allen Änderungen der Benutzerschnittstelle machen.

```
- (void)locationManager:(CLLocationManager *)manager
    didUpdateToLocation:(CLLocation *)newLocation
    fromLocation:(CLLocation *)oldLocation {

    double accuracy = kCLLocationAccuracyHundredMeters;

    if (newLocation.horizontalAccuracy < accuracy &&
        newLocation.verticalAccuracy < accuracy &&
        newLocation.verticalAccuracy >= 0) {

        if (!startLocation) {
            self.startLocation = newLocation;
            self.currentLocation = newLocation;
        }
        else {
            self.currentLocation = lastLocation;
        }

        double distance =
            [newLocation distanceFromLocation:lastLocation];

        double heightDifference = 0.0;

        if (lastLocation) heightDifference =
            newLocation.altitude - oldLocation.altitude;

        // only calculate the positive significant heigth meters
        if (heightDifference > 1.0) {
            currentAltitudeDifference += heightDifference;
        }

        currentDistance += distance;

        // add altitude and distance
        AltitudeData *data =
            [[[AltitudeData alloc] init] autorelease];

        data.altitude = newLocation.altitude;
```

```
        data.distance = currentDistance;

        [altitudeHistory addObject:data];

        // only update view if app is not in the background
        if ([UIApplication sharedApplication].applicationState !=
            UIApplicationStateBackground) {

            [self showAltitudeData];
        }

        self.lastLocation = newLocation;
    }
}
```

***Beispiel 22.3:** WorkshopViewController.m – locationManager:didUpdateToLocation:fromLocation:*

Vereinfachungen

Um die Beispiele im Rahmen zu halten, sind einige Vereinfachungen vorgenommen worden. Gerade zur genaueren Ermittlung von Höhe und Distanz kann noch mehr Aufwand in die Auswertung der Daten gesteckt werden. Beispielsweise ermittelt die Funktion *distanceFromLocation:* nur eine Annäherung an die Erdkrümmung, verrechnet aber keine Höhenänderung. Eine weitere Fehlerquelle für Höhe und Distanz sind Ungenauigkeiten in der Ortung, die fälschlicherweise eine Änderung bewirken. Hier kann mit etwas Aufwand eine Sperre für allzu große Fehler eingebaut werden.

Je kürzer die Intervalle und je kleiner dadurch die Änderungen sind, umso weniger fallen Rundungen in der Höhenberechnung ins Gewicht, umso häufiger werden aber Ungenauigkeiten einberechnet. Hier müssen Sie ein für den Anwendungsfall optimales Mittel finden.

Hintergrundbetrieb

Nachdem die Anwendung schon als Hintergrunddienst konfiguriert ist, bleibt es letztlich noch übrig, auf die entsprechenden Zustandsübergänge zu reagieren. Beim Übergang in den Hintergrund gibt es nichts zu tun. Wir zeichnen den Inhalt ja sowieso nur, wenn die Anwendung im Vordergrund ist, und größere temporäre Datenstrukturen zum Freigeben existieren auch nicht.

Lediglich beim Übergang in den Vordergrund ist eine Aktualisierung des Bildschirms anzustoßen:

```
- (void)applicationWillEnterForeground:(UIApplication *)application {
    [viewController showAltitudeData];
}
```

***Beispiel 22.3:** WorkshopAppDelegate.m – applicationWillEnterForeground:*

Die Anwendung im Feldeinsatz

Nach dem Start der Anwendung können Sie in andere Anwendungen wechseln oder den Bildschirm sperren. Dank der Registrierung als ortsbasierter Hintergrunddienst empfängt unsere Anwendung weiterhin Positionsänderungen.

Sie sehen das im iOS 4 oder höher auch an dem Kompasspfeil in der Statuszeile neben der Kapazitätsanzeige. Er signalisiert ein aktives Ortungsmodul. Die Abbildung zeigt einen Screenshot der Anwendung.

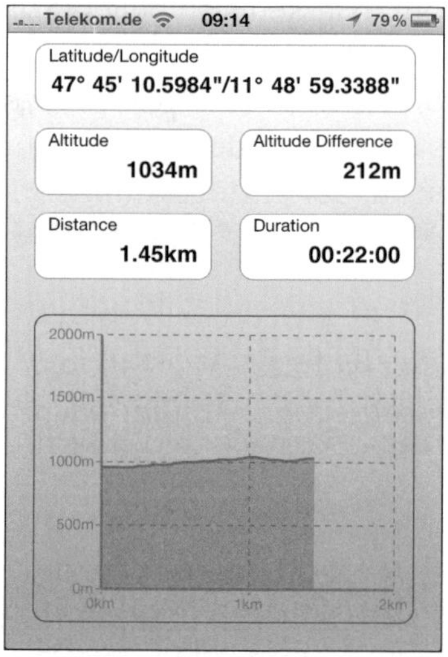

22.6 Workshop: Tasks im Hintergrund abschließen

Unabhängig von jeglichem Dienst, der dem Benutzer angeboten wird, kann für länger andauernde Aufgaben, die während des Übergangs in den Schlafzustand noch nicht vollständig beendet sind oder gar erst begonnen werden, eine zeitlich befristete verlängerte Ausführung angefordert werden.

Größere Aufräumarbeiten wie die Verschlüsselung von Inhalten, die Reparatur oder Umorganisation einer Datenbank oder die einfache Weiterführung eines begonnenen Downloads fallen nun nicht mehr einem plötzlichen Abbruch beim Verlassen der Anwendung zum Opfer. Stattdessen kann benutzerfreundlich eine einmal gestartete Aktion im Hintergrund abgeschlossen und dann das Ergebnis beim nächsten Start präsentiert werden.

Einen längeren Task im System registrieren

Die Abwicklung eines eventuell über die Vordergrundzeit der Anwendung hinausgehenden Tasks erfolgt über ein Methodenpärchen aus *UIApplication*. Registriert wird ein derartiger Task durch den Aufruf von *beginBackgroundTaskWithExpirationHandler:*. Dabei wird ein Block übergeben, der aufgerufen wird, bevor das System dem Task die Prozessorzeit entzieht. Die ungefähre verbleibende Zeit steht in der Eigenschaft *backgroundTimeRemaining* zur Verfügung. Kurz vor Ablauf dieser Zeit wird das nahende Ende durch die Ausführung des bei der Registrierung bereitgestellten Blocks signalisiert. Damit besteht dann die Chance, falls der Task noch nicht abgeschlossen ist, diesen zumindest geregelt zu beenden. Bei der Registrierung erhalten Sie einen eindeutigen Bezeichner für den Task. Dadurch lassen sich beliebig viele Tasks parallel registrieren. Sobald ein Task mit der Ausführung fertig ist, müssen Sie die zweite Methode *endBackgroundTask:* mit dem vorher erhaltenen Bezeichner aufrufen. Spätestens wenn Sie über das bevorstehende Ende der Ausführungszeit im angegebenen Block informiert werden, sollte der Task gegenüber dem System für beendet erklärt werden. Nicht korrekt geschlossene Tasks führen zu einer Zwangsterminierung der Anwendung.

Wenn eine Ausführung im Hintergrund nicht möglich ist, wird anstelle des Bezeichners für den Task *UIBackgroundTaskInvalid* zurückgeliefert. Dann müssen Sie sich auf ein Beenden der Anwendung ohne Ausführung im Hintergrund einstellen. Je nach den Umständen sollten Sie den Task dann gar nicht erst starten.

Hinweis

Mehr Informationen zur Blockprogrammierung finden Sie in Kapitel 5.

Ein großes Bild laden

In diesem Workshop laden wir ein Bild mit ca. 4 MByte von einem Webserver und wollen es dann anzeigen. Dieser Download kann je nach Gerät und Internetverbindung ca. 5–25 Sekunden dauern. Wir registrieren diesen Task als Hintergrundtask und ermöglichen es dem Nutzer, während des Ladens die Anwendung zu wechseln. Wenn der Benutzer danach wieder in die Anwendung geht, wird ihm das geladene Bild angezeigt. Verlässt der Benutzer die Anwendung nicht, ist der Ablauf des Ladens wie gewohnt.

Den kompletten Quelltext statten wir mit ausreichend *NSLog*-Anweisungen aus, damit wir den Ablauf auch im Hintergrund gut verfolgen und dennoch die Anwendung nach dem Laden wieder zügig in den Vordergrund holen können.

Laden des Bildes

Das Laden des Bildes finden Sie in der Methode *downloadImageWithURL*. Wir bedienen uns der Convenience-Methode *dataWithContentsOfURL:* von *NSData*, um die Daten – in unserem Fall eine Bilddatei – von der angegebenen URL zu laden. Aus den abstrakten Daten erzeugen wir im zweiten Schritt mit *imageWithData:* ein *UIImage*.

```
- (void) downloadImageWithURL:(NSURL*) url {
    NSLog(@"start image loading");
```

```

    NSData *data = [NSData dataWithContentsOfURL:url];
    UIImage *image = [UIImage imageWithData:data];

    [self performSelectorOnMainThread:
        @selector(downloadDidFinishWithImage:)
        withObject:image waitUntilDone:NO];
}
```

Beispiel 22.4: *WorkshopViewController.m – downloadImageWithURL:*

Die Methode legen wir für die parallele Ausführung in einem eigenen Thread aus und rufen, nachdem das Bild geladen wurde, einen Callback *downloadDidFinishWithImage:* mit dem Bild als Parameter in der Hauptschleife auf. Das erleichtert die Synchronisierung. Außerdem sind Änderungen am Screen generell nur in der Hauptschleife möglich.

Der Callback *downloadDidFinishWithImage:* erledigt zwei Aufgaben. Zuerst wird je nach dem aktuellen Zustand direkt das Bild in einem *UIImageView* angezeigt. Dieser ist als Property des Viewcontrollers angelegt und mit einem entsprechenden Objekt im Interface Builder verknüpft. Zusätzlich besitzt die Ansicht im Interface Builder auch noch ein Label, das über das Bild gelegt wurde, um den Zustand „ladend“ anzuzeigen. Das wird nun ausgeblendet.

Falls der Zustand allerdings auf *UIApplicationStateBackground* steht, werden wir jegliche Operationen an der Benutzerschnittstelle unterlassen – wir entwickeln ja eine verantwortungsvolle Multitasking-Anwendung. In diesem Fall wird das Bild einem Property *loadedImage* zugewiesen. Erst wenn die Anwendung den Schlafzustand verlässt, wird die Benutzerschnittstelle angepasst.

Die zweite Aufgabe des Callbacks besteht darin, dem System das Ende des Tasks durch den Aufruf der Methode *endBackgroundTask:* von *UIApplication* zu signalisieren. Die *taskId* ist einfach eine Instanzvariable des Viewcontrollers, die den Bezeichner des Hintergrundtasks speichert. Das Abmelden passiert nur, wenn die *taskId* gültig ist.

```
- (void) downloadDidFinishWithImage:(UIImage*) image {
    NSLog(@"downloadDidFinishWithImage");

    // check if the application runs in background
    if ([UIApplication sharedApplication].applicationState ==
        UIApplicationStateBackground)
    {
        self.loadedImage = image;
    }
    else {
        loadingLabel.hidden = YES;
        imageView.image = image;
```

```
    }

    if (taskId != UIBackgroundTaskInvalid) {
        [[UIApplication sharedApplication]
            endBackgroundTask:taskId];
            taskId = UIBackgroundTaskInvalid;
    }
}
```

Beispiel 22.4: *WorkshopViewController.m – downloadDidFinishWithImage:*

Den lang laufenden Task aufsetzen

Bevor wir uns der Registrierung für die Hintergrundausführung widmen, setzen wir erst eine *NSOperationQueue* für die parallele Abarbeitung des Tasks auf. Das Laden des Bildes parallel zur Hauptschleife gewährleistet die Reaktionsfähigkeit auf Events während des eigentlich blockierenden Ladevorgangs. Die Queue lässt sich mit Objekten vom Typ *NSInvocationOperation* füttern, die sie dann nach und nach abarbeitet. Die Operationen kapseln eine Methode als Selektor mit maximal einem Objektparameter, der nach dem Einstellen in die Queue automatisch in einem eigenen Thread ausgeführt wird. Durch eine *NSOperationQueue* lassen sich also kleinere Tasks wunderbar parallel zu anderen Aufgaben abarbeiten. Zudem können Sie einzelne Aufgaben oder die komplette Queue mit *cancelAllOperations* beenden. Das betrifft dann allerdings nur noch nicht begonnene Tasks. Andernfalls ist der Code im Task selbst dafür verantwortlich, gegebenenfalls abzubrechen. Der Einfachheit halber wollen wir das hier aber nicht weiter ausführen. Als Selektor wird die im vorigen Abschnitt beschriebene Methode *downloadImageWithURL:* genutzt und die URL zu einer relativ großen Datei übergeben.

Zur Identifizierung des für den Hintergrundbetrieb registrierten Tasks wird wie schon erwähnt die Instanzvariable *taskId* vom Typ *UIBackgroundTaskIdentifier* definiert. In dieser legen wir den vom System beim Aufruf von *beginBackgroundTaskWithExpirationHandler:* zugewiesenen Bezeichner ab. Im Aufruf der Methode sehen Sie den Einsatz eines Blocks zur anonymen Übergabe von Code – nichts anderes stellt ein Block ja dar. In diesem Fall hat der Block keine Aufrufparameter. Eingeleitet wird der Code eines Blocks immer durch das Caret-Zeichen ^ vor der einleitenden geschweiften Klammer. Der Vorteil der Blockprogrammierung zeigt sich schon an diesem kleinen Beispiel. Sie haben direkten Zugriff auf die umgebenden Variablen und Parameter. Der Aufrufstack wird also für den Block jeweils eingefroren und bis zur Ausführung des Codes vorgehalten. Deshalb können wir sowohl auf die lokale Variable *queue* als auch auf die Instanzvariable *taskId* zugreifen – eine wirklich spannende Sache. Im Block geben wir zuerst ein *NSLog* zur Orientierung aus und unterbrechen die Tasks der Queue. Falls die *taskId* gültig ist, erklären wir dem System mit *endBackgroundTask:* das Ende des Tasks und setzen die *taskId* auf ungültig.

```
NSOperationQueue *queue =
    [[[NSOperationQueue alloc] init] autorelease];

NSURL *url = [NSURL URLWithString:
    @"http://www.entwicklungsschmiede.de/dgb_iphone/very_large
    image.jpg"];

// start a long running download
taskId = [[UIApplication sharedApplication]
    beginBackgroundTaskWithExpirationHandler:^{

    NSLog(@"task expiration handler called");

    // cancel all tasks in queue
    [queue cancelAllOperations];

    if (taskId != UIBackgroundTaskInvalid) {
        [[UIApplication sharedApplication]
        endBackgroundTask:taskId];
            taskId = UIBackgroundTaskInvalid;
    }
  }
  ];


NSInvocationOperation *operation = [[[NSInvocationOperation alloc]
    initWithTarget:self selector:@selector(downloadImageWithURL:)
    object:url] autorelease];

[queue addOperation:operation];
```

Beispiel 22.4: *WorkshopViewController.m – startTask* (Ausschnitt)

Im Workshop können wir diese Operationen beispielsweise in der Methode *viewDidAppear:* platzieren. Dann wird gleich nach dem Start der Download begonnen.

Hinweis

Eine Vertiefung zu *NSOperationQueue* finden Sie in Kapitel 3.10 zum Thema Threads und Nebenläufigkeit.

Auf Änderungen des Anwendungszustands reagieren

Wenn die Anwendung während des Downloads in den Hintergrund verschoben wird, läuft sie dort weiter, bis der Task fertig oder die *backgroundTimeRemaining* abgelaufen ist. Bleibt sie dann weiter im Hintergrund, wird sie in den Schlafzustand versetzt. Der dritte mögliche Fall – der Benutzer holt die Anwendung wieder in den Vordergrund – spielt hier bei der Betrachtung keine Rolle.

Wenn die Anwendung den Zustand *UIApplicationStateBackground* verlässt und das Bild im Hintergrund fertig geladen wurde, müssen wir es beim Aufwecken anzeigen. Dazu implementieren wir im Viewcontroller die Methode *applicationWillEnterForeground* – nicht zu verwechseln mit der gleichnamigen Methode aus dem *UIApplicationDelegate* – und nehmen sie in die Schnittstelle der Klasse auf. Wenn noch kein Bild angezeigt wird und das Bild geladen wurde, weisen wir es dem *imageView* zu und verbergen das Label, das den ladenden Zustand anzeigt.

```
- (void) applicationWillEnterForeground {
    if (loadedImage != nil && imageView.image == nil) {
        loadingLabel.hidden = YES;
        imageView.image = loadedImage;
    }
}
```

Beispiel 22.4: *WorkshopAppDelegate.m – applicationWillEnterForeground*

Aus dem Anwendungs-Delegate wird *applicationWillEnterForeground* aus der bis auf den Parameter gleichnamigen Methode aufgerufen. Zusätzlich erweitern wir *applicationWillResignActive:* und *applicationDidEnterBackground:* noch um *NSLog*-Ausgaben, um den Vorgang auf der Konsole beobachten zu können. Die Methoden der *UIApplicationDelegate*-Implementierung sehen dann wie folgt aus:

```
- (void)applicationWillResignActive:(UIApplication *)application {
    NSLog(@"applicationWillResignActive");
}

- (void)applicationDidEnterBackground:(UIApplication *)application {
    NSLog(@"applicationDidEnterBackground");
}

- (void)applicationWillEnterForeground:(UIApplication *)application {
    NSLog(@"applicationWillEnterForeground");
    [viewController applicationWillEnterForeground];
}
```

Beispiel 22.4: *WorkshopAppDelegate.m* (weitere Delegate-Methoden)

In der Abbildung sehen Sie die Ausgaben des folgenden Ablaufs: Der Benutzer startet die Anwendung und damit automatisch den Download-Task. Danach wird die Anwendung durch ein Drücken der Home-Taste in den Hintergrund verschoben. Dabei wird die Anwendung erst inaktiv, um dann im Hintergrund weiterzulaufen. Sobald die Ausgabe *downloadDidFinishWithImage* erscheint, ist das Bild vollständig geladen. Sie sehen in der Log-Ausgabe anhand des Threadbezeichners

5f03 , dass das Laden des Bildes tatsächlich parallel in einem eigenen Thread ausgeführt wird.

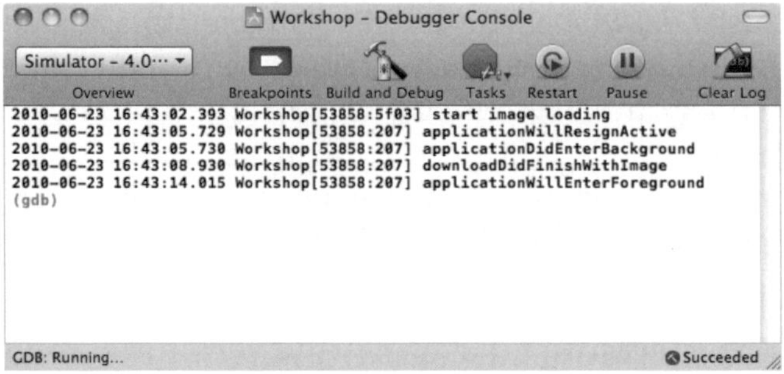

Der Ablauf des Ladens im Hintergrund lässt sich anhand der NSLog-Ausgaben verfolgen.

Ausführungszeit im Hintergrund

Auf den multitaskingfähigen Endgeräten scheint es momentan so zu sein, dass Anwendungen im Hintergrund maximal 600 Sekunden Zeit zugewiesen bekommen. Diese Zeit stellt allerdings eine ungefähre Zeitspanne dar und keinesfalls die zur Verfügung stehende Zeit am Prozessor. Das Betriebssystem weist diese Zeit aber letzten Endes aufgrund aller Systemgegebenheiten zu, weshalb man sich niemals auf feste Werte verlassen sollte. Werten Sie also bei Bedarf während eines länger andauernden Tasks die Eigenschaft *backgroundTimeRemaining* des *UIApplication*-Objekts aus und richten Sie den weiteren Ablauf danach aus. Solange die Anwendung im Vordergrund aktiv ist, zeigt *backgroundTimeRemaining* eine sehr große Zeitspanne an.

Falls Sie während des Hintergrundbetriebs eine Reihe von Aktionen nacheinander abarbeiten, kann es hilfreich sein, zwischen zwei Aktionen die verbleibende Zeit auszuwerten und gegebenenfalls abzubrechen, falls die Ausführungszeit zu gering erscheint. Dadurch gehen Sie proaktiv mit dem möglichen Ablauf der Zeit um und vergeuden keine unnötige Prozessorzeit für Tasks, die sowieso abgebrochen werden müssten.

23. Logging und Tracing

Eine einfache, aber nicht zu unterschätzende Art des Debuggings ist der Einsatz von geeigneten Log-Anweisungen. Wir haben im Verlauf der ersten Kapitel zum Beispiel schon regen Gebrauch von den Funktionen *printf* und *NSLog* gemacht. Das Thema Logging beinhaltet aber mehr, als nur die richtige Variante zur Ausgabe von Informationen zum Debuggen zu benutzen. Neben der einfachen Benutzbarkeit ist der Praxiseinsatz für Betatests im Feldeinsatz gefordert. Fehlermeldungen müssen schnell an die Entwicklung übertragen werden können, ohne von den Testpersonen Kenntnisse in der Softwareentwicklung abzuverlangen.

Wir werden in diesem Kapitel die einzelnen Varianten genauer besprechen und im Verlauf des Kapitels ein Logging-Framework erstellen, das auch für den Einsatz im Betatest geeignet ist.

Hinweis

Soweit es nicht anders angegeben ist, finden sich die Quelltexte in den folgenden Kapiteln in Beispiel 23.1 in der Datei *WorkshopViewController.m*. Der Übersichtlichkeit halber wird bei kleinen Codebeispielen auf die Referenzierung verzichtet.

23.1 Logging-Ausgaben auf der Kommandozeile

Wir wollen die beiden bisher bekannten Logging-Funktionen nun etwas genauer unter die Lupe nehmen. *printf* und *NSLog* geben beide die Daten erst einmal auf der Konsole aus. Erst auf den zweiten Blick ist ersichtlich, dass *printf* auf den Stream *stdout* und *NSLog* auf *stderr* schreibt. In einer Debugging-Umgebung mit dem Simulator oder dem am Rechner angeschlossenen Gerät werden beide Streams auf die Konsole umgeleitet und sind direkt sichtbar.

Die beiden Kommandos

- `printf("This is a printf output\n");`
- `NSLog(@"This is a NSLog output");`

enthalten zwar inhaltlich dieselben Informationen, unterscheiden sich in der Ausgabe jedoch stark. Die folgende Abbildung veranschaulicht das.

NSLog ist eine Funktion des Foundation-Frameworks, die im Gegensatz zu *printf* eine vorformatierte Ausgabe mit einem Zeitstempel und Informationen zum aktuellen Thread – das ist der Wert hinter dem Doppelpunkt – ausgibt. Sie enthält auch schon den Zeilenumbruch, nach jedem *NSLog* – rücken Sie also in der Ausgabedatei oder der Konsole eine Zeile weiter. Im Laufe des Kapitels werden Sie *NSLog* schnell als unverzichtbaren Helfer kennenlernen. Es wird Ihnen bei der Umsetzung und dem Debugging Ihrer Anwendung eine große Hilfe sein, sei es zur Überprüfung komplexer Abläufe oder bei der Fehlersuche.

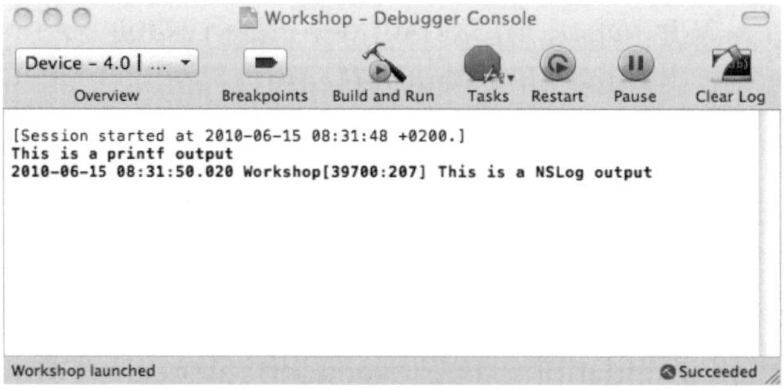

Vergleich der Ausgaben von printf und NSLog.

Im weiteren Verlauf konzentrieren wir uns auf *NSLog*, da es per se weitaus mehr Möglichkeiten bietet als zum Beispiel *printf*. Vieles lässt sich aber direkt oder mit etwas Erfahrung auch auf *printf* übertragen.

Ausgabe von Werten

Ein Blick in die Deklaration von *NSLog* verrät, dass sich damit mehr erreichen lässt, als einen String *@"Hello world"* auszugeben:

```
void NSLog (
    NSString *format,
    ...
);
```

Der in den Beispielen dieses Kapitels benutzte String ist eigentlich als Angabe eines Formats gedacht, der eine beliebige Anzahl Parameter als Werte folgen dürfen. Erst dadurch erhält die Funktion ihre volle Flexibilität. So können Sie beispielsweise einen Wert vom Typ *int* ausgeben:

```
int i = 42;
NSLog(@"int: %d", i);
```

Die Ausgabe ist dann entsprechend:

```
2010-06-15 10:31:11.796 Workshop[14991:207] int: 42
```

Dadurch lassen sich auch komplexe Formate mit mehreren Formatdefinitionen erstellen. Die Reihenfolge der Parameter nach dem Format muss dann exakt den Formatoptionen im Formatstring entsprechen.

Zur Formatdefinition sind die String Format Specifier – also Formatoptionen wie *%d* – der Stringmethoden wie *stringWithFormat:* erlaubt. Die wichtigste Besonderheit gegenüber *printf* ist die Option *%@*. Sie erlaubt die Ausgabe eines beliebigen Objekttyps. Dabei wird die Ausgabe durch die Nachricht *description* an das Objekt in einen *NSString* umgewandelt. Sie können so direkt Strings und andere Objekte ausgeben:

```
NSString *string = @"Hello world";
NSDate *date = [NSDate date];
NSArray *array = [NSArray arrayWithObjects:@"1", @"2", nil];
NSObject *object = [[[NSObject alloc] init] autorelease];
NSLog(@"%@", string);
NSLog(@"%@", date);
NSLog(@"%@", array);
NSLog(@"%@", object);
```

An der Ausgabe sehen Sie, dass der Informationsgehalt davon abhängt, ob die Klassen selbst die Methode *description* überschreiben und ihr wie im Fall von *NSDate* und *NSArray* sinnvolle Implementierungen spendieren. Wird in einer abgeleiteten Klasse die Methode nicht explizit überschrieben, erbt sie diese von der Basisklasse und letzten Endes von *NSObject*. In der Basisimplementierung von *description* in *NSObject* werden der Name der Klasse des Objekts und die aktuelle Speicherstelle in spitzen Klammern ausgegeben:

```
2010-06-15 10:43:22.432 Workshop[15162:207] Hello world
2010-06-15 10:43:22.433 Workshop[15162:207] 2010-06-15 10:43:22 +0200
2010-06-15 10:43:22.434 Workshop[15162:207] (
    1,
    2
)
2010-06-15 10:43:22.434 Workshop[15162:207] <NSObject: 0xf0c380>
```

Der folgenden Tabelle entnehmen Sie die wichtigsten Formatoptionen und einige Beispiele für die Ausgabe:

Format	Beschreibung	Beispiel	Ausgabe
%@	Objekt als String	*NSLog(@"%@", @"Hello");*	*Hello*
%d, %i	*int*	*NSLog(@"%d", 42);*	*42*
%u	*unsigned int*	*NSLog(@"%u", -42);*	*4294967254*
%x, %X	*int* hexadezimal	*NSLog(@"%x %X", 15, 15);*	*f F*
%o	*int* oktal	*NSLog(@"%o", 255);*	*377*
%f	*double*	*NSLog(@"%f", 1.25);*	*1.250000*
%e	*double* mit Exponent	*NSLog(@"%e", 1.25e10);*	*1.250000e+10*
%c	*char* als Zeichen	*NSLog(@"%c", 65);*	*A*
%C	*unichar*-Zeichen	*NSLog(@"%C", 63743);*	*Apfelzeichen*
%s	C-String als Zeichenkette	*NSLog(@"%s", "Hello");*	*Hello*
%S	C-String als Zeichenkette (unichar)	*NSLog(@"%S", "Hello");*	*Hello*

Konvention in diesem Buch

Als Konvention werden wir im weiteren Verlauf des Buches oftmals die Ausgabe ohne das Datum und die weiteren zusätzlichen Informationen von *NSLog* anzeigen, wenn diese nichts zum Verständnis beitragen. In diesen Fällen werden dann nur die Nutzdaten dargestellt.

Konsolenausgaben von Geräten anzeigen

Wenn Ihre Anwendung direkt ohne Verbindung zu Xcode auf einem Endgerät läuft, dann wird der Stream *stderr* in eine Datei umgelenkt, die Sie über den Organizer von Xcode auslesen können. Das ermöglicht es Ihnen, Ihre Anwendung auch im Feld zu testen und später gegebenenfalls die Ausgaben zu betrachten. Allerdings erscheinen dort alle Ausgaben aller Anwendungen des Gerätes, was die Auswertung erschwert bzw. eine Filterung nötig macht. Um an die Ausgaben auf der Konsole heranzukommen, müssen Sie folgende Schritte durchführen:

1. Schließen Sie das Gerät per USB an einen Rechner mit Xcode-Installation an und starten Sie Xcode.
2. Klicken Sie im Menü von Xcode auf *Window/Organizer* oder benutzen Sie die Tastenkombination ctrl+cmd+O.
3. Im Organizer klicken Sie links auf das aktive Gerät – gekennzeichnet durch einen grünen Punkt – und öffnen das Register *Console*.

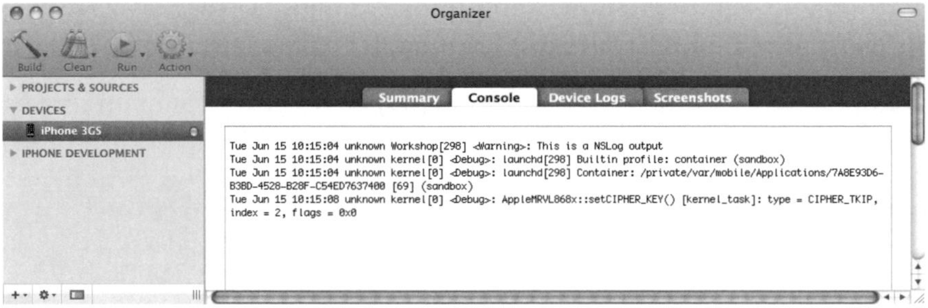

4. Sie können jetzt entweder direkt die Konsole auswerten oder über den Button *Save Console As* den Inhalt in eine Datei zur späteren Verarbeitung speichern.

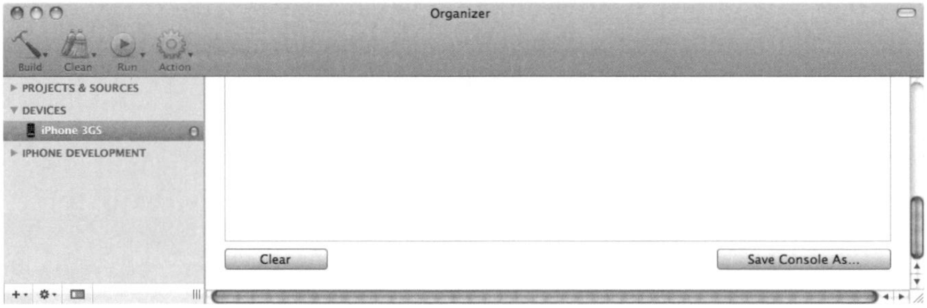

Diese schnelle Methode der Auswertung ist vor allem für den Entwickler bei Feldtests interessant. Man spart sich dadurch Änderungen am Quelltext – oder komplexere Logging-Strukturen aufzubauen – und hat die Möglichkeit, die Ausgaben eines realen Einsatzes nachzuvollziehen.

Xcode neu starten

Sollte die Konsole Ihres Gerätes eingefroren erscheinen bzw. neue Inhalte nicht darstellen, hilft in diesem Fall nur ein Neustart von Xcode. Das ist ein häufig auftretender Fehler, der leider auch in der zur Drucklegung verfügbaren Version 3.2.3 von Xcode noch enthalten ist.

23.2 Eigene Logging-Makros erstellen

Die Ausgaben von *NSLog* enthalten schon viele wertvolle Informationen wie Datum und Uhrzeit in einem Zeitstempel, Informationen zur Identifikation des Projekts und einen Hinweis zum ausführenden Thread. Gerade in komplexen Situationen oder bei einem Fehlverhalten der Anwendung sind weitere Informationen vonnöten: Zumindest der Name der aktuellen Funktion, noch besser die Zeilennummer wären hier wünschenswert.

Wir wollen ein Makro entwerfen, das noch hochwertigere Informationen zur Laufzeit ausgibt, dabei aber auf den Ausgaben von *NSLog* aufbaut. Das System definiert einige Makros für diesen Zweck. Die folgende Tabelle listet diese Makros auf und erklärt ihre Bedeutung:

Makro	Beschreibung
__FUNCTION__	Enthält den Namen der aktuellen Funktion oder Methode als C-String. Bei Methoden werden die benannten Parameter sowie die Klasse und ein + für Klassenmethoden bzw. – für Methoden vorangestellt. Ein Beispiel: *-[WorkshopViewController viewDidAppear:]*
__PRETTY_FUNCTION__	In Objective-C definiert wie *__FUNCTION__*
__LINE__	Gibt die aktuelle Zeile im Quelltext als Integerkonstante an.
__FILE__	Stellt den kompletten Pfad zur aktuellen Quelldatei als C-String dar.
__DATE__	Gibt das aktuelle Datum als C-String an. Dieser ist immer exakt elf Zeichen lang und wird bei einstelligen Tagen im Monat entsprechend mit einem Leerzeichen ausgerichtet. Ein Beispiel: *Jun 15 2010*
__TIME__	Enthält die aktuelle Uhrzeit in Stunden, Minuten und Sekunden. Ein Beispiel: 14:55:30

Mit den Makros lässt sich nun sehr einfach ein eigenes Logging-Makro umsetzen. Dazu werden wir uns im Wesentlichen der Funktion *NSLog* bedienen, die wir um zusätzliche Daten erweitern. Das Ganze muss als Makro oder Inline-Funktion implementiert werden, damit zur Kompilation die Ausgaben direkt an der entsprechenden Position im Quelltext stehen. Ansonsten wären die positionsrelevanten Inhalte wie Funktion, Datei und Zeilennummer nicht korrekt. Die folgende Deklaration genügt den Ansprüchen:

```
#define LOG(...) NSLog(@"%s (%d) - %@", __PRETTY_FUNCTION__, \
      __LINE__, [NSString stringWithFormat:__VA_ARGS__])
```

LOG wird als Makro mit einer variablen Argumentenliste – angegeben durch die drei Punkte – definiert. Die Argumente werden der Funktion *NSLog* als *__VA_ARGS__* übergeben und expandieren dort in der Methode *stringWithFormat:* zu einem formatierten String. Da *__VA_ARGS__* wiederum aus einer Formatdefinition mit beliebigen Parametern bestehen kann, erlaubt es Ihnen, folgende Aufrufe umzusetzen:

```
LOG(@"Hello world");
LOG(@"The current date is: %@", [NSDate date]);
LOG(@"The answer is: %d", 42);
```

Wir haben uns also die komplette Funktionalität von *NSLog* bewahrt und die Ausgabe noch um den aktuellen Funktions- bzw. Methodennamen und die Zeilennummer in Klammern dahinter erweitert:

```
2010-06-15 15:11:54.022 Workshop[17121:207] -[WorkshopViewController
viewDidAppear:] (57) - Hello world
2010-06-15 15:11:54.022 Workshop[17121:207] -[WorkshopViewController
viewDidAppear:] (58) - The current date is: 2010-06-15 15:11:54 +0200
2010-06-15 15:11:54.023 Workshop[17121:207] -[WorkshopViewController
viewDidAppear:] (59) - The answer is: 42
```

Nach diesem Vorbild können Sie an Ihre individuellen Bedürfnisse angepasste Makros entwerfen. In Kapitel 23.4 werden wir das Thema in einem Workshop vertiefen.

23.3 Log-Ausgaben in Dateien schreiben

Wie Sie Zugriff auf Logging-Ausgaben auf *stderr* auslesen, ohne während der Programmausführung mit der Debugging-Konsole von Xcode verbunden zu sein, haben wir in den letzten Kapiteln schon gesehen. Allerdings hatte diese Methode auch einige Nachteile. Hauptsächlich der Umfang des System-Loggings verwässert oft die eigenen Ausgaben. Dann wird es schwierig bis unmöglich, die einzelnen Abläufe direkt abzulesen. Anstatt aber einen Filter über die Dateien laufen zu lassen, wollen wir uns eine andere Alternative ansehen: die Ausgaben in einer Datei innerhalb der Anwendung zu konsolidieren. Das hat den Vorteil, dass diese Daten langfristig gespeichert werden können und zu einer beliebigen Zeit, auch nach mehreren Starts, abrufbar sind.

Ausgaben auf stderr umleiten

Wir wollen die bisherigen Ausgaben auf *stderr* in eine Datei umleiten. Dadurch erspart man sich nachträgliche Änderungen am bestehenden Logging-System und kann es jederzeit an- oder abschalten. Natürlich wäre eine eigene Logging-Funktion, die entweder auf die Konsole oder in die Datei schreibt, eine gute Idee, aus vorgenannten Gründen werden wir auf diese aber nicht näher eingehen und stattdessen weiter auf *NSLog* aufsetzen.

Wegen des Sandbox-Prinzips können wir nur auf Verzeichnisse und Dateien innerhalb der Anwendung zugreifen. Wir werden deshalb eine Datei im *Documents*-Verzeichnis als Ziel für die Log-Ausgaben definieren. Danach leiten wir den Stream *stderr* in diese Datei um. Das Ganze packen wir in eine Klassenmethode, die zum Beispiel in der *UIApplicationDelegate* untergebracht wird. Dadurch können wir beim Start der Anwendung entscheiden, ob die Umleitung aktiviert wird.

```
+ (void) redirectLogToFile {
    NSArray *paths =
        NSSearchPathForDirectoriesInDomains(NSDocumentDirectory,
        NSUserDomainMask, YES);
    NSString *documentsDirectory = [paths objectAtIndex:0];

    NSString *logFilePath =
        [documentsDirectory
         stringByAppendingPathComponent:@"logging.txt"];

    freopen([logFilePath cStringUsingEncoding:NSASCIIStringEncoding],
            "a+", stderr);
}
```

Beispiel 23.1: *WorkshopAppDelegate.m – redirectLogToFile*

Die Funktion *NSSearchPathForDirectoriesInDomains* liefert ein Array von Pfaden zu den angegebenen Suchkriterien zurück. Das *Documents*-Verzeichnis in der Benutzerdomäne ist eindeutig, weshalb wir es einfach über *[paths objectAtIndex:0]* referenzieren können. Daraus erstellen wir durch Aufruf von *stringByAppendingPathComponent:* mit dem Dateinamen *logging.txt* den kompletten Pfad zur Ausgabedatei.

Die C-Funktion *freopen* leitet dann letztendlich den Stream *stderr* in die Datei um. Die Option *a+* erlaubt das Schreiben der Datei und stellt sicher, dass alle Ausgaben an das Ende der Datei angehängt werden. Falls die Datei nicht existiert, wird sie angelegt.

Wenn Sie die Methode wie besprochen im Anwendungs-Delegate implementieren, können Sie nun in der Methode *applicationDidFinishLaunching:* den folgenden Aufruf platzieren und damit das Logging in die Datei umleiten:

```
[WorkshopAppDelegate redirectLogToFile];
```

Zugriff auf die Logging-Datei

Sie werden sich nun fragen, wie Sie an die Datei *logging.txt* auf Ihrem Gerät herankommen. Sofern Sie die Anwendung als Entwickler mit Ihrem Entwicklungsprofil auf das Gerät installiert haben, ist es über den Organizer von Xcode sehr einfach. Sie müssen dazu nur die folgenden Schritte durchführen:

1. Schließen Sie das Gerät per USB an einen Rechner mit Xcode-Installation an und starten Sie Xcode.
2. Klicken Sie im Menü von Xcode auf *Window/Organizer* oder benutzen Sie die Tastenkombination ctrl+cmd+O.
3. Im Organizer klicken Sie links auf das aktive Gerät (durch einen grünen Punkt gekennzeichnet) und bleiben auf dem Register *Summary*. Dort suchen Sie im rechten Fenster unter *Applications* Ihre Anwendung und klicken in *Application Data* rechts auf den Pfeil nach unten.

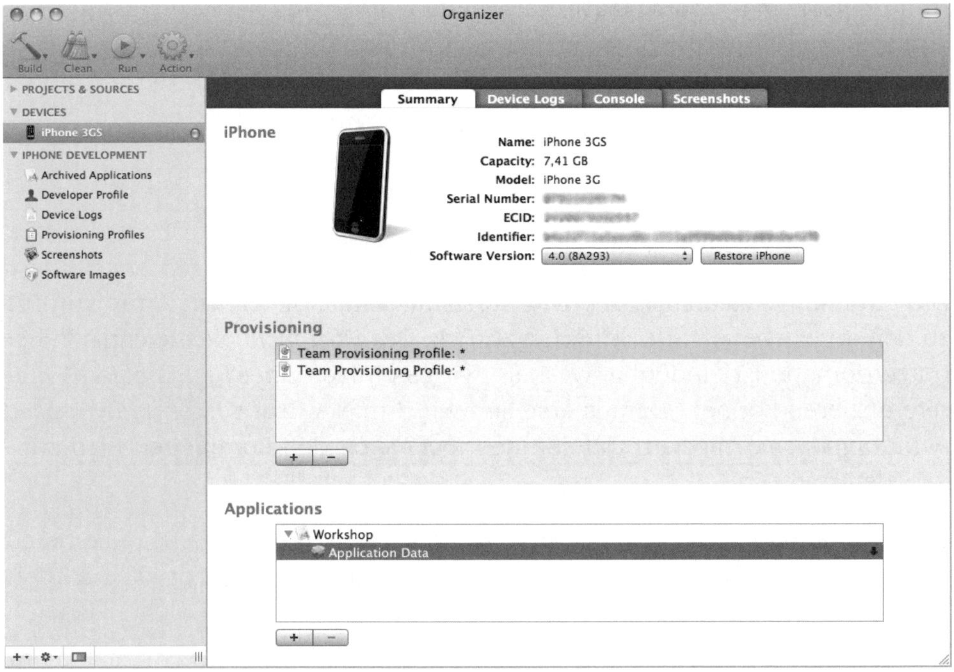

4. Das öffnet einen Dateibrowser. Dort bestimmen Sie den Pfad, an dem die Daten abgelegt werden sollen. Ändern Sie den Namen nicht. Dieser enthält den Bundle Identifier der Anwendung und einen Zeitstempel.

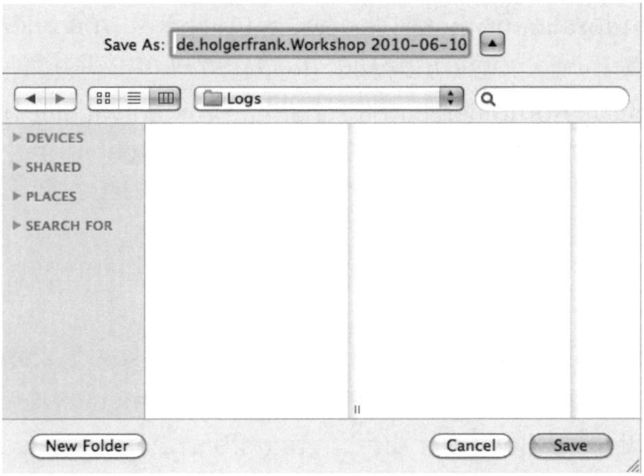

5 Öffnen Sie ein *Finder*-Fenster und gehen Sie zu dem Verzeichnis aus dem vorigen Schritt. Dort finden Sie einen Verzeichnisbaum (mit dem *Documents*-Verzeichnis der Anwendung), in dem die Datei *logging.txt* liegt. Sie können jetzt die Datei in einer Anwendung Ihrer Wahl öffnen und die Logging-Ausgaben analysieren.

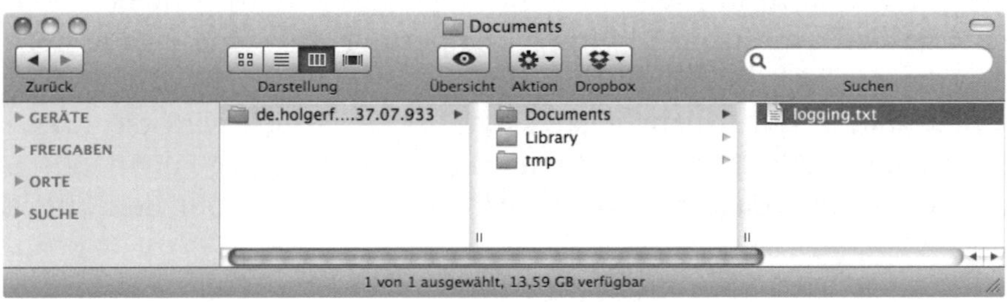

Mit wenigen Schritten haben Sie Zugriff auf die Log-Datei. Der beschriebene Mechanismus ist für Entwicklungstests ein unverzichtbares Instrument und ermöglicht ausgiebige Feldtests mit nachgeschalteten Analysen.

23.4 Workshop: Erweiterte Logging-Funktionalität mit Dateiausgabe

In diesem Abschnitt werden wir in einem Workshop ein komplettes Logging-Framework erstellen, das auch während Betatests oder sogar beim Endkunden kontrollierten Zugriff auf das Logging der Anwendung erlaubt. Das Logging-Framework soll folgende Funktionen erfüllen:

- Feingranulares Logging: Durch unterschiedliche Stufen soll zwischen Logging-Ausgaben für das Debugging, notwendigen Informationen im Livebetrieb, Warnungen und Fehlern unterschieden werden können. Die Struktur soll hierarchisch aufgebaut sein: *DEBUG* > *INFO* > *WARN* > *ERROR*. Wird eine Wichtigkeitsstufe eingestellt, umfassen die Ausgaben die Stufe selbst und alle von ihr rechts stehenden Stufen.

- Logging-Anweisungen nur zur Kompilierzeit einschaltbar: Als Entwickler brauchen Sie letztendlich spätestens bei der Kompilierung die Entscheidung, wie viele Ausgaben Ihre Anwendung macht. Der dauernde Dateizugriff beim Schreiben von Logs kann durchaus schnell ein Nadelöhr werden und die Performance der Anwendung vor allem in Schleifen oder oft durchlaufenen Methoden negativ beeinflussen.
- Logging in Datei oder auf Konsole: Die Ausgabe auf die Konsole sollte der Standard sein. Die Dateiausgabe sollte bei Bedarf aktiviert werden können.
- Log-Datei und Einstellungen für Betatests direkt zugreifbar: Betatester sollen durch eine einfache grafische Benutzeroberfläche Zugriff auf die Logging-Funktionalität erhalten. Sie sollen bei Bedarf die aktuelle Logging-Datei an den Entwickler oder den Support senden können.

Entwicklung einer Logging-Klasse

Die Logging-Klasse wird im Header die notwendigen Makros definieren und die Wichtigkeitsstufen umsetzen. Die Implementierung wird eine eigene Logging-Funktion erhalten, weil eine direkte Umsetzung als Makro mit *NSLog* wie in den vorigen Abschnitten nicht mehr ausreichend ist. Zusätzlich wird die Klasse die Darstellung eines *UIAlertView* als Schnittstelle zu den Logging-Funktionen übernehmen und auf die entsprechenden Eingaben reagieren. Der Benutzer kann damit

- die Log-Datei per E-Mail versenden,
- das Logging temporär ab- und wieder anschalten,
- die Log-Datei löschen,
- das Logging in die Log-Datei starten.

Der übliche Ausgangspunkt des Workshops ist die Standardprojektvorlage aus dem Beispielverzeichnis *Templates*. Damit Sie direkt mit der Entwicklung loslegen können, sollten Sie Ihrem Projekt eine neue Klasse Logging inklusive des Headers hinzufügen und das *MessageUI*-Framework einbinden. Das geht wie folgt:

1. Klicken Sie mit der rechten Maustaste im Bereich *Groups & Files* auf den Ordner *Classes* und wählen Sie *Add/New File*.
2. Aktivieren Sie die Option *Objective-C class* und stellen Sie sicher, dass *NSObject* unter *Subclass of* eingestellt ist. Klicken Sie dann auf *Next*.

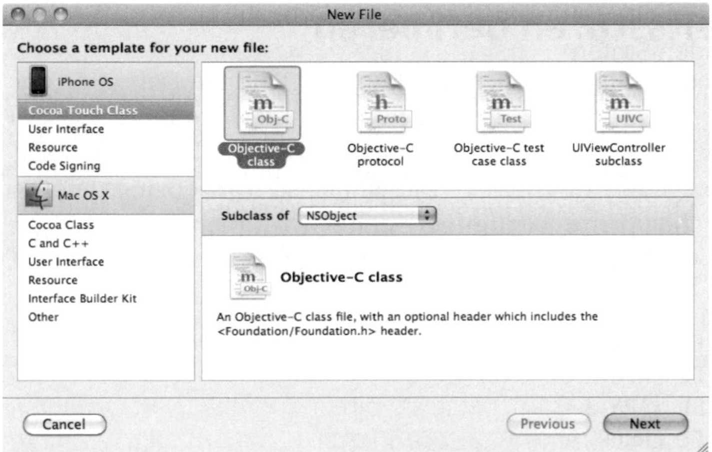

3 Vergeben Sie *Logging* als Namen der neuen Klasse. Achten Sie darauf, dass Sie das Häkchen bei *Also create "Logging.h"* gesetzt haben, und klicken Sie auf *Finish*, um die Dateien für die neue Klasse zu erzeugen.

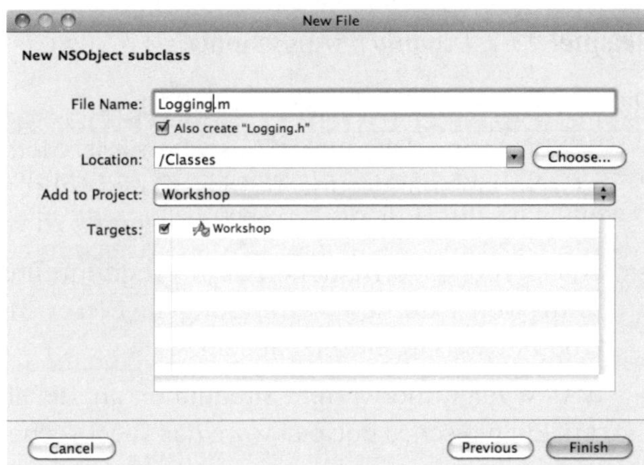

4 Jetzt fügen wir dem Projekt noch das *MessageUI*-Framework hinzu. Dazu klicken Sie mit der rechten Maustaste im Bereich *Groups & Files* auf den Ordner *Frameworks* und wählen *Add/Existing Frameworks*.

5 Selektieren Sie das Framework *MessageUI* und klicken Sie auf *Add*.

6 Ergänzen Sie noch die Deklaration der Header-Datei in *Logging.h* um: *#import <MessageUI/MessageUI.h>*

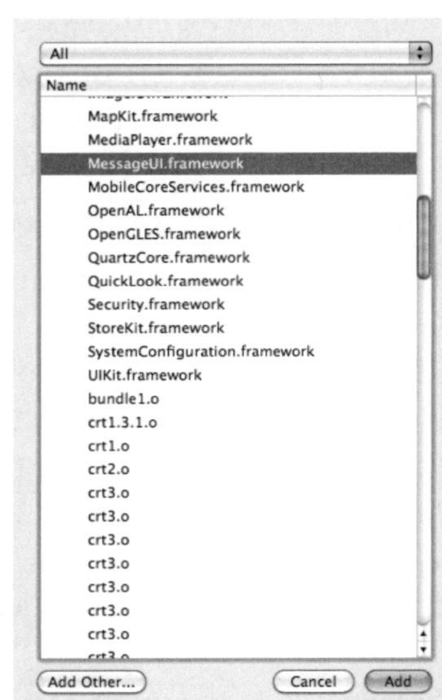

Die Wichtigkeitsstufen definieren

Bevor wir an die Umsetzung der neuen Log-Funktion und die Definition der einzelnen Makros gehen, werden wir die Wichtigkeitsstufen definieren. Dabei soll eine Hierarchie entstehen, um mit einer festgesetzten Stufe automatisch alle dringlicheren Log-Ausgaben zu erfassen. Die einfachste Umsetzung dafür ist die Einführung numerischer Werte, beginnend bei der 1 für die niedrigste Stufe mit den meisten Ausgaben. Wir definieren dafür die folgenden Makros in der Datei *Logging.h*:

```
#define LOG_LEVEL_DEBUG 1
#define LOG_LEVEL_INFO 2
#define LOG_LEVEL_WARN 3
#define LOG_LEVEL_ERROR 4
#define LOG_LEVEL_NONE 5
```

Beispiel 23.2: *Logging.h* (Ausschnitt)

Die Bedeutung der Wichtigkeitsstufen ist:

- *DEBUG*: reine Debugging-Ausgaben wie Methodenaufrufe, Parameterwerte oder Variablenänderungen. Dieser Level führt normalerweise zu einer Flut an Daten und ist deshalb im Produktiveinsatz zu vermeiden.
- *INFO*: grobe Informationen zum Programmfluss wie Start, Stopp, Ende oder Status von externen Verbindungen. Dieser Modus sollte oft schon für den Produktiveinsatz einsetzbar sein.
- *WARN*: zeigt unerwartete Situationen an, die aber nicht zu Ablauffehlern führen. Ein typisches Beispiel wäre das Wegbrechen einer Internetverbindung.
- *ERROR*: signalisiert Fehler und unerwartetes Verhalten der Anwendung bis hin zu Abbrüchen oder Crashs.
- *NONE*: deaktiviert das Logging komplett. Diese Variante sollte nur im Notfall eingesetzt werden, weil sie jegliche Ausgabe unterdrückt und dadurch kein Logging-Code in die Anwendung kompiliert wird.

Aus diesen Stufen können Sie die für die aktuelle Situation am besten geeignete auswählen. Aufgrund des unterschiedlichen Einsatzes und der unterschiedlichen Performance von Endgerät und Simulator ist es an dieser Stelle sinnvoll, die für die Kompilierung verwendete Stufe unterschiedlich zu definieren. Deshalb wird der *LOG_LEVEL* wie folgt festgelegt:

```
#if TARGET_IPHONE_SIMULATOR
    #define LOG_LEVEL LOG_LEVEL_DEBUG
#else
    #define LOG_LEVEL LOG_LEVEL_INFO
#endif
```

Beispiel 23.2: *Logging.h* (Ausschnitt)

Dadurch vermeiden wir, eine fälschlicherweise gesetzte Stufe auf dem Gerät an Betatester oder für den Produktivbetrieb auszuliefern.

Alternativ können Sie das Setzen des *LOG_LEVEL* auch an die Build-Konfiguration koppeln. Dann würde obige Definition wegfallen. Wenn die Konfiguration auf *DEBUG* steht, können Sie so den *LOG_LEVEL* beispielsweise auf 1 – entspricht *DEBUG* – setzen, für alle Release-Builds auf 2, was *INFO* entspräche. Um das zu erreichen, können Sie wie folgt vorgehen:

1. Klicken Sie mit der rechten Maustaste im Bereich *Groups & Files* ganz oben auf den Projektnamen und wählen Sie *Get Info*.
2. Aktivieren Sie das zweite Register *Build* und stellen Sie die gewünschte Konfiguration *Debug* im Drop-down-Menü *Configuration* ein. Im Suchfeld geben Sie *prepr* ein, um die Auswahl der Einstellungen auf die Präprozessoreinstellungen einzugrenzen.

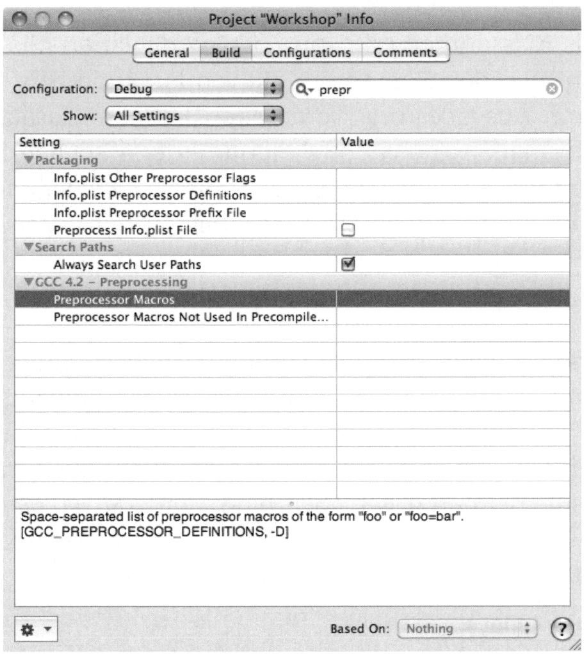

3. Mit einem Doppelklick auf *Preprocessor Macros* öffnen Sie die Konfigurationsansicht der Präprozessormakros. Klicken Sie auf das Plussymbol, fügen Sie als neuen Eintrag *LOG_LEVEL=1* hinzu und wählen Sie *OK*.

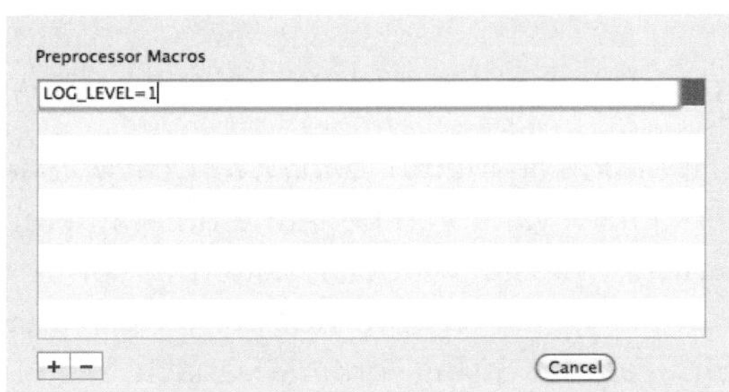

4 Wiederholen Sie die Schritte 2 und 3 für die Build-Konfiguration *Release* und setzen Sie dort *LOG_LEVEL=2* ein.

5 Für *Debug* und *Release* werden jetzt gesonderte *LOG_LEVEL* benutzt.

Wichtigkeitsstufen

Die Definition der Wichtigkeitsstufen orientiert sich stark an bestehenden Logging-Frameworks (wie zum Beispiel log4j). Allerdings zeigt der Praxiseinsatz von Anwendungen für das iPhone oder iPad, dass mit weniger Stufen mehr Struktur und Übersichtlichkeit in den Quelltext und die Log-Ausgabe kommen. Im Gegensatz zu diesen Frameworks wird aufgrund der sehr limitierten Systemressourcen auch keine dynamische Umschaltung der Stufe zur Laufzeit möglich sein, sondern zur Kompilierung wird eine für den Anwendungsfall (wie Betatest oder Produktivbetrieb) optimierte Stufe festgelegt.

Eine neue Log-Methode erstellen

Die neue Log-Methode wird als Klassenmethode von Logging deklariert. Sie soll wie bisher schon die Zeilennummer, den Namen der aktiven Funktion bzw. Methode sowie den formatierbaren Ausgabestring verarbeiten können. Zusätzlich soll die Ausgabe noch eine Information zur Wichtigkeitsstufe der aktuellen Log-Anweisung vorangestellt bekommen. Mit einer statischen Variable *loggingEnabled* kann das Logging temporär unterbunden werden. Diese wird in der Datei *Logging.m* wie folgt definiert:

```
static BOOL loggingEnabled = YES;
```

Wir setzen *loggingEnabled* standardmäßig auf *YES*, damit die Unterbrechung des eingestellten Log-Verhaltens nur temporär wirkt. Ein Neustart der Anwendung setzt dann automatisch wieder das eingestellte Logging in Gang. So können auch performancekritische Tests gefahren werden, ohne eine neue Binärdatei erzeugen zu müssen. Außerdem implementieren wir noch eine Methode *setLoggingEnabled:*, mit der das Logging ein- und ausgeschaltet werden kann. Das erlaubt das programmatische Ausschalten des Loggings an kritischen Stellen:

```
- (void) setLoggingEnabled:(BOOL) enabled {
    loggingEnabled = enabled;
}
```

Beispiel 23.2: *Logging.m – setLoggingEnabled:*

Die neue Log-Methode *logWithDebugMode:* enthält neben den Standardparametern einen variablen benannten Parameter. *string* ist eine *nil*-terminierte Parameterliste, wie sie bei der Erzeugung von Arrays in der Methode *arrayWithObjects:* vorkommt. Dabei wird nur der jeweils erste der Parameter angegeben – in unserem Fall der String *format*. Danach folgen die drei Punkte stellvertretend für die beliebige Anzahl an Argumenten. Die Parameterliste hat einen eigenen Typ *va_list*

(Zeile 7). Mit dem Makro *va_start* wird die Liste initialisiert und mit *va_end* die Benutzung beendet (Zeile 12). Wir nehmen diese Liste als zweiten Parameter von *initWithFormat:arguments:* und erzeugen daraus den formatierten String (Zeile 11).

```
1  + (void) logWithDebugMode:(int) debugMode line:(int) line
2      function:(const char*) function string:(NSString*) format, ... {
3  
4      // if logging is disabled return
5      if (!loggingEnabled) return;
6  
7      va_list arguments;
8  
9      va_start (arguments, format);
10     NSString *formattedString = [[[NSString alloc]
11         initWithFormat:format
12         arguments:arguments] autorelease];
13     va_end(arguments);
14 
15     NSString *debugModeString = nil;
16 
17     switch (debugMode) {
18         case LOG_LEVEL_DEBUG:
19             debugModeString = @"DEBUG";
20             break;
21         case LOG_LEVEL_INFO:
22             debugModeString = @"INFO";
23             break;
24         case LOG_LEVEL_WARN:
25             debugModeString = @"WARN";
26             break;
27         case LOG_LEVEL_ERROR:
28             debugModeString = @"ERROR";
29             break;
30     }
31     NSLog(@"%@ %s (%d) - %@", debugModeString, function, line,
32         formattedString);
33 }
```

Beispiel 23.2: *Logging.m – logWithDebugMode:line:*

Der restliche Code der Methode erstellt noch aus der angegebenen Wichtigkeitsstufe, der Zeilennummer und dem aktuellen Methodennamen die Ausgabe über *NSLog*.

Ausgabefunktion wählen

Wenn Ihnen die Ausgaben von *NSLog* zu umfangreich sind, können Sie das in dieser Methode einfach anpassen und eine andere Ausgabefunktion Ihrer Wahl einsetzen.

Makros für das Logging

Für die vier Wichtigkeitsstufen wird jeweils ein eigenes Makro definiert. Dabei wird das Makro nur dann mit der Log-Funktion belegt, wenn die entsprechende Stufe es anzeigt. Andernfalls wird das Makro leer gesetzt. Dadurch fallen Codezeilen, die dieses Makro benutzen, bei der Kompilierung heraus und erzeugen keine Performanceverluste. Nur die tatsächlich genutzten Log-Makros werden auch in den Code generiert. Das war eines der erklärten Ziele unserer Logging-Funktionalität – die komplette Kontrolle über die Logging-Kommandos zur Kompilierzeit. Für die *DEBUG*-Stufe ergibt sich damit:

```
#if LOG_LEVEL <= LOG_LEVEL_DEBUG
  #define LOGDEBUG(args...) [Logging logWithDebugMode:LOG_LEVEL_DEBUG \
      line:__LINE__ function:__PRETTY_FUNCTION__ string:args]
#else
  #define LOGDEBUG(...)
#endif
```

Die erste *#if*-Präprozessoranweisung prüft die aktuelle Stufe gegen die Stufe für die zu definierende Log-Anweisung. Ist der Ausdruck wahr, wird das Makro *LOGDEBUG* als Methodenaufruf der Klassenmethode *logWithDebugMode:* definiert. Die variable Argumentliste *args* wird als letzter Parameter übergeben.

Auf die gleiche Weise lassen sich die restlichen drei Stufen umsetzen. Die vierte – *LOG_LEVEL_NONE* – erzeugt schließlich keinerlei Ausgaben und hat auch kein entsprechendes Makro:

```
#if LOG_LEVEL <= LOG_LEVEL_INFO
  #define LOGINFO(args...) [Logging logWithDebugMode:LOG_LEVEL_INFO \
      line:__LINE__ function:__PRETTY_FUNCTION__ string:args]
#else
  #define LOGINFO(...)
#endif

#if LOG_LEVEL <= LOG_LEVEL_WARN
  #define LOGWARN(args...) [Logging logWithDebugMode:LOG_LEVEL_WARN \
      line:__LINE__ function:__PRETTY_FUNCTION__ string:args]
#else
  #define LOGWARN(...)
#endif

#if LOG_LEVEL <= LOG_LEVEL_ERROR
  #define LOGERROR(args...) [Logging logWithDebugMode:LOG_LEVEL_ERROR \
      line:__LINE__ function:__PRETTY_FUNCTION__ string:args]
#else
  #define LOGERROR(...)
#endif
```

Beispiel 23.2: *Logging.h* (Ausschnitt)

Nach diesen Vorarbeiten können wir nun erstmals unsere Logging-Funktionalität in Aktion sehen. Der Aufruf von

- `LOGDEBUG(@"This is a LOGDEBUG output!");`

in der Methode *viewDidAppear:* des Workshops erzeugt auf der Kommandozeile die Ausgabe, wie sie in der Abbildung unten im Vergleich zu den beiden anderen Varianten mit *printf* und *NSLog* dargestellt ist.

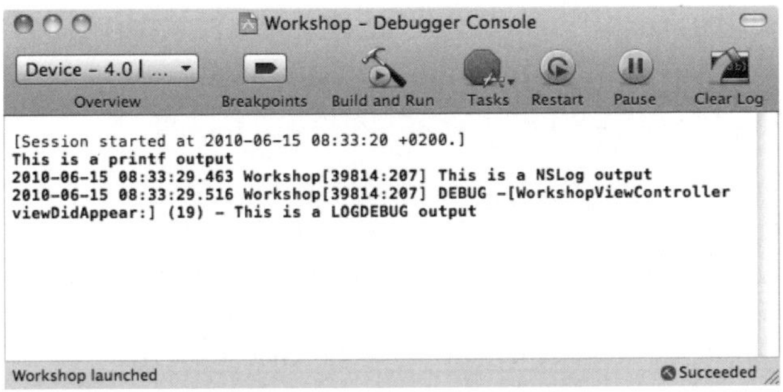

Vergleich der Ausgaben von printf, NSLog und LOGDEBUG.

Nach den üblichen Daten, die *NSLog* selbst erzeugt, startet der von uns definierte Teil mit der Wichtigkeitsstufe *DEBUG* und den weiteren Informationen. Die Nutzinformation erscheint nach dem zweiten Bindestrich.

Logging-Klasse als Singleton

Die Klasse Logging wird als Singleton implementiert. Es wird also genau eine Instanz der Klasse geben, die über eine Klassenmethode zurückgegeben wird. Dieses Entwurfsmuster ist für Objekte, die an externe Ressourcen wie Dateien oder Datenbanken anbinden, sehr gut geeignet.

Die Singleton-Instanz wird als statische Variable verwaltet. Über die Klassenmethode *sharedLogging* kann man sich die Instanz jederzeit holen. Diese übernimmt auch beim ersten Aufruf die Erzeugung des Objekts. Die statische Variable wird wie folgt in der Datei *Logging.m* deklariert:

- `static Logging *theLogging = nil;`

Die Sicherstellung nur einer Instanz ist in Objective-C etwas umständlicher zu lösen. In anderen Programmiersprachen würde einfach der Konstruktor als privat erklärt und somit jegliche Erzeugung von Objekten unterbunden.

Das Prinzip ist hier dasselbe, nur greifen wir in den Erzeugungsprozess ein. Die Klassenmethode *allocWithZone:* ruft ebenfalls die Singleton-Methode *sharedLogging* auf und liefert die Singleton-Instanz zurück. Damit keine Endlosschleife bei der Belegung des Speichers entsteht, wird die Instanz selbst über die Basisklasse *super* angelegt:

```
+ (Logging*) sharedLogging {
    if (theLogging == nil) {
        theLogging = [[super allocWithZone:NULL] init];
    }

    return theLogging;
}
+ (id)allocWithZone:(NSZone *)zone {
    return [self sharedLogging];
}
```

Beispiel 23.2: *Logging.m – sharedLogging* und *allocWithZone:*

Singleton-Pattern

Um das Singleton-Pattern weiter abzusichern, müssten noch die Methoden *copyWithZone:*, *release*, *retain*, *retainCount* und *autorelease* überschrieben werden. Ansonsten kann über eine Kopie eine neue Instanz erstellt bzw. durch ein fälschliches *release* die Singleton-Instanz vorzeitig freigegeben werden. Auf diesen Aufwand wollen wir hier allerdings verzichten.

Datei-Logging-Funktionalität

In der Klasse Logging implementieren wir die Methode *redirectLogToFile*. Diese leitet wie im vorigen Kapitel beschrieben das Logging in eine Datei um. Zur Vereinfachung des Dateihandlings entstehen noch drei weitere Nachrichten, die nicht in die Schnittstelle der Klasse kommen, also privat bleiben:

- *getLogFilePath*: kapselt die Erzeugung des Pfades zur Log-Datei. Der Dateiname wird dabei über die Präprozessorkonstante *LOG_FILENAME* in der Datei *Logging.h* festgelegt.
- *isLogFileAvailable*: ermittelt, ob die Log-Datei im Dateisystem existiert. Dazu bedient sie sich der Methode *fileExistsAtPath:* von *NSFileManager*. Abhängig von der Existenz der Datei werden wir später unterschiedliche Abläufe realisieren.
- *deleteLogFile*: löscht die Log-Datei mit *removeItemAtPath:* von *NSFileManager*. Da wir nicht an Fehlern interessiert sind, wird der Parameter *error* als *nil* übergeben.

```
- (void) redirectLogToFile {
    NSString *logFilePath = [self getLogFilePath];

    freopen([logFilePath cStringUsingEncoding:NSASCIIStringEncoding],
            "a+", stderr);

    logToFile = YES;
}
```

```

- (NSString*) getLogFilePath {
    // get path in documents directory
    NSArray *paths =
    NSSearchPathForDirectoriesInDomains(NSDocumentDirectory,
        NSUserDomainMask, YES);
    NSString *documentsDirectory = [paths objectAtIndex:0];

    NSString *logFilePath = [documentsDirectory
        stringByAppendingPathComponent:LOG_FILENAME];

    return logFilePath;
}

- (BOOL) isLogFileAvailable {
    NSFileManager *fileManager = [NSFileManager defaultManager];
    NSString *path = [self getLogFilePath];

    return [fileManager fileExistsAtPath:path];
}

- (BOOL) deleteLogFile {
    NSFileManager *fileManager = [NSFileManager defaultManager];
    NSString *path = [self getLogFilePath];

    return [fileManager removeItemAtPath:path error:nil];
}
```

***Beispiel 23.2:** Logging.m* (Ausschnitt)

Die Benutzerschnittstelle

Über die Singleton-Instanz soll eine kleine Benutzerschnittstelle zur Verfügung gestellt werden, mit der sich das Logging konfigurieren und weiterverarbeiten lässt. Ein *UIAlertView* ist dafür ideal, weil dieser ohne weitere Voraussetzungen modal angezeigt werden kann. Dadurch minimieren wir die Interaktion zur Logging-Klasse und vereinfachen deren Verwendung. Das Delegate des *UIAlertView* wird ebenfalls in der Klasse hier implementiert. Die Abbildung zeigt, wie der *UIAlertView* aussehen wird.

Die Benutzerschnittstelle der Logging-Klasse mit den vier Optionen: Share, Start/Stop, Delete und Start File Logging.

Das Öffnen des Dialogs wird durch den Aufruf der Methode *showLoggingDialog* ausgeführt:

```
- (void) showLoggingDialog {
    NSString *enableOptionTitle = nil;

    if (loggingEnabled) enableOptionTitle = @"Stop Logging";
5   else enableOptionTitle = @"Start Logging";

    NSString *fileLoggingTitle = nil;

    if (logToFile == NO) fileLoggingTitle = @"Start File Logging";;
10
    UIAlertView *alertView = [[UIAlertView alloc]
        initWithTitle:@"Logging options" message:nil delegate:self
        cancelButtonTitle:@"OK" otherButtonTitles:@"Share Log",
        enableOptionTitle, @"Delete Log File", fileLoggingTitle, nil];
15
    // set a tag to identify correct alertview in delegate
    alertView.tag = 42;

    [alertView show];
20  [alertView release];
}
```

Beispiel 23.2: *Logging.m – showLoggingDialog*

Je nach Zustand der statischen Variable *loggingEnabled* wird der Text für den zweiten Button zu *Stop Logging* oder *Start Logging* gesetzt (Zeilen 4–5). Da wir das Datei-Logging nicht abschaltbar gestalten, wird der vierte Button nur angezeigt, wenn es nicht aktiviert ist. Einmal aktiviert, wird die Anwendung ihre Log-Ausgaben bis zum Neustart in die Datei schreiben. Im anderen Fall setzen wir den String für den Titel des Buttons auf *nil*, wodurch wir seine Anzeige verhindern (Zeilen 7–9). Die übrigen beiden Buttons haben eine feste Beschriftung, die an der entsprechenden Stelle in der Liste der *otherButtonTitles* des *UIAlertView* aufgeführt werden.

Die Eigenschaft *tag* benutzen wir, um in der Delegate-Methode den richtigen *UIAlertView* auszuwerten (Zeile 17). Nur wenn die Delegate-Methode mit diesem *UIAlertView* aufgerufen wird, reagieren wir auf die Klicks:

```
- (void)alertView:(UIAlertView *)alertView
    clickedButtonAtIndex:(NSInteger)buttonIndex {

    if (!alertView.tag == 42) return;

    switch (buttonIndex) {
        case 0:
```

```
            // Ok Button - do nothing
            break;
        case 1: // share log
            [self shareLog];
            break;
        case 2: // start/stop log
            [self toggleLogging];
            break;
        case 3: // delete log file
            [self deleteLogFile];
            break;
        case 4: // start file log
            [self redirectLogToFile];
            break;
    }
}
```

Beispiel 23.2: *Logging.m – alertView:clickedButtonAtIndex:*

Die im Delegate aufgerufene Methode *toggleLogging* ist derart einfach, dass wir sie in einem kleinen Einschub schnell erstellen können. Sie schaltet die Variable *loggingEnabled* zwischen den Zuständen *YES* und *NO* hin und her:

```
- (void) toggleLogging {
    loggingEnabled = !loggingEnabled;
}
```

Beispiel 23.2: *Logging.m – toggleLogging*

deleteLogFile und *redirectLogToFile* wurden schon im vorigen Abschnitt „Datei-Logging-Funktionalität" ausführlich diskutiert, *shareLog* werden wir im nächsten Abschnitt erstellen.

Für diverse Hinweise und Meldungen fügen wir noch eine Methode *showAlertWithTitle:andMessage:* hinzu, die einen *UIAlertView* mit einem *OK*-Button, Titel sowie einer Nachricht anzeigt. Auf die Klicks reagieren wir in der Delegate-Methode nicht. Diese lösen automatisch das Schließen des *UIAlertViews* aus.

```
- (void) showAlertWithTitle:(NSString*) title
    andMessage:(NSString*) message {
    UIAlertView *alertView = [[UIAlertView alloc] initWithTitle:title
        message:message delegate:self cancelButtonTitle:@"OK"
        otherButtonTitles:nil];
    [alertView show];
    [alertView release];
}
```

Beispiel 23.2: *Logging.m – showAlertWithTitle:*

Die Log-Datei via E-Mail versenden

Mit dem Klick auf *Share Log* kann der Benutzer die Log-Datei in einer E-Mail versenden. Dabei bedienen wir uns der Funktionalität des *MessageUI*-Frameworks. Die Klasse *MFMailComposeViewController* öffnet ein E-Mail-Fenster als modalen Dialog innerhalb der Anwendung. Der Dialog lässt sich frei vorkonfigurieren. Sie können die folgenden Felder bzw. Inhalte vorbelegen:

- Empfängeradressen inklusive *Cc* und *Bcc*
- Betreff
- Inhalt der E-Mail
- Dateianhänge

Der modale Dialog muss von einem Viewcontroller durch Aufruf von *presentModalViewController:animated:* dargestellt werden. In der Logging-Klasse wollen wir von der Struktur der Klassen, die den Dienst benutzen, nichts wissen und keine konkreten Inhalte implementieren. Deshalb wird die Darstellung über ein Protokoll gesteuert. Wir definieren dafür das Protokoll *LoggingMessageDelegate* in der Datei *Logging.h*:

```
@protocol LoggingMessageDelegate
- (void) openModalMessageDialog:(UIViewController*) controller;
- (void) dismissModalMessageDialog:(UIViewController*) controller;
@end
```

Wenn wir den fertig konfigurierten *MFMailComposeViewController* anzeigen wollen, delegieren wir das an das Delegate. In der Klasse Logging erstellen wir dafür ein Property *delegate*:

```
@property(nonatomic, assign) id<LoggingMessageDelegate> delegate;
```

Die Instanz, die unsere Klasse Logging benutzt, kann also durch Setzen der Eigenschaft *delegate* und der Implementierung des Protokolls entscheiden, ob der Benutzer die Datei per E-Mail verschicken kann. Ist kein *delegate* gesetzt, weisen wir bei einem Klick auf den entsprechenden Button den Benutzer darauf hin, dass ein E-Mail-Versand nicht möglich ist.

```
- (void) shareLog {
    // check if delegate is set
    if (!delegate) {
        [self showAlertWithTitle:@"Log Sharing"
            andMessage:@"Log sharing not enabled!"];
        return;
    }

    // check if log file exists
    if (![self isLogFileAvailable]) {
        [self showAlertWithTitle:@"Log Sharing" andMessage:
```

```
                @"Log file does not exist. Please enable logging!"];
            return;
        }

        MFMailComposeViewController *controller =
            [[[MFMailComposeViewController alloc] init] autorelease];

        controller.mailComposeDelegate = self;

        // set the email subject
        [controller setSubject:@"Logging report"];

        NSData *loggingData = [NSData dataWithContentsOfFile:
            [self getLogFilePath]];
        [controller addAttachmentData:loggingData mimeType:@"text/plain"
            fileName:LOG_FILENAME];

        // inform delegate to show the mail composer view controller
        [delegate openModalMessageDialog:controller];
    }
```

Beispiel 23.2: *Logging.m – shareLog*

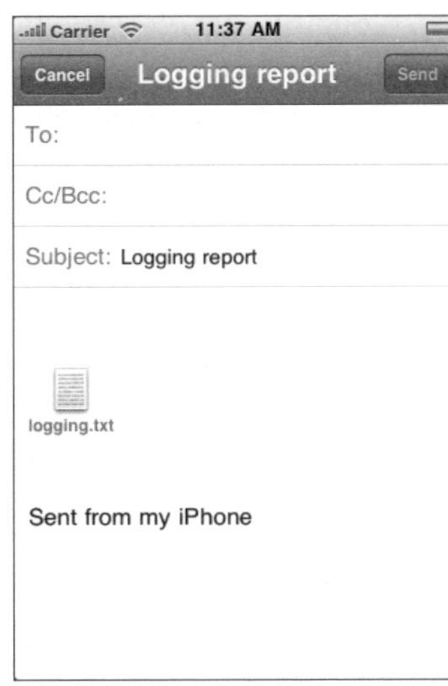

Die Log-Datei wird dem E-Mail-Controller durch Aufruf von *addAttachmentData:mimeType:* als *NSData* übergeben. Den MIME-Type der Datei stellen wir als *text/plain* ein, weil das Logging nur Text enthält.

Die Abbildung zeigt den E-Mail-Dialog mit angehängter Datei. Als Erweiterung können Sie noch die Empfängeradresse auf eine Ihrer Supportadressen setzen und so die E-Mail korrekt adressieren.

E-Mail-Funktion

Die E-Mail-Funktionalität in diesem Abschnitt ist ein Vorgriff auf Kapitel 30.1. Dort wird in einem Workshop die Interaktion per E-Mail ausführlich besprochen. Wir verzichten hier auch auf eine Umsetzung des *MFMailComposeViewControllerDelegate*. Eine entsprechende Version des Workshops finden Sie auch im Beispiel-Pool 30.1.

Die Logging-Klasse im Einsatz

Nach diesen umfangreichen Vorarbeiten ist die Klasse Logging nun endlich einsatzbereit. Mit den Definitionen im Klassen-Header und den Methoden der externen Schnittstelle können Sie jetzt programmatisch auf die Logging-Funktionalität einwirken.

Die Wichtigkeitsstufe ändern

Zuallererst können Sie in Abhängigkeit von den Tests, die Sie durchführen wollen, die Wichtigkeitsstufe entsprechend einstellen. Wie bereits beschrieben wurde, können Sie über die *#define*-Anweisung für den Simulator oder den Einsatz am Gerät unabhängig voneinander Stufen festlegen. In der ausführbaren Anwendung befinden sich dann nur die Log-Anweisungen, die Sie vorher aktiviert haben. Anweisungen einer niedrigeren, detaillierteren Stufe werden erst gar nicht einkompiliert. Dadurch bleibt die Performance dieser Programmabschnitte unbelastet und unerwünschte Nebeneffekte durch Fehler in Log-Ausgaben werden übergangen.

Logging aktivieren und deaktivieren

Das Logging der eingestellten Stufe lässt sich an- bzw. abschalten. Dadurch können Sie besonders performancekritische Programmteile vom Logging ausnehmen. Sie müssen dazu nicht jede Log-Anweisung in den involvierten Methoden und Objekten löschen, sondern können bestimmte Operationen vom Logging ausklammern:

```
[[Logging sharedLogging] setLoggingEnabled:NO];
// some very heavy calculations/operations
[[Logging sharedLogging] setLoggingEnabled:YES];
```

Das Datei-Logging aktivieren

Sollte das Debuggen auf der Konsole nicht ausreichen, können Sie nun auch die Log-Ausgaben Ihrer Anwendung vom Start weg in eine Datei umleiten. Um während der Ausführung der Anwendung alle Logs zu erfassen, sollte in die *UIApplicationDelegate*-Methode *applicationDidFinishLaunching:* folgender Aufruf zu Beginn stehen:

```
[[Logging sharedLogging] redirectLogToFile];
```

Bei Bedarf können Sie die Anweisung mit Präprozessoranweisungen auch noch abhängig von den Wichtigkeitsstufen oder anderen Debugging-Parametern machen.

Benutzerinteraktionen

Sie kennen das bestimmt: Manche Probleme und Fehler treten nur im Praxiseinsatz unter bestimmten, schwer reproduzierbaren Randbedingungen auf, typischerweise im Betatest oder sogar im Produktiveinsatz der Anwendung. Der direkte Zugriff auf diese Geräte ist meistens nicht möglich. Deshalb wollen wir den Benutzern eine Chance geben, in diesen Fällen den Fehler zu übermitteln. Durch den Dialog, den die Methode *showLoggingDialog* der Klasse *Logging* anbietet, hat der Benutzer eine Interaktionsmöglichkeit mit dem Logging-System. Für Betatests können Sie in der Konfiguration oder an einer anderen Stelle in der Anwendung einen Button anbieten, der diesen Dialog öffnet. Wenn der Betatester ein Problem meldet, können Sie ihn einfach bitten, Ihnen das aktuelle Log-File zukommen zu lassen. Oder der Benutzer aktiviert erst zur Reproduktion des Fehlers das Datei-Logging.

Für ernste Fehler wie Programmabstürze können Sie eine ähnliche Funktion standardmäßig in den Einstellungen Ihrer Anwendung platzieren. Hier sollten Sie aber darauf achten, den Benutzern nicht das komplette Menü anzubieten, sondern nur die Möglichkeit geben, die Log-Datei an den Support zu schicken. Wenn Sie beispielsweise einen Absturz in der Programmausführung oder beim Neustart der Anwendung bemerken, können Sie mit einem *UIAlertView* den Nutzer aktiv um die Übersendung der Log-Datei bitten. Sie sollten hier aber immer auch die Möglichkeit des Abbruchs vorsehen, falls der Benutzer aus datenschutzrechtlichen Bedenken lieber keine vermeintlich persönlichen Daten versenden möchte. Die Erfahrung zeigt, dass viele Benutzer gern bereit sind, Daten zur Fehleranalyse zu senden, und dadurch zu mehr Stabilität der Anwendung beitragen.

Hinweis

Den kompletten Quelltext finden Sie in Beispiel 23.2.

24. Daten zwischen Anwendungen austauschen

Das Sandbox-Prinzip legt dem Entwickler einige Begrenzungen auf. Beispielsweise können Anwendungen nicht direkt über das Betriebssystem miteinander kommunizieren oder Daten austauschen. Seit Version 3.2 des SDK gibt es für eine Anwendung allerdings die Möglichkeit, sich für bestimmte Dateitypen im System zu registrieren. Fremde Anwendungen (wie zum Beispiel die Mail-App) können dann für Dateien, mit denen sie selbst nicht umgehen können, über einen *UIDocumentInteractionController* weitergehende Aktionen veranlassen:

- eine Vorschau innerhalb der fremden Anwendung anzeigen: Dadurch können nun auch für unbekannte Dateitypen Vorschauen angeboten werden;
- ein Menü zur Auswahl folgender Optionen anbieten: Vorschau ansehen, den Dateiinhalt kopieren oder die Datei in einer registrierten externen Anwendung öffnen;
- den Dialog zur Auswahl einer oder mehrerer Anwendungen anzeigen, die den Dateityp öffnen können.

Wir wollen uns in diesem Kapitel mit der dritten Möglichkeit befassen. Wir implementieren einen Workshop, der in der Lage ist, von anderen Anwendungen – zum Beispiel aus der Mail-App – PDF-Dokumente zu erhalten. Dazu müssen wir in einem ersten Schritt den Dokumenttyp PDF für unsere Anwendung im System registrieren. Dadurch erkennt das System bei späteren Anfragen zu diesem Dateityp, dass unsere Anwendung in der Lage ist, mit diesen Dokumenten umzugehen. Im zweiten Schritt definieren wir in der entsprechenden *UIApplicationDelegate*-Methode den Umgang mit diesem Dateityp. Das PDF-Format hat für diesen Vorgang den Vorzug, dass es sich in einem *UIWebView* mit einer Zeile Code anzeigen lässt. Sie können aber nach diesem Schema jeden beliebigen Typ oder sogar eigene Dokumenttypen registrieren.

Auf den ersten Blick scheint dieser Mechanismus vor allem für Dateiverwaltungsanwendungen oder bestimmte Datei-Viewer sinnvoll zu sein. Aber allein das Beispiel der Mailintegration zeigt, dass es hier um mehr geht. Ihre Anwendung kann jetzt Daten mit anderen Endgeräten austauschen. Auch eine Dateiübergabe zwischen Produktfamilien wie Textverarbeitung, Tabellenkalkulation und Bildbearbeitung ist denkbar. Dadurch kann jede Anwendung genau ihre Aufgabe erfüllen, ohne sich um die der anderen zu kümmern. Später können Sie dann eine Tabelle in Ihre Textverarbeitung kopieren und daraus einen umfangreichen Bericht erzeugen.

Für Anwendungen, die Daten über die Zeit akkumulieren und die auf ein Backup angewiesen sind, kann so eine Backupschleife via E-Mail eingerichtet werden. Durch einen einfachen Klick auf die Backupdatei in einer E-Mail wird das Backup dann in die Anwendung geladen und kann verarbeitet werden.

24.1 PDF als Dokumenttyp für die Anwendung registrieren

Die Registrierung der Dateitypen, mit denen Ihre Anwendung umgehen kann, erfolgt in der Datei *Info.plist* Ihres Projekts. Dort müssen Sie den Schlüssel *CFBundleDocumentTypes* hinzufügen. Der Eintrag ist ein Array von Dictionaries, wobei jedes einzelne einen Dokumenttyp definiert. Die Datei *Info.plist* können Sie sowohl mit dem Property List Editor als auch als XML-Source-Code editieren. Da eine Unterstützung des Schlüssels als Klartexteintrag mit automatischer Generierung der einzelnen Elemente des Arrays zur Drucklegung dieses Buches noch nicht im SDK enthalten ist, wollen wir hier den Weg über die zugrunde liegende XML-Struktur der *plist*-Datei gehen.

Da als Standard der Property List Editor mit *plist*-Dateien assoziiert ist, müssen Sie mit einem Rechtsklick auf die Datei *Info.plist* (oder *<Projektname>-Info.plist*) im Ordner *Resources* das Kontextmenü *Open As* und dann *Source Code File* öffnen.

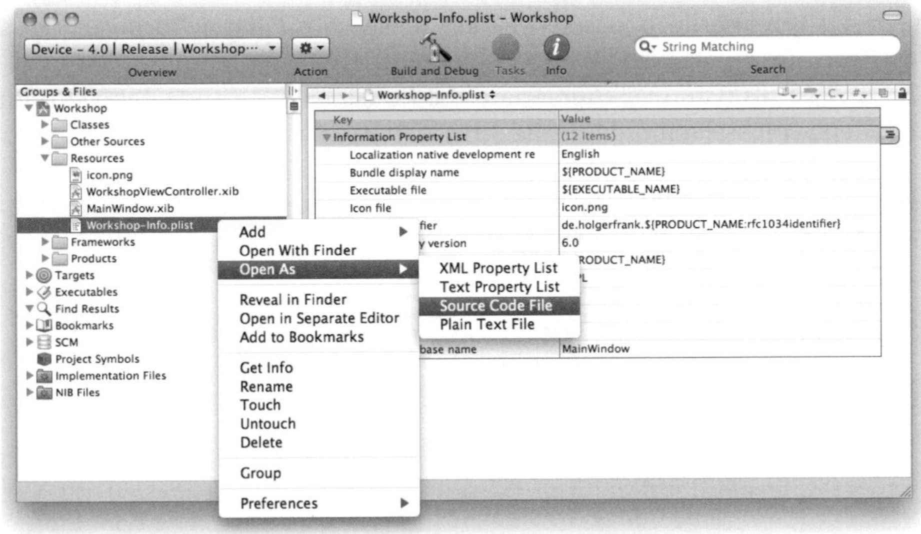

Das Information-Property-File wird für diesen Workshop als XML-Source anstatt mit dem Property List Editor geöffnet.

Information-Property-List-File

Die Datei *Info.plist* ist das sogenannte Information-Property-List-File Ihrer Anwendung. Sie enthält Schlüssel-Wert-Paare zur Konfiguration – wie beispielsweise den Bundle Identifier oder den Namen der Icondatei. Projekte, die mit den Xcode-Vorlagen erstellt werden, vergeben standardmäßig folgenden Namen für das Information-Property-List-File: *<project name>-Info.plist*. Die Datei wird im XML-Format gespeichert, kann aber über den Property List Editor von Xcode komfortabel bearbeitet werden.

Die XML-Darstellung offenbart eine relativ einfache Struktur mit einem Dictionary, das Schlüssel-Wert-Paare enthält. Dabei wird der Schlüssel immer mit dem Tag *key* eingeleitet. Die Werte sind dann in Tags mit der Bezeichnung des Datentyps wie *string*, *array* oder *dict* eingebettet:

```
<plist version="1.0">
    <dict>
        <key>CFBundleDevelopmentRegion</key>
        <string>English</string>
        <key>CFBundleDisplayName</key>
        <string>${PRODUCT_NAME}</string>
        ...
    </dict>
</plist>
```

Um die Dokumentenunterstützung zu aktivieren und einen oder mehrere Dokumenttypen zu registrieren, müssen wir den Schlüssel *CFBundleDocumentTypes* einfügen. Jedes Dictionary des Arrays definiert einen Dokumenttyp. Dabei werden die Attribute als Schlüssel-Wert-Paare dargestellt. Die folgende Tabelle listet die möglichen Schlüssel auf:

Schlüssel	Beschreibung
CFBundleTypeName	Definiert den abstrakten Namen des Dokumenttyps. Hier können Sie einen eigenen Namen vergeben oder den eines definierten Typs wie z. B. PDF verwenden.
LSItemContentTypes	Das Array listet die Dateitypen als **U**niform **T**ype **I**dentifier (UTI) auf. UTI ist ein von Apple eingeführtes Format, das die ursprünglich verwendeten MIME-Types ersetzt. Beispiele sind: *public.jpeg, public.png, public.text, com.adobe.pdf* Eigene UTIs werden ebenfalls als umgekehrte Domain (*com.myname.type*) angegeben.
LSHandlerRank	Erlaubt die Einordnung im Vergleich zu anderen Anwendungen, die denselben Datentyp unterstützen. Die möglichen Werte sind: *Owner, Alternate, None* Das ist gleichzeitig auch die Reihenfolge, in der die Anwendungen für einen Dateityp gelistet werden. Dabei sollte eine Anwendung, die sich als *Owner* klassifiziert, Dokumente des Typs erzeugen können. *Alternate* haben eher Viewer oder Anwendungen, die diese Datei nur weiterverarbeiten.

Schlüssel	Beschreibung
CFBundleTypeIconFiles	Definiert ein Array von Icons für den Datentyp. Diese müssen im Main-Bundle der Anwendung liegen. Sie werden zur bildhaften Darstellung des Typs in anderen Anwendungen verwendet. Es sollte immer eine 64 x 64 und eine 320 x 320 Pixel große Version in dieser Reihenfolge genutzt werden. Dieser Wert ist aber optional.

Für den Dokumenttyp PDF sieht der Eintrag für die Information-Property-List unseres Workshops folgendermaßen aus:

```
<key>CFBundleDocumentTypes</key>
<array>
    <dict>
        <key>CFBundleTypeName</key>
        <string>PDF</string>
        <key>LSHandlerRank</key>
        <string>Alternate</string>
        <key>LSItemContentTypes</key>
        <array>
            <string>com.adobe.pdf</string>
        </array>
    </dict>
</array>
```

Beispiel 24.1: *Workshop-Info.plist*

Wenn Sie die Anwendung jetzt auf dem Gerät starten, wird das PDF als Dokumenttyp registriert. Sie können das beispielsweise in der Mail-App überprüfen, indem Sie eine E-Mail mit einem Anhang dieses Typs aufrufen. Bei längerer Berührung des Dokuments öffnet sich ein Menü, wie es rechts in der Abbildung dargestellt ist:

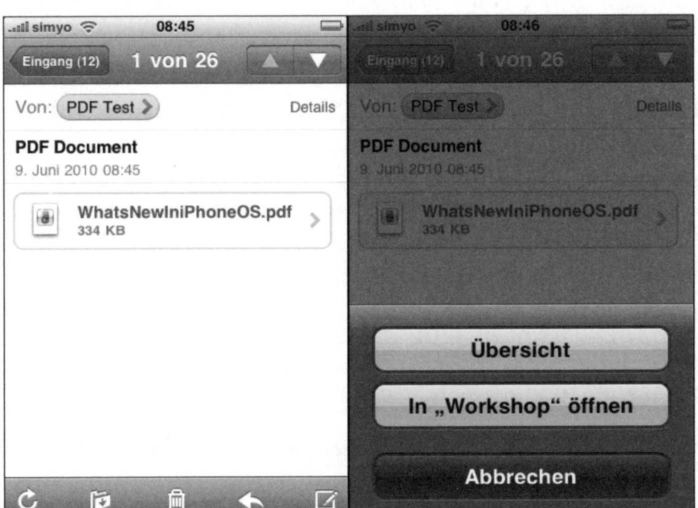

Die neue Ansicht des Dokumenttyps. Als Icon vor dem Dokumentnamen wird in diesem Fall das App-Icon des Workshops benutzt, weil kein eigenes hinterlegt wurde. Bei einem längeren Klick auf das PDF-Dokument öffnet sich der Dialog, der rechts in der Abbildung zu sehen ist. Der Nutzer hat nun die Möglichkeit, die App Workshop mit dem Dokument zu öffnen.

Da die Mail-App den Typ PDF selbst in einer eigenen Vorschau anzeigen kann, erfolgt bei einfachem Druck auf die Tabellenzelle mit dem Dokumentnamen ein eigenes modales Fenster. Auch in der Vorschau erscheint unsere Anwendung *Workshop* als Option rechts oben zum Öffnen des Dokuments.

Tipp

Wenn Sie Probleme mit der korrekten Zuordnung von UTIs zu Dokumenttypen haben, stehen Ihnen einige Informationsquellen zur Verfügung. Das SDK definiert eine ganze Reihe Konstanten wie *kUTTypePDF*, *kUTTypeImage* oder *kUTTypePNG*. Exotischere Typen finden Sie in der Regel schnell über eine Internetrecherche.

24.2 Workshop: Registrierte Dokumenttypen öffnen und anzeigen

Nach der Registrierung eines Dokumenttyps kann Ihre Anwendung von beliebigen anderen Anwendungen aus mit einem Dokument gestartet werden. Dabei kommunizieren die Anwendungen nicht direkt miteinander und tauschen im Wesentlichen auch keine Daten direkt aus. Die Übergabe des Dokuments erfolgt durch die Übergabe einer URL, die auf die Datei zeigt. Beim Start der Anwendung werden die Informationen der Delegate-Methode *application:didFinishLaunchingWithOptions:* im Dictionary *launchOptions* übergeben.

Das Dictionary für die Anforderung zum Öffnen eines Dokuments kann Werte für folgende drei Schlüssel enthalten:

- *UIApplicationLaunchOptionsURLKey*: die URL zum Öffnen der Datei.
- *UIApplicationLaunchOptionsSourceApplicationKey*: enthält den Bundle Identifier der Anwendung, von der die Aufforderung zum Öffnen der Datei kommt.
- *UIApplicationLaunchOptionsAnnotationKey*: eine Property-Liste, in der die aufrufende Anwendung Informationen mitgeben kann. Das ist die einzige Möglichkeit, Daten zum übertragenen Objekt zu übermitteln.

Die Delegate-Methode erwartet einen booleschen Wert als Rückgabetyp. Sollten Sie innerhalb der Methode aus irgendeinem Grund die Datei bzw. die URL nicht verarbeiten können oder wollen, verwerfen Sie die URL und liefern *NO* zurück. Das macht die URL ungültig, die Anwendung wird aber dennoch gestartet. Das kann auch der Fall sein, wenn zwar die Dateiendung korrekt ist, die Datei aber nicht dem erwarteten Typ entspricht. Sie sollten dem Benutzer dann einen kurzen Hinweis für den Grund der Ablehnung geben.

Wir wollen nun die Anwendung des Workshops so gestalten, dass eine PDF-Datei übergeben und geöffnet werden kann. Zur Anzeige des PDF greifen wir auf den *UIWebView* zurück, der in der Lage ist, ein PDF-Dokument anzuzeigen. Zur Übergabe der URL zum Dokument definieren wir noch ein Property *fileUrl* vom Typ *NSURL*.

```
#import <UIKit/UIKit.h>

@interface WorkshopViewController : UIViewController {
    IBOutlet UIWebView* webView;
    NSURL *fileUrl;
}
@property(nonatomic,retain) IBOutlet UIWebView* webView;
@property(nonatomic,retain) NSURL *fileUrl;

@end
```

Beispiel 24.1: *WorkshopViewController.h*

Die Benutzerschnittstelle wird im Interface Builder um einen *UIWebView* erweitert und mit dem Outlet *webView* verbunden. In der folgenden Abbildung sehen Sie die Layoutansicht.

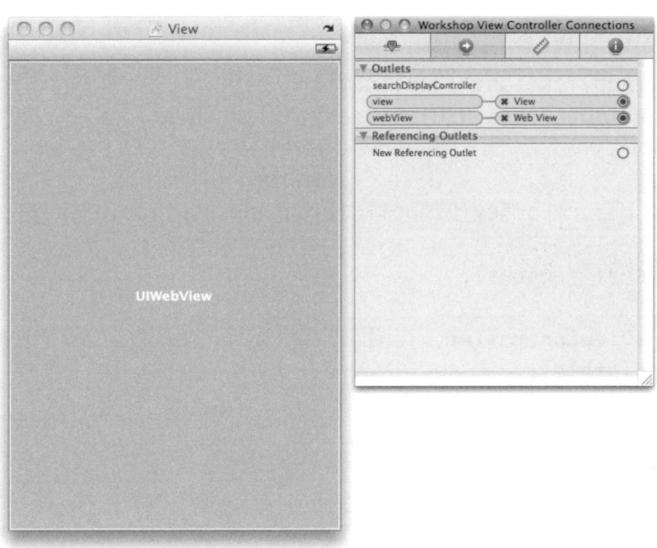

Ein UIWebView ermöglicht die einfache Anzeige eines PDF-Dokuments. Das Outlet wird mit webView verbunden.

Die Anzeige des PDF-Dokuments aus der *fileUrl* ist der viel zitierte Einzeiler. Aus der URL wird ein *NSURLRequest* erstellt und mit der Methode *loadRequest* in den *UIWebView* geladen.

```
#import "WorkshopViewController.h"
#import <MobileCoreServices/MobileCoreServices.h>

@implementation WorkshopViewController
@synthesize webView, fileUrl;

- (void)viewWillAppear:(BOOL)animated {
    [super viewWillAppear:animated];

    [webView loadRequest:[NSURLRequest requestWithURL:fileUrl]];
}

- (void)dealloc {
    [webView release];
    [fileUrl release];
    [super dealloc];
}

@end
```

Beispiel 24.1: *WorkshopViewController.m*

Zum Abschluss des Workshops implementieren wir noch die Delegate-Methode *application:didFinishLaunchingWithOptions:* in der Klasse *WorkshopAppDelegate*. Wir extrahieren mit dem Schlüssel *UIApplicationLaunchOptionsURLKey* die URL des Dokuments und übergeben diese an die Instanz des *WorkshopViewController*. Der Rest der Methode bleibt unberührt und dient der Anzeige des aktuellen Viewcontrollers im Fenster der Anwendung.

```
- (BOOL)application:(UIApplication *)application
    didFinishLaunchingWithOptions:(NSDictionary *)launchOptions {

    NSURL *docUrl =
        [launchOptions objectForKey:UIApplicationLaunchOptionsURLKey];

    viewController.fileUrl = docUrl;

    [window addSubview:viewController.view];
    [window makeKeyAndVisible];

    return YES;
}
```

Beispiel 24.1: *WorkshopAppDelegate.m – application:didFinishLaunchingWithOptions:*

Die folgende Abbildung zeigt die Darstellung des PDF-Dokuments – aufgerufen aus einer E-Mail:

Das aus der E-Mail geöffnete PDF-Dokument.

25. Texte und Textausgaben

25.1 Komplexer Textsatz mit CoreText

Das *CoreText*-Framework enthält einen Satz an Funktionen und Datentypen, die einen umfangreichen Textsatz erlauben. Dabei bleibt die Verwendung des Frameworks doch überschaubar, obwohl es – wie die meisten Core-Frameworks – auf C-Funktionen aufbaut.

Sie sollten das Framework immer dann in Betracht ziehen, wenn Ihnen die Möglichkeiten der Benutzung der *UIKit*-Klassen wie *UILabel*, *UITextView* oder *UIScrollView* nicht ausreichen, um die benötigten Textformatierungen zu erzielen. Die Grenzen dieser Klassen sind oftmals erreicht, wenn es um das Layout von Absätzen oder Abschnitten von Texten mit unterschiedlichen Formatierungen geht. Haben Sie schon einmal versucht, nur mit *UILabel* einen mehrzeiligen dynamischen Text zu erstellen, bei dem beispielsweise das erste Wort des Absatzes fett formatiert ist? Hier kann das *CoreText*-Framework seine Vorteile ausspielen. Zudem ist es eng mit *CoreFoundation* und *CoreGraphics* verknüpft, sodass es sich in bestehende Anwendungen einfach integrieren lässt. Sie sollen in diesem Abschnitt anhand eines kleinen Beispiels eine kurze Einführung in das große Thema des Textsatzes bekommen.

Die Layout-Engine des Frameworks verwandelt einen Text in Glyphen – ein Fachausdruck aus dem Textsatz, der nichts anderes als eine Formvariante, also die tatsächliche grafische Repräsentanz eines Buchstabens, meint. Dabei werden Randbedingungen, wie der Platz für den Text, Zeilenabstände und -umbrüche sowie die Formatierung des Absatzes und der einzelnen Zeichen, mit herangezogen.

Die Layoutobjekte

Das Framework enthält eine Reihe von Layoutobjekten. Die wesentlichen sind:

- *CFAttributedString* – Eine der wichtigsten Klassen im Zusammenhang mit dem Textsatz. Sie implementiert einen attribuierten String. Die einzelnen Zeichen oder ganze Bereiche des Strings können dabei mit Attributen versehen werden. Die Attribute selbst werden als Schlüssel-Wert-Paare in einem Dictionary repräsentiert.
- *CTFramesetter CTFramesetter* ist die Layoutinstanz für den Textsatz. Sie erzeugt aufgrund eines attribuierten Strings und eines rechteckigen Pfads – also der Begrenzung für den Text – eine *CTFrame*-Instanz für den gesetzten Text.
- *CTFrame* – *CTFrame* ist der physikalische Rahmen für den Text. Er enthält mehrere Zeilen innerhalb seiner Begrenzungen. Eine Instanz von *CTFrame*

kann direkt in einen grafischen Kontext gezeichnet werden. Außerdem enthält *CTFrame* ein Array von einzelnen Zeilen, die sich dann manuell anpassen lassen.

Ihr Projekt fit für CoreText machen

1 Klicken Sie mit der rechten Maustaste im Bereich *Groups & Files* auf den Ordner *Frameworks* und wählen Sie *Add/Existing Frameworks*.

2 Selektieren Sie das Framework *CoreText* und klicken Sie auf *Add*.

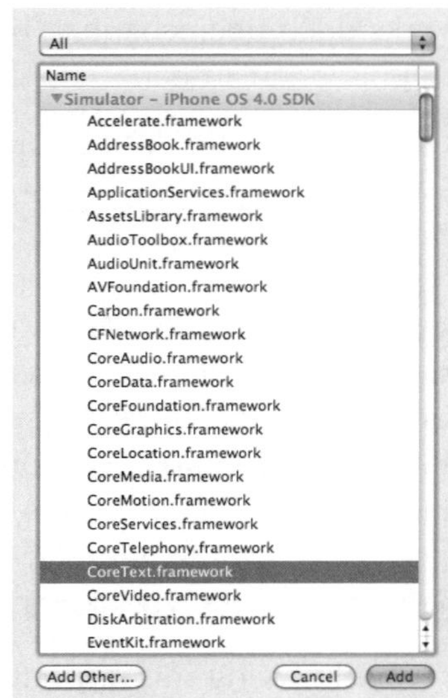

3 Fügen Sie die Header-Deklaration der Header-Datei Ihres Viewcontrollers hinzu: *#import <CoreText/CoreText.h>*.

4 Wenn Sie einen bestehenden View für die Textausgabe benutzen oder in andere grafische Kontexte zeichnen, sind Sie damit fertig.

Wollen Sie einen neuen View für die Ausgabe erstellen, klicken Sie mit der rechten Maustaste im Bereich *Groups & Files* auf den Ordner *Classes* und wählen *Add/New File*.

5 Wählen Sie *Objective-C class* und stellen Sie sicher, dass bei *Subclass of UIView* eingestellt ist. Danach klicken Sie auf *Next*.

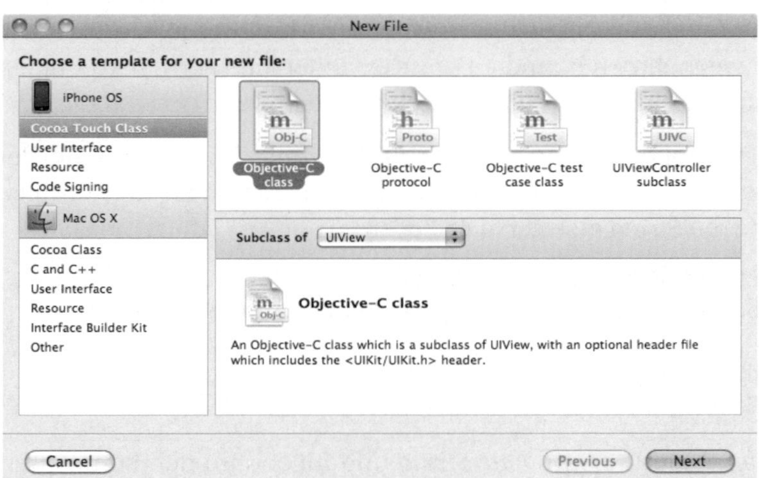

6 Vergeben Sie einen Namen für die neue Klasse, z. B. *TextView.m*. Setzen Sie das Häkchen unter der Namenszeile, damit automatisch die entsprechende Header-Datei erstellt wird, und klicken Sie auf *Finish*.

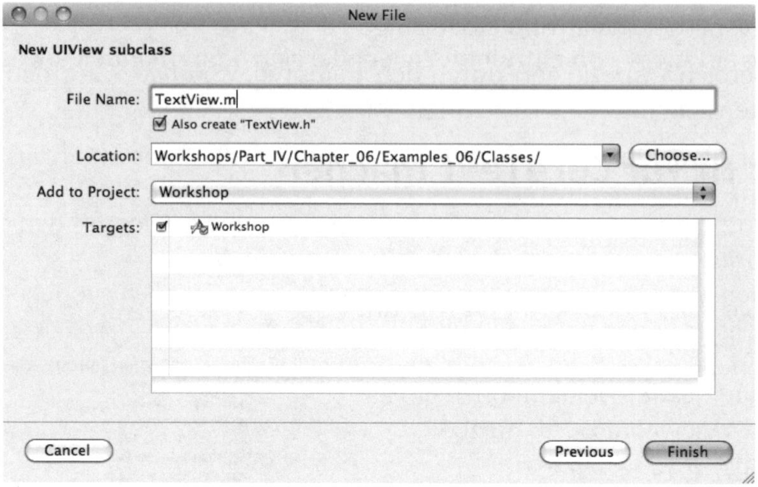

Mit diesen Einstellungen können Sie nun die folgenden Beispiele in der *drawRect:*-Methode der View-Klasse implementieren. Auf die *drawRect:*-Methode greifen wir der Einfachheit halber zurück, weil wir zum Zeichnen einen gültigen Grafikkontext benötigen. Sie können aber auch in ein Bild oder PDF zeichnen, mehr dazu erfahren Sie ab Kapitel 25.2.

Einen Text als attribuierten String aufbereiten

Bevor ein String mit Attributen für das Layout versehen werden kann, muss aus einem *NSString* ein attribuierter String erstellt werden. Die Funktion *CFAttributedStringCreateMutable* erzeugt einen neuen veränderbaren attribuierten String. Die veränderbare Variante ist zu bevorzugen, weil Sie dadurch zu jeder Zeit Attribute hinzufügen oder wegnehmen können. Die unveränderliche Form wird mit einem Text und Attributen zur Instanziierung festgelegt und ist dann unveränderlich.

Durch Aufruf der Funktion *CFAttributedStringReplaceString* können Sie der so entstandenen Instanz dann einen C-String hinzufügen, indem Sie den kompletten Inhalt mit dem neuen String ersetzen. Die Zeilen

```
CFMutableAttributedStringRef attrString =
    CFAttributedStringCreateMutable(kCFAllocatorDefault, 0);

CFAttributedStringReplaceString(attrString,
    CFRangeMake(0, 0), (CFStringRef)text);
```

erzeugen einen attribuierten String *attrString* und fügen ihm den kompletten Inhalt des Strings *text* hinzu. Da *attrString* zu diesem Zeitpunkt noch ein leerer String ist, ersetzen wir alle Zeichen im Bereich *(0, 0)* mit dem Inhalt von *text*.

Einzelne Attribute weisen Sie dem String mit der Funktion *CFAttributedStringSetAttribute* zu. Diese Funktion erwartet folgende Parameter:

- *aStr*: Der zu verändernde attribuierte String.
- *range*: Der Bereich – spezifiziert durch den Datentyp *NSRange* –, für den die Attribute gelten sollen.
- *attrName*: Der Name des Attributs als einer der definierten Konstanten aus der Tabelle unten.
- *value*: Der Wert des Attributs.

Die Attributnamen sind als Konstanten im *CoreText*-Framework hinterlegt. Die folgende Tabelle listet einige wichtige auf. Für einen kompletten Überblick schlagen Sie am besten die vollständige Liste in der Entwicklerdokumentation nach.

Konstante	Attributtyp	Bedeutung
kCTFontAttributeName	*CTFont*	Schriftart des Texts
kCTForegroundColorAttributeName	*CGColor*	Vordergrundfarbe für den Text
kCTParagraphStyleAttributeName	*CTParagraphStyle*	Formatierung des Absatzes, wie zum Beispiel Ausrichtung oder Zeilenhöhe
kCTStrokeWidthAttributeName	*CFNumberRef*	Linienbreite
kCTStrokeColorAttributeName	*CGColor*	Linienfarbe
kCTUnderlineColorAttributeName	*CGColor*	Farbe für Unterstriche
kCTUnderlineStyleAttributeName	*CTUnderlineStyle*	Unterstrichstil, z. B. *kCTUnderlinePatternSolid*

Mit diesen Konstanten können Sie nun einem String Attribute zuweisen. Mit zwei Zeilen lässt sich so für einen vorher definierten Bereich *range* – wie immer bestimmt durch Position und Länge innerhalb des Strings – die Schriftfarbe ändern:

```
UIColor *red = [UIColor redColor];
CFAttributedStringSetAttribute(attrString,
    range, kCTForegroundColorAttributeName, red.CGColor);
```

Etwas komplexer sind die Attribute zur Formatierung eines Absatzes bzw. Paragrafen. Hierzu wird zuerst durch Aufruf von *CTParagraphStyleCreate* ein *CTParagraphStyle* erzeugt. Diese Funktion erhält ein Array von einzelnen Einstellungen:

```
CTTextAlignment alignment = kCTRightTextAlignment;
CTParagraphStyleSetting settings[] = {
    {kCTParagraphStyleSpecifierAlignment,
        sizeof(alignment), &alignment}
};

CTParagraphStyleRef paragraphStyle =
    CTParagraphStyleCreate(settings,
    sizeof(settings) / sizeof(settings[0]));
CFAttributedStringSetAttribute(attrString,
    range, kCTParagraphStyleAttributeName, paragraphStyle);
```

Im Beispiel wird der Text mit *kCTRightTextAlignment* rechtsbündig gesetzt. Weitere Konstanten finden Sie in der Entwicklerdokumentation. Die *sizeof*-Operationen erleichtern die Wiederverwendbarkeit des Beispiels. Im Funktionsaufruf von *CTParagraphStyleCreate* hätten wir auch einfach *1* als Anzahl der Einstellungen in dem Array angeben können. Mit der Berechnung über die Größe der Struktur können Sie einfach weitere Einstellungen in das Array aufnehmen, ohne die Anzahl anpassen zu müssen – oder gar die Anpassung zu übersehen.

Den frisch gesetzten Text zeichnen

Nachdem wir nun die Mittel zur Erstellung eines attribuierten Strings kennen, ist es an der Zeit, das Ganze auf Papier zu bringen – sprich, es in einem Grafikkontext zu zeichnen. Dazu müssen wir aus dem attribuierten String einen *CTFramesetter* erzeugen. Diese Instanz liefert dann für einen angegebenen Bereich des Strings und die Größe unserer Zeichenfläche als *CGPath* einen *CTFrame*. Der Funktionsaufruf *CTFrameDraw* zeichnet die *CTFrame*-Instanz dann in den angegebenen Grafikkontext:

```
CTFramesetterRef framesetter =
    CTFramesetterCreateWithAttributedString(attrString);

CGMutablePathRef path = CGPathCreateMutable();

CGFloat width = self.bounds.size.width - 40.0f;
CGFloat height = self.bounds.size.height - 40.0f;

CGRect bounds = CGRectMake(20.0f, 20.0f, width, height);
CGPathAddRect(path, NULL, bounds);

CTFrameRef frame =
    CTFramesetterCreateFrame(framesetter,
    CFRangeMake(0, 0), path, NULL);

CTFrameDraw(frame, context);
```

Als Zeichenfläche definieren wir in diesem Beispiel die Abmessungen *bounds* des aktuellen Views abzüglich eines Rands von 40 Punkten.

Die komplette drawRect:-Methode

Zum Ende des Abschnitts wollen wir aus den bisherigen Codefragmenten die komplette *drawRect:*-Methode für den am Anfang des Kapitels erstellten *TextView* implementieren. Sie soll einen Lorem-Ipsum-Text mit unterschiedlichen Attributen anzeigen. Die benötigte Datei *text_paragraphs.txt* finden Sie im Projektverzeichnis des Beispiels.

Wir werden einen ersten Teil des Strings fett formatieren und das erste Auftreten des Worts *dolor* als fette Schrift in roter Farbe betonen. Der erste Paragraf wird mit den Standardeinstellungen – also linksbündig – wiedergegeben. Den zweiten Abschnitt nach dem ersten Zeilenumbruch setzen wir auf rechtsbündig, und den Zeilenumbruch suchen wir über die Methode *CFStringFind*. Die komplette Methode sieht dann wie folgt aus:

```
- (void)drawRect:(CGRect)rect {
    // first load the text to draw
    NSString *filePath =
        [[NSBundle mainBundle] pathForResource:
        @"text_paragraphs" ofType:@"txt"];

    NSString *text =
        [[[NSString alloc]
        initWithContentsOfFile:filePath] autorelease];

    // append intro:
    NSString *introText = @"The \"Lorem Ipsum\":";
    text = [NSString stringWithFormat:@"%@ %@", introText, text];

    int textLength = CFStringGetLength((CFStringRef)text);

    // initialize a graphics context
    CGContextRef context = UIGraphicsGetCurrentContext();

    CGContextTranslateCTM(context, 0, self.frame.size.height);
    CGContextScaleCTM(context, 1.0, -1.0);

    //set some fonts and colors as text attributes
    CTFontRef font1 =
        CTFontCreateWithName((CFStringRef)@"Helvetica", 15.0f, NULL);
    CTFontRef font2 =
        CTFontCreateWithName((CFStringRef)@"Helvetica-Bold",
        15.0f, NULL);
    UIColor *red = [UIColor redColor];

    // setup text
    CFMutableAttributedStringRef attrString =
        CFAttributedStringCreateMutable(kCFAllocatorDefault, 0);

    CFAttributedStringReplaceString(attrString,
        CFRangeMake(0, 0), (CFStringRef)text);

    // set all text to default font1
    CFAttributedStringSetAttribute(attrString,
        CFRangeMake(0, textLength), kCTFontAttributeName, font1);
```

```
    CFRange range = CFRangeMake(0, [introText length]);
    CFAttributedStringSetAttribute(attrString,
        range, kCTFontAttributeName, font2);

    //set color to red and use bold font
    range = CFStringFind((CFStringRef)text,
        (CFStringRef)@"dolor", kCFCompareCaseInsensitive);

    CFAttributedStringSetAttribute(attrString,
        range, kCTForegroundColorAttributeName, red.CGColor);
    CFAttributedStringSetAttribute(attrString,
        range, kCTFontAttributeName, font2);

    range = CFStringFind((CFStringRef)text,
        (CFStringRef)@"\n", kCFCompareCaseInsensitive);
    range = CFRangeMake(range.location,
        textLength - range.location - 2);

    CTTextAlignment alignment = kCTRightTextAlignment;
    CTParagraphStyleSetting settings[] = {
        {kCTParagraphStyleSpecifierAlignment,
            sizeof(alignment), &alignment}
    };

    CTParagraphStyleRef paragraphStyle =
        CTParagraphStyleCreate(settings,
        sizeof(settings) / sizeof(settings[0]));
    CFAttributedStringSetAttribute(attrString,
        range, kCTParagraphStyleAttributeName, paragraphStyle);

    CTFramesetterRef framesetter =
        CTFramesetterCreateWithAttributedString(attrString);

    CGMutablePathRef path = CGPathCreateMutable();

    CGFloat width = self.bounds.size.width - 40.0f;
    CGFloat height = self.bounds.size.height - 40.0f;

    CGRect bounds = CGRectMake(20.0f, 20.0f, width, height);
    CGPathAddRect(path, NULL, bounds);

    CTFrameRef frame =
        CTFramesetterCreateFrame(framesetter,
        CFRangeMake(0, 0), path, NULL);

    CTFrameDraw(frame, context);

```

```
        CFRelease(framesetter);
        CFRelease(frame);
        CFRelease(path);
    }
```

Beispiel 25.1: *TextView.m – drawRect:*

Der View in einer Größe von 320 x 460 Punkten stellt sich dann wie nebenstehend dar.

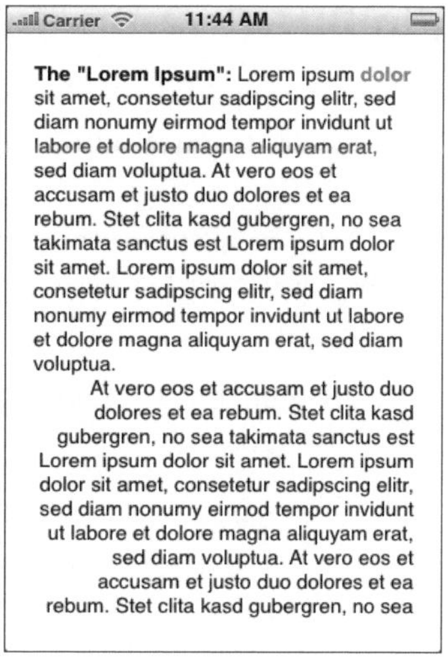

25.2 PDF als Ausgabemedium

Die letzten Abschnitte haben uns in die Welt des Textlayouts geführt. Eine interessante Variante, Inhalte wie Text, Grafiken und Zeichnungen weiterzugeben, ist die Erzeugung von PDF-Dokumenten. Die Quartz-Engine des *CoreGraphics*-Frameworks ermöglicht die Verwendung eines eigenen PDF-Kontexts zur direkten Manipulation eines PDF-Dokuments. Sie können direkt in diesen Kontext zeichnen, Bilder in den Kontext aufnehmen oder die Textsatzvarianten aus dem vorherigen Kapitel anwenden.

Die Erzeugung des PDF-Kontexts erfolgt mit einer der beiden Funktionen *CGPDFContextCreateWithURL* und *CGPDFContextCreate*. Die erste Funktion erzeugt einen Kontext assoziiert mit einer URL, die eine Datei für das PDF festlegt. Die zweite Variante können Sie verwenden, um das PDF-Dokument im Speicher zu erzeugen und es dann beispielsweise ohne den Umweg über eine Datei weiterzuverwenden.

PDF-Kontexte arbeiten seitenorientiert. Das bedeutet, dass Operationen darauf explizit einer Seite zugeordnet werden müssen. Die Funktionen *CGPDFContextBeginPage* und *CGPDFContextEndPage* klammern die Operationen für eine Seite. Jede Seite muss zwingend abgeschlossen werden, weil ansonsten ein ungültiges Dokument entsteht. Achten Sie also immer darauf, dass die Anzahl an öffnenden und schließenden Elementen ausgewogen ist und alle Operationen auf dem PDF-Dokument von den beiden Funktionen geklammert sind. Ebenso muss der Kontext am Ende seiner Nutzung mit *CGContextRelease* freigegeben werden, um das Dokument sauber abzuschließen.

Ein PDF-Dokument erstellen

Mit der *CoreGraphics*-Funktion *CGPDFContextCreateWithURL* wollen wir einen PDF-Kontext erstellen. Dazu müssen wir einen Pfad in der Sandbox der Applikation als Ziel bestimmen. Sinnvollerweise platzieren wir die PDF-Datei im *Documents*-Verzeichnis und lagern die Erzeugung des PDF-Kontexts in eine eigene Methode *getPdfContextForFilename:andBounds:* aus. Dadurch können wir in weiteren Beispielen darauf zurückgreifen:

```
- (CGContextRef) getPdfContextForFilename:(NSString*) filename
    andBounds: (CGRect) bounds {

    NSArray *paths = NSSearchPathForDirectoriesInDomains(
        NSDocumentDirectory, NSUserDomainMask, YES);
    NSString *documentsDirectory = [paths objectAtIndex:0];
    NSString *pdfPath =
        [documentsDirectory stringByAppendingPathComponent:filename];

    CGContextRef pdfContext = nil;

    NSURL *url = [NSURL fileURLWithPath:pdfPath];

    if (url != NULL) {
        pdfContext = CGPDFContextCreateWithURL((CFURLRef) url,
            &bounds, nil);
    }

    return pdfContext;
}
```

Beispiel 25.2: *WorkshopViewController.m – getPdfContextForFilename:andBounds:*

Die Funktion *CGPDFContextCreateWithURL* erwartet drei Parameter:

- Eine URL zum PDF-Dokument im Dateisystem.
- Ein Rechteck zur Begrenzung der Zeichenfläche. Normalerweise wird der Ursprung auf *(0, 0)* gesetzt. Das Größenattribut *size* von *CGRect* bestimmt die tatsächliche Größe des PDF-Dokuments. Die Größe richtet sich im Wesentlichen nach der Verwendung – für Printprodukte sind das zum Beispiel die üblichen DIN-Größen. Ein PDF-Dokument hat eine Standardauflösung von 72 dpi (**d**ots **p**er **i**nch), woraus Sie die für Ihren Anwendungsfall benötigten Maße ermitteln können.
- Ein Dictionary mit Dokumenteigenschaften als Schlüssel-Wert-Paare oder *nil*. Für die Schlüssel sind spezielle Konstanten definiert.

Die lokale URL erstellen wir aus dem Pfad zum *Documents*-Verzeichnis (Zeilen 4–8). Wie üblich wird, sofern möglich, Gebrauch von den Toll-Free-Bridged-Klassen gemacht. Wir verwenden also die *Foundation*-Datentypen (*NSURL)* an Stellen, an denen *CoreFoundation*-Typen (*CFURLRef*) erwartet werden. Dadurch bleiben wir so weit wie möglich in der objektorientierten Welt. Das vereinfacht die Lesbarkeit und ist aufgrund der Austauschbarkeit der Klassen problemlos möglich.

PDF-Kontext freigeben

Der PDF-Kontext *pdfContext* wird in der Funktion entgegen den üblichen Konventionen nicht freigegeben. Deshalb muss er von der aufrufenden Instanz am Ende seiner Nutzung durch den Aufruf von *CGContextRelease* freigegeben werden!

Metainformationen im PDF einbetten

Ein PDF besitzt eine ganze Reihe von Metainformationen, die entweder informativen Charakter haben oder dem Schutz des Dokuments dienen. So können Sie dem Dokument einen Titel oder einen Autor zuweisen, das Kopieren bzw. Drucken des Dokuments verhindern oder das Dokument mit einem Passwort schützen.

Diese Informationen werden dem PDF bei der Erzeugung als Dictionary mit vordefinierten Konstanten als Schlüssel übergeben. Im vorherigen Beispiel haben wir stattdessen *nil* verwendet, also auf weitere Informationen zum Dokument verzichtet. Wir können aber mit wenig Aufwand das Beispiel um Dokumenteigenschaften und -informationen erweitern. Die vordefinierten Konstanten und ihre Bedeutung entnehmen Sie der folgenden Tabelle. Sofern keine Angabe für den Datentyp angegeben ist, wird ein *CFString* bzw. *NSString* erwartet.

Konstante	Bedeutung
kCGPDFContextAuthor	Der Autor des Dokuments.
kCGPDFContextCreator	Die Anwendung, mit der das Dokument erstellt wurde.
kCGPDFContextTitle	Der Titel des Dokuments.
kCGPDFContextSubject	Das Thema des Dokuments.
kCGPDFContextKeywords	Eine Liste als *NSArray* oder ein *NSString* mit Schlagwörtern.
kCGPDFContextOwnerPassword	Ein maximal 32 Zeichen langes Passwort zur Verschlüsselung des Dokuments. Durch Setzen eines Passworts können weitere Schutzmaßnahmen wie Kopierschutz und Druckfunktion aktiviert werden.
kCGPDFContextUserPassword	Ein Passwort, das zum Öffnen des Dokuments berechtigt. Damit schützen Sie die Inhalte gegen unberechtigte Zugriffe.
kCGPDFContextAllowsPrinting	Einschränkung der Druckfunktion. Standardmäßig ist das Drucken des Dokuments erlaubt. Mögliche Werte: *kCFBooleanTrue* und *kCFBooleanFalse*.

Konstante	Bedeutung
kCGPDFContextAllowsCopying	Aktiviert die Kopierschutzfunktion. Standardmäßig ist das Kopieren erlaubt. Mögliche Werte: *kCFBooleanTrue* und *kCFBooleanFalse*.
kCGPDFContextEncryptionKeyLength	Die Länge des Schlüssels für die Verschlüsselung des Dokuments. Der Schlüssel muss ein durch 8 teilbarer Wert vom Typ *CFNumber* zwischen 40 und 128 Bit sein. Der Standardwert ist 40 Bit.

Wir wollen nun unserer Funktion ein paar Standardwerte für die Metainformationen vorgeben. Wir setzen den Autor, den Titel, das Thema und die erstellende Anwendung für das Dokument:

```
NSMutableDictionary *pdfInfoDict = [NSMutableDictionary dictionary];

[pdfInfoDict setObject:@"Holger Frank"
    forKey:(NSString*) kCGPDFContextAuthor];
[pdfInfoDict setObject:@"First PDF"
    forKey:(NSString*) kCGPDFContextTitle];
[pdfInfoDict setObject:@"A first test of PDF functionality"
    forKey:(NSString*) kCGPDFContextSubject];
[pdfInfoDict setObject:@"Sample iPhone App"
    forKey:(NSString*) kCGPDFContextCreator];
```

Beispiel 25.2: *WorkshopViewController.m* (Ausschnitt)

In der Dokumentvorschau auf dem Mac können Sie die gesetzten Einstellungen, wie in der nebenstehenden Abbildung zu sehen, prüfen.

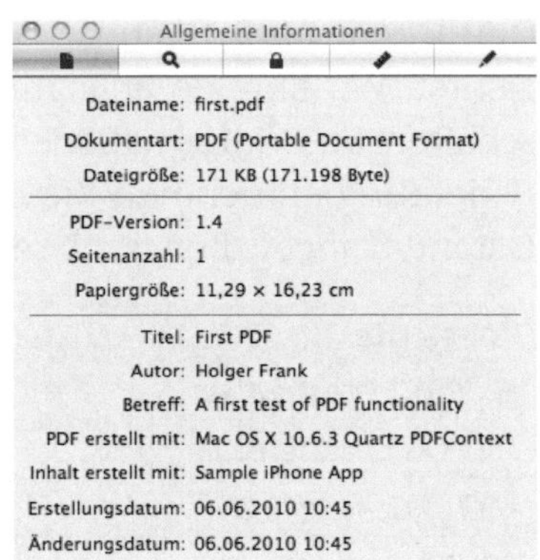

Einen Screenshot in ein PDF umwandeln

Nun ist es an der Zeit, ein PDF-Dokument mit Leben zu füllen. Im folgenden Quelltext werden wir den kompletten Inhalt des Bildschirms in ein PDF-Dokument übertragen. Zuerst erstellen wir den PDF-Kontext für die Datei *first.pdf* mit der Methode *getPdfContextForFilename:andBounds:*. Bevor wir mit dem Zeichnen in den Kontext starten, müssen wir die aktuelle Seite mit *CGPDFContextBeginPage* öffnen. Diese Funktion nimmt zwei Parameter, wobei der erste den Kontext definiert. Der zweite ist ein optionales Dictionary mit Seiteneigenschaften.

Das eigentliche Rendern des Bildschirms wird über einen eigenen Grafikkontext umgesetzt. Dabei wird der Layer des Views in den zuvor geöffneten Bildkontext übertragen. Die *FunktionCGContextDrawImage* zeichnet das *CGImage* des so entstandenen Screenshots in den PDF-Kontext. Der Umweg über den Bildkontext erspart eine Spiegelung an der y-Achse. Die Spiegelung wäre beim direkten Zeichnen in den PDF-Kontext nötig, weil der Ursprung beim PDF-Kontext links unten liegt. Wir werden im weiteren Verlauf darauf noch näher eingehen.

```
CGContextRef pdfContext = [self
    getPdfContextForFilename:@"first.pdf" andBounds:view.bounds];

CGPDFContextBeginPage(pdfContext, nil);

UIGraphicsBeginImageContext(self.view.bounds.size);
[self.view.layer renderInContext:UIGraphicsGetCurrentContext()];
UIImage *viewImage = UIGraphicsGetImageFromCurrentImageContext();
UIGraphicsEndImageContext();

CGContextDrawImage(pdfContext, self.view.bounds, viewImage.CGImage);

CGPDFContextEndPage(pdfContext);
CGContextRelease(pdfContext);
```

Beispiel 25.2: *WorkshopViewController.m – drawViewInPdf:* (Ausschnitt)

In der Abbildung sehen Sie ein PDF – erzeugt aus einem Screenshot.

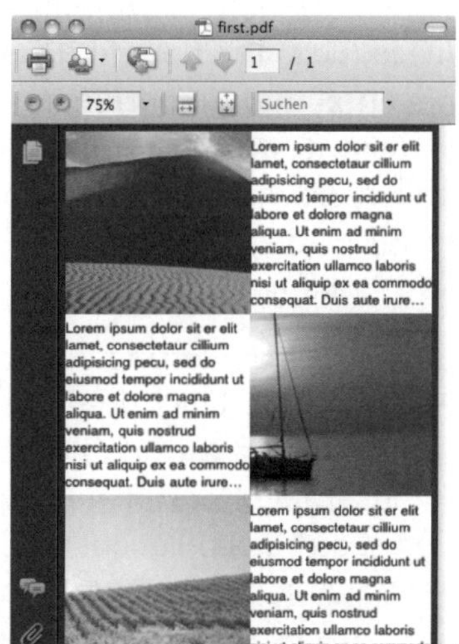

Ein Screenshot der Anwendung als PDF-Dokument.

PDF-Dokumente des Simulators ansehen

Der einfachste Weg, sich die erzeugten PDF-Dokumente anzusehen, ist das *Documents*-Verzeichnis der Anwendung im Simulator. Es befindet sich unter Ihrem Benutzerverzeichnis im Pfad */Users/<username>/Library/Application Support/iPhone Simulator/4.0/Applications/*.

Dort speichert der Simulator die Verzeichnisse aller Anwendungen. Um die aktuell ausgeführte Anwendung zu finden, sollten Sie das Verzeichnis nach Änderungsdatum sortieren, um das Verzeichnis oben in der Liste anzuzeigen. Im Anwendungsverzeichnis finden Sie die erzeugten PDF-Dokumente dann unter *Documents*.

Text in ein PDF-Dokument einfügen

Bislang haben Sie sich vielleicht gefragt, was denn die bisherigen Beispiele zu PDF-Dokumenten mit dem Thema „Textausgabe“ des Kapitels zu tun hatten. Erst mal noch nicht viel. Der letzte Abschnitt war als kleine Einführung in das Thema PDF gedacht.

Nun wollen wir tiefer in dieses Thema einsteigen. Auch wenn grafische Inhalte in PDF-Dokumenten sicher nicht zu kurz kommen, ist der wesentliche Inhalt meistens Text. Wenn Sie das PDF aus dem letzten Abschnitt öffnen, werden Sie feststellen, dass die Labels und Bilder als einzelne Grafiken in das PDF aufgenommen werden. Der Text der Labels wurde also in Bilder umgewandelt. Somit kann der Text nicht markiert oder kopiert werden.

In diesem Abschnitt werden wir den Inhalt als Text in das PDF einfügen. Dazu müssen wir im *CoreGraphics*-Framework nach Funktionen zum Zeichnen von Texten in einen Grafikkontext suchen. Die Funktionen *CGContextShowText* und *CGContextShowTextAtPoint* erfüllen diesen Zweck. Die erste zeichnet den Text an die aktuelle Position des Kontexts, die zweite positioniert den Text an der angegebenen x- und y-Koordinate. Bevor wir den ersten Text erzeugen, müssen wir im PDF-Kontext mit der Funktion *CGContextSelectFont* eine Schrift auswählen. Wir setzen die Schrift auf Helvetica-Bold mit der Schriftgröße 16. Als dritten Parameter erwartet diese Funktion die Zeichencodierung – in unserem Fall wählen wir *kCGEncodingMacRoman*.

Bei der Positionierung des Texts ist zu beachten, dass das Koordinatensystem des PDF-Kontexts links unten seinen Ursprung *(0, 0)* hat. Als Position für die Überschrift wählen wir den Startpunkt *(100, 440)* – also 40 Pixel unterhalb des oberen Rands. Die y-Koordinate ist mehr oder weniger mit Augenmaß gesetzt. Wir werden später noch sehen, wie sich die Größe eines Texts ermitteln lässt, damit der Textsatz nicht dem Zufall überlassen bleibt. Die C-Funktionen erwarten den Text als C-String. Da wir weiterhin direkt mit *NSString* arbeiten wollen, wird der Text mit der Methode *cStringUsingEncoding:* in einen C-String mit der richtigen Textcodierung umgewandelt.

```
CGRect bounds = CGRectMake(0, 0, 320, 480);
CGContextRef pdfContext =
    [self getPdfContextForFilename:@"second.pdf" andBounds:bounds];

```

```
NSString *headline = @"Lorem Ipsum!";

CGPDFContextBeginPage(pdfContext, nil);

CGContextSelectFont(pdfContext,
    "Helvetica-Bold", 16.0f, kCGEncodingMacRoman);

CGContextShowTextAtPoint(pdfContext, 100, 440,
    [headline cStringUsingEncoding:NSMacOSRomanStringEncoding],
    [headline length]);

CGPDFContextEndPage(pdfContext);
CGContextRelease(pdfContext);
```

Das Beispiel zeigt, dass es doch recht einfach ist, ein PDF mit Textinhalt zu erzeugen. Allerdings offenbart die Methode mit den Funktionen *CGContextShowText* und *CGContextShowTextAtPoint* auch eine große Schwäche. Sie zeichnet den Text jeweils ohne Umbruch in eine einzelne Zeile. Für längere Texte ist dieser Ansatz so nicht anwendbar. Im nächsten Beispiel werden wir das vorhergehende um die Ausgabe eines längeren Fließtexts erweitern. Dabei machen wir uns die *UIKit*-Erweiterung der Klasse *NSString* zunutze. Diese Erweiterung enthält nützliche Methoden zum direkten Zeichnen von Strings. Die folgenden werden wir einsetzen:

- *sizeWithFont:constrainedToSize:* Berechnet die Höhe und Breite des Texts für die angegebene Schriftart und -größe. Der Parameter *constrainedToSize* gibt die maximal verfügbare Größe vor, in die der Text eingepasst werden soll. Der Text wird für die Berechnung linksbündig ausgerichtet und bei Überlänge an einem Wortende abgeschnitten.
- *drawInRect:withFont:* Zeichnet den Text in das vorgegebene Rechteck des aktuellen Grafikkontexts.

Die Methoden der *UIKit*-Erweiterungen zeichnen alle in den aktuellen grafischen Kontext. Bevor mit *drawInRect:withFont:* der Text dargestellt werden kann, muss der PDF-Kontext durch Aufruf der Funktion *UIGraphicsPushContext* zum aktuellen Kontext gemacht werden. Am Ende der Zeichenoperationen muss dann der ursprüngliche Kontext mit *UIGraphicsPopContext* wiederhergestellt werden.

Auch hier müssen wir wieder auf die richtige Orientierung des Koordinatensystems achten. Die *UIKit*-Methoden von *NSString* gehen von einem Ursprung des Koordinatensystems links oben aus. Würden wir also direkt in den PDF-Kontext zeichnen, erschiene der Text spiegelverkehrt. Deshalb müssen wir das Koordinatensystem des PDF-Kontexts ändern. Die Funktionen *CGContextTranslateCTM* und *CGContextScaleCTM* verschieben den Ursprung bzw. skalieren die Koordinatenachsen.

Der Text für die Ausgabe – eine längere Version des „Lorem Ipsum" – wird aus der Datei *text.txt* des *MainBundle* der Anwendung mit der Methode *initWithContentsOfFile:* von *NSString* geladen.

Das folgende Beispiel erweitert das vorhergehende um einen vernünftigen Textsatz. Dabei werden eine Überschrift und ein Fließtext gezeichnet:

```
CGRect bounds = CGRectMake(0, 0, 320, 480);
CGContextRef pdfContext =
    [self getPdfContextForFilename:@"second.pdf" andBounds:bounds];

NSString *headline = @"Lorem Ipsum!";

CGPDFContextBeginPage(pdfContext, nil);

CGContextSelectFont(pdfContext,
    "Helvetica-Bold", 16.0f, kCGEncodingMacRoman);

CGContextShowTextAtPoint(pdfContext, 100, 440,
    [headline cStringUsingEncoding:NSMacOSRomanStringEncoding],
    [headline length]);

CGContextTranslateCTM(pdfContext, 0.0, bounds.size.height);
CGContextScaleCTM(pdfContext, 1.0, -1.0);

NSString *filePath =
    [[NSBundle mainBundle] pathForResource:@"text" ofType:@"txt"];

NSString *text =
    [[[NSString alloc] initWithContentsOfFile:filePath] autorelease];

UIGraphicsPushContext(pdfContext);

UIFont *font = [UIFont systemFontOfSize:14.0f];

// restrict text drawing to a bounding box smaller than the document
CGSize constrainedSize = CGSizeMake(bounds.size.width - 50.0f,
    bounds.size.height - 100.0f);

// calculate size for text
CGSize textSize = [text sizeWithFont:font
    constrainedToSize:constrainedSize];

// define rectangle to draw
CGRect drawingArea = CGRectMake(25.0f, 50.0f,
    textSize.width, textSize.height);

[text drawInRect:drawingArea withFont:font];
```

```

UIGraphicsPopContext();

CGPDFContextEndPage(pdfContext);
CGContextRelease(pdfContext);
```

Beispiel 25.2: *WorkshopViewController.m – drawSimpleTextPdf* (Ausschnitt)

Die folgende Abbildung zeigt das erstellte PDF-Dokument.

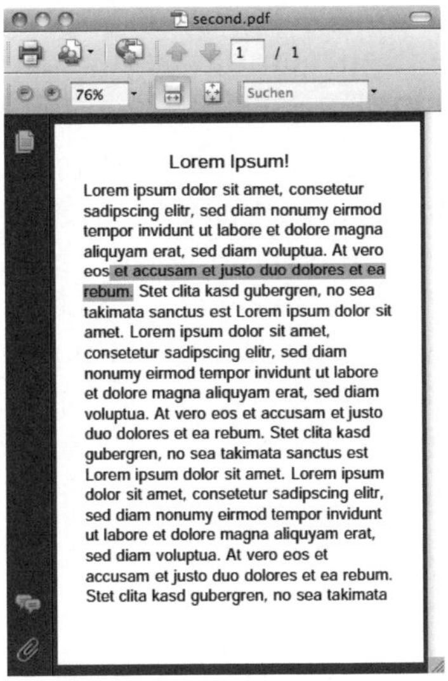

Das PDF-Dokument mit einer einzeiligen Überschrift und einem längeren Fließtext, der mit den UIKit-Methoden gezeichnet wurde. Der Inhalt liegt jetzt als Text vor und kann in PDF-Viewern markiert und kopiert werden.

Interaktive Elemente einbauen

Zum Abschluss des Kapitels rund um das Thema PDF-Erstellung wollen wir uns noch den interaktiven Komponenten eines PDFs widmen. Externe Links und Verweise auf Abschnitte innerhalb des Dokuments sind typische Merkmale vieler PDF-Dokumente. Anwendung finden sie im Inhaltsverzeichnis, in Querverweisen und im Index. Externe Links werden unter anderem in Quellenangaben und zu Verweisen auf Webseiten benutzt.

Wenden wir uns zuerst den externen Links auf eine URL zu. Mit der Funktion *CGPDFContextSetURLForRect* wird einem Bereich – bestimmt durch ein Rechteck – eine URL als interaktives Element zugewiesen. Die Parameter sind:

- *context*: Der PDF-Kontext, für den der Link erstellt werden soll.
- *url*: Die mit dem Link assoziierte URL.
- *rect*: Ein durch das *CGRect rect* bestimmter Bereich der aktuellen Seite, der als Hyperlink mit der URL verknüpft wird. Klickt der Nutzer auf diesen Bereich, kann die Seite von einem PDF-Viewer beispielsweise in einem Browser geöffnet werden.

Einen einfachen Link zu *google.com* können Sie folgendermaßen erstellen:

```
NSURL *url = [NSURL URLWithString:@"http://www.google.com"];
CGPDFContextSetURLForRect(pdfContext,
    (CFURLRef) url, CGRectMake(40, 380, 130, 25));
```

Links als Verweise innerhalb eines Dokuments erfordern zwei Schritte. Zum einen müssen Sie einen Anker – in Objective-C als „destination" bezeichnet – festsetzen. Der Anker ist ein benannter Punkt innerhalb einer Seite. Er wird mit der Funktion *CGPDFContextAddDestinationAtPoint* definiert. Diese erwartet als Parameter den PDF-Kontext, einen über das komplette Dokument eindeutigen Namen für den Anker und einen *CGPoint* als Referenzpunkt auf der aktuellen Seite.

Einen Anker können Sie dann analog zur URL an einer beliebigen Stelle einer Seite verlinken. Dazu müssen Sie *CGPDFContextSetDestinationForRect* aufrufen. Im Gegensatz zu einem externen Link ist der zweite Parameter keine URL, sondern ein C-String mit dem Namen des Ankers. Sie können so beliebig viele Links innerhalb Ihres Dokuments auf einen bestimmten Anker setzen. Die Anweisung

```
CGPDFContextAddDestinationAtPoint(pdfContext,
    (CFStringRef) @"Page1", CGPointMake(160, 460));
```

setzt einen Anker mit dem Namen *Page1* für den Punkt *(160, 460)* auf der Seite, die gerade durch *CGPDFContextBeginPage* aktiv ist. Mit

```
CGPDFContextSetDestinationForRect(pdfContext,
    (CFStringRef) @"Page1", CGRectMake(40, 440, 230, 25));
```

wird der Anker *Page1* auf der aktuellen Seite verlinkt. Das folgende Beispiel erstellt ein kleines Inhaltsverzeichnis mit zwei Einträgen zu jeweils einer eigenen Seite. Zusätzlich ist am Ende noch ein Link zu einer externen Webseite integriert. Die Abbildung zeigt das komplette Szenario:

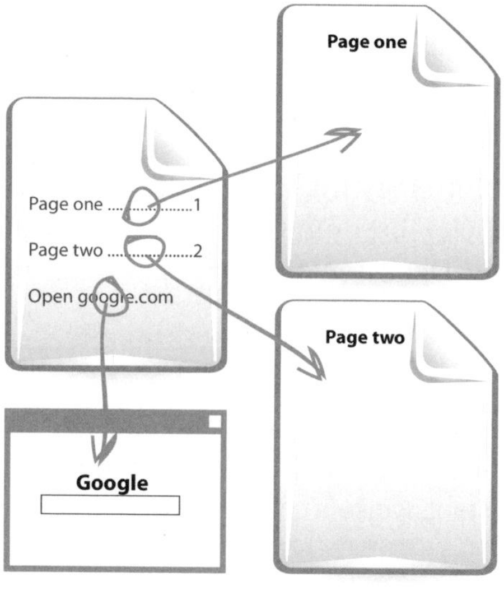

Die unterschiedlichen Verlinkungen im PDF-Dokument des Beispiels.

```
CGRect bounds = CGRectMake(0, 0, 320, 480);
CGContextRef pdfContext =
    [self getPdfContextForFilename:@"third.pdf" andBounds:bounds];

CGPDFContextBeginPage(pdfContext, nil);

CGContextSelectFont(pdfContext,
    "Helvetica", 16.0f, kCGEncodingMacRoman);
CGContextSetRGBFillColor(
    pdfContext, 22 / 255.0f, 0 / 255.0f, 255 / 255.0f, 1);

NSString *text = @"Page One .................. 2";
NSString *text1 = @"Page Two .................. 3";
NSString *text2 = @"Open google.com";
NSString *page1Text = @"Page One";
NSString *page2Text = @"Page Two";

CGContextShowTextAtPoint(pdfContext, 40, 440,
    [text cStringUsingEncoding:NSMacOSRomanStringEncoding],
    [text length]);

CGContextShowTextAtPoint(pdfContext, 40, 410,
    [text1 cStringUsingEncoding:NSMacOSRomanStringEncoding],
    [text1 length]);

CGContextShowTextAtPoint(pdfContext, 40, 380,
    [text2 cStringUsingEncoding:NSMacOSRomanStringEncoding],
    [text2 length]);

// set page links
CGPDFContextSetDestinationForRect(pdfContext,
    (CFStringRef) @"Page1", CGRectMake(40, 440, 230, 25));

CGPDFContextSetDestinationForRect(pdfContext,
    (CFStringRef) @"Page2", CGRectMake(40, 410, 230, 25));

// set url link
NSURL *url = [NSURL URLWithString:@"http://www.google.com"];

CGPDFContextSetURLForRect(pdfContext,
    (CFURLRef) url, CGRectMake(40, 380, 130, 25));

// end page 1
CGPDFContextEndPage(pdfContext);

// start page 2
CGPDFContextBeginPage(pdfContext, nil);

```

```
CGContextSelectFont(pdfContext,
    "Helvetica", 16.0f, kCGEncodingMacRoman);
CGContextSetRGBFillColor(
    pdfContext, 0, 0, 0, 1);

CGContextShowTextAtPoint(pdfContext, 120, 440,
    [page1Text cStringUsingEncoding:NSMacOSRomanStringEncoding],
    [page1Text length]);

// add page1 destination at top of page
CGPDFContextAddDestinationAtPoint(pdfContext,
    (CFStringRef) @"Page1", CGPointMake(160, 460));

CGPDFContextEndPage(pdfContext);

CGPDFContextBeginPage(pdfContext, nil);

CGContextSelectFont(pdfContext,
    "Helvetica", 16.0f, kCGEncodingMacRoman);
CGContextSetRGBFillColor(
    pdfContext, 0, 0, 0, 1);

CGContextShowTextAtPoint(pdfContext, 120, 440,
    [page2Text cStringUsingEncoding:NSMacOSRomanStringEncoding],
    [page2Text length]);

// add page1 destination at top of page
CGPDFContextAddDestinationAtPoint(pdfContext,
    (CFStringRef) @"Page2", CGPointMake(160, 460));

CGPDFContextEndPage(pdfContext);
CGContextRelease(pdfContext);
```

Beispiel 25.2: *WorkshopViewController.m – drawLinkedPdf* (Ausschnitt)

25.3 Schriften und eigene Schriftarten

Bis zum Erscheinen des SDK 4.0 auf dem iPhone bzw. 3.2 auf dem iPad war man bei der Erzeugung von Textausgaben auf die vorgegebenen Systemschriften beschränkt. Das hieß vor allem für die Umsetzung von Corporate-Identity-Vorgaben entweder eine Umsetzung auf die Schriften des Gerätes oder den Einsatz von Grafiken. Beide Alternativen stellen nicht wirklich perfekte Lösungen des Problems dar. Letztere vor allem deshalb nicht, weil die Effekte der in Photoshop oder anderen Programmen erstellter Schriftzüge oft sichtbar waren und die Grafiken mit Schriften im Prinzip nicht skalierbar sind. Somit muss für alle Gegebenheiten wie

Hoch- oder Querformat sowie für flexible Schriftgrößen jeweils eine einzelne Grafik erstellt werden.

In diesem Kapitel sind die wichtigsten Themen rund um Schriftarten und deren Einbindung zusammengefasst.

Die Schriften auf dem Gerät

Das iPhone-SDK enthält in seiner aktuellen Version 4.0 37 Schriftfamilien in unterschiedlichen Schriftschnitten. Zum Vergleich: In 3.0 waren es nur 24 Familien. Die Standardschriftart ist Helvetica, die durch ihren serifenlosen, klassischen Stil in vielen Anwendungsbereichen einsetzbar ist. Sie ist eine der weltweit am meisten verbreiteten Schriftarten.

Als Entwickler brauchen Sie einen schnellen Überblick über die vorhandenen Schriften und vor allem auch ihre Namen, um die entsprechenden Schriftarten einstellen zu können. Es gibt dazu einige kostenfreie Tools im App Store. Allerdings ist eine systematische Übersicht in einer Tabelle die optimale Ansicht. Deshalb werden wir in einem kleinen Workshop eine tabellarische Auflistung aller Schriftarten auf Ihrem Endgerät erstellen.

Workshop: Tabellarische Schriftartenübersicht

Im SDK werden Schriften als Instanzen von *UIFont* repräsentiert. *UIFont* implementiert einige Klassenmethoden zur Auflistung der verfügbaren Schriftarten. *familyNames* listet die Namen aller Schriftfamilien im System als *NSArray* auf. Um die Schriften in alphabetischer Reihenfolge anzuzeigen, muss das Array noch sortiert werden. Am einfachsten geht das durch den Aufruf von *sortUsingSelector:* des Arrays. Als Selektor können wir die Methode *localizedCaseInsensitiveCompare:* von *NString* übergeben.

```
self.familyNames = [UIFont familyNames];

[familyNames sortUsingSelector:
    @selector(localizedCaseInsensitiveCompare:)];
```

Das Array mit den Namen der Schriftfamilien dient uns zur Anzeige als Tabellenüberschrift und zur Ermittelung der einzelnen Schriften einer Familie. Aus einem Familiennamen können wir die Schriften der Familie mit *fontNamesForFamilyName* auslesen. Das brauchen wir an mehreren Stellen. Zum einen ermitteln wir darüber die Anzahl der Einträge eines Abschnitts in der Tabelle und zum anderen natürlich den Text für die Anzeige in der Tabelle. Die Tabellenfunktionalität implementieren wir wie folgt:

```
- (NSInteger)numberOfSectionsInTableView:(UITableView *)tableView {
    return [familyNames count];
```

```
}

- (NSInteger)tableView:(UITableView *)tableView
    numberOfRowsInSection:(NSInteger)section {

    NSString *name = [familyNames objectAtIndex:section];
    return [[UIFont fontNamesForFamilyName:name] count];
}

- (CGFloat)tableView:(UITableView *)tableView
    heightForRowAtIndexPath:(NSIndexPath *)indexPath {
    return 30.0f;
}

- (NSString *)tableView:(UITableView *)tableView
    titleForHeaderInSection:(NSInteger)section {

    return [familyNames objectAtIndex:section];
}
```

Beispiel 25.3: *WorkshopViewController.m* (Ausschnitt)

Es fehlt jetzt nur noch die Delegate-Methode *tableView:cellForRowAtIndexPath:* der Tabelle. Wir erzeugen dort eine einfache *UITableViewCell* und setzen die Standardlabels entsprechend:

```
- (UITableViewCell *)tableView:(UITableView *)tableView
    cellForRowAtIndexPath:(NSIndexPath *)indexPath {

    static NSString *CellIdentifier = @"Cell";

    UITableViewCell *cell =
        [tableView dequeueReusableCellWithIdentifier:CellIdentifier];
    if (cell == nil) {
        cell = [[[UITableViewCell alloc]
            initWithStyle:UITableViewCellStyleDefault
            reuseIdentifier:CellIdentifier] autorelease];
    }

    // get current family name and the font array
    NSString *name = [familyNames objectAtIndex:indexPath.section];
    NSString *fontName = [[UIFont fontNamesForFamilyName:name]
        objectAtIndex:indexPath.row];

    cell.textLabel.font = [UIFont fontWithName:fontName size:15.0f];
    cell.textLabel.text = fontName;
    cell.accessoryType = UITableViewCellAccessoryNone;
    cell.selectionStyle = UITableViewCellSelectionStyleNone;

```

```
       return cell;
25 }
```

Beispiel 25.3: *WorkshopViewController.m* (Ausschnitt)

Über die *section* von *indexPath* ermitteln wir den aktuellen Familiennamen der Schrift (Zeile 13). Die Zeile *row* ist dann der aktuelle Eintrag im Array der Schriftarten, die von *fontNamesForFamilyName:* zurückgeliefert werden. Mit dem Namen können wir nun die aktuelle Schrift als *font* für die Tabellenzelle (Zeile 17) und den Namen als Tabellentext (Zeile 18) setzen. Bevor wir die Tabellenzelle zurückgeben, unterdrücken wir noch die farbliche Markierung einer ausgewählten Zelle. Die folgende Abbildung zeigt zwei Ausschnitte aus der Tabelle.

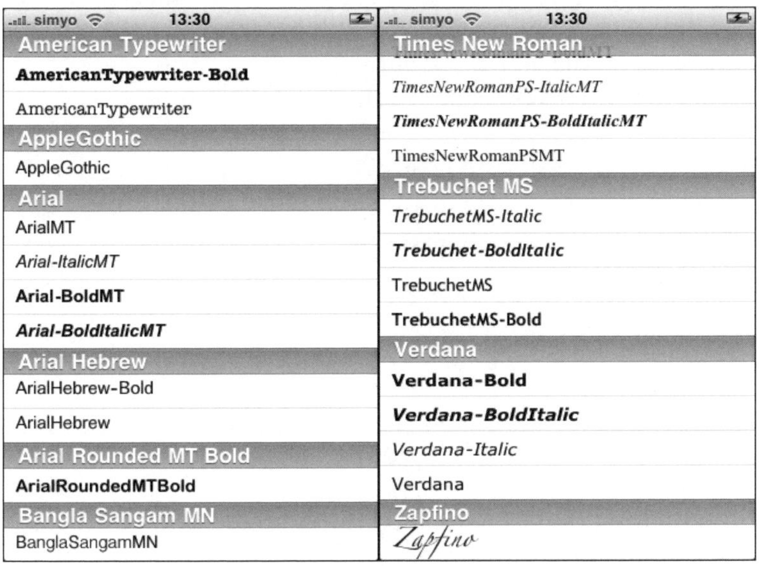

Die Tabelle listet alle 37 Schriftfamilien und die zugehörigen Schriften mit Namen auf. Zu sehen sind Tabellenanfang und -ende.

Hinweis

Den kompletten Quellcode des Workshops finden Sie oben in Beispiel 25.3.

Eigene Schriften verwenden

Neben der erweiterten Auswahl an Schriften können Sie seit Version 3.2 des SDK auch eigene Schriften in Ihrer Anwendung registrieren und verwenden.

Schriften werden über die Information-Property-List Ihrer Anwendung eingestellt. Die Datei enthält Schlüssel-Wert-Paare zur Konfiguration Ihrer Anwendung – wie beispielsweise den Bundle-Identifier oder den Namen der Icondatei. Wenn Sie Ihr Projekt mit einer Xcode-Vorlage erstellt haben, wird der Dateiname aus dem Projektnamen und dem Suffix *-Info.plist* erzeugt. Für die Workshopbeispiele heißt die Datei *Workshop-Info.plist*. Mit dem in Xcode eingebauten Property List Editor können Sie die Datei über eine Benutzerschnittstelle ohne XML-Codierung bearbeiten.

In wenigen Schritten können Sie die Schrift *AngelicWar* hinzufügen (wenn Ihre Property-Datei anders benannt ist, selektieren Sie entsprechend diese Datei):

1 Kopieren Sie die Schrift in das Projektverzeichnis.

2 Fügen Sie die Schrift Ihrem Projekt hinzu: Klicken Sie dazu mit der rechten Maustaste im Bereich *Groups & Files* auf den Ordner *Resourcen* und wählen Sie *Add/Existing Files*. Selektieren Sie im Fenster die Datei und klicken Sie auf *Add*.

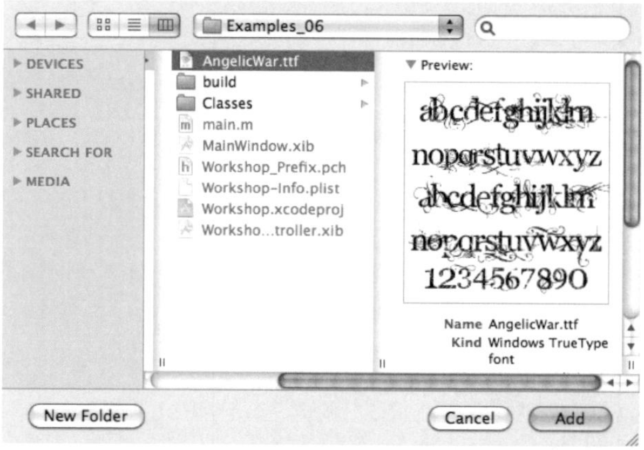

3 Starten Sie den Property List Editor durch einen Klick auf die Datei *Workshop-Info.plist* im Bereich *Groups & Files* im Ordner *Resources*.

4 Wählen Sie die letzte Zeile der Datei aus und klicken Sie auf den durch ein Pluszeichen markierten Button rechts. Dadurch erstellen Sie eine leere Zeile.

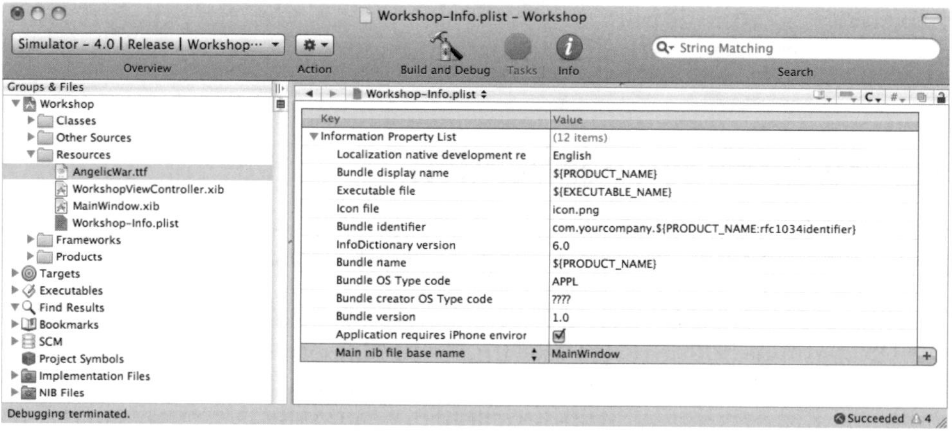

5 Bewegen Sie den Cursor in das erste Feld der neuen Zeile. Mit den Auf- und Ab-Tasten können Sie nun durch die verfügbaren Optionen scrollen. Wählen Sie hier die Option *Fonts provided by application*.

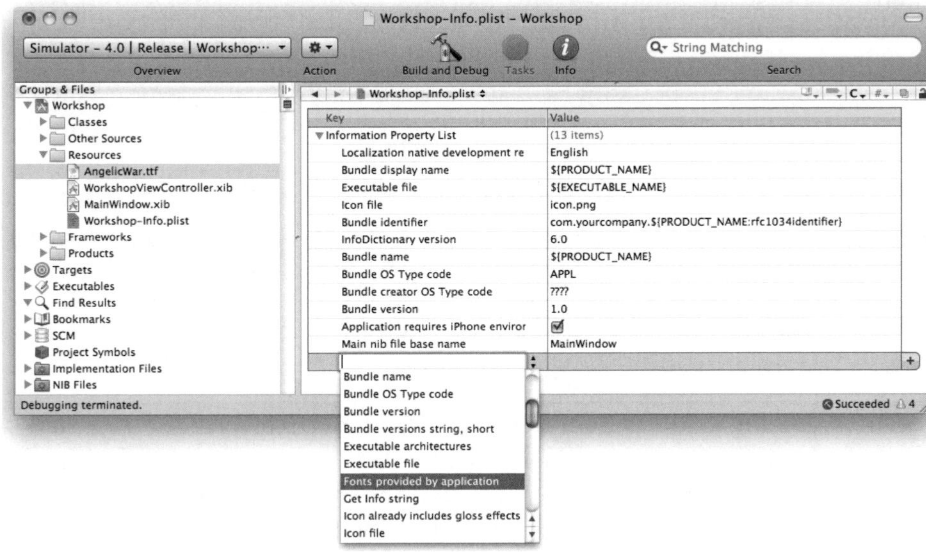

6 Das erzeugt einen neuen Listeneintrag für benutzerdefinierte Schriftarten. Öffnen Sie ihn durch Klicken auf den grauen Pfeil vor dem Eintrag. Im ersten Element – bezeichnet mit *Item 0* – tragen Sie in der zweiten Spalte *Value* den Namen und die Dateierweiterung der Schrift ein.

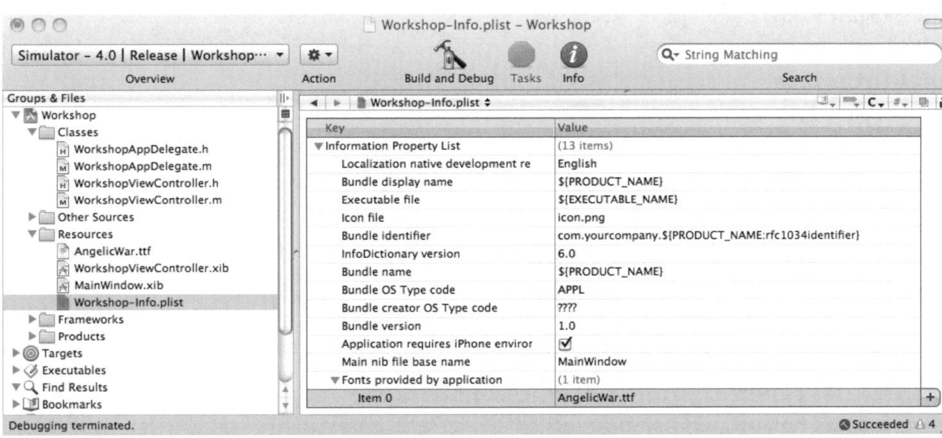

7 Nach dem Start der Anwendung wird die Schrift nun automatisch registriert und geladen. Sie erscheint in der Auflistung aller Schriftarten und ist programmatisch nutzbar, z. B. durch die Anweisung *[UIFont fontWithName: fontName size:15.0f]*.

Die Unterstützung externer Schriften endet an dieser Stelle leider. Über den Interface Builder haben Sie keinen Zugriff darauf. Sie können zwar die Schrift einstellen – vorausgesetzt, Sie haben sie auch auf Ihrem Mac registriert –, allerdings wird beim Start der Anwendung die Schrift nicht korrekt übernommen. Wenn Sie viel mit dem Interface Builder arbeiten, können Sie sich mit einem Trick behelfen. Wir wollen das am Beispiel eines Labels umsetzen.

Sie müssen dazu eine neue Klasse *CustomFontLabel* anlegen, die Sie von *UILabel* ableiten. Der Header in der Datei *CustomFontLabel.h* sieht wie folgt aus:

```
#import <UIKit/UIKit.h>

@interface CustomFontLabel : UILabel {

}

@end
```

Beispiel 25.4: *CustomFontLabel.h*

Alle Elemente, die Sie im Interface Builder anlegen, werden über die Methode *initWithCoder:* initialisiert. Diese werden wir implementieren und der Eigenschaft *font* des Labels die neue Schrift zuweisen:

```
#import "CustomFontLabel.h"

@implementation CustomFontLabel

- (id)initWithCoder:(NSCoder *)decoder {
    if ((self = [super initWithCoder:decoder])) {
        // Initialization code
        [self setFont:[UIFont fontWithName:@"AngelicWar"
```

```
                size:self.font.pointSize]];
    }
    return self;
}

- (void)dealloc {
    [super dealloc];
}

@end
```

Beispiel 25.4: *CustomFontLabel.m*

Jetzt müssen Sie im Interface Builder nur noch die neue Klasse *CustomFontLabel* bei Ihren Labels eintragen. Starten Sie den Interface Builder mit dem Viewcontroller, der das Label enthält, das Sie mit der neuen Schrift ausstatten möchten. Öffnen Sie das Inspector-Fenster und klicken Sie auf das rechte Register *Information*. Wählen Sie dort für das ausgewählte Label die Klasse *CustomFontLabel* anstatt *UILabel*. Der hauptsächliche Nachteil dieser Methode ist, dass Sie die eingestellte Schriftart im Interface Builder nicht direkt sehen, also das „What You See Is What You Get"-Feeling an dieser Stelle aufgeben.

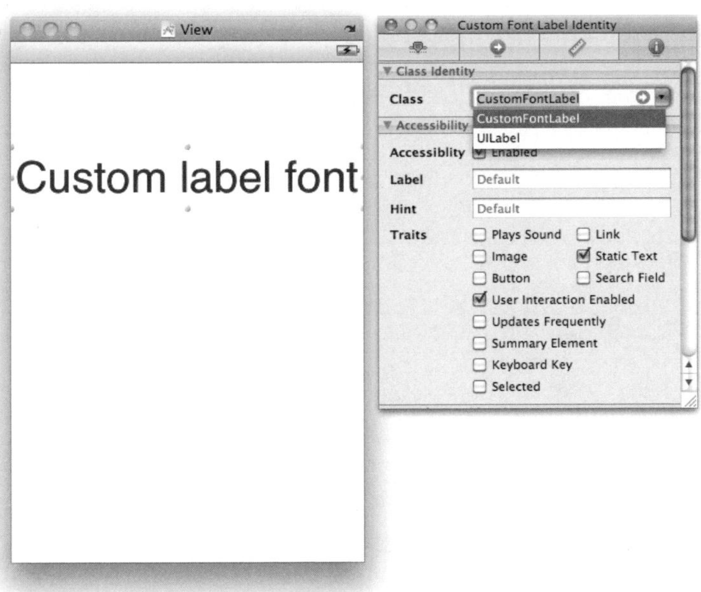

Im Inspector des Interface Builder wird dem UILabel die Klasse CustomFontLabel zugewiesen.

Nach dem Start der Anwendung wird das Label dann in der korrekten Schrift und Schriftgröße aus dem Interface Builder angezeigt.

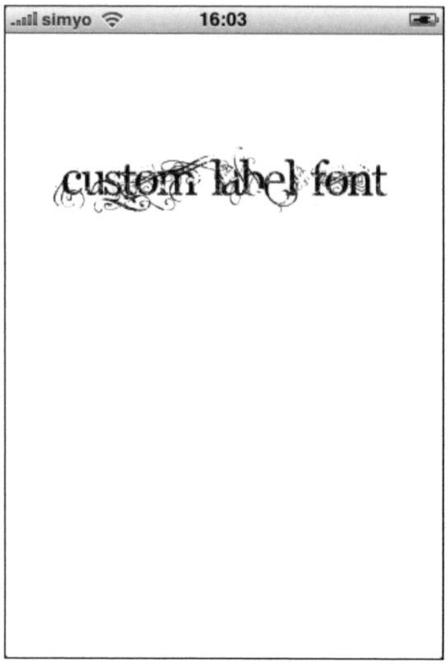

Durch den Trick werden Labels über den Interface Builder in der benutzerdefinierten Schrift dargestellt.

Text in neuen Schriften

Sie können so für beliebige Elemente mit Text wie *UITextView* oder *UITextField* aus dem Interface Builder die neuen Schriften anwenden.

26. Karten mit dem MapKit darstellen

Das *MapKit*-Framework enthält alle Klassen für die Darstellung und Verwendung der Kartenfunktionalität auf dem iPhone und dem iPad. Das Kartenmaterial basiert auf Google Maps und wird online von Google-Servern geladen. Deshalb kann die Kartenfunktonalität nur mit einer Internetverbindung genutzt werden.

Nutzungsbedingungen

Alle Programmierbeispiele in diesem Kapitel verwenden das *MapKit*-Framework. Dieses unterliegt den „Google Maps Terms of Service". Nähere Informationen zu den Nutzungsbedingungen finden Sie in der Header-Datei *MKMapView.h*.

26.1 MapKit für Ihr Projekt

Dieses Kapitel hilft Ihnen, Ihr Projekt fit für das *MapKit* zu machen. Die folgenden Schritte zeigen Ihnen, wie Sie das Framework und die Header-Dateien einbinden. Außerdem erfahren Sie, wie Sie einfach mit dem Interface Builder eine Kartenansicht in Ihren Viewcontroller integrieren können.

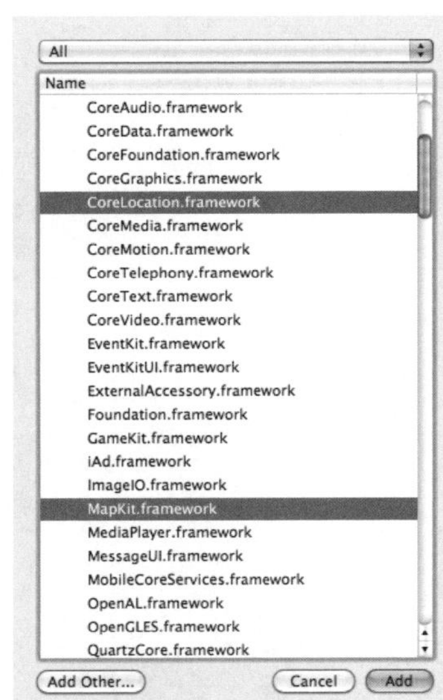

1 Wenn Sie ein bestehendes Projekt um *MapKit*-Funktionalität erweitern wollen, starten Sie mit dem nächsten Punkt. Sofern Sie ein neues Projekt anlegen, beginnen Sie am besten mit der *NavigationController*-Vorlage aus dem Beispielverzeichnis *Templates*.

2 Klicken Sie mit der rechten Maustaste im Bereich *Groups & Files* auf den Ordner *Frameworks* und wählen Sie *Add/Existing Frameworks*.

3 Selektieren Sie die Frameworks *MapKit* und *CoreLocation*. Eine Mehrfachauswahl erzielen Sie durch Drücken der [cmd]-Taste während der Auswahl mit der Maus. Danach klicken Sie auf *Add*.

4 Fügen Sie die Header-Datei-Deklaration der Header-Datei Ihres Viewcontrollers hinzu:
#import <MapKit/MapKit.h>

5 Fügen Sie Ihrem Viewcontroller das Property *myMapView* vom Typ *MKMapView* als *IBOutlet* hinzu:

*@property(nonatomic, retain) IBOutlet MKMapView *myMapView;*

6 Öffnen Sie die XIB-Datei Ihres Viewcontrollers und ziehen Sie einen MapView aus dem Library-Fenster in Ihre Ansicht.

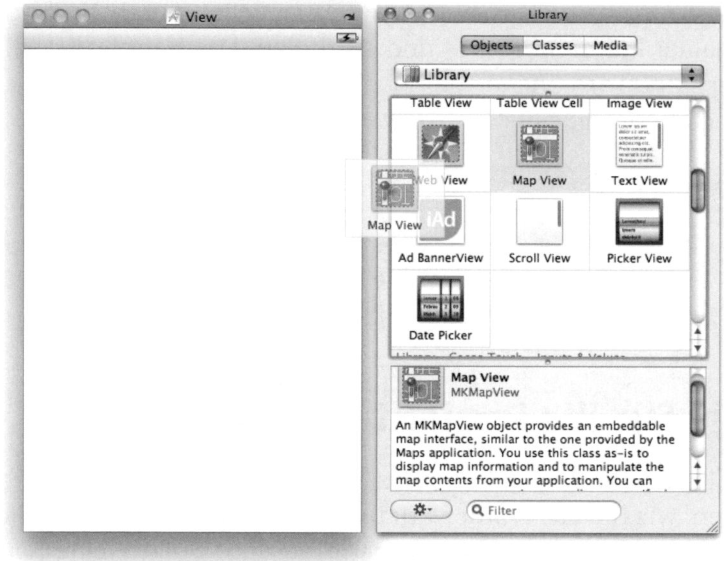

7 Verbinden Sie den *MKMapView* mit dem *IBOutlet myMapView* aus Schritt 5:

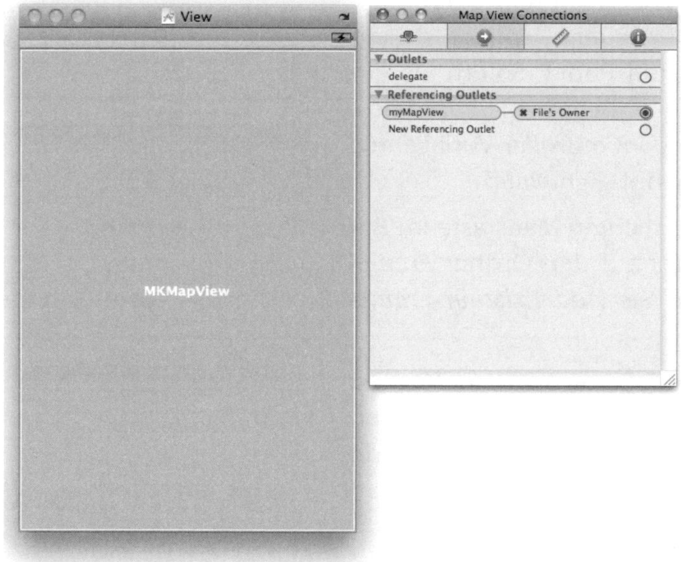

Nun enthält Ihr Projekt eine Kartenansicht, mit der wir in den weiteren Kapiteln arbeiten werden.

26.2 Eine Karte anzeigen

Wenn Sie die Punkte aus dem letzten Abschnitt befolgt haben, sollte nach dem Start der Anwendung eine Weltkarte zu sehen sein. Sie können in der Karte mit dem Finger durch Ziehen navigieren und zoomen. Die folgende Abbildung zeigt den Zustand nach dem Start der Anwendung und nach erfolgtem Pinch-Zoom.

Die Karte direkt nach dem Start (links) und nach einer Zwei-Finger-Zoomgeste.

Die zentrale Klasse der Kartenansicht ist *MKMapView*. Sie übernimmt die komplette grafische Darstellung der Karte und erlaubt Scrollen und Zoomen. Sie ermöglicht Ihnen, Karten als einfachen View in jeder beliebigen Größe in Ihre Anwendung einzubetten.

Kartenausschnitte frei wählen

Momentan fehlt allerdings die Möglichkeit, der Karte einen Ausschnitt vorzugeben. Das *MapKit* definiert dafür zwei Datentypen: *MKCoordinateRegion* und *MKCoordinateSpan*.

MKCoordinateSpan spannt einen Kartenbereich auf, eingeschränkt durch ein Delta der geografischen Länge und Breite jeweils in Grad. Der Datentyp ist wie folgt definiert:

```
typedef struct {
    CLLocationDegrees latitudeDelta;
    CLLocationDegrees longitudeDelta;
} MKCoordinateSpan;
```

Der Abstand zwischen zwei Breitengraden ist nicht von der Position abhängig und beträgt ca. 111,3 km. Dagegen laufen die Längengrade an beiden Polen zusammen. Am Äquator sind zwei Längengrade knapp 111 km auseinander, in unseren Breiten beträgt der Abstand dagegen ca. 71 km im Durchschnitt. Um eine Großstadt wie Berlin einigermaßen abbilden zu können, müssen Sie als Delta ungefähr 0,15° einstellen – also einen Ausschnitt von etwa 17 km auf dem Breitengrad und 11 km auf dem Längengrad. Für ein erstes Beispiel wählen wir:

```
MKCoordinateSpan span;
span.latitudeDelta = 0.15;
span.longitudeDelta = 0.15;
```

MKCoordinateRegion fasst den eben definierten Ausschnitt *span* und eine Geokoordinate als Mittelpunkt zu einer Region zusammen.

```
typedef struct {
    CLLocationCoordinate2D center;
    MKCoordinateSpan span;
} MKCoordinateRegion;
```

Für unser Beispiel müssen wir also noch das Zentrum des Kartenausschnitts wählen. Mit

```
CLLocation *location =
    [[CLLocation alloc] initWithLatitude:52.523405 longitude:13.4114];

MKCoordinateRegion region;
region.center = location.coordinate;
region.span = span;
```

wählen wir einen Punkt im Zentrum Berlins als Referenzpunkt. Mit der Methode *setRegion:animated:* des *MKMapView* können wir die ausgewählte Kartenregion animiert darstellen. Dabei zoomt die Kartenansicht, wie Sie es aus der Karten-App des iPhones gewohnt sind, auf den ausgewählten Bereich:

```
[myMapView setRegion:region animated: YES];
```

Den Kartentyp wählen

Bislang haben wir eine virtuelle Landkarte betrachtet. Das *MapKit* ermöglicht zu dieser als *MKMapTypeStandard* bezeichneten Ansicht noch zwei weitere Kartentypen. *MKMapTypeSatellite* stellt die Karte als Satellitenaufnahme mit fotorealistischen Bildern dar – in Ballungsgebieten bis auf Straßenebene. Eine Mischung aus beiden Ansichten lässt sich mit *MKMapTypeHybrid* erzielen. Diese hybride Darstellung vereint die fotografische Wiedergabe der Umgebung mit Karteninformationen wie Straßennamen und Ortsbezeichnungen aus der normalen Landkarte. Zwischen den einzelnen Typen können Sie mit der Eigenschaft *mapType* der *MKMapView*-Instanz wechseln. Die Anweisung

```
myMapView.mapType = MKMapTypeHybrid;
```

setzt die hybride Ansicht für die Kartenansicht aus den vorherigen Beispielen. Die folgenden Screenshots zeigen den gewählten Ausschnitt über Berlin in den drei verfügbaren Kartendarstellungen:

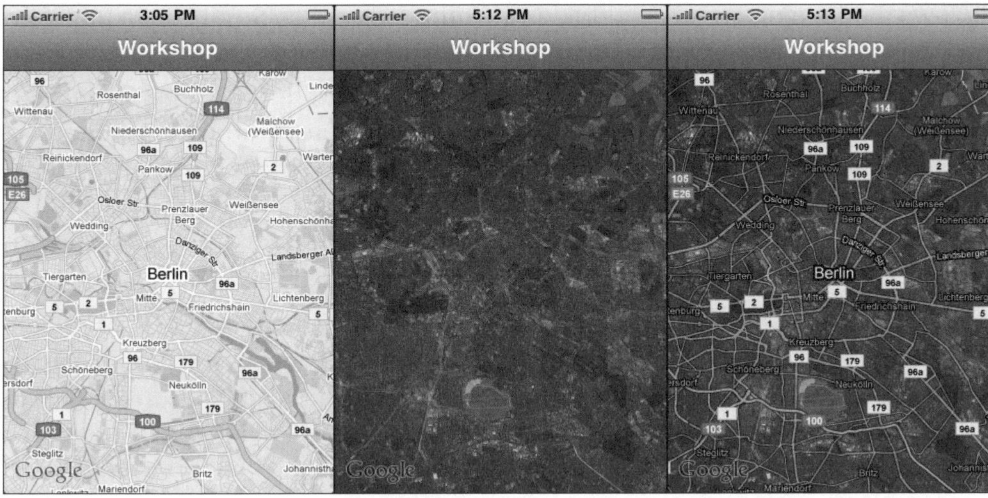

Das Zentrum Berlins in einem Ausschnitt von 0,15° in Länge und Breite als reine Karte, als Satellitenaufnahme und in Hybriddarstellung.

Mit der eigenen Position arbeiten

Der *MKMapView* kümmert sich bei Bedarf auch um die Ermittlung des Standorts des Benutzers. Dazu integriert er eine eigene Instanz vom Typ *CLLocationManager*. Der Vorteil für Sie liegt auf der Hand: Sie können mit nur einer Zeile Code den Standort des Nutzers anzeigen. Änderungen der Position und die korrekte Darstellung als blauer Punkt auf der Karte nimmt Ihnen die Karte ab.

Sie müssen dazu nur die Eigenschaft *showsUserLocation* auf *YES* stellen. Zu jeder Zeit können Sie dann die aktuelle Position des Benutzers mit *userLocation* abfragen oder durch *userLocationVisible* feststellen, ob sich das Rechteck, das durch die aktuelle Genauigkeit der Benutzerposition bestimmt ist, im sichtbaren Bereich der Karte befindet.

> **Hinweis**
>
> Die Quelltexte dieses Kapitels sind in Beispiel 26.1 zu finden.

26.3 Informationen auf Karten präsentieren

Eine Kartenansicht dient oft als Alternative zu einer Listenansicht für georeferenzierte Daten. Dadurch können Informationen wie ein nahes Restaurant, ein Kino oder die nächste Tankstelle im Kontext der Karte präsentiert werden. Dem Benutzer eröffnen diese Informationen einen für seine Situation oft besseren Zugang zu den Informationen. Auf einen Blick kann er abschätzen, welches das beste Restaurant in der Umgebung ist oder wie lange er zum nächsten Einkaufszentrum brauchen wird.

Das *MapKit* kennt zwei Möglichkeiten, Informationen auf der Karte darzustellen: Anmerkungen und Overlays. Anmerkungen basieren immer auf genau einem Punkt auf der Karte. Sie enthalten neben der Koordinate noch einen Titel und einen Untertitel, die für diese Koordinate vergeben werden können. Die Anmerkung wird an ihrer Koordinate grafisch in der Karte dargestellt. Meistens wird dafür ein Pin, wie Sie ihn sicherlich aus der Karten-App kennen, verwendet. Sie werden später aber auch sehen, wie sich eigene grafische Ansichten für eine Anmerkung erstellen und benutzen lassen.

Overlays überlagern – wie die wörtliche Übersetzung schon vermuten lässt – die Karte. Anders als bei der einfachen Anmerkung sind Sie aber nicht auf einen Punkt auf der Karte festgelegt. Sie können beliebige Pfade und Formen darstellen. So können Sie zum Beispiel Bahnlinien oder bestimmte Regionen auf der Karte markieren oder auch die letzte Route mit dem Mountainbike hervorheben.

Anmerkungen und Overlays werden jeweils in einer eigenen Ebene der Karte angezeigt. Dadurch erscheinen sie immer im Vordergrund und werden mit der Karte bewegt bzw. vergrößert oder verkleinert. Eine Anmerkung wird beim Zoom nicht in der Größe verändert. Overlays dagegen repräsentieren einen bestimmten Teil der Karte als grafische Überlagerung und werden deshalb natürlich entsprechend der Kartengröße dargestellt.

Die Karte mit Anmerkungen anreichern

Eine Anmerkung ist im *MapKit* ein Objekt, das das Protokoll *MKAnnotation* implementiert. Bis zur Version 4.0 des SDK haben Sie vergeblich nach einer mitgelieferten Implementierung gesucht. Selbst für einfachste Anmerkungen mussten Sie eine eigene Umsetzung des Protokolls erstellen. Die Klasse *MKPointAnnotation* schließt diese offensichtliche Lücke im SDK. So steht Ihnen nun, ohne eine Zeile eigenen Codes, eine einfache Anmerkung mit den drei Eigenschaften aus den Methoden des Protokolls zur Verfügung:

- *coordinate*: Bestimmt die Koordinate der Anmerkung.
- *title*: Benennt den Titel oder die Bezeichnung der Anmerkung.
- *subtitle*: Ein weiteres Titelfeld, das als Untertitel oder Beschreibung angezeigt wird.

Eine *MKAnnotation* – genauer gesagt, ein Objekt einer Klasse, die das Protokoll implementiert – bestimmt den Modellteil einer Anmerkung. Auch hier finden wir also wieder das Model-View-Control-Entwurfsmuster vor. Die Idee ist hier, die leichtgewichtigen Daten einer Anmerkung wie die Koordinate oder die Bezeichnung von der speicherintensiven Darstellung zu entkoppeln. Außerdem können Sie so aus jedem Objekt Ihres Datenmodells eine Anmerkung machen. Das hat den Vorteil, dass sich Änderungen an Objekten des Modells direkt auf die Kartendarstellung niederschlagen können.

Lassen Sie uns nun eine erste Anmerkung als typischen POI (**P**oint **O**f **I**nterest) erstellen, also zum Beispiel eine für das Brandenburger Tor in Berlin:

```
MKPointAnnotation *annotation =
    [[[MKPointAnnotation alloc] init] autorelease];

annotation.title = @"Brandenburger Tor";
annotation.subtitle = @"Pariser Platz 7";
annotation.coordinate = location.coordinate;
```

Beispiel 26.2: *WorkshopViewController.m* (Ausschnitt)

Die Koordinate wird hier aus einem bereits bestehenden Objekt vom Typ *CLLocation* benutzt. Als Untertitel wurde die Postanschrift des Brandenburger Tors gewählt.

Nun müssen wir die Anmerkung nur noch mit der Karte assoziieren. Dazu enthält *MKMapView* die Methoden *addAnnotation:* und *addAnnotations:*, die es erlauben, Anmerkungen einzeln oder als komplettes Array in die Karte einzufügen:

```
[myMapView addAnnotation:annotation];
```

Die Karte kümmert sich ab diesem Moment um die Darstellung. Sobald die Koordinate einer Anmerkung in den sichtbaren Bereich kommt, wird für diese die Delegate-Methode *mapView:viewForAnnotation:* des Protokolls *MKMapViewDelegate* aufgerufen. Mit dieser werden wir nach dem View für die Anmerkung gefragt. Sofern Sie eine einfache Darstellung als Pin wünschen, die automatisch beim Klick auf den Pin eine Sprechblase bzw. ein Callout mit Titel und Untertitel anzeigt, sind Sie hier fertig. Sie brauchen dann die Delegate-Methode nicht zu implementieren. Die Karte stellt sich im Bereich des Brandenburger Tors dann folgendermaßen dar:

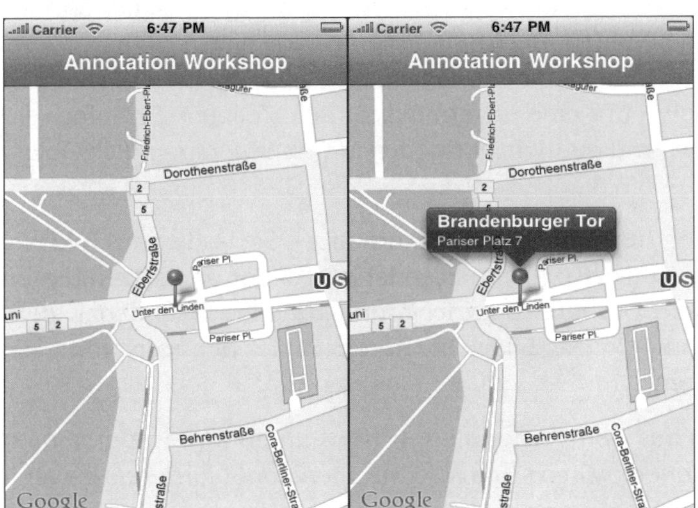

Eine Anmerkung, dargestellt durch einen roten Pin. Beim Klick auf den Pin öffnet sich die Sprechblase mit den Details.

Erst wenn wir Modifikationen an der Darstellung benötigen, sollten wir die Delegate-Methode des *MKMapViewDelegate* implementieren. Dort lässt sich dann die Ansicht der Anmerkung anpassen. Im Folgenden werden wir die Farbe des Pins auf Grün ändern und der Sprechblase noch ein Bild links von Titel und Beschreibung hinzufügen:

```
1  - (MKAnnotationView *)mapView:(MKMapView *)mapView
2      viewForAnnotation:(id <MKAnnotation>)annotation {
3
4      MKPinAnnotationView *pin = (MKPinAnnotationView*)
5          [mapView dequeueReusableAnnotationViewWithIdentifier:@"pin"];
6
7      if (!pin) {
8          pin = [[[MKPinAnnotationView alloc]
9              initWithAnnotation:annotation
10             reuseIdentifier:@"Annotation"] autorelease];
11     }
12
13     UIImageView *imageView =
14         [[[UIImageView alloc] initWithImage:
15         [UIImage imageNamed:@"brandenburger_tor.jpg"]] autorelease];
16
17     pin.leftCalloutAccessoryView = imageView;
18     pin.pinColor = MKPinAnnotationColorGreen;
19     pin.canShowCallout = YES;
20
21     return pin;
22 }
```

Beispiel 26.2: *WorkshopViewController.m – mapView:viewForAnnotation:*

Ähnlich wie bei Tabellen werden Anmerkungen nur dann angezeigt, wenn sie sich im sichtbaren Bereich befinden. Deshalb können gerade nicht sichtbare Views wiederverwendet werden. Die Methode *dequeueReusableAnnotationViewWithIdentifier:* des MapView liefert uns eine ungenutzte zurück (Zeilen 4–5). Sofern ein Recyceln nicht möglich ist, müssen wir ein neues *MKPinAnnotationView*-Objekt erzeugen (Zeilen 7–11).

Danach erzeugen wir einen *UIImageView* mit einem Bild – Sie finden das Bild wie gewohnt im Beispielverzeichnis 26.2 – vom Brandenburger Tor und setzen diesen als *leftCalloutAccessoryView*. Der *leftCalloutAccessoryView* wird links neben dem Titel hinzugefügt (Zeilen 13–17). Das Bild sollte bereits in der richtigen Höhe von maximal 32 Pixeln vorliegen.

Die Farbe des Pins kann aus den vordefinierten Konstanten *MKPinAnnotationColorRed*, *MKPinAnnotationColorGreen* und *MKPinAnnotationColorPurple* gewählt werden.

Zuletzt erlauben wir das Öffnen der Sprechblase durch Setzen von *canShowCallout* auf *YES*. Beim Klick auf den Pin öffnet sich nun die Sprechblase, wie in der Abbildung unten dargestellt.

Ein grüner Pin und die Sprechblase mit einem Bild neben Titel und Beschreibung.

Seit dem SDK 4.0 sind Pins nun nicht mehr an einer Stelle fixiert. Sie können den Benutzer Pins auf der Karte verschieben lassen. Wie die Abbildung zeigt, wird das mit einer Animation beim Anheben und Absenken begleitet. Mit der Eigenschaft *draggable* können Sie das Verhalten aktivieren. So schnell wurde bestimmt noch kein Bauwerk der Größe des Brandenburger Tors vom Fleck bewegt. Die Benutzer Ihrer Anwendung können so eigene Anmerkungen setzen und verschieben oder bestehende direkt in der Kartenansicht korrigieren.

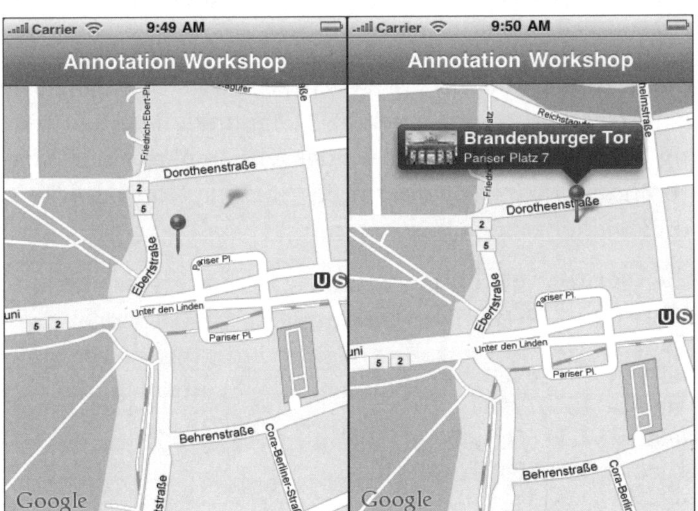

Mit der Eigenschaft draggable werden Pins beweglich. Nutzer haben so die Möglichkeit, Fehler oder Abweichungen von Anmerkungen direkt in der Karte zu beheben.

Kartenoverlays

Die Domäne der Anmerkungen ist die Darstellung einzelner Punkte auf der Karte. Wenn Sie nun Pfade, Routen oder ganze Gebiete auf einer Karte markieren wollen, stoßen Sie damit an Grenzen. Im SDK ab Version 4.0 wurden zu diesem Zweck Overlays eingeführt. Mit Overlays lassen sich Beziehungen mehrerer Koordinaten oder Punkte zueinander auf der Karte visualisieren. Sie werden durch Objekte repräsentiert, die das Protokoll *MKOverlay* implementieren. Das SDK bietet hier für die wichtigsten Szenarien konkrete Implementierungen an. Auch hier findet sich das MVC-Design-Pattern wieder. Jeder Modellklasse steht eine View-Klasse zur Seite, die für eine geeignete Darstellung sorgt:

- *MKCircle* und *MKCircleView*: Erzeugen ein kreisförmiges Overlay. Der Kreis wird durch eine Geokoordinate als Mittelpunkt und einen Radius in Metern definiert. Er kann gefüllt und die Linienstärke der Umrandung kann beeinflusst werden.
- *MKPolygon* und *MKPolygonView*: Erzeugen ein geschlossenes Polygon. Eine Liste von Punkten oder Koordinaten definiert dabei die Form. Der erste und der letzte Punkt werden automatisch verbunden. Innerhalb des Polygons können Bereiche definiert werden, die aus dem Polygon ausgeschlossen werden.
- *MKPolyline* und *MKPolylineView*: Erzeugen eine Liniendarstellung, definiert durch einzelne Linien zwischen einer Liste von Punkten oder Koordinaten.

Der Ablauf ist analog zu den Anmerkungen: Zuerst fügen Sie mit der Methode *addOverlay:* oder *addOverlays:* der Karte ein oder mehrere Overlays hinzu. Sobald eines der Overlays in den sichtbaren Bereich kommt, wird die Delegate-Methode *mapView:viewForOverlay:* aufgerufen, in der Sie den entsprechenden View für das Overlay erzeugen müssen.

Im Folgenden werden wir eine Route und ein Polygon in die Karte einfügen. Zuerst definieren wir dafür ein Array von Koordinaten als Wegpunkte für die Overlays. Anhand der Abbildung unten können Sie sehen, dass die Punkte einen Spaziergang ausgehend vom Brandenburger Tor durch die Straßen „Unter den Linden“ und Friedrichstraße und wieder zurück beschreiben.

```
CLLocationCoordinate2D coordinates [14];
coordinates[0].latitude = 52.516260;
coordinates[0].longitude = 13.377711;
coordinates[1].latitude = 52.516560;
coordinates[1].longitude = 13.379459;
coordinates[2].latitude = 52.516665;
coordinates[2].longitude = 13.380404;
coordinates[3].latitude = 52.517135;
coordinates[3].longitude = 13.388815;
coordinates[4].latitude = 52.519146;
```

```
coordinates[4].longitude = 13.388386;
coordinates[5].latitude = 52.522123;
coordinates[5].longitude = 13.388000;
coordinates[6].latitude = 52.523872;
coordinates[6].longitude = 13.387570;
coordinates[7].latitude = 52.523219;
coordinates[7].longitude = 13.383880;
coordinates[8].latitude = 52.522593;
coordinates[8].longitude = 13.379631;
coordinates[9].latitude = 52.518101;
coordinates[9].longitude = 13.380404;
coordinates[10].latitude = 52.517788;
coordinates[10].longitude = 13.377142;
coordinates[11].latitude = 52.517605;
coordinates[11].longitude = 13.377056;
coordinates[12].latitude = 52.516848;
coordinates[12].longitude = 13.377228;
coordinates[13].latitude = 52.516221;
coordinates[13].longitude = 13.376756;
```

Beispiel 26.3: *WorkshopViewController.m* (Ausschnitt)

Diese Koordinaten bilden die Grundlage für eine Route, die wir als *MKPolyLine* anlegen. Dabei wird jeweils der nächste Wegpunkt mit dem vorigen durch eine Linie verbunden. Diese Route übergeben wir unserer Karte *myMapView* als Overlay:

```
MKPolyline *polyline =
    [MKPolyline polylineWithCoordinates:coordinates count:14];
[myMapView addOverlay:polyline];
```

Um die Route auf der Karte anzuzeigen, müssen wir die Delegate-Methode *mapView:viewForOverlay:* implementieren. Im Gegensatz zu Anmerkungen existiert für Overlays keine Standarddarstellung. Im Delegate erstellen wir also ein View-Objekt vom Typ *MKPolylineView*, das die Darstellung des Overlays übernimmt. Die View-Klassen für Overlays enthalten eine Vielzahl an Eigenschaften, durch die Sie die Darstellung Ihren Vorgaben entsprechend anpassen können.

```
MKPolylineView *view =
    [[[MKPolylineView alloc] initWithOverlay:overlay] autorelease];
view.strokeColor = [UIColor orangeColor];
view.lineWidth = 3.0f;
```

Wir begnügen uns hier mit Orange als Zeichenfarbe und der Festlegung einer Linienstärke von 3. Für weitere Eigenschaften lohnt ein Blick in die Klassenreferenzen in der Entwicklerdokumentation. Wie die Route aussieht, sehen Sie in der Abbildung weiter unten.

Zum Abschluss wollen wir mit unseren Wegpunkten noch eine gefüllte Fläche als Polygon erstellen. Mit Polygonen eröffnet sich Ihnen die Möglichkeit, Flächen auf der Karte zu repräsentieren. So können Sie beispielsweise einen Nationalpark in voller Ausdehnung markieren oder Grundstücke in einer Immobilienanwendung hervorheben. Das Polygon wird analog zum vorherigen Beispiel mit den Wegpunkten initialisiert und in die Karte eingefügt:

```
MKPolygon *polygon =
    [MKPolygon polygonWithCoordinates:coordinates count:14];
[myMapView addOverlay:polygon];
```

Beispiel 26.3: *WorkshopViewController.m* (Ausschnitt)

In der Delegate-Methode müssen wir jetzt einen *MKPolygonView* erzeugen und ihn mit unseren Wegpunkten füttern. Über Eigenschaften wie *fillColor*, *alpha* und *strokeColor* passen wir den View an. Das Polygon wird so halbtransparent als ausgefüllte Fläche gezeichnet.

```
- (MKOverlayView *)mapView:(MKMapView *)mapView
    viewForOverlay:(id <MKOverlay>)overlay {

    MKPolygonView *view =
        [[[MKPolygonView alloc] initWithOverlay:overlay] autorelease];
    view.fillColor = [UIColor orangeColor];
    view.alpha = 0.5f;
    view.strokeColor = [UIColor orangeColor];
}
```

Beispiel 26.3: *WorkshopViewController.m* (Ausschnitt)

In der folgenden Abbildung werden die beiden Darstellungen der Wegpunkte gegenübergestellt.

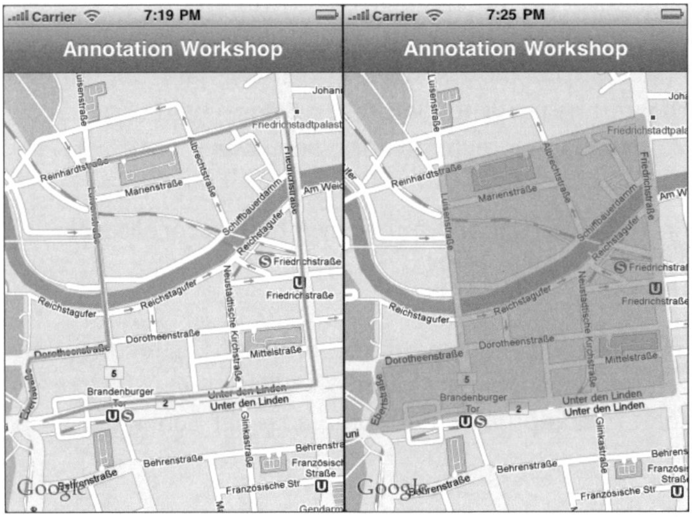

Eine Route und ein Polygon aus 14 Wegpunkten als Overlay auf der Karte.

Da sich Overlays überlappen können, existieren einige Methoden, die die Darstellungsreihenfolge beeinflussen. *insertOverlay:atIndex:* fügt ein Overlay an einer bestimmten Index- bzw. Reihenfolgenposition ein. Mit *exchangeOverlayAtIndex:withOverlayAtIndex:* tauschen zwei Overlays ihre Positionen.

Overlays sind ein völlig neuen Ansatz, Metainformationen auf einer Karte anzuzeigen. Sie beschränken uns nun nicht mehr nur auf die Darstellung einzelner geografischer Punkte, sondern ermöglichen es, Strecken, Wege und ganze Regionen zu markieren. Dabei ist die Verwendung ebenso einfach und schnell umgesetzt, wie Sie es bereits von Anmerkungen gewohnt waren.

26.4 Workshop: Eigene Pins erstellen

Im letzten Kapitel wurden Anmerkungen mit Pins als einfaches Hilfsmittel zur Darstellung von Informationen auf einer Karte vorgestellt. Darauf aufbauend, wollen wir in einem Workshop eine eigene grafische Repräsentation von Pins gestalten. Anstelle der vordefinierten, in nur drei Farben verfügbaren Pins wollen wir eine eigene Grafik als Pin verwenden.

Mit diesen Pins werden wir die 84 größten Städte Deutschlands in der Karte anzeigen. Durch Klick auf einen der Pins werden dann der Name der Großstadt und die Anzahl ihrer Einwohner angezeigt.

Die Benutzerschnittstelle für diesen Workshop ist sehr einfach. Erstellen Sie das Projekt, wie in Kapitel 26.1 beschrieben. Mit der Karte als einzigem Outlet *myMapView* haben wir auch schon die komplette Oberfläche gestaltet.

Das Datenmodell

Die Städte repräsentieren wird in einer Modellklasse *City*. Diese enthält neben dem Namen der Stadt noch jeweils eine Längen- und Breitenangabe sowie die Anzahl der Einwohner. Als schreibgeschützte Eigenschaft fügen wir noch die Geokoordinate hinzu, die wir aus der Länge und Breite erzeugen.

```
#import <Foundation/Foundation.h>
#import <MapKit/MapKit.h>

@interface City : NSObject {
    CLLocationCoordinate2D coordinate;

    NSString *name;
    float latitude;
    float longitude;
    int population;
}

```

```
@property (nonatomic, assign, readonly)
    CLLocationCoordinate2D coordinate;

@property(nonatomic, retain) NSString *name;
@property(nonatomic, assign) float latitude;
@property(nonatomic, assign) float longitude;
@property(nonatomic, assign) int population;

@end
```

Beispiel 26.4: *City.h*

Die Implementierung der Klasse beschränkt sich auf die Methode *dealloc* und die Getter-Methode *coordinate*. Diese liefert eine *CLLocationCoordinate2D* aus der Längen- und Breitenangabe der Stadt zurück.

```
#import "City.h"

@implementation City
@synthesize name, latitude, longitude, population;

- (CLLocationCoordinate2D) coordinate;
{
    CLLocationCoordinate2D theCoordinate;
    theCoordinate.latitude = latitude;
    theCoordinate.longitude = longitude;
    return theCoordinate;
}

- (void) dealloc {
    [name release];
    [super dealloc];
}

@end
```

Beispiel 26.4: *City.m*

Die Städteliste laden

Die Städteinformationen liegen als Property-Liste in der Datei *cities.plist* im Beispielverzeichnis 26.4 vor. Aus dieser Liste werden wir die Städte einlesen und in Objekte unserer Modellklasse *City* überführen. *cities.plist* ist als Array von Dictionaries organisiert. Jedes Dictionary enthält jeweils Schlüssel-Wert-Paare für eine Stadt. Die Struktur ist anhand des folgenden Beispiels ersichtlich:

```
<array>
    <dict>
        <key>cityKey</key>
```

```
        <string>Aachen</string>
        <key>latitudeKey</key>
        <string>50.7667</string>
        <key>longitudeKey</key>
        <string>6.1</string>
        <key>citizensKey</key>
        <string>257821</string>
    </dict>
    ...
</array>
```

Property-Listen

Property-Listen sind serialisierte Objekte aus den *Foundation*-Datentypen *NSString*, *NSNumber*, *NSDate*, *NSData*, *NSArray* und *NSDictionary*. In Objective-C werden sie als XML-Dokument gespeichert. Über den eingebauten Property List Editor können Sie eine Property-Liste ohne XML-Kenntnisse editieren.

Aus dieser Struktur lässt sich mit wenigen Zeilen Code ein Array erstellen. Dieses Array enthält dann *NSDictionary*-Objekte mit den Nutzdaten. Über das *mainBundle* lassen wir uns den Pfad für unsere Datei zurückgeben. Die Convenience-Methode *arrayWithContentsOfFile:* lädt die Datei und erzeugt ein Array aus den Daten:

```
NSString *path = [[NSBundle mainBundle]
    pathForResource:@"cities" ofType:@"plist"];

NSArray *citiesArray =
    [NSArray arrayWithContentsOfFile:path];
```

Beispiel 26.4: *WorkshopViewController.m* (Ausschnitt)

Zur Speicherung der *City*-Objekte erstellen wir ein temporäres Array. In einer Aufzählung iterieren wir über das *citiesArray* und erzeugen aus dem *NSDictionary* ein Objekt.

```
NSMutableArray *cities = [NSMutableArray arrayWithCapacity:
    [citiesArray count]];

NSDictionary *cityObject;
for (cityObject in citiesArray)
{
    City *city = [[City alloc] init];
    city.name =
        [cityObject objectForKey:@"cityKey"];
    city.latitude =
        [[cityObject objectForKey:@"latitudeKey"] floatValue];
    city.longitude =
```

```
        [[cityObject objectForKey:@"longitudeKey"] floatValue];
    city.population =
        [[cityObject objectForKey:@"citizensKey"] intValue];

    [cities addObject:city];
    [city release];
}
```

Beispiel 26.4: *WorkshopViewController.m* (Ausschnitt)

Die Anmerkungen erstellen

Für jede Stadt im Array *cities* erzeugen wir eine Anmerkung, die wir in die Karte einfügen:

```
for (City* city in cities) {
    MKPointAnnotation* annotation = [[MKPointAnnotation alloc] init];
    annotation.title = city.name;
    annotation.subtitle =
    [NSString stringWithFormat:@"%d Inhabitants",
     city.population];
    annotation.coordinate = city.coordinate;

    [myMapView addAnnotation:annotation];
    [annotation release];
}
```

Beispiel 26.4: *WorkshopViewController.m* (Ausschnitt)

Eigene Pins erzeugen

Wir haben nun 84 Anmerkungen in unserer Karte. Um die Standard-Pin-Darstellung zu vermeiden, werden wir die Delegate-Methode *mapView:viewForAnnotation:* implementieren.

Wir erzeugen einen eigenen *MKAnnotationView*. *MKAnnotationView* stellt die Basisklasse für alle Views von Anmerkungen dar. Wir hätten natürlich auch die Möglichkeit, eine eigene Klasse ähnlich wie *MKPinAnnotationView* davon abzuleiten. Allerdings bietet uns die Basisklasse schon sämtliche Funktionalitäten, die wir für unser Vorhaben brauchen. Mit der Eigenschaft *image* können wir unsere eigene Grafik hinterlegen. Wie gewohnt, finden Sie die Datei *pin.png* im Beispielverzeichnis 26.4. Abschließend passen wir die Position unseres Pins mithilfe der Eigenschaft *centerOffset* so an, dass die Spitze des Pins mittig auf der Koordinate landet, und richten die Sprechblase mittig über dem Pin aus. Durch Setzen von *canShowCallout* gestalten wir den Pin interaktiv. Bei einem Klick wird dann die vorher zentrierte Sprechblase angezeigt. Die komplette Methode gestaltet sich folgendermaßen:

```
- (MKAnnotationView *)mapView:(MKMapView *)mapView
    viewForAnnotation:(id <MKAnnotation>)annotation {
    static NSString* identifier = @"CityAnnotation";

    MKAnnotationView *pin = [[MKAnnotationView alloc]
        initWithAnnotation:annotation reuseIdentifier: identifier];
    if (pin == nil)
        pin = [[[MKAnnotationView alloc] initWithAnnotation:annotation
            reuseIdentifier: identifier] autorelease];
    pin.image = [UIImage imageNamed:@"pin.png"];
    pin.centerOffset = CGPointMake(8.0f,-18.0f);
    pin.calloutOffset =  CGPointMake(-8.0f,0.0f);
    pin.canShowCallout = YES;
    return pin;
}
```

Beispiel 26.4: *WorkshopViewController.m – mapView:viewForAnnotation:*

In der Abbildung sehen Sie die selbst definierten Pins auf der Karte und eine geöffnete Sprechblase. Die Schatten der Pins sind in der Grafikdatei eingearbeitet. In der nebenstehenden Abbildung sehen Sie den Pin auf transparentem Hintergrund.

Die 84 größten Städte Deutschlands – dargestellt mit eigenen Pins.

Der Workshop

Die komplette Implementierung des Viewcontrollers finden Sie im folgenden Workshop:

```
#import <UIKit/UIKit.h>
#import <MapKit/MapKit.h>

```

```
@interface WorkshopViewController : UIViewController
    <MKMapViewDelegate> {
    IBOutlet MKMapView *myMapView;
}

@property(nonatomic, retain) IBOutlet MKMapView *myMapView;

@end
```

Beispiel 26.4: *WorkshopViewController.h*

```
#import "WorkshopViewController.h"
#import "City.h"

@implementation WorkshopViewController
@synthesize myMapView;

- (void)viewDidLoad {
    [super viewDidLoad];

    self.title = @"Workshop Custom Pins";

    NSString *path = [[NSBundle mainBundle]
        pathForResource:@"cities" ofType:@"plist"];

    NSArray *citiesArray =
        [NSArray arrayWithContentsOfFile:path];

    NSMutableArray *cities = [NSMutableArray arrayWithCapacity:
        [citiesArray count]];

    NSDictionary *cityObject;
    for (cityObject in citiesArray)
    {
        City *city = [[City alloc] init];
        city.name =
            [cityObject objectForKey:@"cityKey"];
        city.latitude =
            [[cityObject objectForKey:@"latitudeKey"] floatValue];
        city.longitude =
            [[cityObject objectForKey:@"longitudeKey"] floatValue];
        city.population =
            [[cityObject objectForKey:@"citizensKey"] intValue];

        [cities addObject:city];
        [city release];
    }

```

```
    MKCoordinateRegion region;
    MKCoordinateSpan span;

    span.latitudeDelta = 0.15;
    span.longitudeDelta = 0.15;

    span.latitudeDelta = 8.0;
    span.longitudeDelta = 8.0;

    CLLocation *location = [[CLLocation alloc]
        initWithLatitude:51.311288 longitude:9.546583];

    region.center = location.coordinate;

    region.span = span;

    myMapView.delegate = self;

    [myMapView setRegion:region animated: YES];
    [location release];

    // add the annotations
    for (City* city in cities) {
        MKPointAnnotation* annotation = [[MKPointAnnotation alloc]
            init];
        annotation.title = city.name;
        annotation.subtitle =
            [NSString stringWithFormat:@"%d Inhabitants",
            city.population];
        annotation.coordinate = city.coordinate;

        [myMapView addAnnotation:annotation];
        [annotation release];
    }
}

- (MKAnnotationView *)mapView:(MKMapView *)mapView
    viewForAnnotation:(id <MKAnnotation>)annotation {
    static NSString* identifier = @"CityAnnotation";

    MKAnnotationView *pin = [[MKAnnotationView alloc]
        initWithAnnotation:annotation reuseIdentifier: identifier];
    if (pin == nil)
        pin = [[[MKAnnotationView alloc] initWithAnnotation:annotation
            reuseIdentifier: identifier] autorelease];
    pin.image = [UIImage imageNamed:@"pin.png"];
    pin.centerOffset = CGPointMake(8.0f,-18.0f);
    pin.calloutOffset =  CGPointMake(-8.0f,0.0f);
```

```
    pin.canShowCallout = YES;
    return pin;
}

- (void)dealloc {
    [myMapView release];
    [super dealloc];
}

@end
```

Beispiel 26.4: *WorkshopViewController.m*

26.5 Workshop: Adressen aus Koordinaten ermitteln

Wo bin ich eigentlich gerade? Welche Adresse liegt einer bestimmten Geokoordinate zugrunde? Diese Fragestellungen treten in ortsbasierten Anwendungen häufiger auf. Glücklicherweise hat das *MapKit*-Framework darauf auch eine Antwort: das Reverse Geocoding. Ins Deutsche übertragen, meint es die Übersetzung einer Geokoordinate in eine gewöhnliche Adresse. Aus einer beliebigen GPS-Koordinate kann so in Sekundenschnelle eine Anschrift, eine Postleitzahl oder ein Ort ermittelt werden.

Dieser Dienst baut auf dem Service Google Maps auf. Deshalb unterliegt er wie alle Funktionen dieses Kapitels speziellen Nutzungsbedingungen. Eine wichtige Erweiterung der Nutzungsbedingung ist die Anforderung, dass das Reverse Geocoding nur in Verbindung mit einer Kartenansicht von Google verwendet werden darf. Es muss also immer eine Karte sichtbar sein, wenn Sie eine Adresse aus einer Geokoordinate ermitteln wollen.

Zusätzlich wird in der Entwicklerdokumentation explizit darauf hingewiesen, dass eine Anwendung den Gebrauch dieser Funktion auf ein Minimum beschränken soll. Ansonsten können aufgrund von Limitierungen weitere Anfragen unbeantwortet bleiben. Als Richtwert wird eine Anfrage pro Minute angegeben. Die Erfahrung zeigt, dass der Dienst für den normalen, nicht exzessiven Gebrauch ohne große Beschränkungen einsetzbar ist.

Koordinaten übersetzen

Die Klasse *MKReverseGeocoder* sorgt für eine Anfrage an den Google-Service mit einer vorgegebenen Koordinate. Eine Instanz der Klasse ist unveränderlich, somit kann sie nur für eine Adresssuche verwendet werden. Das Ergebnis wird in einer Instanz der Klasse *MKPlacemark* zurückgeliefert.

Die wichtigsten Eigenschaften von *MKPlacemark* sind:

- *administrativeArea*: Staat, Bundesland oder Provinz.
- *country*: Das Land, in dem sich die Koordinate befindet.
- *locality*: Die Ortsbezeichung.
- *postalCode*: Die Postleitzahl.
- *subLocality*: Weitere Informationen zum Ort, beispielsweise der Ortsteil.
- *thoroughfare*: Straßenname oder Straßenbezeichnung.
- *subThoroughfare*: Weitere Informationen zur Straßenbezeichnung, wie Hausnummer oder Hausnummernblöcke.

Zusätzlich enthält das *MKPlacemark*-Objekt noch ein Dictionary mit den Adressinformationen. Dieses kann zum Beispiel zur Erzeugung einer Adressinformation für einen Adressbucheintrag benutzt werden. Wir machen uns hier den Eintrag unter dem Schlüssel *FormattedAddressLines* zunutze. Das ist eine fertig formatierte Adresse als Array. Mit der Methode *componentsJoinedByString* aus der Klasse *NSArray* lässt sich daraus ein einzelner String mit einem beliebigen Trennzeichen erzeugen.

Als Koordinate für das Reverse Geocoding wählen wir die Mitte der Karte. Dort platzieren wir später im Interface Builder noch ein kleines Fadenkreuz zur einfacheren Positionierung. Das Übersetzen der Koordinate in eine Adresse mit einem *MKReverseGeocoder* ist einfach:

```
self.geocoder = [[[MKReverseGeocoder alloc]
      initWithCoordinate:myMapView.centerCoordinate] autorelease];
geocoder.delegate = self;
[geocoder start];
```

Den *geocoder* deklarieren wir als Property des Viewcontrollers. Das hat den Vorteil, dass eine vorherige Instanz des Geocoders jeweils bei der Erzeugung der neuen automatisch freigegeben wird. Über das *delegate* des Protokolls *MKReverseGeocoderDelegate* werden wir über das Ergebnis der Adressanfrage informiert. Wir müssen also die beiden Methoden *reverseGeocoder:didFindPlacemark:* und *reverseGeocoder:didFailWithError:* implementieren. Dort setzen wir nur den Text des Labels für die Ausgabe der Adresse, sofern eine Adresse zurückgeliefert werden konnte:

```
addressLabel.text = [[placemark.addressDictionary valueForKey:
    @"FormattedAddressLines"] componentsJoinedByString:@"\n"];
```

Im Workshop wollen wir jede Koordinate, die der Benutzer der Anwendung durch Scrollen und Zoomen in der Karte in das Fadenkreuz bringt, in eine Adresse umwandeln. Dazu müssen wir uns das Protokoll *MKMapViewDelegate* des *MKMapView* noch einmal ansehen. Jedes Mal, wenn sich der Kartenausschnitt nach dem Scrollen oder Zoomen ändert, wird die Delegate-Methode *mapView:regionDidChangeAnimated:* aufgerufen. In die Delegate-Methode implementieren wir die Abfrage der Adresse.

Die Benutzerschnittstelle des Workshops

In diesem Workshop benötigen wir drei verschiedene Elemente, die wir über den Interface Builder bearbeiten: einen *MKMapView*, den Sie wie in Kapitel 26.1 beschrieben in den Viewcontroller ziehen und mit dem *IBOutlet myMapView* verbinden.

In der Mitte der Kartenansicht wird ein kleines Fadenkreuz platziert. Die Datei *crosshair.png* können Sie aus dem Beispielverzeichnis 26.5 nehmen. Zur einfacheren Ausrichtung bedienen wir uns hier einiger Hilfslinien. Diese können Sie aus dem Menü *Layout* im Interface Builder mit dem Unterpunkt *Add Horizontal Guide* bzw. *Add Vertical Guide* in Ihre Ansicht einfügen. Hilfslinien unterstützen Sie bei der millimetergenauen Ausrichtung aller Elemente der grafischen Benutzerschnittstelle.

Im oberen Bereich des Screens platzieren wir ein *UILabel* zur Ausgabe der Adressinformation. Den Hintergrund des Labels setzen wir auf Schwarz mit einer Deckkraft (Opacity) von 50 %. Dadurch scheint die Karte leicht durch das Label hindurch. Die Schriftfarbe wird auf Weiß gesetzt. Das Label verbinden Sie mit dem Outlet *addressLabel*.

Den kompletten Aufbau der Benutzerschnittstelle sehen Sie in der Abbildung.

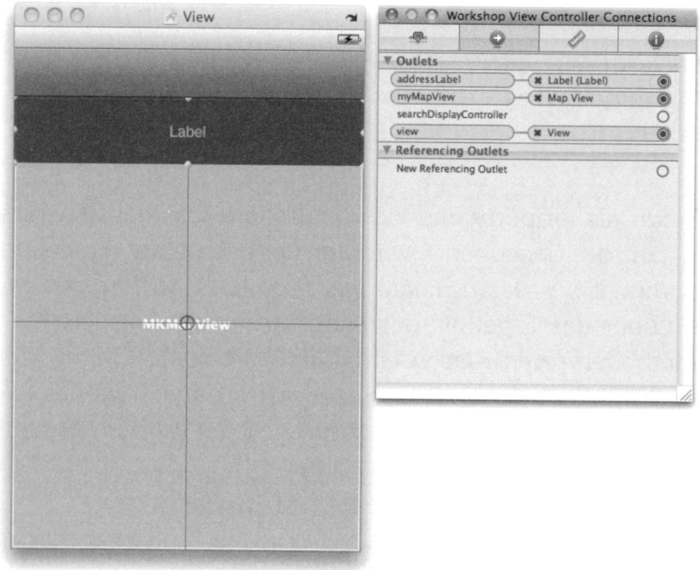

Die Benutzerschnittstelle des Geocoding-Workshops. Hauptelemente sind der MKMapView, das schwarz-transparente Label zur Adressausgabe und das Fadenkreuz in der Mitte.

Der komplette Workshop Reverse Geocoding

Im folgenden Listing ist der komplette Workshop zu sehen:

```
#import <UIKit/UIKit.h>
#import <MapKit/MapKit.h>
```

```
@interface WorkshopViewController : UIViewController
    <MKMapViewDelegate, MKReverseGeocoderDelegate> {

    IBOutlet UILabel *addressLabel;
    IBOutlet MKMapView *myMapView;
    MKReverseGeocoder *geocoder;
}

@property(nonatomic, retain) IBOutlet UILabel *addressLabel;
@property(nonatomic, retain) IBOutlet MKMapView *myMapView;
@property(nonatomic, retain) MKReverseGeocoder *geocoder;

@end
```

Beispiel 26.5: *WorkshopViewController.h*

```
#import "WorkshopViewController.h"

@implementation WorkshopViewController
@synthesize myMapView, addressLabel, geocoder;

- (void)viewDidLoad {
    [super viewDidLoad];

    self.title = @"Workshop";

    MKCoordinateRegion region;
    MKCoordinateSpan span;

    span.latitudeDelta = 0.008;
    span.longitudeDelta = 0.008;

    // set a location in the center of Berlin
    CLLocation *location =
        [[[CLLocation alloc] initWithLatitude:52.523405
        longitude:13.4114] autorelease];

    region.center = location.coordinate;
    region.span = span;

    myMapView.delegate = self;

    [myMapView setRegion:region animated: YES];
}

- (void)reverseGeocoder:(MKReverseGeocoder *)geocoder
    didFindPlacemark:(MKPlacemark *)placemark {
    addressLabel.text = [[placemark.addressDictionary valueForKey:
```

```
        @"FormattedAddressLines"] componentsJoinedByString:@"\n"];
}

- (void)reverseGeocoder:(MKReverseGeocoder *)geocoder
    didFailWithError:(NSError *)error {
    addressLabel.text = @"Address could not be determined!";
}

- (void)mapView:(MKMapView *)mapView
    regionDidChangeAnimated:(BOOL)animated {
    self.geocoder = [[[MKReverseGeocoder alloc]
        initWithCoordinate:myMapView.centerCoordinate] autorelease];
    geocoder.delegate = self;
    [geocoder start];
}

- (void)dealloc {
    [myMapView release];
    [addressLabel release];
    [geocoder release];
    [super dealloc];
}

@end
```

Beispiel 26.5: *WorkshopViewController.m*

Programmablauf

Der Nutzer kann jetzt nach dem Start der Anwendung in der Karte navigieren. Nach jeder Änderung wird zur Koordinate im Fadenkreuz die Adresse ermittelt, wie der Screenshot zeigt.

Die Adressanzeige des Geocoding-Workshops.

27. Animationen effizient nutzen

Die wohldurchdachte einfache Benutzerschnittstelle des SDK macht den großen Reiz aus und hat sicherlich auch großen Anteil am Erfolg der Endgeräte iPhone, iPod touch und iPad. Gut platzierte, unauffällige Animationen sind ein wesentlicher Bestandteil dieses Konzepts. Man denke nur an die animierten Übergänge zwischen Screens, bei denen der neue Screen von rechts bzw. beim Zurückblättern von links einfährt. Weitere Beispiele sind das Öffnen modaler Dialoge von unten, die Papierkorbanimation in der E-Mail-App oder der Coverflow in der iPod-App. Noch häufiger begegnen uns die Animationen in Tabellenansichten oder auch im MobileSafari. Dort können Sie mühelos mit einem Fingerschnipp den Ausschnitt nach oben, unten, rechts oder links schieben.

Für die Konzeption und das Design eigener Anwendungen sind Animationen auf jeden Fall ein nicht zu unterschätzender Faktor. Die meisten davon bekommen Sie allerdings zusammen mit den jeweiligen UI-Komponenten geschenkt. So ist zum Beispiel das Scrollen von Tabellen und Scrollviews fester Bestandteil des SDK. Auch die Übergänge zwischen Screens sind in den Klassen *UIViewController* und *UINavigationController* fest verankert.

Lassen Sie uns kurz einen Blick in das SDK werfen und nach Komponenten suchen, die eigene Animationen anbieten. Auf die Schnelle lassen sich so 16 Komponenten finden, die in irgendeiner Art und Weise Animationen unterstützen oder anbieten:

- *UIApplication*
- *UIViewController*
- *UINavigationBar*
- *UITabBar*
- *UIScrollView*
- *UITableView*
- *UITableViewCell*
- *UIPickerView*
- *UIDatePicker*
- *UISwitch*
- *MKMapView*
- *MKAnnotationView*
- *UISearchBar*
- *UISlider*

- *UIActionSheet*
- *MPMoviePlayerViewController*

Jede dieser Klassen enthält eine Vielzahl an Methoden, die Sie bei der Nutzung der Animationen unterstützen. Wir wollen an dieser Stelle nicht weiter darauf eingehen, viele der Animationsmöglichkeiten finden Sie in den jeweiligen Kapiteln und auch in den vielen Workshops dieses Buches.

Dennoch kommt es immer wieder vor, dass Sie weitere Ideen für animierte Abläufe umsetzen wollen – sei es eine kleine Animation für ein Spiel oder eine funktionale Animation. Mit solchen Details kann sich die Benutzerschnittstelle Ihrer Anwendung von der Ihrer Mitbewerber abheben. Hier gilt auf jeden Fall: nicht des Guten zu viel. Versuchen Sie lieber, einige wenige unauffällige Animationen in Ihre Anwendung einzubauen, als an jeder Ecke mit aufwendigen Animationen zu protzen. Es gilt, hier das richtige Maß zu finden. Ein paar einfache Regeln für den Einsatz von Animationen helfen Ihnen dabei. das abzuschätzen:

- **Der Benutzer sollte nicht auf Animationen warten müssen**: Entwerfen Sie also keine langen oder aufwendigen Animationssequenzen an Stellen, an denen der Benutzer schnell weiterkommen will.
- **Wenn der Benutzer auf eine Reaktion wartet, helfen Animationen, die Zeit zu überbrücken**: Bei länger dauernden Aktionen wie dem Laden einer Webseite oder dem Aufbauen eines komplexen Screens können Animationen den Benutzer ablenken, die Wartezeit verkürzen oder einfach nur über den Fortschritt informieren.
- **Animationen sind ideal bei Zustandsänderungen**: Immer wenn sich in Ihrer Anwendung ein Zustand ändert oder ein Übergang stattfindet, sind Animationen ein geeignetes Mittel. So wirken Einblendungen angenehmer und natürlicher, wenn sie animiert auf dem Bildschirm erscheinen, als harte Übergänge. Auch Vergrößerungen von Grafiken und Texten wirken erst richtig mit einer ansprechenden Animation. Dabei kann sich dann auch der Screen entsprechend der neuen Position der Controls animiert anpassen.
- **Animationen als Abschluss einer Benutzeraktion einsetzen**: Die Bouncing-Animation des *UIScrollView* ist ein gutes Beispiel dafür, dass am Ende eines Scrollvorgangs ein weicher Abschluss natürlicher wirkt als ein abruptes Abbremsen.
- **Weniger ist mehr**: Dieser Klassiker der geflügelten Worte trifft natürlich auch auf den Einsatz von Animationen zu. Setzen Sie dieses Stilelement maßvoll ein und überlegen Sie vorher immer, wie die Szene ohne Animation wirken würde. Nur wenn Sie klare Vorteile erkennen, lohnt sich deren Einsatz. Im Zweifelsfall verzichten Sie lieber darauf.

In den folgenden Kapiteln werden Sie einen Überblick über den Einsatz von Animationen erhalten.

27.1 Animationsblöcke und Blockanimationen mit UIView

Die Klasse *UIView* bietet ein Set an Funktionalitäten, um Animationen einfach und effizient umzusetzen. Dabei macht man sich als Entwickler zunutze, dass einige Eigenschaften eines *UIView*-Objekts von sich aus animierbar sind. Das bedeutet, dass Sie Änderungen an diesen Eigenschaften ohne Aufwand animieren können. Dazu müssen Sie die Änderung nur innerhalb eines sogenannten Animationsblocks ausführen. Stellen Sie sich einen Animationsblock als Repräsentation eines Zustandsübergangs vor. Die Eigenschaft wird innerhalb des Blocks von ihrem Ursprungswert zu dem definierten Endwert animiert geändert.

Die folgende Tabelle listet die animierbaren Eigenschaften der Klasse *UIView* auf.

Eigenschaft	Bedeutung
frame	Größe und Position des Views im Koordinatensystem des übergeordneten Views.
bounds	Größe und Position des Views im eigenen Koordinatensystem.
center	Mittelpunkt des Views im Koordinatensystem des übergeordneten Views.
transform	Die aktuelle Transformation des Views. Über die affine Transformationsmatrix lässt sich ein View skalieren, drehen oder verschieben.
alpha	Die Transparenz des Views als Wert zwischen 0 und 1 (also in Prozent).

Animationsblöcke

In den OS-Versionen vor 4.0 wurden die Animationen mit *UIView* durch Animationsblöcke (nicht zu verwechseln mit der Blockprogrammierung bzw. den blockbasierten Animationen) definiert. Ein Animationsblock wurde durch den Aufruf der Klassenmethode *beginAnimations:context:* geöffnet und mit *commitAnimations* beendet. Diese beiden Methoden kapseln die zu animierenden Änderungen an Eigenschaften von *UIView*. Sie sind zwar nach wie vor Bestandteil des SDK 4.0 und nicht als *deprecated* markiert, allerdings wird in der Dokumentation empfohlen, nur noch die neuen, blockbasierten Methoden zu verwenden. Im Weiteren werden wir nur noch die neue Syntax verwenden, weil sie gegenüber der alten einige klare Vorteile aufweist. Für abwärtskompatible Anwendungen können Sie aber darauf zurückgreifen.

Mit iOS 4.0 sind die Methoden zur Animation in Animationsblöcken als obsolet anzusehen. Die etwas komplexeren transaktionsbasierten Animationsblöcke – geklammert durch die Klassenmethoden *beginAnimations:context:* und *commitAnimations* von *UIView* – werden nun durch einfache Klassenmethoden von *UIView* abgelöst. Hier der Vollständigkeit halber ein einfaches Beispiel eines Animationsblocks, der einen *UIImageView* innerhalb von einer Sekunde ausblendet:

```
[UIView beginAnimations:@"Simple Animation" context:nil];
[UIView setAnimationDuration:1.0f];
```

```
// fade out imageview1
imageView1.alpha = 0.0;

[UIView commitAnimations];
```

Beispiel 27.1: *WorkshopViewController.m - oldAnimationBlockExample*

Im weiteren Verlauf werden wir die Animationsblöcke mit *beginAnimations* und *commitAnimations* links liegen lassen und nur noch die neuen blockbasierten Animationsmethoden einsetzen.

Ermöglicht wird das durch das nun auch im iPhone-SDK verfügbare Konzept der Blöcke. Ein Block ist im Wesentlichen eine anonyme Funktion, die als Objekt repräsentiert wird und auch innerhalb von Methodenaufrufen implementiert werden kann. Mehr zu Blöcken und ihrer weiteren Verwendung finden Sie in Kapitel 5.

UIView stellt Animationen durch die folgenden Klassenmethoden zur Verfügung:

- *animateWithDuration:animations:* Startet eine Animation mit der spezifizierten Animationsdauer. Die Animation selbst wird als Block im Parameter *animations* implementiert. Als Standardoptionen sind *UIViewAnimationOptionCurveEaseInOut* und *UIViewAnimationOptionTransitionNone* voreingestellt.
- *animateWithDuration:animations:completion:* Startet eine Animation mit der spezifizierten Animationsdauer. Die Animation selbst wird als Block im Parameter *animations* implementiert. Nach der Beendigung wird der Block *completion* ausgeführt. Als Standardoptionen sind *UIViewAnimationOptionCurveEaseInOut* und *UIViewAnimationOptionTransitionNone* voreingestellt.
- *animateWithDuration:delay:options:animations:completion:* Startet eine Animation mit der spezifizierten Animationsdauer. Die Blöcke *animation* und *completion* spezifizieren den Code der Animation vor und nach der Ausführung der Animation. Die Animation startet nach Ablauf von *delay* Sekunden und wird mit den explizit spezifizierten Optionen *options* gestartet.
- *transitionFromView:toView:duration:options:completion:* Erzeugt einen animierten Übergang zwischen den beiden Views mit den vorgegebenen Optionen *options* und der Ausführung des Blocks *completion* am Ende der Animation.
- *transitionWithView:duration:options:animations:completion:* Führt einen animierten Übergang für den angegebenen View mit den vorgegebenen Optionen *options* durch. Die Animation selbst wird als Block im Parameter *animations* implementiert. Der Block *completion* kommt nach der Animation zur Ausführung.

Views animieren

Bevor wir auf Details die wie Animationsoptionen eingehen, wollen wir uns ein einfaches Beispiel ansehen. Es soll die animierbaren Eigenschaften eines Views demonstrieren. Für vier Instanzen von *UIImageView* implementieren wir die folgenden Effekte:

- Ausblenden
- Skalieren
- Verschieben
- Rotieren

Das Ausblenden wird durch das Setzen des Alphawerts auf 0 erreicht. Die Skalierung erfolgt hier durch eine Veränderung von Höhe und Breite des Views. Dazu muss allerdings der *contentMode* des Views auf *UIViewContentModeScaleAspectFit* stehen, damit sich der Inhalt des Views entsprechend seiner Größe proportional anpasst. Die Verschiebung lässt sich am einfachsten durch eine Veränderung des Mittelpunkts *center* des Views erreichen. Alternativ hätte man hier auch über den *frame* und damit über den Startpunkt auf der x- und y-Achse gehen können.

Die Rotation bedient sich einer Transformation des Views. Diese wird über die Eigenschaft *transform* gesetzt und steht standardmäßig auf *CGAffineTransformIdentity*. Erlaubt sind hier affine Transformationen, also Abbildungen, die die Abstandsverhältnisse paralleler Strecken beibehalten. Das *CoreGraphics*-Framework definiert eine Reihe von Funktionen, die Transformationen erzeugen: *CGAffineTransformMakeRotation*, *CGAffineTransformMakeScale* und *CGAffineTransformMakeTranslation*. Die Rotation erzeugen wir also durch die Funktion *CGAffineTransformMakeRotation*. Als Parameter nimmt diese den Winkel im Bogenmaß – in unserem Beispiel also 180° bzw. π, das als Konstante *M_PI* zur Verfügung steht. Die vier Animationen können wie folgt in einem Block erzeugt werden:

```
[UIView animateWithDuration:1.0
    animations:^{
        imageView1.alpha = 0.0;
        imageView2.frame =
        CGRectMake(imageView2.frame.origin.x,
            imageView2.frame.origin.y,
            imageView2.frame.size.width / 2.0f,
            imageView2.frame.size.height / 2.0f);
        imageView3.center =
            CGPointMake(imageView3.center.x - 200,
            imageView3.center.y);
        imageView4.transform =
            CGAffineTransformMakeRotation(M_PI);
    }
];
```

Beispiel 27.1: *WorkshopViewController.m – simpleFirstBlockAnimationExample*

Dieses Beispiel zeigt auch deutlich den Vorteil der Blockobjekte. Der Parameter *animations* enthält im Funktionsaufruf die Implementierung des Quelltexts für die Animation. Durch gute Strukturierung kann dennoch die Lesbarkeit des Codes erhalten bleiben – das ist, wenn Sie so wollen, einer der wenigen Nachteile von Blockobjekten.

Die folgende Abbildung zeigt den Anfangszustand, den Zustand etwa nach der Hälfte und den Endzustand nach der Animation als Sequenz von Screenshots.

Die Animationen eines Views: Ausblenden, Skalieren, Verschieben und Rotieren.

Animationsoptionen für Views

Das vorherigen Beispiel hat eine einfache Animation mit den Standardoptionen *UIViewAnimationOptionCurveEaseInOut* und *UIViewAnimationOptionTransitionNone* ausgeführt. Bislang haben wir uns nicht um die Bedeutung dieser Einstellungen gekümmert. Das wollen wir nun ändern. Es gibt drei Kategorien von Animationsoptionen: globale Einstellungen, Ablaufeinstellungen und Optionen für Übergänge.

Zu den globalen Optionen zählen Einstellungen zur endlosen Wiederholung sowie zur automatischen Umkehrung in den Ausgangszustand. Mit *UIViewAnimationOptionRepeat* starten Sie eine sich endlos wiederholende Animation. *UIViewAnimationOptionAutoreverse* wird in Verbindung mit sich wiederholenden Animationen verwendet. Es kehrt die Animation um, sodass sie einmal vorwärts und dann rückwärts im Wechsel abläuft.

Die Ablaufeinstellungen legen die Ausführungsgeschwindigkeit über die Dauer der Animation fest. So bestimmt *UIViewAnimationOptionCurveEaseInOut*, dass die Animation langsam beginnt, im Mittelteil an Geschwindigkeit zunimmt und am Ende wieder langsamer endet. Dieser Effekt ist für viele einfache Animationen perfekt geeignet, weil er durch die Beschleunigungs- und die Abbremsphase sehr realistisch wirkt. Die folgende Tabelle fasst die Ablaufeinstellungen zusammen:

Option	Erläuterung
UIViewAnimationOptionCurveEaseInOut	Langsamer Anfang mit Beschleunigung in der Mittelphase und einem Abbremsen vor dem Ende.
UIViewAnimationOptionCurveEaseIn	Langsamer Start und Beschleunigung bis zum Ende der Animation.
UIViewAnimationOptionCurveEaseOut	Schneller Beginn der Animation mit einem Abbremsen zum Ende hin.
UIViewAnimationOptionCurveLinear	Konstante Geschwindigkeit über die komplette Animation hinweg.

Die Optionen für Übergänge sind nur für die Animationsmethoden *transitionFromView* und *transitionWithView* relevant. Sie bestimmen die Art und Weise, wie die involvierten Views ineinander übergehen. Sie können Views durch die Einstellungen *UIViewAnimationOptionTransitionFlipFromLeft* und *UIViewAnimationOptionTransitionFlipFromRight* mit einer Links- oder Rechtsdrehung ineinander übergehen lassen oder einen Umblättereffekt durch *UIViewAnimationOptionTransitionCurlUp* bzw. *UIViewAnimationOptionTransitionCurlDown* erreichen – einen sehr ähnlichen Effekt nutzt zum Beispiel die Karten-App, um Ihre Einstellungen unter der Karte einzublenden.

Aktionen am Ende einer Animation ausführen

Sehr oft müssen am Ende einer Animation Aufräumarbeiten oder eine Synchronisation mit anderen Programmteilen durchgeführt werden. Das ermöglicht der Blockparameter *completion:* der Animationsmethoden von *UIView*. Wir erweitern das Beispiel mit den vier *UIImageViews* um einen *Completion*-Handler, der die beiden nicht mehr sichtbaren Views am Ende der Animation komplett aus ihrer Vateransicht *superview* entfernt.

```
[UIView animateWithDuration:1.0
    animations:^{
        imageView1.alpha = 0.0;
        imageView2.frame =
        CGRectMake(imageView2.frame.origin.x,
                imageView2.frame.origin.y,
                imageView2.frame.size.width / 2.0f,
                imageView2.frame.size.height / 2.0f);
        imageView3.center =
            CGPointMake(imageView3.center.x - 200,
            imageView3.center.y);
        imageView4.transform =
            CGAffineTransformMakeRotation(M_PI);
    }
    completion:^(BOOL finished){
        [imageView1 removeFromSuperview];
        [imageView3 removeFromSuperview];
```

```
    }
];
```

***Beispiel 27.1:** WorkshopViewController.m – simpleBlockAnimationCompletionExample*

Der *completion*-Block besitzt einen booleschen Parameter, der anzeigt, ob die Animation beim Aufruf der Methode tatsächlich schon komplett beendet ist.

Zählvariable verwenden

Im Gegensatz zu den alten Animationsblöcken vor dem SDK 4.0 ist die Möglichkeit, direkt einen Wiederholungszähler für die Animationen zu setzen, weggefallen. Das müssen Sie nun innerhalb des Blockobjekts *animations* programmatisch lösen. Hier profitieren Sie davon, dass Blockobjekte den lokalen Gültigkeitsbereich des Codeblocks kennen. Dort können Sie den Zähler deklarieren und mit der gewünschten Anzahl an Wiederholungen initialisieren.

Animationsoptionen setzen

Das letzte Beispiel dieses Abschnitts soll den Einsatz der verschiedenen Optionen demonstrieren. Um Optionen zu kombinieren, können die Konstanten mit einem logischen Oder (|) verknüpft werden. Die Kombination *UIViewAnimationOptionRepeat | UIViewAnimationOptionCurveLinear* definiert eine sich endlos wiederholende Animation, die mit konstanter Geschwindigkeit ausgeführt wird. Ansonsten werden die schon bekannten Animationen verwendet, also die vorherigen Beispiele lediglich erweitert:

```
[UIView animateWithDuration:.2
    delay:0
    options:
        UIViewAnimationOptionRepeat | UIViewAnimationOptionCurveLinear
    animations:^{
        imageView1.alpha = 0.0;
        imageView2.frame =
            CGRectMake(imageView2.frame.origin.x,
            imageView2.frame.origin.y,
            imageView2.frame.size.width / 2.0f,
            imageView2.frame.size.height / 2.0f);
        imageView3.center =
        CGPointMake(imageView3.center.x - 200, imageView3.center.y);
        imageView4.transform =
        CGAffineTransformMakeRotation(M_PI);
    }
    completion:nil];
```

***Beispiel 27.1:** WorkshopViewController.m – simpleBlockAnimationOptionsExample*

Übergänge animieren

Übergänge bzw. Transitions sind spezielle Animationen, bei denen ein View gegen einen anderen ausgetauscht wird. Dabei wird der Austausch durch eine Animation optisch aufgewertet. Zur Auswahl stehen die zwei schon im vorherigen Abschnitt erwähnten Animationsarten Drehen und Umblättern, die jeweils in zwei Richtungen, von links oder rechts bzw. von oben oder unten startend, möglich sind.

Die Methode *transitionFromView:toView:duration:options:completion:* von *UIView* tauscht die beiden angegebenen Views mit den gewählten Optionen aus. Dabei ist zu beachten, dass die Animation immer auf den übergeordneten View angewendet wird, in dem der auszutauschende View eingebettet ist. Dabei wird der Ausgangsview aus dem übergeordneten View entfernt und der Zielview hinzugefügt.

Das bedeutet auch, dass nicht die beiden im Methodenaufruf angegebenen Views gedreht werden, sondern deren gemeinsamer, in der Viewhierarchie übergeordnete View. Somit müssen Sie mit Containern arbeiten, wenn Sie statt des kompletten Screens nur Teile davon für einen Übergang nutzen möchten. Der Container sollte dann idealerweise die gleiche Größe wie die beiden Views haben.

Das folgende Beispiel tauscht in einer Drehung die beiden Views aus:

```
[UIView transitionFromView:imageView1 toView:imageView3
    duration:.5 options:UIViewAnimationOptionTransitionFlipFromLeft
    completion:nil];
```

Beispiel 27.1: *WorkshopViewController.m – simpleFlipViewsExample*

Da wir hier keine Aktion am Ende der Animation wünschen, setzen wir *completion* einfach auf *nil*. Die nächste Abbildung zeigt zwei Screenshots aus dem Ablauf der Drehung:

Zwei Views werden in einer Drehung ausgetauscht.

Durch Änderung der Optionen zu *UIViewAnimationOptionTransitionCurlUp* entsteht aus obigem Beispiel der Umblättereffekt:

Das Blättern von unten nach oben.

Die Methode *transitionFromView:toView:duration:options:completion:* macht es Ihnen also sehr leicht, Übergänge effektiv einzusetzen.

Hinweis

Die Beispiele zum Austausch von Views im Beispielverzeichnis 27.1 setzen etwas Setup bezüglich der Containerstruktur voraus. Sie sollten das beim Blick in den Quelltext 27.1 beachten.

Wollen Sie mehr Kontrolle über den Austausch oder die involvierten Views haben, empfiehlt sich der Einsatz der Methode *transitionWithView:duration:options: animations:completion:*.

Hier spezifizieren Sie nur den Container, also den übergeordneten View. Im *animations*-Block müssen Sie sich dann selbst um die Interaktion der beteiligten Views während der Animation kümmern. Um letztendlich dasselbe Ergebnis wie im vorherigen Beispiel zu erhalten, wird der erste View ausgeblendet oder aus dem Container entfernt, und der zweite View wird stattdessen hinzugefügt.

```
[UIView transitionWithView:containerView
    duration:.5
    options:UIViewAnimationOptionTransitionFlipFromLeft
    animations:^{
        [imageView1 removeFromSuperview];
        [containerView addSubview:imageView3];
    }
    completion:nil];
```

Beispiel 27.1: *WorkshopViewController.m – flipViewsExample*

27.2 Workshop: Mehrere Views über den Screen bewegen

Im letzten Kapitel haben Sie die Animationsmöglichkeiten von *UIView* als sehr einfaches Mittel kennengelernt, um Bewegung in Ihre Anwendung zu bringen. Sehr häufig ist die Animation aus praktischen Erwägungen im Einsatz, also bei Übergängen zwischen Dialogen oder beim Scrollen von Inhalten. Aber auch zur Illustration und zum Hervorheben ist ein Einsatz sinnvoll. Denken Sie nur an den Kompass aus Kapitel 19.2. Die animierte Kompassnadel lässt diese Anwendung sofort deutlich wertiger und professioneller erscheinen.

In diesem Workshop werden wir uns der Animation einmal von der unterhaltsamen Seite nähern. Wir illustrieren damit quasi ein Stillleben, indem wir ein einfaches Bild mit Himmel, Sonne und Wolken zum Leben erwecken.

Ausgangspunkt ist wieder die Standardvorlage für Workshops aus dem Beispielverzeichnis *Templates*. Die Grafiken können Sie dem Beispiel 27.2 entnehmen. Wir werden zuerst den Screen im Interface Builder gestalten. Als Hintergrund ziehen Sie die Grafik *blue_sky.jpg* mit dem Himmel in den View. Links oben wird noch die Sonne aus der Datei *sun_bg.png* platziert. Verknüpfungen bzw. Outlets in den Viewcontroller sind nicht nötig. Der Screen sollte jetzt in etwa so aussehen:

Im Interface Builder wird der Screen für den Workshop gestaltet.

Als Wolken verwenden wir die Grafik *cloud.png*. Um die Animation realistischer zu gestalten, sollen die Positionierung und die Bewegung der Wolken zufallsgesteuert erfolgen. Wir platzieren also die Wolken zufällig im oberen Bereich mit einer Abweichung von maximal 150 Punkten. Die benötigten Zufallszahlen ermitteln wir mit der Funktion *random()*. Sie liefert Zufallszahlen zwischen 0 und 2^{31}-1. Um wirklich zufällige Zahlen zu erhalten, muss der Zufallszahlengenerator mit der aktuellen Uhrzeit initialisiert werden – mit dem Aufruf von *srandom(time(0))*. Durch die Modulo-Funktion sowie eine nachfolgende Addition oder Multiplikation lässt sich die ermittelte Zufallszahl in jedem beliebigen Zahlenbereich abbilden. Der Ausdruck

```
100 + random() % 150
```

ermittelt eine Zufallszahl zwischen 100 und 249. Die Implementierung der Animation sieht wie folgt aus:

```
#import "WorkshopViewController.h"

#define NUMBER_OF_CLOUDS 5

@implementation WorkshopViewController

- (void)viewWillAppear:(BOOL)animated {
    [super viewWillAppear:animated];

    // seed number generator
    srandom(time(0));

    for (int i = 0; i < NUMBER_OF_CLOUDS; i++) {
        UIImageView *cloudImageView = [[UIImageView alloc]
            initWithImage:[UIImage imageNamed:@"cloud.png"]];

        CGFloat posY =
            cloudImageView.frame.size.height / 2.0f + random() % 150;
        cloudImageView.center =
            CGPointMake(320.0f + cloudImageView.frame.size.width /
            2.0f, posY);

        [self.view addSubview:cloudImageView];
        [self animateCloud:cloudImageView];
    }
}

- (void) animateCloud:(UIView*) cloudView {
    NSTimeInterval delay = (NSTimeInterval) (random() % 30) / 10.0f;

    NSTimeInterval duration =
        1.5f + (NSTimeInterval) (random() % 10) / 10.0f;

    [UIView animateWithDuration:duration
        delay:delay
        options:UIViewAnimationOptionCurveLinear
        animations:^{
            cloudView.center = CGPointMake(
```

```
                cloudView.center.x - 600, cloudView.center.y);
        }
        completion:^(BOOL finished) {
            CGFloat posY =
                cloudView.frame.size.height / 2.0f + random() % 150;
            cloudView.center =
                CGPointMake(cloudView.center.x + 600, posY);
            [self animateCloud:cloudView];
    }];
}

- (void)dealloc {
    [super dealloc];
}

@end
```

Beispiel 27.2: *WorkshopViewController.m*

In der Methode *viewWillAppear:* des Viewcontrollers erzeugen wir die Wolkengrafiken und starten die Animation. Die Anzahl der Wolken wird über die *#define*-Direktive *NUMBER_OF_CLOUDS* gesteuert. Fünf Wolken gleichzeitig sind ein sinnvoller Wert – Sie können hier aber gern etwas herumprobieren.

Um die Animation nicht zu schnell oder zu langsam ablaufen zu lassen, wird die Animationsdauer auf einen Zufallswert zwischen 1,5 und 2,5 Sekunden festgesetzt. Auch die Abfolge der Wolken soll realistisch dargestellt werden. Deshalb startet eine Animation mit wiederum einer zufällig ermittelten Verzögerung von bis zu drei Sekunden.

Im *animations*-Block wird jeweils die Eigenschaft *center* um 600 Punkte nach links verschoben. Dadurch wird der View mit der Wolke von seinem Ursprung rechts außerhalb des Bildschirms nach links bewegt, bis er sich wieder außerhalb des sichtbaren Bereichs befindet. Die Kommandos im *animations*-Block und die Option *UIViewAnimationOptionCurveLinear* sorgen für eine gleichmäßige Animation über den Bildschirm.

Damit eine vorab festgelegte Anzahl an Wolken ausreicht, muss am Ende jeder einzelnen Animation wieder der Grundzustand hergestellt werden. Wir berechnen deshalb die Eigenschaft *center* des Views neu. Dadurch ersparen wir uns das ständige Erzeugen neuer Wolken.

Die folgende Sequenz von Screenshots zeigt die Animation im Ablauf.

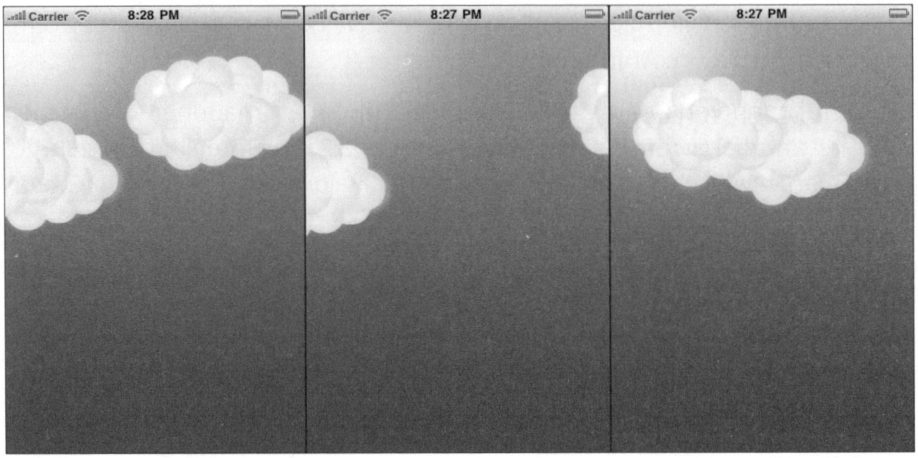

Drei Szenen der Wolkenanimation.

27.3 Komplexe Animationen mit Core Animation

Die Animationen über die Methoden von *UIView* geben dem Entwickler einen einfachen und schnellen Zugriff auf ansprechende Animationen. Die Grenzen sind vor allem durch die Beschränkung auf die zweidimensionale Ausdehnung des zugrunde liegenden *UIViews* bestimmt. Selbst die vielfältigen Möglichkeiten der affinen Transformationen beschränken sich auf diese eine Ebene. Animationsabläufe – also verschiedene Animationen als eine Sequenz – sind in Grenzen durch die Möglichkeit des *completion*-Blocks machbar, führen aber schnell zu komplexen Strukturen und wenig überschaubarem Quelltext. Diese Mächtigkeit bieten Core Animations. Tatsächlich werden auch alle Animationen von *UIView* letztendlich über Core Animations abgebildet, der Zugang wurde dabei nur auf eine Abstraktionsebene angehoben, die für den Entwickler schnell zugänglich ist. Die Core Animation API besitzt einen ähnlichen Abstraktionsgrad, sie ist allerdings deutlich umfangreicher und bietet eine Vielzahl an Möglichkeiten.

Ebenen – das Herz von Core Animation

Core Animation arbeitet nicht auf abstrakten Views, sondern auf einer systemnahen Zeichnungsfläche – der Ebene. Alle von *UIView* abgeleiteten Klassen besitzen das Property *layer*, mit dem Sie den Zugriff auf die Ebene eines Views erhalten. Repräsentiert wird sie durch die Klasse *CALayer*.

Eine Ebene ist ein zweidimensionales Objekt, das aber beliebig im Raum gedreht und verändert werden kann. Alle Operationen wie Drehung und Bewegung im Raum bzw. Skalierung können durchgeführt werden, ohne den Inhalt der Ebene während der Animation neu zeichnen zu müssen. Das erklärt die außergewöhnliche Performance der Core Animations.

Durch die Einführung von *CALayer* als Grundlage für die Animationen erhöht sich die Anzahl der animierbaren Eigenschaften auf ca. 25. Darunter finden sich genauso interessante wie exotische: *backgroundColor*, *cornerRadius*, *shadowColor*, *shadowOffset* oder *zPosition*.

Animationen in Ihr Projekt integrieren

Bevor wir mit konkreten Beispielen beginnen, wollen wir wie üblich kurz die Schritte beschreiben, die Core Animation für Ihr Projekt verfügbar machen. Die Funktionen und Klassen rund um Core Animations befinden sich im Framework *QuartzCore*. Die folgenden Schritte machen Ihr Projekt fit für die weiteren Beispiele:

1 Klicken Sie mit der rechten Maustaste im Bereich *Groups & Files* auf den Ordner *Frameworks* und wählen Sie *Add/Existing Frameworks*.

2 Selektieren Sie das Framework *QuartzCore* und klicken Sie auf *Add*.

3 Fügen Sie die folgende Deklaration der Header-Datei Ihrer Klasse hinzu:
#import <QuartzCore/QuartzCore.h>

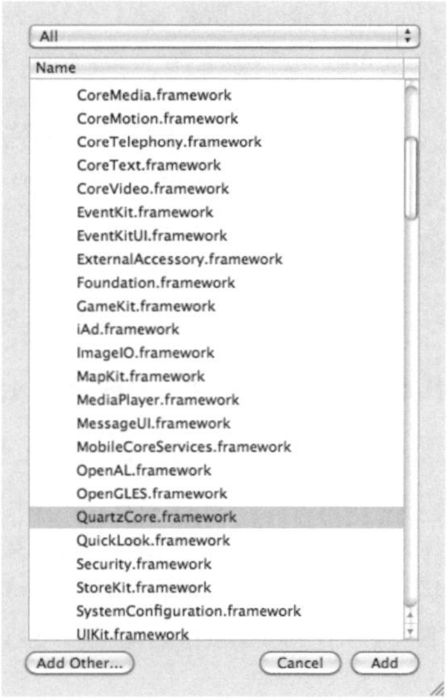

Die unterschiedlichen Animationsarten

Das SDK bietet neben den abstrakten Basisklassen einige interessante Klassen für spezielle Anwendungsfälle.

- *CAAnimation*: Ist die abstrakte Basisklasse aller Animationsarten.
- *CAPropertyAnimation*: Stellt die abstrakte Basisklasse für alle Animationen von Eigenschaften des *CALayer* zur Verfügung.
- *CABasicAnimation*: Bietet die Animation einer Eigenschaft von *CALayer* auf Basis der Interpolation von Werten. Damit können Sie alle Eigenschaften animieren, die sich zwischen zwei Zuständen annähern lassen. Beispiele hierfür: Position, Größe, Farbwerte, Transparenz.

- *CAKeyframeAnimation*: Komplexe Schlüsselbildanimationen für eine *CALayer*-Eigenschaft. Durch unterschiedliche Werte und eigene Timingfunktionen für die Werteübergänge lassen sich komplexe Sequenzen animieren.
- *CATransition*: Erlaubt Übergangsanimationen für einen *CALayer*.
- *CAAnimationGroup*: Gruppiert mehrere Animationen zu einer einzigen. Diese laufen dann innerhalb der Gruppe gleichzeitig ab.

Schlüsselbildanimationen

Die Begriff „Schlüsselbildanimation" (engl. keyframe animation) stammt aus der Produktion von Trickfilmen. Mittlerweile wird diese Methode auch in modernen Animationstechniken sowie in der Videokomprimierung genutzt. Sie bezeichnet die Verwendung zweier Schlüsselbilder (engl. keyframes) als Vorgabe für eine Animationssequenz. Der tatsächliche Animationsablauf wird dann mittels Interpolation aus den beiden Schlüsselbildern errechnet. Übertragen auf Core Animations bedeutet das die Animation der Änderungen einer Eigenschaft von *CALayer*, die durch Interpolation zwischen einem Ausgangs- und einem Endwert erreicht wird. Dabei können Sie den Ablauf über spezielle Timingfunktionen beeinflussen. Die Klassen *CABasicAnimation* und *CAKeyframeAnimation* setzen Schlüsselbildanimation auf Eigenschaften der Klasse *CALayer* um. Dabei definiert *CABasicAnimation* nur einen Interpolationsvorgang, die Klasse *CAKeyframeAnimation* erlaubt es dagegen, eine beliebige Anzahl an Übergängen für dieselbe Eigenschaft in einer Animation zusammenzuführen.

Key Value Coding und Schlüsselpfade

Die Animationsklassen machen regen Gebrauch von den Möglichkeiten des sogenannten Key Value Coding, also des Zugriffs auf Werte bzw. Eigenschaften über deren Schlüssel. Alle Animationsklassen und *CALayer* implementieren das *NSKeyValueCoding*-Protokoll. Dadurch sind sämtliche Eigenschaften dieser Klassen über Textschlüssel zugänglich. So können Sie zum Beispiel die Dauer einer Animation mit

```
[animation setValue:[NSNumber numberWithFloat:11.5]
forKey:@"duration"];
```

oder

```
float duration = [[animation valueForKey:@"duration"] floatValue];
```

setzen bzw. auslesen. Was auf den ersten Blick für eine objektorientierte Programmiersprache etwas archaisch anmutet, ist gerade im Bereich der Animationen sinnvoll. Alle Property-Animationen müssen in irgendeiner Weise dem Animationsobjekt mitteilen, auf welche Eigenschaft von *CALayer* die Schlüsselbildanimation denn nun angewendet wird. Dafür definiert die Basisklasse *CAPropertyAnimation* die Convenience-Methode *animationWithKeyPath:*. Sie geben daher zur Erzeugung einer Animation die Zieleigenschaft an. Die Zeile

```
[CABasicAnimation animationWithKeyPath:@"position"];
```

erzeugt also eine Basisanimation für die Eigenschaft *position* des *CALayer*-Objekts, auf das später die Animation angewendet wird. Der in der Convenience-Methode verwendete *keyPath* ist eine Erweiterung des Key Value Coding auf Elemente der einzelnen Eigenschaften, wie zum Beispiel die x- oder y-Koordinate der Eigenschaft *position*. Sie können durch den Schlüsselpfad die Elemente des Punkts in *position* auch direkt ansprechen: *@"position.x"* oder *@"position.y"*.

Das zeigt die Mächtigkeit des Key Value Coding. Eine Anweisung wie

```
layer.position.x = 10.0f;
```

führt in Objective-C zu einem Kompilierfehler, da Elemente einer Struktur einer Eigenschaft keine gültigen Werte für eine Zuweisung darstellen. Im Key Value Coding führt die Anweisung

```
[layer setValue:[NSNumber numberWithInt:10] forKeyPath:@"position.x"];
```

genau das Gewünschte aus.

Allerdings muss die Verwendung von Zugriffen über Schlüsselwerte einige Konventionen beachten. Die Methoden erwarten Objekttypen für die Werte. Deshalb müssen elementare Datentypen wie *int* und *float* sowie Strukturen wie *CGPoint* und *CGRect* zuerst als Objekte repräsentiert werden, bevor sie den Methoden übergeben werden. Elementare Datentypen werden durch die Klasse *NSNumber* gekapselt. Die Strukturen werden jeweils als *NSValue* übergeben. Die folgende Tabelle fasst die Wrapper-Klassen und ihre Convenience-Methoden zusammen:

C-Typ	Wrapper-Klasse	Convenience-Methode
int	*NSNumber*	*numberWithInt:*
float	*NSNumber*	*numberWithFloat:*
double	*NSNumber*	*numberWithDouble:*
BOOL	*NSNumber*	*numberWithBool:*
CGPoint	*NSValue*	*valueWithCGPoint:*
CGRect	*NSValue*	*valueWithCGRect:*
CGSize	*NSValue*	*valueWithCGSize:*
CATransform3D	*NSValue*	*valueWithCATransform3D:*

Mit diesem Vorwissen können wir nun tiefer in die Welt von Core Animation vordringen.

CABasicAnimation

Die Klasse *CABasicAnimation* stellt eine einzelne Schlüsselbildanimation auf einer Eigenschaft von *CALayer* dar.

Die zu animierende Eigenschaft wird über die Properties *fromValue*, *toValue* oder *byValue* gesteuert. *fromValue* und *toValue* setzen den Ausgangs- bzw. Endwert, der für die Interpolation während der Animation herangezogen wird. *byValue* definiert den Wert der auszuführenden Änderung – also das Delta. Durch den gezielten Einsatz dieser drei Parameter erhalten Sie eine Reihe von möglichen Konfigurationen. Aufgrund ihrer Vielfalt haben sie sie in einer Tabelle zusammengestellt. Ein x bezeichnet dabei eine gesetzte Eigenschaft.

fromValue	toValue	byValue	Beschreibung
nil	*nil*	*nil*	Die Interpolation erfolgt zwischen dem vorherigen Wert der Eigenschaft und dem aktuellen.
x	*nil*	*nil*	Interpolation zwischen *fromValue* und aktuellem Wert der Eigenschaft.
x	*x*	*nil*	Interpolation zwischen *fromValue* und *toValue*.
nil	*x*	*x*	Die Interpolation erfolgt zwischen (*toValue* – *byValue*) und *toValue*.
x	*nil*	*x*	Interpolation zwischen *fromValue* und (*fromValue* plus *byValue*).
nil	*x*	*nil*	Interpolation zwischen dem aktuellen Wert der Eigenschaft und *toValue*.
nil	*nil*	*x*	Interpolation zwischen dem aktuellen Wert der Eigenschaft und dem aktuellen Wert plus *byValue*.

Es gibt also eine Vielzahl an Möglichkeiten, die Interpolation zu beeinflussen. Der Typ für die drei Parameter muss entsprechend den Zuordnungen aus dem letzten Abschnitt zum Typ der Eigenschaft passen.

Es ist nun an der Zeit, die Möglichkeiten von *CABasicAnimations* an einem kleinen Modell zu verdeutlichen. Das folgende Beispiel bewegt die durch *imageView* bezeichnete Grafik auf dem Screen um 100 Punkte nach oben.

Drei Phasen der Animation: Start (links), Animation etwa auf der Hälfte (Mitte) und Animationsende (rechts).

```
CABasicAnimation* animation =
[CABasicAnimation animationWithKeyPath:@"position"];
animation.byValue = [NSValue valueWithCGPoint:CGPointMake(0, -100)];
animation.duration = 0.75;
animation.autoreverses = YES;

[imageView.layer addAnimation:animation forKey:@"animation"];
```

Beispiel 27.3: *WorkshopViewController.m - basicAnimation*

Die Eigenschaft *duration* legt die Dauer der Animation auf 0,75 Sekunden fest. *autoreverses* kehrt die Animation nach Ausführung um. Sie startet also noch einmal rückwärts, ausgehend vom Zielwert zurück zum Startwert.

CAKeyframeAnimation

Echte Schlüsselbildanimationen mit mehrmaligen Änderungen einer Eigenschaft und exakten Timings sind durch die Basisanimation nur schwer zu erreichen. Zwar erbt *CABasicAnimation* wie alle anderen Animationsklassen auch ein *delegate*, das die beiden Methoden *animationDidStart:* und *animationDidStop:finished:* deklariert, und über eine geschickte Verkettung von Animationen lässt sich hier viel erreichen, aber die perfekte Umsetzung eines Storyboards mit unterschiedlichen Schlüsselbildern sieht anders aus – ganz zu schweigen von der Les- und Wartbarkeit des Quelltexts.

Spätestens wenn es auf nahtlose Übergänge oder spezielle Timings ankommt, müssen wir sowieso tiefer in die Animationstrickkiste greifen. Die Klasse *CAKeyframeAnimation* stellt uns genau diese Funktionalität zur Verfügung. Für die zu animierende Eigenschaft können hier beliebige Zustandsänderungen und für jede einzelne Änderung noch spezielle Timingvorgaben gemacht werden. Die einzelnen Werte für die Übergänge können entweder als Pfad von Punkten im Property *path* – interessant für alle positionsbezogenen Eigenschaften vom Typ *CGPoint* – oder als Array *values* von einzelnen Werten angegeben werden.

Wir können das Beispiel aus dem vorigen Abschnitt nun um zusätzliche Wegpunkte erweitern. Das Beispiel beschreibt einen Pfad, der zuerst über zwei Stationen die Grafik nach oben bewegt und dann eine Bewegung nach links einschlägt.

```
CAKeyframeAnimation* animation =
    [CAKeyframeAnimation animationWithKeyPath:@"position"];

animation.values = [NSArray arrayWithObjects:
    [NSValue valueWithCGPoint:CGPointMake(0, 0)],
    [NSValue valueWithCGPoint:CGPointMake(0, -100)],
    [NSValue valueWithCGPoint:CGPointMake(0, -200)],
    [NSValue valueWithCGPoint:CGPointMake(-85, -200)],
    nil];
```

```
animation.duration = 1.5f;
animation.additive = YES;
animation.autoreverses = YES;
```

Beispiel 27.3: *WorkshopViewController.m – keyframeAnimation*

Die vier verschiedenen Schlüsselbildanimationen des Beispiels.

Wir verwenden in diesem Beispiel nur zu Konsistenzzwecken das Array *values*. Pfade können natürlich auch über einen Pfad *path* abgebildet werden. Beide Varianten sind hier anwendbar. Neu dürfte für Sie die Eigenschaft *additive* von *animation* sein. Sie bestimmt die Interpretation der Werte. Ist *additive* auf *YES* gestellt, werden die übergebenen Werte jeweils zum aktuellen Wert der Eigenschaft addiert. Dadurch können Sie mit Positionsänderungen statt absoluten Punkten arbeiten. Das kann für viele Anwendungsgebiete interessant sein.

Das nächste Beispiel erzeugt einen Blinkeffekt. Es erhöht zuerst schrittweise die Transparenz auf 50 % – genauer gesagt, erniedrigt die Deckkraft *opacity* –, um sie dann noch einmal kurz anzuheben. Letztendlich entsteht daraus der Blinkeffekt.

```
CAKeyframeAnimation* animation =
    [CAKeyframeAnimation animationWithKeyPath:@"opacity"];

animation.values = [NSArray arrayWithObjects:
    [NSNumber numberWithFloat:0.8f],
    [NSNumber numberWithFloat:0.6f],
    [NSNumber numberWithFloat:0.5f],
    [NSNumber numberWithFloat:0.7f],
    [NSNumber numberWithFloat:0.6f],
    [NSNumber numberWithFloat:0.5f],
    nil];

animation.duration = 1.5f;
[imageView.layer addAnimation:animation forKey:@"animation"];
```

Beispiel 27.3: *WorkshopViewController.m – keyframeAnimationBlink*

CATransitionAnimation

Auch für Übergänge zwischen einzelnen Views können eigene Animationen erstellt werden. Das Handwerkszeug hierzu liefert die Klasse *CATransitionAnimation*. Ein Übergang wird im Wesentlichen durch zwei Eigenschaften der Klasse charakterisiert: den Animationstyp *type* und einen *subType*. Der Name *subType* ist etwas missverständlich. Er legt die Hauptrichtung der Animation fest. Mögliche Werte sind: *kCATransitionFromRight*, *kCATransitionFromLeft*, *kCATransitionFromTop* und *kCATransitionFromBottom*.

Das SDK definiert vier Animationstypen:

- *kCATransitionFade*: Die Views werden durch Ein- und Ausblenden getauscht. Diese Variante ist vor allem in der Bildbetrachtung oder in Präsentationen sehr beliebt. Der *subType* hat dabei keine Wirkung.
- *kCATransitionMoveIn*: Der neue View schiebt sich über den bisherigen Inhalt des Containers. Die Richtung des einfahrenden Views lässt sich dabei durch *subType* steuern. Animierte modale Dialoge verwenden diesen Animationstyp zum Ein- und Ausblenden.
- *kCATransitionPush*: Der neue View schiebt den alten Inhalt aus dem Screen. Diesen Übergang kennen Sie von animierten Übergängen mit einem *UINavigationController*. *subType* nimmt dabei Einfluss auf die Richtung, aus der sich der neue View hereinbewegt.
- *kCATransitionReveal*: Bewegt den aktuellen Inhalt in die mit *subType* angegebene Richtung aus dem Screen. Die Wirkung ist in etwa vergleichbar mit dem Wegziehen eines Blatts von einem Stapel Papier.

Der Übergang zwischen zwei Views erfolgt immer über den übergeordneten View bzw. den *superview* der beiden beteiligten Views. Das folgende Beispiel zeigt die Anwendung einer *CATransition* auf einen Wechsel von zwei Views mit der Methode *exchangeSubviewAtIndex:* des Containers. Beide Views müssen sich dazu bereits im Container befinden.

```
CATransition *transition = [CATransition animation];
transition.type = kCATransitionPush;
transition.subtype = kCATransitionFromBottom;
transition.duration = 0.25;

[[self.view layer] addAnimation:transition forKey:@"animation"];

int index = [[self.view subviews] indexOfObject:imageView];
int index1 = [[self.view subviews] indexOfObject:imageView1];

[self.view exchangeSubviewAtIndex:index withSubviewAtIndex:index1];
```

Beispiel 27.3: *WorkshopViewController.m – transitionAnimation*

Wichtige Animationseigenschaften

Bislang sind Ihnen so zentrale Eigenschaften wie *duration* und *autoreverses* bereits begegnet. Die Animationsklassen *CABasicAnimation* und *CAKeyframeAnimation* besitzen aber weitere wichtige und vor allem nützliche Eigenschaften. Diese ermöglichen Ihnen noch mehr Kontrolle über die Animation und ihren Ablauf:

- *removedOnCompletion*: Legt fest, ob die Animation nach dem Beenden aus dem *CALayer*-Objekt entfernt wird. Wenn eine Animation im Layer verbleibt, bestimmt *fillMode* den Zustand nach der Ausführung. Wird die Animation entfernt, wird automatisch wieder der Ursprungszustand vor Ausführung hergestellt. Standardwert ist *YES*.
- *fillMode*: Bestimmt den Modus nach Beenden der Animation. Mit *kCAFillModeForwards* können Sie den Zustand nach Beendigung der Animation beibehalten, was vor allem für Animationssequenzen interessant sein kann. Der Standardwert ist *kCAFillModeRemoved*. Das bedeutet, dass der *CALayer* in den Zustand vor der Animation zurückkehrt.
- *speed*: Bestimmt die Ablaufgeschwindigkeit der Animation. Ein Wert von *1.5* lässt die Animation 1,5-mal schneller ablaufen. Dabei wird nicht die *duration* angepasst, sondern nur die Ablaufgeschwindigkeit erhöht. Der Standardwert ist *1.0*.
- *repeatCount*: Bestimmt die Anzahl der Wiederholungen der Animation. Die Wiederholungen gehören dann zur Animation. Deshalb werden nur beim Start und am Ende der letzten Wiederholung die Delegate-Methoden *animationDidStart:* und *animationDidStop:finished:* aufgerufen. Standardwert ist *0.0*.
- *repeatDuration*: Definiert die Zeit in Sekunden, die eine Animation wiederholt werden soll. Setzen Sie niemals *repeatDuration* und *repeatCount* gleichzeitig auf einen Wert ungleich *0*. Standardwert ist *0.0*.
- *beginTime*: Beginnt die Animation nach *beginTime* Sekunden der übergeordneten Aktion. Dadurch lassen sich in Animationsgruppen verschiedene Startzeiten definieren.

Timing in Animationen

Das Timing ist ein wichtiger Aspekt bei der Umsetzung guter Animationen. Verwechseln Sie hier das Timing aber nicht mit der Ablaufreihenfolge innerhalb einer Animation oder einer Gruppe. Bei dieser Art von Timing geht es vielmehr um den zeitlichen Ablauf der eigentlichen Animation – also die zeitliche Abfolge der Interpolation zwischen dem Start- und dem Zielwert. Sie erinnern sich sicher noch an das Thema im Zusammenhang mit den *UIView*-Animationen im Abschnitt „Animationsoptionen für Views“ von Kapitel 27.1.

Core Animation erlaubt die Definition sogenannter Timingfunktionen. Die Timingfunktionen werden über die Klasse *CAMediaTimingFunction* erzeugt. Diese bildet die Realzeit *t* – also die Animationsdauer – auf die Animationszeit *x(t)* ab. Die Steigung der Kurve bestimmt also im Wesentlichen die Änderung der Interpolationswerte pro Zeiteinheit – je steiler die Kurve ist, desto schneller sind damit die Animationszeit und auch Änderungen des interpolierten Werts. Dabei wird als Konvention die Zeit immer auf den Bereich von 0 bis 1 normiert. Wir arbeiten also mit Prozentwerten der Animationsdauer. Die Abbildung erfolgt über eine Bézierkurve (mehr dazu weiter unten) dritten Grades, bei der jeweils der erste und letzte Kontrollpunkt auf *(0,0)* bzw. *(1,1)* festgesetzt ist. Über die beiden anderen Kontrollpunkte lässt sich die Timingfunktion definieren.

Das SDK hält einige nützliche Timingfunktionen bereits vor:

- *kCAMediaTimingFunctionLinear*
  Ein linearer Ablauf bildet die reale Zeit als Gerade auf die Animationszeit ab. Dadurch läuft die Animation mit konstanter Geschwindigkeit ab. Ideal für gleichförmige Bewegungen ohne Verzögerungen.

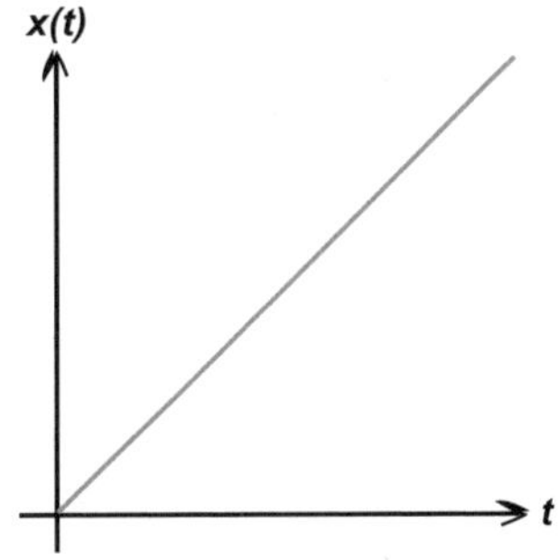

- *kCAMediaTimingFunctionEaseIn*
  Die Ease-in-Kurve beschreibt eine langsame Steigerung der Geschwindigkeit bis hin zu einem im Schluss linearen Verlauf. Am Graphen können Sie sehen, dass anfangs die Werte nur langsam wachsen, später aber in einer Geraden mit nahezu konstanter Geschwindigkeit enden.

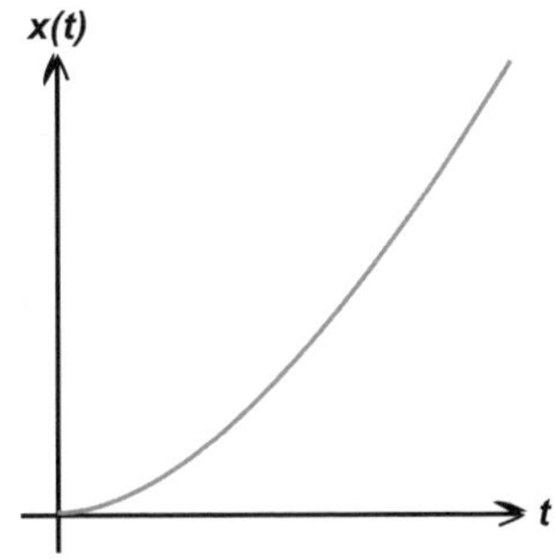

- *kCAMediaTimingFunctionEaseOut*
  Die Ease-out-Kurve ist die Umkehrung der Ease-in-Variante. Sie startet zügig mit konstantem Tempo und wird am Ende immer langsamer bis zum Stillstand.

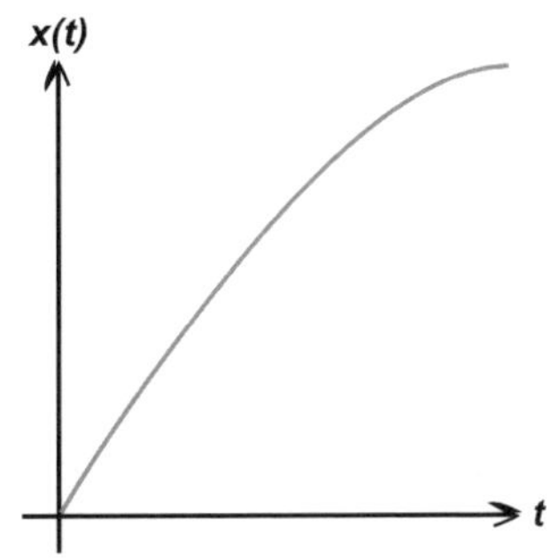

- *kCAMediaTimingFunctionEaseInEaseOut*
  Diese Kurve entsteht durch Zusammenlegen der beiden vorherigen. Die Geschwindigkeit der Änderungen wird langsam gesteigert, um im Mittelteil nahezu konstant mit hoher Geschwindigkeit weiterzulaufen. Am Ende erfolgt dann wieder eine deutliche Verlangsamung.

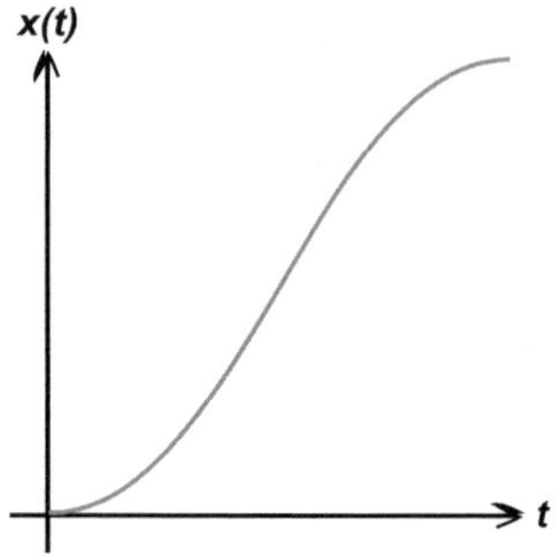

- *kCAMediaTimingFunctionDefault*
  Die Standardkurve ist die im SDK am meisten genutzte Timingvariante. Charakteristisch ist der relativ schnelle, aber dennoch beschleunigte Beginn und die starke Beschleunigung im Mittelteil. Am Ende bremst die Animation langsam ab.

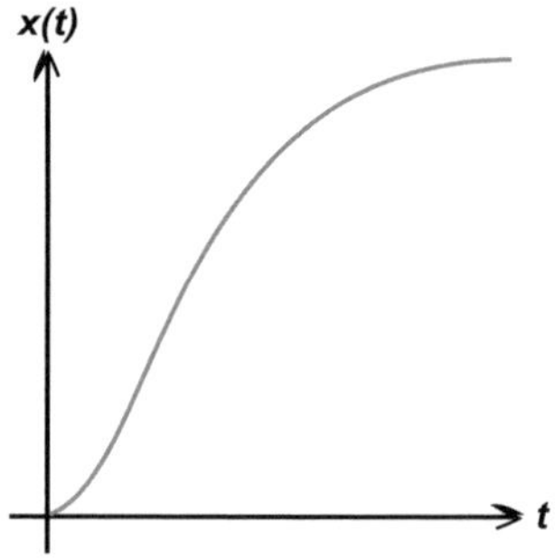

Die unterschiedlichen Kurven erzeugen durch Beschleunigungen oder Verlangsamungen beim Nutzer eine unterschiedliche Aufmerksamkeit. Schnelle Übergänge mit hoher Anfangs- oder Endgeschwindigkeit ziehen die Aufmerksamkeit des Benutzers während der Animation auf sich. Langsamere wirken geordnet und haben einen sehr natürlichen Charakter. Sie sind ideal für den Ausklang bestimmter Aktionen.

Mit der Klassenmethode *initWithControlPoints:* von *CAMediaTimingFunction* können Sie Ihr eigenes Timingverhalten umsetzen. Die beiden variablen Kontrollpunkte der Bézierkurve bestimmen die Kurve. Eine Bézierkurve ist erst einmal ein sehr abstraktes, schwer greifbares mathematisches Gebilde. Mit etwas mathematischer Vorstellungskraft können Sie aber aus dem Gefühl heraus relativ einfach die richtige Kurve für Ihr Timing finden. Dazu müssen Sie wissen, dass der erste der definierten Punkte mit dem Startpunkt bei *(0,0)* eine Tangente für die Bézierkurve bildet. Gleiches gilt für den zweiten Punkt und den Endpunkt bei *(1,1)*. Das bedeutet, die Kurve startet und endet jeweils in dem Winkel, den die Strecke zwischen den Punkten bildet. Liegen sie auf derselben Höhe, geht die Animationsgeschwindigkeit am Ende gegen 0, sie bremst also zum Ende vollständig ab. Liegen die beiden Punkte irgendwo auf der Strecke zwischen Start- und Endpunkt, ist die Kurve eine exakte Gerade.

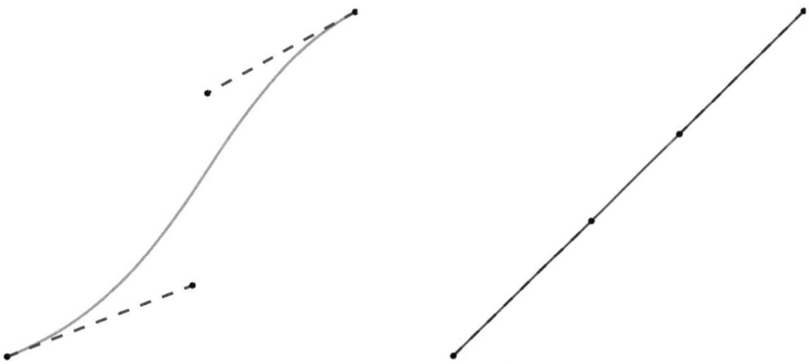

Der Winkel der Strecke zwischen den Punkten bestimmt den Einfallswinkel der Bézierkurve (Tangente). Liegen die Punkte auf der Strecke zwischen Anfangs- und Endpunkt, ist die Bézierkurve eine Gerade.

Der jeweilige Kurvenradius hängt im Prinzip nur vom horizontalen Abstand zum jeweiligen Start- oder Endpunkt der Strecke ab. Je länger also die Strecke ist, desto größer wird der Kurvenradius und desto ähnlicher ist die Kurve zu den Endpunkten hin einer Geraden.

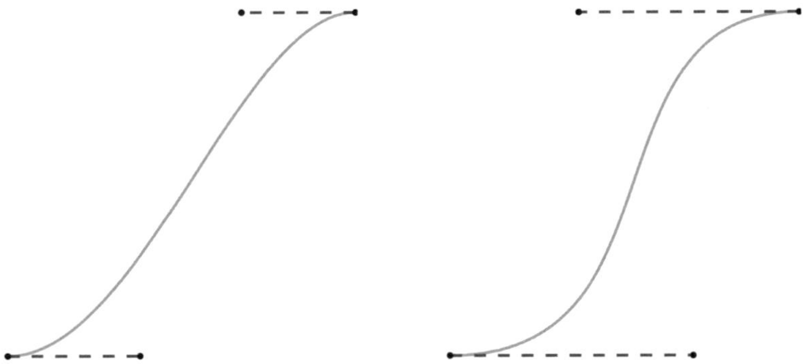

Auswirkung der Länge der Strecke zwischen den Punkten und dem Kurvenradius.

Workshop: Animationstiming

Nun ist es an der Zeit, die verschiedenen Timingvarianten im Praxiseinsatz zu sehen. Dazu werden wir in einem Workshop die Möglichkeiten parallel vergleichen und auch eine eigene Timingfunktion umsetzen.

Nutzen Sie wie gewohnt eine Vorlage zur Erstellung des neuen Projekts. Die benötigte Grafik finden Sie im Beispielverzeichnis 27.4. Fügen Sie noch das *QuartzCore*-Framework und die Header-Datei wie am Anfang beschrieben hinzu.

Die Benutzerschnittstelle des Workshops ist denkbar einfach. Wir wollen diesmal die benötigten Grafiken programmatisch hinzufügen, weil wir so einfacher durch Iteration eines Arrays auf die einzelnen Elemente zugreifen können. Das einzige Kontrollelement wird die Schaltfläche *Start* unten auf dem Bildschirm sein, die mit einer Aktionsmethode *start* verknüpft wird.

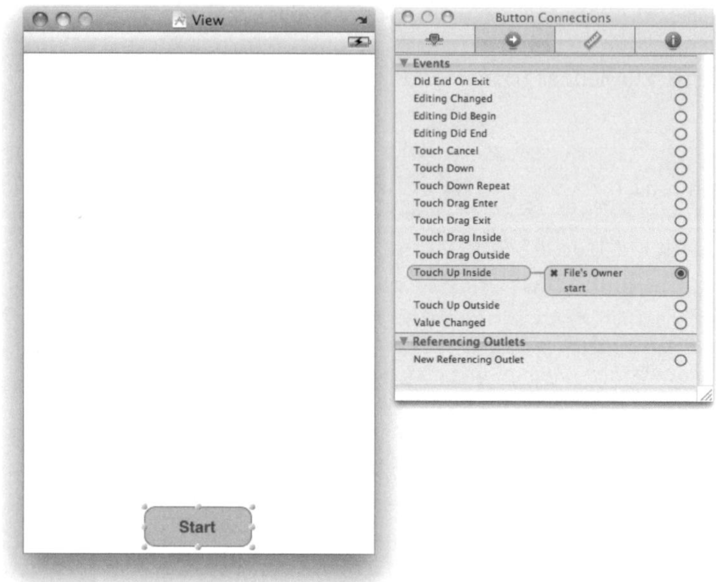

Der Start-Button als einziges Element der Benutzerschnittstelle des Workshops.

Beim Start der Anwendung erzeugen wir zuerst das Array der Timingfunktionen. Die Klassenmethode *functionWithName:* liefert für vordefinierte Konstanten die tatsächliche *CAMediaTimingFunction*-Instanz. Als letztes Element fügen wir noch eine frei konfigurierte Funktion hinzu. Mit

```
CAMediaTimingFunction *customTiming =
    [[CAMediaTimingFunction alloc]
    initWithControlPoints:1.0f :0.0f :1.0f :0.55f];
```

definieren wir eine relativ extreme Kurve für das Timing. Die Animation beschleunigt sehr langsam, bis sie im letzten Viertel extrem schnell wird. Die nebenstehende Grafik zeigt den Verlauf der neuen Timingfunktion. Sie werden im Ablauf später sehen, dass die extrem starke Beschleunigung zum Ende hin kaum noch mit dem bloßen Auge wahrnehmbar ist.

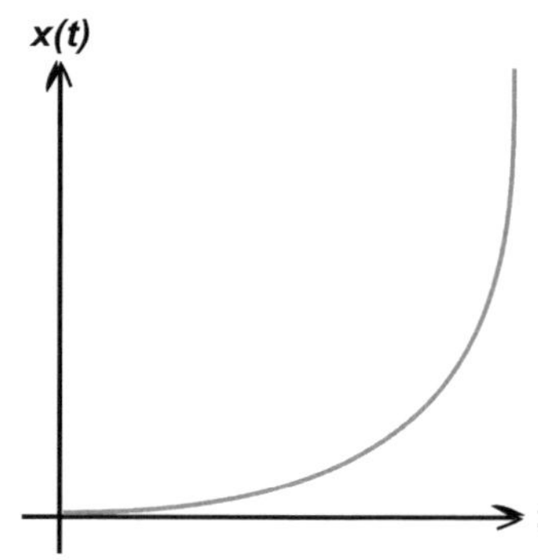

Die Arraydefinition erfolgt dann so:

```
self.timingsArray = [NSArray arrayWithObjects:
    [CAMediaTimingFunction
     functionWithName:kCAMediaTimingFunctionDefault],
    [CAMediaTimingFunction
     functionWithName:kCAMediaTimingFunctionLinear],
    [CAMediaTimingFunction
     functionWithName:kCAMediaTimingFunctionEaseIn],
    [CAMediaTimingFunction
```

```
        functionWithName:kCAMediaTimingFunctionEaseOut],
       [CAMediaTimingFunction
        functionWithName:kCAMediaTimingFunctionEaseInEaseOut],
        customTiming,
        nil];
```

Beispiel 27.4: *WorkshopViewController.m* (Ausschnitt)

Lassen Sie uns nun die Objekte für die Animation erzeugen. Dazu verwenden wir immer die gleiche Grafik für den *UIImageView* und platzieren sie unten am Bildschirm knapp über dem Button. Die einzelnen Bildansichten speichern wir im Property *imageArray*.

Um die Animation möglichst flexibel zu halten, lagern wir sie in die Methode *moveAnimationWithTiming:* aus. Dort erzeugen wir eine *CABasicAnimation* mit einer Dauer von 0,75 Sekunden und einem automatischen Zurücksetzen am Ende der Animation. Dadurch haben wir am Ende den Ausgangspunkt für einen weiteren Durchlauf hergestellt.

```
- (CAAnimation*) moveAnimationWithTiming:
    (CAMediaTimingFunction*) timingFunction {
    CABasicAnimation* animation =
        [CABasicAnimation animationWithKeyPath:@"position"];
    animation.byValue = [NSValue valueWithCGPoint:CGPointMake(0,
        -300)];
    animation.duration = 0.75;
    animation.autoreverses = YES;
    animation.timingFunction = timingFunction;

    return animation;
}
```

Beispiel 27.4: *WorkshopViewController.m – moveAnimationWithTiming:*

Nach dem Klick auf die Schaltfläche *Start* soll dann die Animation aller sechs Grafiken mit den zugehörigen Timingfunktionen beginnen. Dazu wenden wir die Animation, die wir mit der korrekten Timingfunktion erzeugen, jeweils auf den Layer der Grafik an.

```
for (int i = 0; i < [imageArray count]; i++) {
    UIView *view = [imageArray objectAtIndex:i];

    CAAnimation *animation =
        [self moveAnimationWithTiming:
        [timingsArray objectAtIndex:i]];
    [view.layer addAnimation:animation forKey:@"animation"];
}
```

Beispiel 27.4: *WorkshopViewController.m – start* (Ausschnitt)

Den kompletten Quellcode des Workshops finden Sie auf den folgenden Seiten:

```
#import <UIKit/UIKit.h>

@interface WorkshopViewController : UIViewController {
    NSMutableArray *imageArray;
    NSArray *timingsArray;
}

@property(nonatomic, retain) NSMutableArray *imageArray;
@property(nonatomic, retain) NSArray *timingsArray;

- (IBAction) start;
@end
```

Beispiel 27.4: *WorkshopViewController.h*

```
#import "WorkshopViewController.h"
#import <QuartzCore/QuartzCore.h>

@implementation WorkshopViewController
@synthesize imageArray, timingsArray;

- (void)viewDidAppear:(BOOL)animated {
    [super viewDidAppear:animated];

    // create our own timing function
    CAMediaTimingFunction *customTiming =
    [[CAMediaTimingFunction alloc]
     initWithControlPoints:1.0f :0.0f :1.0f :0.55f];

    // build up timings array
    self.timingsArray = [NSArray arrayWithObjects:
        [CAMediaTimingFunction
         functionWithName:kCAMediaTimingFunctionDefault],
        [CAMediaTimingFunction
         functionWithName:kCAMediaTimingFunctionLinear],
        [CAMediaTimingFunction
         functionWithName:kCAMediaTimingFunctionEaseIn],
        [CAMediaTimingFunction
         functionWithName:kCAMediaTimingFunctionEaseOut],
        [CAMediaTimingFunction
         functionWithName:kCAMediaTimingFunctionEaseInEaseOut],
         customTiming,
         nil];

    // setup images
    imageArray = [[NSMutableArray alloc] init];
    UIImage *image = [UIImage imageNamed:@"ball.jpg"];
```

```

    CGFloat xCenterPos = 25.0f;

    for (int i = 0; i < [timingsArray count]; i++) {
        UIImageView *view = [[UIImageView alloc] initWithImage:image];
        view.center = CGPointMake(xCenterPos, 360.0f);
        xCenterPos += 54.0f;
        [imageArray addObject:view];
        [self.view addSubview:view];
        [view release];
    }

    [customTiming release];
}

- (IBAction) start {
    for (int i = 0; i < [imageArray count]; i++) {
        UIView *view = [imageArray objectAtIndex:i];

        CAAnimation *animation =
            [self moveAnimationWithTiming:
            [timingsArray objectAtIndex:i]];
        [view.layer addAnimation:animation forKey:@"animation"];
    }
}

- (CAAnimation*) moveAnimationWithTiming:
    (CAMediaTimingFunction*) timingFunction {
    CABasicAnimation* animation =
        [CABasicAnimation animationWithKeyPath:@"position"];
    animation.byValue = [NSValue valueWithCGPoint:CGPointMake(0,
        -300)];
    animation.duration = 0.75;
    animation.autoreverses = YES;
    animation.timingFunction = timingFunction;

    return animation;
}

- (void)dealloc {
    [imageArray release];
    [super dealloc];
}

@end
```

Beispiel 27.4: *WorkshopViewController.m*

Der Ablauf der Animation stellt perfekt die möglichen Timingfunktionen gegenüber. Lassen Sie sie ruhig mehrfach ablaufen, um für den jeweiligen Typ ein Gefühl zu bekommen. Unsere selbst definierte Funktion ist mit Absicht sehr extrem gehalten. Die schnellsten Bewegungen am Ende der Animation sind für das menschliche Auge kaum mehr wahrnehmbar. Die unterschiedliche Ablaufzeit jeder Animation geben auch die beiden Screenshots wieder. Der erste Screenshot zeigt den Startzustand vor der Animation, der zweite etwa den Zustand der Halbzeit. Man sieht deutlich, dass Animationen mit einer relativ langsamen Anfangsgeschwindigkeit hinterherhinken. Am Ende liegen alle Animationen wieder nahezu gleichauf – mit einer kleinen Verzögerung, die in der verzögerten Initialisierung begründet liegt.

Von links nach rechts sind das die Funktionen *kCAMediaTimingFunctionDefault*, *kCAMediaTimingFunctionLinear*, *kCAMediaTimingFunctionEaseIn*, *kCAMediaTimingFunctionEaseOut* und *kCAMediaTimingFunctionEaseInEaseOut* sowie zum Schluss die selbst definierte Funktion.

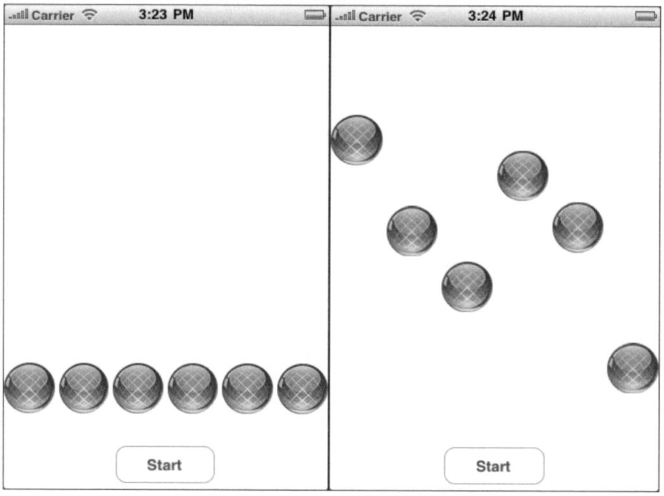

Die verschiedenen Timingfunktionen im Realzeitvergleich: links der Startzustand, rechts der Zustand etwa zur Halbzeit der Animation.

Timingkontrolle für eine CAKeyframeAnimation

Im Workshop im letzten Abschnitt haben wir die Timinganimation auf eine einzelne Schlüsselbildanimation angewendet. Wenn Sie sich die Klassenbeschreibung von *CAKeyframeAnimation* ansehen, werden Sie schnell feststellen, dass es dort eine entsprechende Eigenschaft *timingFunctions* gibt, die die ererbte Eigenschaft *timingFunction* ersetzt. Sie können also die Umsetzung aus dem Workshop ganz einfach auf komplexe Schlüsselbildanimationen übertragen.

Die Definition

```
animation.timingFunctions = [NSArray arrayWithObjects:
    [CAMediaTimingFunction
```

```
        functionWithName:kCAMediaTimingFunctionEaseIn],
        [CAMediaTimingFunction
        functionWithName:kCAMediaTimingFunctionEaseOut],
        [CAMediaTimingFunction
        functionWithName:kCAMediaTimingFunctionEaseInEaseOut],
        nil];
```

Beispiel 27.3: *WorkshopViewController.m – keyframeAnimationTiming*

erweitert das Beispiel der Schlüsselbildanimation (27.3) aus dem Abschnitt „CAKeyframeAnimation" um eine Timingfunktion für jede Bewegung des Bilds. Der erste Abschnitt, die Bewegung um 100 Punkte senkrecht nach oben, wird durch die Funktion *kCAMediaTimingFunctionEaseIn* langsam begonnen. Im Übergang auf den zweiten, senkrechten Teil wird die Geschwindigkeit erst am Ende abgebremst. Dort beginnt die Bewegung um 85 Punkte nach links. Das erzeugt gerade in den Wechseln der Bewegungsrichtung sowie am Anfang und am Ende der Animation durch das Abbremsen und Beschleunigen ein realistischeres Bild als das lineare Standardtiming.

Das Zusammenspiel der einzelnen Schlüsselbilder fordert aber oft eine noch feinere Kontrolle über den Timingablauf der Animation. Stellen Sie sich vor, Sie würden im obigen Beispiel für die ersten beiden Bewegungen die Dauer entsprechend schneller einstellen wollen. Die lange Bewegung senkrecht am Pfad sollte also weniger der Gesamtdauer der Animation abdecken als das Abbiegen nach links. Sie müssen daher die Animationszeit auf die einzelnen Schlüsselbildübergänge verteilen. Die Eigenschaft *keyTimes* ermöglicht über ein Array von Gleitkommazahlen die Aufteilung der Animationsdauer. Dabei wird die Verteilung als Wert zwischen 0 und 1, also als relative Zeiteinheiten in Bezug auf die Gesamtdauer, angegeben. Ein Array von *0.0*, *0.2*, *0.4* und *1.0* verteilt die ersten beiden geraden Bewegungen jeweils auf 20 % der Gesamtdauer. Der dritte Abschnitt erhält somit 60 % der Gesamtdauer. Das bedeutet eine deutlich reduzierte Geschwindigkeit in der Bewegung nach links.

Die Eigenschaft calculationMode

Die Klasse *CAKeyframeAnimation* besitzt noch eine weitere Eigenschaft, die das Timing der Animation beeinflusst: *calculationMode*. Sie beschreibt die Methode, mit der die Interpolation zwischen den Schlüsselbildern stattfindet. Die Standardeinstellung *kCAAnimationLinear* beschreibt die gewohnte lineare Interpolation zwischen dem Ausgangs- und dem Endwert. *kCAAnimationDiscrete* verhindert eine Interpolation. Dadurch werden die Übergänge durch die einzelnen Schlüsselbilder ohne Zwischenschritte bestimmt. Eine gleichmäßige Geschwindigkeit über die komplette Animation – also alle Schlüsselbilder – hinweg ermöglicht die Konstante *kCAAnimationPaced*. Die einzelnen Einstellungen haben eine direkte Wirkung auf *keyTimes*. Näheres dazu entnehmen Sie der Klassenreferenz von *CAKeyframeAnimation*.

27.4 Workshop: 3-D-Rotation und Bewegung

Zum Abschluss unseres Abstechers in die Welt der Core Animations werden wir in einem Workshop das Thema nochmals vertiefen, um das Kapitel abzurunden. Der Benutzer soll über drei Buttons die Möglichkeit haben, die Animationen zu steuern. Folgende Animationen werden wir dazu einsetzen:

- Eine dreidimensionale Rotation eines Bilds.
- Eine Bewegung auf einer Kreisbahn.
- Eine kombinierte Animation aus den beiden vorherigen.

Sie können den Workshop wie gewohnt mit der Standardvorlage beginnen. Als Bild nutzen wir die Datei *landscape4.jpg* aus dem Beispielverzeichnis 37.3. Fügen Sie dem Projekt, wie am Anfang des Kapitels beschrieben, das *QuartzCore*-Framework und die Header-Deklaration hinzu.

Für die Benutzerschnittstelle erstellen wir im Interface Builder drei Schaltflächen und verbinden sie mit den Methoden *rotate*, *move* und *combined*. Diese führen später die einzelnen Animationen aus. Zusätzlich wird noch die Grafik mit einem Outlet hinzugefügt.

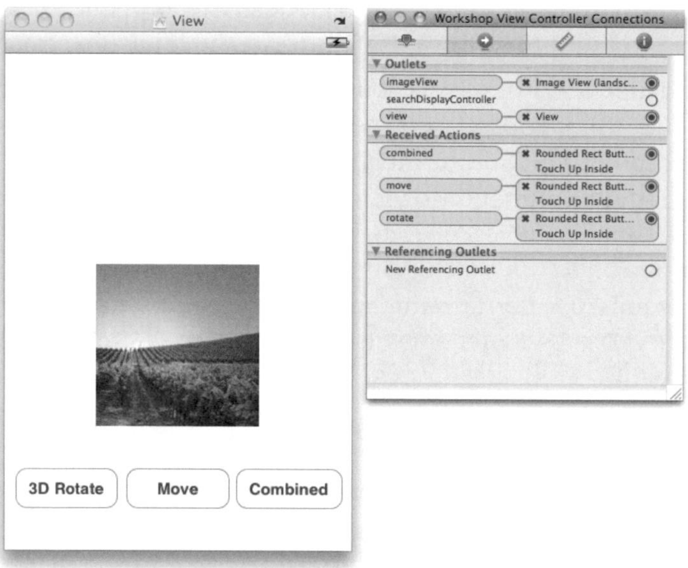

Benutzerschnittstelle des Workshops mit drei Schaltflächen und ihren zugeordneten Methoden. Darüber liegt das zu animierende Bild.

Die 360°-Rotation

Zuerst implementieren wir die dreidimensionale Rotation in der Methode *rotate*. Die Rotation selbst wird durch eine Transformation, also eine Matrixoperation, definiert. Die Funktion *CATransform3DMakeRotation* erstellt eine Rotation um den angegebenen Winkel im Bogenmaß. Die drei weiteren Parameter der Funktion bestimmen den Vektor (x, y, z), um den die Drehung stattfinden soll. Die

360°-Drehung müssen wir in zwei Schritten durchführen. Eine einzige Drehung um 360° würde zu keiner Bewegung führen, weil die Endposition ja gleich der Ausgangsposition wäre. Wir erzeugen die Drehung um 180° bzw. π im Bogenmaß um den Vektor (1, 1, 1) mit dieser Anweisung:

```
CATransform3D transform =
    CATransform3DMakeRotation(M_PI, 1.0f, 1.0f, 1.0f);
```

Die Transformation wird als *toValue* der *CABasicAnimation* gesetzt. Gleichzeitig setzen wir die Eigenschaft *cumulative*, was bedeutet, dass wiederholte Animationen den Endzustand des vorigen Durchgangs fortführen. Durch eine zweimalige Wiederholung erzielen wir so die volle Rotation um 360°. Das Ergebnis der Animation sehen Sie in der folgenden Abbildung.

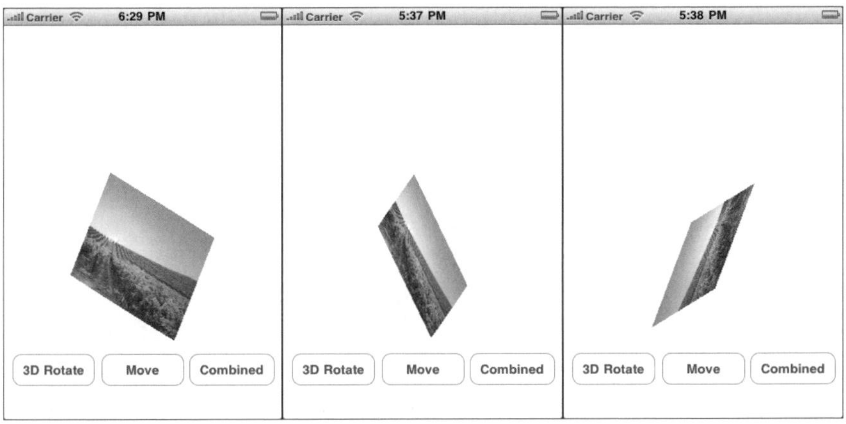

Die verschiedenen Phasen der dreidimensionalen Rotation.

Weitere 3-D-Transformationen

Core Animation definiert noch weitere 3-D-Transformationen. Nutzen Sie dafür auch die Funktionen *CATransform3DMakeScale* und *CATransform3DMakeTranslation.*

Die Bewegung auf einer Kreisbahn

Die Kreisbahnbewegung vollziehen wir in einer *CAKeyframeAnimation*. Dort nutzen wir das *path*-Property, um einen Pfad auf einer Kreisbahn zu definieren. Die Kreisbahn setzen wir wie die Rotation aus zwei Halbkreispfaden zusammen. Die Funktion *CGPathCreateMutable* erstellt einen veränderbaren Pfad.

Die einzelnen Elemente werden diesem Pfad nach und nach hinzugefügt. Mit *CGPathAddArc* fügen wir dem noch leeren Pfad einen Bogen hinzu, definiert durch den Mittelpunkt (*x, y*), den Radius sowie den Start- und Endwinkel im Bogenmaß:

```
CGPathAddArc(path,
    nil, x, y, radius, M_PI / 2.0f, 3.0 * M_PI / 2.0f, NO);
```

Der Bogen beginnt bei 90° oder $\pi/2$ – also im Koordinatensystem unten – und endet bei 270° bzw. $3/2\ \pi$ oben im Koordinatensystem. Der boolesche Parameter in der Funktion bestimmt die Richtung. Mit *NO* läuft der Pfad im Uhrzeigersinn. Der zweite Teil des Kreispfads wird analog erzeugt:

```
CGPathAddArc(path,
    nil, x, y, radius, 3.0 * M_PI / 2.0f, M_PI / 2.0f, NO);
```

Den Mittelpunkt legen wir so, dass er um den Radius von 100 Punkten über der aktuellen Position der Eigenschaft *imageView* liegt:

```
CGFloat radius = 100.0f;
CGFloat x =
    imageView.frame.origin.x + imageView.frame.size.width/2.0f;
CGFloat y =
    imageView.frame.origin.y + imageView.frame.size.height/2.0f -
    radius;
```

Pfade haben noch eine besondere Eigenschaft. Man kann Teilpfade definieren, Pfade sind also gegliedert aufgebaut. Normalerweise schließt man Unterpfade durch den Aufruf der Funktion *CGPathCloseSubpath*. Manche Funktionen definieren einen Teilpfad implizit – so zum Beispiel *CGPathAddArc*. Für die Animation bedeutet das, dass jeder einzelne Teilpfad als eigenes Schlüsselbild für die Animation definiert wird. Wir haben jetzt also zwei Teilpfade in unserem Pfad *path*. Die Animation würde jetzt standardmäßig jeden Pfad als einzelnen Teil der Animation ausführen. Dadurch entsteht eine Unterbrechung nach dem ersten Halbkreis. Hier kommt die im vorherigen Kapitel erwähnte Eigenschaft *calculationMode* zum Tragen. Für unser Beispiel setzen wir *kCAAnimationPaced*, das eine gleichmäßige Ausführungsgeschwindigkeit über die komplette Animation garantiert. Sie können auch gern etwas mit den Timingparametern herumexperimentieren, um ein Gefühl für die Auswirkungen auf die einzelnen Teilpfade zu erhalten.

In der Abbildung sehen Sie drei Ausschnitte der Kreisbahnbewegung.

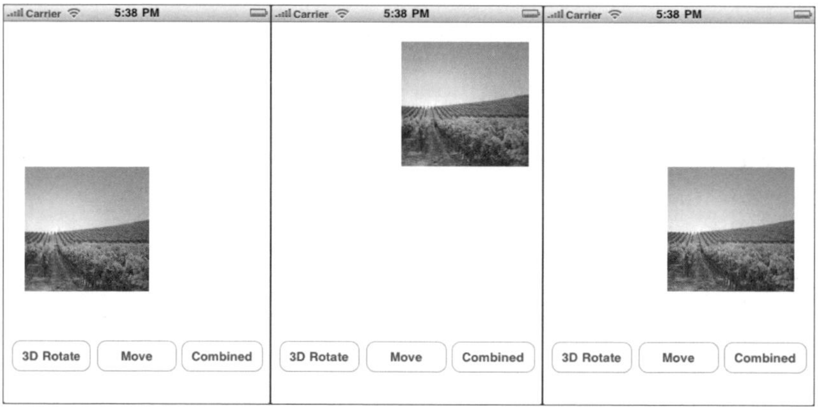

Drei Szenen aus der Kreisbewegung. Sie setzt sich aus zwei Teilbewegungen um jeweils 180° zusammen.

Kombinierte Animation: 3-D-Drehung auf einer Kreisbahn

Im letzten Abschnitt des Workshops werden wir die beiden Einzelanimationen zu einer Animation zusammenfassen. Dafür nutzen wir eine Animationsgruppe vom Objekttyp *CAAnimationGroup*. Da die Drehung eine Animation mit Wiederholungen ist, müssen wir vor allem auf das korrekte Timing achten.

Wir setzen also zuerst die Gesamtzeit der Animationsgruppe auf 1,5 Sekunden. Auch die Rotation muss dann auf eine Dauer von 1,5 Sekunden festgelegt werden. Die Drehung wird in der Hälfte der Gesamtdauer ausgeführt. So erhalten wir in der kompletten Animationszeit auch die komplette 360°-Drehung.

Die Animationsgruppe wird über ein Array mit beiden Animationen initialisiert:

```
animationGroup.animations =
    [NSArray arrayWithObjects:rotAnimation, moveAnimation, nil];
```

Die Kombination beider Teile macht die Animation nun endlich komplett. Das Szenario zeigt die folgende Abbildung:

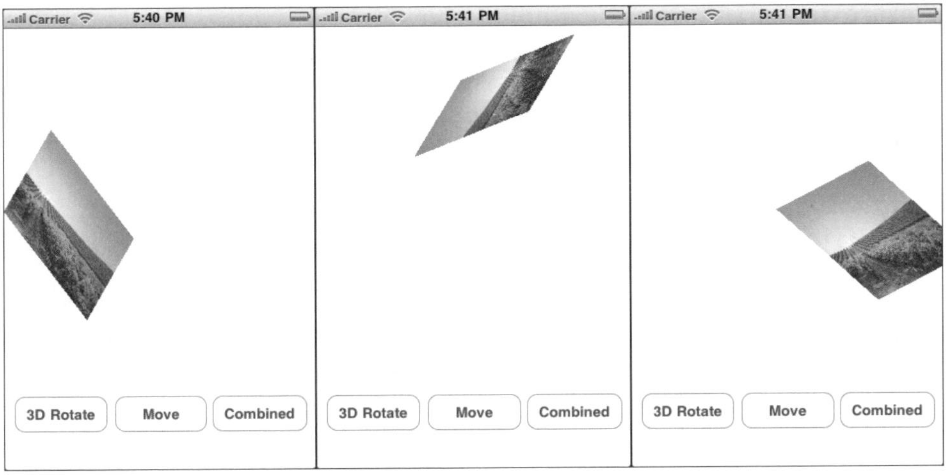

Die kombinierte Animation in einer CAAnimationGroup.

Der komplette Quelltext des Workshops

Durch Drücken der drei assoziierten Buttons können Sie nun die Animationen steuern. Sie werden feststellen, dass sich Animationen auch ohne Gruppen mischen lassen. Dazu müssen Sie nur kurz hintereinander auf den *3D Rotate*- und den *Move*-Button drücken. Einzeln gestartete Animationen laufen also weiter, auch wenn weitere Animationen auf demselben Objekt gestartet werden. Allerdings erzielen Sie erst durch eine Animationsgruppe die notwendige Kontrolle und Synchronisation.

Die folgenden Listings zeigen den Quelltext zu Beispiel 27.5:

```
#import <UIKit/UIKit.h>

@interface WorkshopViewController : UIViewController {
    IBOutlet UIImageView *imageView;
}

@property(nonatomic, retain) IBOutlet UIImageView *imageView;

- (IBAction) rotate;
- (IBAction) move;
- (IBAction) combined;

@end
```

Beispiel 27.3: *WorkshopViewController.h*

```
#import "WorkshopViewController.h"
#import <QuartzCore/QuartzCore.h>

@implementation WorkshopViewController
@synthesize imageView;

- (IBAction) rotate {
    CATransform3D transform =
    CATransform3DMakeRotation(M_PI, 1.0f, 1.0f, 1.0f);

    // Create a basic animation to animate the layer's transform
    CABasicAnimation* animation =
        [CABasicAnimation animationWithKeyPath:@"transform"];

    animation.toValue = [NSValue valueWithCATransform3D:transform];
    animation.duration = 1;  // two seconds
    animation.cumulative = YES;
    animation.repeatCount = 2;

    [imageView.layer addAnimation:animation forKey:@"animation"];
}

- (IBAction) move {
    CGMutablePathRef path = CGPathCreateMutable();

    CGFloat radius = 100.0f;
    CGFloat x =
       imageView.frame.origin.x + imageView.frame.size.width/2.0f;
    CGFloat y =
       imageView.frame.origin.y +
       imageView.frame.size.height/2.0f - radius;
```

```
    CGPathAddArc(path,
        nil, x, y, radius, M_PI / 2.0f, 3.0 * M_PI / 2.0f, NO);
    CGPathAddArc(path,
        nil, x, y, radius, 3.0 * M_PI / 2.0f, M_PI / 2.0f, NO);

    CAKeyframeAnimation* animation =
    [CAKeyframeAnimation animationWithKeyPath:@"position"];

    animation.path = path;
    animation.duration = 1.5f;
    animation.calculationMode = kCAAnimationPaced;

    [imageView.layer addAnimation:animation forKey:@"move"];

    CGPathRelease(path);
}

- (IBAction) combined {
    NSTimeInterval duration = 1.5f;

    // first create the transform
    CATransform3D transform =
        CATransform3DMakeRotation(M_PI, 1.0, 1.0, 1.0);
    CABasicAnimation* rotAnimation =
        [CABasicAnimation animationWithKeyPath:@"transform"];

    rotAnimation.toValue = [NSValue valueWithCATransform3D:transform];
    rotAnimation.duration = duration / 2.0f;
    rotAnimation.cumulative = YES;
    rotAnimation.repeatCount = 2;

    // and now the moving on a path
    CGMutablePathRef path = CGPathCreateMutable();

    CGFloat radius = 100.0f;
    CGFloat x =
        imageView.frame.origin.x + imageView.frame.size.width/2.0f;
    CGFloat y =
        imageView.frame.origin.y +
        imageView.frame.size.height/2.0f - radius;

    CGPathAddArc(path,
        nil, x, y, radius, M_PI / 2.0f, 3.0 * M_PI / 2.0f, NO);
    CGPathAddArc(path,
        nil, x, y, radius, 3.0 * M_PI / 2.0f, M_PI / 2.0f, NO);

    CAKeyframeAnimation* moveAnimation =
```

```
            [CAKeyframeAnimation animationWithKeyPath:@"position"];
        moveAnimation.path = path;
        moveAnimation.duration = duration;
        moveAnimation.calculationMode = kCAAnimationPaced;
        CGPathRelease(path);

        // create the animation group
        CAAnimationGroup *animationGroup = [CAAnimationGroup animation];
        animationGroup.duration = duration;
        animationGroup.animations =
            [NSArray arrayWithObjects:rotAnimation, moveAnimation, nil];

        [imageView.layer
            addAnimation:animationGroup forKey:@"simpleAnimation"];
}

- (void)dealloc {
    [imageView release];
    [super dealloc];
}

@end
```

***Beispiel** 27.3: WorkshopViewController.m*

Hinweis

Die kombinierten Animationen sind in diesem Beispiel bewusst dupliziert worden, um die Änderungen beim Timing hervorzuheben.

28. Zugriff auf das Adressbuch

Das Adressbuch ist eine der zentralen vorinstallierten Anwendungen auf dem iPhone und dem iPod touch. Der Benutzer kann dort alle personenbezogenen Daten zu seinen Kontakten ansehen und verwalten. Außerdem kann das Adressbuch mit den anderen Anwendungen wie E-Mail, SMS und MMS interagieren.

Das SDK bietet den Zugang zu den Daten aus dem Adressbuch über die beiden Frameworks *AddressBook* und *AddressBookUI*. Das *AddressBook*-Framework stellt die notwendigen Strukturen zum Umgang mit den Adressbuchdaten zur Verfügung. Im Gegensatz zu vielen anderen Frameworks basiert es auf reinen C-Strukturen und -Funktionen. Das macht den Umgang etwas unhandlicher und den Quelltext weniger lesbar. Außerdem bedarf es eines erhöhten Einarbeitungsaufwands.

Im *AddressbookUI*-Framework finden Sie vordefinierte Ansichten zum Anlegen, Ansehen und Editieren von Kontakten. Außerdem können Sie dem Benutzer Ihrer Anwendung eine komplette Liste aller Kontakte zur Auswahl oder Ansicht anbieten.

In den folgenden Kapiteln werden Sie eine Einführung anhand zahlreicher Beispiele in beide Frameworks erhalten.

28.1 Adressbuchfunktionen für Ihr Projekt

Um die Adressbuchfunktionen des SDK zu nutzen, müssen Sie die beiden Frameworks *AddressBook* und *AddressBookUI* in Ihr Projekt aufnehmen und zwei Header-Dateien importieren.

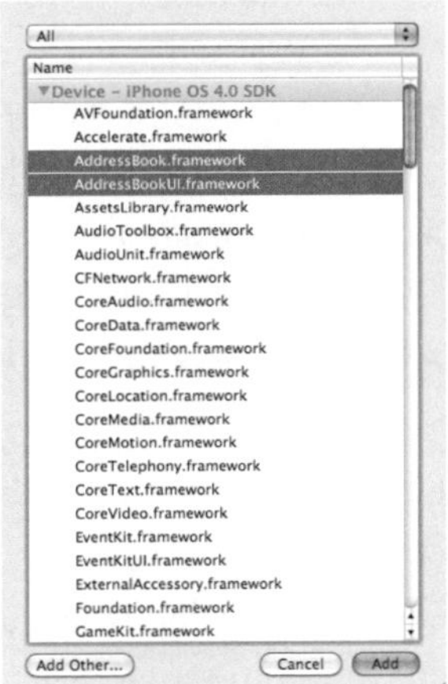

1 Klicken Sie mit der rechten Maustaste im Bereich *Groups & Files* auf den Ordner *Frameworks* und wählen Sie *Add/Existing Frameworks*.

2 Selektieren Sie die Frameworks *AddressBook* und *AddressBookUI*. Eine Mehrfachauswahl erreichen Sie durch Drücken der [cmd]-Taste während der Auswahl mit der Maus. Danach klicken Sie auf *Add*.

3 Fügen Sie die beiden Header-Dateien für die Frameworks Ihrem Quelltext hinzu:

#import <AddressBook/AddressBook.h>
#import <AddressBookUI/AddressBookUI.h>

28.2 Die C-Strukturen und ihre Verwendung

Um den Einstieg in die Adressbuchprogrammierung zu erleichtern, wenden wir uns in diesem Kapitel den notwendigen C-Datenstrukturen und -Funktionen zu. An anschaulichen Beispielen zeigen wir den Umgang mit dem Adressbuch und seinen Einträgen.

Keine gemeinsame Nutzung in Threads

Die in diesem Kapitel vorgestellten Datentypen dürfen nicht in mehreren Threads gemeinsam genutzt werden. Stellen Sie deshalb sicher, dass jeder Thread seine eigenen Instanzen erzeugt und benutzt.

Das Adressbuch

Adressbücher werden über den C-Datentyp *ABAddressBook* gekapselt. Zugriff auf das aktuelle Adressbuch gibt die Funktion *ABAddressBookCreate*. Sie erzeugt eine Instanz von *ABAddressBookRef* mit dem Zugriff auf das Adressbuch.

Das *AddressBook*-Framework stellt einige Funktionen zur Bearbeitung des Adressbuchs zur Verfügung:

- *ABAddressBookHasUnsavedChanges*: Diese Funktion liefert einen booleschen Wert zurück, der anzeigt, ob das Adressbuch Änderungen aufweist, die noch nicht abgespeichert wurden.
- *ABAddressBookRevert*: Setzt das Adressbuch auf den letzten gespeicherten Stand zurück.
- *ABAddressBookSave*: Speichert die aktuellen Änderungen am Adressbuch in die Datenbank.
- *ABAddressBookAddRecord*: Fügt dem Adressbuch einen neuen Eintrag hinzu.
- *ABAddressBookRemoveRecord*: Löscht den angegebenen Eintrag aus dem Adressbuch.
- *ABAddressBookGetPersonWithRecordID*: Gibt den Eintrag mit der angegebenen *RecordID* aus dem Adressbuch zurück.
- *ABAddressBookCopyPeopleWithName*: Durchsucht das Adressbuch nach Einträgen mit dem angegebenen Namen.
- *ABAddressBookCopyArrayOfAllPeople*: Liefert alle Einträge aus dem Adressbuch zurück.

Um die Notation in reiner C-Syntax zu verinnerlichen, folgt ein ausführlicheres Beispiel:

```
ABAddressBookRef addressBook = ABAddressBookCreate();

CFArrayRef contacts = ABAddressBookCopyArrayOfAllPeople(addressBook);
```

```
   
5  NSLog(@"People in addressbook: %d", CFArrayGetCount(contacts));
   CFRelease(contacts);
   
   contacts = ABAddressBookCopyPeopleWithName(addressBook, CFSTR("Doe"));
   NSLog(@"People with 'Doe': %d", CFArrayGetCount(contacts));
10 CFRelease(contacts);
   
   contacts = ABAddressBookCopyPeopleWithName(addressBook,
       CFSTR("John"));
   NSLog(@"People with 'John': %d", CFArrayGetCount(contacts));
15 CFRelease(contacts);
   
   CFRelease(addressBook);
```

Beispiel 28.1: *WorkshopViewController.m - workingWithAddressBooks*

Zuerst lassen wir uns mit der Funktion *ABAddressBookCreate* eine Referenz auf das Adressbuch geben (Zeile 1). *ABAddressBookCopyArrayOfAllPeople* liefert eine Liste aller Kontakte des Adressbuchs (Zeile 3), deren Anzahl ausgegeben wird (Zeile 5). Da es sich hier um ein *CFArrayRef* handelt, wird die Anzahl der Elemente im Array mit der Funktion *CFArrayGetCount* ermittelt.

Sie sollten immer darauf achten, nicht mehr genutzte Objekte freizugeben. Da die Adressbuchoperationen – wie es sich auch im Namen manifestiert – jeweils eine Kopie des angeforderten Objekts liefern, sind Sie selbst für die Speicherverwaltung des Objekts zuständig. Sie müssen das Objekt nach der Benutzung mit der Funktion *CFRelease* freigeben (Zeile 6).

Im nächsten Beispiel durchsuchen wir das Adressbuch nach Namensbestandteilen. Im verwendeten Adressbuch existiert genau ein Eintrag namens „John Doe“. Wir durchsuchen das Adressbuch explizit nach beiden Namensbestandteilen (Zeilen 8+12). Die durchgeführte Suche ist eine Präfixsuche nach den Wörtern der Vor- und Nachnamen. Somit liefern beide Suchen genau einen Treffer. Ganz am Ende wird das Adressbuch freigegeben.

Die Ausgabe auf der Kommandozeile ist entsprechend:

```
People in addressbook: 1
People with 'Doe': 1
People with 'John': 1
```

Eine kleine Vereinfachung

Die pure C-Syntax der Adressbuchoperationen lässt einen Entwickler, der fest in der objektorientierten Welt verankert ist, schnell ob der mühseligen Arbeit mit Funktionen ermüden. Leider existiert für den Adressbuchzugriff kein rein objektorientierter Wrapper.

Allerdings nimmt einem eine Besonderheit von Klassen wie *NSString* und *NSArray* ein wenig Arbeit ab. Diese sind nämlich mit ihren *CoreFoundation*-Gegenstücken beliebig austauschbar – das sind alle Typen, die mit einem *CF* beginnen. Sie können also für einen *CFString* immer auch einen *NSString* und für ein *CFArray* ein *NSArray* verwenden. Dadurch heben Sie zumindest die Zugriffe auf diese Datentypen auf ein objektorientiertes Niveau an. Man nennt dieses Konzept von Cocoa auch „Toll-Free-Bridging". Wir werden davon aus Gründen der Lesbarkeit im weiteren Verlauf des Kapitels regen Gebrauch machen.

Personen und Gruppen

Das Adressbuch wird in Einträgen organisiert. Jeder Eintrag kann entweder eine Gruppe oder ein einzelner Kontakt sein. Durch Gruppen kann der Anwender mehr Struktur in das Adressbuch bringen, indem er die Kontakte zum Beispiel den Gruppen „Freunde" oder „Beruf" zuordnet. Gruppen sind in gewisser Weise virtuelle Ordner des Adressbuchs, wobei eine Person dabei auch mehreren Gruppen angehören kann. Eine Person bzw. ein Kontakt kapselt die tatsächlichen Adressdaten wie Name, Vorname, Rufnummer, E-Mail-Adressen etc.

Personen und Gruppen werden durch den Typ *ABRecord* repräsentiert. Die Elemente eines Eintrags werden als Eigenschaften von *ABRecord* betrachtet – auch wenn es keine Eigenschaften im objektorientierten Sinn sind. Der Zugriff erfolgt hier nicht über das Objekt, sondern über den Aufruf einer C-Funktion.

Man unterscheidet Eigenschaften anhand ihrer Struktur. Es gibt Eigenschaften, die nur einen einzigen Wert repräsentieren, so zum Beispiel der Name. Andere Eigenschaften können eine nicht festgelegte Anzahl von Elementen haben. Hierzu gehören Rufnummern und E-Mail-Adressen.

Auf Eigenschaften eines Kontakts wird über die *ABPropertyID* der jeweiligen Eigenschaft zugegriffen. Das *AddressBook*-Framework definiert dafür folgende Konstanten zur Bezeichnung einer Eigenschaft:

Konstante	Bedeutung
kABPersonFirstNameProperty	Name
kABPersonLastNameProperty	Vorname
kABPersonMiddleNameProperty	zweiter Vorname
kABPersonPrefixProperty	Titel oder Ansprache (z. B. „Dr." oder „Sir")
kABPersonSuffixProperty	Namenszusatz (z. B. „Jr.")
kABPersonNicknameProperty	Kurz- oder Spitzname
kABPersonFirstNamePhoneticProperty	phonetische Schreibweise des Namens
kABPersonLastNamePhoneticProperty	phonetische Schreibweise des Nachnamens
kABPersonMiddleNamePhoneticProperty	phonetische Schreibweise des zweiten Vornamens
kABPersonOrganizationProperty	Firma

Konstante	Bedeutung
kABPersonJobTitleProperty	Berufsbezeichnung oder Position
kABPersonDepartmentProperty	Abteilung
kABPersonEmailProperty	E-Mail-Adresse
kABPersonBirthdayProperty	Geburtstag
kABPersonNoteProperty	Notizen
kABPersonCreationDateProperty	Datum der Erstellung des Kontakts
kABPersonModificationDateProperty	Datum der letzten Änderung

Wesentlich übersichtlicher ist das Ganze für Gruppen. Sie haben nur eine einzige Eigenschaft *kABGroupNameProperty* – den Namen.

Einzelwerte auslesen

Die Funktion *ABRecordCopyValue* liest aus einem Kontakt den durch die übergebene Eigenschaft definierten Wert aus. Im nächsten Beispiel wollen wir die Vor- und Nachnamen aller Personen im Adressbuch ausgeben:

```
ABAddressBookRef addressBook = ABAddressBookCreate();

NSArray *contacts = [(NSArray*)
    ABAddressBookCopyArrayOfAllPeople(addressBook) autorelease];

for (id person in contacts) {
    NSString *lastName, *firstName;

    lastName = [(NSString*)
        ABRecordCopyValue(person, kABPersonLastNameProperty)
        autorelease];
    firstName = [(NSString*)
        ABRecordCopyValue(person, kABPersonFirstNameProperty)
        autorelease];

    NSLog(@"%@, %@", lastName, firstName);
}

CFRelease(addressBook);
```

Beispiel 28.1: *WorkshopViewController.m – workingWithPeople*

Der Unterschied zum ersten Beispiel im letzten Abschnitt fällt auf den ersten Blick auf. Anstelle der Typen *CFArrayRef* und *CFString* werden *NSArray* und *NSString* verwendet. Zusammen mit den *autorelease*-Nachrichten erscheint der Quelltext kompakter und lesbarer – der Verdienst des Toll-Free-Bridging.

Inhaltlich erzeugen wir uns wie gewohnt eine Referenz auf das Adressbuch (Zeile 1) und laden alle Einträge in das Array *contacts* (Zeilen 3–4). In der Aufzählung der Elemente greifen wir auf einen Trick zurück (Zeile 6). Wir definieren *person* als Objekt des generischen Typs *id*. Durch die dynamische Typisierung ist dieser Weg offen. Allerdings sollten Sie dann das Objekt korrekt einsetzen und nur die entsprechenden Funktionen verwenden. Dafür sind letztendlich Sie verantwortlich!

Mit der Funktion *ABRecordCopyValue* holen wir uns die Werte für den Namen und den Vornamen über die Konstanten aus dem Kontakt und können sie auf der Kommandozeile ausgeben.

Listenwerte ausgeben

Listenwerte werden überall dort eingesetzt, wo es mehrere Werte für eine Eigenschaft geben kann. So hat eine Person oft mehrere Rufnummern oder E-Mail-Adressen. Die Listenwerte sind als Array organisiert. Sie können also über einen Index darauf zugreifen. Jeder Wert besteht aus einem Bezeichner oder Label und dem tatsächlichen Wert.

Listeneigenschaften werden genauso wie normale Eigenschaften mit der Funktion *ABRecordCopyValue* ausgelesen. Anstelle eines konkreten Typs ist die Listeneigenschaft vom Typ *ABMutableMultiValueRef*. Die Liste aller Rufnummern einer Person können Sie so auslesen:

```
ABMutableMultiValueRef phones =
    ABRecordCopyValue(person, kABPersonPhoneProperty);
```

Ähnlich einem Array gibt die Funktion *ABMultiValueGetCount* Auskunft über die Anzahl der Elemente in dieser Liste. Mit *ABMultiValueCopyLabelAtIndex* und *ABMultiValueCopyValueAtIndex* erhalten Sie das zu einem Index gehörende Label bzw. den Wert der Eigenschaft. Über eine einfache Iteration können Sie nun die Rufnummern einer Person ausgeben:

```
for (int j = 0; j < ABMultiValueGetCount(phones); j++) {
    NSString *phoneLabel =
        (NSString*) ABMultiValueCopyLabelAtIndex(phones, j);
    NSString *phoneNumber =
        (NSString*) ABMultiValueCopyValueAtIndex(phones, j);

    NSLog(@"%@: %@", phoneLabel, phoneNumber);

    [phoneLabel release];
    [phoneNumber release];
}
```

Beispiel 28.1: *WorkshopViewController.m – workingWithListValues*

Der bisher in diesem Beispiel verwendete Kontakt *John Doe* hat die Rufnummern:

```
_$!<Work>!$_: +1 (345) 678-9011
_$!<Mobile>!$_: +1 (234) 567-8906
```

Sie sehen die typische Verwendung des Labels. Es dient mehr der internen Zuordnung als der Ausgabe. Apple generiert aus den etwas kryptisch anmutenden Bezeichnern Beschriftungen wie „Mobil", „Privat" oder „Arbeit" im Adressbuch.

Das SDK definiert für die Rufnummern die folgenden Labels:

Konstante	Wert
kABPersonPhoneMobileLabel	*_$!<Mobile>!$_*
kABPersonPhoneIPhoneLabel	*iPhone*
kABPersonPhoneMainLabel	*_$!<Main>!$_*
kABPersonPhoneHomeFAXLabel	*_$!<HomeFAX>!$_*
kABPersonPhoneWorkFAXLabel	*_$!<WorkFAX>!$_*
kABPersonPhonePagerLabel	*_$!<Pager>!$_*

Kontakte programmatisch anlegen

Mit diesem Vorwissen können wir nun auch damit beginnen, neue Kontakte anzulegen und in das Adressbuch aufzunehmen. Zuerst werden wir mit der Funktion *ABPersonCreate* einen neuen Kontakt anlegen.

```
ABRecordRef person = ABPersonCreate();
```

Den Vor- und Nachnamen setzen wir mit *ABRecordSetValue* und den beiden Konstanten *kABPersonFirstNameProperty* und *kABPersonLastNameProperty*. An Fehlermeldungen sind wir in diesem Beispiel nicht interessiert, deswegen wird der letzte Parameter des Funktionsaufrufs einfach *nil* gesetzt.

```
ABRecordSetValue(person,
    kABPersonFirstNameProperty, @"Jane", nil);
ABRecordSetValue(person,
    kABPersonLastNameProperty, @"Doe", nil);
```

Das Setzen von Listeneigenschaften ist etwas aufwendiger. Erst müssen wir eine veränderbare Instanz *phones* vom Typ *ABMutableMultiValueRef* erzeugen. Im Gegensatz zu den einfachen Eigenschaften sind Listeneigenschaften nicht per se änderbar. Wollen Sie also eine mit der Funktion *ABRecordCopyValue* ausgelesene Listeneigenschaft ändern, müssen Sie durch Aufruf von *ABMultiValueCreateMutableCopy* erst eine veränderbare Kopie erstellen. In unserem Beispiel erzeugen wir diese aber direkt:

```
ABMutableMultiValueRef phones =
    ABMultiValueCreateMutable(kABMultiStringPropertyType);
```

Dieser änderbaren Instanz weisen wir jetzt jeweils eine Rufnummer und ein Label zu:

```
ABMultiValueAddValueAndLabel(phones,
    @"+1 (123) 123-4567", kABPersonPhoneMainLabel, nil);
ABMultiValueAddValueAndLabel(phones,
    @"+1 (123) 234-5678", kABPersonPhoneMobileLabel, nil);
ABMultiValueAddValueAndLabel(phones,
    @"+1 (123) 345-6789", kABOtherLabel, nil);
```

Die Liste der Rufnummern muss noch mit dem Kontakt assoziiert werden:

```
ABRecordSetValue(person, kABPersonPhoneProperty, phones, nil);
```

Mit *person* haben Sie nun einen vollwertigen Kontakt vorliegen. Schlussendlich fehlt jetzt noch das Speichern des Kontakts im Adressbuch. Das erfolgt mit der Funktion *ABAddressBookAddRecord*. Der Aufruf von *ABAddressBookSave* speichert das Adressbuch zurück in die Datenbank. Fehler werten wir hier der Übersichtlichkeit halber wieder nicht aus, daher werden die letzten Parameter beider Methoden zu *nil*.

```
ABAddressBookRef addressBook = ABAddressBookCreate();
ABAddressBookAddRecord(addressBook, person, nil);
ABAddressBookSave(addressBook, nil);
```

Hinweis

Die Quelltexte aus diesem Abschnitt finden Sie in Beispiel 28.1 in der Methode *createContact*.

28.3 AddressBookUI-Framework

Mit dem *AddressBookUI*-Framework steht Ihnen ein Satz an vorgefertigten Benutzerschnittstellen zum Umgang mit Adressbuchdaten zur Verfügung. Die vier Elemente sind:

- *ABPeoplePickerNavigationController*
- *ABPersonViewController*
- *ABNewPersonViewController*
- *ABUnknownPersonViewController*

Mit diesen Klassen lassen sich dem Benutzer Ihrer Anwendung mit wenig Aufwand fertige Dialoge zur Auswahl von Kontakten bzw. Kontaktdetails (*ABPeoplePickerNavigationController*), eine Kontaktansicht mit optionaler Änderungsfunktion (*ABPersonViewController*), ein Dialog zur Eingabe eines neuen Kontakts (*ABNewPersonViewController*) sowie einer zum Umgang mit unbekannten Adressdaten (*ABUnknownPersonViewController*) präsentieren. Bei Letzterem kann der

Benutzer entscheiden, ob die Daten einen bestehenden Kontakt ergänzen sollen oder ein neuer Kontakt angelegt wird. Die Dialoge übernehmen dabei die Eingabe von Adressdaten und die Speicherung der Daten im Adressbuch.

Nicht nur aus Entwicklersicht sind diese Dialoge ein Gewinn. Sie haben einen sehr hohen Wiedererkennungswert, weil es die gewohnten Standarddialoge aus dem Adressbuch des iOS sind. Benutzer Ihrer Anwendung kennen den Umgang und die Funktionsweise schon, die Anwendung integriert sich nahtlos.

In den nächsten Kapiteln werden wir uns anhand kleiner Workshops die Verwendung der *AddressBookUI*-Klassen ansehen.

Navigationscontroller – modaler Viewcontroller

Alle Viewcontroller des *AddressBookUI*-Frameworks setzen eine navigationsbasierte Anwendung mit einem Navigationscontroller voraus. Nur der *ABPeoplePickerNavigationController* kann als modaler Viewcontroller angezeigt werden.

28.4 Workshop: Eine Kontaktauswahl erstellen

Der *ABPeoplePickerNavigationController* zeigt einen Auswahldialog mit allen Kontakten aus dem Adressbuch an. Zusätzlich hat der Benutzer die Möglichkeit, über ein Suchfeld die angezeigte Auswahl einzuschränken.

Die Erstellung ist sehr einfach:

```
ABPeoplePickerNavigationController *controller =
    [[ABPeoplePickerNavigationController alloc] init];
```

Über Delegate-Methoden meldet der Dialog Zustandsänderungen:

- *peoplePickerNavigationControllerDidCancel:* Zeigt an, dass der Benutzer den Dialog mit dem Cancel-Button abgebrochen hat. In dieser Methode müssen Sie den modalen Dialog mit *dismissModalViewControllerAnimated:* schließen.
- *peoplePickerNavigationController:shouldContinueAfterSelectingPerson:* Der Benutzer hat eine Person ausgewählt. Sie können den Dialog mit Rückgabe von *YES* weiterlaufen lassen, dann werden die Kontaktdetails zur weiteren Auswahl angezeigt. Ein *NO* beendet den Dialog an dieser Stelle, und Sie müssen den modalen Dialog schließen. Die selektierte Person steht Ihnen in der Methode zur Weiterverarbeitung zur Verfügung.
- *peoplePickerNavigationController:shouldContinueAfterSelectingPerson:property:identifier:* Der Benutzer hat in den Kontaktdetails eine Eigenschaft ausgewählt, das Delegate wird jetzt nach der Art der Weiterführung des Dialogs gefragt. Ein *YES* als Antwort würde die zu der Eigenschaft gehörende Standardaktion

ausführen. Eine Rufnummer würde ausgewählt werden, bzw. es würde für eine E-Mail-Adresse eine neue E-Mail an den Adressaten erstellt werden. Wenn Sie *NO* zurückgeben, wird der Dialog an dieser Stelle beendet, und Sie sollten ihn mit *dismissModalViewControllerAnimated:* schließen. Die selektierte Person und die aktuell gewählte Eigenschaft werden als Parameter übergeben.

Über die Delegate-Methoden können Sie den Dialogablauf sehr flexibel gestalten. Sie können den Nutzer entweder einen Kontakt oder ein Detail eines Kontakts wählen lassen. Die Eigenschaft *displayedProperties* des *ABPeoplePickerNavigationController* konfiguriert die in der Detailansicht angezeigten Elemente des Kontakts. Sie können die in der Tabelle in Kapitel 28.2 im Abschnitt „Personen und Gruppen" definierten Konstanten zur Einschränkung nutzen. Es werden dann nur die Eigenschaften angezeigt, deren Konstanten im Array *displayedProperties* übergeben werden. Da die Konstanten elementare Datentypen sind, müssen sie vor dem Einfügen in das Array als *NSNumber* repräsentiert werden. Die folgenden Zeilen

```
NSArray *properties = [NSArray arrayWithObjects:
    [NSNumber numberWithInt:kABPersonPhoneProperty], nil];
controller.displayedProperties = properties;
```

zeigen in der Detailansicht nur die Rufnummern eines Kontakts an.

In diesem Workshop werden wir den Benutzer einen Kontakt bzw. eine Rufnummer des Kontakts auswählen lassen und im aktuellen Viewcontroller den Namen und den Vornamen der Person sowie die ausgewählte Rufnummer anzeigen. Zuerst kümmern wir uns um die Anzeige. Dazu deklarieren wir die drei Labels *firstnameLabel*, *lastnameLabel* und *selectedNumberLabel* als *IBOutlet* in der *UIViewController*-Klasse und verbinden diese im Interface Builder mit drei Labelinstanzen. Zusätzlich fügen wir der Ansicht noch eine Schaltfläche hinzu, die wir mit *Select a person* beschriften.

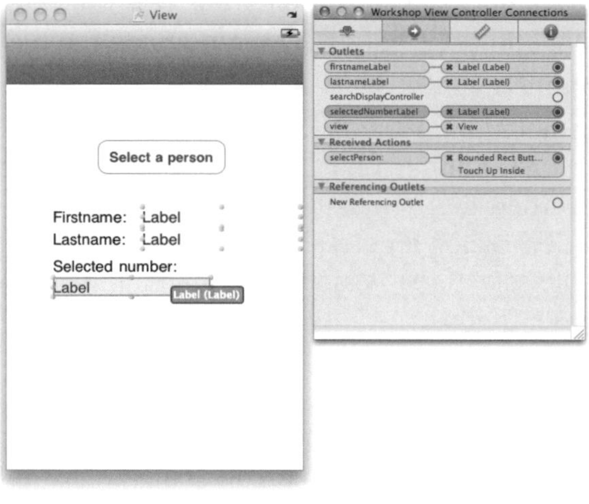

Ansicht der Benutzerschnittstelle im Interface Builder.

Die Schaltfläche verbinden wir mit der Aktionsmethode *selectPerson:*, die nichts anderes macht, als den *ABPeoplePickerNavigationController* zu erstellen, zu konfigurieren und ihn mit

```
[self presentModalViewController:controller animated:YES];
```

als modalen Dialog anzuzeigen.

Von den drei Delegate-Methoden implementieren wir nur die beiden Methoden, die den modalen Dialog beenden. In *peoplePickerNavigationControllerDidCancel:* wird der Dialog lediglich geschlossen. Für den Fall, dass der Benutzer eine der angebotenen Rufnummern selektiert, wird *peoplePickerNavigationController:shouldContinueAfterSelectingPerson:* aufgerufen. Aus den übergebenen Parametern werden der Name, der Vorname und die selektierte Rufnummer ausgelesen und in die vorbereiteten Labels geschrieben. Die Informationen zum Kontakt kommen aus dem übergebenen *ABRecordRef*. Die selektierte Rufnummer ist über die *ABPropertyID* und den *ABMultiValueIdentifier* zu ermitteln:

```
ABMutableMultiValueRef phones =
    ABRecordCopyValue(person, kABPersonPhoneProperty);

int index =
    ABMultiValueGetIndexForIdentifier (phones, identifier);

NSString *phone = [(NSString*)
    ABMultiValueCopyValueAtIndex(phones, index)
    autorelease];
```

Die einzelnen Fragmente dieses Kapitels – in die richtigen Methoden gepackt – ergeben zusammen den kompletten Workshop:

```
#import <UIKit/UIKit.h>
#import <AddressBook/AddressBook.h>
#import <AddressBookUI/AddressBookUI.h>

@interface WorkshopViewController : UIViewController {
    IBOutlet UILabel *firstnameLabel;
    IBOutlet UILabel *lastnameLabel;
    IBOutlet UILabel *selectedNumberLabel;
}

@property(nonatomic, retain) IBOutlet UILabel *firstnameLabel;
@property(nonatomic, retain) IBOutlet UILabel *lastnameLabel;
@property(nonatomic, retain) IBOutlet UILabel *selectedNumberLabel;

- (IBAction) selectPerson : (id) sender;

@end
```

Beispiel 28.2: *WorkshopViewController.h*

```
#import "WorkshopViewController.h"

@implementation WorkshopViewController
@synthesize firstnameLabel, lastnameLabel, selectedNumberLabel;

- (void)viewDidAppear:(BOOL)animated {
    [super viewDidAppear:animated];
}

- (IBAction) selectPerson : (id) sender {
    ABPeoplePickerNavigationController *controller =
    [[ABPeoplePickerNavigationController alloc] init];

    controller.peoplePickerDelegate = self;

    NSArray *properties = [NSArray arrayWithObjects:
        [NSNumber numberWithInt:kABPersonPhoneProperty], nil];

    controller.displayedProperties = properties;

    [self presentModalViewController:controller animated:YES];

    [controller release];
}

- (BOOL)peoplePickerNavigationController:
    (ABPeoplePickerNavigationController *)peoplePicker
    shouldContinueAfterSelectingPerson:(ABRecordRef)person
    property:(ABPropertyID)property
    identifier:(ABMultiValueIdentifier)identifier {

    NSString *lastName = [(NSString*)
        ABRecordCopyValue(person, kABPersonLastNameProperty)
        autorelease];
    NSString *firstName = [(NSString*)
        ABRecordCopyValue(person, kABPersonFirstNameProperty)
        autorelease];

    firstnameLabel.text = firstName;
    lastnameLabel.text = lastName;

    // check if it is a multivalue property
    if (identifier == kABMultiValueInvalidIdentifier) {
        // do nothing, we only react on multivalue field phone numbers
    }
    else {
        ABMutableMultiValueRef phones =
            ABRecordCopyValue(person, kABPersonPhoneProperty);
```

```
        int index =
            ABMultiValueGetIndexForIdentifier (phones, identifier);

        NSString *phone = [(NSString*)
            ABMultiValueCopyValueAtIndex(phones, index)
            autorelease];
        selectedNumberLabel.text = phone;
        CFRelease(phones);
    }

    // the dialog should end here. dismiss it and return NO
    [self dismissModalViewControllerAnimated:YES];
    return NO;
}

- (void)peoplePickerNavigationControllerDidCancel:
    (ABPeoplePickerNavigationController *)peoplePicker {
    [self dismissModalViewControllerAnimated:YES];
}

- (void)dealloc {
    [firstnameLabel release];
    [lastnameLabel release];
    [selectedNumberLabel release];
    [super dealloc];
}
@end
```

Beispiel 28.2: *WorkshopViewController.m*

Die Kontaktauswahl und der auf Rufnummern komprimierte Detaildialog stellen sich dem Benutzer wie in der folgenden Abbildung gezeigt dar:

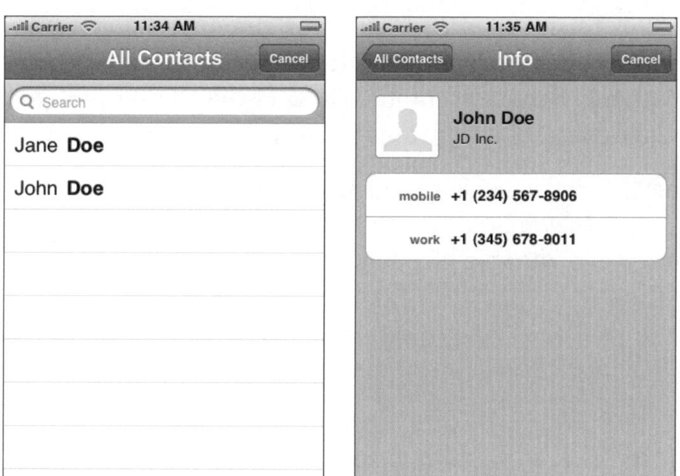

Die Kontaktauswahlliste und der Detaildialog mit der Rufnummernauswahl.

28.5 Workshop: Adressen mit den UI-Klassen verwalten

In diesem Workshop werden wir den Workshop aus dem letzten Kapitel leicht abändern und erweitern. Wir wollen eine kleine Benutzeroberfläche erstellen, die ermöglicht, eine Kontaktauswahl zu treffen sowie den Kontakt zu ändern bzw. einen neuen zu erzeugen.

Tipp zum weiteren Vorgehen

Verwenden Sie den Workshop aus dem letzten Kapitel oder kopieren Sie sich einfach den kompletten Ordner und arbeiten Sie mit dieser Kopie weiter.

Erweiterungen an der Benutzerschnittstelle

Die Benutzerschnittstelle des Workshops wird um einige Elemente erweitert. Wir benötigen einzelne Schaltflächen und Methoden für folgende Aktionen:

- Kontakt/Person erstellen: Schaltfläche *Create person* und Aktionsmethode *createPerson*.
- Kontakt/Person editieren: Schaltfläche *Edit person* und Methode *editPerson*. Die Schaltfläche wird standardmäßig deaktiviert und erhält im Viewcontroller ein *IBOutlet*. Darüber können wir sie nach der Auswahl einer Person aktivieren.
- Unbekannte Kontaktdaten übernehmen: Schaltfläche *Add unknown data* und Methode *addUnknownData*.

Die einzelnen Implementierungen werden in den weiteren Abschnitten noch genauer besprochen.

Zusätzlich erstellen wir einen Bereich mit einem Label für eine unbekannte bzw. nicht zugeordnete Rufnummer, unter dem dann auch die entsprechende Schaltfläche positioniert wird. Die neue Benutzerschnittstelle und die Verknüpfungen im Interface Builder sehen Sie in der Abbildung auf der nächsten Seite.

Einen über die Schaltflächen *Select a person* oder *Create person* ausgewählten Kontakt speichern wir in der Instanzvariablen *selectedPerson*. Da wir nur internen Zugriff darauf brauchen, wird diese Variable nicht als Property deklariert.

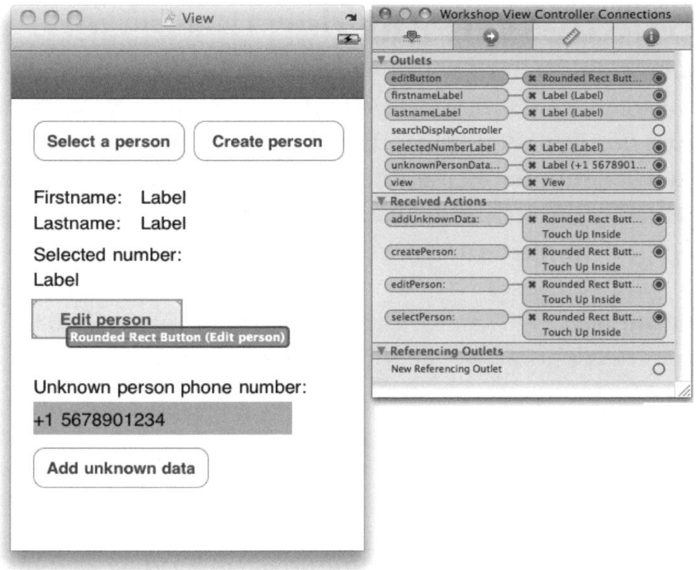

Die geänderte Benutzerschnittstelle mit den drei zusätzlichen Schaltflächen.

Die neue Klassendeklaration nach den Änderungen lautet:

```
@interface WorkshopViewController : UIViewController {
    IBOutlet UILabel *firstnameLabel;
    IBOutlet UILabel *lastnameLabel;
    IBOutlet UILabel *selectedNumberLabel;
    IBOutlet UILabel *unknownPersonDataLabel;
    IBOutlet UIButton *editButton;

    ABRecordRef selectedPerson;
}

@property(nonatomic, retain) IBOutlet UILabel *firstnameLabel;
@property(nonatomic, retain) IBOutlet UILabel *lastnameLabel;
@property(nonatomic, retain) IBOutlet UILabel *selectedNumberLabel;
@property(nonatomic, retain) IBOutlet UILabel *unknownPersonDataLabel;
@property(nonatomic, retain) IBOutlet UIButton *editButton;

- (IBAction) selectPerson : (id) sender;
- (IBAction) createPerson : (id) sender;
- (IBAction) editPerson : (id) sender;
- (IBAction) addUnknownData : (id) sender;

@end
```

Beispiel 28.3: *WorkshopViewController.h*

Änderungen in der Kontaktauswahl

Zur Verbesserung der Struktur des Codes überarbeiten wir die Delegate-Methode *peoplePickerNavigationController:shouldContinueAfterSelectingPerson:*. Wir ziehen den Teil, der die Darstellung des Kontakts *person* übernimmt, in eine eigene Methode *displayPerson:*, die wir im weiteren Verlauf nochmals benötigen. Außerdem wird die Logik der Anzeige so verändert, dass mit einem ungültigen *identifier* das Label *selectedNumberLabel* leer gesetzt wird. Das ist dann der Fall, wenn der Benutzer eine neue Person anlegt. Dieser Kontakt wird in unserem Dialog dargestellt – allerdings wurde in diesem Fall keine Nummer über den Auswahldialog selektiert. Den leicht veränderten und ausgegliederten Code entnehmen Sie dem folgenden Listing:

```
- (void) displayPerson: (ABRecordRef) person
    identifier:(ABMultiValueIdentifier)identifier {

    NSString *lastName = [(NSString*)
        ABRecordCopyValue(person, kABPersonLastNameProperty)
        autorelease];
    NSString *firstName = [(NSString*)
        ABRecordCopyValue(person, kABPersonFirstNameProperty)
        autorelease];

    firstnameLabel.text = firstName;
    lastnameLabel.text = lastName;

    // check if it is a multivalue property
    if (identifier == kABMultiValueInvalidIdentifier) {
        // do nothing, we only react on multivalue field phone numbers
        // no telno selected
        selectedNumberLabel.text = @"";
    }
    else {
        ABMutableMultiValueRef phones =
        ABRecordCopyValue(person, kABPersonPhoneProperty);

        int index =
        ABMultiValueGetIndexForIdentifier (phones, identifier);

        NSString *phone = [(NSString*)
            ABMultiValueCopyValueAtIndex(phones, index)
            autorelease];
        selectedNumberLabel.text = phone;
        CFRelease(phones);
    }
}
```

Beispiel 28.3: *WorkshopViewController.m – displayPerson:identifier:*

Die Delegate-Methode *peoplePickerNavigationController:shouldContinueAfterSelectingPerson:* ruft jetzt *displayPerson:* auf und übergibt dieser die ausgewählte Person. Diese wird noch der Instanzvariablen *selectedPerson* zugewiesen, und die Schaltfläche *editButton* wird aktiviert. Der Benutzer hat dann die Möglichkeit, auf *Edit person* zu klicken und den vorher ausgewählten Kontakt zu editieren. Insgesamt wird die Delegate-Methode durch diese Vereinfachung wesentlich übersichtlicher und stellt sich wie folgt dar:

```
- (BOOL)peoplePickerNavigationController:
    (ABPeoplePickerNavigationController *)peoplePicker
    shouldContinueAfterSelectingPerson:(ABRecordRef)person
    property:(ABPropertyID)property
    identifier:(ABMultiValueIdentifier)identifier {

    // display person data
    [self displayPerson:person identifier:identifier];

    // remember selected persons reference
    selectedPerson = person;
    editButton.enabled = YES;

    // the dialog should end here. dismiss it and return NO
    [self dismissModalViewControllerAnimated:YES];
    return NO;
}
```

Beispiel 28.3: *WorkshopViewController.m – peoplePickerNavigationController::::*

Einen neuen Kontakt anlegen

Die Aktionsmethode *createPerson* erzeugt einen *ABNewPersonViewController*. Die möglichen Eigenschaften zur Konfiguration des Dialogs sind:

- *displayedPerson*: Ein optionaler Kontakt als *ABRecordRef*, mit dem Sie Felder der Eingabemaske vorbelegen können.
- *newPersonViewDelegate*: Das Delegate-Objekt für den Dialog.
- *parentGroup*: Die optionale Gruppe, in die der neue Kontakt einsortiert wird. Andernfalls wird der neue Kontakt keiner Gruppe zugeordnet.

Wir setzen für unseren Workshop nur das Delegate. Das Anzeigen des Dialogs ist umständlicher, als Sie es vielleicht von anderen modalen Dialogen des SDK gewohnt sind. Da die Klasse *ABNewPersonViewController* nicht von *UINavigationController* abgeleitet ist, wir den Dialog aber modal mit einer Navigationsleiste anzeigen wollen, müssen wir zuerst einen Navigationscontroller erzeugen, den neuen Viewcontroller als *RootViewController* setzen und dann den Navigationscontroller mit *presentModalViewController* anzeigen. Glücklicherweise sind die beiden Klassen *ABNewPersonViewController* und *ABUnknownPersonViewController* die seltenen Ausnahmen. Im Regelfall werden reine *UIViewController* nicht modal verwendet.

```
- (IBAction) createPerson:(id) sender {
    ABNewPersonViewController *controller =
        [[ABNewPersonViewController alloc] init];

    controller.newPersonViewDelegate = self;

    UINavigationController *newNavController =
        [UINavigationController alloc];
    [newNavController initWithRootViewController:controller];

    [self presentModalViewController:newNavController animated:YES];
    [controller release];
}
```

Beispiel 28.3: *WorkshopViewController.m – createPerson:*

Der Benutzer sieht den folgenden Dialog:

Der Dialog zum Hinzufügen eines neuen Kontakts.

Das Delegate definiert nur die Methode *newPersonViewController:didCompleteWithNewPerson:*, die wir im Folgenden noch implementieren. Dort bleibt eigentlich nur, den modalen Dialog zu schließen, den als Parameter übergebenen Kontakt anzuzeigen, ihn der Instanzvariablen *selectedPerson* zuzuweisen und den *editButton* zu aktivieren:

```
- (void)newPersonViewController:
    (ABNewPersonViewController *)newPersonViewController
    didCompleteWithNewPerson:(ABRecordRef)person {

```

```
    // dismiss the dialog
    [self dismissModalViewControllerAnimated:YES];

    // display person data
    if (person) {
        [self displayPerson:person
            identifier:kABMultiValueInvalidIdentifier];

        // remember selected person reference
        selectedPerson = person;
        editButton.enabled = YES;
    }
}
```

Beispiel 28.3: *WorkshopViewController.m – newPersonViewController:didCompleteWithNewPerson:*

Einen Kontakt anzeigen und ändern

Auch für die Anzeige und das Ändern eines Kontakts gibt es eigene Dialoge im *AddressBookUI*-Framework. Der Viewcontroller *ABPersonViewController* startet diesen Dialog. Mit der Eigenschaft *allowsEditing* lässt sich einstellen, ob der Benutzer die Möglichkeit erhalten soll, den Kontakt zu ändern. Wenn Sie das Ändern erlauben, wird rechts oben in der Navigationsleiste eine Schaltfläche *Edit* eingeblendet.

Den Kontakt übergeben Sie dem Dialog als *ABRecordRef* mit dem Property *displayedPerson*. Wir implementieren diese Funktionalität in der Methode *editPerson*, die beim Klick auf den gleichnamigen Button aufgerufen wird:

```
- (IBAction) editPerson:(id) sender {
    ABPersonViewController *controller =
        [[ABPersonViewController alloc] init];

    // configure the controller
    controller.allowsEditing = YES;
    controller.displayedPerson = selectedPerson;

    [self.navigationController
        pushViewController:controller animated:YES];
    [controller release];
}
```

Beispiel 28.3: *WorkshopViewController.m – editPerson:*

Ein Delegate für unsere *ABPersonViewController*-Instanz implementieren wir nicht. Der Dialog wird über den Navigationscontroller mit *pushViewController:animated:* auf den Navigationsstack geschoben und angezeigt. Über den Zurück-Button links oben kann der Benutzer den Dialog verlassen. Deshalb gibt es im Delegate keine Methode, die das Ende des Dialogs anzeigt.

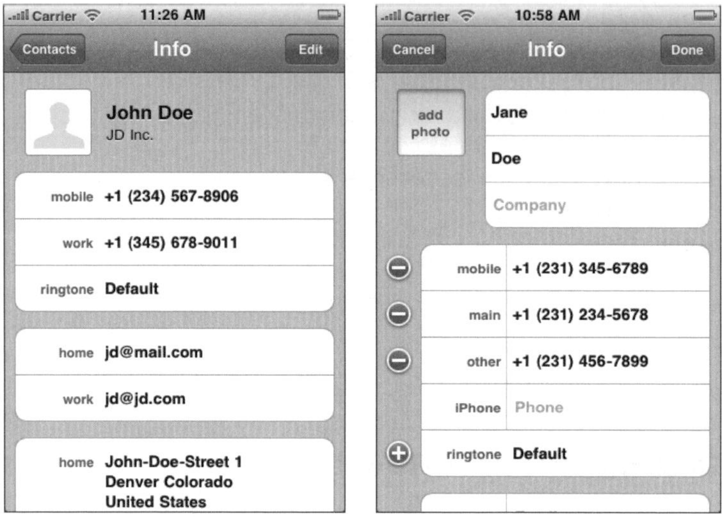

Der Dialog zur Anzeige (links) und zur Änderung (rechts) eines Kontakts.

Unbekannte Kontaktdaten zuordnen

In einigen Situationen kann es vorkommen, dass Daten eines Kontakts vorliegen, also zum Beispiel eine einzelne Rufnummer oder eine E-Mail-Adresse, die jedoch keinem Kontakt aus dem Adressbuch zugeordnet werden können. In diesen Fällen können Sie den Benutzer durch den *ABUnknownPersonViewController* die Daten weiterverwenden lassen. Er hat dann die Möglichkeit, die Daten einem bestehenden Kontakt hinzuzufügen oder einen neuen Kontakt auf Basis der Daten anzulegen. Die wesentlichen Eigenschaften zur Konfiguration des Dialogs sind:

- *displayedPerson*:
- *allowsAddingToAddressBook*:
- *unknownPersonViewDelegate*:

Auch hier implementieren wir wieder die Aktionsmethode für die zugehörige Schaltfläche. Da wir die Kontaktinformation – in unserem Fall eine Rufnummer – nur als Text vorliegen haben, müssen wir zuerst einen neunen *ABRecordRef* erzeugen und die Rufnummer als einzigen Wert setzen. Sie könnten hier natürlich jede beliebige weitere Information hinzufügen. Die Anzeige erfolgt über den aktuellen Navigationscontroller. Das Delegate wird wieder nicht implementiert, würde aber bei Bedarf durch den Aufruf von *unknownPersonViewController:didResolveToPerson:* den Kontakt zurückliefern, zu dem die Daten hinzugefügt wurden.

```
- (IBAction) addUnknownData:(id) sender {
    // create new contact with partial information
```

```
    NSString *phoneNumber = unknownPersonDataLabel.text;

    ABRecordRef person = ABPersonCreate();

    ABMutableMultiValueRef phones =
    ABMultiValueCreateMutable(kABMultiStringPropertyType);

    ABMultiValueAddValueAndLabel(phones,
        phoneNumber, kABPersonPhoneMainLabel, nil);

    ABRecordSetValue(person, kABPersonPhoneProperty, phones, nil);

    ABUnknownPersonViewController *controller =
        [[ABUnknownPersonViewController alloc] init];

    // configure the controller
    controller.unknownPersonViewDelegate = self;
    controller.allowsAddingToAddressBook = YES;
    controller.displayedPerson = person;

    [self.navigationController
        pushViewController:controller animated:YES];
    [controller release];
}
```

Beispiel 28.3: *WorkshopViewController.m – addUnknownData:*

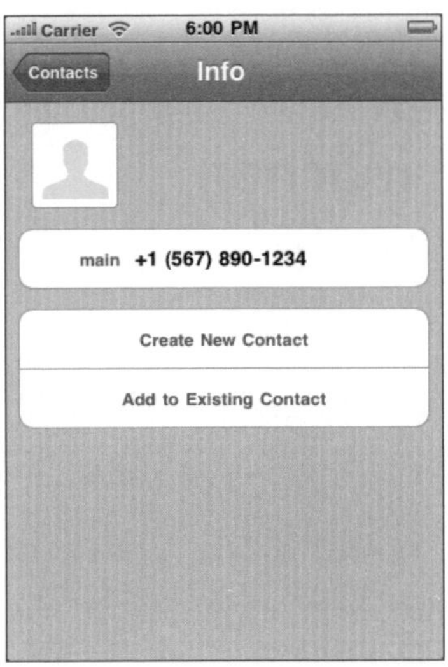

Der ABUnknownPersonViewController erlaubt den Umgang mit Kontaktdaten unbekannter Herkunft.

29. Mit Kalender und Ereignissen arbeiten

Mit der Version 4.0 des iPhone-SDK führt Apple erstmalig die Möglichkeit ein, auf Kalenderereignisse bzw. Termine zuzugreifen und diese zu manipulieren. Wer allerdings auf eine komplette Benutzeroberfläche für eine Kalenderansicht – mit Tages- und Monatsansicht – gehofft hatte, wird momentan noch enttäuscht.

Das SDK erlaubt mit dem Framework *EventKit* den Zugriff auf die Kalenderdatenbank auf dem Endgerät. Es stehen Funktionen zur Abfrage und Änderung von Ereignissen zur Verfügung. Das *EventKitUI*-Framework kapselt zwar die grafischen Elemente rund um den Kalender, allerdings werden nur zwei Viewcontroller zur Anzeige und Bearbeitung von Ereignissen angeboten.

Wo können die Beispiele ausgeführt werden?

Alle in diesem Kapitel enthaltenen Beispiele können im Simulator zwar ausgeführt werden, allerdings existiert dort keine Kalenderanwendung. Ereignisse müssen also programmatisch in die vorhandene Kalenderdatenbank eingefügt werden. Alternativ können Sie die Beispiele auf einem Endgerät wie iPhone, iPod touch oder iPad mit OS-Version 4.0 oder höher ausführen.

29.1 Ihr Projekt fit für die neuen Kalenderfunktionalitäten machen

Alle Beispiele in den folgenden Kapiteln arbeiten mit den bereits erwähnten Frameworks *EventKit* und *EventKitUI*. Deshalb sollten Sie zu Beginn beide Frameworks in Ihrem Projekt bekannt machen:

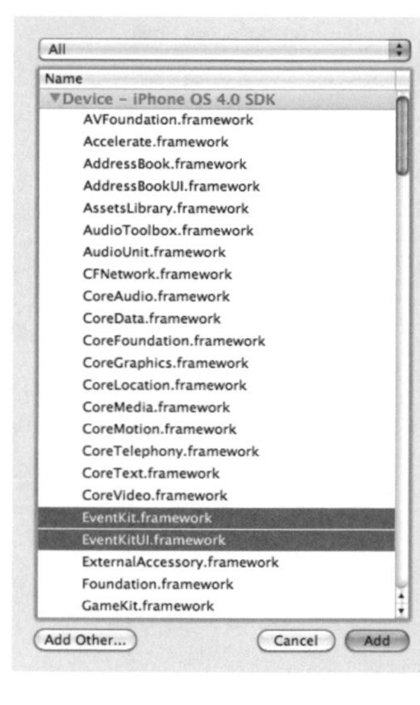

1 Klicken Sie mit der rechten Maustaste im Bereich *Groups & Files* auf den Ordner *Frameworks* und wählen Sie *Add/Existing Frameworks*.

2 Selektieren Siedie Frameworks *EventKit* und *EventKitUI*. Eine Mehrfachauswahl ist wie gewohnt durch Drücken der cmd-Taste während der Auswahl mit der Maus möglich. Danach klicken Sie auf *Add*.

3 Fügen Sie die beiden Header-Dateien für die Frameworks Ihrem Quelltext hinzu:
#import <EventKit/EventKit.h>
#import <EventKitUI/EventKitUI.h>

29.2 Ereignisse aus dem Kalender laden

Die Verbindung zum Kalender des Gerätes erfolgt über die Klasse *EKEventStore*. Etwas überraschend, ist diese Klasse im Vergleich zu vielen anderen Gerätefunktionen nicht über ein Singleton erreichbar. Vielmehr erzeugen Sie einfach ein neues Objekt. Es ist allerdings anzuraten, dieses Objekt zumindest als Instanzvariable anzulegen oder den Kalenderzugriff in einer eigenen Klasse mit einem Singleton zu kapseln. Die Klasse agiert also nicht als Repräsentation des Kalenders, sondern vielmehr als Bridge oder Zugang zur Kalenderdatenbank auf dem Gerät:

```
EKEventStore *eventStore = [[EKEventStore alloc] init];
```

Sofern Sie ein Objekt der Klasse erzeugt haben, erhalten Sie lesenden und schreibenden Zugriff auf die Ereignisse des Kalenders.

Sie können nun die Events des Kalenders auf zwei Arten auslesen. Zum einen haben Sie Zugriff auf einzelne Events über deren eindeutigen Bezeichner. Das setzt aber voraus, dass Sie diesen Bezeichner vorher schon ermittelt haben. Außerdem können Sie Ereignisse aus dem Kalender durch eine Prädikatssuche filtern. Prädikate, dargestellt durch den Typ *NSPredicate*, sind logische Bedingungen, die in vielen Klassen des SDK zur Suche und Filterung von Objekten benutzt werden. Die Prädikate zur Suche in der Kalenderdatenbank werden durch ein Anfangs- und ein Enddatum definiert. Zusätzlich lässt sich als weiteres Filterkriterium der Kalender einschränken. Auf dem iPhone haben Sie die Möglichkeit, mehrere Kalender zu verwalten und diese gemeinsam oder einzeln in der Kalenderanwendung anzuzeigen. Standardmäßig sind seit OS 4.0 der Benutzerkalender sowie ein Geburtstagskalender verfügbar. Der Geburtstagskalender wird aus den Einträgen im Adressbuch automatisch generiert. Zusätzliche Kalender können durch Synchronisation mit Kalenderdiensten wie MobileMe oder Microsoft Exchange hinzukommen.

Das Ermitteln eines Anfangs- und eines Enddatums bedarf einiger Datumsoperationen. Am effektivsten ist der Einsatz von *NSDateComponents*. Diese Klasse repräsentiert ein Datum anhand seiner wesentlichen Komponenten, wie Tag, Woche, Monat oder Jahr. So können Sie auch Zeitdifferenzen sehr einfach darstellen:

```
NSDateComponents *dateDiff = [[NSDateComponents alloc] init];
[dateDiff setMonth:-1];
```

Das Beispiel erzeugt eine Datumskomponente, bei der nur der Monat auf den Wert *-1* gesetzt ist. Mit dieser Datumskomponente können Sie nun auf einer Instanz von *NSCalendar* Berechnungen durchführen. Ein *NSCalendar* ist nicht zu verwechseln mit dem Kalender, den ein Nutzer auf dem Gerät zur Verfügung hat. Vielmehr repräsentiert er anhand der Ländereinstellung des Gerätes Informationen zur Darstellung von Datum und Zeit. Außerdem lassen sich damit Datumsberechnungen durchführen. Die Klassenmethode *currentCalendar* liefert den Kalender des aktuellen Benutzers. Damit können Sie dann mit der eben definierten Datumskomponente *dateDiff* einen Monat vom heutigen Tag zurückrechnen.

```
NSDate *today = [NSDate date];
NSDate *startDate = [[NSCalendar currentCalendar]
    dateByAddingComponents:dateDiff toDate:[NSDate date] options:0];
```

Die Methode *date* von *NSDate* liefert ein Datumsobjekt für den aktuellen Tag mit der aktuellen Uhrzeit. Somit haben Sie nun ein Anfangsdatum *startDate* vorliegen, das einen Monat in der Vergangenheit liegt. Auf die gleiche Weise definieren wir noch das Enddatum. Hier rechnen wir einen Monat in die Zukunft:

```
[dateDiff setMonth:+1];
NSDate *endDate = [[NSCalendar currentCalendar]
    dateByAddingComponents:dateDiff toDate:[NSDate date] options:0];
```

Nach dieser Vorarbeit können Sie jetzt ein Prädikat für den Zugriff auf die Kalenderdatenbank erstellen lassen. Das erledigt die Nachricht *predicateForEventsWithStartDate:endDate:calendars:* Ihres Objekts vom Typ *EKEventStore*. Der Parameter *calendars* stellt wie beschrieben einen Filter auf die entsprechenden Kalender dar. Anstatt ein Array der gewünschten Kalender zu übergeben, stellen wir mit *nil* den Zugriff auf alle Kalender sicher.

```
NSPredicate *datePredicate = [eventStore
    predicateForEventsWithStartDate:startDate
    endDate:endDate calendars:nil];
```

Das so erhaltene Prädikat *datePredicate* wird direkt zur Suche nach entsprechenden Ereignissen über den *EKEventStore* benutzt. Die Methode *eventsMatchingPredicate:* liefert ein Array von *EKEvent*-Objekten zurück, die auf dieses Prädikat zutreffen.

```
NSArray *calendarEvents =
    [eventStore eventsMatchingPredicate:datePredicate];

for (EKEvent *event in calendarEvents) {
    NSLog(@"%@: %@ (%@)", event.startDate, event.title,
    event.location);
}
```

Das Codebeispiel liest alle Ereignisse für das Prädikat *datePredicate* aus dem Kalender und gibt sie aus. Die Abbildung zeigt eine mögliche Ausgabe mit zwei gefundenen Ereignissen:

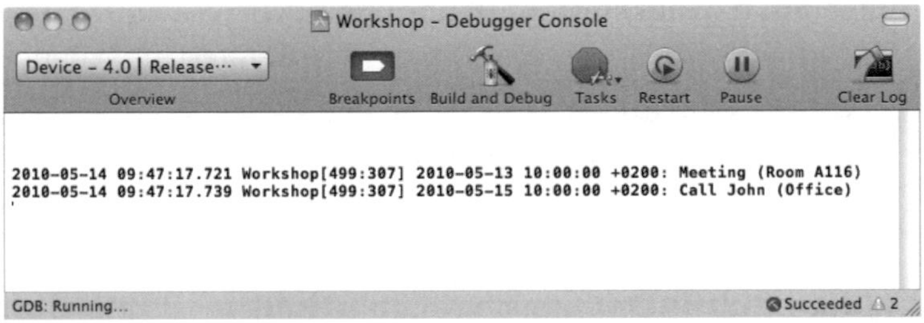

Zwei Kalendereinträge mit den zugehörigen Orten in Klammern.

Hinweis

Die Quelltexte dieses Abschnitts finden Sie in Beispiel 29.1 in der Methode *getting-Events*.

29.3 Ereignisse anlegen

Ereignisse werden durch die Klasse *EKEvent* repräsentiert. Sie können Ereignisse nicht nur aus der Kalenderdatenbank auslesen, sondern sie auch ändern oder neue Ereignisse erstellen.

Ein neues Ereignis erzeugen Sie mit der Klassenmethode *eventWithEventStore:* von *EKEvent*. Als Parameter wird ein *EKEventStore* erwartet. Das erzeugte Ereignis ist dann automatisch an die Kalenderdatenbank geknüpft. *EKEvent* deklariert lesende und beschreibbare Eigenschaften. Die Tabelle zeigt die zur Verfügung stehenden Eigenschaften:

Eigenschaften	Zugriff	Beschreibung
alarms	R + W	Die für das Event festgelegten Alarme als Array von *EKAlarm*.
allDay	R + W	Boolescher Wert, der angibt, ob das Event ganztägig ist.
attendees	R	Die Teilnehmer des Events als Array von *EKParticipant*.
availability	R + W	Die Verfügbarkeitsangabe für das Event als Typ der Aufzählung *EKEventAvailability*.
calendar	R + W	Der Kalender, dem das Event angehört, als *EKCalendar*.
endDate	R + W	Das Ende des Events als *NSDate*.
eventIdentifier	R	Eindeutiger Bezeichner für das Event. Wird vom Kalender bei der Erzeugung des Ereignisses festgelegt.
isDetached	R	Boolescher Wert, der anzeigt, ob das Event Teil einer Wiederholung ist.
lastModifiedDate	R	Datum der letzten Änderung am Event als *NSDate*.

Eigenschaften	Zugriff	Beschreibung
location	R + W	Der Ort, an dem das Event stattfindet, als *NSString*.
notes	R + W	Notizen zum Event als *NSString*.
organizer	R	Der Organisator des Events als *EKParticipant*.
recurrenceRule	R + W	Regel zur Wiederholung des Events als *EKRecurrenceRule*.
startDate	R + W	Der Starttermin des Events als *NSDate*.
status	R	Der Status des Events als Aufzählung *EKEventStatus*.
title	R + W	Der Titel des Events als *NSString*.

Ereignisse anlegen

Das nachfolgende Beispiel demonstriert das Anlegen eines einfachen Ereignisses:

```
1  EKEventStore *eventStore = [[EKEventStore alloc] init];
2  
3  EKEvent *newEvent = [EKEvent eventWithEventStore:eventStore];
4  newEvent.calendar = eventStore.defaultCalendarForNewEvents;
5  newEvent.title = @"Meeting with Callie";
6  
7  NSDateComponents *comps = [[NSDateComponents alloc] init];
8  [comps setDay:17];
9  [comps setMonth:8];
10 [comps setYear:2010];
11 [comps setHour:16];
12 [comps setMinute:0];
13 
14 NSDate *startDate = [[NSCalendar currentCalendar]
15     dateFromComponents:comps];
16 NSDate *endDate = [NSDate dateWithTimeInterval:3600
17     sinceDate:startDate];
18 
19 newEvent.startDate = startDate;
20 newEvent.endDate = endDate;
```

Beispiel 29.1: *WorkshopViewController.m – createEvents* (Ausschnitt)

Zuerst wird mit der Methode *eventWithEventStore:* und dem *eventStore* ein neues Ereignis erzeugt (Zeile 3). Für das Ereignis müssen Sie mindestens die Eigenschaften *startDate*, *endDate* und *calendar* setzen.

Für die Eigenschaft *calendar* wird auf den Standardkalender des *EKEventStore* zurückgegriffen (Zeile 4). Dadurch wird die Einstellung des Standardkalenders des Nutzers respektiert. Zusätzlich setzen wir noch einen aussagekräftigen Titel (Zeile 5).

Als Startdatum soll der 17. August 2010 verwendet werden. Die schnellste Methode dazu geht wieder über die Klasse *NSDateComponents* – die sich mittlerweile nicht umsonst zu einer der wichtigsten Klassen zur Datumsmanipulation gemausert hat. Wir stellen dort direkt ein Datum und eine Uhrzeit ein. Mit *setDay* wird der Tag entsprechend auf 17 gestellt (Zeile 8), mit *setMonth* der Monat auf 8 (Zeile 9) und so weiter. Als Uhrzeit für den Termin wählen wir 16:00 Uhr (Zeilen 11+12).

Das *startDate* wird nun wieder durch eine Methode von *NSCalendar* aus den einzelnen Datumskomponenten ermittelt (Zeilen 14+15). Der große Vorteil dieser Methode liegt darin, dass nur ein gültiges Datum erzeugt wird. Würden Sie zum Beispiel den 29.2.2010 setzen, würde automatisch der 1.3.2010 erzeugt, weil ersteres Datum im Jahr 2010 nicht existiert.

Da das *endDate* ja grundsätzlich eine gewisse Zeitspanne hinter dem *startDate* liegt, wird es über eine Berechnungsfunktion von *NSDate* aus diesem berechnet. Die Methode *dateWithTimeInterval:sinceDate:* addiert das angegebene Intervall in Sekunden auf das Datum *sinceDate*, in unserem Beispiel 3.600 Sekunden für eine Dauer von einer Stunde (Zeilen 16+17). Die restlichen Zeilen setzen dann die vorher errechneten Datumsangaben (Zeilen 19+20) für das Ereignis.

Ereignisse speichern

Alle Änderungen an einem *EKEvent* sind lokal. Um diese in den Kalender zu übertragen, müssen Sie das Event über den *EKEventStore* abspeichern. Das geschieht mit der Methode *saveEvent:span:error:*. Diese erwartet zusätzlich zum eigentlichen Event zwei weitere Parameter, *span* bestimmt dabei die Auswirkung für Wiederholungstermine. Mit dem Wert *EKSpanFutureEvents* werden sowohl der aktuelle Termin als auch alle zukünftigen Termine – soweit vorhanden – verändert. Wollen Sie die Änderung nur auf dieses Ereignis beschränken, verwenden Sie *EKSpanThisEvent*. Der Parameter *error* ist ein Rückgabeparameter, wird also als Referenz übergeben. Er enthält nach dem Speichern im Fehlerfall eine Fehlermeldung. Wenn Sie an einer Fehlerauswertung nicht interessiert sind, können Sie sie mit *nil* unterdrücken.

Zurück zu unserem Beispiel aus dem vorherigen Abschnitt: Das neue Ereignis können Sie jetzt auch im Kalender sichern:

```
[eventStore saveEvent:newEvent span:EKSpanThisEvent error:nil];
```

Im Kalender auf dem Gerät erscheint am 17. August 2010 das neue Ereignis. Die Farbe des Kalendereintrags wird durch den verwendeten Kalender und dessen Farbcode bestimmt. Die Abbildung zeigt den neuen Eintrag im Kalender:

Das neue Ereignis erscheint im Kalender.

An Ereignisse erinnern lassen

Jedes Ereignis besitzt ein Array von Alarminformationen, die durch die Klasse *EKAlarm* repräsentiert werden. Ein neuer Alarm lässt sich mit der Nachricht *addAlarm:* einem *EKEvent* hinzufügen. Ein Alarm verfügt über zwei Modi: einen absoluten und einen relativen Modus. Sie können also entweder ein konkretes Datum für den Alarm eingeben oder den Alarm eine feste Anzahl von Sekunden vor dem Ereignis auslösen lassen. *EKAlarm* implementiert dazu diese Convenience-Methoden:

- *alarmWithAbsoluteDate*: Setzt das Datum als Erinnerungstermin.
- *alarmWithRelativeOffset*: Zeitpunkt in Sekunden vor dem Ereignis, an dem der Nutzer an den Termin erinnert wird.

Das folgende Beispiel erzeugt ein Ereignis in genau 80 Tagen:

```
EKEventStore *eventStore = [[EKEventStore alloc] init];

EKEvent *newEvent = [EKEvent eventWithEventStore:eventStore];
newEvent.calendar = eventStore.defaultCalendarForNewEvents;
newEvent.title = @"Meeting with Callie";

NSDate *now = [NSDate date];

NSTimeInterval startInterval = 24*60*60*80;
NSDate *startDate = [NSDate dateWithTimeInterval:startInterval
    sinceDate:now];

NSDate *endDate = [NSDate dateWithTimeInterval:3600
    sinceDate:startDate];

```

```
16 newEvent.startDate = startDate;
17 newEvent.endDate = endDate;
18
19 // create the alarm
20 EKAlarm *alarm = [EKAlarm alarmWithRelativeOffset: -startInterval + 60];
21
22 [newEvent addAlarm:alarm];
23
24 // store the new event
25 [eventStore saveEvent:newEvent span:EKSpanThisEvent error:nil];
```

Beispiel 29.1: *WorkshopViewController.m – alarm*

Das Erzeugen des Events erfolgt ähnlich wie in den vorherigen Beispielen. Nur das *startDate* wird über eine Zeitdifferenz *startInterval* auf 80 Tage in die Zukunft gesetzt (Zeile 9). Mit der Methode *dateWithTimeInterval* wird daraus das Startdatum des Ereignisses erzeugt (Zeilen 10+11). Die Dauer des Events – eingestellt über die Differenz von Start- und Enddatum – beträgt wieder eine Stunde, die auf das Startdatum addiert wird (Zeilen 13+14).

Um den Alarm relativ kurzfristig zu sehen, wird das Alarmdatum aus dem Startdatum zurückgerechnet und durch die Berechnung von *-startInterval + 60* eine Minute weiter datiert (Zeile 20). Der Alarm wird durch die Nachricht *addAlarm:* an das Ereignis übergeben (Zeile 22), und das Ereignis wird im *EKEventStore* gespeichert (Zeile 25).

Innerhalb von etwa 60 Sekunden erscheint dann die Erinnerung für den Termin in 80 Tagen. Wenn Sie den Termin im Kalender öffnen, sehen Sie, dass die Erinnerung für knapp unter 80 Tage vor dem Termin eingetragen ist. Die Erinnerung und den Kalendereintrag sehen Sie in der Abbildung unten.

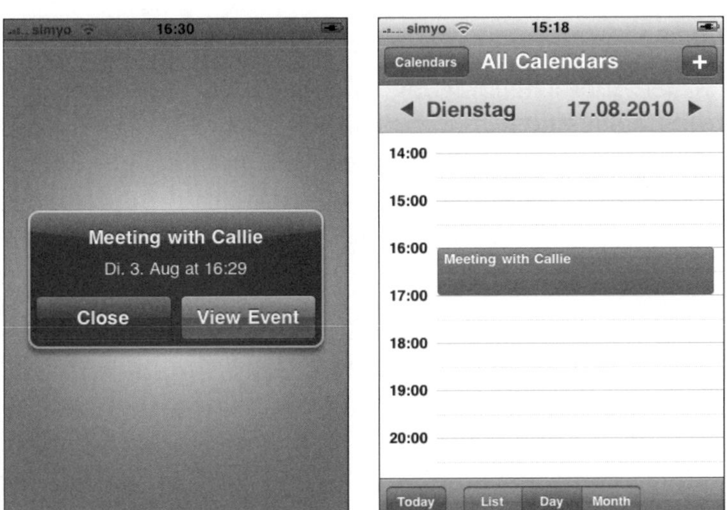

Die Erinnerung und der erzeugte Termin mit Alarmfunktion im Kalender.

Wiederkehrende Ereignisse

Wiederkehrende Ereignisse können direkt über die Klasse *EKEvent* abgebildet werden. So müssen also nicht explizit alle sich wiederholenden Ereignisse einzeln erzeugt werden. Erreichen können Sie das durch die Definition einer speziellen Wiederholungsregel *EKRecurrenceRule*, die dem Ereignis übergeben wird.

Die Initialisierung mit *initRecurrenceWithFrequency:interval:end:* erstellt eine Wiederholungsregel. Die angegebene Häufigkeit kann die selbsterklärenden Werte *EKRecurrenceFrequencyDaily*, *EKRecurrenceFrequencyWeekly*, *EKRecurrenceFrequencyMonthly* und *EKRecurrenceFrequencyYearly* annehmen. Mit dem Parameter *interval* steuern Sie das Wiederholungsintervall. Ein Intervall von 4 bei eingestellter *EKRecurrenceFrequencyDaily* wiederholt das Ereignis zum Beispiel alle vier Tage. Ein Objekt der Klasse *EKRecurrenceEnd* definiert die Endbedingung der Ausführung entweder über ein Datum oder über die maximale Anzahl von Wiederholungen des Events.

Für ein bestehendes Event kann wie folgt eine Wiederholungsregel hinzugefügt werden:

```
// define the recurrence end condition
EKRecurrenceEnd *end = [EKRecurrenceEnd
    recurrenceEndWithOccurrenceCount:4];

// create the recurrence rule
EKRecurrenceRule *rule = [[EKRecurrenceRule alloc]
    initRecurrenceWithFrequency:EKRecurrenceFrequencyDaily
    interval:4 end:end];

newEvent.recurrenceRule = rule;
```

Beispiel 29.1: *WorkshopViewController.m – recurringEvents*

Die Regel definiert nach der Abbruchbedingung eine viermalige Wiederholung (Zeilen 2+3). Die Regel selbst sieht eine Ausführung alle vier Tage vor (Zeilen 6–8), dies ist anhand der Listenansicht des Kalenders in der Abbildung auf der nächsten Seite gut zu sehen.

Das Property *isDetached* zeigt Ihnen an, ob ein Ereignis eines einer Reihe von sich wiederholenden Ereignissen ist und eines seiner Eigenschaften verändert wurde. In diesem Fall müssen Sie beim Speichern des Events entscheiden, ob nur das eine Ereignis oder auch die Folgeereignisse verändert werden sollen. Das können Sie mit dem Parameter *span* der Methode *saveEvent:span:error:* steuern. Die möglichen Werte sind *EKSpanThisEvent* und *EKSpanFutureEvents*.

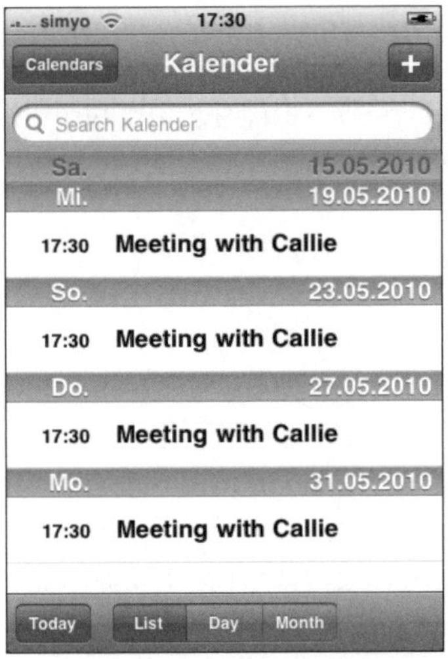

Der Kalender nach dem Speichern einer Serie von vier Ereignissen.

Hinweis: Bei einer Änderung wiederkehrender Ereignisse

Sofern der Benutzer wiederkehrende Ereignisse ändert, sollten Sie sich mit einer Rückfrage bestätigen lassen, ob er nur das aktuelle oder auch alle zukünftigen Ereignisse ändern will.

29.4 Workshop: Kalenderfunktionen fast geschenkt

Praktischerweise enthält das *EventKitUI*-Framework fertige Bausteine zur Anzeige und Änderung von Ereignissen und Terminen. Die bereitgestellten Viewcontroller *EKEventViewController* und *EKEventEditViewController* bieten ohne Aufwand den vollen Umfang der entsprechenden Dialoge in der Kalender-App von Apple. Das ist ein großer Vorteil, da der Benutzer den Dialog wiedererkennt und mit ihm umzugehen weiß.

Im folgenden Workshop erarbeiten wir eine kleine Anwendung, die die aktuellen Termine aus dem Kalender lädt und in einer Tabelle darstellt. Die einzelnen Termine können angesehen und editiert werden. Über eine Hinzufügen-Schaltfläche können Sie neue Ereignisse in Ihren Kalender übernehmen.

Die Benutzerschnittstelle vorbereiten

In diesem Workshop verwenden wir die Projektvorlage „Navigation-based Application" aus Xcode. Es enthält schon eine Tabellenansicht und die zugehörigen Verbindungen. Tabellen und ihre Verwendung werden in Kapitel 18 ausführlich vorgestellt. Dort finden Sie auch eine Schrittanleitung zum Anlegen eines Projekts aus der Projektvorlage.

In der Viewcontroller-Klasse implementieren wir die Methode *viewDidLoad*. Diese wird aufgerufen, sobald der Viewcontroller geladen wurde. In dieser Methode nimmt man normalerweise Einstellungen vor, die nur nach dem Laden einmal auszuführen sind. Für den Workshop setzen wir den Titel des Viewcontrollers auf *Calender*:

```
self.title = @"Calendar";
```

Auf der rechten Seite der *NavigationBar* soll eine Hinzufügen-Schaltfläche untergebracht werden. Sie wird meistens durch ein Plussymbol dargestellt. Die Schaltfläche ist vom Typ *UIBarButtonItem*. Wir erzeugen sie mit der Convenience-Methode *initWithBarButtonSystemItem:target:action:*. Diese erhält die Konstante *UIBarButtonSystemItemAdd*, die eines der vorgegebenen Systemelemente des SDK auswählt, sowie das Ziel *target*, an das die Nachricht *action* beim Drücken der Schaltfläche geschickt wird. Das so erzeugte Element wird dem aktuellen Navigationselement als *rightBarButtonItem* hinzugefügt.

```
UIBarButtonItem *addItem = [[UIBarButtonItem alloc]
    initWithBarButtonSystemItem:UIBarButtonSystemItemAdd
    target:self action:@selector(addEvent:)];
self.navigationItem.rightBarButtonItem = addItem;
```

Die Methode *addEvent:* werden wir im weiteren Verlauf noch implementieren.

Laden der Ereignisse

Bevor Sie die aktuellen Kalendereinträge in der Tabelle darstellen können, müssen diese zuerst aus dem Kalender geladen werden. In der Methode *loadEvents* kapseln wir den Vorgang. Dieser läuft analog zu dem in Kapitel 29.2 beschriebenen ab. Nur der *EKEventStore* wird dieses Mal nicht lokal, sondern als Eigenschaft *eventStore* deklariert, weil wir ihn wiederverwenden wollen. Die Ereignisse aus dem Kalender werden im Property *events* gespeichert.

Darstellen der Ereignisse in einer Tabellenansicht

Die Anzahl Zeilen der Tabelle wird in *tableView:numberOfRowsInSection:* durch die Anzahl der Elemente im Array *events* bestimmt. Als Darstellungsform in der Tabellenzelle wählen wir den Zellenstil *UITableViewCellStyleSubtitle*, der eine zweizeilige Darstellung mit Textfeldern ermöglicht. Als *textLabel* setzen wir den Titel eines Events, die zweite Zeile – repräsentiert durch das Textfeld *detailTextLabel* – enthält das *startDate*. Eine einfache Textform des Datums liefert die Nachricht *description* an das Datum.

```
cell.textLabel.text = event.title;
cell.detailTextLabel.text = [event.startDate description];
cell.accessoryType = UITableViewCellAccessoryDisclosureIndicator;
```

Schlussendlich erhält die Zelle noch einen Pfeil als Indikator über das Property *accessoryType*.

Anzeige eines Ereignisses

Beim Klick auf eine Tabellenzelle soll sich der Anzeigedialog für Ereignisse aus dem *EventKitUI*-Framework öffnen. Dazu erzeugen wir einen Viewcontroller der Klasse *EKEventViewController*.

```
EKEventViewController * controller =
    [[EKEventViewController alloc] init];
```

Einem *EKEventViewController* muss immer ein Ereignis übergeben werden, das er anzeigen kann. Zusätzlich erlauben wir noch das Editieren des Ereignisses. In diesem Fall erscheint rechts oben der Button *Edit*, bei dessen Benutzung automatisch ein Editierdialog aufgeht. Als Entwickler müssen Sie sich um nichts kümmern. Auch die Änderungen des Benutzers werden ohne Ihr Zutun gesichert:

```
controller.event = event;
controller.allowsEditing = YES;
```

Zur Anzeige des jetzt konfigurierten Viewcontrollers müssen Sie diesen nur noch auf den aktuellen Navigationscontrollerstack schieben. Das soll bei uns animiert passieren.

```
[self.navigationController pushViewController:controller
animated:YES];
```

Der Ereignisdialog entspricht genau den Erwartungen:

Die Anzeige eines Ereignisses in einem EKEventViewController.

Die Hinzufügen-Schaltfläche interaktiv schalten

Als letzte Funktion fehlt in unserem Workshop noch die Aktion hinter der Hinzufügen-Schaltfläche. Die Nachricht *addEvent:* wurde schon in einem vorherigen Abschnitt als Selektor für den Button bestimmt.

In dieser Methode soll direkt ein Editierfenster zur Erstellung eines neuen Events geöffnet werden. Dazu wird ähnlich der Eventanzeige direkt ein Objekt der *EventKitUI*-Klasse *EKEventEditViewController* erzeugt.

In einem *EKEventEditViewController* müssen drei Eigenschaften gesetzt werden:

- *event*: Übergibt das zu ändernde Ereignis. Soll ein neues Ereignis erstellt werden, können Sie *nil* übergeben.
- *eventStore*: Gibt den *EKEventStore* für die Änderungen an. Ein mit *event* gesetztes Ereignis muss aus dem *eventStore* sein.
- *editViewDelegate*: Spezifiziert das Delegate für den Editierdialog. Dieses Delegate wird über die Beendigung durch Aufruf der Delegate-Methode *eventEditViewController:didCompleteWithAction:* informiert.

Wir setzen also die Eigenschaften *eventStore* sowie *editViewDelegate* und zeigen den Dialog als modalen Dialog an:

```
controller.eventStore = eventStore;
controller.editViewDelegate = self;
[self presentModalViewController:controller animated:YES];
```

Um dem durch *editViewDelegate* adaptierten Protokoll zu entsprechen, müssen Sie das Protokoll *EKEventEditViewDelegate* der Protokollliste Ihrer Viewcontroller-Klasse hinzufügen und die Methode *eventEditViewController:didCompleteWithAction:* implementieren.

Da die Ereignisse im Editierdialog gespeichert werden, sollten wir auf mögliche Ergebnisse, die durch den benannten Parameter *didCompleteWithAction* der Delegate-Methode übergeben werden, nicht reagieren. Es bleibt also nur, den modalen Dialog mit der Nachricht *dismissModalViewControllerAnimated:* an den aktuellen Viewcontroller zu schließen. Ein Beispiel für einen modalen Dialog zeigt die Abbildung.

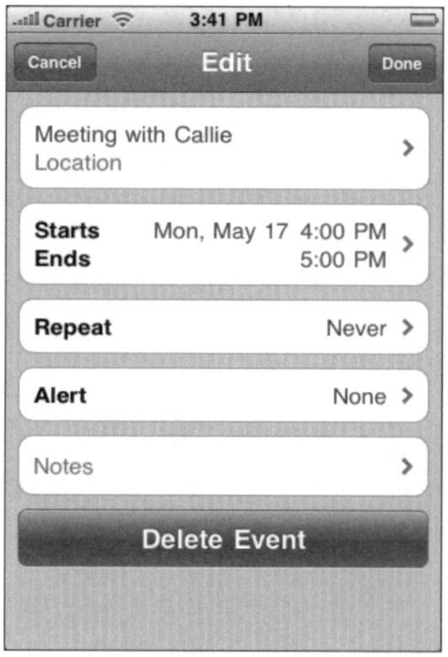

Ein EKEventEditViewController für ein Ereignis.

Mehr zu modalen Viewcontrollern

Eine Instanz von *EKEventEditViewController* kann nur als modaler Dialog angezeigt werden. Andernfalls wird eine Exception geworfen, und die Programmausführung wird unterbrochen. Die Verwendung modaler Viewcontroller wird in Kapitel 15.2 ausführlich erklärt.

Der komplette Workshop auf einen Blick

Die folgenden Listings zeigen die in diesem Kapitel besprochenen Komponenten in ihrem kompletten Kontext:

```
#import <UIKit/UIKit.h>
#import <EventKit/EventKit.h>
#import <EventKitUI/EventKitUI.h>

@interface WorkshopViewController : UITableViewController
    <EKEventEditViewDelegate>{
    NSArray *events;
    EKEventStore* eventStore;
}

@property(nonatomic, retain) NSArray *events;
@property(nonatomic, retain) EKEventStore* eventStore;

- (void) loadEvents;
@end
```

Beispiel 29.2: WorkshopViewController.h

```
#import "WorkshopViewController.h"

@implementation WorkshopViewController
@synthesize events, eventStore;

- (void) viewDidLoad {
    NSLog(@"viewDidLoad");

    // set the title for this viewcontroller
    self.title = @"Calendar";

    UIBarButtonItem *addItem = [[UIBarButtonItem alloc]
        initWithBarButtonSystemItem:UIBarButtonSystemItemAdd
        target:self action:@selector(addEvent:)];
    self.navigationItem.rightBarButtonItem = addItem;
}

- (void)viewDidAppear:(BOOL)animated {
```

```
    [super viewDidAppear:animated];

    // load the events from calendar
    [self loadEvents];

    // reload the table view
    [(UITableView*)self.view reloadData];
}

// loads events from all calendars and store it in an array
- (void) loadEvents {
    // create an event store if not already exists
    if (!eventStore) eventStore = [[EKEventStore alloc] init];

    NSDateComponents *dateDiff = [[NSDateComponents alloc] init];

    // first set one month before
    [dateDiff setMonth:-1];

    NSDate *today = [NSDate date];
    NSDate *startDate = [[NSCalendar currentCalendar]
        dateByAddingComponents:dateDiff toDate:today options:0];

    // now get one month after actual date
    [dateDiff setMonth:+1];
    NSDate *endDate = [[NSCalendar currentCalendar]
        dateByAddingComponents:dateDiff toDate:today options:0];

    [dateDiff release];

    // now create a predicate for getting events from calendar
    NSPredicate *datePredicate = [eventStore
        predicateForEventsWithStartDate:startDate
        endDate:endDate calendars:nil];

    self.events = [eventStore eventsMatchingPredicate:datePredicate];
}

- (IBAction) addEvent : (id) sender {
    EKEventEditViewController * controller =
    [[EKEventEditViewController alloc] init];

    controller.eventStore = eventStore;
    controller.editViewDelegate = self;

    [self presentModalViewController:controller animated:YES];

    [controller release];
```

```
}

- (void)eventEditViewController:
  (EKEventEditViewController *)controller
    didCompleteWithAction:(EKEventEditViewAction)action {

    NSLog(@"didCompleteWithAction");
    [self dismissModalViewControllerAnimated:YES];
}

// customize the number of rows in the table view
- (NSInteger)tableView:(UITableView *)tableView
    numberOfRowsInSection:(NSInteger)section {
    return [events count];
}


// customize the appearance of table view cells
- (UITableViewCell *)tableView:(UITableView *)tableView
    cellForRowAtIndexPath:(NSIndexPath *)indexPath {

    static NSString *CellIdentifier = @"Cell";

    UITableViewCell *cell =
        [tableView dequeueReusableCellWithIdentifier:CellIdentifier];
    if (cell == nil) {
        cell = [[[UITableViewCell alloc]
            initWithStyle:UITableViewCellStyleSubtitle
            reuseIdentifier:CellIdentifier] autorelease];
    }

    // get the actual event
    EKEvent *event = [events objectAtIndex:indexPath.row];

    cell.textLabel.text = event.title;
    cell.detailTextLabel.text = [event.startDate description];
    cell.accessoryType = UITableViewCellAccessoryDisclosureIndicator;

    return cell;
}

- (void)tableView:(UITableView *)tableView
    didSelectRowAtIndexPath:(NSIndexPath *)indexPath {

    // get the selected event
    EKEvent *event = [events objectAtIndex:indexPath.row];

    EKEventViewController * controller =
```

```
            [[EKEventViewController alloc] init];

        controller.event = event;
        controller.allowsEditing = YES;

        [self.navigationController
             pushViewController:controller animated:YES];

        [controller release];

        // deselect the current selection
        [tableView deselectRowAtIndexPath:indexPath animated:YES];
    }


    - (void)dealloc {
        [events release];
        [eventStore release];
        [super dealloc];
    }

    @end
```

Beispiel 29.2: *WorkshopViewController.m*

Nach dem Start der Anwendung sehen Sie den folgenden Screen:

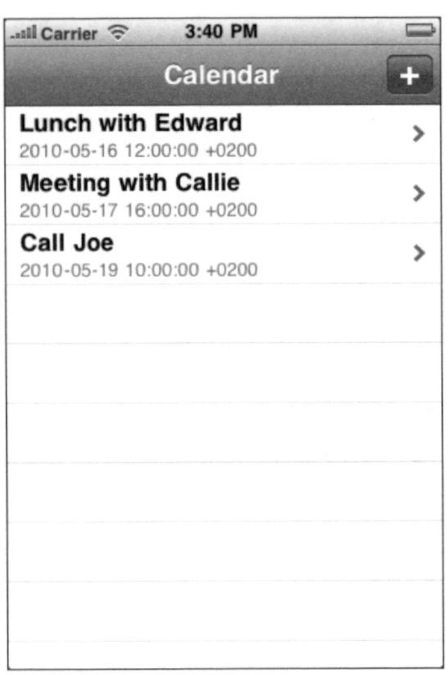

Die Tabellenansicht des Workshops.

30. Interaktion aus der Anwendung: E-Mail und SMS

Das iPhone-SDK bietet eine einfache Möglichkeit zum Versand von E-Mails und seit OS 4.0 auch von SMS aus der Anwendung heraus. Dadurch können Sie Kommunikationsschnittstellen aufbauen oder einfach nur Empfehlungs-E-Mails verschicken. Das SDK enthält vorgefertigte Benutzerschnittstellen über Viewcontroller, die mit Werten für Absender, Empfänger und Text vorbelegt werden können. In diesem Kapitel werden wir uns die Themen E-Mail und SMS näher ansehen.

30.1 Workshop: E-Mail-Versand

Die Viewcontroller-Klasse *MFMailComposeViewController* aus dem *MessageUI*-Framework stellt einen E-Mail-Eingabedialog dar.

Bevor Sie in Ihre Anwendung E-Mail integrieren, müssen Sie zwei Header-Dateien einbinden:

- **#import** <MessageUI/MessageUI.h>
- **#import** <MessageUI/MFMailComposeViewController.h>

Diese stellen die komplette Funktionalität zur Verfügung. Außerdem müssen Sie das *MessageUI*-Framework Ihrem Projekt hinzufügen. Dazu gehen Sie wie folgt vor:

1 Klicken Sie mit der rechten Maustaste im Bereich *Groups & Files* auf den Ordner *Frameworks* und wählen Sie *Add/Existing Frameworks*.

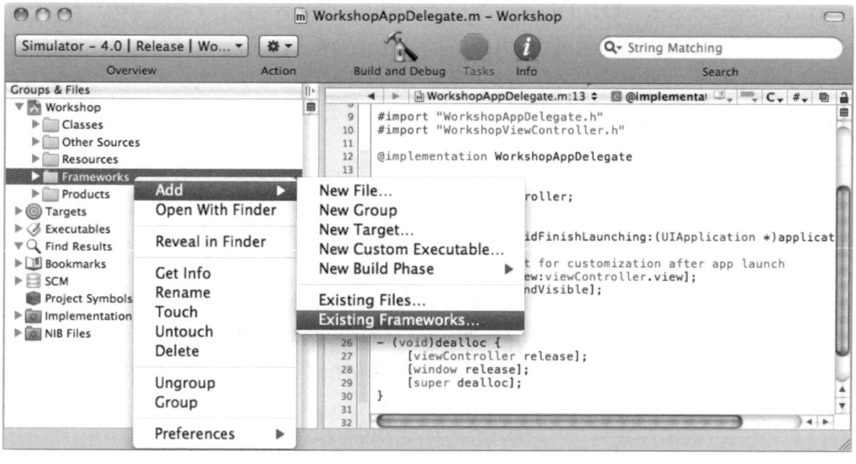

2 Selektieren Sie das *MessageUI*-Framework und klicken Sie auf *Add*.

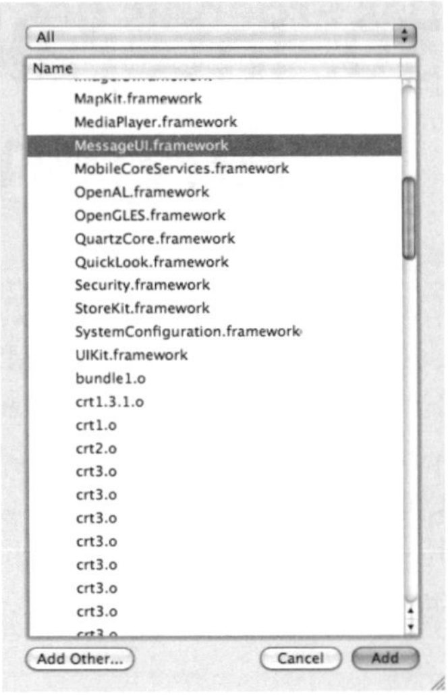

Das E-Mail-Fenster erzeugen und anzeigen

Nach diesen Vorarbeiten erzeugen wir jetzt einen Viewcontroller zur Anzeige des E-Mail-Dialogs. Dazu erstellen wir ein Objekt *controller* der Klasse *MFMailCompose-ViewController*. Der *controller* wird als modaler Viewcontroller verwendet und mit der Methode *presentModalViewController:animated:* dargestellt. Wenn Sie *animated* auf *YES* setzen, zieht sich der Viewcontroller in einer Animation von unten nach oben im Screen auf. Damit Ihre Anwendung auf das Beenden des E-Mail-Dialogs reagieren und den modalen Viewcontroller schließen kann, setzen Sie die Eigenschaft *mailComposeDelegate* auf *self* – also die aktuelle Instanz Ihres Viewcontrollers. Dadurch erhalten Sie einen Delegate-Aufruf, wenn der Dialog beendet ist.

Zur Konfiguration Ihres E-Mail-Dialogs lassen sich der Betreff über *setSubject:*, der Inhalt der E-Mail mit *setMessageBody:isHTML:* sowie die Empfängerfelder *to*, *cc* und *bcc* vorbelegen – jeweils als Array der entsprechenden Methode, für *to* beispielsweise *setToRecipients:*. Betreff und Inhalt der Nachricht sind jeweils Strings.

Den Inhalt der E-Mail können Sie auch als HTML übergeben. Dazu müssen Sie der Methode *setMessageBody:isHTML:* nur *YES* für den Parameter *isHTML* übergeben. In unserem Beispiel werden wir den Inhalt als reinen Text übergeben.

Den kompletten Quelltext zur Erzeugung und Anzeige des E-Mail-Dialogs implementieren Sie am besten in einer eigenen Methode *openEmailComposer*. Dadurch können Sie den E-Mail-Dialog an beliebiger Stelle im Quelltext aufrufen.

Das Ergebnis des Dialogs auswerten

Die Klasse *WorkshopViewController* erweitern wir um eine Protokollliste:

```
@interface WorkshopViewController : UIViewController
    <MFMailComposeViewControllerDelegate>
```

Das Protokoll *MFMailComposeViewControllerDelegate* deklariert nur die Methode *mailComposeController:didFinishWithResult:error:*, die Sie auf jeden Fall implementieren sollten. Sie übernimmt die Aufgabe, den modalen Viewcontroller mit dem E-Mail-Dialog zu schließen und auf Fehler oder den aktuellen Zustand des E-Mail-Versendens zu reagieren. Für beide Fälle werden wir den Nutzer mit einem *UIAlertView* und einer entsprechenden Meldung über den Ausgang seiner Aktion informieren. Im Fehlerfall zeigen wir die Nachricht „Your email could not be sent.", wir werten also den konkreten Fehler an dieser Stelle nicht aus.

Das Ergebnis des E-Mail-Dialogs ist vom Aufzählungstyp *MFMailComposeResult*, der die folgenden Werte annehmen kann:

- *MFMailComposeResultCancelled*: Der Benutzer hat den Dialog mit der Abbrechen-Schaltfläche beendet.
- *MFMailComposeResultSaved*: Der Benutzer hat die Erstellung der E-Mail abgebrochen und sich entschieden, die E-Mail als Entwurf zu speichern. Er erhält bei Abbruch im Dialog automatisch die Möglichkeit, die Nachricht zu speichern, sofern er Änderungen am E-Mail-Formular vorgenommen hat.
- *MFMailComposeResultSent*: Die Nachricht wird in den OUTBOX-Ordner gelegt und bei nächster Gelegenheit versendet.
- *MFMailComposeResultFailed*: Das Versenden der Nachricht ist fehlgeschlagen. Werten Sie hier den Fehler aus, um genauere Angaben zur Ursache zu erhalten.

Das Ergebnis wird in einer *switch*-Anweisung verarbeitet. Für den jeweiligen Zustand werden der Titel und die Nachricht für die Anzeige im *UIAlertView* gesetzt.

```
switch (result) {
    case MFMailComposeResultCancelled:
        // do nothing, user cancelled
        break;
    case MFMailComposeResultSaved:
        title = @"Email saved";
        message = @"Your email has been saved to the draft folder.";
        break;
    case MFMailComposeResultSent:
        title = @"Email sent";
        message = @"Your email has been sent successfully.";
        break;
    case MFMailComposeResultFailed:
```

```
        title = @"Error";
        message = @"Your email could not be sent.";
        break;
}
```

Für die Aktion *MFMailComposeResultCancelled* wird dem Nutzer kein Hinweis angezeigt, weil er die Aktion explizit gewählt hat.

Die grafische Benutzeroberfläche

Der E-Mail-Dialog soll mit einer Schaltfläche auf dem Screen verknüpft werden. Erst wenn der Nutzer darauf drückt, öffnet sich der Dialog. Da nicht alle Geräte für den E-Mail-Versand konfiguriert sind, sollte erst der Zustand mit der Klassenmethode *canSendMail* der Klasse *MFMailComposeViewController* abgefragt werden. Sollte der Versand nicht möglich sein, weisen wir den Nutzer mit einem *UIAlertView* darauf hin.

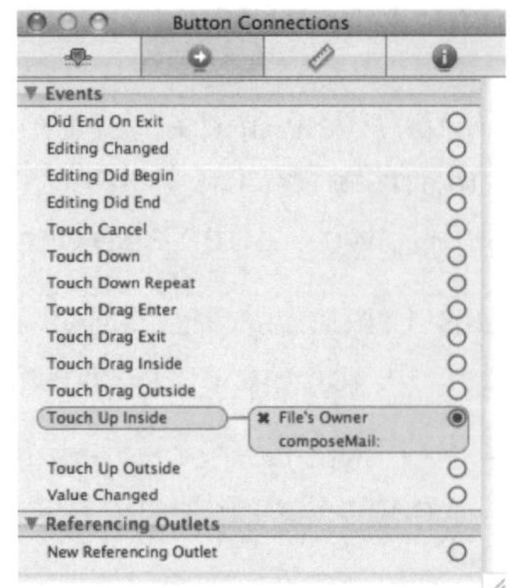

Erstellen Sie im Interface Builder eine Schaltfläche mit dem Text *Compose mail*. Zusätzlich implementieren Sie eine Aktionsmethode *composeMail:* für diese Schaltfläche. Die Aktionsmethode verbinden Sie im Inspector des Interface Builder mit dem Event *Touch Up Inside*.

Die Methode prüft bei einem Klick, ob der E-Mail-Versand möglich ist, und startet gegebenenfalls den E-Mail-Dialog.

Der komplette Quelltext des Workshops

Nachfolgend finden Sie den kompletten Quelltext dieses Workshops.

```
#import <UIKit/UIKit.h>
#import <MessageUI/MessageUI.h>
#import <MessageUI/MFMailComposeViewController.h>

@interface WorkshopViewController : UIViewController
    <MFMailComposeViewControllerDelegate> {
}

- (IBAction) composeMail : (id) sender;

@end
```

Beispiel 30.1: *WorkshopViewController.h*

```
#import "WorkshopViewController.h"

@implementation WorkshopViewController

- (void)viewDidAppear:(BOOL)animated {
    [super viewDidAppear:animated];
}

- (IBAction) composeMail: (id) sender {

    if ([MFMailComposeViewController canSendMail]) {
        [self openEmailComposer];
    }
    else {
        UIAlertView *alertView = [[UIAlertView alloc]
            initWithTitle:@"Mail not possible"
            message:@"Your device is not able to send mail."
            delegate:nil cancelButtonTitle:nil
            otherButtonTitles:@"Ok", nil];

        [alertView show];
        [alertView release];
    }
}

- (void) openEmailComposer {
    MFMailComposeViewController *controller =
        [[MFMailComposeViewController alloc] init];

    controller.mailComposeDelegate = self;

    // set the email subject
    [controller setSubject:@"Hello world!"];

    // Set up recipients
    NSArray *toRecipients = [NSArray arrayWithObjects:
        @"first@mail.com", @"second@mail.com", nil];
    [controller setToRecipients:toRecipients];

    // set the message body
    NSString *body = @"Hello around the world!";
    [controller setMessageBody:body isHTML:NO];

    // show the mail composer view controller
    [self presentModalViewController:controller animated:YES];

    [controller release];
}
```

```

- (void)mailComposeController:(MFMailComposeViewController*)controller
        didFinishWithResult:(MFMailComposeResult)result
                      error:(NSError*)error {

    NSString *title = nil;
    NSString *message = nil;

    // react on different return types of the email dialog
    switch (result) {
        case MFMailComposeResultCancelled:
            // do nothing, user cancelled
            break;
        case MFMailComposeResultSaved:
            title = @"Email saved";
            message = @"Your email has been saved to the draft
            folder.";
            break;
        case MFMailComposeResultSent:
            title = @"Email sent";
            message = @"Your email has been sent successfully.";
            break;
        case MFMailComposeResultFailed:
            title = @"Error";
            message = @"Your email could not be sent.";
            break;
    }

    [self dismissModalViewControllerAnimated:YES];

    if (title) {
        UIAlertView *alertView =
            [[UIAlertView alloc] initWithTitle:title
            message:message delegate:nil cancelButtonTitle:nil
            otherButtonTitles:@"Ok", nil];

        [alertView show];
        [alertView release];
    }
}

- (void)dealloc {
    [super dealloc];
}

@end
```

Beispiel 30.1: WorkshopViewController.m

Auf dem Endgerät sieht der E-Mail-Dialog wie in der Abbildung gezeigt aus. Gut zu sehen sind die Vorbelegungen von Empfänger und Betreff sowie die Nachricht.

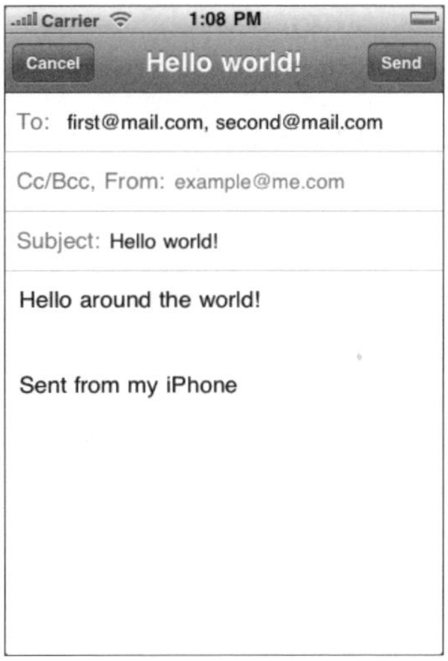

Der vorkonfigurierte E-Mail-Dialog.

Attachments

Sie können auch beliebige Daten an eine E-Mail anhängen, also beispielsweise ein Bild oder ein PDF-Dokument. Rufen Sie dazu die Methode *addAttachmentData:mimeType:fileName:* auf.

30.2 Workshop: SMS-Versand aus der Anwendung

Der SMS-Versand erfolgt analog zum E-Mail-Versand über die Klasse *MFMessageComposeViewController*. Sie kapselt ebenso die Darstellung des standardisierten SMS-Eingabedialogs wie den Versand der Nachricht.

Wir wollen in diesem Workshop eine kleine grafische Oberfläche mit einer Schaltfläche erstellen. Beim Klick auf den Button wird der SMS-Dialog geöffnet. Nach dessen Beendigung informieren wir den Nutzer über den Status des Versands.

Wenn Sie das Projekt aus einem der Projektvorlagen beginnen, müssen Sie zuerst das *MessageUI*-Framework hinzufügen. Der Ablauf ist exakt derselbe wie im vorherigen Kapitel. Sollten Sie zur Sicherheit die erläuternden Screenshots benötigen, blättern Sie zu Kapitel 30.1 zurück.

Den SMS-Dialog anzeigen

Nach der Erzeugung eines Objekts der Klasse *MFMessageComposeViewController* setzen wir *messageComposeDelegate* mit *self* auf den aktuellen Viewcontroller. Für den SMS-Dialog lassen sich nur die Textnachricht – repräsentiert durch das Property *body* – sowie ein Array von Telefonnummern als Empfänger konfigurieren.

Die Anzeige erfolgt wieder als modaler Dialog durch die Nachricht *presentModalViewController:* an den aktuellen Viewcontroller:

```
MFMessageComposeViewController *controller =
[[MFMessageComposeViewController alloc] init];

controller.messageComposeDelegate = self;

[controller setBody:@"Hello around the world!"];

NSArray *recipients = [NSArray arrayWithObjects:
    @"1234567890", @"9876543210", nil];
[controller setRecipients:recipients];

[self presentModalViewController:controller animated:YES];
```

Am Ende des Dialogs wird die einzige Methode des Protokolls *MFMessageComposeViewControllerDelegate* aufgerufen. In *messageComposeViewController:didFinishWithResult:* können Sie auf das Beenden des Dialogs reagieren. Außerdem müssen Sie den modalen Viewcontroller ausblenden, damit die weitere Ausführung Ihrer Anwendung wieder an den ursprünglichen Viewcontroller übergeht. Der Parameter *didFinishWithResult* kann folgende Werte der Aufzählung *MessageComposeResult* annehmen:

- *MessageComposeResultCancelled*: Der Dialog wurde vom Nutzer abgebrochen.
- *MessageComposeResultSent*: Die Nachricht des Nutzers konnte versendet werden oder wartet auf den Versand.
- *MessageComposeResultFailed*: Die Nachricht konnte aufgrund eines Fehlers nicht gesendet werden. Eine genauere Fehleranalyse ist hier nicht möglich.

Zur besseren Strukturierung des Quelltexts und einfacheren Wiederverwendung kapseln wir die Erzeugung, Konfiguration und Anzeige des SMS-Dialogs in einer eigenen Methode namens *openSMSComposer*.

Gestaltung der Benutzeroberfläche

Die Benutzeroberfläche für diesen Workshop wird im Interface Builder gestaltet. Fügen Sie dort einen Button mit der Beschriftung *Compose SMS* ein. Als Aktion beim Klick implementieren wir die Methode *composeSMS:*. Im Inspector des Interface Builder wird das Event *Touch Up Inside* des Buttons mit dieser Methode verknüpft.

Die beiden Abbildungen zeigen den Screen mit der Schaltfläche sowie den SMS-Dialog.

Die beiden Screens des Workshops. Im linken Bild sehen Sie den Button, der den SMS-Dialog öffnet. Dort sind bereits das Feld To: und der Nachrichtentext vorbelegt, können aber vom Nutzer geändert werden.

Zusammenfassung

```
#import <UIKit/UIKit.h>
#import <MessageUI/MessageUI.h>
#import <MessageUI/MFMessageComposeViewController.h>

@interface WorkshopViewController : UIViewController
    <MFMessageComposeViewControllerDelegate> {
}

- (IBAction) composeSMS: (id) sender;
- (void) openSMSComposer;
@end
```

Beispiel 30.2: *WorkshopViewController.h*

Im Header wird lediglich die Konformität zum Protokoll *MFMessageComposeViewControllerDelegate* erklärt, und die beiden Methoden *composeSMS:* und *openSMSComposer* werden deklariert.

Da nicht alle Geräte, die das iPhone-SDK unterstützt, einen SMS-Versand anbieten, sollten Sie vor Benutzung der Funktionalität prüfen, ob diese tatsächlich verfügbar ist. Der iPod touch und die Wi-Fi-Version des iPads haben beispielsweise keine SMS-Schnittstelle zum Mobilfunkprovider. Wenn die Prüfung mit der Klassenmethode *canSendText* negativ ausfällt, bleibt in unserem Beispiel nichts anderes übrig, als in *composeSMS:* dem Nutzer einen kurzen Hinweis dazu anzuzeigen.

```
#import "WorkshopViewController.h"

```

```
@implementation WorkshopViewController

- (void)viewDidAppear:(BOOL)animated {
    [super viewDidAppear:animated];
}

- (IBAction) composeSMS: (id) sender {

    if ([MFMessageComposeViewController canSendText]) {
        [self openSMSComposer];
    }
    else {
        UIAlertView *alertView = [[UIAlertView alloc]
            initWithTitle:@"SMS not possible"
            message:@"Your device is not able to send SMS."
            delegate:nil cancelButtonTitle:nil
            otherButtonTitles:@"Ok", nil];

        [alertView show];
        [alertView release];
    }
}

- (void) openSMSComposer {
    MFMessageComposeViewController *controller =
        [[MFMessageComposeViewController alloc] init];

    controller.messageComposeDelegate = self;

    // set the SMS subject
    [controller setBody:@"Hello around the world!"];

    // set up recipients
    NSArray *recipients = [NSArray arrayWithObjects:
        @"1234567890", @"9876543210", nil];
    [controller setRecipients:recipients];

    // show the mail composer view controller
    [self presentModalViewController:controller animated:YES];

    [controller release];
}

- (void)messageComposeViewController:
    (MFMessageComposeViewController *)controller
    didFinishWithResult:(MessageComposeResult)result {

    NSString *title = nil;
```

```
    NSString *message = nil;

    // react on different return types of the sms dialog
    switch (result) {
        case MessageComposeResultCancelled:
            // do nothing, user cancelled
            break;
        case MessageComposeResultSent:
            title = @"SMS sent";
            message = @"Your SMS has been sent successfully.";
            break;
        case MessageComposeResultFailed:
            title = @"Error";
            message = @"Your SMS could not be sent.";
            break;
    }

    [self dismissModalViewControllerAnimated:YES];

    if (title) {
        UIAlertView *alertView =
        [[UIAlertView alloc] initWithTitle:title
            message:message delegate:nil cancelButtonTitle:nil
            otherButtonTitles:@"Ok", nil];

        [alertView show];
        [alertView release];
    }
}

- (void)dealloc {
    [super dealloc];
}

@end
```

Beispiel 30.2: *WorkshopViewController.m*

Teil V

Medienintegration

31. Bilder

Bilder sind das am häufigsten eingesetzte Medium in der iPhone-Entwicklung. Das SDK bietet eine umfangreiche Unterstützung für Grafiken und Bilder. Es kennt die folgenden Formate:

Format	Dateiendung
Tagged Image File Format	*.tiff, .tif*
Joint Picture Expert Group	*.jpg, .jpeg*
Graphics Interchange Format	*.gif*
Portable Network Graphics Format	*.png*
Windows Bitmap Format	*.bmp, .bmpf*
Windows Icon Format	*.ico*
Windows Cursor	*.cur*
XWindow bitmap	*.xbm*

Animierte Grafiken

Animierte Grafiken im GIF-Format werden auf dem iPhone in einer Anwendung nicht abgespielt! Nur der Browser und auch die Browserkomponente *UIWebView* unterstützen die Animation.

Bilder werden in der Klasse *UIImage* verwaltet. Sie lassen sich aus dem *MainBundle*, den lokalen Verzeichnissen und aus dem Internet laden. Dazu stehen die folgenden Methoden zur Verfügung:

- `+ (UIImage *)imageNamed:(NSString *)name;`
- `+ (UIImage *)imageWithContentsOfFile:(NSString *)path;`
- `+ (UIImage *)imageWithData:(NSData *)data;`

Speicherbedarf

Objekte von *UIImage* sollten nur für Grafiken bis zu einer Größe von 1.024 x 1.024 Bildpunkten erzeugt werden. Grund hierfür ist vor allem der Speicherverbrauch. Allein eine Grafik der Größe 320 x 480 (Vollbild) nimmt 320 x 480 x 4 Bytes = 614.400 Bytes im Speicher ein. Eine 1.024er-Grafik würde bereits 4 MByte belegen!

31.1 Workshop: Bilder laden

Mit der Methode *imageNamed:* lassen sich Bilder sehr effizient aus dem *MainBundle* laden. Dabei wird das geladene Bild automatisch vom System gecacht, was bedeutet, dass bei späteren Ladevorgängen das Bild direkt aus dem Cache geladen wird:

```
bundleImageView.image = [UIImage imageNamed:@"i02_gears.jpg"];
```

Bilder, die sich nicht im *MainBundle* befinden, z. B. Bilder aus dem Dokumentverzeichnis der Anwendung, können über die Methode *imageWithContentsOfFile:* geladen werden. Das folgende Beispiel lädt die Bilddatei ebenfalls aus dem *MainBundle*, jedoch ohne die Datei in den Cache aufzunehmen:

```
NSString *imagePath = [[[[NSBundle mainBundle] resourcePath]
    stringByAppendingPathComponent:@"i03_designing"]
    stringByAppendingPathExtension:@"jpg"];
localImageView.image  = [UIImage imageWithContentsOfFile:imagePath];
```

Um ein Bild aus dem Dokumentverzeichnis zu adressieren, muss in obigem Beispiel nur der Pfad *path* angepasst werden:

```
NSArray *paths = NSSearchPathForDirectoriesInDomains(
    NSDocumentDirectory,
    NSUserDomainMask,
    YES);
NSString *documentsDirectory = [paths objectAtIndex:0];
```

Bilder von außerhalb der Sandbox lassen sich über eine URL laden. Dazu lädt man das Bild zuerst in ein *NSData*-Objekt und initialisiert damit die Klasse *UIImage*:

```
NSString *url =
    @"http://www.entwicklungsschmiede.de/dgb_iphone/i05_www.jpg";
NSData *imageData =
    [NSData dataWithContentsOfURL:[NSURL URLWithString:url]];
webImageView.image  = [UIImage imageWithData:imageData];
```

Bilder nicht um jeden Preis cachen

Das Caching von Bildern sollte mit Bedacht eingesetzt werden. Je nach aktueller Größe des Caches kann dadurch ein Speicherengpass entstehen. Bilder sollten nur gecacht werden, wenn sie häufig geladen werden müssen, nicht zu groß sind oder sehr schnell geladen werden müssen.

Im folgenden Workshop werden alle drei Varianten zum Laden von Bildern angewendet.

```
@interface WorkshopViewController : UIViewController {
    IBOutlet UIImageView *bundleImageView;
    IBOutlet UIImageView *localImageView;
    IBOutlet UIImageView *webImageView;
}
@property(nonatomic, retain) IBOutlet UIImageView *bundleImageView;
```

```
@property(nonatomic, retain) IBOutlet UIImageView *localImageView;
@property(nonatomic, retain) IBOutlet UIImageView *webImageView;

@end
```

Beispiel 31.1: *WorkshopViewController.h*

```
@implementation WorkshopViewController
@synthesize bundleImageView, localImageView, webImageView;

- (void)viewDidAppear:(BOOL)animated {
    [super viewDidAppear:animated];

    // now load the images into the outlets

    // load image from main bundle and cache it
    bundleImageView.image = [UIImage imageNamed:@"i02_gears.jpg"];

    // same as above except of caching
    NSString *imagePath = [[[[NSBundle mainBundle] resourcePath]
        stringByAppendingPathComponent:@"i03_designing"]
        stringByAppendingPathExtension:@"jpg"];
    localImageView.image  =
        [UIImage imageWithContentsOfFile:imagePath];

    // load image from an url
    NSString *url =
        @"http://www.entwicklungsschmiede.de/dgb_iphone/i05_www.jpg";
    NSData *imageData =
        [NSData dataWithContentsOfURL:[NSURL URLWithString:url]];
    webImageView.image  = [UIImage imageWithData:imageData];
}

- (void)dealloc {
    [bundleImageView release];
    [localImageView release];
    [webImageView release];
    [super dealloc];
}

@end
```

Beispiel 31.1: *WorkshopViewController.m*

Die folgende Abbildung illustriert die drei Lademethoden in einer grafischen Benutzeroberfläche.

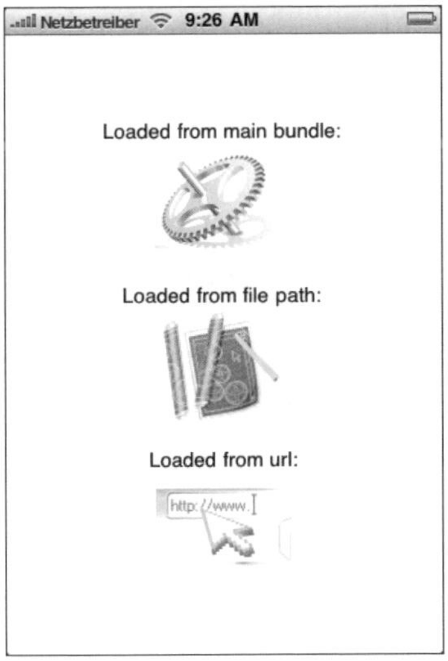

Die drei Lademethoden des Workshops: Laden aus dem MainBundle, Laden aus einer durch einen Pfad bezeichneten Datei und Laden von einer URL.

31.2 Workshop: Bilder speichern und Screenshots erstellen

Neben dem Laden ist auch das Abspeichern von Bildern ein häufiges Szenario. Analog zum Laden im Workshop des letzten Abschnitts werden Bilder über den Umweg eines *NSData*-Objekts gespeichert. *NSData* liefert dafür diese Methode:

```
- (BOOL)writeToFile:(NSString *)path atomically:(BOOL)flag;
```

Die Methode schreibt die Daten in den durch *path* definierten Speicherort. Ist der boolesche Wert *atomically* wahr, werden die Daten zuerst in eine temporäre Datei geschrieben, die danach in die Datei *path* umbenannt wird – sofern kein Fehler aufgetreten ist. Andernfalls erfolgt die Ausgabe direkt in die durch *path* spezifizierte Datei.

Das SDK bietet zwei einfache *UIKit*-Funktionen, um aus einem *UIImage*-Objekt ein Objekt vom Typ *NSData* zu erzeugen.

```
NSData * UIImageJPEGRepresentation (
   UIImage *image,
   CGFloat compressionQuality
);
```

UIImageJPEGRepresentation erzeugt eine JPEG-(**J**oint **P**icture **E**xpert **G**roup-)Repräsentation des *image* in der Qualitätsstufe *compressionQuality* (*0.0f–1.0f*).

```
NSData * UIImagePNGRepresentation (
   UIImage *image
);
```

UIImagePNGRepresentation erstellt eine PNG-Datei (**P**ortable **N**etwork **G**raphics) aus dem *image*. Diese Methode enthält die volle Unterstützung von Transparenzen.

Bilder können ebenfalls direkt in das iPhone-eigene Fotoalbum gespeichert werden, in dem auch Screenshots und Bilder aus der Kamera zu finden sind. Das *UIKit* stellt dafür die Funktion *UIImageWriteToSavedPhotosAlbum* bereit:

```
void UIImageWriteToSavedPhotosAlbum (
   UIImage  *image,
   id       completionTarget,
   SEL      completionSelector,
   void     *contextInfo
);
```

Mit den Parametern *completionTarget*, *completionSelector* und *contextInfo* können Sie einen Callback für das asynchrone Speichern im Fotoalbum angeben. Dabei ist *completionTarget* das Objekt, dessen Selektor *completionSelector* aufgerufen wird. Zusätzlich steht Ihnen noch der Zeiger *contextInfo* zur Verfügung, durch den z. B. zusätzliche Informationen zum Speichervorgang übergeben werden können oder im Fall mehrerer gleichzeitiger Speichervorgänge die einzelne Aktion identifiziert werden kann. Die Callback-Methode sollte folgendermaßen definiert sein:

```
- (void) image: (UIImage *) image
    didFinishSavingWithError: (NSError *) error
    contextInfo: (void *) contextInfo
```

Layer

Layer sind Bestandteil vieler Klassen, die auf dem Screen dargestellt werden. Sie dienen als systemnahe Zeichnungsfläche. Alle von *UIView* abgeleiteten Klassen besitzen mindestens einen Layer. Dieser bestimmt die letztendliche Darstellung des Inhalts auf dem Screen. Layer lassen sich unabhängig von ihrer übergeordneten Klasse bearbeiten, z. B. rotieren, skalieren oder sogar animieren.

Die Erzeugung eines Schnappschusses eines beliebigen Views der Anwendung ist etwas komplexer. Dafür werden einige Funktionen des *QuartzCore*-Frameworks benutzt. Zuerst wird ein Bitmap-Kontext mit der Funktion *UIGraphicsBeginImageContext* mit der gewünschten Größe als Parameter erzeugt und gleichzeitig zum aktuellen Kontext für alle Operationen gemacht (z. B. Zeichnen, Rendern anderer Inhalte u. v. m.). Das *layer*-Objekt des kompletten Screens wird dann in den aktuellen Kontext gezeichnet. Der folgende Workshop erstellt in der Methode *viewDidAppear:* einen Screenshot vom aktuellen View des Viewcontrollers:

```
#import <QuartzCore/QuartzCore.h>

@interface WorkshopViewController : UIViewController {
```

```
    IBOutlet UIImageView *imageView;
}
@property(nonatomic, retain) IBOutlet UIImageView *imageView;

@end
```

Beispiel 31.2: WorkshopViewController.h

```
@implementation WorkshopViewController
@synthesize imageView;

- (void)viewDidAppear:(BOOL)animated {
    [super viewDidAppear:animated];

    // load image from main bundle (cached!)
    imageView.image = [UIImage imageNamed: @"i02_gears.jpg"];

    // build the path to the documents directory
    NSArray *documentPaths = NSSearchPathForDirectoriesInDomains(
        NSDocumentDirectory, NSUserDomainMask, YES);
    NSString *documentsDir = [documentPaths objectAtIndex:0];
    NSString *path = [documentsDir stringByAppendingPathComponent:
        @"i02_gears.png"];

    // now get the snapshot of the current screen
    UIImage* screenImage;

    // create a new bitmap context (dimensions of the current screen)
    UIGraphicsBeginImageContext(self.view.bounds.size);

    // render the layer of the screen in the current graphic context
    [self.view.layer renderInContext:UIGraphicsGetCurrentContext()];

    // get an image from the current image context
    screenImage = UIGraphicsGetImageFromCurrentImageContext();

    // cleanup resources
    UIGraphicsEndImageContext();

    // get the image now as png
    NSData *imageData = UIImagePNGRepresentation(screenImage);

    // store the image with the same name in the documents directory
    [imageData writeToFile:path atomically:YES];

    // and store the file also to the user's saved photos album
    UIImageWriteToSavedPhotosAlbum(screenImage, self,
        @selector(image:didFinishSavingWithError:contextInfo:), nil);
```

```
}

- (void) image: (UIImage *) image
didFinishSavingWithError: (NSError *) error
   contextInfo: (void *) contextInfo {
    // here you can check for error's or prompt the user for success
    // of the asynchronous save operation
}

- (void)dealloc {
    [imageView release];
    [super dealloc];
}

@end
```

Beispiel 31.2: *WorkshopViewController.m*

Workshop 31.2 lädt die Grafik *i02_gears.jpg* in einen *UIImageView*. Der Screen wird dann in ein Bild gerendert und zuerst im Dokumentverzeichnis der App und zusätzlich auch noch im Fotoalbum gespeichert. Das Dokumentverzeichnis bzw. alle anwendungsspezifischen Daten des Endgerätes können Sie, wie in Kapitel 23.3 beschrieben, im Organizer auslesen. Die Labels und der UIImageView sind im Interface Builder angelegt. Sie finden die entsprechende XIB-Datei im Beispielverzeichnis 31.2.

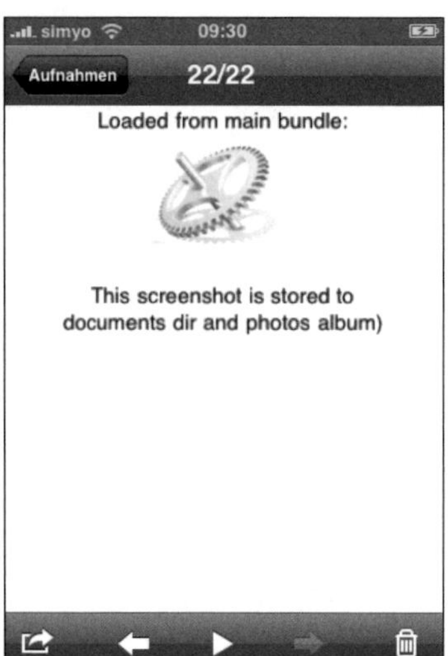

Der Screenshot im Fotoalbum des Gerätes.

Die Abbildung zeigt das Dokumentverzeichnis mit dem gespeicherten Screenshot:

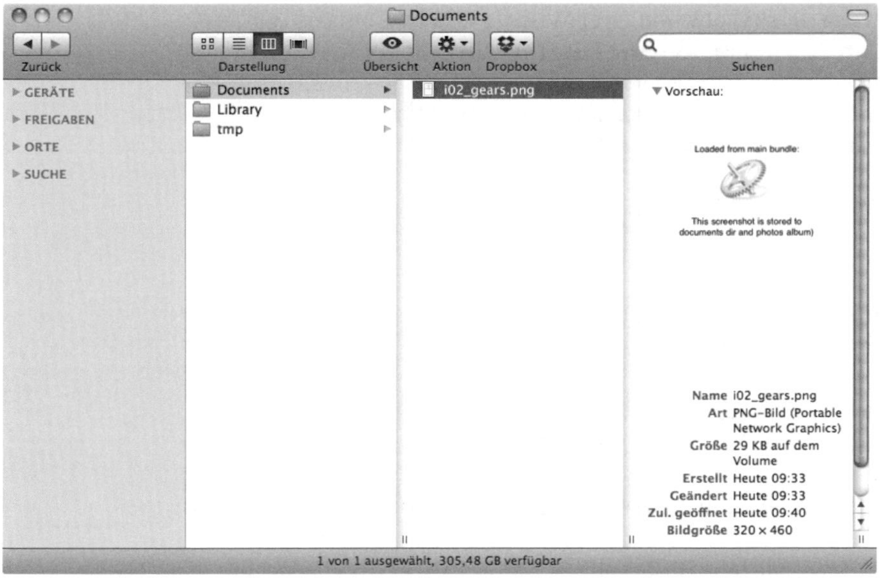

Die im Dokumentverzeichnis gespeicherte Datei kann über den Organizer auf die Festplatte kopiert und danach im Finder betrachtet werden.

31.3 Workshop: Animationen mit Bildern

Neben den bisher in Kapitel 27 vorgestellten Animationen werden oft auch komplexere Animationen benötigt, wie sie z. B. in animierten GIF-Grafiken vorkommen. Das iPhone-SDK unterstützt dieses animierte Grafikformat nicht. Stattdessen gibt es die Möglichkeit, durch ein Aneinanderreihen von Einzelbildern einen vergleichbaren Effekt zu erzielen. Die Klasse *UIImageView* bietet dafür drei Eigenschaften zur Konfiguration an:

- `@property(nonatomic, copy) NSArray *animationImages;`
- `@property(nonatomic) NSTimeInterval animationDuration;`
- `@property(nonatomic) NSInteger animationRepeatCount;`

Die einzelnen Grafiken der Animation werden als Array *animationImages* dem *UIImageView* übergeben. Die Dauer der Animation wird mittels *animationDuration* eingestellt. Das heißt, die Bildrate errechnet sich somit aus *animationDuration/[animationImages count]*. Wird keine *animationDuration* gesetzt, wird von einer Rate von 30 Frames pro Sekunde ausgegangen. Das ist auch die vernünftige obere Grenze der Framerate, die auf allen Geräten zuverlässig abgespielt wird. *animationRepeatCount* stellt die Anzahl der Wiederholungen der Animation ein. Ein Wert von 0 wiederholt sie endlos.

Die so definierte Animation wird mit der Methode *startAnimating* gestartet und kann durch *stopAnimating* beendet werden. Im folgenden Workshop wird eine Animation mit acht Einzelbildern als Ladeanzeiger gestartet:

```
@interface WorkshopViewController : UIViewController {
    IBOutlet UIImageView *loadingIndicatorImageView;
}
@property(nonatomic, retain) IBOutlet UIImageView
    *loadingIndicatorImageView;

@end
```

Beispiel 31.3: WorkshopViewController.h

```
@implementation WorkshopViewController
@synthesize loadingIndicatorImageView;

- (void)viewDidAppear:(BOOL)animated {
    [super viewDidAppear:animated];

    // now load the images into the outlets

    NSArray *animationImages = [NSArray arrayWithObjects:
        [UIImage imageNamed:@"loading_01.png"],
        [UIImage imageNamed:@"loading_02.png"],
        [UIImage imageNamed:@"loading_03.png"],
        [UIImage imageNamed:@"loading_04.png"],
        [UIImage imageNamed:@"loading_05.png"],
        [UIImage imageNamed:@"loading_06.png"],
        [UIImage imageNamed:@"loading_07.png"],
        [UIImage imageNamed:@"loading_08.png"],
        nil];

    // configure animation
    loadingIndicatorImageView.animationImages = animationImages;
    loadingIndicatorImageView.animationDuration = .8f;
    loadingIndicatorImageView.animationRepeatCount = 0;

    [loadingIndicatorImageView startAnimating];
}

- (void)dealloc {
    [loadingIndicatorImageView release];
    [super dealloc];
}

@end
```

Beispiel 31.3: WorkshopViewController.m

Der Workshop mit seinem alternativen Ladeanzeiger stellt sich wie abgebildet dar.

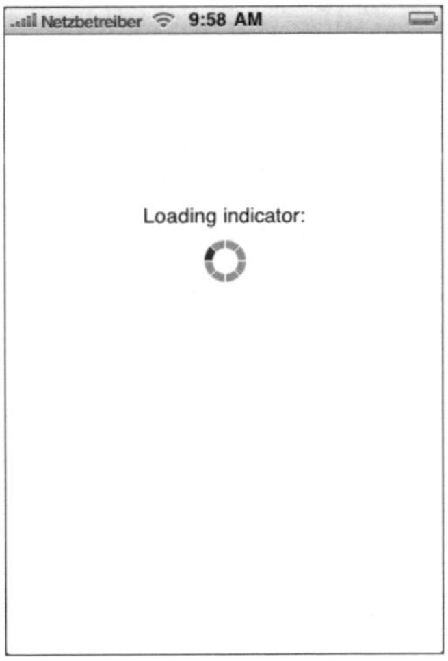

Achtung: Speicherengpässe

Die Animation durch *UIImageView* lädt die Bilder vorab in den Speicher und hält sie während der gesamten Animation vor. Dadurch kann es bei größeren Grafiken oder einer Vielzahl an Einzelbildern zu Speicherengpässen kommen. Eine Lösung dafür wird im nächsten Workshop vorgestellt.

31.4 Workshop: Speicheroptimierte Bildanimation

Die im vorherigen Abschnitt vorgestellte Möglichkeit der Bildanimation wird in den meisten Fällen den Bedürfnissen genügen. Bei ganzformatigen Animationen oder Animationen mit einer großen Anzahl an Einzelbildern ist das Laden der Animation zu Beginn nachteilig, weil dadurch der maximale Speicherbedarf während der kompletten Animation bestehen bleibt.

Optimieren kann man das Verhalten durch eine eigene Subklasse der Klasse *UIImageView*. Anstatt das Array *animationImages* zu nutzen, wird eine eigene Instanzvariable *animationImageFilenames* eingeführt. Diese enthält die Pfade zu den einzelnen Bildern. Während der Animation werden die Bilder nach und nach mit der Methode *imageWithContentsOfFile:* geladen. So ist nur jeweils der aktuell dargestellte Teil der Animation im Speicher. Danach werden die Methoden *startAnimating* und *stopAnimating* überschrieben. Sie steuern zukünftig für jedes Einzelbild die Animation, laden das entsprechende Bild nach und starten einen *NSTimer* für den Aufruf der nächsten Animationssequenz.

Allerdings hat diese Methode auch ein paar Nachteile: Durch das Nachladen während der Animation wird die maximal mögliche Abspielrate von etwa 30 Frames pro Sekunde auf ca. 10 bis 15 reduziert, abhängig von der Leistung des Endgerätes. Außerdem wird die Ablaufdauer schwerer kalkulierbar, weil sie vor allem von der Ladezeit des Bilds abhängt. Das kann von Gerät zu Gerät bzw. von Ladevorgang zu Ladevorgang unterschiedlich sein. Dennoch lassen sich mit dieser Methode eindrucksvolle Animationen erzeugen:

```
@interface AnimationImageView : UIImageView {
    NSArray *animationImageFilenames;

@private
    NSTimer *animationTimer;
    int animationCount;
    UIImage *originalImage;
}

@property(nonatomic, retain) NSArray *animationImageFilenames;
@end
```

Beispiel 31.4: *AnimationImageView.h*

```
@implementation AnimationImageView
@synthesize animationImageFilenames;

- (void) startAnimationTimer {
    // calculate the interval for the timer. 40ms
    // are subtracted as estimation for loading the image
    NSTimeInterval interval = self.animationDuration /
        [animationImageFilenames count] - 0.04;

    // start the timer and set the callback selector
    animationTimer =
        [NSTimer scheduledTimerWithTimeInterval:interval
            target:self
            selector:
            @selector(animationTimerFinished:)
            userInfo:nil repeats:NO];
}

- (void) stopAnimationTimer {
    // stop the timer if possible
    if (animationTimer && [animationTimer isValid]) {
        [animationTimer invalidate];
        animationTimer = nil;
    }
}

- (void) startAnimating {
    if (!animationImageFilenames) [super startAnimating];
    else {
        // set animation counter to 0
```

```
        animationCount = 0;

        // store original image to reset after animation
        originalImage = [self.image retain];

        [self startAnimationTimer];
    }
}

- (void) stopAnimating {
    if (!animationImageFilenames) [super stopAnimating];
    else {
        self.image = originalImage;
        [originalImage release];
        originalImage = nil;
        [self stopAnimationTimer];
    }
}

- (void) animationTimerFinished : (NSTimer *)timer {
    animationCount++;

    // end the animation if all images have been loaded
    if (animationCount >= [animationImageFilenames count]) {
        [self stopAnimating];
        animationTimer = nil;
        return;
    }

    // get the path for the next image
    NSString *path =
        [animationImageFilenames objectAtIndex:animationCount];

    // load the image
    self.image = [UIImage imageWithContentsOfFile:path];

    // (re)start the animation timer
    [self startAnimationTimer];
}

- (void)dealloc {
    [animationImageFilenames release];
    [super dealloc];
}

@end
```

Beispiel 31.4: *AnimationImageView.m*

Zur Verwendung der neuen Klasse *AnimationImageView* wird das entsprechende Array mit den Pfaden zu den Einzelbildern initialisiert, und die *AnimationDuration* wird entsprechend gesetzt. Zum Vergleich werden hier ebenfalls die Ladeanzeigergrafiken aus dem letzten Workshop verwendet. Sie können aber auch formatfüllende Bildanimationen mit eigenen Bildern erstellen:

```
int nofImages = 8;

NSMutableArray *array =
    [[NSMutableArray alloc] initWithCapacity:nofImages];

// now load the image pathes into the array
for (int i = 0; i < nofImages; i++) {
    NSString *filename =
        [NSString stringWithFormat:@"loading_%02d.png", i];

    NSString *path =
        [[[NSBundle mainBundle] resourcePath]
        stringByAppendingPathComponent:filename];

    [array addObject:path];
}

// set the properties for this animation
loadingIndicatorImageView.animationImageFilenames = array;
loadingIndicatorImageView.animationDuration = 1.0;
[array release];

// start the animation
[loadingIndicatorImageView startAnimating];
```

Beispiel 31.4: *WorkshopViewController.m* (Ausschnitt)

Optimierung des Ladevorgangs

Man kann das Timing des Ladevorgangs weiter optimieren, indem man z. B. das Bild bereits parallel lädt. Eine Kombination aus der in Kapitel 31.5 vorgestellten Methode des parallelen Ladens von Bildern und der in diesem Abschnitt beschriebenen Animationstechnik optimieren die Animation noch weiter.

31.5 Workshop: Bilder parallel im Hintergrund laden

Häufig werden Bilder über langsame Verbindungen geladen. Um zu verhindern, dass dadurch die Hauptschleife blockiert und damit die Bildschirmausgabe und die Benutzerinteraktionen einfrieren, können größere Ladeaktionen asynchron in einem eigenen Thread durchgeführt werden. Dadurch bleibt die Interaktivität der Anwendung erhalten, und das Nutzererlebnis wird stark gesteigert. In diesem Workshop lernen Sie, Bilder parallel in einer Klasse *ImageLoader* im Hintergrund zu laden.

Workshop 31.5 baut auf das sogenannte Singleton-Design-Pattern auf. Die neue Klasse *ImageLoader* wird also nur ein einziges Mal erzeugt. Alle zugreifenden Komponenten verwenden diese eine Instanz der Klasse. In Objective-C lässt sich das folgendermaßen realisieren:

```
static ImageLoader *theImageLoader = nil;

@implementation ImageLoader

// the singleton getter
+ (ImageLoader*) getImageLoader {
    if (theImageLoader == nil) {
        theImageLoader = [[self alloc] init];
    }
    return theImageLoader;
}

@end
```

Im Wesentlichen zeichnet sich das Singleton durch die statische Variable *theImageLoader* aus, die bei Bedarf bei Aufruf der Methode *getImageLoader* initialisiert wird. Alle Komponenten, die Zugriff auf diese Instanz benötigen, müssen sich nicht um die Erzeugung und Lebensdauer eines *ImageLoader*-Objekts kümmern.

Mit *[ImageLoader getImageLoader]* erhalten Sie einen einfachen Zugriff auf alle Methoden und Eigenschaften der Klasse. Die Schnittstelle der neuen Klasse wird möglichst generisch gehalten. Intern arbeitet sie nur mit Daten vom Typ *LoadingObject*, deren Interface so aussieht:

```
@interface LoadingObject : NSObject {
    UIImage *image;
    NSString *imageUrl;
    int position;
}

@property(nonatomic, retain) UIImage *image;
@property(nonatomic, retain) NSString *imageUrl;
@property(nonatomic, assign) int position;

@end
```

Beispiel 31.5: *LoadingObject.h*

Jedes *LoadingObject* enthält also die URL *imageUrl*, von der ein Bild geladen werden soll, und außerdem eine Eigenschaft *image* für das geladene Bild. Die dritte Eigenschaft *position* dient der Zuordnung des Objekts zu einem Arrayelement oder einer Tabellenzelle. Diese können Sie gern auch durch beliebige Metainformationen ersetzen, die die Verwendung des Objekts nach dem Laden vereinfachen.

Nach erfolgreichem Laden des *LoadingObject* wird über Delegation durch Aufruf der Methode *imageLoaded:* das Delegate benachrichtigt, und das geladene Objekt wird als Parameter übergeben. Das Protokoll für die Delegation besteht dabei nur aus einer Methode:

```
@protocol ImageLoaderDelegate
@optional
// called when an image was loaded successfully
- (void) imageLoaded : (LoadingObject*) object;
@end
```

Beispiel 31.5: *ImageLoader.h (Protokolldeklaration)*

Die Deklaration und die Implementierung der Klasse *ImageLoader* sehen Sie in den folgenden beiden Listings. Eine ausführliche Besprechung der Funktionalität finden Sie im Anschluss:

```
@interface ImageLoader : NSObject {
    NSMutableArray *imagesToLoad;
    BOOL isInterrupted;
    id condLock;

    id <ImageLoaderDelegate> delegate;
}

@property(nonatomic, assign) id <ImageLoaderDelegate> delegate;

+ (ImageLoader*) getImageLoader;
- (void) addLoadingObject : (NSObject*) objectToLoad;
- (void) cancelAllRequests;
- (void) startThread;

@end
```

Beispiel 31.5: *ImageLoader.h (Klassendeklaration)*

```
// we use the singleton approach, one collection for the
// entire application
static ImageLoader *theImageLoader = nil;

static int NO_DATA = 0;
static int HAS_DATA = 1;
```

```
@implementation ImageLoader
@synthesize delegate;


// the singleton getter
+ (ImageLoader*) getImageLoader {
    if (theImageLoader == nil) {
        // assignment not done here
        theImageLoader = [[self alloc] init];
    }
    return theImageLoader;
}

- (id) init {
    if (self = [super init]) {
        isInterrupted = false;
        condLock = [[NSConditionLock alloc]
        initWithCondition:NO_DATA];
        imagesToLoad = [[NSMutableArray alloc] initWithCapacity:5];
    }
    return self;
}


// adds an object to load to the internal queue
- (void) addLoadingObject : (LoadingObject*) objectToLoad {

    // lock
    [condLock lock];

    // check if object is already in the array
    if ([imagesToLoad indexOfObject:objectToLoad] != NSNotFound) {
        [condLock unlockWithCondition:
            ([imagesToLoad count]) > 0 ? HAS_DATA : NO_DATA];
        return;
    }

    // add data to the queue
    [imagesToLoad addObject:objectToLoad];

    // unlock with condition
    [condLock unlockWithCondition:HAS_DATA];
}

- (void) startThread {
    // start the thread using method run as selector
    [NSThread detachNewThreadSelector:@selector(run)
```

```
        toTarget:self
        withObject:nil];
}

- (void) run {
    NSAutoreleasePool* pool = [[NSAutoreleasePool alloc] init];

    //the run loop of the thread
    while (!isInterrupted)
    {
        [condLock lockWhenCondition:HAS_DATA];

        LoadingObject *objectToLoad = nil;

        if ([imagesToLoad count] > 0)
        {
            int position = 0;

            // get next object from the queue and retain
            // it for later use
            objectToLoad = [[imagesToLoad objectAtIndex:position]
                retain];

            // remove data from the queue
            [imagesToLoad removeObjectAtIndex:position];
        }

        BOOL isEmpty = [imagesToLoad count] == 0;
        [condLock unlockWithCondition:(isEmpty ? NO_DATA : HAS_DATA)];

        // now load the image
        NSData *imageData = [NSData dataWithContentsOfURL:
            [NSURL URLWithString:objectToLoad.imageUrl]];

        if (imageData)
        {
            objectToLoad.image = [UIImage imageWithData:imageData];

            // inform the delegate
            [(NSObject*) delegate
                performSelectorOnMainThread:@selector(imageLoaded:)
                withObject:objectToLoad waitUntilDone:NO];
        }

        [objectToLoad release];
    }

    [pool release];
```

```
}

@end

/*
 Implementation fo the LoadingObject
 */
@implementation LoadingObject
@synthesize image, imageUrl, position;

- (void) dealloc {
    [image release];
    [imageUrl release];
    [super dealloc];
}
@end
```

Beispiel 31.5: *ImageLoader.m*

Im Gegensatz zu den Möglichkeiten des Multithreadings über eine *NSOperationQueue* wird in diesem Beispiel ein langlebiger Thread erzeugt, der sich um das Laden der Bilder kümmert. Der Aufruf der Klassenmethode *detachNewThreadSelector:toTarget:withObject:* von *NSSThread* erzeugt den neuen Thread, der die durch den Selektor bestimmte Methode *run* der eigenen Klasse ausführt. *run* ist das eigentliche Herzstück der Klasse *ImageLoader*. In einer Endlosschleife arbeitet sie sich durch das Array der Ladeaufträge. Damit die Schleife nur dann durchlaufen wird, wenn Aufträge vorhanden sind, wird ein konditionaler Lock benutzt. Dieser wartet so lange, bis Daten zur Verarbeitung vorliegen, also *HAS_DATA* für den Lock gesetzt ist. Sind keine Daten vorhanden, blockiert die Ausführung des Threads an dieser Stelle. Weitere Informationen zu Threads und Locks finden Sie in Kapitel 3.10.

Sind Objekte vorhanden, wird das Bild über die Methode *dataWithContentsOfURL:* von *NSData* geladen, und daraus wird mit *imageWithData:* ein *UIImage* erzeugt. Danach wird das Delegate benachrichtigt. Die Nachricht wird mit der Methode *performSelectorOnMainThread:withObject:waitUntilDone:* auf der Hauptschleife ausgeführt, weil die Abhandlung von Events sowie die Darstellung und das Zeichnen von grafischen Elementen nur in der Eventhauptschleife ausgeführt werden und wir dem Delegate die Chance geben wollen, mit dem geladenen Bild gleich Änderungen an der Benutzerschnittstelle durchführen zu können.

Sie können die Komponente zum asynchronen Laden von Bildern nun einsetzen. Dazu müssen Sie der Methode *addLoadingObject:* nur die zu ladenden Objekte übergeben. Diese werden dann parallel in einem eigenen Thread geladen. Zuvor muss allerdings mit einem Aufruf der Methode *startThread* der Thread des *ImageLoader*-Objekts gestartet werden.

```
// start the image load thread
[[ImageLoader getImageLoader] startThread];

// set the image loaders delegate
[ImageLoader getImageLoader].delegate = self;

// build loading objects
for (int i = 0; i < 6; i++) {
    LoadingObject *object = [[[LoadingObject alloc] init]
        autorelease];
    object.imageUrl = [NSString stringWithFormat:
    @"http://www.entwicklungsschmiede.de/dgb_iphone/image0%d.jpg", i];
    object.position = i;

[[ImageLoader getImageLoader] addLoadingObject:object];
}
```

Beispiel 31.5: *WorkshopViewController.m* (Ausschnitt)

Zur Verarbeitung der asynchron geladenen Bilder wird in der Klasse *WorkshopViewController* noch das *ImageLoaderDelegate* umgesetzt und je nach Position *position* des Bilds der entsprechende *UIImageView* befüllt.

```
- (void) imageLoaded:(LoadingObject*) object {
    switch (object.position) {
        case 0:
            imageView0.image = object.image;
            break;
        case 1:
            imageView1.image = object.image;
            break;
        case 2:
            imageView2.image = object.image;
            break;
        case 3:
            imageView3.image = object.image;
            break;
        case 4:
            imageView4.image = object.image;
            break;
        case 5:
            imageView5.image = object.image;
            break;
    }
}
```

Beispiel 31.5: *WorkshopViewController.m – imageLoaded:*

Die Abbildung zeigt die Benutzerschnittstelle des Workshops.

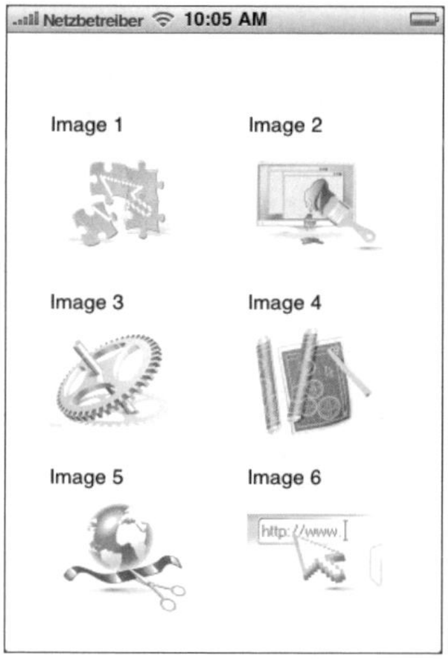

Die Bilder des Workshops werden in einem eigenen Thread geladen und nach dem Laden automatisch in ihrem zugehörigen UIImageView angezeigt.

31.6 Workshop: Bilder in Tabellen laden

UITableView ist eine der zentralen Klassen des iPhone-SDK, die zur Darstellung von Daten und Inhalten benutzt wird. Gerade in Tabellen müssen Daten oft asynchron über das Internet geladen werden. Das Nachladen und Anzeigen von Bildern führt häufig zu einer ruckelnden Darstellung während des Scrollens in der Tabelle. Zusätzlich sollten bei einer großen Anzahl an Zeilen in der Tabelle nur diejenigen Teile geladen werden, die auch tatsächlich angezeigt werden. Workshop 31.6 zeigt Ihnen, wie Sie mithilfe der Klasse *ImageLoader* aus dem vorhergehenden Abschnitt ein sogenanntes Lazy-Loading oder Loading-on-Demand umsetzen können.

Um ein Ruckeln in der Darstellung zu verhindern, werden die Bilder nach dem Laden nur dann in die Tabellenzellen eingefügt, wenn der *UITableView* sich nicht in Bewegung befindet. Auskunft hierüber geben die beiden Eigenschaften *dragging* und *decelerating* des *UITableView*. Beides sind boolesche Variablen. Die erste zeigt an, ob der Nutzer gerade die Tabelle aktiv mit einer Fingergeste bewegt. Die Eigenschaft *decelerating* ist immer dann gesetzt, wenn die Geschwindigkeit der Tabellenanimation nach dem Loslassen des Fingers reduziert wird.

Die Tabelle in Workshop 31.6 wird dabei durch ein Array von *ImageLoader*-Objekten befüllt. Erst wenn die jeweilige Zelle erzeugt wird, wird auch das entsprechende Bild geladen. Hierbei spricht man von Lazy-Loading, weil der *UITableView* nur Zellen über das Delegate *cellForRowAtIndexPath:* anfordert, die gerade angezeigt werden.

Im Callback der *ImageLoader*-Klasse wird die Tabelle neu geladen, wenn sie sich gerade nicht in Bewegung befindet. Andernfalls merkt man sich die Änderung an den Bilderdaten in der Eigenschaft *imageDataLoaded*. In den Delegate-Methoden des *UIScrollview* (der Vaterklasse von *UITableView*), *scrollView:scrollViewDidEndDragging:* und *scrollViewDidEndDecelerating:*, wird geprüft, ob die Tabelle gerade das Ziehen bzw. ihre Beschleunigung beendet hat und neue Bilder zur Anzeige anstehen. Dann wird die Tabelle neu geladen, und damit werden auch die neuen Bilder in die aktuell dargestellten Tabellenzellen eingefügt.

```
// customize the appearance of table view cells
- (UITableViewCell *)tableView:(UITableView *)tableView
    cellForRowAtIndexPath:(NSIndexPath *)indexPath {

    static NSString *CellIdentifier = @"Cell";

    UITableViewCell *cell = (UITableViewCell*)
        [tableView dequeueReusableCellWithIdentifier:CellIdentifier];
    if (cell == nil) {
        cell = [[[UITableViewCell alloc]
            initWithStyle:UITableViewCellStyleDefault
            reuseIdentifier:CellIdentifier] autorelease];
    }

    // get current loading object
    LoadingObject *object = [objects objectAtIndex:indexPath.row];

    // load the image if it has not been loaded
    if (!object.image) [[ImageLoader getImageLoader]
        addLoadingObject:object];
    else cell.imageView.image = object.image;

    // set the text of the cell
    cell.textLabel.text = [NSString stringWithFormat:@"This is line %d",
        indexPath.row + 1];

    cell.selectionStyle = UITableViewCellSelectionStyleNone;

    return cell;
}

#pragma mark ImageLoaderDelegate
- (void) imageLoaded : (LoadingObject*) object {
    // only reload directly if tableview is not scrolling
    // to avoid stuttering display
    if (theTableView.dragging == NO && theTableView.decelerating == NO)
        [theTableView reloadData];
    else imageDataLoaded = YES;
}
```

```
#pragma mark Deferred image loading (UIScrollViewDelegate)
// load images for all onscreen rows when scrolling is finished
- (void)scrollViewDidEndDragging:(UIScrollView *)scrollView
    willDecelerate:(BOOL)decelerate {

    if (!decelerate)
    {
        if (imageDataLoaded)
        {
            imageDataLoaded = NO;
            [theTableView reloadData];
        }
    }
}

- (void)scrollViewDidEndDecelerating:(UIScrollView *)scrollView
{
    if (imageDataLoaded)
    {
        imageDataLoaded = NO;
        [theTableView reloadData];
    }
}
```

Beispiel 31.6: *WorkshopViewController.m* (Ausschnitt)

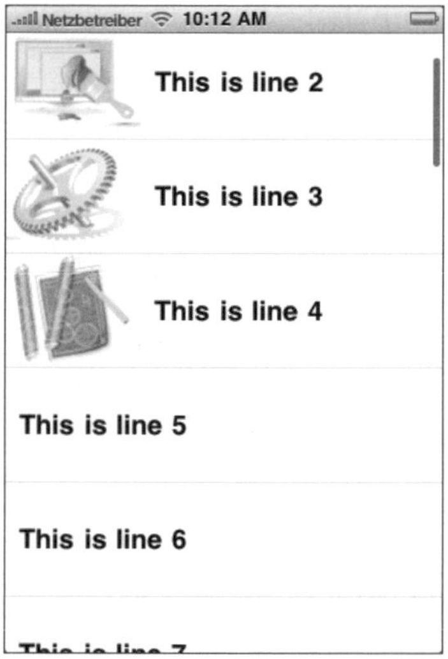

Bilder aus dem Internet werden in eine Tabelle geladen. Dabei wird ein Bild erst dann angezeigt, wenn der Benutzer die Tabelle nicht scrollt.

Das Benutzererlebnis optimieren

Workshop 31.6 lässt sich noch weiter optimieren. Sie können das Neuladen der kompletten Tabelle nach jedem geladenen Bild durch ein Neuladen einzelner, sichtbarer Zellen ersetzen. Das Benutzererlebnis kann dadurch weiter gesteigert werden. Damit ist sogar ein nahezu ruckelfreies Anzeigen der Bilder während des Scrollens der Tabelle möglich.

31.7 Workshop: Bilder aufnehmen mit Kamera und Fotoalbum

Die Klasse *UIImagePickerController* kapselt den kompletten Zugriff auf die interne Kamera sowie die gespeicherten Daten in den Fotoalben. Der *UIImagePickerController* übernimmt normalerweise die vollständige Kontrolle über alle Nutzerinteraktionen: Das Auswählen aus den Alben bzw. das Aufnehmen mit der Kamera wird durch die im SDK festgelegten Standardschnittstellen erledigt.

Erst seit dem SDK 3.1 können Sie für die Aufnahme von Bildern mit der Kamera eigene Benutzerschnittstellen einsetzen bzw. die bestehende entsprechend anpassen.

UIImagePickerController definiert die folgenden drei Quellen für Bilder:

- *UIImagePickerControllerSourceTypePhotoLibrary* beinhaltet Bilder der Kamera und alle sonst mit dem Gerät synchronisierten Alben.
- *UIImagePickerControllerSourceTypeCamera* öffnet den Kameramodus des Gerätes und erlaubt dem Benutzer das Aufnehmen eines Bilds.
- *UIImagePickerControllerSourceTypeSavedPhotosAlbum* enthält nur die Bilder, die mit der Kamera aufgenommen wurden.

Mit der Eigenschaft *sourceType* können Sie die Quelle für den *UIImagePickerController* einstellen. Dabei sollten Sie vorher mit *isSourceTypeAvailable:* unbedingt überprüfen, ob das aktuelle Gerät, auf dem Ihre Anwendung ausgeführt wird, den gewünschten *sourceType* unterstützt.

Da der *UIImagePickerController* die integrierte Benutzerschnittstelle mit einem eigenen *UINavigationController* anbietet, wird ein *UIImagePickerController* immer als modaler Controller eingesetzt. Eine Verwendung auf dem aktuellen Navigationscontrollerstack durch *pushViewController:animated:* würde eventuell zur Anzeige von zwei Navigationsleisten führen.

Das ausgewählte oder aufgenommene Bild kann vor der Verwendung noch bearbeitet werden. Ist die Eigenschaft *allowsEditing* gesetzt, wird, noch bevor das Bild zurückgeliefert wird, ein Dialog zum Bearbeiten angezeigt.

Nach Auswahl und einer möglichen Bearbeitung wird die Kontrolle an das *UIImagePickerControllerDelegate* mit der Methode *imagePickerController:didFinishPickingMediaWithInfo:* – oder im Fall eines Abbruchs mit *imagePickerControllerDidCancel:* – übergeben.

In den folgenden Listings wird über zwei Buttons die Auswahl eines Bilds aus den Fotoalben bzw. die Aufnahme eines Fotos mit der Kamera getriggert:

```
@interface WorkshopViewController : UIViewController
    <UIImagePickerControllerDelegate, UINavigationControllerDelegate> {
    IBOutlet UIImageView *imageView;
    IBOutlet UIButton *cameraButton;
    IBOutlet UIButton *photoalbumButton;
}

@property(nonatomic, retain) IBOutlet UIImageView *imageView;
@property(nonatomic, retain) IBOutlet UIButton *cameraButton;
@property(nonatomic, retain) IBOutlet UIButton *photoalbumButton;

- (IBAction) openPhotoalbum : (id) sender;
- (IBAction) openCamera : (id) sender;

@end
```

Beispiel 31.7: *WorkshopViewController.h*

```
@implementation WorkshopViewController
@synthesize imageView, cameraButton, photoalbumButton;

- (void)viewDidAppear:(BOOL)animated {
    [super viewDidAppear:animated];

    // activate the buttons for available sourceTypes
    if ([UIImagePickerController isSourceTypeAvailable:
         UIImagePickerControllerSourceTypeCamera])
        cameraButton.enabled = YES;
    else
        cameraButton.enabled = NO;

    if ([UIImagePickerController isSourceTypeAvailable:
         UIImagePickerControllerSourceTypeSavedPhotosAlbum])
        photoalbumButton.enabled = YES;
    else
        photoalbumButton.enabled = NO;
}

- (IBAction) openPhotoalbum : (id) sender {
    // create the image picker controller
    UIImagePickerController *picker =
```

```
        [[UIImagePickerController alloc] init];
    picker.delegate = self;
    picker.allowsEditing = YES;
    picker.sourceType = UIImagePickerControllerSourceTypePhotoLibrary;
    [self presentModalViewController:picker animated:YES];
    [picker release];
}

- (IBAction) openCamera : (id) sender {
    // create the image picker controller
    UIImagePickerController *picker =
        [[UIImagePickerController alloc] init];
    picker.delegate = self;
    picker.allowsEditing = YES;
    picker.sourceType = UIImagePickerControllerSourceTypeCamera;
    [self presentModalViewController:picker animated:YES];
    [picker release];
}

- (void)imagePickerController:(UIImagePickerController *)picker
    didFinishPickingMediaWithInfo:(NSDictionary *)info {

    // get the edited image
    imageView.image =
        [info objectForKey:UIImagePickerControllerEditedImage];

    [self dismissModalViewControllerAnimated:YES];
}

- (void)imagePickerControllerDidCancel:
    (UIImagePickerController *)picker {
    [self dismissModalViewControllerAnimated:YES];
}


- (void)dealloc {
    [imageView release];
    [cameraButton release];
    [photoalbumButton release];
    [super dealloc];
}

@end
```

Beispiel 31.7: *WorkshopViewController.m*

Der Delegate-Methode *imagePickerController:didFinishPickingMediaWithInfo:* wird die assoziative Liste bzw. das Dictionary *info* übergeben. Es enthält sowohl das

Original als auch die bearbeitete Version des gewählten Bilds. Diese können anhand der Stringkonstanten *UIImagePickerControllerOriginalImage* und *UIImagePickerControllerEditedImage* aus dem Wörterbuch geholt werden. Zusätzlich erhalten Sie auch noch Zugriff auf die Änderungen an den Ausmaßen des Bilds über die Konstante *UIImagePickerControllerCropRect*. In diesem Workshop wird das editierte Bild in einem *UIImageView* angezeigt.

Bildauswahl über die Kamera und das Fotoalbum. Nach der Auswahl kann das Bild bearbeitet werden und wird dann in einem UIImageView angezeigt.

Ladevorgang optimieren

Die Dauer des Ladens der Medien aus den Alben bzw. des aufgenommenen Bilds kann je nach Endgerät und Größe der Alben auf dem benutzten Gerät variieren. Auf älterer Hardware kann das auch einige Sekunden in Anspruch nehmen. Während dieser Zeit blockiert die Hauptschleife, und die Anwendung hängt. Hier können Sie nach dem Muster des parallelen Ladens aus Kapitel 31.5 den Ladevorgang optimieren und den Nutzer z. B. mit einem *UIActivityIndicator* auf die Wartezeit hinweisen. Beachten Sie, dass das Bild erst dann von der entsprechenden Quelle geladen wird, wenn es tatsächlich verwendet wird – also beispielsweise beim Einfügen in einen *UIImageView*.

32. Audio und Video

Das Abspielen von Audio- und Videodateien erfolgt häufig über die Klassen des *MediaPlayer*-Frameworks. Sie stellen fertig aufbereitete Schnittstellen zum Abspielen zur Verfügung, können teilweise aber auch individuell angepasst werden.

Unterstützte Formate

Das SDK kann nur die unterstützten Formate abspielen. Diese umfassen die Dateiformate MOV, MP4, MPV und 3GP mit ihren jeweils akzeptierten Codierungen.

32.1 Das MediaPlayer-Framework verfügbar machen

Führen Sie die folgenden Schritte aus, um das *MediaPlayer*-Framework für Ihr Projekt verfügbar zu machen:

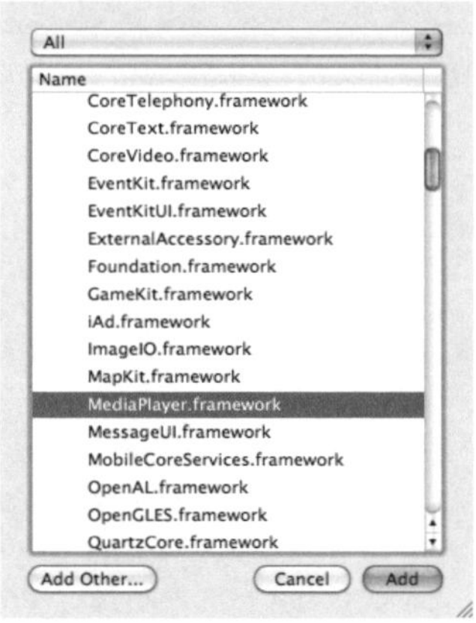

1. Klicken Sie in Xcode unter *Groups & Files* mit der rechten Maustaste auf *Frameworks*. Wählen Sie aus dem Kontextmenü *Add/Add Existing Frameworks*.
2. Markieren Sie im Dialog das Framework *MediaPlayer* und klicken Sie dann auf *Add*.
3. Erweitern Sie die entsprechende Header-Datei in Ihrem Projekt um folgende *#import*-Anweisung, um die Klassen des Frameworks bekannt zu machen:

   #import <MediaPlayer/MediaPlayer.h>

32.2 Modales Abspielen von Audio und Video

Den modalen Audio- bzw. Videoplayer *MPMoviePlayerViewController* kennen Sie beispielsweise aus dem integrierten Videospieler der Fotoanwendung. Er erscheint komplett mit halbtransparenter Navigationsleiste und einer Bedienkonsole mit Schaltflächen zum Abspielen und Navigieren im unteren Bereich des Bildschirms. Zur Darstellung als modaler Dialog sollte die über eine Kategorie von *UIViewController* zur Verfügung gestellte Methode *presentMoviePlayerViewControllerAnimated:* verwendet werden. Initialisiert wird der Player mit der URL zu Video bzw. Audio als Parameter von *initWithContentURL:*. Das folgende Beispiel lädt die Datei *video.mov* aus dem *MainBundle* und spielt sie automatisch ab:

```
- (IBAction) playModalVideo:(id) sender {
    NSString *mediaPath = [[NSBundle mainBundle] pathForResource:
        @"video" ofType:@"mov"];
    NSURL *mediaUrl = [NSURL fileURLWithPath:mediaPath];

    MPMoviePlayerViewController *mediaViewController =
        [[MPMoviePlayerViewController alloc]
        initWithContentURL:mediaUrl];

    [self presentMoviePlayerViewControllerAnimated:
        mediaViewController];
}
```

Beispiel 32.1: *WorkshopViewController.m – playModalVideo:*

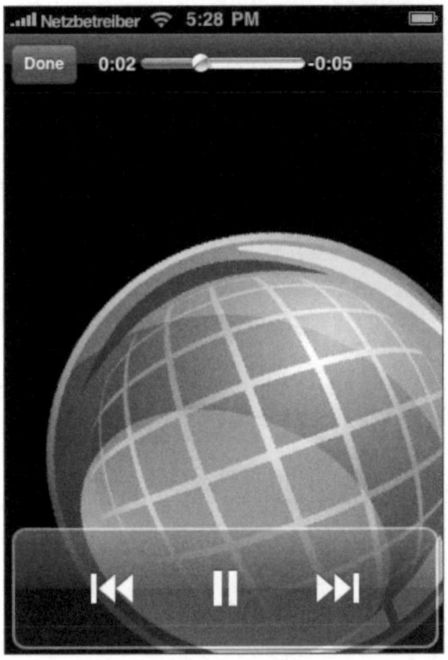

Der integrierte Videoplayer mit einem Video: Die Navigationsleiste und die Bedienleiste werden standardmäßig angezeigt.

32.3 Videos in Ansichten einbetten

Über den Videoplayer *MPMoviePlayerController* des *MediaPlayer*-Frameworks lassen sich Videos auch in die eigenen Ansichten einbetten. Dazu wird die Eigenschaft *view* des *MPMoviePlayerController* in einen beliebigen View der Anwendung aufgenommen. So lässt sich auch die Größe des Players festlegen, Sie sind also nicht mehr nur auf den Vollbildmodus beschränkt. Der Player selbst kann aber, sofern Sie die Bedienelemente einblenden, über eine Schaltfläche in den Vollbildmodus gebracht werden. Die Bedienelemente werden mit der Eigenschaft *controlStyle* gesetzt und können durch eine der Konstanten *MPMovieControlStyleNone*, *MPMovieControlStyleEmbedded* oder *MPMovieControlStyleFullscreen* festgelegt werden.

Abspielsteuerung festlegen

Das Abspielen von Video oder Audio kann entweder durch den Benutzer über die optionalen Bedienelemente oder programmatisch erfolgen. Dadurch können Sie eigene Overlays mit Elementen zur Steuerung des Abspielens bereitstellen. Folgende Methoden regeln das Abspielen:

- *play*
- *pause*
- *stop*

Asynchrone Benachrichtigungen

Die Video- bzw. Audiodateien werden im Videoplayer asynchron abgespielt. Eine Registrierung über das *NSNotificationCenter* informiert über wichtige Zustandsänderungen und lässt Sie auf das Beenden des Videos oder den Wechsel zwischen Vollformat und einer kleineren Ansicht reagieren. Wichtige Benachrichtigungen sind:

- *MPMoviePlayerPlaybackDidFinishNotification*
- *MPMoviePlayerWillEnterFullscreenNotification*
- *MPMoviePlayerWillExitFullscreenNotification*
- *MPMoviePlayerDidEnterFullscreenNotification*
- *MPMoviePlayerDidExitFullscreenNotification*

Workshop: Video als eingebettete Ansicht abspielen

Das folgende Beispiel spielt das Video aus dem letzten Abschnitt in einer Auflösung von 266 x 200 Punkten ab.

```
- (IBAction) playInlineVideo:(id) sender {
    NSString *mediaPath = [[NSBundle mainBundle]
        pathForResource:@"video" ofType:@"mov"];
    NSURL *mediaUrl = [NSURL fileURLWithPath:mediaPath];

    MPMoviePlayerController* mediaPlayer =
        [[MPMoviePlayerController alloc] initWithContentURL:mediaUrl];

    mediaPlayer.controlStyle = MPMovieControlStyleNone;

    // register for the playback finished notification
    [[NSNotificationCenter defaultCenter]
        addObserver: self
        selector: @selector(playbackFinished:)
        name: MPMoviePlayerPlaybackDidFinishNotification
        object: mediaPlayer];

```

```
    mediaPlayer.view.frame = CGRectMake(27, 200, 266, 200);
    [self.view addSubview:mediaPlayer.view];

    [mediaPlayer play];
}
```

Beispiel 32.1: *WorkshopViewController.m – playInlineVideo:*

Als Reaktion auf die *MPMoviePlayerPlaybackDidFinishNotification*-Benachrichtigung wird in der dafür vorgesehenen Methode *playbackFinished:* zuerst die Benachrichtigung vom *NSNotificationCenter* abgemeldet, dann wird der View aus den Ansichten entfernt und die Playerressource freigegeben:

```
- (void) playbackFinished:(NSNotification*) aNotification {
    MPMoviePlayerController* mediaPlayer = [aNotification object];

    [[NSNotificationCenter defaultCenter]
     removeObserver: self
     name: MPMoviePlayerPlaybackDidFinishNotification
     object: mediaPlayer];

    // remove the player from the super view and release it
    [mediaPlayer.view removeFromSuperview];
    [mediaPlayer release];
}
```

Beispiel 32.1: *WorkshopViewController.m – playbackFinished:*

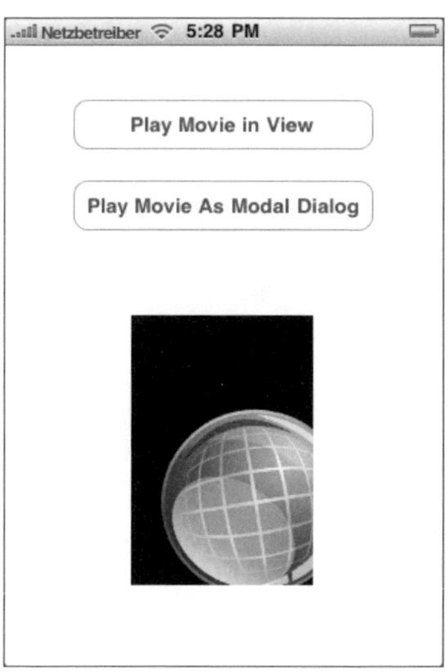

Ein MPMoviePlayerController wird in die eigenen Ansichten integriert und kann auch in der Größe angepasst werden.

Teil VI

Networking

33. HTTP mit dem SDK
34. Ein komplettes HTTP-Paket: ASIHTTPRequest-Framework

33. HTTP mit dem SDK

Das **H**yper**T**ext **T**ransfer **P**rotocol (HTTP) ist eines der wichtigsten Protokolle für den Zugriff auf externe Daten über das Internet. Das iPhone-SDK bietet eine Vielzahl an Klassen an, die den Zugriff auf das Internet erlauben. In diesem Kapitel werden die drei wichtigsten Bereiche besprochen:

- URL-Loading
- Cache-Management
- Cookie-Unterstützung

33.1 Mit URLs arbeiten

Die zentrale Klasse im Umgang mit URLs ist *NSURL*. Zur Erzeugung einer URL stehen einige Initialisierungs- und entsprechende Convenience-Methoden zur Verfügung:

- *initWithScheme:host:path:* Erstellt eine URL aus dem angegebenen Schema (z. B. *http* oder *https*), dem Hostnamen und einem Pfad auf dem Server. Der Pfad muss dabei absolut sein, also mit einem „/“ beginnen.
- *initWithString:* und *URLWithString:* Erzeugen eine URL aus dem angegebenen String. Dabei muss der String eine komplette und gültige URL darstellen. Ansonsten liefern beide Methoden *nil* zurück.
- *initWithString:relativeToURL:* und *URLWithString:relativeToURL:* Bilden aus dem String eine URL relativ zu der angegebenen URL. Mit diesen Methoden können Sie eine relative URL aus einer bestehenden URL erzeugen.
- *fileURLWithPath:* Repräsentiert eine Datei im lokalen Dateisystem. Der Pfad wird dabei als String übergeben.

Die folgenden jeweils eigenständigen Beispiele zeigen die Verwendung dieser Methoden:

```
NSURL *url = [[NSURL alloc] initWithScheme:@"http"
    host:@"www.apple.com" path:@"/iphone"];

NSURL *url = [NSURL URLWithString:@"http://www.apple.com/"];

NSURL *baseUrl = [NSURL URLWithString:@"http://www.apple.com/"];
NSURL *url = [NSURL URLWithString:@"/iphone" relativeToURL:baseUrl];
```

Um gültige URLs zu erhalten, müssen Sie Sonderzeichen in das entsprechende URL-Format umwandeln. Dabei kann Sie die Methode *stringByAddingPercent-*

EscapesUsingEncoding: unterstützen. Sie erzeugt aus dem Empfänger der Nachricht einen neuen String mit den Prozentersatzzeichen. Aus der Zeichenkette mit einem Leerzeichen:

```
NSString *url1 = @"http://localhost/file path/";
NSLog(@"url: %@", [url1
    stringByAddingPercentEscapesUsingEncoding:
    NSUTF8StringEncoding]);
```

wird in der *NSLog*-Ausgabe der String:

```
url: http://localhost/file%20path/
```

Hinweis

Die Quelltexte aus diesem Abschnitt und, soweit nicht anders angegeben, auch der nächsten Abschnitte finden Sie in Beispiel 33.1.

33.2 Verbindungen mit NSURLConnection aufbauen

Die Klasse *NSURLConnection* stellt die Methoden und Schnittstellen zum Laden einer URL zur Verfügung. Sie führt den übergebenen *NSURLRequest* aus und liefert das Ergebnis entweder direkt als Ergebnis einer synchronen Anfrage oder über einen Delegate-Aufruf asynchron zurück.

Einen NSURLRequest erzeugen

Ein *NSURLRequest* definiert die Parameter zum Laden einer URL und repräsentiert die Anfrage. Der Request ist dabei nicht veränderlich. Wenn Sie ein flexibleres oder für mehrere Anfragen verwendbares Objekt benötigen, sollten Sie stattdessen ein Objekt der Klasse *NSMutableURLRequest* nutzen. Die Klassenmethode *requestWithURL:* erzeugt einen Request für die angegebene URL:

```
NSURL *url = [NSURL URLWithString:@"http://www.apple.com/"];
NSMutableURLRequest *request = [NSMutableURLRequest
requestWithURL:url];
```

Über den *NSMutableURLRequest* haben Sie volle Kontrolle. Sie können alle Parameter im Detail festlegen:

- *setURL:* Legt die URL für den Request fest.
- *setTimeoutInterval:* Stellt die maximale Zeit für einen Request in Sekunden ein. Sollte der Request länger benötigen, wird er mit einem Fehler abgebrochen.
- *setHTTPMethod:* Definiert die HTTP-Methode. Sie können hier *GET*, *POST* oder *PUT* einstellen.

- *setHTTPBody:* Für *POST*-Anfragen können Sie mit der Methode *setHTTPBody:* den Rumpf der Anfrage setzen, also zum Beispiel die Anfrageparameter.
- *setValue:forHTTPHeaderField:* Ermöglicht das explizite Setzen von HTTP-Header-Feldern.
- *setHTTPShouldHandleCookies:* Aktiviert oder deaktiviert die Behandlung von Cookies.

Synchrone Anfragen ausführen

Die einfachste Form einer URL-Anfrage ist die synchrone. Dabei blockiert der ausführende Thread, bis das Ergebnis der Anfrage vorliegt oder die maximale Wartezeit abgelaufen ist. Die Klassenmethode *sendSynchronousRequest:returningResponse:error:* startet die Anfrage:

```
NSData* result = [NSURLConnection sendSynchronousRequest:request
    returningResponse:nil error:nil];
```

Das Beispiel zeigt die einfachste Form des Methodenaufrufs. Sowohl die *returningResponse* als auch *error* werden dabei als *nil* übergeben, was bedeutet, dass wir nicht an konkreten Details über die Antwort oder eventuell auftretende Fehler interessiert sind. Wir nehmen lediglich das geladene Dokument als Objekt vom Typ *NSData* entgegen. Sollten irgendwelche Fehler auftreten, wird *nil* zurückgegeben. Sie müssen hier zur einfachen Fehlerbehandlung also *result* nur auf *nil* prüfen.

Asynchrone Anfragen abarbeiten

Für viele HTTP-Anfragen ist eine blockierende Ausführung nicht ideal, zumal dadurch auch die Nutzerinteraktion unterbunden wird, wenn die Anfrage in der Hauptschleife läuft. Außerdem fehlen jegliche Eingriffsmöglichkeiten während des Ladens, was zum Beispiel eine Fortschrittsanzeige unmöglich macht.

Dazu müssen Sie eine *NSURLConnection* mit einem Request erzeugen und einige Delegate-Methoden bereitstellen. Nach der Erzeugung wird die Anfrage sofort gestartet. Die folgenden drei Delegate-Methoden sollten Sie auf jeden Fall implementieren:

- *connection:didReceiveData:*
- *connection:didFailWithError:*
- *connectionDidFinishLoading:*

Sobald Daten für die Verbindung anstehen, wird *connection:didReceiveData:* aufgerufen. Das kann je nach Größe der Daten und Anzahl der Pakete mehrere Male geschehen. Sie müssen sicherstellen, dass Sie die einzelnen Datenpakete zusammenfügen und mindestens für die Dauer der Anfrage vorhalten. Am besten nutzen Sie dafür eine Instanzvariable.

Im Fehlerfall erhält das Delegate-Objekt die Nachricht *connection:didFailWithError:*. Hier können Sie auf den Fehler reagieren und gegebenenfalls den Anwender informieren. Beachten Sie, dass Fehler auf HTTP-Ebene – wie zum Beispiel ein „Not Found (404)" oder „Internal Error (500)" – nicht in dieser Methode auflaufen, weil es semantische Fehler mit Nutzdaten sind.

Die Nachricht *connectionDidFinishLoading:* zeigt Ihnen an, dass die Anfrage abgeschlossen ist und die Daten vom Server komplett empfangen worden sind. Um semantische HTTP-Fehler wie 404 oder 500 abzufangen, empfiehlt es sich, die optionale Methode *connection:didReceiveResponse:* zusätzlich zu implementieren. Dort können Sie auf die HTTP-Response-Header und den Statuscode zugreifen und diesen in einer Instanzvariablen speichern oder entsprechend direkt darauf reagieren.

Fehlgeschlagene HTTP-Anfrage anzeigen

Die Richtlinien von Apple schreiben vor, dass eine fehlgeschlagene HTTP-Anfrage dem Nutzer kommuniziert werden muss. Sie können hierzu einen *UIAlertView* einsetzen. Eine Nichtbeachtung dieser Regel führt zur Zurückweisung Ihrer Anwendung durch Apple und wird nicht für den App Store zugelassen.

Workshop: HTTP-Anfrage mit NSURLConnection

Die bisherigen Erkenntnisse lassen wir nun in einen abschließenden Workshop einfließen. Wir laden Daten von einer URL und zeigen den Inhalt in einem *UIWebView* an. Der *UIWebView* ist eine sehr mächtige Browserkomponente, die wie MobileSafari auf dem Webkit basiert. Allerdings verwenden wir hier nur die reine Anzeige einer Webseite. Der *UIWebView* könnte selbst Daten aus dem Internet laden, das werden wir aber hier mit den bisher besprochenen Mitteln lösen.

Zuerst wird der Header des Projekts angelegt. Sie benötigen ein Outlet für den *UIWebView*, den Sie mit einem *UIWebView*-Objekt im Interface Builder verbinden. Für die HTTP-Anfrage werden noch weitere Eigenschaften angelegt. Ein Property vom Typ *NSURL* speichert die URL über den kompletten Request hinweg. Die häppchenweise eingehenden Daten werden in *responseData* gesammelt, und zur Fehlerbehandlung wird der HTTP-Statuscode der Anfrage durch den Integer *statusCode* repräsentiert.

```
#import <UIKit/UIKit.h>

@interface WorkshopViewController : UIViewController {
    IBOutlet UIWebView *webView;
    NSURL *url;
    NSMutableData *responseData;
    int statusCode;
```

```
}

@property(nonatomic, retain) IBOutlet UIWebView *webView;
@property(nonatomic, retain) NSURL *url;
@property(nonatomic, retain) NSMutableData *responseData;
@property(nonatomic, assign) int statusCode;

@end
```

Beispiel 33.2: *WorkshopViewController.h*

Zur Durchführung eines HTTP-Requests müssen Sie die entsprechenden Delegate-Methoden umsetzen und das Objekt der Klasse *WorkshopViewController* als *delegate* des *NSURLConnection* definieren.

Die Methode *didReceiveResponse:* wird wie erwähnt dazu genutzt, aus der übergebenen *NSURLResponse* den HTTP-Statuscode auszulesen und in der Instanzvariablen *statusCode* zu speichern. Da in diesem Beispiel eine HTTP-Anfrage gemacht wird, kommt auch entsprechend eine *NSHTTPURLResponse* zurück. Der Basistyp muss also vorher gecastet werden.

Das Sammeln der auflaufenden Daten passiert in *didReceiveData:*. Hier wird jedes neue Datenpaket mit der Nachricht *appendData:* an *responseData* angefügt.

Für den Fehlerfall reicht es in diesem einfachen Beispiel, ein *NSLog* mit der entsprechenden Fehlermeldung in *didFailWithError:* auszugeben. Im Erfolgsfall – also bei Aufruf der Methode *connectionDidFinishLoading:* – prüfen wir zuerst, ob der erhaltene Statuscode einen Fehlercode enthält. Der Einfachheit halber interpretieren wir alle Werte ungleich 200 als Fehlerantworten. In komplexeren Anwendungen würden hier die einzelnen Fehlercodes abgefangen, und der Nutzer erhielte entsprechende Hinweise dazu. Aus den empfangenen Daten in *responseData* wird ein String erzeugt und mit *loadHTMLString:baseURL:* dem *UIWebView* zur Anzeige übergeben. Die dabei referenzierte *baseURL* dient der Auflösung relativer Pfade im HTML-Dokument – beispielsweise für eingebettete Bilder.

Den *NSMutableURLRequest* und auch die *NSURLConnection* können Sie in *viewDidAppear:* erzeugen. Beide persistieren nicht, weil die Delegate-Methoden gegebenenfalls die involvierten Objekte zur Verfügung stellen. Für den Request wird noch der HTTP-Header *User-Agent* gesetzt, um eine für das iPhone optimierte Version der Webseite zu erhalten. Alle Methoden des Workshops enthalten noch entsprechende *NSLog*-Ausgaben, um den Ablauf zu verdeutlichen:

```
#import "WorkshopViewController.h"

@implementation WorkshopViewController
@synthesize webView, url, responseData, statusCode;

```

```
- (void)viewDidAppear:(BOOL)animated {
    [super viewDidAppear:animated];

    url = [NSURL URLWithString:@"http://www.google.com/"];

    NSMutableURLRequest *request =
        [NSMutableURLRequest requestWithURL:url];

    [request setValue:@"Mozilla/5.0 (iPhone; U; CPU like Mac OS X; en)"
        forHTTPHeaderField:@"User-Agent"];

    NSURLConnection *connection =
        [NSURLConnection connectionWithRequest:request delegate:self];

    if (connection) {
        NSLog(@"NSURLConnection started");
        responseData = [[NSMutableData alloc] init];
    } else {
        NSLog(@"NSURLConnection could not be established");
    }
}

- (void)connection:(NSURLConnection *)connection
    didReceiveResponse:(NSURLResponse *)response {
    statusCode = [(NSHTTPURLResponse*)response statusCode];
    NSLog(@"received status code: %d",  statusCode);
}

- (void)connection:(NSURLConnection *)connection
    didReceiveData:(NSData *)data {
    NSLog(@"received a portion of data");
    [responseData appendData:data];
}

- (void)connection:(NSURLConnection *)connection
  didFailWithError:(NSError *)error {
    NSLog(@"An error occured: %@", [error localizedDescription]);
}

- (void)connectionDidFinishLoading:(NSURLConnection *)connection {
    // check for status code
    if (statusCode != 200) {
        NSLog(@"An http error %d occured!", statusCode);
    }
    else {
        NSLog(@"The request has finished successfully.");

        NSString *resultString = [[NSString alloc]
```

```
            initWithData:responseData
            encoding:NSISOLatin1StringEncoding];

        [webView loadHTMLString:resultString baseURL:url];
    }
}

- (void)dealloc {
    [webView release];
    [url release];
    [responseData release];
    [super dealloc];
}

@end
```

Beispiel 33.2: *WorkshopViewController.m*

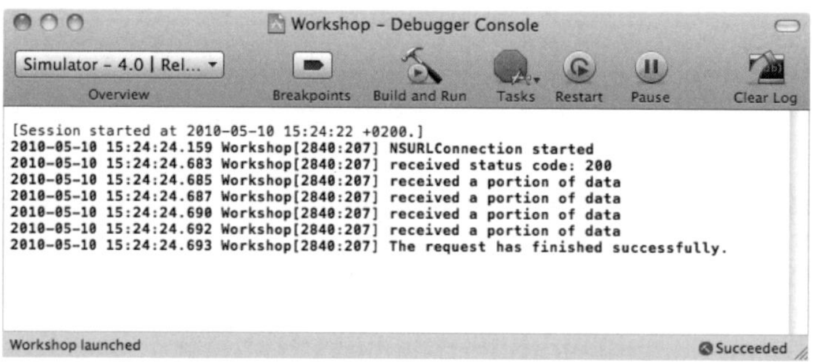

Die Ausgabe des Workshops auf der Kommandozeile.

Der obigen Abbildung können Sie entnehmen, dass der Ablauf der Delegate-Methoden auf den ersten Blick etwas unerwartet wirkt. Die frühe Ausgabe des Statuscodes liegt einfach darin begründet, dass die kompletten Daten für die *NSURLResponse* schon mit der ersten Antwort des Servers eingehen. Danach werden nur noch die Datenpakete für die Webseite empfangen. Sie sehen hier auch deutlich, dass *didReceiveData:* mehrmals aufgerufen wird.

Für die perfekte Ausgabe mit Grafiken und Stylesheets sorgt der *UIWebView* dank der korrekten Basis-URL automatisch.

Die Anwendung des Workshops – im Simulator ausgeführt.

Umleitungen beeinflussen

Mit der Delegate-Methode *connection:willSendRequest:redirectResponse:* können Sie zusätzlich das Verhalten bei Umleitungen bzw. Redirects beeinflussen. Sie können den Request mit der Nachricht *cancel* abbrechen oder die Umleitung durch Rückgabe von *nil* unterbinden. Sofern Sie diese Methode nicht implementieren, werden alle Umleitungen ausgeführt.

33.3 Mit Cookies arbeiten

HTTP-Cookies werden im Internet eingesetzt, um mit dem eigentlich zustandlosen Protokoll HTTP Zustandsinformationen vom Client an den Server transparent zu übermitteln, es wird also nicht die URL als Medium eingesetzt. Cookies sind ein Bestandteil des HTTP-Headers und haben festgelegte Parameter, wie Name, Domain, Ablaufdatum und letztendlich vor allem den benutzerspezifischen Wert. Trotz aller Diskussionen um den Datenschutz und die Gefahr durch Cookies sind sie ein weitverbreitetes und zum Teil unverzichtbares Instrument in der HTTP-Kommunikation.

Ein Cookie erstellen

Ein Cookie wird durch die Klasse *NSHTTPCookie* repräsentiert. Ähnlich wie *NSString* und andere Foundation-Klassen ist ein Objekt der Klasse unveränderlich. Erzeugt wird es über ein Dictionary mit den Attributen des Cookies als Schlüssel-Wert-Paare. Für die entsprechenden Schlüssel definiert das SDK eigene Stringkonstanten. Die wichtigsten sind:

- *NSHTTPCookieDomain*: Die Domain des Cookies.
- *NSHTTPCookieExpires*: Das Ablaufdatum des Cookies.
- *NSHTTPCookieMaximumAge*: Die Ablaufzeit in Sekunden.
- *NSHTTPCookieName*: Der Name des Cookies.
- *NSHTTPCookiePath*: Der Pfad, der die Gültigkeit des Cookies auf einen Serverpfad einschränkt.
- *NSHTTPCookieValue*: Der eigentliche Wert des Cookies. Hier können Sie die zu speichernden Nutzdaten als String hinterlegen.

Das Beispiel erzeugt ein einfaches Cookie:

```
NSDictionary *props = [NSDictionary dictionaryWithObjectsAndKeys:
    @"adomain.com", NSHTTPCookieDomain,
    @"/", NSHTTPCookiePath,
    @"firstCookie", NSHTTPCookieName,
    [NSDate dateWithTimeIntervalSinceNow:60*60], NSHTTPCookieExpires,
    @"42", NSHTTPCookieValue,
```

```
    nil];

NSHTTPCookie *cookie = [NSHTTPCookie cookieWithProperties:props];
```

Beispiel 33.3: *WorkshopViewController.m – cookieHandling* (Ausschnitt)

Das Cookie mit dem Namen *firstCookie* erhält den Wert *42*. Das Ablaufdatum wird mit der Methode *dateWithTimeIntervalSinceNow* von *NSDate* auf eine Stunde gesetzt. Der Pfad als Root-Pfad und die Domain sind entsprechend als Dummy-Werte anzusehen und im realen Einsatz in Ihrem Projekt anzupassen.

Das neu erzeugte Cookie können Sie mit Zugriffsmethoden nach den entsprechenden Parametern fragen, ohne hier jeweils über das Dictionary gehen zu müssen. Die selbsterklärenden Methoden *domain*, *name*, *expiresDate*, *path* und *value* erlauben Ihnen den Zugriff auf diese Attribute.

```
NSLog(@"cookie name %@ has value '%@'", [cookie name], [cookie value]);
NSLog(@"cookie expires at: %@", [cookie expiresDate]);
```

Beispiel 33.3: *WorkshopViewController.m – cookieHandling* (Ausschnitt)

NSHTTPCookiePath notwendig

Obwohl laut Dokumentation der *NSHTTPCookiePath* optional ist, muss der Parameter zwingend angegeben werden. Ansonsten wird das Cookie nicht erzeugt.

Cookies persistieren

Cookies können über die Lebensdauer der Anwendung hinweg persistieren. Dafür existiert ein eigener Speicher für Cookies, der *NSHTTPCookieStorage*. Dieser Speicher ist über eine Singleton-Instanz nutzbar. Die Klassenmethode *sharedHTTPCookieStorage* liefert dieses Singleton zurück. Dabei ist zu beachten, dass auch hier das Sandbox-Prinzip gilt. Eine Anwendung kann nur auf den eigenen Cookie-Speicher zurückgreifen. Die Daten werden nicht zwischen unterschiedlichen Anwendungen geteilt, auch wenn die Dokumentation des SDK an manchen Stellen diesen Eindruck erweckt. Außerdem haben Sie so auch keinen Zugriff auf Cookies aus MobileSafari oder einem in Ihre Anwendung integrierten *UIWebView*.

Der Speicher für die Cookies besitzt eigene Cookie-Richtlinien. Cookies werden nur dann in den Speicher übernommen, wenn es die aktuelle Richtlinie erlaubt. Die Richtlinie wird durch drei Konstanten festgelegt:

- `NSHTTPCookieAcceptPolicyAlways`
- `NSHTTPCookieAcceptPolicyNever`
- `NSHTTPCookieAcceptPolicyOnlyFromMainDocumentDomain`

Das im vorherigen Abschnitt erzeugte Cookie können Sie nun im *NSHTTPCookieStorage* sichern. Damit wird es während der Lebensdauer der Anwendung verwahrt und erst entfernt, wenn die Lebensdauer abgelaufen ist.

```
[[NSHTTPCookieStorage sharedHTTPCookieStorage] setCookie:cookie];
```

Cookies können auch mit einer URL verknüpft in den *NSHTTPCookieStorage* aufgenommen werden. *setCookies:forURL:mainDocumentURL:* speichert ein ganzes Array von Cookies und assoziiert es mit der angegebenen URL. Der Parameter *mainDocumentURL* dient der Überprüfung der aktuellen Richtlinie, darf allerdings auch *nil* sein.

Die Methoden *cookies* und *cookiesForURL:* erlauben Ihnen den Zugriff auf die Cookies des Speichers und liefern jeweils ein Array von Cookies zurück:

```
for (NSHTTPCookie *tmpCookie in
     [[NSHTTPCookieStorage sharedHTTPCookieStorage] cookies]) {
     NSLog(@"%@ %@", [tmpCookie name], [tmpCookie domain]);
}
```

Beispiel 33.3: *WorkshopViewController.m – cookieHandling* (Ausschnitt)

Dieses Beispiel gibt alle momentan gespeicherten Cookies für Ihre Anwendung aus.

Anfragen und Cookies

Die Ausführung von Anfragen und der Cookie-Mechanismus des SDK sind sehr eng verzahnt. *NSHTTPCookie* implementiert Klassenmethoden für die Extraktion von Cookies aus einem HTTP-Header und für die Überführung von Cookies in HTTP-Header-Parameter. *cookiesWithResponseHeaderFields:forURL:* erstellt ein Array mit Elementen vom Typ *NSHTTPCookie* aus dem Header der Antwort. Umgekehrt wandelt *requestHeaderFieldsWithCookies:* ein Array von Cookies in ein Dictionary von Einträgen für den HTTP-Header um.

Außerdem sind HTTP-Requests auch mit dem Speicher für Cookies verbunden. Je nach Richtlinieneinstellungen werden Cookies aus einer *NSHTTPURLResponse* automatisch in den *NSHTTPCookieStorage* übernommen. Beim Aufbau eines Requests vom Typ *NSURLRequest* oder *NSMutableURLRequest* werden die passenden Cookies automatisch dem Request hinzugefügt. Sie können auch für jeden Request selbst entscheiden, ob Cookies verarbeitet werden sollen. Wenn Sie *setHTTPShouldHandleCookies:* eines *NSMutableURLRequest* mit *NO* aufrufen, schalten Sie das komplette Cookie-Handling ab, unabhängig von den Vorgaben durch die Richtlinien.

```
NSURL *url = [NSURL URLWithString:@"http://www.google.com/"];
NSMutableURLRequest *request = [NSMutableURLRequest
requestWithURL:url];
```

```
NSHTTPURLResponse *response = nil;

NSData* result = [NSURLConnection sendSynchronousRequest:request
    returningResponse:&response error:nil];

NSArray *cookies = [NSHTTPCookie cookiesWithResponseHeaderFields:
                   [response allHeaderFields] forURL:url];

for (NSHTTPCookie *tmpCookie in cookies) {
    NSLog(@"%@ %@", [tmpCookie name], [tmpCookie domain]);
}
```

Beispiel 33.3: *WorkshopViewController.m – cookieHandling* (Ausschnitt)

34. Ein komplettes HTTP-Paket: ASIHTTPRequest-Framework

Das *ASIHTTPRequest*-Framework ist ein komplettes Open-Source-HTTP-Framework. Es wird aktuell unter der BSD-Lizenz zur Verfügung gestellt, die auch den kommerziellen Einsatz erlaubt. Das Framework erleichtert den Einsatz von HTTP in der eigenen Anwendung, indem es das *CFNetwork*-Framework kapselt und auf sehr einfache Weise zugänglich macht. Die wichtigsten Funktionen im Überblick:

- Up- und Download von beliebigen Daten.
- Fortschrittsanzeige für Anfragen.
- Synchrone, asynchrone und parallele Anfragen werden unterstützt.
- Einfache Konfiguration.
- Manipulation und Auslesen von Anfrage- und Antwort-Headern.
- Authentifizierung (Basic, Digest und NTLM).

In den folgenden Abschnitten werden der Download und die Benutzung des Frameworks anhand von anschaulichen Beispielen demonstriert. Aufgrund der hohen Abstraktion und der dadurch sehr einfachen Nutzung kann der Einsatz dieses Frameworks auf jeden Fall empfohlen werden.

34.1 Download und Installation

Der aktuellste Quelltext steht zum Download auf einer Webseite bereit. Diesen fügen Sie Ihrem Projekt direkt hinzu. Der Download und die Installation umfassen folgende Schritte:

1. Laden Sie den aktuellsten Stand (zur Drucklegung Version 1.6) von *http://github.com/pokeb/asi-http-request/tarball/master* herunter. Der Quelltext ist komprimiert in einer Datei gespeichert.
2. Entpacken Sie die heruntergeladene Datei mit einem Doppelklick im Verzeichnis des Downloads. Das erzeugt einen Unterordner mit den entpackten Dateien.

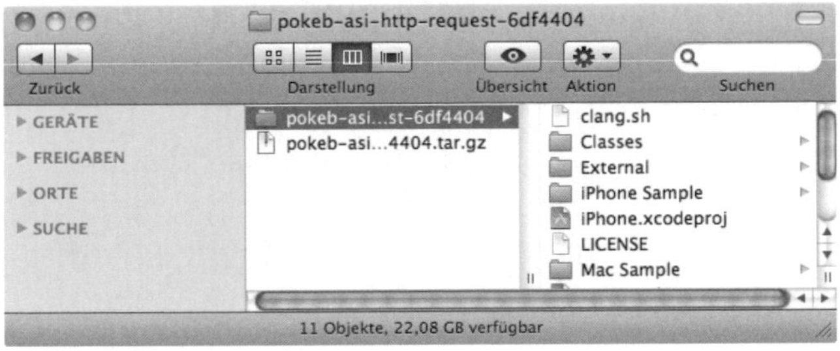

3 Öffnen Sie Ihr bestehendes Xcode-Projekt oder erstellen Sie eine neues (Information dazu finden Sie in Kapitel 8.2).

4 Klicken Sie im linken Bereich *Groups & Files* von Xcode mit der rechten Maustaste auf das Projekt und dann auf *Add/New Group*.

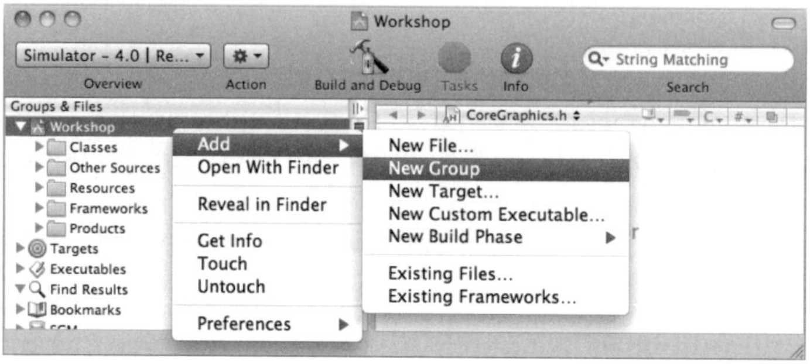

5 Nennen Sie die neue Gruppe *HTTP*.

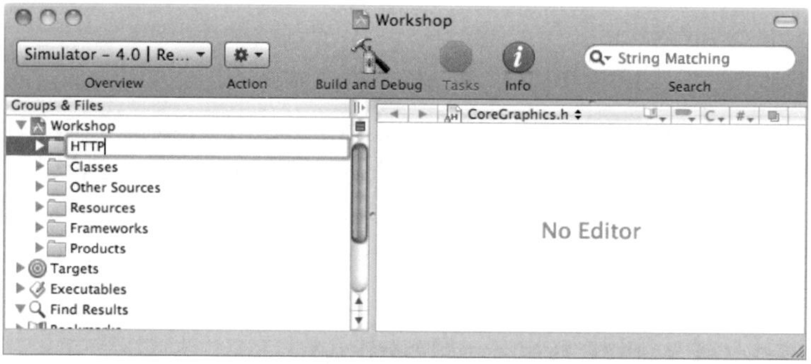

6 Wählen Sie mit einem Rechtsklick auf *HTTP* den Menüpunkt *Add/Existing Files*.

7 Selektieren Sie alle Quelltextdateien (*.h* und *.m*) aus dem Verzeichnis *Classes* des entpackten Downloads.

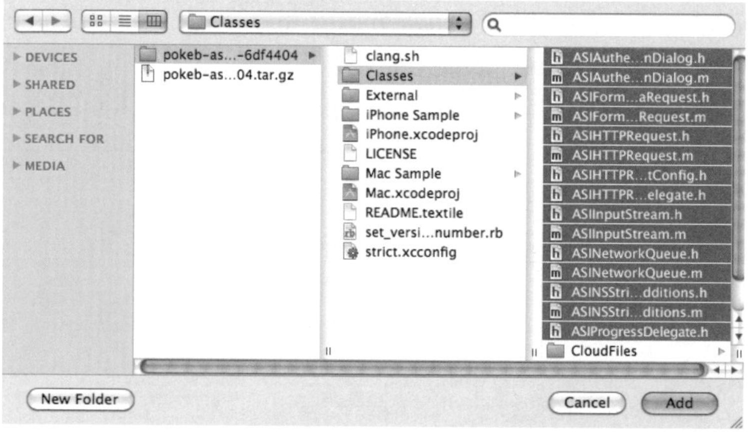

8 Aktivieren Sie die Option *Copy items into destination group folder* und klicken Sie dann auf *Add*.

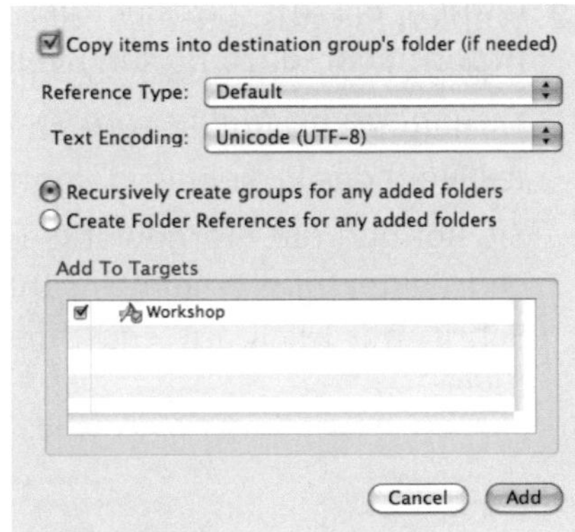

9 Fügen Sie nun auf die gleiche Weise die Dateien aus dem Download im Verzeichnis *External/Reachability2.0/* ebenfalls der Gruppe *HTTP* hinzu. Nun sollte die Gruppe *HTTP* folgende Dateien enthalten:

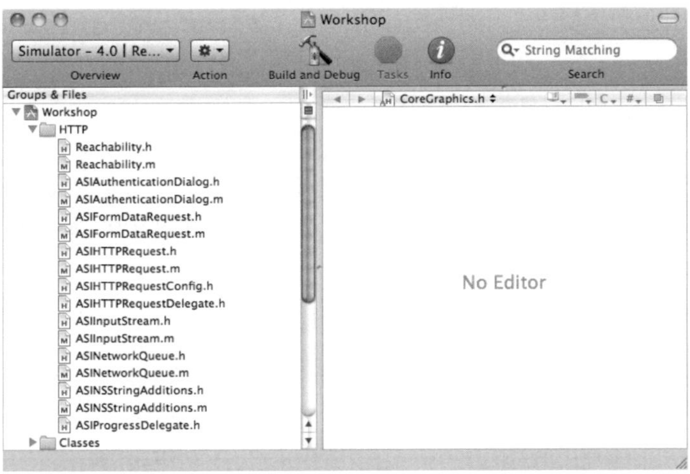

10 Öffnen Sie jetzt die Einstellungen für das aktuelle Target unter *Project/Edit Active Target*.

11 Klicken Sie auf das Pluszeichen links unten im Abschnitt *Linked Libraries* des Tabs *General*, um die benötigten Frameworks und Bibliotheken hinzuzufügen.

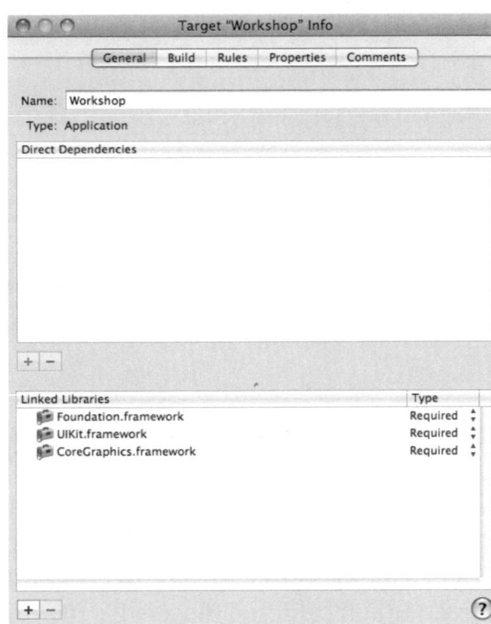

12 Wählen Sie aus der Liste die folgenden Bibliotheken bzw. Frameworks: *CFNetwork*, *SystemConfiguration*, *MobileCoreServices* und *libz.1.2.3.dylib*.

Sie können die Frameworks nacheinander mit gedrückter [cmd]-Taste auswählen und in einem Schritt mit Klick auf *Add* Ihrem Projekt hinzufügen.

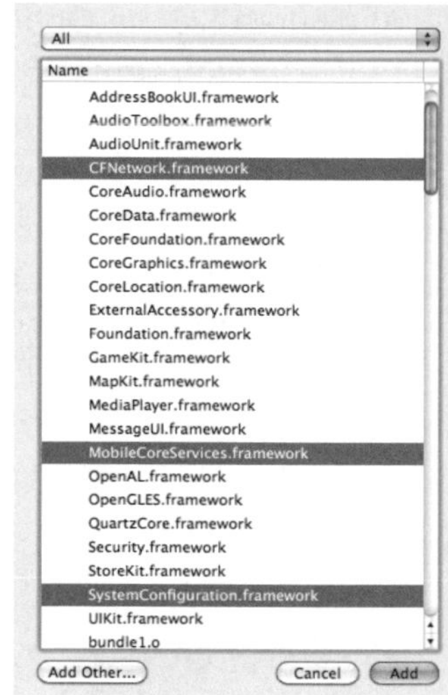

13 Bevor Sie nun das neue Framework nutzen können, müssen Sie noch die verwendete *Reachability*-Version angeben. Dazu öffnen Sie die Datei *ASIHTTPRequestConfig.h* und ändern in den Zeilen 52–54 den Wert von *REACHABILITY_20_API* auf *1* ab:

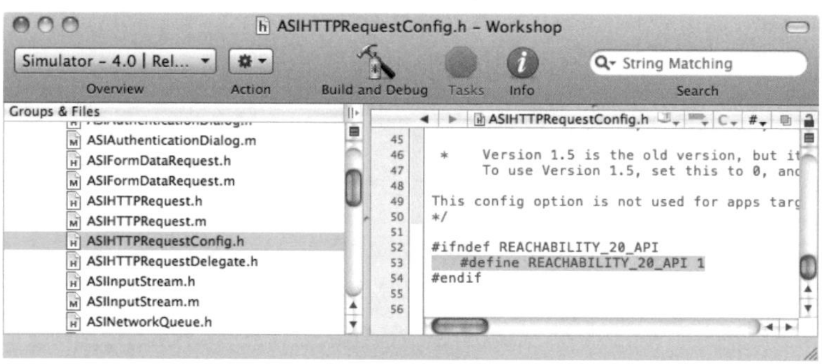

> **Informieren Sie sich vor der Installation!**
>
> Installation und Vorbereitung beziehen sich auf die zur Drucklegung aktuelle Version. Die Reachability-Einstellungen werden in zukünftigen Versionen vermutlich obsolet. Beachten Sie dazu immer die Dokumentation sowie die Installationsanleitung des Frameworks.

34.2 Synchrone Anfragen

Eine einfache HTTP-Anfrage wird von der Klasse *ASIHTTPRequest* gekapselt. Sie stellt alle notwendigen Methoden zur Konfiguration und Ausführung bereit. Synchrone Anfragen mit dem *ASIHTTPRequest*-Framework laufen auf dem aktuellen Thread und blockieren diesen, bis die Antwort eingegangen ist.

Einen Request erstellen Sie mit der Convenience-Methode *requestWithURL* der Klasse *ASIHTTPRequest* und einer URL als Parameter:

```
NSURL *url = [NSURL URLWithString:
    @"http://www.entwicklungsschmiede.de/dgb_iphone/test.html"];
ASIHTTPRequest *request = [ASIHTTPRequest requestWithURL:url];
```

Vor der Ausführung des Requests können Sie noch benötigte Request-Header mit der Methode *addRequestHeader:value:* hinzufügen:

```
[request addRequestHeader:@"Accept" value:@"text/html"];
```

Die Methode *startSynchronous* startet den synchronen Request und kommt danach mit dem im *request*-Objekt gekapselten Ergebnis zurück. Die folgenden Nachrichten an das *request*-Objekt lesen den Status und den Inhalt der Antwort des Servers aus:

- *error*: Ein Objekt vom Typ *NSError*. Tritt bei der Anfrage kein Fehler auf, wird *nil* zurückgeliefert. Im Fall eines Fehlers können Sie den Code (Methode *code*) und die Beschreibung (*localizedDescription*) des Fehlers auslesen. Typische Fehler sind eine fehlende Verbindung zum Internet oder die Überschreitung von Zeitlimits. Semantische Fehler auf Serverseite werden ohne den Fehlerindikator zurückgeliefert.
- *responseStatusCode*: Liefert den HTTP-Statuscode der Antwort zurück. Im Idealfall kommt der Request mit einer 200 zurück.
- *responseData*: Bei erfolgreicher Ausführung liefert diese Methode die vom Server gelesenen Daten als *NSData*-Objekt zurück. Eine Repräsentation von *NSData* ist vor allem für Binärdaten wie Bilder und Videos relevant.
- *responseString*: Liefert die vom Server gelesenen Daten als *NSString* zurück. Dabei wird versucht, die Zeichencodierung gemäß den Angaben in der Antwort so einzustellen, dass Sie sich darum nicht zu kümmern brauchen.
- *responseHeaders*: Liefert ein *NSDictionary* mit allen Antwort-Headern zurück.

Die folgenden Zeilen lesen eine kleine Webseite von einem Server und geben die wichtigsten Daten der Antwort aus:

```
NSURL *url = [NSURL URLWithString:
    @"http://www.entwicklungsschmiede.de/dgb_iphone/test.html"];
ASIHTTPRequest *request = [ASIHTTPRequest requestWithURL:url];

// start synchronous request
[request startSynchronous];

// check for errors
if (![request error]) {
    NSLog(@"%d", [request responseStatusCode]);

```

```
        NSLog(@"Last-Modified: %@", [[request responseHeaders]
            objectForKey:@"Last-Modified"]);
        NSLog(@"Content-Type: %@", [[request responseHeaders]
15          objectForKey:@"Content-Type"]);
        NSLog(@"%@", [request responseString]);
    }
    else {
        NSLog(@"An error with code %d occured: %@", [[request error] code],
20            [[request error] localizedDescription]);
    }
```

Beispiel 34.1: *WorkshopViewController.m - executeSynchronousRequests*

In den ersten Zeilen wird der Request wie zuvor beschrieben erzeugt. In Zeile 6 wird er mit *startSynchronous* gestartet. Bevor das Ergebnis ausgelesen werden kann, wird die Antwort auf mögliche Fehler überprüft (Zeile 9). Sofern kein Fehler aufgetreten ist, wird zuerst der HTTP-Statuscode ausgegeben (Zeile 10) und danach die beiden Antwort-Header *Last-Modified* – das Datum der letzten Änderung des Dokuments auf dem Server – und *Content-Type* – der Typ der Antwort (Zeilen 11–14). Ist die angefragte Seite ein HTML-Dokument, wird der Quelltext des Dokuments mit der Methode *responseString* ausgegeben.

Im Fehlerfall werden der Code und eine Beschreibung des Fehlers ausgegeben. *localizedDescription* gibt eine auf die Ländereinstellung des Endgerätes optimierte Version der Beschreibung ausg.

34.3 POST- und PUT-Requests

Die bisher benutzte Methode für die Übertragung der Daten auf den Server war über die Standardeinstellung ein GET. Größere Datenmengen und binäre Daten werden meistens mit der HTTP-Methode POST übertragen. Dafür gibt es die von *ASIHTTPRequest* abgeleitete Klasse *ASIFormDataRequest*. Sie stellt zusätzliche Methoden für die POST-Daten zur Verfügung. Mit *setPostValue:forKey:* können Sie einzelne benannte Parameter mit Werten befüllen. Binäre Daten können Sie mit der Methode *setData:forKey:* oder direkt aus einer Datei mit *setFile:forKey:* anhängen. Die Methode zum direkten Auslesen der Daten aus einer Datei spart zur Laufzeit Speicher in der Anwendung, weil die Daten nicht als ein Block im Speicher vorliegen müssen, sondern erst in kleineren Teilen aus der Datei geladen werden.

```
NSURL *url = [NSURL URLWithString:
    @"http://www.entwicklungsschmiede.de/dgb_iphone/test.html"];
ASIFormDataRequest *request =
    [ASIFormDataRequest requestWithURL:url];

[request setPostValue:@"test@test.com" forKey:@"email"];
```

```
[request setPostValue:@"Holger Frank" forKey:@"name"];

[request startSynchronous];
```

Beispiel 34.1: *WorkshopViewController.m - executePostRequest*

Das Beispiel setzt für eine POST-Anfrage die Parameter *name und email* und sendet diese an den Server. Sofern der Server auf POST-Nachrichten eingestellt ist, werden diese dort ausgelesen und stehen zur weiteren Verarbeitung auf dem Server zur Verfügung.

34.4 Asynchrone und parallele Anfragen

Serveranfragen oder Datei-Uploads haben in der Regel eine ungewisse Ausführungszeit. Da währenddessen die Anwendung dennoch responsiv sein soll, also die Anwendung nicht hängen sollte, ist es oftmals unumgänglich, die Anfragen asynchron oder sogar parallel in einem weiteren Thread abzuarbeiten. Bei einer rein asynchronen Verarbeitung wird die Hauptschleife bei Anfragen nicht blockiert. Stattdessen kommen die Ergebnisse in speziellen Callbacks in der Hauptschleife zurück.

Gerade bei der asynchronen bzw. parallelen Ausführung spielt das *ASIHTTPRequest*-Framework seine großen Vorteile gegenüber einer direkten Implementierung über das *CFNetwork*-Framework – wie in Kapitel 33 beschrieben – aus. Das Framework kapselt für Sie die komplette Aufarbeitung der Antworten sowie die Weiterleitungen. Dadurch wird der resultierende Quelltext wesentlich kürzer und übersichtlicher. HTTP-Anfragen lassen sich so in deutlich kürzerer Zeit umsetzen.

Im Gegensatz zur synchronen Ausführung müssen Sie nun zwei Delegate-Methoden implementieren. Die erste wird im Fehlerfall aufgerufen, die zweite bei erfolgreicher Ausführung der HTTP-Anfrage. Sofern Sie keine andere Namenskonvention definieren, werden die beiden Methoden *requestFailed:* und *requestFinished:* dafür herangezogen. Deshalb müssen Sie für das *ASIHTTPRequest*-Objekt das Delegate *delegate* festlegen, in dem die beiden Methoden implementiert sind.

Für ein ähnliches Ergebnis wie das des Beispiels aus Kapitel 34.2 müssten die beiden Methoden etwa so implementiert werden:

```
- (void)requestFinished:(ASIHTTPRequest *)request
{
    // use when fetching text data
    NSString *responseString = [request responseString];

    NSLog(@"%d", [request responseStatusCode]);
    NSLog(@"%@", [request responseString]);
```

```
}

- (void)requestFailed:(ASIHTTPRequest *)request
{
    NSLog(@"An error with code %d occured: %@", [[request error] code],
          [[request error] localizedDescription]);
}
```

Beispiel 34.1: *WorkshopViewController.m (Delegate-Methoden)*

Das Beispiel gibt nun im Fall eines erfolgreichen Requests bei Aufruf von *requestFinished:* den HTTP-Statuscode und den Quelltext der angeforderten HTML-Seite aus. Im Fehlerfall – zum Beispiel bei einer fehlenden Internetverbindung – wird der Fehlercode inklusive einer kurzen Beschreibung in der Methode *requestFailed:* ausgegeben. Der Start der Anfrage erfolgt mit der Methode *startAsynchronous* des *request*-Objekts:

```
NSURL *url = [NSURL URLWithString:
        @"http://www.entwicklungsschmiede.de/dgb_iphone/test1.html"];

ASIHTTPRequest *request = [ASIHTTPRequest requestWithURL:url];

request.delegate = self;

[request startAsynchronous];
```

Beispiel 34.1: *WorkshopViewController.m – executeAsynchronousRequests*

Ein weiterer Vorteil der asynchronen Anfragen ist die Möglichkeit, diese während der Ausführung zu beenden. Die Nachricht *cancel* an den Request unterbricht dessen Ausführung und führt die Methode für den Fehlerfall mit dem Fehlercode für einen Abbruch aus.

Automatische Weiterleitungen

Weiterleitungen mit den Statuscodes 301 (*moved permanently*), 302 (*Found*) und 303 (*see other*) werden vom *ASIHTTPRequest*-Framework automatisch abgehandelt. Sie erhalten also immer das Endergebnis einer Anfrage. Sie können das Standardverhalten mit dem Property *shouldRedirect* ändern.

Parallele Ausführung in einer Queue

Die parallele Ausführung unterscheidet sich von der asynchronen nur dadurch, dass versucht wird, die Anfrage in einem parallelen Thread auszuführen. Dazu werden *NSOperationQueues* benutzt. Eine Vertiefung dazu finden Sie in Kapitel 3.10.

Durch eine *NSOperationQueue* lässt sich die parallele Ausführung steuern. Durch die Definition einer Obergrenze mit dem Property *maxConcurrentOperationCount* können Sie festlegen, wie viele Anfragen in der Queue maximal parallel abgearbeitet werden. Weitere Anfragen werden bis zur Abarbeitung in der Queue vorgehalten. Die Delegate-Methoden werden aber immer in der Hauptschleife ausgeführt. Dadurch können Sie in den Methoden direkt auch die Benutzerschnittstelle, wie Bilder oder Texte, ändern.

Das folgende Beispiel erzeugt eine Queue und stellt drei Anfragen ein. Als Delegate-Methoden werden *requestFinished:* und *requestFailed:* aus dem vorherigen Beispiel vorausgesetzt:

```
NSOperationQueue *queue = [[NSOperationQueue alloc] init];

NSURL *url = [NSURL URLWithString:
        @"http://www.entwicklungsschmiede.de/dgb_iphone/test.html"];
ASIHTTPRequest *request = [ASIHTTPRequest requestWithURL:url];
ASIHTTPRequest *request1 = [ASIHTTPRequest requestWithURL:url];
ASIHTTPRequest *request2 = [ASIHTTPRequest requestWithURL:url];

request.delegate = self;
request1.delegate = self;
request2.delegate = self;

[queue addOperation:request];
[queue addOperation:request1];
[queue addOperation:request2];

[queue waitUntilAllOperationsAreFinished];
[queue release];
```

Beispiel 34.1: *WorkshopViewController.m – executeQueueRequests*

Die Nachricht *waitUntilAllOperationsAreFinished* an die Queue bewirkt, dass die Hauptschleife in diesem Beispiel so lange blockiert, bis alle Anfragen in der Queue abgearbeitet und beendet sind. Erst danach wird die Queue freigegeben. Ansonsten würde die *release*-Nachricht an die Queue die Anfragen in der Queue mit *cancel* unterbrechen.

Ein Problem bei paralleler Ausführung ist die Unterscheidung der Anfragen in den Delegate-Methoden. Wenn Sie die Anfragen unterscheiden wollen, können Sie entweder jedem Request ein eigenes Paar an Delegate-Methoden mitgeben oder das Dictionary *userinfo* von *request* nutzen, um für die Anfrage spezifische Daten bis in die Delegate-Methoden durchzuschleifen. Letzteres empfiehlt sich vor allem dann, wenn die Behandlung der Antworten grundsätzlich sehr ähnlich ist, aber eine Zuordnung zum Request bestehen muss.

Das *ASIHTTPRequest*-Framework stellt auch eine eigene Subklasse von *NSOperationQueue* zur Verfügung, die Klasse *ASINetworkQueues*. Diese bietet folgende Erweiterungen an:

- **Eigene Delegate-Methoden für Erfolg, Misserfolg und Abarbeitung der Queue**: Diese werden über die Properties *requestDidFinishSelector*, *requestDidFailSelector* und *queueDidFinishSelector* gesetzt.
- **Fortschrittsanzeige über die komplette Queue hinweg**: Dadurch können Sie den Fortschritt mehrerer paralleler Requests auslesen und anzeigen.
- **Bessere Kontrolle über die Requests im Fehlerfall**: Das Standardverhalten eines *ASINetworkQueues*-Objekts ist der automatische Abbruch aller Anfragen, sobald eine Anfrage mit einem Fehler scheitert. Das Property *setShouldCancelAllRequestsOnFailure* steuert das Verhalten.

Sie können diese Queue also immer dann einsetzen, wenn Sie eine dieser Funktionen benötigen.

Die Anfragen einer Queue lassen sich auch gemeinsam abbrechen. Sowohl *NSOperationQueue* als auch *ASINetworkQueues* verarbeiten die Nachricht *cancelAllOperations*. In einer *ASINetworkQueues* werden standardmäßig alle Anfragen bereits dann abgebrochen, wenn ein einzelner Request eine *cancel*-Nachricht erhält.

34.5 Workshop: Laden mit Fortschrittsanzeige

Im folgenden Workshop soll das Laden eines größeren Bilds von einem Webserver inklusive einer Fortschrittsanzeige erarbeitet werden. Die Funktionen der Fortschrittsanzeige werden von der Klasse *ASIHTTPRequest* als Delegates bereitgestellt. Dabei wird aber der Fortschritt nicht an eine selbst zu implementierende Methode delegiert, sondern direkt an ein Objekt vom Typ *UIProgressView*. Ein *UIProgressView* ist eine grafische Komponente zur Anzeige eines prozentualen Fortschritts, wie sie zum Beispiel in der E-Mail-Applikation auf dem iPhone während des Versendens angezeigt wird. Die Komponente zeichnet sich durch das Property *progress* aus. *progress* gibt einen Fortschritt in Form eines *float*-Werts zwischen 0.0 und 1.0 an. Der Fortschritt wird dann als blauer Balken dargestellt:

Für den Workshop wird also ein Property für den *UIProgressView* hinzugefügt und entsprechend mit *@synchronize* implementiert. Das Property wird als *IBOutlet* gekennzeichnet, weil eine Verbindung zu einem Objekt im Interface Builder hergestellt wird. Zusätzlich wird noch ein *IBOutlet* für einen *UIImageView* erzeugt, in dem das geladene Bild dargestellt wird. Die Property-Deklaration sieht also folgendermaßen aus:

```
@property(nonatomic, retain) IBOutlet UIProgressView *progressView;
@property(nonatomic, retain) IBOutlet UIImageView *imageView;
```

Beide Properties werden entsprechend mit Objekten im Interface Builder verknüpft.

Die Delegates für die Fortschrittsanzeigen sind als Eigenschaften *downloadProgressDelegate* für einen Download und analog *uploadProgressDelegate* für das Hochladen von Dateien verfügbar. Für ein Request-Objekt *request* setzen wir nun die Instanzvariable *progressView* als entsprechendes Download-Delegate:

```
request.downloadProgressDelegate = progressView;
```

Der Request wird asynchron abgesetzt, und das Delegate wird auf die eigene Klasse gesetzt, sodass am Ende der Anfrage die Methode *requestFinished:* aufgerufen wird. In dieser Methode werden die empfangenen Daten mit der Convenience-Methode *imageWithData:* von *UIImage* in ein Bild überführt und dem Property *imageView* zugewiesen:

```
    NSLog(@"%d", [[request responseData] length]);
    imageView.image = [UIImage imageWithData:[request responseData]];
```

Danach wird nur noch der Fortschrittsanzeiger ausgeblendet. Der komplette Workshop ist in den folgenden Listings abgebildet:

```
#import "ASIHTTPRequest.h"
#import "ASIFormDataRequest.h"

@interface WorkshopViewController : UIViewController {
    IBOutlet UIProgressView *progressView;
    IBOutlet UIImageView *imageView;
}

@property(nonatomic, retain) IBOutlet UIProgressView *progressView;
@property(nonatomic, retain) IBOutlet UIImageView *imageView;
@end
```

Beispiel 34.2: *WorkshopViewController.h*

```
@implementation WorkshopViewController
@synthesize progressView, imageView;

- (void)viewDidAppear:(BOOL)animated {
    [super viewDidAppear:animated];

    NSURL *url = [NSURL URLWithString:
    @"http://www.entwicklungsschmiede.de/dgb_iphone/large_image.png"];
```

```
    ASIHTTPRequest *request = [ASIHTTPRequest requestWithURL:url];
    request.delegate = self;

    request.downloadProgressDelegate = progressView;
    [request startAsynchronous];
}

- (void)requestFinished:(ASIHTTPRequest *)request
{
    // Use when fetching text data
    NSLog(@"%d", [[request responseData] length]);
    imageView.image = [UIImage imageWithData:[request responseData]];
    progressView.hidden = YES;
}

- (void)requestFailed:(ASIHTTPRequest *)request
{
    NSLog(@"An error with code %d occured: %@", [[request error] code],
          [[request error] localizedDescription]);
}

- (void)dealloc {
    [progressView release];
    [imageView release];
    [super dealloc];
}

@end
```

Beispiel 34.2: *WorkshopViewController.m*

Varianten der Fortschrittsanzeige

Das *ASIHTTPRequest*-Framework unterscheidet zwei Varianten der Fortschrittsanzeige: eine einfache und eine exakte Version. Beide Varianten sind sowohl in einem einzelnen *ASIHTTPRequest* als auch in *ASINetworkQueues* verfügbar. In der einfachen Version gibt es nur die Zustände 0 % und 100 % – also den Beginn und das Ende eines Requests. Deshalb ist diese Fortschrittsanzeige vor allem in *ASINetworkQueues* üblich. Dort können Sie damit den Fortschritt in der Abarbeitung aller Requests in der Queue darstellen. Die exakte Anzeige berechnet den Fortschritt aus den tatsächlich empfangenen bzw. gesendeten Bytes.

Teil VII

Daten verarbeiten: XML- & JSON-Parsing

35. Einfaches XML-Parsing

Dieses Kapitel widmet sich den beiden typischen Formaten zum Thema Datenaustausch: dem XML- und dem JSON-Parsing. Viele REST- und Webservices verlassen sich im Austausch auf diese beiden Formate, weil sie von Menschen relativ leicht lesbar, universell einsetzbar und doch entsprechend technisch sind. Vor allem JSON ist aufgrund seiner zugrunde liegenden Programmiersprache JavaScript häufig für unterschiedliche Plattformen im Einsatz und wird auch im mobilen Bereich genutzt.

XML ist nach wie vor eines der am weitesten verbreiteten Formate zum Datenaustausch. Im iPhone-SDK existiert mit dem *NSXMLParser* ein eventbasierter Parser. Ein Dokument wird dabei Einheit für Einheit eingelesen, und bei den entsprechenden Elementen wird mittels eines Events eine Delegate-Methode aufgerufen. Eine Konsequenz dieses Ansatzes ist, dass nur auf das aktuelle Element zugegriffen werden kann. Es gibt also keine Möglichkeit, auf Daten selektiv zuzugreifen. Der Vorteil liegt in der sehr effizienten Speichernutzung, weil niemals mehr als das aktuelle Element im Speicher vorliegen muss. Andere Parser-Varianten, wie zum Beispiel der auf einer Baumstruktur basierende DOM-Parser (DOM ist die Abkürzung für **D**ocument **O**bject **M**odel), müssen dagegen das komplette Dokument im Speicher vorhalten, um die Anfragen an das Dokument abarbeiten zu können. Aus diesem Grund eignet sich das eventbasierte Parser-Modell nicht zur Manipulation und zur Validierung von XML-Dokumenten.

35.1 Parsen mit NSXMLParser

Der *NSXMLParser* stellt zwei Methoden zur Erzeugung eines Parser-Objekts zur Verfügung. *initWithContentsOfURL:* lädt das XML-Dokument von der spezifizierten URL in den Parser, während *initWithData:* das XML aus einem *NSData*-Objekt liest. Die Nachricht *parse* an den Parser startet den Parse-Vorgang und liefert am Ende eine booleschen Variable zurück, die anzeigt, ob das Dokument fehlerfrei eingelesen werden konnte. Nach dem Aufruf von *parse* werden entsprechend den gerade verarbeiteten Elementen die zugehörigen Delegate-Methoden aufgerufen. Dabei sind alle Methoden optional, Sie müssen also nur die Methoden implementieren, an denen Sie wirklich interessiert sind.

Das folgende kleine XML-Dokument veranschaulicht die nacheinander folgenden Aufrufe:

- `<cd year="2000">`
- `    <title>1</title>`
- `    <artist>Beatles</artist>`
- `</cd>`

Für diese Elemente werden die Delegate-Methoden des Protokolls *NSXMLParser-Delegate* aufgerufen:

1. Start des Dokuments (*parserDidStartDocument:*)
2. Start des Elements *cd* (*parser:didStartElement:namespaceURI:qualifiedName:attributes:*)
3. Start des Elements *title* (*parser:didStartElement:namespaceURI:qualifiedName:attributes:*)
4. Zeichenkette *1* bearbeitet (*parser:foundCharacters:*)
5. Ende des Elements *title* (*parser:didEndElement:namespaceURI:qualifiedName:*)
6. Start des Elements *artist* (*parser:didStartElement:namespaceURI:qualifiedName:attributes:*)
7. Zeichenkette *Beatles* bearbeitet (*parser:foundCharacters:*)
8. Ende des Elements *artist* (*parser:didEndElement:namespaceURI:qualifiedName:*)
9. Ende des Dokuments (*parserDidEndDocument:*)

Für die wenigen Zeilen XML ist das durchaus eine umfangreiche Zahl an Methodenaufrufen. Sie werden sicherlich bemerkt haben, dass für das Attribut *year* des Elements *cd* kein expliziter Methodenaufruf erfolgt. Stattdessen werden Attribute mit der Methode *parser:didStartElement:namespaceURI:qualifiedName:attributes:* als Dictionary *attributeDict* übergeben. Sie können in dieser Methode ein Attribut wie folgt auslesen:

```
NSString *yearString = [attributeDict objectForKey:@"year"];
NSLog(@"value of attribute year: %@", yearString);
```

Aufgrund des eventbasierten Ansatzes wird der Start von XML-Elementen und deren Inhalt in zwei eigenen Nachrichten verarbeitet. Deshalb sollte beim Parsen eines Dokuments der Kontext des jeweiligen Elements in einer Instanzvariablen gespeichert werden, weil ansonsten im Aufruf von *parser:foundCharacters:* der Kontext und damit die Zuordnung zum Element fehlen würde. Eine minimale Implementierung enthält also im Normalfall diese Abschnitte:

```
- (void)parser:(NSXMLParser *)parser
    didStartElement:(NSString *)elementName
    namespaceURI:(NSString *)namespaceURI
    qualifiedName:(NSString *)qualifiedName
    attributes:(NSDictionary *)attributeDict {

    currentElementName = elementName; // store element history

    if ([elementName isEqualToString:@"artist"]) {
```

```
            // do any work in preparation for parsing the artist element
            ...
        }
        ...
    }
```

Die Instanzvariable bzw. das Property *currentName* speichert den aktuell geöffneten Elementknoten im XML-Dokument. In der *if*-Abfrage können noch weitergehende Initialisierungen und Anweisungen abhängig vom aktuellen Element ausgeführt werden. Der Inhalt des aktuellen Elements kann somit einfach zugeordnet und verarbeitet werden:

```
- (void)parser:(NSXMLParser *)parser
    foundCharacters:(NSString *)string {

    if ([currentElementName isEqualToString:@"artist"]) {
        // store the artist information
        ...
    }
    ... // any further element handling can follow here
}
```

Bei Fehlern während des Parsens wird die Nachricht *parser:parseErrorOccurred:* an das Delegate geschickt. In dieser Methode können Sie weitere Informationen zum Fehler erhalten. Außerdem speichert *NSXMLParser* die aktuelle Zeile im XML-Dokument, die Sie hier ebenfalls zur Fehleranalyse ausgeben können:

```
- (void)parser:(NSXMLParser *)parser
    parseErrorOccurred:(NSError *)parseError {
    NSLog(@"Error %@ at line %d", [parseError localizedDescription],
        [parser lineNumber]);
}
```

35.2 Workshop: Ein einfacher RSS-Reader

Ein typisches auf XML aufbauendes Format ist das RSS-Format. Seit der Version 2.0 steht RSS als Abkürzung für **R**eally **S**imple **S**yndication, in etwa „wirklich einfache Verbreitung". Die Bedeutung dieses Formats liegt also in der Verbreitung von Inhalten. Sie werden vor allem als sogenannte Feeds für Webseiten und Blogs eingesetzt. Benutzer können Feeds abonnieren und erhalten dadurch in Schlagzeilen die Neuerungen einer Webseite oder eines Blogs bzw. aktuelle News zu einem bestimmten Thema. Die Feeds werden regelmäßig aktualisiert, sobald sich der zugrunde liegende Inhalt ändert, der Abonnent wird also stets mit den Neuigkeiten versorgt. Das RSS-Format ist nicht nur auf Textnachrichten beschränkt, sondern erlaubt auch Audio- und Videofeeds.

In diesem Workshop wird ein sehr einfacher RSS-Reader entwickelt. Der Reader wird die aktuellsten Nachrichten der London Times in einer schlichten Tabellenansicht darstellen. Bei Klick auf einen Eintrag wird dann Safari mit dem ausführlichen Artikel geladen.

Ein RSS-Feed hat folgenden prinzipiellen Aufbau:

```
<rss>
    <channel>
        <title></title>
        <link></link>
        <description></description>
        <item>
            <title></title>
            <link></link>
            <description></description>
        </item>
        <item>
            ...
        </item>
        ...
    </channel>
<rss>
```

Zu Beginn wird erst mal das Modell für die empfangenen Daten des RSS-Feeds umgesetzt. Die Klasse *SimpleRssContent* erhält dafür drei Properties vom Typ *NSMutableString*. *title* nimmt den Titel des jeweiligen Eintrags auf, *description* eine kurze Zusammenfassung des Inhalts und *link* den Link auf den zugrunde liegenden Eintrag bzw. den tatsächlichen Inhalt. Der Datentyp *NSMutableString* wird gewählt, weil die Methode *parser:foundCharacters:* mehrfach für ein Element aufgerufen werden kann und diese Teilstücke zum ganzen Eintrag zusammengesetzt werden müssen:

```
#import <Foundation/Foundation.h>

@interface SimpleRssContent : NSObject {
    NSMutableString *title;
    NSMutableString *description;
    NSMutableString *link;
}
@property(nonatomic, retain) NSMutableString *title;
@property(nonatomic, retain) NSMutableString *description;
@property(nonatomic, retain) NSMutableString *link;

@end
```

Beispiel 35.1: *SimpleRssContent.h*

```
#import "SimpleRssContent.h"

@implementation SimpleRssContent
@synthesize title, description, link;

- (id) init {
    if (self = [super init])
    {
        title = [[NSMutableString alloc] init];
        description = [[NSMutableString alloc] init];
        link = [[NSMutableString alloc] init];
    }

    return self;
}

- (void) dealloc {
    [title release];
    [description release];
    [link release];
    [super dealloc];
}
@end
```

Beispiel 35.1: *SimpleRssContent.m*

Die Implementierung der Klasse *SimpleRssContent* enthält die Methoden *init* zur Initialisierung der *NSMutabeStrings* und *dealloc* zur korrekten Freigabe der Instanzvariablen.

Der Viewcontroller *WorkshopViewController* für die Anzeige des Screens wird die zentrale Klasse des Workshops. Dort wird einerseits das XML-Dokument geladen und verarbeitet, andererseits die Tabelle mit Daten befüllt. Dazu wird in der zugehörigen XIB-Datei eine Tabelle eingefügt, deren Outlets *dataSource* und *delegate* jeweils mit der Klasse *WorkshopViewController* verbunden sind. Zusätzlich werden auch noch Properties zur Verwaltung der Liste aller Einträge aus dem RSS-Feed, eines zur Speicherung des aktuellen Eintrags sowie eines, das den aktuellen Elementnamen während des Parsens vorhält, angelegt. Die Instanzvariablen *feeds*, *currentRssItem* und *currentElementName* übernehmen diese Aufgaben.

```
#import <UIKit/UIKit.h>
#import "SimpleRssContent.h"

@interface WorkshopViewController : UIViewController
    <NSXMLParserDelegate> {
    SimpleRssContent *currentRssItem;
    NSMutableArray *feeds;
    NSString *currentElementName;
```

```
}

@property(nonatomic, retain) SimpleRssContent *currentRssItem;
@property(nonatomic, retain) NSMutableArray *feeds;
@property(nonatomic, retain) NSString *currentElementName;

@end
```

Beispiel 35.1: *WorkshopViewController.h*

Zum Parsen des RSS-Feeds werden nur die Methoden *parser:didStartElement:-namespaceURI:qualifiedName:*, *parser:foundCharacters:* und *parser:didEndElement:namespaceURI:qualifiedName:* umgesetzt. In *didStartElement* wird der Instanzvariablen *currentRssItem* jeweils ein neues Objekt zugewiesen, wenn ein neues XML-Element *item* beginnt. Außerdem wird der aktuelle Elementname gespeichert, um den Inhalt des Elements dann in *foundCharacters* richtig zuzuordnen. Da die Zeichenfolge, die ein Parameter der Methode *foundCharacters* ist, aufgrund der XML-Struktur beliebige Leerzeichen, Tabulatoren und Zeilenumbrüche am Anfang und Ende enthalten kann, müssen diese ausgefiltert werden. Das können Sie mit der Nachricht *stringByTrimmingCharactersInSet:* an den *NSString* erreichen. Sie müssen lediglich dort als Parameter mit einem *NSCharacterSet* die Menge der zu entfernenden Zeichen definieren. Die Anweisung *[NSCharacterSet whitespaceCharacterSet]* erzeugt genau diese Zeichenmenge für Sie.

Sobald das XML-Element *item* mit dem Aufruf der Delegate-Methode *didEndElement* als abgeschlossen signalisiert, fügen wir das fertig geparste Objekt *currentRssItem* in das Array *feeds* ein.

Der Parser wird in der Methode *viewDidAppear:* des aktuellen *Viewcontroller* erzeugt. Den Feed der London Times laden wir in diesem Workshop synchron über die *initWithContentsOfURL:* und starten sofort das Parsing.

Die Darstellung der Tabellenansicht erfolgt in den drei Delegate-Methoden:

- *tableView:numberOfRowsInSection:*
- *tableView:cellForRowAtIndexPath:*
- *tableView:didSelectRowAtIndexPath:*

Die Anzahl der Zeilen der Tabelle wird über die Länge des Arrays *feeds* ermittelt. In der Methode *tableView:cellForRowAtIndexPath:* wird das Element am jeweiligen Index aus *feeds* ausgelesen. Wie üblich wird zuerst versucht, mittels *dequeueReusableCellWithIdentifier* eine Tabellenzelle aus der Queue wiederzuverwenden. Über den *Identifier* kann die Menge der verfügbaren Zellen ermittelt werden. Sollte keine Zelle verfügbar sein, erstellen wir eine neue mit der Methode *initWithStyle:*. Als Zellenstil stellen wir *UITableViewCellStyleSubtitle* ein. Dadurch erhält die Zelle eine fett formatierte Überschrift und einen grauen Untertitel. Dieses

Format kennen Sie zum Beispiel aus der iPod-App, in der die einzelnen Titel ausgegeben werden.

Das *textLabel* der Tabellenzelle repräsentiert die Überschrift der Tabellenzelle und zeigt den Titel der RSS-Nachricht an, *detailTextLabel* die Beschreibung als Untertitel. Die Nachrichten *adjustsFontSizeToFitWidth:* und *minimumFontSize* bewirken, dass bei Überlängen der Texte die Schriftgrößen der beiden Labels auf die eingestellte *minimumFontSize* reduziert werden. Dadurch sehen Sie in der Ausgabe etwas mehr vom Text, bevor das Textende mit „..." automatisch gekürzt wird. Die Abbildung zeigt die Tabellenansicht.

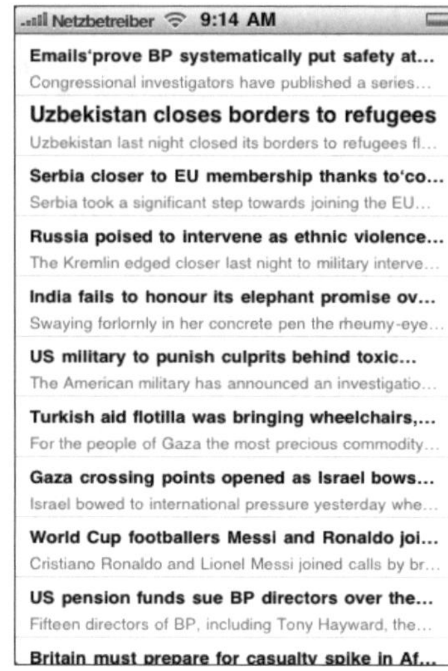

Eine einfache Tabellenansicht mit Überschrift und Text visualisiert den RSS-Feed.

Der Klick auf die Tabellenzelle öffnet Safari mit dem Link zur ausgewählten RSS-Nachricht und verlässt dabei die Anwendung. Dazu wird die Nachricht *openUrl:* an das *UIApplication*-Objekt der eigenen Anwendung übergeben.

```
#import "WorkshopViewController.h"

@implementation WorkshopViewController
@synthesize currentRssItem, feeds, currentElementName;

- (void)viewDidAppear:(BOOL)animated {
    [super viewDidAppear:animated];

    feeds = [[NSMutableArray alloc] init];

    NSURL *url = [NSURL URLWithString:
        @"http://www.timesonline.co.uk/tol/feeds/rss/worldnews.xml"];

    NSXMLParser *parser =
        [[NSXMLParser alloc] initWithContentsOfURL:url];

    [parser setDelegate:self];

    // start parsing
    [parser parse];

    [parser release];
}

```

```
- (NSInteger)tableView:(UITableView *)tableView
    numberOfRowsInSection:(NSInteger)section {
    return [feeds count];
}

- (UITableViewCell *)tableView:(UITableView *)tableView
    cellForRowAtIndexPath:(NSIndexPath *)indexPath {
    static NSString *ReuseIdentifier = @"FeedCell";

    UITableViewCell *cell = [tableView
        dequeueReusableCellWithIdentifier:ReuseIdentifier];
    if (cell == nil) {
        cell = [[[UITableViewCell alloc]
            initWithStyle:UITableViewCellStyleSubtitle
            reuseIdentifier:ReuseIdentifier] autorelease];
    }

    SimpleRssContent *feed = [feeds objectAtIndex:indexPath.row];

    cell.textLabel.text = feed.title;
    cell.textLabel.adjustsFontSizeToFitWidth = YES;
    cell.textLabel.minimumFontSize = 13;
    cell.detailTextLabel.text = feed.description;
    cell.detailTextLabel.adjustsFontSizeToFitWidth = YES;
    cell.detailTextLabel.minimumFontSize = 12;

    return cell;
}

- (void)tableView:(UITableView *)tableView
    didSelectRowAtIndexPath:(NSIndexPath *)indexPath {

    SimpleRssContent *feed = [feeds objectAtIndex:indexPath.row];
    NSURL *url = [NSURL URLWithString:feed.link];
    [[UIApplication sharedApplication] openURL:url];
}

- (void)parser:(NSXMLParser *)parser
    didStartElement:(NSString *)elementName
    namespaceURI:(NSString *)namespaceURI
    qualifiedName:(NSString *)qName
    attributes:(NSDictionary *)attributeDict {

    self.currentElementName = elementName;

    if ([elementName isEqualToString:@"item"]) {
        // a new item element started
        self.currentRssItem = [[SimpleRssContent alloc] init];
```

```
    }
}

- (void)parser:(NSXMLParser *)parser
    foundCharacters:(NSString *)string {

    // trim the string to remove whitespaces like blanks and line feeds
    string = [string stringByTrimmingCharactersInSet:
        [NSCharacterSet whitespaceCharacterSet]];

    if ([currentElementName isEqualToString:@"title"]) {
        [currentRssItem.title appendString:string];
    }
    else if ([currentElementName isEqualToString:@"description"]) {
        [currentRssItem.description appendString:string];
    }
    else if ([currentElementName isEqualToString:@"link"]) {
        [currentRssItem.link appendString:string];
    }
}

- (void)parser:(NSXMLParser *)parser
    didEndElement:(NSString *)elementName
    namespaceURI:(NSString *)namespaceURI
    qualifiedName:(NSString *)qName {

    if ([elementName isEqualToString:@"item"]) {
        [feeds addObject:currentRssItem];
    }
}

- (void)dealloc {
    [currentRssItem release];
    [feeds release];
    [currentElementName release];
    [super dealloc];
}

@end
```

Beispiel 35.1: *WorkshopViewController.m*

36. Ein Open-Source-JSON-Framework

JSON steht für **J**ava**S**cript **O**bject **N**otation. JSON ist im Gegensatz zur Auszeichnungssprache XML ein reines Datenformat. Genau darin liegt aber der große Vorteil gegenüber XML: Es ist wesentlich kompakter in der Notation. Das bewirkt zum einen eine deutlich verbesserte Lesbarkeit von JSON-Code und einen geringeren Overhead für den Datentransport. Zusätzlich ist ein JSON-Objekt valides JavaScript und damit im Internetumfeld quasi der Standard. Darüber hinaus ist JSON aber auch unabhängig von JavaScript als Datenaustauschformat nutzbar. Viele Programmiersprachen enthalten Erweiterungen, um Daten in diesem Format auszutauschen.

JSON ist ein sehr einfaches, aber doch mächtiges Format. Ein JSON-Dokument besteht aus drei syntaktischen Elementen, die den kompletten Sprachumfang von JSON beschreiben:

- Den Basistypen für Zeichenketten, Zahlen, booleschen Werten und *null*. Zeichenketten werden in Anführungszeichen notiert.
  Beispiele: *42, 42.0, true, false, null, "a string"*
- Einem Objekttyp aus einer beliebigen Anzahl von Eigenschaften, die durch Kommata getrennt werden. Die Eigenschaften werden aus einem Tupel von Schlüsselwerten gebildet. Der Schlüssel ist dabei immer eine Zeichenkette in Anführungszeichen, der vom Wert mit einem Doppelpunkt getrennt wird. Die Werte können alle Basistypen oder selbst wieder Objekte sein.

  Ein Objekt wird in geschweifte Klammern gefasst. In Objective-C wird dieser Datentyp durch ein Dictionary repräsentiert, also ein benanntes oder assoziatives Array, auf dessen Objekte anstelle eines Indexes mit einem Schlüssel zugegriffen wird.
  Beispiel: *{"variable1" : "string", "variable2" : "hello world", "pi" : 3.141593}*
- Einer Aufzählung oder einem Array von Werten. Dabei können die Werte selbst wieder einer der Basistypen oder ein Objekt sein. Ein Array wird in eckige Klammern gefasst, und die einzelnen Werte werden durch Kommata getrennt.
  Beispiel: *[„element one“, „element two“, „element three“]*

Für die Nutzung mit dem iPhone-SDK gibt es ein Open-Source-Projekt unter der BSD-Lizenz (informieren Sie sich am besten dort genauer über diese Lizenz), die in der aktuellen Version auch einen kommerziellen Einsatz des Frameworks erlaubt. Das Projekt wird auf Google Code gehostet. Unter der URL:

http://code.google.com/p/json-framework/

können Sie weitere Informationen erhalten sowie die aktuellste Version herunterladen. In den kommenden Abschnitten wird Ihnen das JSON-Framework von der Installation bis hin zur beispielhaften Benutzung vorgestellt.

36.1 Download und Installation

Die folgende Schrittanleitung leitet Sie durch den Installationsprozess des JSON-Frameworks.

1 Der Download erfolgt über die Webseite des Projekts unter der URL *http://code.google.com/p/json-framework/*. Dort finden Sie im rechten Bereich den Menüpunkt *Featured Downloads*. Zur Drucklegung dieses Buches ist die Version 2.2.3 verfügbar.

2 Der Download besteht aus einem Disk-Image für den Mac. Doppelklicken Sie auf die heruntergeladene Datei mit der Endung *dmg*. Das öffnet ein Finder-Fenster mit dem Inhalt des Pakets. Für die Nutzung in einer iPhone-Anwendung ist nur der Ordner *JSON* mit dem Quellcode des Frameworks nötig. Kopieren Sie diesen Ordner in den Ordner *Classes* Ihres Projekts.

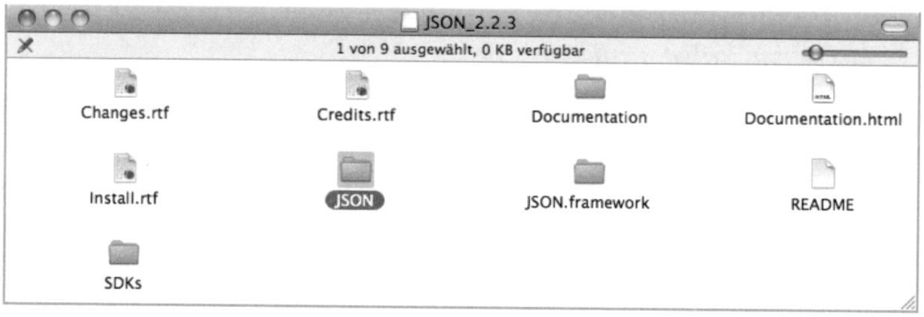

3 Klicken Sie in Ihrem Projekt links in der Leiste *Groups & Files* mit der rechten Maustaste auf den Ordner *Classes* und wählen Sie im Pop-up-Menü *Add/Existing Files*.

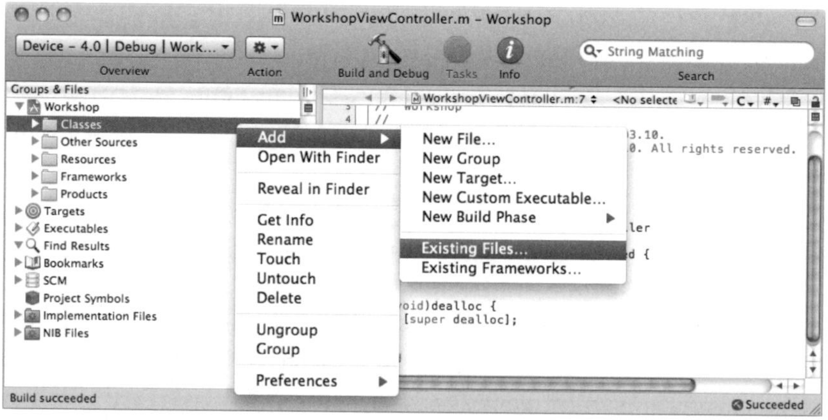

4 Wählen Sie den Ordner *JSON* aus dem Verzeichnisfenster aus und klicken Sie auf *Add*.

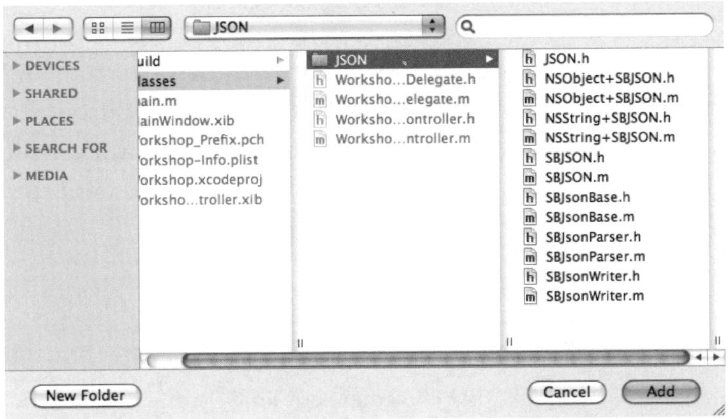

5 Stellen Sie sicher, dass *Recursively create groups ...* aktiviert ist, und klicken Sie auf *Add*.

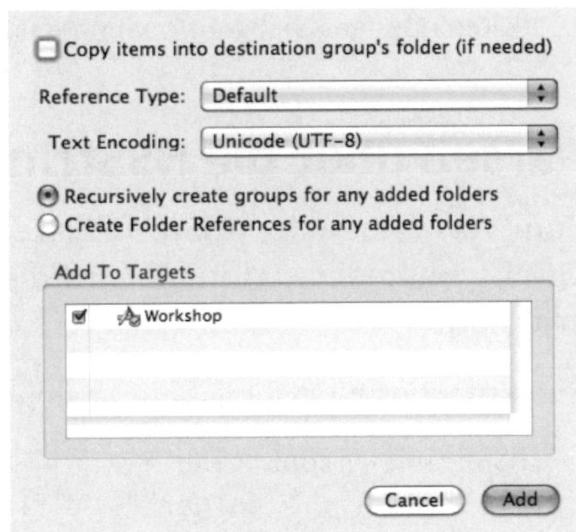

36.2 JSON-Parsing mit dem Framework

Das JSON-Framework enthält zwei Ansätze, ein JSON-Dokument zu parsen. Der erste bedient sich einer Erweiterung von *NSString*, um einen JSON-String in ein Objective-C-Objekt umzuwandeln. Dieser Ansatz ist einfacher in der Nutzung, bietet aber weniger Flexibilität vor allem in der Fehlerbehandlung. Der zweite Ansatz benutzt explizit einen Parser als Objekt der Klasse *SBJsonParser*. In diesem Abschnitt stellen wir Ihnen beide Ansätze kurz vor.

Grundsätzlich wird bei der Umsetzung von JSON auf Objective-C einfach die Struktur des JSON-Dokuments in Objective-C-Datentypen umgewandelt. Das geschieht nach folgendem Schema:

JSON-Datentyp	Objective-C-Repräsentant	Bemerkung
Boolesche Werte	*NSNumber*	Konvertierung in den elementaren Datentyp über die Methode *boolValue*.
Zahlen	*NSNumber*	Konvertierung in den elementaren Datentyp über die Methoden *intValue*, *floatValue*, *doubleValue*.
String	*NSMutableString*	Strings werden auf *NSMutableString* abgebildet.
Array	*NSMutableArray*	Arrays werden auf *NSMutableArray* abgebildet.
Objekt	*NSMutableDictionary*	Die Schlüssel und Werte werden jeweils als *key* und *value* des *NSDictionary* übernommen.
NULL	*NSNull*	*NSNull* ist der Objekt-Wrapper für *nil*-Werte.

Hinweis: Strikte Implementierung

Der JSON-Parser in dem Framework ist strikt implementiert. Im Gegensatz zu Parsern in Webbrowsern und anderen Programmiersprachen erlaubt er zum Beispiel keine vorangestellten oder angehängten Kommata und auch keine Kommentare.

Parsen über die NSString-Erweiterung

Zum Verwenden der *NSString*-Erweiterung müssen Sie lediglich die Header-Datei *JSON.h* einbinden. Dadurch wird die Klasse *NSString* um die Methode *JSONValue* erweitert.

Ein einfaches JSON-Objekt lässt sich nun wie folgt parsen:

```
NSString *jsonString =
@"{\"name\": \"Holger\", \"firstname\": \"Frank\", \"credits\": 10}";

NSDictionary *dict = [jsonString JSONValue];

NSLog(@"name: %@", [dict objectForKey:@"name"]);
NSLog(@"firstname: %@", [dict objectForKey:@"firstname"]);
NSLog(@"credits: %d", [[dict objectForKey:@"credits"] intValue]);
```

Beispiel 36.1: *WorkshopViewController.m – simpleJSONParsing*

Im Beispiel wird zuerst ein JSON-Objekt mit folgender Struktur erzeugt (Zeilen 1+2):

```
{
    "name": "Holger",
    "firstname": "Frank",
    "credits": 10
}
```

Das Objekt enthält zwei Strings und eine Zahl. Die Anführungszeichen innerhalb des Objekts sind im Quelltext mit einem vorangestellten Backslash in den String eingefügt (Zeile 2). Mit dem Aufruf der Methode *JSONValue* aus der Erweiterung von *NSString* wird daraus ein *NSDictionary* erzeugt (Zeile 4), auf dessen Werte Sie mit *objectForKey:* und dem jeweiligen Schlüssel zugreifen können (Zeilen 6–8). Der Zahlenwert von *credits* wird in einem Objekt vom Typ *NSNumber* gespeichert, und die Ausgabe erfolgt über die Methode *intValue* als elementarer Typ. Als Ausgabe des Programms erhalten Sie:

```
name: Holger
firstname: Frank
credits: 10
```

Für die Korrektheit des zurückgelieferten Datentyps beim Aufruf der Methode *JSONValue* müssen Sie selbst sorgen. Je nach Struktur des JSON-Dokuments kommt entweder ein *NSMutableDictionary* oder ein *NSMutableArray* zurück. In Situationen, in denen Sie den Rückgabetyp nicht kennen, sollten Sie also beide Fälle in einer *if*-Abfrage abhandeln. Den Typ können Sie über die Nachricht *isKindOfClass:* an das Objekt ermitteln und entsprechend reagieren.

Auch komplexere JSON-Dokumente können so eingelesen werden. Im nächsten Beispiel werden für eine virtuelle Aktie jeweils ein Schlusskurs und ein Datum in einem Array verpackt:

```
1  NSString *jsonString1 =
2      @"[{\"date\":\"04.05.2010\", \"closing\":56.12},
3      \{\"date\":\"05.05.2010\", \"closing\":55.80},
4      \{\"date\":\"06.05.2010\", \"closing\":55.50}]";
5
6  NSArray *array = [jsonString1 JSONValue];
7
8  for (int i = 0; i < [array count]; i++) {
9      NSDictionary *dict = [array objectAtIndex:i];
10     NSLog(@"date: %@, stock price: %1.2f ", [dict
11         objectForKey:@"date"],
12         [[dict objectForKey:@"closing"] floatValue]);
13 }
```

Beispiel 36.1: *WorkshopViewController.m – complexJSONParsing*

Das JSON-Dokument enthält nun ein Array von Objekten. Das Objekt besteht jeweils aus einem Datum *date* und einem Zahlenwert *closing*, der den Schlusskurs der virtuellen Aktie darstellt (Zeilen 2–4). Die Ausgabe der Werte erfolgt diesmal durch eine Iteration über das Array (Zeile 8). Jedes Element des Arrays ist ein Dictionary mit den entsprechenden Schlüssel-Wert-Paaren (Zeile 9). Es erfolgt diese Ausgabe:

```
date: 04.05.2010, stock price: 56.12
date: 05.05.2010, stock price: 55.80
date: 06.05.2010, stock price: 55.50
```

Wie bereits erwähnt, ist die Variante der *NSString*-Erweiterung extrem einfach und schlank in der Benutzung. Problematisch wird der Einsatz dann, wenn JSON von unbekannten oder potenziell fehlerbehafteten Quellen stammt. Gerade im Internet werden häufig relativ laxe JSON-Parser und -Generatoren eingesetzt, die beim strikten Parsen – wie in diesem Framework – zu Fehlern führen. Dann ist es oft hilfreich, eine möglichst aussagekräftige Information über den Fehler zu erhalten. Im Beispiel der *NSString*-Erweiterung *JSONValue* wird im Fehlerfall der Wert *nil* zurückgeliefert. Auf der Konsole erfolgt zwar eine Ausgabe der Fehlermeldung, diese ist aber zur Laufzeit der Anwendung nicht verfügbar. Das folgende Beispiel zeigt das Parsen eines fehlerhaften Dokuments:

```
NSString *jsonErrorString =
@"{\"name\"= \"Holger\", \"firstname\": \"Frank\", \"credits\": 10}";

NSDictionary *dict = [jsonErrorString JSONValue];

NSLog(@"parsed value: %@", [dict objectForKey:@"name"]);
```

Beispiel 36.1: *WorkshopViewController.m – parsingWithError*

Der Fehler liegt im falschen Trennzeichen für den Schlüssel *name*. Hier wird ein Gleichheitszeichen anstelle des Doppelpunkts verwendet. Der Parser quittiert das mit einem Fehler, der allerdings nur auf der Konsole sichtbar wird:

```
-JSONValue failed. Error trace is: (
    Error Domain=org.brautaset.JSON.ErrorDomain Code=3
    UserInfo=0x3b139b0
    "Expected ':' separating key and value"
)
parsed value: (null)
```

Das vom Parser zurückgelieferte Objekt hat den Wert *nil*. Die Fehlerbeschreibung auf der Konsole ist zwar sehr ausführlich und hilfreich, in vielen Situationen wäre es aber wünschenswert, diesen Fehler zur Laufzeit des Programms zu ermitteln und ihn dem Nutzer anzuzeigen oder weiterzuverarbeiten. Dazu müssen Sie den Weg über den direkten Einsatz des JSON-Parsers gehen. Das wird im nächsten Abschnitt beschrieben.

Mehr Kontrolle: expliziter Einsatz des Parsers

Eine erweiterte Kontrolle über das Parsing erhalten Sie durch den direkten Einsatz der Klasse *SBJsonParser*. Sie bietet eine *objectWithString:*-Methode, die einen in JSON formatierten String als Parameter nimmt und das entsprechende geparste Objekt zurückliefert. Zusätzlich bietet sie noch die Methode *errorTrace*. Diese liefert ein Array von Fehlern, die während des Parse-Vorgangs aufgetreten sind. Dadurch können Sie nun auf die einzelnen Fehler konkret reagieren.

Das Property *maxDepth* steuert zusätzlich die Tiefe der Objektverschachtelung, die der Parser noch als fehlerfrei ansieht. Sollte der Parser diese Tiefe überschreiten, würde der Vorgang mit dem Fehler „Nested too deep" abgebrochen. Die Standardeinstellung beträgt 512. Ein Wert von 0 deaktiviert die Überwachung der Verschachtelungstiefe.

Das Beispiel des fehlerhaften JSON-Dokuments aus dem letzten Abschnitt kann unter Verwendung der Klasse *SBJsonParser* folgendermaßen angepasst werden:

```
NSString *jsonErrorString =
@"{\"name\"= \"Holger\", \"firstname\": \"Frank\", \"credits\": 10}";

SBJsonParser *parser = [[SBJsonParser alloc] init];

NSObject *object = [parser objectWithString:jsonErrorString];

for (NSError* error in [parser errorTrace]) {
    NSLog(@"%@", [error localizedDescription]);
}

[parser release];
```

Beispiel 36.1: *WorkshopViewController.m - extendedJSONParsing*

In Zeile 4 wird explizit ein Objekt vom Typ *SBJsonParser* erzeugt. Durch den Aufruf von *objectWithString:* wird der Parse-Vorgang für den angegebenen String angestoßen (Zeile 6). Bei Verwendung des fehlerbehafteten JSON-Dokuments (Zeilen 1–2) tritt die bekannte Fehlermeldung wieder auf. Dabei wird in diesem Beispiel über alle Fehler im Array *errorTrace* iteriert und die Fehlerbeschreibung ausgegeben:

```
Expected ':' separating key and value
```

Der hier verwendete Typ einer *for*-Schleife wird als schnelle Aufzählung bezeichnet. Er ist für alle Containerklassen aus dem Foundation-Framework möglich. Weitere Informationen zur schnellen Aufzählung finden Sie in Kapitel 4.5.

36.3 JSON-Generierung

Neben dem Einlesen von JSON-Dokumenten beherrscht das JSON-Framework auch die Generierung von JSON aus einer Objective-C-Struktur. Das ist für kleinere Serverkomponenten oder auch für Anfragen an Webservices, die die Parameter in JSON erwarten, nützlich. Die komplette Funktionalität wird in der Klasse *SBJsonWriter* gekapselt. Die Generierung von JSON aus einem Objekt erledigt die Methode *stringWithObject:*. Durch die beiden booleschen Eigenschaften *humanReadable* und *sortKeys* lässt sich die JSON-Formatierung steuern. Ist *humanReadable* auf *YES* gesetzt, wird die Ausgabe mehrzeilig formatiert. Damit erhalten

Sie im Prinzip einen Pretty-Printer für JSON. *sortKeys* steuert die Sortierung der Schlüssel in einem Objekt. Wenn *sortKeys* gesetzt ist, werden die Schlüssel alphabetisch sortiert ausgegeben. Beide Methoden sind vor allem für das Debugging und Logging wichtig. Der Standardwert beider Eigenschaften ist *NO*.

Das anschließende Beispiel demonstriert die Verwendung der Klasse *SBJsonWriter*:

```
1  NSMutableDictionary *dict = [[NSMutableDictionary alloc] init];
2  
3  [dict setValue:@"1" forKey:@"title"];
4  [dict setValue:@"Beatles" forKey:@"artist"];
5  [dict setValue:@"2000" forKey:@"year"];
6  
7  SBJsonWriter *writer = [[SBJsonWriter alloc] init];
8  writer.humanReadable = YES;
9  writer.sortKeys = YES;
10 
11 NSString* jsonString = [writer stringWithObject:dict];
12 
13 NSLog(@"%@", jsonString);
14 
15 [dict release];
16 [writer release];
```

Beispiel 36.1: *WorkshopViewController.m - jsonGeneration*

Zu Beginn wird eine einfache Objektdatenstruktur in einem Dictionary erstellt (Zeile 1). Das Objekt beinhaltet die Daten der Beatles-CD 1 aus dem Jahr 2000 – eine Neuauflage – mit den Werten für die Schlüssel *title*, *artist* und *year* (Zeilen 3–5). Nach der Erzeugung des *SBJsonWriter* werden die Eigenschaften *humanReadable* und *sortKeys* aktiviert (Zeilen 7–9). Dadurch wird das Format lesbarer für das menschliche Auge dargestellt. Die Generierung und Ausgabe schließen das Beispiel ab (Zeilen 11+13). Auf der Kommandozeile erscheint das JSON-Dokument:

```
{
  "artist" : "Beatles",
  "title" : "1",
  "year" : "2000"
}
```

Sie können beliebig komplexe JSON-Strukturen erzeugen, indem Sie die einfachen Objekte in diesem Beispiel durch Arrays oder geschachtelte Objekte ersetzen.

Teil VIII

Programmieren für das iPad

37. Anwendungen für iPad und iPhone entwickeln

Das iPad als Tablet-Gerät hat schnell die Kluft zwischen Smartphones und Notebooks schließen können. Mit seiner für Webseiten optimierten Bildschirmgröße und Auflösung stellt es allerdings mehr dar als ein großes iPhone ohne Telefonfunktion. Es etabliert sich mehr und mehr als eigenständig wahrgenommene Produktfamilie. Im iPhone-SDK – so heißt es trotz Einführung des iPads ab Version 3.2 immer noch – und der Entwicklungsumgebung schlägt sich das vor allem in der neuen Bildschirmgröße und den daraus resultierenden neuen Möglichkeiten nieder. Erstmals seit Öffnung des SDK für Entwickler gab es Darstellungselemente, die nur einem Gerät zugänglich sind. Splitviews, eine Bildschirmdarstellung aufgeteilt in zwei Viewcontroller, und Popover, ein eigenständiges Overlay ohne modalen Charakter, bestimmen das Aussehen vieler iPad-Anwendungen. In den nächsten Kapiteln können Sie sich einen Überblick über die wichtigsten Aspekte der iPad-Programmierung verschaffen.

Simulator in Xcode

Die aktuelle Distribution der integrierten Entwicklungsumgebung Xcode enthält zum Testen von iPad-Anwendungen einen eigenen Simulator. Aktiviert wird der Simulator automatisch, wenn eine iPad-Anwendung gestartet wird, oder im Simulator über das Menü *Hardware/Gerät/iPad*.

Bei der Entwicklung einer iPad-Anwendung muss vor der Umsetzung geklärt werden, ob es eine eigenständige Version für das iPad wird – also gegebenenfalls auch eine eigene Version für das iPhone und den iPod touch – oder ob die Anwendung beide Bildschirmformate unterstützen soll. Beide Varianten haben ihre Vor- und Nachteile. Es ist also vorab zu entscheiden, ob eine gemeinsame Anwendung, also auch zu einem festen Preis, verkauft wird oder nicht. Es gibt durchaus Fälle, in denen für iPad-Versionen aufgrund eines höheren Detailgrads des Inhalts und natürlich auch eines zusätzlichen Entwicklungsaufwands ein höherer Preis durchaus gerechtfertigt ist. Aktuelle Vergleiche aus dem App Store zeigen, dass das Preisniveau für das iPad leicht über dem der anderen Endgeräte liegt. Sie müssen also selbst analysieren und für sich entscheiden, welcher der richtige Weg für Ihr Projekt ist.

Dieses Kapitel widmet sich den Unterschieden in der Entwicklung von iPad- und iPhone-Anwendungen und zeigt einige effektive Hilfsmittel zur Portierung bestehender Anwendungen.

37.1 Unterschiede in der Entwicklung

Die neue Geräteform und die dadurch inspirierten Funktionen des iPads – zumeist durch die Anwendungen von Apple vorgelebt – wirken sich auf die Nutzungsgewohnheiten und Erwartungen an eine gute Anwendung aus. Die folgenden Unterschiede ergeben sich daraus:

- **Flachere Navigationsstrukturen**: Mehr Platz bedeutet auch, mehr Informationen pro Bildschirmseite anbieten zu können. Deshalb werden die aus dem iPhone bekannten Navigationsstrukturen vor allem durch die Einführung der Splitviews flacher und oft benutzerfreundlicher.
- **Bildschirmübergänge reduzieren**: Aufgrund der Größe wirken komplette Screenübergänge, wie Flips oder das Einfahren von rechts, nicht so gut wie auf den kleineren Geräten. Sie werden meistens ersetzt durch Splitviews und Popover, die mehrere Ansichten gleichzeitig auf dem Bildschirm darstellen können. Apple empfiehlt deshalb mehr oder weniger direkt, davon – wenn möglich – Abstand zu nehmen.
- **Tab-Bar und Navigationsleiste bieten mehr Platz**: Sie können mehr Informationen und damit auch mehr Funktionen in eine Navigationsleiste packen, ohne die Bedienbarkeit einzuschränken. Die Kombination aus Navigationsleisten und Toolbars kann damit meistens aufgelöst werden, deren Schaltflächen können in eine Leiste integriert werden. Umgekehrt sollte aber gut darauf geachtet werden, die Benutzerschnittstelle nicht mit Funktionen und Einstellungen zu überladen, die nicht direkt mit den Inhalten des Bildschirms korrelieren. Hier gilt es also, Augenmaß bewahren: Weniger ist oftmals mehr. Und mit einem Popover lassen sich Einstellungsdialoge sehr gut abbilden.
- **Tabellendarstellungen optimieren**: Die Tabellendarstellung ist gerade für den beschränkten Platz auf den kleineren Gerätefamilien eine ideale Art, komplexe Inhalte zu arrangieren. Eine Eins-zu-eins-Umsetzung, wie vom iPhone gewohnt, bedeutet meist, zu wenige Informationen auf zu viel Platz anzuzeigen. Deshalb sollten Sie vor der Portierung bzw. bei der Konzeption einer iPad-Anwendung die Optionen abwägen und, wie schon mehrfach erwähnt, Splitviews und Popover mit in Erwägung ziehen. Vollformatige Listen gehören hier eher der Vergangenheit an.
- **Die Geräteausrichtung findet gesteigerte Beachtung**: War sie bei iPhone-Anwendungen noch eher dem Inhalt geschuldet oder als nette Zusatzfunktion konzipiert, erwartet der Benutzer förmlich die Reaktion auf die Änderung der Geräteausrichtung beim iPad. Die Formate werden mehr und mehr eine Frage der Vorliebe des Benutzers. Hier spielt natürlich auch die Rotationssperre eine nicht unerhebliche Rolle. Es grenzt fast schon an Frustration, eine Anwendung bei gesperrtem Querformat zu starten und dann ein Hochformat vor sich zu sehen. Sofern Sie von vornherein auf ein natives iPad-Konzept set-

zen und mit Splitviews und Popover arbeiten, hält sich der Aufwand zur Unterstützung aller Ausrichtungen oft in Grenzen. Das geht so weit, dass in Projektvorlagen für das iPad die Methode *shouldAutorotateToInterfaceOrientation:* alle Ausrichtungen explizit zulässt, wohingegen in Vorlagen für das iPhone diese explizit auskommentiert sind. Dessen ungeachtet, sollten Sie die Geräteausrichtung von der Konzeptphase bis zur Umsetzung einer Anwendung mit berücksichtigen.

- **Mehrfingergesten einbeziehen**: Die Größe des Screens bringt auch ein verändertes Bedienkonzept mit sich. Einige Anwendungen im App Store zeigen eindrucksvoll, dass Gesten mit mehr als zwei Fingern den Bedienkomfort anheben können.

Diese Rahmenbedingungen können beim Design und der Konzeption Ihrer Anwendung einen wichtigen Anhaltspunkt für eine gut durchdachte Anwendung geben.

37.2 Universelle Anwendungen erzeugen

Universelle Anwendungen sind die Antwort des SDK auf die heterogene Gerätewelt. Statt für jede Plattform eine eigene ausführbare Anwendung zu erzeugen, erlaubt das SDK, eine Anwendung auf unterschiedlichen Plattformen und iOS-Versionen auszuführen. Ausschlaggebend dafür ist die mit der Version 3.1 eingeführte Abwärtskompatibilität des SDK. Seitdem können Sie eine Anwendung mit den aktuellen Funktionen einer OS-Version erstellen, diese aber so gestalten und übersetzen, dass sie auch auf früheren Versionen tadellos läuft. Kapitel 21.1 widmet sich ausführlich der Abwärtskompatibilität.

Da das iPad auf der exklusiven iOS-Version 3.2 aufbaut, ist diese Funktionalität Grundvoraussetzung für universelle Anwendungen. Ihr Quelltext verzweigt dann an wichtigen Stellen, um für die unterschiedlichen Geräte und OS-Versionen optimierte Ansichten und Abläufe zu implementieren. Die Verzweigungen werden bei folgenden Komponenten nötig:

- **Ansichten**: Für das Endgerät optimierte Ansichten, Viewcontroller oder XIB-Dateien. Neben den Inhalten wird sich oft auch der Ablauf der Anwendung ändern.
- **Grafik- und Bildressourcen**: Aufgrund der veränderten Bildschirmausmaße können durch eine andere Gestaltung grundsätzlich andere Grafiken und Bilder benötigt werden.
- **Gesten**: Das iPad bietet erstmals den Raum für Gesten mit mehr als zwei Fingern.
- **Gerätefunktionen**: Spezifische Gerätefunktionen oder iOS-Funktionalitäten sollten abhängig von den Rahmenbedingungen auf dem Endgerät eingesetzt werden.

In einer universellen Anwendung können die Verzweigungen nicht über Präprozessordirektiven bzw. bedingte Kompilierung mit *#if* erfolgen, weil ja nur eine einzige Anwendung erzeugt wird. Zur Unterscheidung des Endgerätes definiert das *UIKit* deshalb das Makro *UI_USER_INTERFACE_IDIOM()*. So lassen sich Verzweigungen einigermaßen wartungsfreundlich umsetzen:

```
if (UI_USER_INTERFACE_IDIOM() == UIUserInterfaceIdiomPad) {
    // special iPad coding goes here
}
else {
    // non iPad part
}
```

Ähnlich ermitteln Sie über Introspektion die Verfügbarkeit bestimmter Methoden oder Klassen des SDK. Einige gerätespezifische Funktionen besitzen in ihren APIs Flags zur Auswertung auf dem jeweiligen Endgerät. Die Introspektion wird in Kapitel 3.7 sehr ausführlich besprochen, und die Verfügbarkeit von Gerätefunktionen ist Thema des Kapitels 21.2. Blättern Sie gern zurück, wenn es hier einer Erinnerung bedarf.

Die verschiedenen NIB- bzw. XIB-Dateien für die unterschiedlichen Plattformen werden dabei beim Start über einen Schlüssel in der Datei *Info.plist* gesteuert. Der Wert hinter dem Schlüssel *NSMainNibFile* gibt die XIB-Datei zum Start auf iPhone und iPod touch an bzw. *NSMainNibFile~ipad* entsprechend für das iPad. Beide Dateien werden ohne die Dateiendung *.nib* referenziert.

Kritisch anzumerken ist, dass durch die mittlerweile ziemlich heterogene Gerätewelt – drei iPhone-Generationen mit jeweils neuen Sensoren und Möglichkeiten sowie das iPad lassen sich wahrlich nicht mehr über einen Kamm scheren – der Aufwand für Wartung und Tests deutlich erhöht wird und umgekehrt auch die Fehleranfälligkeit steigt. Bei abwärtskompatiblen Anwendungen – und das trifft bei iOS 4 wohl noch einige Zeit auf die meisten zu – wollen die verschiedenen Konstellationen von Geräten und Betriebssystemversionen gut getestet sein. Fokussieren Sie sich hier unbedingt auf zwei bis drei Versionen mit der aktuell höchsten Verbreitung.

Unterschied Universal App – Universal Binary

Der Ausdruck Universal App ist keinesfalls zu verwechseln mit den aus der Mac-Entwicklung bekannten Universal Binaries. Der Unterschied ist leicht erklärt: Eine Universal App ist eine ausführbare Datei, die sowohl auf dem iPhone als auch auf dem iPad mit angepassten bzw. optimierten Benutzerschnittstellen lauffähig ist. Ein Universal Binary ist hingegen ein Paket mehrerer ausführbarer Dateien oder Bibliotheken, die jeweils für die verschiedenen Prozessorarchitekturen – wie Intel und PowerPC – kompiliert wurden.

37.3 Xcode effektiv bei der Migration nutzen

Die Migration einer Anwendung für das iPhone oder den iPod touch auf das iPad gehört immer noch zu den häufigen und dennoch nicht gerade beliebten Aufgaben für einen Entwickler. Viele Anwendungen aus dem App Store wollen auf die neuen Möglichkeiten des iPads losgelassen werden.

Die folgende Schrittanleitung migriert ein Projekt – beispielsweise die Standardprojektvorlage – zu einer universellen Anwendung, die auch auf dem iPad mit eigener Benutzerschnittstelle läuft:

1 Öffnen Sie – durch einen Klick auf den kleinen grauen Pfeil links oder einen Doppelklick – im Bereich *Groups & Files* von Xcode die Gruppenstruktur *Targets*. Markieren Sie danach das Target – in unserem Beispiel *Workshop* – für die Migration.

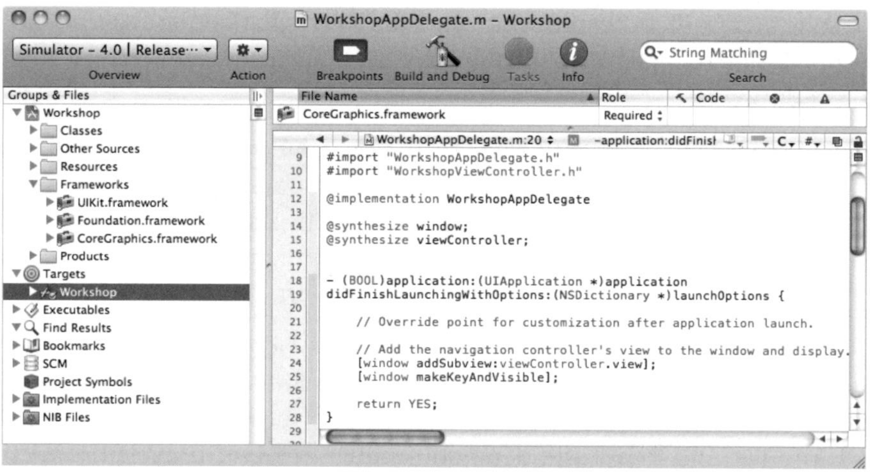

2 Wählen Sie aus dem Menü *Project/Upgrade Target for iPad* (alternativ auch aus dem Kontextmenü mit der rechten Maustaste).

3 Der Dialog bietet zwei Optionen an: das Erstellen einer universellen Anwendung oder das eines eigenen Targets für eine eigene iPad-Version. Aktivieren Sie die Option *One Universal application* und klicken Sie auf *OK*.

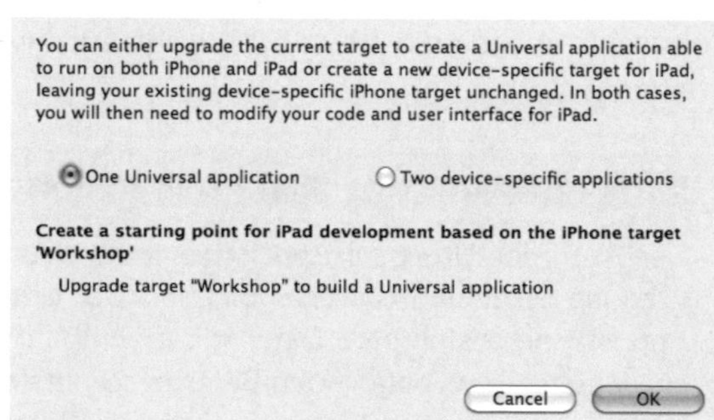

4 Xcode legt nun ein eigenes Verzeichnis *Resources-iPad* an und erstellt dort eine iPad-Version der NIB-Datei *MainWindow-iPad.xib* für den Start der An-

wendung. In der *Info.plist* wird diese Datei entsprechend als Startpunkt für das iPad eingetragen. Damit startet die Anwendung nun erstmals nativ – also vollformatig – auf dem iPad.

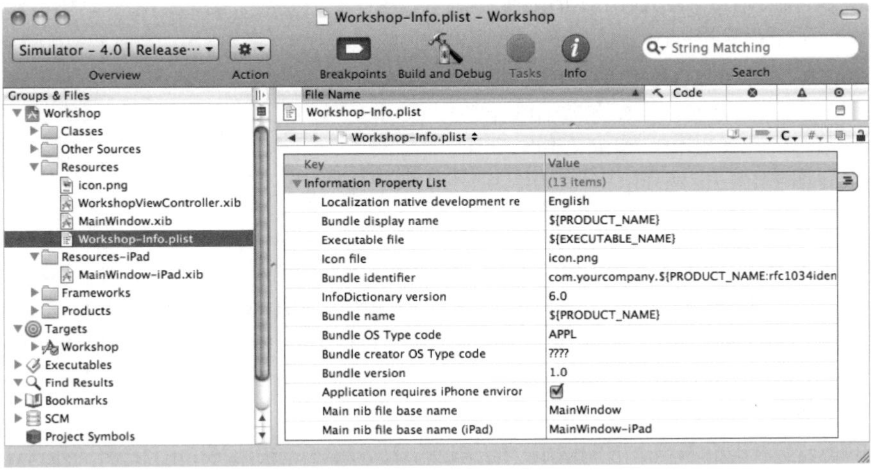

5 Im letzten Schritt müssen Sie alle weiteren Interface Builder-Ansichten bzw. XIB-Dateien migrieren. In unserem Beispiel ist das nur die Datei *Workshop-ViewController.xib*. Öffnen Sie diese im Interface Builder und wählen Sie dann aus dem Menü *File/Create iPad Version Using Autosizing Masks*. Im Interface Builder wird aus der bestehenden eine neue Benutzerschnittstelle für das iPad erzeugt. Dabei werden die Einstellungen in *Autoresizing Masks* respektiert und die grafischen Elemente automatisch in Größe und Position angepasst.

Der zweite Menüpunkt *Create iPad Version* passt in der Benutzerschnittstelle die einzelnen Elemente nicht gemäß ihren *Autoresizing Masks* an.

6 Speichern Sie die Ansicht mit *File/Save* oder [cmd]+[S]. Vergeben Sie den ursprünglichen Namen, erweitert um *-iPad*, also beispielsweise *WorkshopViewController-iPad.xib*, und speichern Sie die Datei in Ihrem aktuellen Projektverzeichnis im Verzeichnis *Resources-iPad*. Klicken Sie dann auf *Save*.

7 Fügen Sie die XIB-Datei im nächsten Dialog Ihrem aktuellen Projekt hinzu. Dazu setzen Sie den entsprechenden Haken vor dem Projekt und klicken dann auf *Add*.

Wenn die Datei auch noch in der Gruppe *Resources-iPad* in *Groups & Files* erscheinen soll, müssen Sie die Datei per Drag & Drop in den Gruppe ziehen – ansonsten wird sie auf der obersten Ebene im Projekt angezeigt. Das ist zwar eine rein kosmetische Änderung, die aber der Übersichtlichkeit dient.

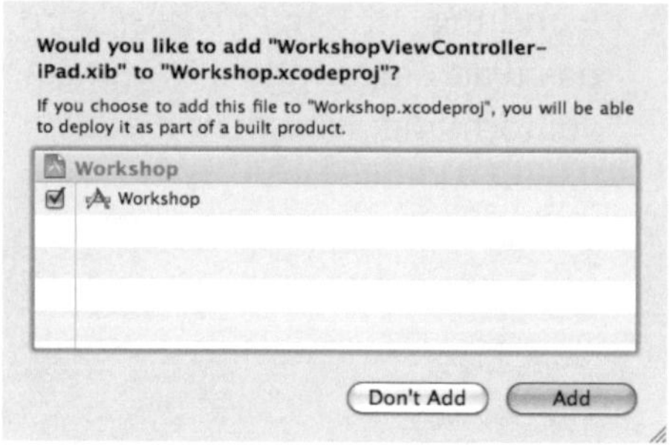

8 Abschließend muss noch die entsprechende Interface Builder-Datei in die XIB-Datei des Fensters eingetragen werden. Öffnen Sie dazu die Datei *MainWindow-iPad.xib* im Interface Builder und starten Sie den Attributes-Inspector (Tastenkombination [cmd]+[1]). Tragen Sie dort die neu erstellte Datei *WorkshopViewController-iPad* als NIB ein und speichern Sie diesen Stand ab.

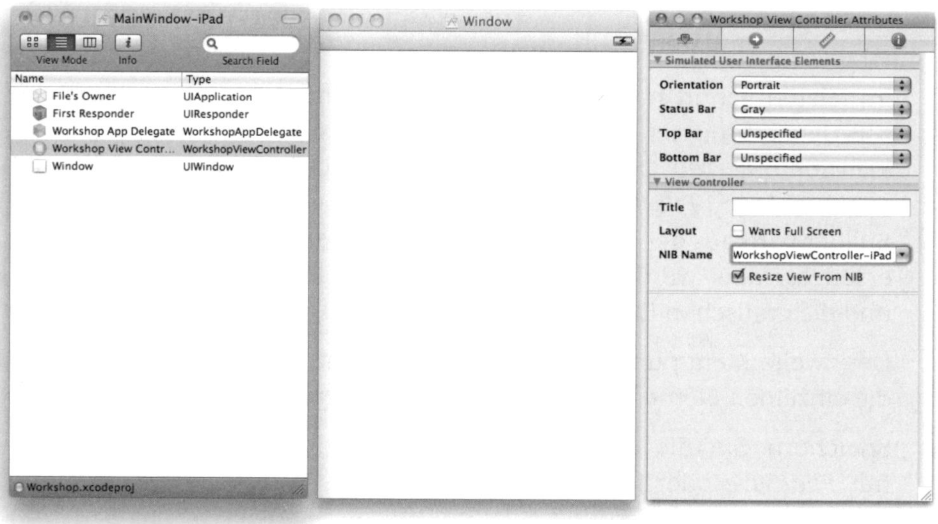

9 Sie haben jetzt ein fertig migriertes Projekt, das Sie nun im Simulator oder auf den Endgeräten starten können.

Hinweis

Ein Projekt mit den hier gezeigten Schritten finden Sie in Beispiel 37.1.

38. Neue UI-Elemente: Popover und Splitviews

Wie gewohnt, setzt Apple beim Bedienkonzept für das iPad wieder neue Maßstäbe. Das Gute daran ist, dass Sie als Entwickler direkt davon profitieren, weil die neuen Möglichkeiten auch Einzug in das SDK gehalten haben. Die Klassen *UIPopoverController* und *UISplitViewController* werden in den folgenden Abschnitten als exklusive Benutzerschnittstellenelemente für das iPad näher besprochen.

38.1 Popover

Das Popover ist ein nicht modaler Dialog. Dieser wird über den aktuellen Inhalt platziert und kann zusätzlich noch einen durch einen Pfeil gekennzeichneten Ursprung haben. Häufig wird ein Popover aufgrund eines Klicks einer Schaltfläche – beispielsweise in der Navigationsleiste – geöffnet. Der Pfeil zeigt dann auf die Schaltfläche als Auslöser der Aktion. Das Popover kann jederzeit durch Berührung des Bildschirms außerhalb seiner Umgrenzung geschlossen werden. Es ersetzt oft die vom iPhone bekannte Bildschirmnavigation und ermöglicht es, den Inhalt von Listenansichten in einem kleineren Format in adäquater Größe darzustellen.

Ein Popover erstellen und anzeigen

Die Klasse *UIPopoverController* fungiert als Wrapper oder Container um einen beliebigen Viewcontroller, der dann als Inhalt des Popovers angezeigt wird. Das folgende Beispiel erzeugt ein Popover in einer Aktionsmethode, die einem Button in einer Navigationsleiste zugeordnet ist. Das Popover enthält eine Instanz der Klasse *ListViewController*, die nichts anderes als ein einfacher *UITableViewController* mit einer zugehörigen XIB-Datei ist. Mit der Initialisierungsmethode *initWithContentViewController:* wird der *ListViewController* zum Inhalt des Popovers erklärt. Die Instanz *contentController* erhält eine Referenz auf das Popover, um bei der Selektion einer Tabellenzelle das Popover schließen zu können. Angezeigt wird es durch den Aufruf von:

presentPopoverFromBarButtonItem:permittedArrowDirections:animated:

Der benannte Parameter *permittedArrowDirections* bestimmt die möglichen Ausrichtungen des Pfeils zum auslösenden Element. Wenn Sie hier *UIPopoverArrowDirectionAny* setzen, wird der Pfeil an der optimalen Seite platziert. Bei einer Einschränkung auf bestimmte Seiten lässt das System den Pfeil in nicht erlaubte Richtungen einfach weg. Die Aktionsmethode sieht folgendermaßen aus:

```
- (IBAction)openPopover:(id) sender {
    ListViewController *contentController =
        [[ListViewController alloc]
        initWithNibName:@"ListViewController"
        bundle:nil];

    UIPopoverController* popoverController =
        [[UIPopoverController alloc] initWithContentViewController:
        contentController];

    // store reference to popover for dismissal
    contentController.popoverController = popoverController;

    [popoverController presentPopoverFromBarButtonItem:sender
        permittedArrowDirections:UIPopoverArrowDirectionAny
        animated:YES];

    // release resources
    [contentController release];
    [popoverController release];
}
```

Beispiel 38.1: *WorkshopIPadViewController.m - openPopover:*

Die Klasse *ListViewController* implementiert das Protokoll *UITableViewDelegate* und schließt bei einem Klick auf die Zelle durch Aufruf von *dismissPopoverAnimated:* das Popover. Die Eigenschaft *popoverController* hält seit der Erstellung die Referenz darauf:

```
- (void)tableView:(UITableView *)tableView
    didSelectRowAtIndexPath:(NSIndexPath *)indexPath {

    // close the popover in response to selection
    [popoverController dismissPopoverAnimated:YES];

    // deselect the current row
    [tableView deselectRowAtIndexPath:indexPath animated:YES];
}
```

Beispiel 38.1: *ListViewController.m - tableView:didSelectRowAtIndexPath:*

Der Screenshot unten zeigt das Popover nach dem Klick auf den Button *Open List* in der Navigationsleiste.

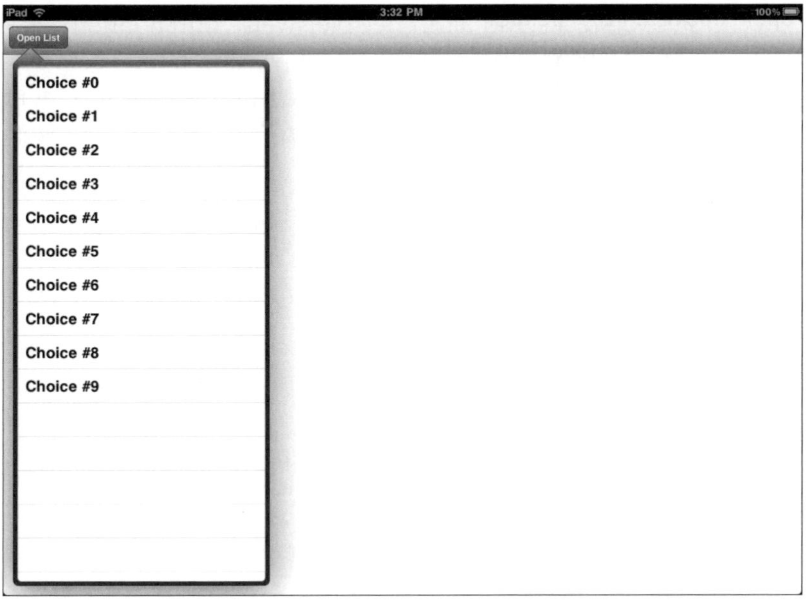

Ein Popover mit einer Listenansicht im Querformat. Wenn der zugehörige Viewcontroller eine Referenz auf das Popover vorhält, kann bei Auswahl einer Tabellenzelle das Popover geschlossen werden.

Die Größe einstellen

Die Größe des Popovers lässt sich über die Eigenschaft *contentSizeForViewInPopover* einstellen, wobei eine Breite von 320 Punkten empfohlen wird. Die Anweisung *contentController.contentSizeForViewInPopover = CGSizeMake(320, 400);* setzt in obigem Beispiel die Höhe des Popvers auf 400 Punkte.

Das UIPopoverControllerDelegate

Auf Änderungen des Popovers können Sie reagieren, indem Sie Ihren Viewcontroller als Delegate des Popovers bestimmen. Wenn das Popover ausgeblendet werden soll, fragt es beim Delegate durch Aufruf von *popoverControllerShouldDismissPopover:* nach. Mit *YES* als Antwort wird das Popover geschlossen, ein *NO* unterbindet die Aktion. Nach dem erfolgreichen Ausblenden des Popovers wird die Delegate-Methode *popoverControllerDidDismissPopover:* aufgerufen und gibt Ihnen die Chance, Ihre Ansichten aufgrund der Aktionen innerhalb des Popovers zu aktualisieren.

38.2 Splitviews

Ein Splitview teilt den Bildschirm in zwei Bereiche auf. Jeder Bereich wird dabei durch einen Viewcontroller repräsentiert und verwaltet. Der linke Bereich ist in der Breite auf 320 Punkte festgelegt und wird nur im Querformat angezeigt. Im

Hochformat wird der Inhalt versteckt und kann beispielsweise durch einen Klick auf eine Schaltfläche – üblicherweise in einer Navigationsleiste oder Toolbar – eingeblendet werden. Eine Reaktion auf die Geräteausrichtung erfolgt in einem Splitview nur dann, wenn beide eingebetteten Viewcontroller die gewählte Ausrichtung unterstützen.

Verwendet wird der Splitview häufig, um die vom iPhone bekannten Navigationsabläufe flach in einer Darstellung abzubilden. Links wäre dann Platz für ein Auswahlmenü oder eine Auswahlliste als Tabelle, rechts wird für die aktuelle Auswahl eine Detailansicht eingeblendet.

Ursprung der Navigationshierarchie

Ein *UISplitViewController* muss immer die Wurzel bzw. der Ursprung einer Navigationshierarchie sein, darf also nicht in eine Navigationscontrollerstruktur mit Tab-Bar oder Navigationsleiste eingebettet werden. In den eingebetteten Viewcontrollern können Sie dagegen beliebige Strukturen mit Navigationsleisten und Tab-Bars aufbauen.

Splitviews einfügen

Ein *UISplitViewController* ist als Container für die beiden eingebetteten Viewcontroller konzipiert. Er sorgt für die Darstellung und Kommunikation mit dem System. Nach der Erzeugung weisen Sie dem *UISplitViewController* ein Array von zwei Viewcontrollern zu. Die Reihenfolge bestimmt dabei die Position im Splitview: Der erste wird für den linken, der zweite für den rechten Bereich vorgesehen. Das Beispiel unten zeigt die Methode *application:didFinishLaunchingWithOptions:* des Anwendungs-Delegates. Die Klasse *WorkshopIPadViewController* wird darin für den Detailbereich des Splitviews verwendet. In deren Benutzerschnittstelle wird für unser Beispiel eine Toolbar und ein Label – quasi als Dummy für dargestellte Details – vorausgesetzt. Die Toolbar enthält später dann den Button für die linke Ansicht im Hochformat, um diese dann als Popover anzuzeigen. Die Klasse *ListViewController* ist ähnlich dem Beispiel aus dem Kapitel über Popover angelegt. Sie speichert eine Referenz auf den *WorkshopIPadViewController*. Darüber kann die Detailansicht später bei einem Klick auf eine Tabellenzelle benachrichtigt werden. Die Auswahlansicht wird, zum optischen Ausgleich mit der Toolbar der Detailansicht, von einem *UINavigationController* mit eine Navigationsleiste versorgt:

```
- (BOOL)application:(UIApplication *)application
    didFinishLaunchingWithOptions:(NSDictionary *)launchOptions {

    // configure the left (selection section) of the split view
    ListViewController* leftViewController =
        [[[ListViewController
        alloc]initWithNibName:@"ListViewController"
```

```
          bundle:nil] autorelease];

      UINavigationController *leftNavigationController =
          [[UINavigationController alloc] initWithRootViewController:
           leftViewController];

      // configure the right (detail section) of the split view
      WorkshopIPadViewController* rightViewController =
          [[[WorkshopIPadViewController alloc]
          initWithNibName:@"WorkshopIPadViewController" bundle:nil]
          autorelease];

      // store reference of detail view controller
      leftViewController.detailViewController = rightViewController;

      // create the split view controller
      // and add the left and rigth view controllers
      UISplitViewController* splitViewController =
          [[UISplitViewController alloc] init];

      splitViewController.viewControllers = [NSArray arrayWithObjects:
          leftNavigationController, rightViewController, nil];

      // show the interface
      [window addSubview:splitViewController.view];
      [window makeKeyAndVisible];

      return YES;
}
```

Beispiel 38.2: *WorkshopIPadAppDelegate.m - application:didFinishLaunchingWithOptions:*

Auf Drehung ins Hochformat reagieren

Im Hochformat bleibt der linke Viewcontroller erst einmal verborgen. Es liegt an Ihnen, ob und wie er angezeigt wird. Sie können dazu im Viewcontroller der Detailansicht - also der rechten Seite des Splitviews – auf Nachrichten des Splitviews über das Delegate des Protokolls *UISplitViewControllerDelegate* reagieren. Dieses enthält diese beiden Methoden:

- *splitViewController:willHideViewController:withBarButtonItem:forPopoverController:*
- *splitViewController:willShowViewController:invalidatingBarButtonItem:*

Sie informieren über das Verschwinden bzw. Ausblenden bei der Darstellung im Hochformat und das Erscheinen des linken Bereichs im Querformat. Praktischerweise wird der Viewcontroller beim Verschwinden schon in einen *UIPopover-*

Controller gepackt. Sie brauchen nur noch dafür zu sorgen, dass beispielsweise über einen Button in der Toolbar das Popover angezeigt werden kann. Um ständigen Zugriff auf das Popover im Hochformat zu haben, empfiehlt es sich, eine Eigenschaft *popoverController* anzulegen und darin die Referenz auf das Popover vorzuhalten.

Eine Toolbar verwaltet ihre Schaltflächen über ein Array *items*. Dieses muss erst mit *mutableCopy* in ein veränderbares Array kopiert werden, um danach das Einfügen oder Herauslöschen zu ermöglichen. Auch hier profitiert man wieder von einer Vorbelegung. Im Parameter *barButtonItem* wird dem Delegate schon eine fertig konfigurierte Schaltfläche für die Toolbar mitgeliefert. Sie müssen nur noch die Beschriftung ändern – und fertig ist Ihre Schaltfläche. Die Darstellung der Elemente in der Toolbar entspricht der Reihenfolge im Array ausgehend von links. Die beiden Delegate-Methoden sehen dann wie folgt aus:

```
- (void)splitViewController:(UISplitViewController*)svc
    willHideViewController:(UIViewController *)aViewController
    withBarButtonItem:(UIBarButtonItem*)barButtonItem
    forPopoverController:(UIPopoverController*)pc {

    barButtonItem.title = @"Menu Selection";
    NSMutableArray *items = [[toolbar items] mutableCopy];
    [items insertObject:barButtonItem atIndex:0];
    [toolbar setItems:items animated:YES];
    [items release];
    self.popoverController = pc;
}

- (void)splitViewController:(UISplitViewController*)svc
    willShowViewController:(UIViewController *)aViewController
    invalidatingBarButtonItem:(UIBarButtonItem *)button {

    NSMutableArray *items = [[toolbar items] mutableCopy];
    [items removeObjectAtIndex:0];
    [toolbar setItems:items animated:YES];
    [items release];
    self.popoverController = nil;
}
```

Beispiel 38.2: *WorkshopIPadViewController.m (UISPlitViewDelegate)*

Die Detailansicht

Die Detailansicht braucht nun noch eine Schnittstelle, um mit der Auswahlansicht bzw. dem linken Bereich zu kommunizieren. Ein einfaches Label genügt, um diese Funktionalität anzudeuten. Sie können das später beliebig ausweiten und zum Beispiel Daten aus einem Datenmodell austauschen. Das alles erledigt die Methode *setDetails:*, die zur Anzeige einen String aus der Auswahlansicht erhält – in unserem Beispiel einfach den Text der entsprechenden Zelle. Zusätzlich sollte beim Klick dann auch das Popover ausgeblendet werden. Hier nutzt man die zuvor in den Delegate-Methoden gesetzte Eigenschaft *popoverController*:

```
- (void) setDetails:(NSString*) details {
    label.text = details;

    // if popover is visible and a selection is
    // made dismiss then popover
    if (popoverController) {
        [popoverController dismissPopoverAnimated:YES];
    }
}
```

Beispiel 38.2: *WorkshopIPadViewController.m - setDetails:*

Die Auswahlansicht

Der Viewcontroller für die Auswahlansicht ist eine leicht modifizierte Version der Klasse *ListViewController* aus dem Beispiel zum Popover. Die beiden winzigen Änderungen betreffen das Tabellenverhalten und die Aktion bei der Auswahl einer Zelle. Für den Tabellencontroller bleibt durch das Setzen der Eigenschaft *clearsSelectionOnViewWillAppear* in *viewDidLoad* die aktuelle Auswahl auch über das Ein- und Ausblenden hinweg erhalten. Das hilft dem Benutzer, die Orientierung über die aktuell gewählte Detailansicht zu behalten. Zusätzlich wird die Größe des Popovers auf 320 x 400 Punkte gesetzt:

```
- (void)viewDidLoad {
    [super viewDidLoad];

    // remember selection through interface rotation
    self.clearsSelectionOnViewWillAppear = NO;

    // set content size for popover
    self.contentSizeForViewInPopover = CGSizeMake(320.0, 400.0);
}
```

Beispiel 38.2: *ListViewController.m - viewDidLoad*

Die Delegate-Methode für die Auswahl einer Zelle informiert mit der Nachricht *setDetails:* den Viewcontroller der Detailansicht:

```
- (void)tableView:(UITableView *)tableView
    didSelectRowAtIndexPath:(NSIndexPath *)indexPath {

    // inform the detail view controller of the change
    [detailViewController setDetails:
```

```
        [NSString stringWithFormat:@"Choice #%d", indexPath.row]];
}
```

Beispiel 38.2: *ListViewController.m – tableView:didSelectRowAtIndexPath:*

Die beiden Screenshots zeigen den Splitview des Beispiels im Hoch- und Querformat. Sie können hier auch gut den semantischen Unterschied der beiden Ansichten im Splitview sehen: volle Konzentration auf den Inhalt – sprich die Detailansicht. Die Auswahlansicht kann dabei als Menü- oder Navigationsstruktur gut auch einmal ausgeblendet sein und erst über den Button wieder eingeblendet werden.

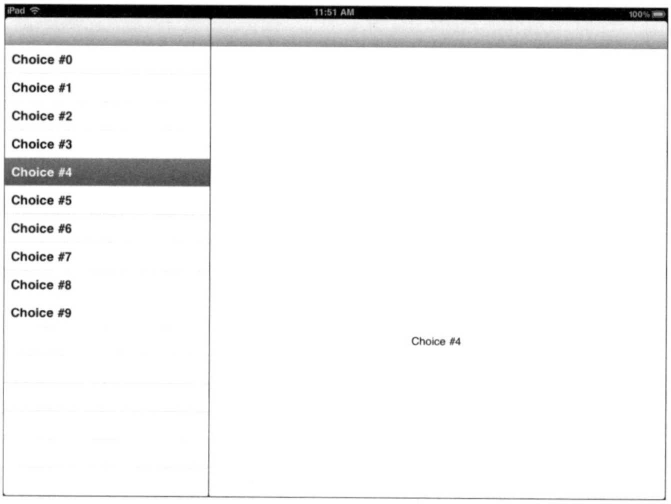

Splitview im Querformat: Die Auswahlansicht links hat eine Navigationsleiste, die Detailansicht wegen der besseren Konfigurierbarkeit eine Toolbar.

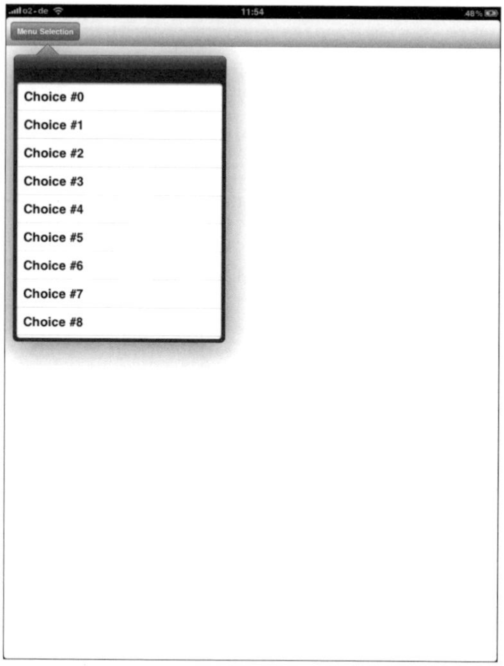

Der Splitview im Hochformat mit geöffnetem Popover.

SplitView-Projekt aus einer Projektvorlage erstellen

Zum bislang beschriebenen Weg, Splitviews programmatisch zu erzeugen, bietet Xcode auch eine eigene Projektvorlage. Diese erstellt die wichtigsten Strukturen – auch zum Ein- und Ausblenden der Auswahlansicht links – automatisch. Sie können sich danach auf die Umsetzung der Funktionalität Ihrer Anwendung konzentrieren. Mit den folgenden Schritten erzeugen Sie ein neues, auf einem Splitview basierendes Projekt:

1 Starten Sie aus dem Menü mit *File/New Project* den Projekt-Assistenten. Markieren Sie die Vorlage *Split View-based Application* und klicken Sie auf *Choose*.

2 Vergeben Sie einen Namen für Ihr Projekt und speichern Sie es mit *Save*.

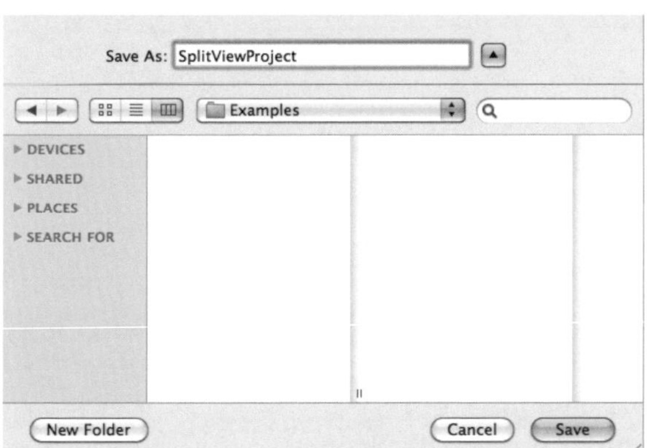

3 Der Projekt-Assistent legt alle Strukturen und Klassen für Sie an. Im *RootViewController* finden Sie die Auswahlansicht, also den linken Bereich des Split-

views. Die Klasse *DetailViewController* organisiert schon das Anzeigen des Buttons und verwaltet das Popover.

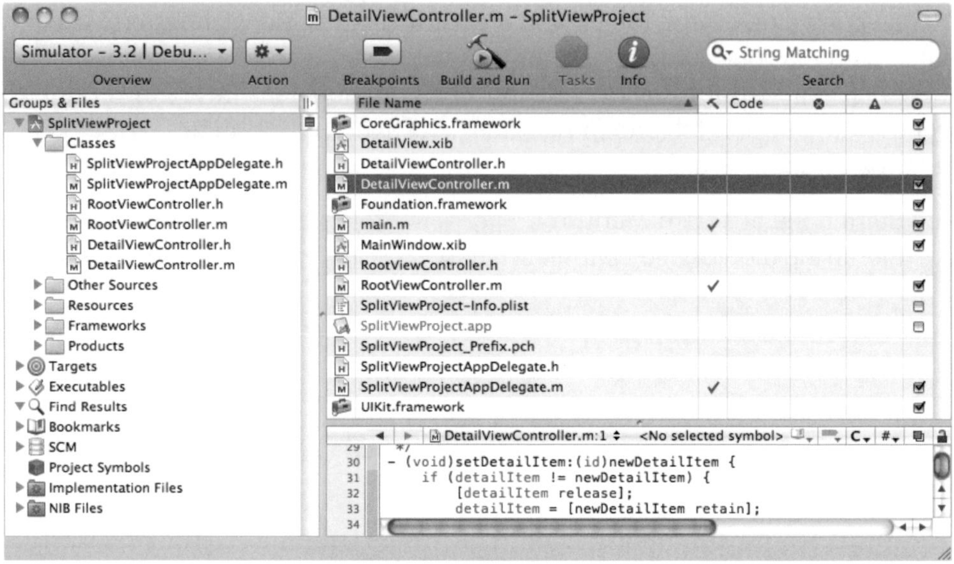

Hinweis

Ein Projekt mit den hier gezeigten Schritten finden Sie in Beispiel 38.3.

Anhang

A. Größen für Icons und Bilder

Die folgende Tabelle zeigt die Dimensionen der wichtigsten grafischen Elemente einer Anwendung:

Grafiken und Bilder	Standard	Hochauflösend	iPad
Anwendungsicon	57 x 57	114 x 114	72 x 72
Startbild (mit Statusleiste)	320 x 460	640 x 920	768 x 1.004 (hoch) 1.024 x 748 (quer)
Startbild (Vollbild)	320 x 480	640 x 960	768 x 1.024 (hoch) 1.024 x 768 (quer)
Anwendungsicon für iTunes	512 x 512	512 x 512	512 x 512
Icon für Einstellungen und Spotlight	29 x 29	58 x 58	20 x 29 (Einstellungen) 50 x 50 (Spotlight)
Dokumentsymbole	22 x 29	44 x 58	64 x 64
Icons für Navigationsleiste und Toolbar	20 x 20	40 x 40	20 x 20
Tab-Bar	30 x 30	60 x 60	30 x 30

B. Entwicklerressourcen im Internet

In diesem Abschnitt sind für Sie als Entwickler die wichtigsten Ressourcen jeweils mit der entsprechenden URL zusammengefasst. Näheres dazu finden Sie auch in Kapitel 6.

Als Entwickler registrieren

http://developer.apple.com/programs/register/

iPhone Developer Program

http://developer.apple.com/iphone/program/

iPhone Dev Center

http://developer.apple.com/iphone/

Unterthemen und interessante Artikel aus dem *Dev Center*:

- iPhone OS Reference Library:
  http://developer.apple.com/iphone/library/navigation/index.html

- Getting Started:
  http://developer.apple.com/iphone/library/navigation/index.html?section=Resource+Types&topic=Getting+Started
- Guides:
  http://developer.apple.com/iphone/library/navigation/index.html?section=Resource+Types&topic=Getting+Started#section=Resource%20Types&topic=Guides
- Sample Code:
  http://developer.apple.com/iphone/library/navigation/index.html?section=Resource+Types&topic=Getting+Started#section=Resource+Types&topic=Sample+Code
- iPhone Application Programming Guide:
  http://developer.apple.com/iphone/library/documentation/iPhone/Conceptual/iPhoneOSProgrammingGuide/Introduction/Introduction.html
- Introduction to Objective-C:
  http://developer.apple.com/iphone/library/documentation/Cocoa/Conceptual/ObjectiveC/Introduction/introObjectiveC.html

Apple Developer Forums

http://developer.apple.com/devforums/

Unabhängige Diskussionsforen

- iPhone Dev Forums
  http://www.iphonedevforums.com/forum/
- iPhone Dev SDK
  http://www.iphonedevsdk.com/forum/

iPhone Provisioning Portal

http://developer.apple.com/iphone/manage/overview/index.action

iTunes Connect

https://itunesconnect.apple.com/

C. Zeilenumbruchsteuerung für Textfelder, Labels und Textausgaben

In folgender Tabelle finden Sie die unterschiedlichen Modi für Zeilenumbrüche und Verkürzungen in Textfeldern, in Labels und für Zeichenoperationen:

Konstante	Beschreibung
UILineBreakModeWordWrap	Zeilenumbrüche und Textverkürzungen sind nur an Wortgrenzen zugelassen.
UILineBreakModeCharacterWrap	Zeilenumbrüche und Textverkürzungen finden am letzten vollständigen Zeichen statt.
UILineBreakModeClip	Der Text läuft bis zum letzten Zeichen, auch wenn dieses nur teilweise angezeigt wird.
UILineBreakModeHeadTruncation	Verkürzt den Text bei Bedarf vom Anfang her. Die Verkürzung wird durch drei Punkte angezeigt, zum Beispiel: „...llo world!".
UILineBreakModeTailTruncation	Verkürzt den Text bei Bedarf in der Mitte. Die Verkürzung wird durch drei Punkte angezeigt, zum Beispiel: „Hell...world!".
UILineBreakModeMiddleTruncation	Verkürzt den Text bei Bedarf am Ende. Die Verkürzung wird durch drei Punkte angezeigt, zum Beispiel: „Hello worl...".

D. Tastaturlayouts

Die Tastaturlayouts lassen sich durch die Eigenschaft *keyboardType* des Protokolls *UITextInputTraits* einstellen. Die möglichen Werte für den *UIKeyboardType* entnehmen Sie der Tabelle:

Konstante	Beschreibung
UIKeyboardTypeDefault	Die Standardtastatur.
UIKeyboardTypeASCIICapable	Eine ASCII-konforme Tastatur.
UIKeyboardTypeNumbersAndPunctuation	Tastatur mit den Ziffern 0–9 und speziellen Zeichen wie „.", „+", „-".
UIKeyboardTypeURL	Ein Tastaturlayout mit leicht zugänglichen Zeichen, die bei der URL-Eingabe benötigt werden, wie „/" oder „.".
UIKeyboardTypeNumberPad	Ein typische PIN-Eingabefeld mit den Ziffern von 0–9.
UIKeyboardTypePhonePad	Eine Telefontastatur mit Ziffern und den erweiterten Zeichen „*" und „#".
UIKeyboardTypeNamePhonePad	Spezielles Tastaturlayout zur vereinfachten Eingabe von Namen und Telefonnummern.
UIKeyboardTypeEmailAddress	Ein Tastaturlayout mit leicht zugänglichen Zeichen, die bei der Eingabe einer E-Mail-Adresse benötigt werden, wie „@" oder „.".

E. Eingabebutton-Beschriftung für das Tastaturlayout

Der Eingabebutton der Tastatur – im Property *returnKeyType* von *UITextInputTraits* deklariert – kann aus folgender Konstantenliste zur Situation der Texteingabe passend gewählt werden. Die Beschriftungen werden durch Spracheinstellungen lokalisiert. In der Tabelle findet sich jeweils die englische Originalbezeichnung.

Konstante	Beschriftung
UIReturnKeyDefault	*return*
UIReturnKeyGo	*Go*
UIReturnKeyGoogle	*Google*
UIReturnKeyJoin	*Join*
UIReturnKeyNext	*Next*
UIReturnKeyRoute	*Route*
UIReturnKeySearch	*Search*
UIReturnKeySend	*Send*
UIReturnKeyYahoo	*Yahoo*
UIReturnKeyDone	*Done*
UIReturnKeyEmergencyCall	*Emergency Call*

F. Ereignisse der Steuerelemente

Die Steuerelemente des SDK, die alle von *UIControl* abgeleitet sind, setzen das Target-Action-Entwurfsmuster um. Dabei lassen sich für unterschiedliche Events jeweils eigene Aktionen festlegen. Die Tabelle unten fasst die verfügbaren Events zusammen.

Konstante	Beschreibung
UIControlEventTouchDown	Der Moment der Berührung bzw. des Drückens eines Fingers auf das Steuerelement.
UIControlEventTouchDownRepeat	Wird durch mehrfaches Auftreten von *UIControlEventTouchDown* ausgelöst.
UIControlEventTouchDragInside	Ein Ziehen bzw. Wischen innerhalb der Grenzen des Steuerelements.
UIControlEventTouchDragOutside	Der Finger wurde außerhalb des Controls gezogen bzw. gewischt.
UIControlEventTouchDragEnter	Der Finger wurde von außerhalb des Controls in die Begrenzung gezogen.
UIControlEventTouchDragExit	Der Finger wurde von innerhalb des Controls aus der Begrenzung herausgezogen.

Konstante	Beschreibung
UIControlEventTouchUpInside	Der Finger hat den Bildschirm nach der Berührung des Steuerelements wieder verlassen.
UIControlEventTouchUpOutside	Der Finger hat den Bildschirm nach der Berührung außerhalb der Grenzen des Steuerelements wieder verlassen.
UIControlEventTouchCancel	Dieses Event bricht die bislang erkannten Gesten ab.
UIControlEventValueChanged	Der einem Steuerelement zugrunde liegende Wert hat sich geändert.
UIControlEventEditingDidBegin	Das Editieren in einem *UITextfield* wurde mit einer Berührung begonnen.
UIControlEventEditingChanged	Eine Berührung des Bildschirms während des Bearbeitens eines *UITextfield*.
UIControlEventEditingDidEnd	Das Editieren eines *UITextfield* wurde durch eine Berührung außerhalb der Grenzen beendet.
UIControlEventEditingDidEndOnExit	Das Editieren eines *UITextfield* wurde durch eine Berührung beendet.
UIControlEventAllTouchEvents	Alle Events, die durch eine Berührung ausgelöst werden.
UIControlEventAllEditingEvents	Spezielles Editierevent für ein *UITextfield*.
UIControlEventApplicationReserved	Reserviert für interne Events.
UIControlEventSystemReserved	Reserviert für interne Events.
UIControlEventAllEvents	Alle Events.

Hinweis

Beachten Sie, dass nicht alle Events von allen Controls unterstützt werden. Wenn für mehrere Events Aktionen definiert sind, können diese abhängig von den zugrunde liegenden Events während einer Berührung oder Geste des Benutzers auch gemeinsam auftreten.

Stichwortverzeichnis

B

C

D

E

N

O

S

V

W

X

Z